读客®文化

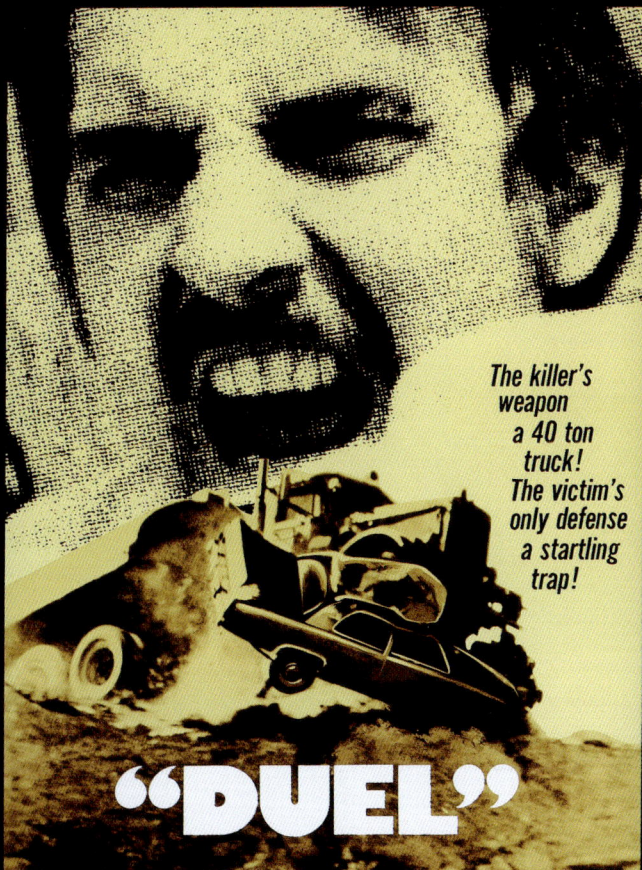

1971 年《决斗》 *Duel*

The true story of a girl who took on all of Texas and almost won.

A Zanuck / Brown Production

GOLDIE HAWN in

THE SUGARLAND EXPRESS

Co-starring **Ben Johnson**, Michael Sacks, William Atherton

Music by John Williams Screenplay by Hal Barwood & Matthew Robbins
Story by Steven Spielberg and Hal Barwood & Matthew Robbins
Directed by Steven Spielberg Produced by Richard D. Zanuck and David Brown
A Universal Picture Technicolor® Panavision® Distributed by Cinema International Corporation.

1974 年《横冲直撞大逃亡》　　　　　　　　*The Sugarland Express*

1975 年《大白鲨》 *Jaws*

1977 年《第三类接触》　　　　　　　　　Close Encounters of the Third Kind

1981 年《夺宝奇兵 1：法柜奇兵》　　　　　　　　*Raiders of the Lost Ark*

The mystery. The suspense. The adventure.
The call... that started it all.

E.T.
THE EXTRA-TERRESTRIAL

THE 20ᵗʰ ANNIVERSARY

NEVER BEFORE SEEN FOOTAGE · ENHANCED VISUAL EFFECTS · NEW RE-MASTERED SOUNDTRACK

1982 年《E.T. 外星人》　　　　　　　　　*E. T. : The Extra-Terrestrial*

1985 年《紫色》 *The Color Purple*

A STEVEN SPIELBERG Film

EMPIRE OF THE SUN

To survive in a world at war,
he must find a strength greater
than all the events that surround him.

WARNER BROS. Presents A STEVEN SPIELBERG Film "EMPIRE OF THE SUN" Starring JOHN MALKOVICH
MIRANDA RICHARDSON · NIGEL HAVERS and Introducing CHRISTIAN BALE
Music by JOHN WILLIAMS Director of Photography ALLEN DAVIAU, A.S.C. Executive Producer ROBERT SHAPIRO
Produced by STEVEN SPIELBERG · KATHLEEN KENNEDY · FRANK MARSHALL
Screenplay by TOM STOPPARD Based on the novel by J. G. BALLARD
Directed by STEVEN SPIELBERG

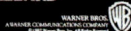

AMBLIN DOLBY STEREO READ THE POCKET BOOK SOUNDTRACK AVAILABLE ON WARNER BROS. RECORDS, CASSETTES AND CDs A WARNER COMMUNICATIONS COMPANY

1987 年《太阳帝国》   *Empire of the Sun*

1993 年《侏罗纪公园》 *Jurassic Park*

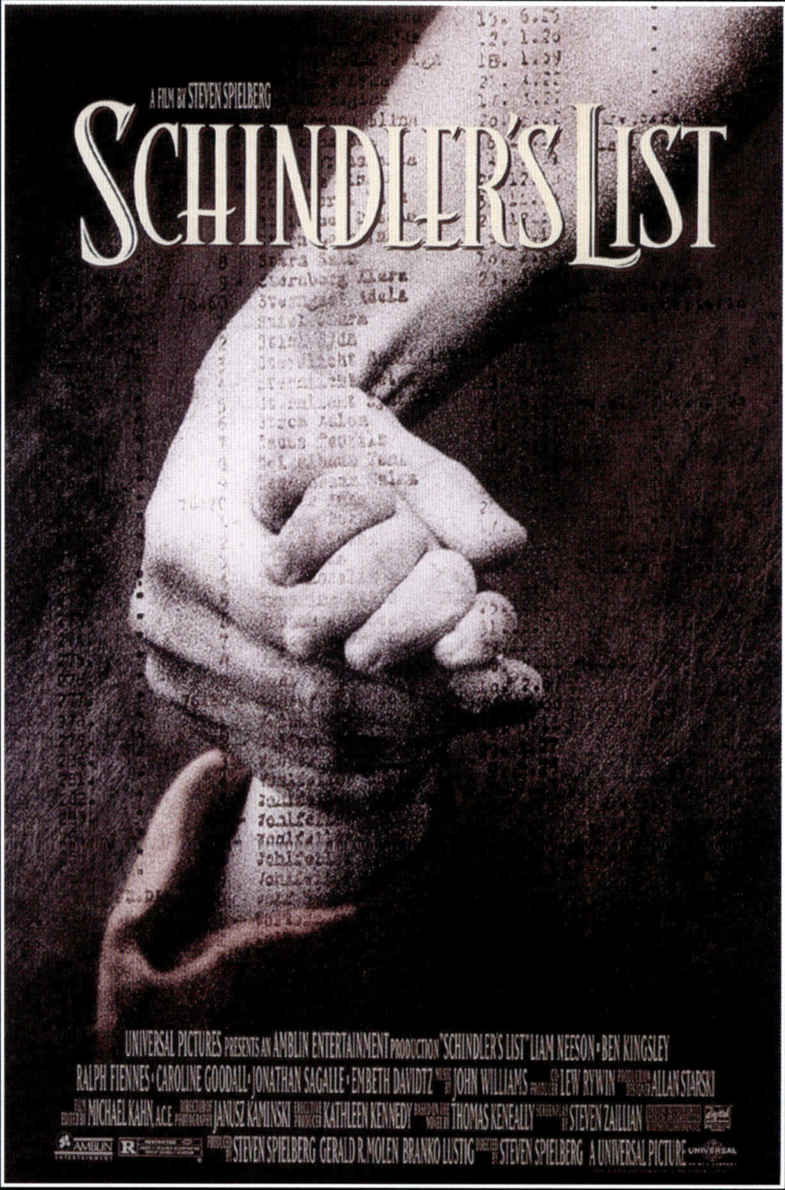

1993 年《辛德勒的名单》 *Schindler's List*

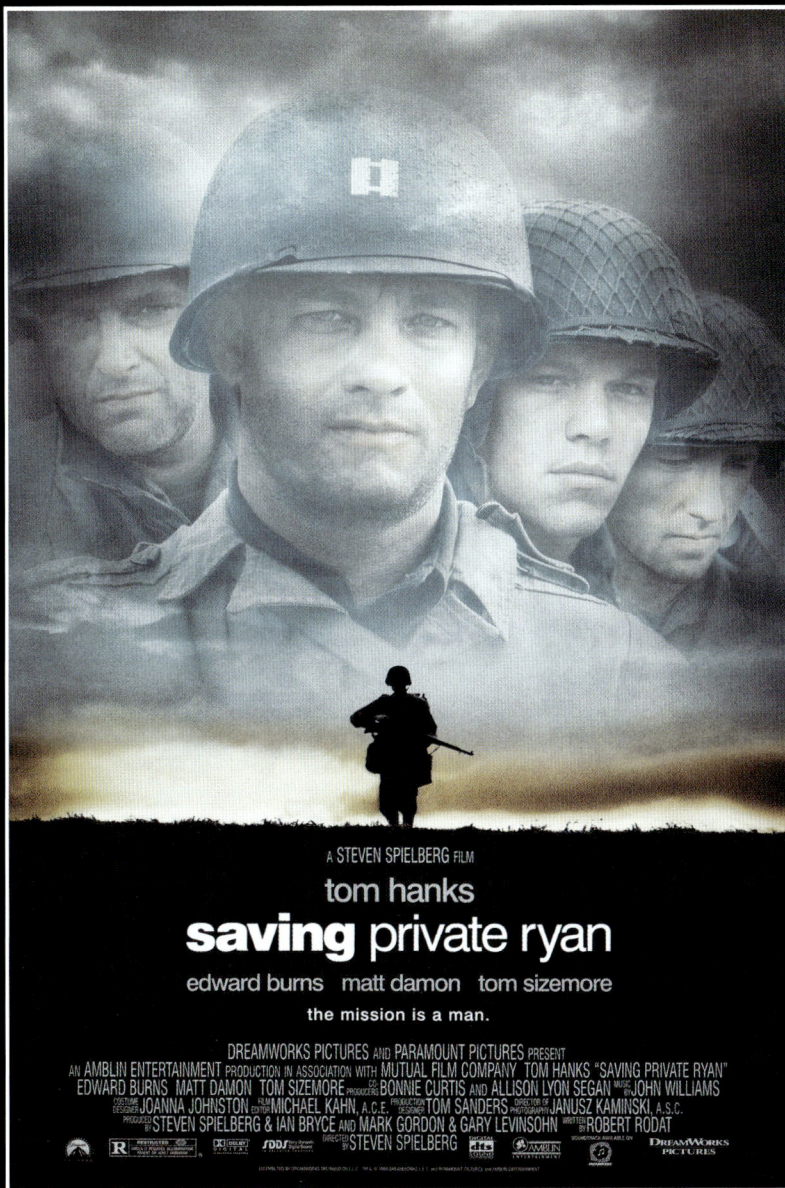

1998 年《拯救大兵瑞恩》   *Saving Private Ryan*

2001 年《人工智能》

Artificial Intelligence: AI

2002 年《少数派报告》　　　　　　　　　　　　　　　　　　　　*Minority Report*

2002 年《猫鼠游戏》　　　　　　　　　　　　　　　　　　*Catch Me If You Can*

Tom Hanks
Catherine Zeta-Jones

The Terminal

Life is waiting.

2004 年《幸福终点站》 *The Terminal*

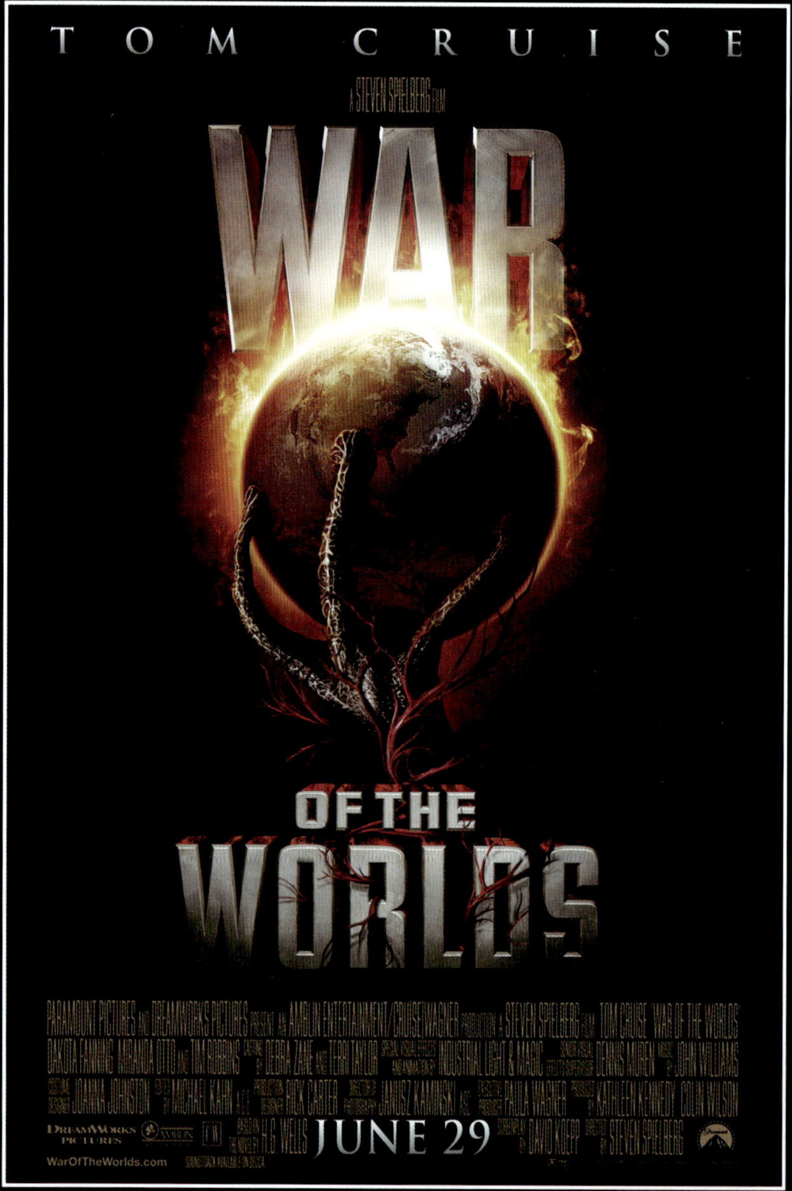

2005 年《世界之战》 *War of the Worlds*

2005 年《慕尼黑》   *Munich*

2011 年《战马》   *War Horse*

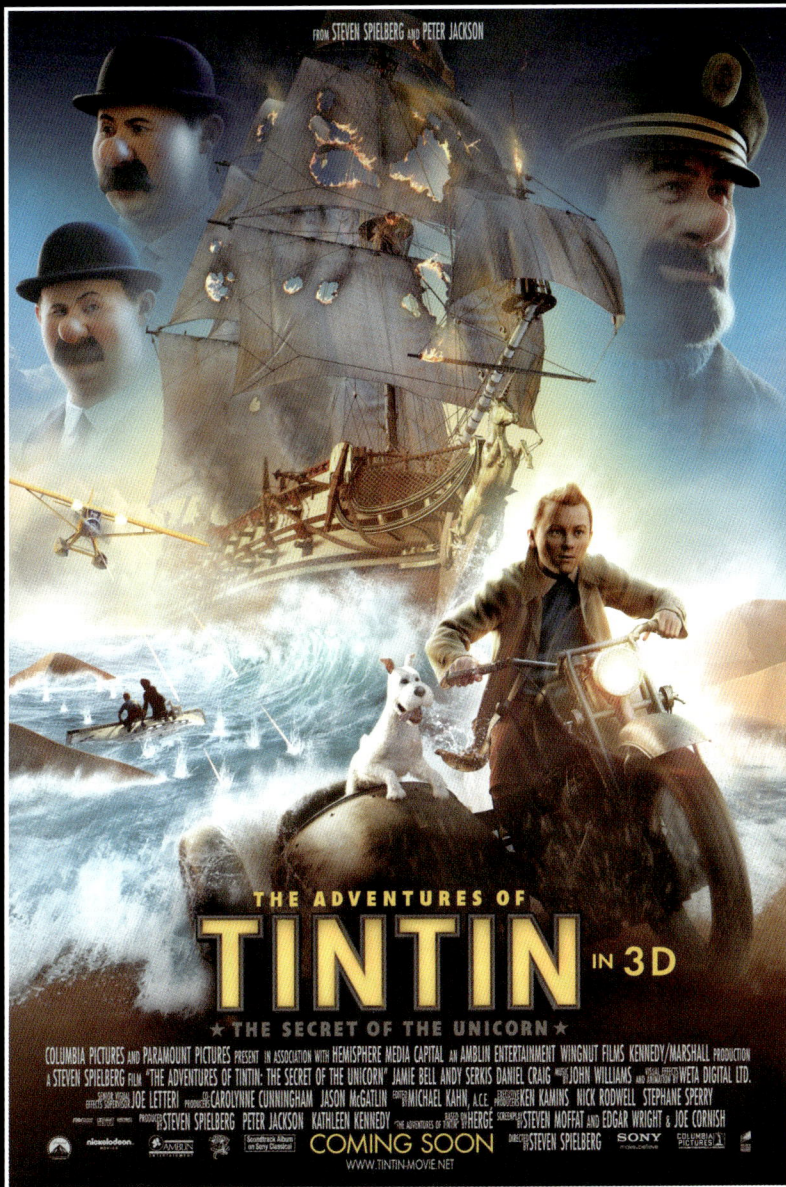

2011 年《丁丁历险记：独角兽号的秘密》　　*The Adventures of Tintin:*
The Secret of the Unicorn

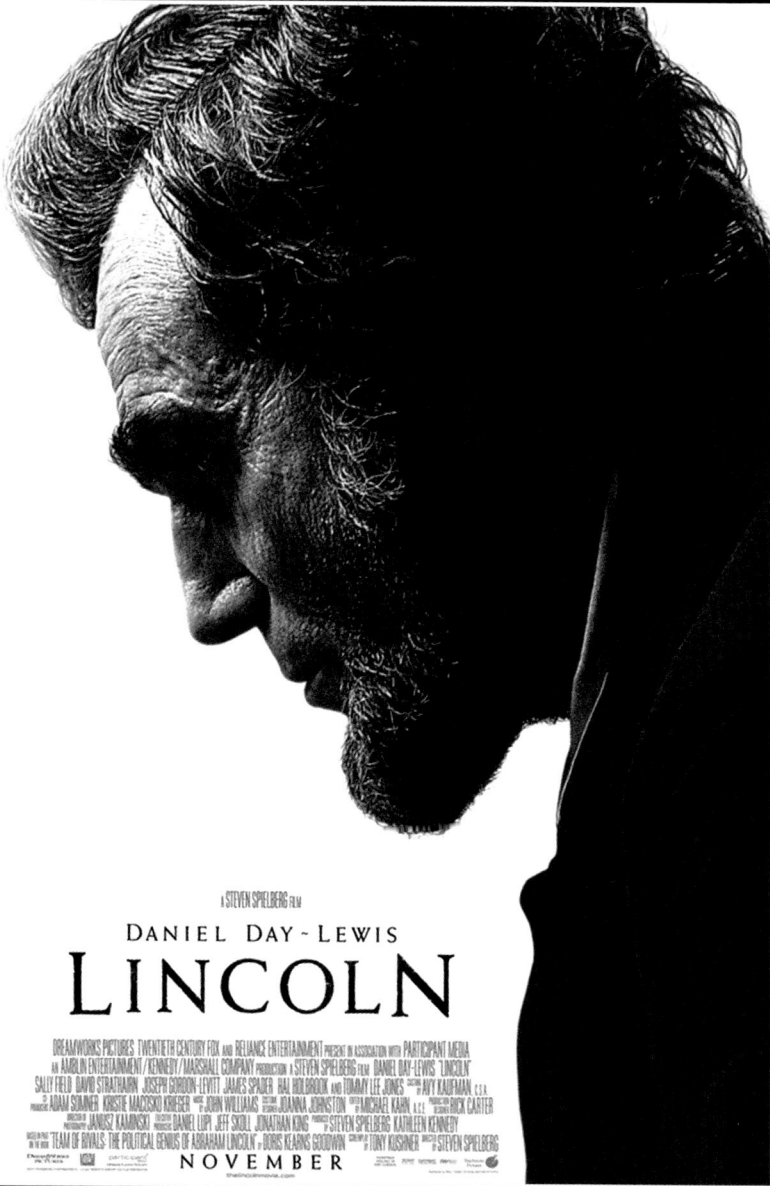

2012 年《林肯》   *Lincoln*

2015 年《间谍之桥》   *Bridge of Spies*

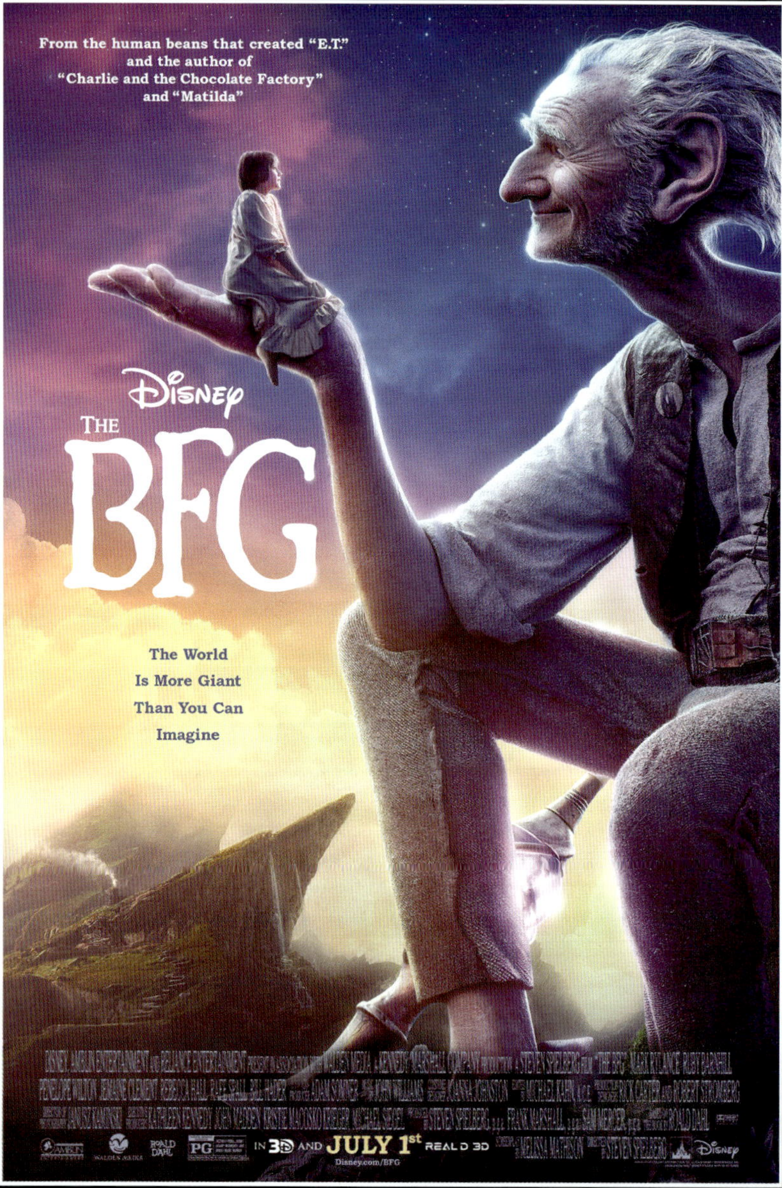

2016 年《圆梦巨人》 *The BFG*

Meryl Streep
Tom Hanks

A Steven Spielberg Film

The Post

Music by John Williams Produced by Amy Pascal, p.g.a. Steven Spielberg, p.g.a. Kristie Macosko Krieger, p.g.a.
DreamWorks PICTURES participant media #ThePost ThePostMovie.com Written by Liz Hannah and Josh Singer Directed by Steven Spielberg

In Select Theaters December 22nd Opens Everywhere January 12th

2017 年《华盛顿邮报》   *The Post*

票房之神:
斯皮尔伯格传

[美] 约瑟夫·麦克布莱德 著　　任雨田 译

STEVEN SPIELBERG:
A BIOGRAPHY

文汇出版社

斯皮尔伯格

电 影 之 路

Steven Spielberg

他可以称得上是20世纪最具影响力，却最不被理解的流行艺术家。

——迈克尔·克莱顿[1]，1995年

---

1 迈克尔·克莱顿（Michael Crichton），美国著名畅销书作家和影视导演、制片人。他的作品《侏罗纪公园》曾被史蒂文·斯皮尔伯格搬上银幕。——译者注

目 录

序言：王牌导演

本周二《火光》首映礼俘获地球人。

——《亚利桑那共和报》头条

一辆豪华轿车停靠在剧院的华盖下，一束追随而来的聚光灯掠过凤凰城闹市的夜空。导演和演员们缓步下车，四周的镁光灯频繁发出刺眼光芒。剧院内观者如市，期待着一部"科幻史诗巨作"的世界首映。在接下来的2小时15分里，这位美国艺术家将带领观众沉浸于前所未见的奇幻场景——从天而降的神秘火光劫掠人类至外星动物园。当美好的一夜接近尾声，凤凰城小剧院以每人75美分票价售出的票房，足以使这部影片赢利。

那天是1964年3月24日，那部电影名叫《火光》。影片的制作成本不足600美元。然而这是一名高三学生自编自导的第一部电影长片，这名高中生正是史蒂文·斯皮尔伯格：这个早熟的17岁少年在片尾的演职人员表中将自己署名为"史蒂夫"而非"史蒂文"，不过他的一些同学经常嘲笑地喊他"斯皮尔虫[1]"。据史蒂文回忆，那些年里他可能确实看上去像个"书呆子"或"软骨头"，但拍电影的事已经令他扬名凤凰城。他的母亲骄傲地称他为"塞西尔·B. 戴斯皮尔伯格[2]"。成长于持续扩张的欧裔新教徒郊区，这个犹太孩子

1　斯皮尔伯格名字中Berg的发音与英文Bug（虫）相似。——译者注
2　该名字取自塞西尔·B. 戴米尔（Cecil B. DeMille），美国著名导演，曾多次获得奥斯卡金像奖，代表作包括《十诫》《戏王之王》《埃及艳后》等。——译者注

总感觉自己"像个外星人一样"与周围的环境格格不入，于是拍电影便成为其寻求社会接纳的一种方式。这一拍便是着魔般的七年多，这种近乎偏执的投入几乎让斯皮尔伯格忘记了学业、恋爱和运动，以及其他青少年时期该有的正常追求。

"那时我是一个对一种爱好倾注满腔热血的男孩，但这种热情逐渐失控，并在某种程度上耗尽我的生命，"多年后，史蒂文如是说，"……我发现了一件我能做的事情，人们会对它感兴趣，也会对我感兴趣。在拍完我的第三或第四部8毫米短片后，我知道这将成为我的毕生事业，而不仅仅作为一种爱好。"

史蒂文的小学同学史蒂夫·萨格斯忘不了七年级的某天，他接到一个他与史蒂文共同好友打来的电话，对方问他："斯皮尔伯格正在拍一部电影，你想加入吗？"那是一部关于二战的电影，名叫《战斗机小队》。

史蒂夫·萨格斯当时是校队的运动员之一，他与斯皮尔伯格并不熟："我对他的才华水平一无所知。他一点儿也不擅长运动，也不像是个聪明的孩子。表面上看，我们每天在学校朝夕相处的六到八小时里，他没有任何过人之处。我担心他会让他的手下站出来指挥我们，让我们在电影里扮成女孩。

"我去了斯皮尔伯格家，他父亲开车载我们去了机场。史蒂文居然设法弄来了一架战斗机和一架轰炸机！他拍了一段我在战斗机上中弹、嘴里喷出番茄酱的镜头。他手里有份拍摄脚本，他知道自己在做什么。这不是男孩子们出去胡闹，他非常懂得如何与人打交道。

"后来我把这件事告诉了我妈。他是个有点书呆子气的孩子，不是那种酷酷的家伙；但他一到外面，突然就变成了掌控全局的人。就像换了一个人似的，如此不同，就连我这个七年级的学生都对此印象深刻。他把所有的橄榄球队员和聪明人都聚集在一起，指挥他们怎么做。而一小时前，在家里或在学校，他还是那种任人欺凌的软骨头。"

"这太神奇了，让我大吃一惊。就好像你听到一个书呆子在弹钢琴，突然间这个呆子就变成了范·克莱本[1]。"

凤凰城的人很快开始对这位年轻的电影制作神童关注有加。当地电视新闻摄制组对斯皮尔伯格拍摄的40分钟二战题材电影《无处可逃》（完成于1962年）进行了报道，该片在

---

1 范·克莱本（Van Cliburn），美国钢琴家。——译者注

州级业余电影人大赛上荣获一等奖。1963年12月，《亚利桑那共和报》用两篇文章和数张照片报道了《火光》的摄制过程，并称赞他为"少年版塞西尔，一个受人尊敬且秉持专业态度的业余电影爱好者"。

"我们都很支持史蒂文的爱好，"他的母亲莉亚对《亚利桑那共和报》说，"这样我们就能知道，他朋友们的父母也能知道，这些孩子都跑去了哪里——他们不是在中央大道上闲逛。"

在《火光》中，莉亚总是开着那辆被淘汰的军用吉普车在城里转悠，格外显眼。她有时会用头盔遮住金色短发，在儿子的战争电影中扮演一名德国士兵。"我们家就像个摄影棚，"她回忆，"我们真的在努力为他工作。因为如果你不这样做，他会像疯了一样唠叨你，把你的生活数落得一文不值。史蒂文就是这样导演一切的。不仅是他的电影，还有他的生活。他指挥我们全家……他在学校是个糟糕的学生，但我从来没想过他将来会怎样。如果我当时想过这些，很可能会为他的前途而感到担忧。"

莉亚对缺乏学习兴趣的儿子非常宽容，经常允许史蒂文待在家里假装生病，这样他便得以剪辑自己的电影。为了让母亲相信自己生病，史蒂文只需要"把温度计放在灯泡上，并把电热毯盖在脸上"——在《E.T.外星人》中，他让亨利·托马斯扮演的埃利奥特捉弄母亲时也是用的这个伎俩。史蒂文的父亲阿诺德·斯皮尔伯格是一名计算机工程领域的先驱，他对史蒂文对待学业的态度感到沮丧。"我唯一做错的一件事，"阿诺德谈道，"就是试图哄骗他成为一名工程师。我劝他：'史蒂文，你得学数学。'他抱怨：'我不喜欢数学。'他会让我帮他做化学作业。他甚至从来不做那些该死的化学实验，他只用放学回家对我说：'爸爸，我要填这个实验表。'我会说：'你没有任何数据，我怎么知道你得到了什么结果？'所以我只好试着为他重做这个实验并填写答案。第二天他从学校回来告诉我：'天哪，爸爸，你不及格！'"

"莉亚意识到他确实不适合搞科学。她安慰儿子：'史蒂文，我以前也有两次化学不及格。不要再尝试了。'大约一年之后，我放弃了。他告诉我：'我想当导演。'我回应道：'好吧，如果你想成为一名导演，你必须从基础做起，必须先做一名打杂工，然后一步一步向上爬。'他说：'不，爸爸。从我拍第一部片子起，我就要当导演。'而他确实这么做了，这让我大吃一惊。那需要很大的勇气。"

阿诺德资助了《火光》以迁就他叛逆的儿子。他还帮史蒂文设计了微缩布景，为史蒂文在摄影棚（他们家的车库）里拍摄的场景布置灯光，并为精心设计的移动镜头打造了一台移动摄影车。移动镜头当时已经成为斯皮尔伯格影像风格的标志。史蒂文也让他的三个妹妹安妮、苏和南希参与了《火光》的拍摄。安妮担任场记，南希扮演了被外星人绑架的小女孩这一关键角色，她们三人还要在车库内的吉普车引擎盖上蹦蹦跳跳，让吉普车看起来像是在夜晚驼峰山周围的沙漠中飞驰。

尽管年龄小，史蒂文·斯皮尔伯格的野心却很宏大。在拍摄《火光》时，他便告诉小伙伴们："我立志成为科幻片界的塞西尔·B. 戴米尔。"

由于如此沉迷于拍电影，他的老师、同学和邻居们都认为他是个"怪咖"或"蠢货"，但"我从来没有听过别人说他爱吹牛"，他的高中好友里克·库克回忆道："很多人对他获得的机遇持怀疑态度，但我认为没有人会不赞同他会为此而拼尽全力。"

《火光》首映时，少年斯皮尔伯格已经踏上自己的逐梦之旅。他遇上了环球影业的一位前辈，这位前辈意识到斯皮尔伯格作为一名电影人的非凡潜力，还为《火光》的拍摄提供了建议，并热切地期待有机会一览成片。斯皮尔伯格把《火光》看作是通往好莱坞导演的敲门砖。他希望说服环球影业支持他把自己的科幻故事搬上大银幕。尽管环球影业5年后将跟他签订一份导演合约，那也是在他当过电视行业学徒并导演了当时电影史上最卖座的影片《大白鲨》之后。他也由此得以从另一家制片厂筹集到1900万美元，用于拍摄《火光》的升级版影片——《第三类接触》。

成为一名专业电影人之后，斯皮尔伯格便公开贬斥《火光》为"5部有史以来最糟糕的电影之一"。但是，对于1964年参加凤凰城首映式的所有人来说，斯皮尔伯格非比寻常的职业前景是显而易见的。"《火光》跟那些深夜档电视观众爱看的科幻电影水平相当，尽管这可能会被理解为一种批评，"《亚利桑那共和报》的评论员拉里·贾勒特写道，"这部电影的情节、动作和基本素材都有可取之处，不像好莱坞影片中的一些所谓的'科幻'那么遥不可及。"

20世纪60年代末，斯皮尔伯格曾邀请与自己合作过《E. T. 外星人》《紫色》和《太阳帝国》等影片的摄影师艾伦·达维奥观看《火光》。"《火光》没有超出你对一部出自小孩之手电影的期望，包括其中的表演等方面，但是天哪！有些尝试是如此大胆！"达维奥说，"真正令人吃惊的是影片的特效——他对此非常用心。他用弄皱的铝箔纸和碎果冻在厨房桌子上做出的效果令人惊叹。"

斯皮尔伯格自我推销方面的敏锐天赋在其少年时期便已充分显现，并在他的职业生涯中发挥了巨大作用。尽管当时和现在一样，他的这种天赋被他表面上看起来的害羞、谦逊和顺从深深隐藏。凤凰城的人们至今仍然用肃然起敬的口吻谈论着斯皮尔伯格是如何利用自己的口才，弄到一架真正的喷气式飞机并获得许可在医院和机场里拍摄《火光》的。

"他拍摄《火光》时，需要进入一家医院，"他的父亲说，"他来到凤凰城的浸信会医院，说服他们给他一间病房。他借来氧气罐之类的东西，并把一个女演员安置在床上，给她戴上氧气罩。这一切全靠他自己完成，我根本没有帮他。他问：'我该怎么做？'我说：'给医院办公室打个电话问问。''好的。'他又问：'可我怎么爬上一架飞机呢？'我说：'你直接到（天港）机场[1]，问问美国航空公司，你是否可以在飞机着陆后再次起飞前，借用飞机大约10分钟。'他居然征得了他们的同意！

"我只是给他一些提示，但他会自己去做。因为我觉得如果帮他去问，他就不是真的亲力亲为。他比我更有勇气，如果换作是我，我会说：'哦，他们会拒绝你的。'此外，他上过报纸，在凤凰城还算个后起之秀，他又是个聪明的孩子。所以人们理解他，也非常愿意合作。他有些特殊的过人之处，他大部分时间都在努力尝试，也有这样做的决心。"

贝蒂·韦伯的女儿贝丝和珍曾参与《火光》的拍摄，她还让史蒂文在她家拍了部分镜头。贝蒂是凤凰城非营利性小剧院的一名志愿剧务，她说服剧院董事会成员为首映式捐赠了设备，并在当地报纸和广播电台大肆宣扬这位年轻导演的事迹，还在《亚利桑那共和报》上安排了照片的刊登，确保《火光》的标题出现在全城各大商家的广告牌上。影片的女主角贝丝·韦伯负责油印当晚分发给观众的节目单。而把史蒂文和演员们带到剧院的豪华轿车是由其中一位演员的父亲提供并亲自驾驶的，这位父亲在当地拥有一家酿酒厂。聚光灯则是从附近的一家购物中心借来的。

阿诺德·斯皮尔伯格帮史蒂文为这部电影播放了复杂的音轨，莉亚·斯皮尔伯格爬上梯子将儿子生平第一部故事长片的名字悬挂在剧院的告示牌上。她这么做的时候心中在想："这真是个不错的爱好。"

1964年3月那个胜利的夜晚标志着史蒂文·斯皮尔伯格的成熟。他作为电影人的首次亮相也是他对亚利桑那州童年时光的道别。首映后的第二天，他和家人搬到了加利福

1　凤凰城天港国际机场（Phoenix Sky Harbor International Airport）。——译者注

尼亚。他告诉当地媒体，他希望在高中毕业前的暑假去环球影业工作，之后去加州大学洛杉矶分校的电影学院就读。

拍电影"在我身上生根发芽"，史蒂文宣称："我无法摆脱它。我想写电影剧本，但我更喜欢当导演。我唯一确定的是，我已经在这条路上渐行渐远，现在不能退缩。"

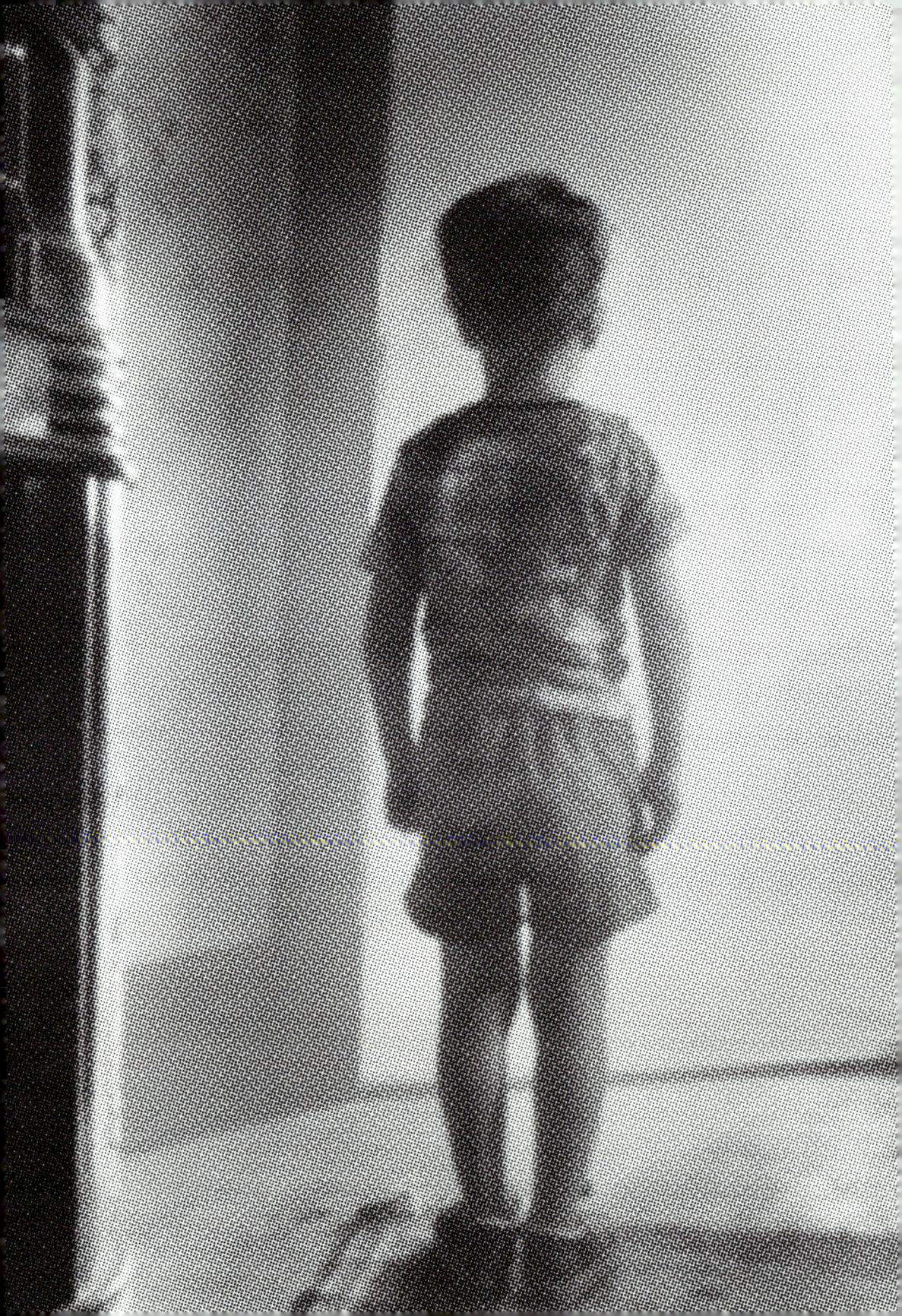

第一章
"你的作品何等奇妙"

> 我记得——那栩栩如生的记忆——一次在辛辛那提的暴风雪中穿行。雪地闪闪发光，我的父亲十分兴奋，他看着天空感叹道："你的作品何等奇妙！"你的作品何等奇妙。这便是我。这便是史蒂文。
>
> ——莉亚·阿德勒，史蒂文·斯皮尔伯格的母亲

当你看见那个深陷在黑暗中的孩子时，他瞪大的双眼正充满敬畏地望着约柜[1]门前红色的烛光。在点缀着金色和蓝色装饰物的大理石拱门和廊柱里，约柜的木门隐藏在若隐若现的窗帘背后，一切都透露出一种迷人的、深不可测的神秘氛围。半球形的天窗之下，一颗大卫星[2]悬挂着一盏古铜色枝形吊灯。铺着蓝色地毯的过道上，一个婴儿坐在推车中被推下楼来。听到周围蓄着络腮胡子、头戴黑帽老人们的诵经声，那婴儿随着希伯来语的祷告有节奏地摇晃着。"那些老人正递给我小饼干，"史蒂文·斯皮尔伯格回忆道，"我父母后来告诉我，我当时大概只有6个月大。"

那个孩子长大后拍摄了《辛德勒的名单》，而这便是他最初的记忆。那一年是1947年，那个地方是俄亥俄州辛辛那提市的阿达斯以色列犹太教堂，就在史蒂文·斯皮尔伯格的第

---

1 约柜是古代以色列民族的圣物，"约"指上帝跟以色列人签订的契约，而约柜是存放这份契约的柜子。——译者注
2 大卫星，即六芒星，又名大卫之盾、所罗门封印、犹太星，是犹太教和犹太文化的标志。——译者注

一个家的对面。在那个家中，他度过了无忧无虑的童年时期。

　　没有哪位电影人比斯皮尔伯格更痴迷于挖掘自己的童年，也没有哪位电影人比他更能从中获益。斯皮尔伯格曾表示，他"总是能将一个电影创意追溯到自己的童年"。事实上，从那些犹太教堂的意象中可以窥见他独特视觉风格的起源：将惊奇感与对未知的恐惧交织在一起的催眠式移动镜头、淹没了影片中角色视野的耀眼光芒（他称其为"神之光"）、情绪化运用的强烈主观视角，以及蕴含在令人目瞪口呆的幻影和视觉魔术中无处不在的乐趣。他总是被那些"自己认为存在却不可见的东西"所吸引。从《大白鲨》《第三类接触》《E. T. 外星人》到《紫色》《太阳帝国》和《辛德勒的名单》，斯皮尔伯格展示了一种罕见的天赋，即向全世界的观众分享他最原始的幻想和恐惧。

　　他把自己喜欢的主人公描述为"普通先生"。这种平易近人的风格是斯皮尔伯格在广大观众中获得空前成功的关键，也有助于反驳精英主义者的蔑视。精英主义者们没有认识到，那些主人公身上的"普通"包含了最广泛的人类冲突原型。斯皮尔伯格的典型主角要么是一个因坎坷生活而早熟的孩子，要么是一个试图逃避责任的孩子气的大人，在他看来，这两者之间充满了深深的矛盾。尽管到目前为止，斯皮尔伯格大部分作品的主题范围相对集中，知识范围也相对有限，但他和其他受欢迎的艺术家们一样，对当代共同的心理问题有一种本能意识，并具有以直接和简单方式表达这些问题的不可思议的能力。也许他最强大的艺术力量，是他与生俱来的这种能力，能够召唤出激发原型情感的视觉影像，而这些影像有着难以用语言表达的复杂。

　　1991年，当他被要求用一个"主导影像"（masterimage）总结自己的作品时，斯皮尔伯格选择了一个与他最初的童年记忆产生强烈共鸣的影像：《第三类接触》中，小男孩打开客厅的门，看到不明飞行物散发出耀眼的橘色光芒，"那种既美丽又令人生畏的光，就像穿堂而过的火焰。而那个孩子那么小，那扇门又那么大，门外有太多的希望和危险。"

　　希望和危险，斯皮尔伯格赋予这两个词同等的分量。但多年来，大多数美国评论家都轻蔑地认为斯皮尔伯格是一个痴迷于把电影当作玩具的老顽童，无法成熟地处理生活的阴暗面。宝琳·凯尔[1]曾在《纽约客》上称赞《第三类接触》是"某种意义上最好的儿童电

1　宝琳·凯尔（Pauline Kael），美国著名影评人，被誉为20世纪下半叶最具影响力的媒体影评人。其评论特点是诙谐、尖锐、一针见血且固执己见。在1967到1991年间她为《纽约客》写作。——译者注

影"，她后来抱怨，"与其说斯皮尔伯格做了什么，不如说他鼓励了什么。其他人都在模仿他的幻想，结果却导致了文化的低幼化。"斯皮尔伯格的公开声明也没能阻挡人们对他的生活和工作做出如此贬低的评价。1982年，他说自己"仍是个孩子……为什么？我想是因为我可能还承担不了社会责任，内心深处也并不想直面世界。事实上，我不介意直面世界，只要我与世界之间架起一台摄影机。"

这番道歉中包含着一定的事实，甚至连他的崇拜者也对斯皮尔伯格的成长和发展潜力感到担忧：他会不会继续逃避作为一个完全成熟的男人和一个电影人的责任，沉溺于他对刺激冒险孩子气的喜爱（《夺宝奇兵》系列电影）、幼稚的幽默和夸张的制作（《一九四一》《铁钩船长》等）以及特效的奇幻盛宴（《鬼驱人》《侏罗纪公园》等）；然而，当踏入成熟的"性"领域时（《紫色》《直到永远》等），自觉地变得轻佻？他能够克服面对观众和面对自己的焦虑吗？在其职业生涯中，他只是断断续续地谈及这类具有社会意识且富有争议的话题。

在他的重要年份（1993年），见证了《侏罗纪公园》凭借近10亿美元的全球票房打破《E. T. 外星人》的票房纪录后，斯皮尔伯格终于用《辛德勒的名单》使许多诋毁他的人闭嘴。《辛德勒的名单》是他最精湛的作品之一，改编自托马斯·肯尼利的小说，讲述了一位非犹太商人从大屠杀中拯救了1100名犹太人的故事。这部电影被誉为"一场盛大的成人礼，一种成人仪式……标志着他的作品开始进入情感的成年期。"这种赞美是一把双刃剑，因为它暗示在斯皮尔伯格作为专业导演的第一个25年里，他从未完成一部严肃的、成熟的成人电影。这种假设不公平地诋毁了他那些最好的早期作品：从具有重大意义的电视电影《决斗》，到永恒的科幻经典《第三类接触》和《E. T. 外星人》，以及虽有不足但感人至深的剧情片《紫色》和《太阳帝国》。在斯皮尔伯格凭借《辛德勒的名单》开始频频获奖后，他的小学老师帕特里夏·斯科特·罗德尼评论道："我听他说'我终于拍出了一部严肃的电影'，我将这看作斯皮尔伯格式的幽默。"

"那些对我的成长表示惊讶的批评家其实根本不了解我，"斯皮尔伯格说，"这根本不是成长。《辛德勒的名单》对我来说是最自然的经历。我不得不讲这个故事，我就生活在它的边缘。"

但很少有人，尤其是斯皮尔伯格本人，质疑《辛德勒的名单》标志着他艺术的极大进步和他个人中年时期的成功。"我觉得有一种强大的力量将我拉回传统。"他当时说。这部电影是他个人与犹太身份长期斗争的高潮，这场斗争帮助他决定了自己的职业选择，以及他作为一名受欢迎的大众电影人的定位。在拍摄《辛德勒的名单》时，他曾在接受采访时提及这种斗争：

"我从来没有对自己感到舒服过，"他承认，"因为我从来都不属于大多数人……我觉得自己像个外星人……我想和其他人一样……我想成为一个非犹太人的渴望，就像我想成为一名电影人一样迫切。"

"我曾为自己是犹太人而感到羞愧，但现在我内心充满了骄傲。这部电影和我一起经历了从耻辱到荣耀的心路历程。有一天，我妈妈对我说：'我真的想让人们在某天看到一部你拍的、关于我们和我们身份的电影，不是作为一个种族，而是作为人本身。'《辛德勒的名单》就是这部电影。这是献给她的礼物。"

斯皮尔伯格早期对其犹太根源的拒绝和之后对此的逐渐回归，是一种他与许多犹太人共有的经历——他们都是二战和大屠杀后的婴儿潮一代。他是第二代美国犹太人的孩子，他们脱离了自己的根。对他们来说，"同化"是获得社会接纳和职业发展的部分代价。因此，斯皮尔伯格和许多同辈人一样，在成长过程中，对旧的文化遗存及其与上几辈人信仰之间的关联提出了质疑[1]。在艾森豪威尔时代的白面包文化[2]中，像斯皮尔伯格这样的婴儿潮一代犹太人逐渐脱离了他们的文化身份，变得越来越美国化，在很大程度上成了表面被同化、内心却被疏远的郊区居民。斯皮尔伯格和他的电影逐渐成为郊区生活经验的典型写照，而他自己，正如文森特·坎比所说，成了"郊区诗人"。这个称号不太能够赢得文化精英的尊重，这些精英蔑视20世纪50年代由郊区居民所代表的美国中产阶级气质。

斯皮尔伯格曾这样定义他拍电影的秘诀："将自己当作观众。"仿佛他自己的个性，通过意志的自我克制，已经同大多数人的个性没有什么区别了。他惊人的受欢迎程度表明，他被同化得多么彻底。尽管他的电影有时会招致社会批评，在《辛德勒的名单》之前，他拒绝承担一个具有社会意识的电影人的所有责任——他曾称自己在严肃主题上是"无神论者"——与他拒绝将自己定义为犹太人紧密相连。他面对着与自我重要部分失去关联的危险，而这一重要部分源于他作为少数族群的一员。

在把自己与犹太慈善机构和自由主义政治目标联系起来的同时，斯皮尔伯格更倾向于

1　虽然斯皮尔伯格的外祖父和外祖母都是犹太教正统派，但他的母亲只是断断续续地遵守犹太教规，他的家人都去保守的犹太教堂。——作者注（本书脚注中，除特别标明的，皆为作者注）

2　"白面包"代指白人中产阶级。——译者注

成为一名迎合最广泛观众喜好的电影人，他在很大程度上回避犹太题材，不像伍迪·艾伦和保罗·马祖斯基[1]等导演那样，公开表明自己的种族身份。尽管如此，斯皮尔伯格还是选择理查德·德莱福斯（"我的知己"）作为《大白鲨》《第三类接触》和《直到永远》的主角，换作其他导演，则可能选用一个白人新教徒来饰演这些角色，尽管斯皮尔伯格没有非常强调人物的种族背景。在《夺宝奇兵1：法柜奇兵》中，"约柜"释放出神奇力量摧毁抢走它的纳粹分子，反映出斯皮尔伯格与犹太神秘主义的密切联系，而且这是在一个不很严肃、逃避现实的故事中发生的；在《辛德勒的名单》后，斯皮尔伯格指出，他再也无法容忍把纳粹分子当作纯粹的娱乐人物。

斯皮尔伯格一贯回避具体的犹太主题，但1986年他担任监制的动画电影《美国鼠谭》则是一个例外。它讲述了一只名叫费韦尔·穆塞凯维茨的犹太移民老鼠的故事，它来到美国是为了逃离俄罗斯国内的迫害（被类似哥萨克的猫追捕）。《美国鼠谭2》（1991）延续了费韦尔的冒险：斯皮尔伯格以他深爱的外祖父的名字为这只老鼠命名。他的外祖父名叫菲利普·波斯纳，是一名贫穷的俄罗斯移民，意第绪语[2]名为费韦尔。

斯皮尔伯格的家族历史，反映了过去一百年间典型的犹太裔转变为美国人的历程——逃离俄罗斯城市和乡镇的迫害，去往宗教自由的新世界。接下来的几代人，又跳出美国中西部传统犹太社区的舒适和限制，到大型欧裔新教徒郊区寻找冒险与机遇。斯皮尔伯格的外祖父母虔诚信仰犹太教，而他对祖辈们价值观的抗拒，很大程度上形成一种防御机制，防止自己在一个以基督教为主导的社会中成长为一个"外星人"。随着受过大学教育的父母努力将家庭的社会经济地位上移，斯皮尔伯格一家从辛辛那提搬到新泽西州的卡姆登和哈敦镇，然后又向西搬到亚利桑那州的凤凰城和加利福尼亚州的萨拉托加，这种防御意识在他身上变得越来越强烈。

和20世纪许多犹太艺术家一样，斯皮尔伯格职业生涯的成功不是靠宣扬自己的"另类"，而是通过寻求被美国大多数人共同的文化基础所接纳，通过努力成为他们中的一员。"我一直努力让大多数人接纳我，"他在1987年说，"我很在意别人如何看待我——

1　保罗·马祖斯基（Paul Mazursky），美国编剧、导演、演员，代表作品包括《不结婚的女人》《两对鸳鸯》《敌人，一个爱的故事》《黑道家族》等。——译者注

2　意第绪语，日耳曼语的一种，属于西日耳曼语支，出自中古德语，通常由希伯来字母书写，大部分的使用者为犹太人。——译者注

首先是我的家人，其次是我的朋友，第三是公众。"

斯皮尔伯格年轻时选择把精力集中在拍电影上，而不是学业上，这是对犹太人推崇教育和读写能力传统的一种反叛。脱离上述犹太文化传统和以他父亲为代表的中产阶级价值观（父亲曾因为史蒂文放弃完成大学学业，拒绝追随他的脚步而感到绝望）——斯皮尔伯格以另一种犹太文化传统铸就他的命运，这种受人诟病但同样重要的传统，是由他祖父母一代犹太移民在好莱坞建立起的大众文化。受欢迎的故事讲述者们，从不起眼的犹太小镇中汲取丰富灵感并吸引大量观众，这些早期的好莱坞大师打造了关于美国梦的模式化流行影像。正如尼尔·加布勒在《属于他们自己的帝国：犹太人如何打造好莱坞》一书中写道："犹太人拍摄的影片，在伊赛亚·伯林的另一篇类似的文章中被描述为对社会大众'过分强烈的迎合或真切的膜拜'，伯林还指出，这种关注有时也伴随着一种潜在的不满情绪，导致了他同情地称之为'对事实的神经质扭曲'。好莱坞成为他们歪曲事实的工具和产物。"

直到步入中年，史蒂文·斯皮尔伯格才冒着巨大的、不可挽回的风险，在世人面前以完全接受自己种族和宗教传统的姿态来重新定义自己。拍摄《辛德勒的名单》是一种精神上健康和回归的行为，让他回到了童年时期在辛辛那提犹太教堂的最初记忆。"这真的是我的根。"他说。那个他8年前推迟做出的决定，最终促成了《辛德勒的名单》的拍摄——在38岁时，将童年抛在身后，并接受作为父亲的责任：

"我必须先组建一个家庭，首先我要弄清楚我在这个世界上的位置……当我的（第一个）儿子（麦克斯）出生时，我深受触动……一种精神在我内心燃起，在他出生和受割礼的那一刻，我成了一位犹太父亲。从那时起，我开始审视自己，回忆我的母亲、我的父亲、我的成长与我的童年。每次看电影我都会哭。我也开始为糟糕的电视节目而哭泣。有一段时间，我觉得自己有点崩溃。我试着回首往事，看看我错过了什么，结果我意识到，我错过了一切……"

"我突然想起了我的童年，鲜活地回忆起我父母和祖父母给我讲过的故事……我的父亲是一个伟大的故事家，我的外祖父费韦尔讲起故事来也很了不得。我记得4岁还是5岁的时候听过他讲故事，那时我坐在他膝盖上，紧张得不敢呼吸。我的外祖父来自俄罗斯，他讲的大多数故事都源自这个古老的国度。"

费韦尔讲的其中一个故事是关于他接受教育的经历。作为一个19世纪晚期在俄罗斯敖德萨长大的犹太人，由于沙皇政府对犹太人接受高级教育人数的名额限制，费韦尔被禁止进入中学。但是他找到了一种绕过法令的方法，史蒂文记得费韦尔是这么告诉他的："他们允许犹太人通过打开的窗户听课，所以我基本上都会去听课，无论春天或秋冬，我都会坐在窗外，甚至在大雪中听课。"

这段记忆的另一个版本是《美国鼠谭》中的呈现。与家人分离来到纽约后，费韦尔·穆塞凯维茨绝望地把鼻子贴在一块玻璃上，看着一群美国小老鼠上课。它终究是一个外来者，即便在美国，这个陌生而自由，本应该"没有猫"的新国度。虽然史蒂文·斯皮尔伯格没有他祖父对教育的那种渴望，但他成了一个会讲故事的人，他永远不会忘记那个坐在教室外的小男孩，这个形象向他展示了在充满敌意的国度里作为一个犹太人的感受。

在俄罗斯这个反犹主义根深蒂固的国家，在经济和政治动荡时期，犹太人总是容易成为替罪羊。19世纪末，俄罗斯犹太人遭受的大屠杀越来越频繁，也越来越残酷（俄语中将此表述为"毁灭"）。童年时代，史蒂文充满好奇地听祖父母讲述大屠杀的故事。法律进一步限制了俄罗斯犹太人的社会和经济自由，迫使他们只能住在犹太小镇里，并禁止他们从事除特定贸易外的大多数职业。1881—1914年间，有近200万犹太人从俄罗斯和东欧逃往美国，欧文·豪[1]在《父辈的世界》一书中写道："在现代犹太历史上，这一移民数量仅有从西班牙宗教法庭中叛逃的人数可与之相较。"小说家亚伯拉罕·卡汉也评论过，美国"不仅被看作是一块盛产牛奶和蜂蜜的土地"，"而且，更是一处充满神秘、未知和奇遇冒险的地方"。

史蒂文·斯皮尔伯格的祖先便是那次大移民中的一员，最后他们定居在热情友好的美国中西部城市辛辛那提。用历史学家乔纳森·萨马的话来说，当时那里是"阿利根尼山脉以西最古老、最讲究的犹太社区"。他的一些亲戚留在俄罗斯继续生活，还有一些后来去了以色列，但许多没有移民的亲戚在纳粹大屠杀中被杀害。他的父亲估计，在乌克兰和波兰的大屠杀中，他们失去了16到20名亲人。

阿诺德·斯皮尔伯格认为，斯皮尔伯格家族可能发源于奥匈帝国，一些祖先在移民到俄罗斯之前，可能居住在斯皮尔伯格公爵控制的一片地区。斯皮尔伯格家族的名字，在奥地利高地德语中的意思是"娱乐山"。斯皮尔（spiel）意味着娱乐或舞台剧（英语单词"spiel"的意思则是背诵），伯格（berg）的意思是山或丘陵。对于一个在演艺圈工作

---

1 欧文·豪（Irving Howe）美国作家，是东欧犹太移民的后代，曾任普林斯顿大学客座教授，并先后执教于布兰迪斯大学、斯坦福大学和纽约城市大学。代表专著包括《舍伍德·安德森评传》（1951）、《托马斯·哈代批评研究》（1968）等。1977年以《父辈的世界》一书荣获美国国家图书奖。——译者注

的爱玩的成年人来说，这个戏剧性的名字恰如其分，并且斯皮尔伯格从小就喜欢建造和拍摄微型山脉。在《第三类接触》中，就出现了一座充当关键情节道具的"娱乐山"：理查德·德莱福斯在自己的客厅里着魔般地搭建怀俄明山的模型，在电影的科幻结局中，外星母舰就是在怀俄明山登陆的。早在史蒂文还是加州长滩市的一名大学生时，他和父亲阿诺德就成立了一家名为"娱乐山影业"的电影制作公司。

史蒂文的祖父什穆埃尔·斯皮尔伯格于1873年出生在俄罗斯的卡缅涅茨—波多尔斯克（Kamenets-Podolsk），来到美国后改名为塞缪尔。卡缅涅茨—波多尔斯克曾由波兰立陶宛联邦贵族统治，在波兰语中被称为卡缅涅茨—波多尔斯基（Kamenets-Podolski），现在是早已独立的乌克兰的一部分。1897年，也就是塞缪尔去往美国的前几年，卡缅涅茨的人口约有4万，其中约有1.6万犹太人。

大多数犹太人把意第绪语作为他们主要或唯一的语言，他们和所有俄罗斯犹太人一样生活在一个紧密团结、相对隔绝的社区里，这个社区的宗教和文化传统，给在充满敌意中生存的他们带来了安慰与相互支持。尽管在沙皇亚历山大三世和尼古拉二世统治期间，反犹主义渗入了这座城市的许多机构，但据卡缅涅茨犹太人生活纪念册报道，"总体而言，城里的犹太人和非犹太人之间的关系是正常的。"即使在1881年的乌克兰大屠杀和1905年的大范围屠杀期间，卡缅涅茨也没有发生大屠杀，尽管有肆意破坏犹太人财产的行为出现。

史蒂文的祖父塞缪尔是梅耶·斯皮尔伯格和妻子贝莎（贝茜）·桑德曼的次子。梅耶是农民、牧场主及猎人，夫妇俩还有三个女儿。大约5岁时，塞缪尔的双亲死于流行病，他是由哥哥艾弗罗姆抚养长大的（为了纪念他，阿诺德·斯皮尔伯格的希伯来名字取作艾弗罗姆）。塞缪尔在他哥哥的农场里当牛仔，放牛牧马。那时，犹太人要被强制招入沙皇军队服役6年，塞缪尔设法加入了军队乐队，演奏中音铜管。阿诺德回忆："由于待在乐队里，父亲设法避免了枪炮和杀戮。后来他成为俄国军队的买牛人。他曾经到西伯利亚去买牛，也和满洲人做过生意。日俄战争（1904年）爆发时，他说：'我不会再回到军队了。'1906年他逃到了美国，1908年与我母亲结婚，将她也带到了美国。"

塞缪尔（什穆埃尔）·斯皮尔伯格的妻子丽贝卡·切奇克，被史蒂文这一代叫作贝克奶奶，她是纳克曼（内森）·莫杜霍夫·切奇克和莱茨尔（瑞秋）·尼格诺娃·亨德勒的女儿，这对夫妇共有8个孩子。切奇克的家族名，在俄语中也拼作"Tsetsik"，意思是"红雀"，后来被美国化为蔡斯（Chase）。

阿诺德·斯皮尔伯格回忆，他的外祖父那赫曼·切奇克一家在苏迪尔科夫拥有一家啤酒厂。苏迪尔科夫位于卡缅涅茨区，是靠近舍佩托夫卡较大的城镇，家族中一些其他的成员过去就住在那里，现在这个犹太小镇已经不复存在了。那赫曼"喜欢诵读并研习托拉经[1]。外祖母经营啤酒厂，她是个精明的女人，她和孩子们一同经营这门生意。他们的长子，我的伯父赫歇尔，是一名酿酒大师。那些日子里，老犹太男人们不是在做生意就是在研习托拉经，那就是他们的日常生活"。1897年，俄罗斯政府禁止犹太人进行啤酒贸易，外祖母的一些兄弟姐妹最终移民到了中国。他们先是住在哈尔滨，后来又搬到上海的英租界，史蒂文·斯皮尔伯格执导的二战题材电影《太阳帝国》的开场就设置在那儿。

阿诺德的父亲塞缪尔·斯皮尔伯格，曾在辛辛那提做过几年杂货商和小贩，后来从事稳定但收入不高的批发商工作，在镇上的西三街开了一家商店，"他会去印第安纳州、肯塔基州和俄亥俄州的小商店，买下他们卖不出去的商品，那些所谓的批发货或次品货，再把这些货物运回自己的商店，转卖给其他批发商或零售商，同时也做一些小额零售生意[2]。"

阿诺德的母亲丽贝卡是一位"非常有魄力的女性。她照顾孩子们并管理家务。对政治很感兴趣——我们很早以前就都是民主党员——她读过很多书，也看戏和听音乐会。她会加入各种犹太组织。"史蒂文母亲的老朋友米尔德丽德（米莉）·弗里德曼·缇格回忆，丽贝卡是"一个坚强、有力量的女人，非常聪明，而且比她丈夫更加强势"。

除了1917年2月6日出生的儿子阿诺德·梅耶·斯皮尔伯格，丽贝卡和塞缪尔还有一个小儿子艾尔文（又叫巴迪或巴德）和一个女儿娜塔莉。艾尔文长大后成了一名航空工程师，曾参与美国宇航局的太空计划。娜塔莉后来嫁给了雅各布（杰克）·古特曼，并与丈夫一同开办了一家生产蛋糕装饰的家族企业，她于1992年去世。

史蒂文母亲的波斯纳家族起源于波兰。"波斯纳"的意思是"一个来自波兹南的人"，波兹南是波兰西部一个省会城市的名字。波兹南在18世纪末被普鲁士接管，正如已故的美国犹太史学院院长雅各布·雷德·马库斯博士在1994年的一次采访中所说："德国

1　犹太《圣经》，狭义上指《旧约》首五卷。——编者注
2　史蒂文·艾伦·斯皮尔伯格的祖父在他出生之前便去世了，因此他的希伯来语名字取作什穆埃尔（Shmuel）以纪念祖父。当被问到为什么不给史蒂文取名塞缪尔（Samuel）时，阿诺德回答："我们给他取了一个英语化的名字'史蒂文'。我们是特意取的，我们不想给他一个出自《圣经》的名字。而艾伦（Allan）则源自希伯来语名字阿哈龙（Aharon）。我们就是喜欢艾伦这个名字，没什么特殊原因。"

人鄙视波斯纳。如果一个德国人说，'他是一个波斯纳'，这意味着他蔑视这个人。"但是，史蒂文·斯皮尔伯格的波斯纳祖先在俄罗斯比斯皮尔伯格家族有着更为世界化的背景，因为他们有着国际化的家乡——黑海上的敖德萨港口，被称为"俄国巴黎"。

然而，犹太人在敖德萨并不比在俄罗斯其他地方更受欢迎。敖德萨经常发生反犹太骚乱，1905年那里发生了一场异常严重的大屠杀，战舰波将金号上的水手发动了兵变，发起一场未遂的革命，谢尔盖·爱森斯坦的经典电影《战舰波将金号》便是以此事件为题材，其中包括著名的"敖德萨阶梯"事件。当敖德萨的犹太人庆贺沙皇的改革承诺时，400名犹太人在4天的报复性袭击中被杀。1905年，这样的袭击也发生在俄罗斯其他几个地方，并且因为受到当局煽动，在警察和哥萨克人的帮助下由当地的匪徒施行。

发生骚动的1884年，也正是出生于敖德萨的菲利普·波斯纳逃往辛辛那提的同一年，他想为自己和家人创造新的生活，他希望这样做可以远离迫害和暴政。他继续保持着虔诚的犹太正统派信仰，抵制哈斯卡拉运动[1]的现代化影响，以及在敖德萨蓬勃发展的犹太启蒙运动和美国改革运动。尽管他没受过正规教育，但敖德萨的文化骚动仍在他的思想中留下了印记。这位并不那么成功的艺术家菲利普·波斯纳，把他对艺术的热忱传承给了女儿和他著名的外孙。

菲利普的父母西蒙·波斯纳（伊齐基尔·波斯纳和安娜·费德曼的儿子）和米丽娅姆·拉辛斯基（本杰明·拉辛斯基的女儿）紧随其后移民到辛辛那提，在那里，西蒙·波斯纳和塞缪尔·斯皮尔伯格一样成了一名批发商。作为家里6个孩子中最大的一个，菲利普也跟着父亲从事了同样的职业，靠卖衣服和其他商品来养活他的前妻珍妮·弗里德曼，以及他们的两个孩子莉亚和伯纳德（伯尼）。

"菲利普·波斯纳是一个非常情绪化的人，"他的女婿阿诺德·斯皮尔伯格回忆，"他是一个虔诚的教徒，非常遵守教规。他常去犹太教堂，早晨、晚上、任何时候。他曾经很富有，但最终他和许多人一样被大萧条压垮。"

有一次，莉亚回忆道，她的家人饿了好几天，直到她父亲通过倒卖旧珠宝赚了10美元，他还用这笔钱带家人去度假。"尽管我们家很穷，但是我们从未被打垮"。

1　哈斯卡拉运动，指18世纪至19世纪欧洲犹太人的一场运动，致力于加强非宗教性的学科、欧洲语言和希伯来文的教育以补充对传统《塔木德》研究的不足。在很大程度上受欧洲启蒙运动的启发，所以有时又称犹太启蒙运动。起源于一些富裕且有社会地位的"流动犹太人"，他们希望借助改革使犹太人摆脱被隔离的生活，从而进入欧洲社会和文化的主流。——编者注

菲利普大部分时间在家工作，史蒂文喜欢在外祖父家的阁楼上玩耍，那里堆满了商品——鞋子、袜子、鞋带、皮带扣和领带夹。同为犹太商人的诺曼·康明斯经营着一家服装折扣店，他会买下菲利普卖不出去的货物，并将这"当作一种祝福"。康明斯的妻子伊迪丝回忆道："波斯纳先生是一个瘦小、和蔼可亲的人。他有一所非常漂亮、舒适的小房子。我会和我丈夫去那里，和史蒂文聊聊天。这个孩子骨瘦如柴，但非常活泼。谁能想到有一天他会成为一个大人物？史蒂文会坐在那里蘸着一杯牛奶吃曲奇，当他吃完后，他的祖母会把饼干屑从牛奶中滤出来，再把牛奶倒回去。我对此印象深刻。我不知道那样做是出于贫穷还是节俭。"

就像《美国鼠谭》里会拉小提琴的鼠爸爸一样，史蒂文的外祖父菲利普也将心血倾注在音乐而不是生意上，他喜欢弹吉他、跳芭蕾。莉亚继承了父亲对音乐的热爱，但她觉得父亲的创造力已被谋生的艰辛所消磨。菲利普的哥哥鲍里斯是史蒂文·斯皮尔伯格亲戚中已知的第一个进入演艺圈的人。他在意第绪语剧盛行时担任过莎士比亚剧的演员，莉亚记得鲍里斯曾在客厅里用意第绪语独自练习哈姆雷特那句"生存还是毁灭"的著名台词。鲍里斯还是一名杂耍演员，有时会戴着草帽、拿着手杖，又唱又跳。后来他成为马戏团里一名驯狮员。斯皮尔伯格1995年制片的动画电影《小狗波图》以20世纪20年代的阿拉斯加为背景，其中就有一只被叫作"鲍里斯叔叔"的俄罗斯犹太难民鹅。

莉亚的母亲珍妮生于1882年，是土生土长的辛辛那提人，她在俄罗斯移民路易斯·弗里德曼所生10个孩子中排行老二。路易斯·弗里德曼和萨拉·莉亚·内森于1870年经由伦敦来到美国。弗里德曼的父亲名叫伊斯雷尔·弗里德曼，1830年出生于波兰——是史蒂文的祖先中能追溯到出生日期的最早的一位——1883年在辛辛那提死于肺气肿。路易斯有一段时间曾从事他父亲的职业，他也做过马车夫和旅行推销员。

史蒂文的外祖母珍妮是一位活泼勤奋、很有主见的"美国女士"，正如家族好友米莉·蒂格所描述的那样，"（史蒂文的）两个祖母都比祖父更自信"。移民过来的男人往往会是这样，因为来到美国之后，他们以前拥有的传统主导地位，会在严酷的经济现实和更自由的道德观念面前逐渐瓦解。

1915年嫁给菲利普·波斯纳之前，珍妮曾和姐姐伯莎一起经营过一家女帽店。珍妮还在辛辛那提大学主修过英语。阿诺德·斯皮尔伯格记得她是"一个非常聪明的女人，一个有教养的温柔女性"。她把所有她喜欢的人都称作"娃娃"（Dolly），包括她的女儿莉亚。莉亚出生于1920年1月12日，遗传了母亲活泼开朗、直爽坦率的性格。

珍妮"从来没有受制于家庭"，莉亚羡慕地回忆道。珍妮婚后做过一段时间的女帽商和店员。后来，她在家里教德国犹太移民英语，其中许多人是从纳粹手中逃出的难民，他们的学费由当地犹太慈善机构支付，以帮助他们适应美国的生活，并为申请美国国籍做准备。但是，这位完全现代化的美国女士的丈夫，从来不甘舍弃他既有的生活方式。

菲利普·波斯纳蓄着长长的白胡子，穿黑色正统犹太大衣并头戴小帽。在成长过程中，史蒂文对外祖父的穿着打扮和经常性的祷告行为感到十分难堪，以至于当外祖父来访时，他总是设法阻止自己的非犹太朋友到家里来。史蒂文8岁时住在新泽西州的哈敦镇，一天他与一些朋友在街上玩橄榄球，"突然我的外祖父戴着圆顶小帽，从家里走出来，大声喊道：'什穆埃尔！什穆埃尔！（史蒂文的希伯来名字）'我没有答应，假装不认识他。我不承认这是我的名字。我的朋友们说：'他在往你的方向看呢。他是在叫你吗？'他们指着我，我赶紧说：'不，不是我。'我无视他的存在"。

虽然美国西部的皇后城不是19世纪俄亥俄州历史学家所赞颂的"希伯来人的天堂"，但斯皮尔伯格家族和波斯纳家族觉得，这仍然是一座主要居住着德裔美国人的安宁的城市，犹太人和非犹太人在这里一同过着相对和谐与富足的生活。

阿诺德·斯皮尔伯格在成长过程中只遇到过"少许"反犹主义骚扰：比如有一次，一名腰带上佩戴着三K党[1]徽章的男子喊他"犹太男孩"。"但我所住的那条街是世界上最好的街道，"他怀念地回忆，"冬天的时候，城市会被封锁，我们就划雪橇玩。这条街一直延伸到一个公园，我们在那儿有一个球场。那里有一片树林，也能进去玩。这是一个利于孩子成长的好地方，你再也不可能找到更好的地方了。"

尽管如此，这里的犹太人数量还是少于东海岸线的那些城市——史蒂文·斯皮尔伯格出生时，辛辛那提的47.5万居民中犹太人只占5%，即2.2万人——乔纳森·D. 萨马和南希·H. 克莱恩在1989年合著的《辛辛那提的犹太人》（*The Jews of Cincinnati*）一书中写道，辛辛那提长期以来一直被视为"犹太版本的美国梦"。

这座城市犹太社区的历史最早可追溯到1814年。辛辛那提是改革运动的发源地，由拉比（犹太教教士）艾萨克·迈耶·怀斯于19世纪中叶建立，旨在对传统的犹太教进行自由

---

1 三K党（Ku Klux Klan，缩写为K. K. K.），是一个奉行白人至上和歧视有色族裔主义运动的党派，也是美国历史最悠久、最庞大的种族主义组织。——译者注

化和美国化。辛辛那提是希伯来协和学院、《美国以色列人》报和美国犹太档案馆等著名改革机构的所在地。斯皮尔伯格出生在位于埃文代尔的无宗派犹太医院，是美国历史最为悠久的犹太医院。由于受到德国的强烈影响，辛辛那提也未能免于反犹主义的侵扰。萨马对此总结道："在很多方面，辛辛那提犹太人的生活境遇都太好了，好得令人难以置信。"也许是犹太人来到辛辛那提的时间很早，因此赢得了开拓者的地位。长期以来，他们一直被视为城市生活、政治和文化不可分割的一部分，尽管他们并不总是那么容易参与到经济活动中。

19世纪末，大量像斯皮尔伯格祖父母这样的俄国犹太人开始涌入美国，他们所面临的诸多障碍之一，就是那些先到来的德国犹太人对他们的敌意。定居美国的德国犹太人认为，自己比那些到此来寻求帮助和投靠亲属的新移民更有教养、更有经济实力、更有文化。对于斯皮尔伯格的祖父母和父母来说，在辛辛那提的大部分生活中，他们的德国犹太邻居"对东欧新移民都很蔑视"。雅各布·马库斯谈道："德国犹太人在社会、文化和经济上都占主导地位，通常，一名德国犹太人周围至少会围绕着5到6个东欧人，包括俄罗斯人、波兰人、罗马尼亚人和东匈牙利人。直到约20世纪30年代或40年代，一些日耳曼人才开始与东欧家庭通婚。"他发现在住房方面也是如此，德国犹太人"总是住在东欧人前面一条街，他们永远避免碰面。直到1950年左右，这道界线仍十分清晰。"

伴随汽车在世纪之交时出现，辛辛那提就像《伟大的安伯逊家族》中的西部城市一样，"难以置信地在中部崛起"。随着崛起和扩张，它吞并了马车时代的远郊地区。原来的内城变成了贫民窟，由黑人和最贫穷的白人占据。埃文代尔是犹太人离开西区所迁往的第一个上流郊区，到了20世纪20年代，这里成为该市主要的犹太人聚居地。斯皮尔伯格的祖父母和父母就住在那里，史蒂文也出生在那里，他在那里度过了一生中最初的两年半时光[1]。

埃文代尔的罗克代尔大道以北，较为时尚的街道，最初是德国犹太人的地盘。正如公共事业振兴署的城市指南所言："正统派的犹太人渗入郊区南部，并逐渐向北迁移，在罗克代尔大道附近的雷丁路建立了一个热闹的商区。"当时阿诺德和莉亚住在位于列克星

1　斯皮尔伯格1989年宣称，他打算根据妹妹安妮撰写的剧本《回家》拍摄一部电影，讲述自己在辛辛那提的童年时光。这部电影必须找外景地拍摄，因为"洛杉矶没有看起来像辛辛那提的地方——一个也没有"。

敦大道817号的公寓。这个商区从距离该公寓不到一个街区的地方开始，沿着穿过阿达斯以色列犹太教堂的那条路一直延伸到雷丁路，涵盖附近的森林剧院。当阿诺德还是个孩子的时候，"每周六我们都会拿着五美分硬币到森林剧院去看电影。我喜欢大多数的冒险电影，以及所有道格拉斯·范朋克的电影，他的所有系列"。

埃文代尔南部是一个犹太人聚居区——温暖而简朴——来自故土的史蒂文家族支系以及一些兰德斯莱人，共同生活在这里。尽管祖父塞缪尔·斯皮尔伯格在他出生前一年就去世了，但史蒂文在成长过程中拥有一份如今很少有孩子能与之相比的优势，那就是三位祖父母都生活在同一个社区。

莉亚的父母菲利普·波斯纳和珍妮·波斯纳，从1939年起就在格伦伍德大街819号租了一栋白色木屋（这是他们结婚以来的第5个家）。阿诺德·斯皮尔伯格记得，那是"一座非常美的房子。我在辛辛那提上大学时，他们就住在一个街区之外。莉亚会去父母家，我放学后，一家人会坐下来吃安息日的午餐。我们会在午饭后祈祷和唱歌，我学会了他们所有的歌"。

塞缪尔和丽贝卡夫妇曾经搬过10次家，直到1935年，他们在范·安特威普广场租下半套红砖复式公寓。"我们这条街上95%是犹太人，"阿诺德回忆道，"而且他们都是成功人士，比如医生、牙医或律师，他们非常注重教育。我哥哥和我是那条街上少有的工程师。我们过去常常一起谈论这些家庭有多么虔诚，我的朋友几乎都是正统犹太教人。我们是街上为数不多的保守派家庭之一。"塞缪尔去世后，丽贝卡在孩子们的赡养下继续居住在那里。尽管1996年《福布斯》杂志估计塞缪尔的孙子斯皮尔伯格的身价已高达10亿美元，但塞缪尔的遗产加起来仅有1728.57美元，在扣除他的疾病、丧葬和遗嘱检验费后，丽贝卡得到了1182.15美元。

史蒂文出生时，埃文代尔的许多老房子已经被改造成复式公寓，或者被分割成三到四套公寓，以前的顶层女佣房通常被改作老年人或未婚家庭成员的小公寓。1945年9月阿诺德从美国航空部队退役后，他和莉亚从贝拉·普利兹太太那里租了一套位于列克星敦大道的一楼普通公寓。普利兹太太和女儿住在楼上（斯皮尔伯格夫妇住在一楼，是两套公寓中的一套）。历史学家雅各布·马库斯回忆道，尽管德国犹太人已经迁出埃文代尔，陆续向北迁入更清新的乡村郊区，但在那些年里，这里仍然住着"最糟糕的中下级阶层"。随着退伍军人从战场上归来，住房变得越来越稀缺，新婚燕尔的斯皮尔伯格夫妇很幸运才找到一套像样的公寓。

"这是一个还不错的社区。"他们的邻居佩吉·希伯特·辛格曼回忆道。这些房子"有很大的后院，前面有宽敞的门廊，还有秋千"。这些房子很雅致，有些房子的木工很好。在20世纪50年代白人逃离埃文代尔之后，犹太人也抛弃了埃文代尔继续向社会的经济上层攀升，将这个地方让给了黑人。史蒂文孩提时期住的房子至今还在，现在是南方浸信会的出租房产。1967年，南方浸信会买下街对面的阿达斯以色列教堂，现在这座教堂已成为国家的历史性地标。

辛辛那提的犹太飞地有着非常舒适宜居却受限制的环境，阿诺德和莉亚是典型的第二代美国犹太人，他们希望自己和孩子过上更好生活的愿景，促使他们离开已经衰颓的家乡，去往郊区的美丽新世界。

阿诺德·斯皮尔伯格的妹妹娜塔莉·古特曼回忆："一直以来，阿诺德都是一个喜欢发问、乐于探索、非常聪明的人，他对知识的求索从未停止。"当阿诺德在埃文代尔上小学时，却被认为是一个"书呆子"，据阿诺德的同学伯纳德·戈德曼博士说："他不太合群。其他孩子打球时，他似乎从不参与，也不在一旁观看。他可能有自己的兴趣。"

从少年时代早期开始，阿诺德的主要兴趣就是科学："我最早是受到了住在（我们这栋楼里）楼上住户儿子的影响，他经常摆弄无线电。那时我还是个小孩，大约六七岁，我经常去地下室看他做东西。后来隔壁搬来了另一个家伙，他是一个无线电修理工，他会给我一些零件。我永远不会忘记一件事——有一天，当我去上学时，我走在温德姆大街上，发现垃圾桶里有一块无线电零件。我将它捡起，赶忙跑回家，打开门喊道：'妈妈，别把这东西扔了！'然后我才去上学，一上完课，就迫不及待回到家——那是一个有人试着修过却没修好的晶体检波器。我直接把电线接到了连接点上，它就开始工作了。这是1927或是1928年发生的事，那时我才10岁。

"我永远不会忘记我叔叔从中国东北来美国时，我给他戴上耳机的那一刻。这是他第一次听收音机。家人认为我疯了，说我是一个'疯头疯脑的科学家'。我总是对磁学和电学的东西很感兴趣，例如制造磁铁、燃烧电池、用旧收音装置里的电池造出令人惊叹的物件。我以前经常跑到别人家去问：'你们家有没有用完的电池？'他们会把旧电池给我，我会从中提取一些电量，把它们串联起来，弄出一些电火花。这些不过是小儿科。"

阿诺德和只比他小一岁的弟弟艾尔文，有着共同的爱好。"他们喜欢在阁楼上电老鼠，"他们的侄子塞缪尔·古特曼回忆，"阿诺德（从15岁起）就是个业余无线电爱好者，有一次不知怎么回事，他的天线系统干扰了附近住户的无线电接收，吓坏了邻居。还有一次，我妈妈急了，一拳朝他们打去，将玻璃门都打碎了。"

"阿诺德在学校里非常聪明，但在家里总是胡闹——他制造过各种各样的科学小玩意儿，"家族好友米莉·蒂格回忆，"他在20世纪30年代造出了一台电视机，比任何人都早，比任何人都先知道电视机长什么样。每个人都问他：'阿诺德，你在造什么东西啊？'"

阿诺德的一些奇思妙想可以归因于他对阅读科幻小说的强烈兴趣，这一兴趣后来传给了他的儿子。"我从7岁起就阅读科幻小说，从最早的《惊异传奇》（Amazing Stories）开始，"阿诺德说，"《惊奇》（Amazing）、《惊骇》（Astounding）、《模拟》（Analog）——我到现在仍在订阅这些小说杂志，我的孩子们过去常会抱怨：'爸爸在厕所里看科幻杂志，我们都没法进去了。'"

塞缪尔和丽贝卡在家几乎都说俄语，他们在大萧条时期入不敷出，供不起阿诺德和艾尔文上大学。1934年从休斯高中毕业后，阿诺德与大学的奖学金失之交臂，不得不同时干着两份远远低于他能力的工作。他母亲的亲戚勒曼兄弟在肯塔基州的一个河边小镇上开有一家连锁百货商店，他在那儿当店员。

在成为勒曼兄弟的某家店的经理之前，阿诺德曾在肯塔基州的辛西亚纳为他的堂兄、丽贝卡的侄子马克斯·蔡斯担任经理助理。马克斯在20世纪30年代初送给阿诺德一台电影摄影机，这段经历最终促成阿诺德的儿子史蒂文成为电影人。"我住在肯塔基州的时候就开始拍一些家庭影像。"阿诺德回忆说，"我表哥买了一台最早的8毫米电影摄像机，他不知道如何使用它，所以对我说：'给，你来用它吧。'我开始拍片子的时候大约17岁。我以前拍过很多垃圾片子，你懂我的意思吧？家庭和琐事之类的。没什么好的，都只是一些片段[1]。"

阿诺德在勒曼兄弟那里一直工作到二战爆发。1942年1月，他加入美国陆军通信队，但很快又被调入空军队。在巴基斯坦的卡拉奇当过飞机零件运输员之后，他应用自己的业余无线电操作经验成了一名无线电操作员。他先是驻扎在卡拉奇，后来又驻扎在加尔各答

1　阿诺德·斯皮尔伯格至今仍在拍摄家庭电影，他用一台索尼High-8摄影机和儿子给他的专业AVID剪辑系统记录自己的旅行。作为一名电子行业顾问，阿诺德同时也参与工业电影的制作。"退休后，他们一直对我说：'就凭你姓斯皮尔伯格，你就应该会拍电影。'所以他们就拉我去拍电影。"

境外。在中缅印战区的行动中，他是B-25轰炸机中队的一员，摧毁了日军在缅甸的铁路、运输和通信系统，为他的分队赢得了"缅甸桥梁破坏者"的称号。阿诺德回忆，尽管他"驾驶飞机执行过几次任务"，但在战争的大部分时间里，他都负责管理中队的通信室。"起初我决定当一名无线电炮手，但他们说：'不，如果你会修理无线电，就最好留在地面。'他们不让我再飞了。"1944年12月，阿诺德被调回美国，在俄亥俄州代顿的赖特机场服役直到战争结束。

为了战胜法西斯主义，美国社会各界都做出了极大牺牲，纳粹大屠杀各方面事实的逐渐浮现，使战后美国犹太人得以被社会接纳并获得经济上的发展机会。冷战时期，美国与苏联之间的激烈竞争，也为犹太人在战后打开了通往高等教育、科学和商业领域的大门，同时也让基督徒在与犹太人的社会交往中变得更加宽容，他们至少不那么公开地宣示反犹主义。

对阿诺德·斯皮尔伯格来说，战时服役带给他最直接和最深远的好处就是《退伍军人权利法案》，这最终让他和其他220万美国退伍军人一样上了大学。正如他们其中一人所说，《退伍军人权利法案》为退伍军人们提供了"一张通往更美好生活的入场券"。

该法案让这位前百货公司的经理有了进入大学的可能。1949年6月，阿诺德·斯皮尔伯格在辛辛那提大学获得了电子工程学位，并促成他在计算机工程领域取得极大成功。阿诺德回忆说，他父亲去世前看到儿子上了大学，并"引以为傲"。

"阿诺德在学术上绽放光彩，"家族世交米莉·蒂格评论道，"他完全像变了一个人。他娶了莉亚，莉亚鼓励他上大学。莉亚当时已经是辛辛那提大学的一名毕业生，她是一个聪明的女孩，才华横溢、性格外向。我想她也想让阿诺德接受良好的教育。结果证明阿诺德真的是一个极其聪明的人，他最终成了计算机领域的佼佼者。阿诺德当时在新泽西工作，研究早期的计算机。他经常跑回辛辛那提，有时他会坐在我们家厨房的桌子旁，计算数字的13次方。我不知道他在喃喃自语什么。我会对他说：'闭嘴，阿诺德。'"

史蒂文·斯皮尔伯格的母亲在辛辛那提的大学预科学校胡桃山高中上学时，"有点胆小。我也和她一样。"她当时的同学伊迪丝·卡明斯回忆道，"我们不是那种舞会皇后型的女生，她相貌平平。"

"我看上去和别人不太一样，"莉亚对《犹太母亲名人堂》（*The Jewish Mother's Hall of Fame*）一书的作者弗雷德·A.伯恩斯坦说，"但我从来不想改变自己。如果我有一个小巧的狮子鼻，也许就不用展现自己的个性了。因此，我去学弹钢琴。我其实也算个人物。我热爱生活，也相信自己。"

"她和斯皮尔伯格一家太不一样了，"米莉·蒂格说，"她总是神采奕奕。而他们都身形更加高大，皮肤更黑。她身高不到一米五，金发碧眼，双目炯炯有神，说话时表情丰富。阿诺德非常聪明，也很成功，但我认为莉亚更像一名'全才'。她是个非常有远见的人。"

1939年，莉亚开始与阿诺德·斯皮尔伯格约会。当时阿诺德和莉亚的哥哥在一起上高中。"我们都爱打网球，"阿诺德的妹妹娜塔莉回忆道，"莉亚当时在和别人谈恋爱，但是她和前男友分手后，我就把她介绍给了阿诺德，因为我觉得他俩十分般配。"

20世纪40年代初，莉亚曾在著名的辛辛那提音乐学院求学，追逐自己的音乐梦。她计划将来成为一位钢琴家，并已经有了一些公开表演的经历，她的家人对此感到高兴和骄傲。莉亚是"一个非常有天赋的钢琴演奏家"，阿诺德说："史蒂文继承了她很多艺术天分。"

莉亚在大学时主修家政专业，毕业后在市区的联合车站，担任旅行者援助协会的社工。1945年2月25日，她与阿诺德在埃文代尔南部的以色列圣会犹太教堂结为夫妻，当时阿诺德还在莱特机场服役。莉亚随丈夫来到代顿后，便在当地的社会服务部门工作。那年晚些时候，阿诺德退伍，他们又回到了辛辛那提。莉亚曾在犹太医院操作了几个月的心电图检查，在史蒂文出生前不久，她辞掉了那份工作。由于家庭的需要，她偏离了艺术生涯计划的轨道，她把自己的艺术抱负寄托在儿子身上，但她从未荒废过弹琴。

"我们结婚后买的第一件家具是一架钢琴，"阿诺德说，"我们的床是借来的，却买了一架鲍德温小型立式钢琴。"阿诺德小时候上过钢琴课，是个热心的音乐听众。"我们收集了大量古典音乐唱片，"他回忆道，"从前我们家一直放着古典音乐。"怀孕期间，莉亚大部分时间都在钢琴上弹奏古典乐曲，当史蒂文还是个裹着尿布的婴儿时，他妈妈坐在钢琴凳上，而他坐在妈妈腿上，边听边学着敲出琴音。有时阿诺德也加入他们："我学的乐理知识足够看懂音符，所以当她弹琴时，我会帮她翻琴谱。"

音乐以意想不到的方式影响了史蒂文。"史蒂文总是有着非常丰富的想象力，"莉亚说，"他什么都害怕。他小时候会坚持让我把钢琴盖掀起来，这样他就能在我演奏时看到钢琴内部。接着他会倒在地板上，恐惧地尖叫。"曾见过史蒂文小时候和母亲一起坐在钢琴前的米莉·蒂格认为，莉亚的音乐对史蒂文的早期影响，是"理解史蒂文创造力发展的关键：当他听到妈妈弹奏出如此美妙的音乐时，他到底会想到什么呢？"

就像同为神童的导演奥逊·威尔斯一样，斯皮尔伯格也从父母的各方面能力中汲取了多种艺术天赋。威尔斯的父亲也是一位发明家，母亲同样是一位钢琴家。史蒂文曾说自己是"基因超载"的产物，父亲将史蒂文的个性描述为"幸运的协同作用"，并解释说史蒂文的母亲是"一个非常有音乐创造力的人，舞也跳得很好，还是一个充满奇思妙想的人。我则脚踏实地多了。但我也喜欢有创意的东西，我是个很会讲故事的人，我喜欢科幻小说。"

阿诺德在计算机领域里具有开创性的创造力，因此拥有了几项专利。史蒂文还是个婴儿的时候，父亲会用一种富有想象力的方法哄他入睡，那就是用示波器在墙上反射出波浪线。虽然史蒂文对跟随父亲从事工程毫无兴趣，但从父亲那里培养出拍摄电影的兴趣：史蒂文对各种尖端技术的着迷和他对电影摄制器材的精通，在他职业生涯的早期就已显露出来。

音乐的影响在斯皮尔伯格的职业生涯中也非常明显。他曾在小学和高中的乐队里吹奏单簧管（虽然吹得不是很好），他还在《大白鲨》的海滩场景中，为作曲家约翰·威廉姆斯担任首席单簧管乐手。他现在仍会偶尔即兴演奏一下，以寻求快乐和放松。他从小就热衷于收集电影配乐专辑，他说："如果我不是一个电影人，我可能会从事音乐工作。我会去弹钢琴或者作曲。我现在很可能是好莱坞某个地方一名饥肠辘辘的作曲家，希望我不会挨饿，但我可能不会像今天一样成功。"

曾为斯皮尔伯格大部分电影做配乐的威廉姆斯认为，斯皮尔伯格对自己的乐感过于谦虚："史蒂文也能成为作曲家。他乐感很好，我认为这是他做导演的一大优势——他有节奏感和韵律感。"

从父母那儿，史蒂文承继了祖父和外祖父对音乐的热爱。他的祖父塞缪尔曾在俄罗斯军队乐队中演奏。他的外祖父，俄罗斯犹太移民菲利普虽然被禁止上学，但仍用自己的音乐表明"你的作品何等奇妙"。也许斯皮尔伯格所有电影中最令人欣赏的一幕是《第三类接触》的结尾，科学家们终于发明出了一种与外星母舰沟通的方式：双方一起用电脑演奏乐曲。人类和外星访客之间的音乐交流开始于几个试探性的音符，很快就交织为一段二重奏的精神狂欢。

"当我观看《第三类接触》时，"米莉·蒂格回忆道，"我想，音乐隐喻着莉亚，电脑隐喻着阿诺德，而那个小男孩就是史蒂文。史蒂文拍了一部关于父母的电影。"

在意第绪语中，有一个词可以形容他——"马季克"（Mazik），我们这样叫他——你知道这是一个爱称，但它的意思是熊孩子。他确实是这样。

——史蒂文·斯皮尔伯格的姑妈娜塔莉·古特曼

史蒂文·艾伦·斯皮尔伯格的出生证明显示他于1946年12月18日傍晚6点16分在辛辛那提犹太医院出生，并不是通常被报道的1947年12月18日。

斯皮尔伯格觉得在其好莱坞生涯的大部分时间里，伪装得比实际年龄小一岁是一种权宜之计。1995年，这一问题演变成一件极具争议的事件，并引发了斯皮尔伯格和其前制片人之一丹尼斯·C.霍夫曼之间的诉讼。但这些年来，他的真实年龄并不完全是个秘密。1981年，《洛杉矶时报》的特约撰稿人帕特丽夏·戈德斯通从一些大学档案中发现，斯皮尔伯格实际出生于1946年，她在报道中称，这位导演对此"不予置评"。很多文章和书籍都采用了斯皮尔伯格错误的出生年龄和日期，尽管解决这个问题只需要向辛辛那提卫生局请求查阅他在俄亥俄州卫生署的出生证明。1995年之前，关于斯皮尔伯格或其工作的书籍中，对其年龄唯一描述正确的，是史蒂芬·法伯和马克·格林合著的《无法容忍的行为：艺术、自我，以及"阴阳魔界"案》（1988）。书中引用了戈德斯通的文章且评论道："几乎所有好莱坞明星都谎报了自己的年龄；但对缔造传奇早有规划的斯皮尔伯格，其捏造年龄的时间可能比任何人都要靠前。"

1946年12月26日，史蒂文家乡辛辛那提的全国性犹太人报纸《美国犹太人周报》刊登了斯皮尔伯格的出生通告："阿诺德·斯皮尔伯格先生与太太（莉亚·波斯纳），列克星敦大道817号，儿子，12月18日，星期三。"搬到加利福尼亚之前，凤凰城的报纸对其电影制作活动的报道中，斯皮尔伯格的年龄是准确的。据《凤凰城犹太新闻报》1959年12月25日报道，斯皮尔伯格的受诫礼（犹太男孩13岁时举行的仪式）将于翌年1月9日在贝丝希伯来教堂举行。在凤凰城和加州萨拉托加就读高中，以及在加州大学长滩分校（现在的加州州立大学）学习期间，斯皮尔伯格的真实出生日期同样被记录在案。但当他迈出进军好莱坞的第一步后，他对待自己过去历史的态度变得更加"有创意"，导致他的早期事业年表成了一笔自行编造的糊涂账。

1995年10月26日，在回应霍夫曼于诉讼中提出的问题时，斯皮尔伯格的律师马歇尔·格罗斯曼和他的发言人马文·利维向《洛杉矶时报》承认，"该导演出生于1946年，任何提及1947年的说法都是错误的"。"但他们都拒绝解释为什么斯皮尔伯格从未更正此事，甚至为什么他在驾照之类的证件上也未如实登记。"格罗斯曼告诉该报："我相信这必定事出有因。也许他不在乎别人怎么说他的年龄，他只关心一件事：拍电影。"

难道斯皮尔伯格真像法伯和格林猜测的那样，为了让自己看起来更像神童，才多年来一直谎报年龄？还是像霍夫曼说的那样，存在另一个原因导致了他的含糊其辞，那就是"被告斯皮尔伯格为逃避法律责任而精心设计了一个无耻谎言"？

初到好莱坞的斯皮尔伯格绝对是个新奇人物。当时的电影业"还是中年人的职业"，据斯皮尔伯格回忆，"（环球公司）片场上仅有的年轻人都是演员。其时正值青年力量的崛起"。当斯皮尔伯格被誉为凤凰城电影制作神童时，就已经获得了一些公关心得。因此，他敏锐地意识到自己的年龄在好莱坞所具有的新鲜性，并利用了自己的早熟在媒体宣传上的潜在优势。

他在好莱坞结识的首批朋友之一，是环球影业电影资料馆馆长查尔斯·A.（查克）西尔福斯，也是他在电影行业最早的导师。西尔福斯记得，斯皮尔伯格曾告诉他："我唯一想做的事情就是在21岁之前成为导演。"1968年夏天，就在斯皮尔伯格21岁生日到来的前几个月，他成功导演了一部独立短片《安培林》。正是这部《安培林》引起了当时环球电视制片副总监希德·谢恩伯格对斯皮尔伯格的关注。谢恩伯格在1968年秋天向斯皮尔伯格提供了一份导演合同。谢恩伯格回忆他们之间的第一次谈话，当时斯皮尔伯格告诉他："我只有一个请求，与其给我一个承诺，不如给我一个希望，谢恩伯格先生。我想在21岁之前导点什么，这对我来说很重要。"

尚未完全搞清斯皮尔伯格实际出生日期的谢恩伯格，助他实现了心愿。1968年12月12日，环球影业宣布斯皮尔伯格签约进军好莱坞时，他的年龄被设定为21岁。这一年龄确实被认为具有新闻价值。正如《好莱坞报道》写道："斯皮尔伯格，21岁，被认为是有史以来签约大制片厂最年轻的电影人。"但是他们并不知道斯皮尔伯格6天后就满22岁了。斯皮尔伯格签约的第一部电视作品，三集电视电影《夜间画廊》中的一集，于1969年2月开机。尽管在签约时与谢恩伯格有过商量，但是在22岁之前，斯皮尔伯格还是没能为环球影业导演任何作品。事实上，后来他频繁说出与事实相悖的言论。比如他在1991年接受《首映》杂志的采访时说："我20岁时就与环球影业签了7年合约。"

在《夜间画廊》开拍的第一天，斯皮尔伯格接受了《好莱坞报道》的采访，彼时他的年龄被准确地印在了新闻头版头条上——"22岁的新人导演指导了琼·克劳馥[1]"。1970年11月，年仅23岁的斯皮尔伯格接受了一家犹太报纸拉比的采访，他向这位拉比透露了自己的真实年龄。不久之后，他的人生经历又开始被编写。

1970年12月28日，他24岁生日后10天，在好莱坞的媒体报道中，斯皮尔伯格的年龄被减去了一岁：环球影业宣布与他续约时，他还只有23岁。次年4月，再次接受《好莱坞报道》的采访时，这位"23岁"的电影人说，他第一次踏进环球影业的片场是"1969年的某一天，那时我21岁"。一年后，这一说法又发生了变化，《电视指南》上的一篇人物介绍称，斯皮尔伯格"在1968年，也就是他20岁生日前夕"，到访环球影业。在随后的采访中，斯皮尔伯格逐渐将这一日期往前推移得越来越早，先后说成是1967年、1966年、1965年以及1964年的夏天。但至少他在某方面更接近事实了，因为实际上斯皮尔伯格第一次参观环球影业并结识查克·西尔福斯，是在1963年底或1964年初，那时他只有十六七岁，还是个高中生[2]。

斯皮尔伯格初到好莱坞时，人们可能会对他的年龄感到困惑，这是可以理解的。因为

1　琼·克劳馥（Joan Crawford），美国著名女演员，凭借电影《欲海情魔》（1945）获得第18届奥斯卡金像奖最佳女主角奖。——译者注
2　那次会面的完整故事详见第五章。

除了在电影制作方面的早熟之外，斯皮尔伯格在其他所有方面都显得太过青涩。西尔福斯第一次见到他时，"从外形上看，他又小又瘦，看上去比实际年龄小两三岁"。

在好莱坞拥有一家光学字幕公司的丹尼斯·霍夫曼，1968年的夏季和秋季资助并监制了《安培林》。这部制作精巧的短片是斯皮尔伯格完成的第一部35毫米影片，它的专业水准使其成为这位年轻导演一张引人注目的名片。霍夫曼没有支付斯皮尔伯格任何片酬，同时这位制片人获得了斯皮尔伯格的一次导演服务作为投资回报。

1968年9月28日，斯皮尔伯格与霍夫曼签署了一份协议，全文如下：

> 作为资助我的故事拍成短片的回报，我同意在未来十年的某个时候为丹尼斯·C.霍夫曼导演一部故事片。
>
> 我将得到25 000美元片酬，外加该片扣除所有费用后利润的5%。
>
> 我将导演丹尼斯·霍夫曼选择的任何剧本，并将在未来十年的任何时候为他提供上述服务，除非我正在参与另外一个项目。在这种情况下，我会在项目完成后立即与他联系。

虽然《安培林》在当年12月为斯皮尔伯格赢得了与环球的7年合约，但霍夫曼想让其再拍一部电影的计划没能实现。霍夫曼在1995年的诉讼中称，在接下来的几年，他试图让斯皮尔伯格参与他的一个电影项目，但未能成功。1975年6月，随着《大白鲨》成为轰动一时的卖座大片，斯皮尔伯格也成了好莱坞最受欢迎的导演。霍夫曼敦促斯皮尔伯格履行他们的协议。根据讼词，斯皮尔伯格在那年7月声明该协议无法执行，这让霍夫曼着实意外。据说，斯皮尔伯格和他的律师布鲁斯·拉特纳声称，斯皮尔伯格签署协议时只有20岁，根据加州法律，作为未成年人，他所签署的合同无效。霍夫曼相信了斯皮尔伯格坚称自己出生于1947年12月18日的说法。1977年1月3日，霍夫曼接受了斯皮尔伯格提出的买断条件，将《安培林》的所有版权以3万美元卖给了斯皮尔伯格，包括以该电影的名字命名自己电影公司的权利。早在1975年7月，斯皮尔伯格就成立了一家名为安培林（Amblin'）的公司，但出于某种原因，他在1984年创立的"安培林（Amblin）娱乐"在名称中没有加上撇号。

1994年，在拿到一份斯皮尔伯格出生证明的复印件后，霍夫曼重申他有权得到斯皮尔伯格的一次导演服务[1]，但与斯皮尔伯格的律师讨论后未能达成和解。1995年10月24日，斯皮尔伯格先发制人地在洛杉矶高等法院对霍夫曼提起了诉讼。斯皮尔伯格的讼词没有具体提到年龄问题，并表示，霍夫曼曾要求得到3300万美元的赔偿，是"基于1977年斯皮尔伯格通过欺诈获得《安培林》的买断协议，这是种似是而非的说法。斯皮尔伯格拒绝承认这些毫无根据的指控，他宁愿双方对簿公堂"。第二天，霍夫曼也提起了诉讼，指控斯皮尔伯格"欺诈和说谎"，并要求斯皮尔伯格赔偿其所欠故事片可能导致的"数百万美元"的损失。尽管霍夫曼声称，他向斯皮尔伯格提供过几部可供导演的剧本，但斯皮尔伯格不仅否认了这一点，还指出，应当在电影中争取制片人的职位。但霍夫曼拒绝了这个提议，并回应说，他不想也没能力当制片人，他想要的只是那3万美元。

这一争议引起了舆论的关注，他们多年来一直被斯皮尔伯格关于自己年龄的含糊其辞所困扰。甚至连《洛杉矶时报》也评论道，年龄问题是"此案中最奇怪的转折"。《洛杉矶时报》似乎对于帕特丽夏·戈德斯通曾在1981年的一篇报道中，对斯皮尔伯格真实年龄有过披露一事不甚了解。

"我跟史蒂文说过，早知道你会这么出名，我当初就应该为我的子宫铸个铜像。"斯皮尔伯格的母亲曾在1994年打趣说。

史蒂文·艾伦·斯皮尔伯格出生于美国历史上最大规模婴儿潮第一年的年末。1946年，数百万返乡的士兵和他们年轻的新娘组建家庭以弥补逝去的时光。作为阿诺德和莉亚夫妇的第一个也是唯一的儿子，并且作为双方家庭的第一个孙辈，史蒂文从小便"很受宠爱"，米莉·蒂格记得："每个人都为他的降生感到无比激动。他是个聪明的小孩，口齿伶俐，讨人喜欢。模样很可爱，留着刘海儿，穿着驼毛外套和打底裤，戴着一顶小帽子。"

---

1 霍夫曼在诉讼中说，1994年8月，本书作者（他在诉讼中没有透露姓名）"联系了霍夫曼，就霍夫曼早年与被告斯皮尔伯格的合作情况进行了采访。作者前往霍夫曼的私人住宅，并与他进行了约3个小时的交谈。在采访的最后，作者透露自己最近发现被告斯皮尔伯格实际上比其对外宣称的年龄大一岁。霍夫曼非常吃惊，要求那位作者重复了几遍上述证词，以确保没有听错"。事实上，作者第一次联系霍夫曼是在1994年9月12日，在他们两天后的访谈中，作者告诉霍夫曼，斯皮尔伯格对自己年龄的造假已在戈德斯通于1981年发表在《洛杉矶时报》的文章中报道过。当被霍夫曼问到他是如何确认斯皮尔伯格的真实年龄时，作者答复，他在1994年2月获得了一份斯皮尔伯格出生证明的复印件，该证明是一份公开记录。

"当他开口说话，我猜，他的第一句话就是：'为什么？'"他的姑妈娜塔莉·古特曼说，"当他看到墙上的影子，就想知道为什么会有影子……我以前给他当过保姆，我可以告诉你，这小孩真是不得了。你必须回答他的每个问题，然后他又会冒出更多问题。关于史蒂文小时候，我大部分记得的，都是他的好奇心和爱提问的本性。他越来越好奇……就像他的父亲，像莉亚，像家庭里其他成员一样。史蒂文的天赋真的是与生俱来。我得告诉你，这是基因决定的。"

从当时的照片和阿诺德·斯皮尔伯格的家庭电影来看，史蒂文那时就像个小精灵一般：大大的脑袋，一对招风耳，白白的皮肤，一头柔软的金棕色头发，加上一对好奇的大眼睛。

这个孩子的表情透露着敏锐，有点搞笑却沉着自信。在其童年早期照片中，史蒂文的形象很难让人觉得他是来自人间的生物。他那硕大的脑袋和眼睛，以及瘦骨嶙峋的身体，让他看起来有点像外星人E.T.。斯皮尔伯格曾把E.T.描述成"只有亲妈才会喜欢的生物"。

"在他成长的过程中，我并不知道他是个天才，"史蒂文的母亲后来承认，"坦白说，我不知道他到底是怎样一个孩子。你看，史蒂文并不是那么可爱。他当时很可怕。每当史蒂文午睡醒来时，我都被吓得浑身发抖。我母亲总是说：'这个男孩日后定会世界闻名。'我以前觉得她这么说，是为了不让我弄死这小家伙……他干的坏事儿都太原创了，甚至没有一本书能告诉我该怎么办……"

"他是我的第一个孩子，所以我不知道别人家有没有像他这样的孩子……如果我知道的话，就会带他去看心理医生，这样'外星人'（E.T.）就不会诞生了。"

当被问及在辛辛那提埃文代尔社区的列克星敦大道长大的史蒂文是个什么样的孩子时，隔壁邻居罗斯琳·米特曼用一个词回答："与众不同。"

米特曼太太有两个比史蒂文大几岁的女儿。她解释道："有段时间，我确实不喜欢我的孩子们和他一起玩。有件事我一直记得。那时每家都有高压锅，它们经常爆炸。有一次他妈妈的高压锅爆炸了，食物炸飞到天花板上，把整个厨房弄得一团糟，他却觉得这太棒了。"

让米特曼太太感到烦恼的还不止史蒂文无法无天的幽默感，莉亚没有为此责备史蒂文也让她感到不安。一个爆炸的高压锅"不足以惹莉亚发火"，她轻蔑地评论道："要是换作我，这件事会让我气到杀了自己的孩子。"

从传统角度来看，史蒂文似乎确实被他同样不同寻常的母亲无可救药地宠坏了。"可以确信，我也是个神经病，"莉亚1994年对一位采访者开玩笑说，"如果我没那么出名，他们会把我关起来。"莉亚似乎对儿子有一种不同寻常的强烈认同感，觉得他总能带来无穷无尽的乐趣，不断鼓励他叛逆、富有创造力的天性。追溯过去，很明显她似乎正在把自己放弃的艺术理想转嫁到孩子身上。熟悉这两家的人都评论说，小史蒂文看上去更像来自波斯纳家族的人，而不像斯皮尔伯格家族的人，更像他那位身材瘦小、金发碧眼的母亲，而不像他那位高大结实、一头黑发的父亲。如果史蒂文越来越多地表现出一个特殊孩子的苗头，莉亚也会被普遍认为是一个特别的母亲。尽管回想起来，莉亚似乎比当时大多数人拥有更加明显的宽容美德。

当被问及如何形容孩提时期的史蒂文时，他父亲回答："早熟、精力充沛、好奇心强，总想深入探究每件事，喜欢问问题。当还坐在一辆小型玩具车里的时候，他喜欢去商店，总想停下来看看橱窗里的东西。他是个非常早熟的孩子，老想填满自己的大脑。他学东西很快，很早就轻松地学会了说话。他喜欢问一些关于消防车的问题，他的问题总与那些被毁灭的东西有关。"

以色列圣会教堂的拉比菲舍尔·戈德费德就如何对待莉亚不同寻常的儿子，给了她一些建议。米莉·蒂格想起来："一天，拉比一看见史蒂文就十分恼火，因为史蒂文正大吵大闹地想买一些玩具，也许是一辆消防车。拉比对莉亚说：'你给他买吧，反正你总要给他买的。'"

莉亚听从了拉比的建议。"从来没有人对史蒂文说不，"多年后她承认，"不管怎么说，他总是能得到他想要的东西，所以这个游戏的规则就是省省力气，早点说'好'。"当被问及她是如何影响儿子的成长时，她回答："我给了他自由。史蒂文碰巧和我很相像，包括我们的神经系统，甚至一切……史蒂文想做的一切，他都做了。我们的生活完全凭兴之所至，没有什么计划。不能否认，他有着神奇的天赋，同时他也有着表达他天赋的自由。"

当史蒂文还是个蹒跚学步的孩子时，他的父亲正在辛辛那提大学攻读学位，并且"一直在学习"，米莉·蒂格回忆，阿诺德在学习阶段以及后来在电子职业生涯中的专注，反映出他在经历战前前途渺茫的生活后期望有所成就的决心。但这也让史蒂文觉得在感情上跟父亲很疏远。

"我总觉得父亲把工作排在我之前，"史蒂文说，"我一直认为他爱我不如爱他的工作，于是我很痛苦……我父亲还坚持那套二战式的行为准则。他会把熏肉带回家，我妈妈烹饪，然后我们一起吃。我找爸爸问问题，他总是有一套说法。但我更喜欢用我的方式去解决问题，所以我们总是发生冲突，我喜欢这种戏剧化的冲突。"

史蒂文继承了他父亲所谓的"工作狂"性格，以及父亲对讲故事的热爱和对高科技的痴迷（这在史蒂文的身上有点相互冲突）。与母亲的外向截然不同，史蒂文倾向于遁入自己的世界，这也是遗传自他的父亲。"史蒂文的父亲是一位知识分子，"拉比阿尔伯特·路易斯回忆说，"和史蒂文一样，他也是一个内向的人。"当被问及在20世纪60年代婚姻破裂前那段时期的情况时，阿诺德说："每当我压力太大时，我就会投入工作中，以平衡自己。"

在小史蒂文看来，如果说父亲常常是一个冷漠甚至令人生畏的人的话，那么母亲有时可能恰恰相反，显得过于轻浮和孩子气。"我们家都不成熟。"莉亚曾说。"家里的规矩是'不要像个成年人'，谁不想永远像个小孩儿呢？我们在家里长不大，因为她也从未长大。"史蒂文评论说。

史蒂文童年经历中的被纵容和情感上的孤立，可能共同促使他延缓了成熟过程，让他成长为一个自恋的幻想世界的特权统治者。他的母亲经常给他读詹姆斯·马修·巴利写的睡前故事《彼得·潘》，"这是我童年最快乐的回忆之一。11岁的时候，我在学校的一次演出中导演了这个故事"。毫无疑问，彼得·潘对达林太太的挑衅宣言给他留下了深刻的印象。"我不想去学校学习严肃的东西。没人能抓住我把我变成个大人，太太。我想永远是一个小男孩，永远在玩。"斯皮尔伯格在1985年承认，"我一直觉得自己像彼得·潘，现在也这么觉得。我一直很难长大……我是彼得·潘综合征的受害者。"作为一个成年人和一个电影人，斯皮尔伯格是否会"长大"？随着他到了中年，影评人和媒体对此的担心愈发强烈。

丹·基利博士1983年发表的颇受欢迎的著作《彼得·潘综合征：从未长大的男人们》，受到女性主义者对婴儿潮一代男性晚熟问题分析的强烈影响。基利写道，患有这种综合征的男人由于在人际关系上"难以适应现实"而长期保持青春期的行为方式，例如避免承诺和通过强迫他人的赞同来寻求自我接纳。这类人通常是父母溺爱的结果，是这些父母"不负责任的行为造就……在这种情况下，孩子就会认为没有规则能够制约他"。从童年开始，"患有这种综合征的人就充满了焦虑。在生命的早期，紧张情绪便开始弥漫整个家庭，并且每年都在增长……导致这种焦虑的原因，是父母那辈人的不幸福"。

斯皮尔伯格1991年的当代彼得·潘电影《铁钩船长》的主角达斯汀·霍夫曼[1]说，至今还会把指甲咬得生疼的斯皮尔伯格"将极度的安全感与极度的不安感混杂在一起……我原来不知道这点，但他说他每天来上班时都觉得想吐"。在这部褒贬不一但自传性很强的电影中，斯皮尔伯格直接处理了彼得·潘综合征的破坏性影响。由罗宾·威廉斯饰演的彼得，是一个焦虑的中年雅皮士[2]工作狂，在感情上经常忽略自己的儿子。最后他被逼入痛恨小孩的代理父亲"铁钩船长"的魔掌，变得反叛且充满敌意。

1991年，亨利·西汉在一篇关于斯皮尔伯格作品的精辟文章中写道："从片段上来看，这个故事几乎涵盖了斯皮尔伯格所有电影的故事……虽然斯皮尔伯格的电影通常被形容为温暖的，甚至令人振奋和欣快的，但这些电影传达出的最普遍情绪是焦虑。从《决斗》开始，每个斯皮尔伯格式的英雄，都或多或少地担心自己在某些男性属性角色上的失败，要么是爱人，要么是父亲。在《铁钩船长》中，这两种恐惧都出现在彼得身上，一方面他是一个可怜的父亲，另一方面他又想隐蔽地从性的问题上退缩。"

基利提醒我们，那些容易患上彼得·潘综合征，并受其困扰的人身上，也会存在一些积极特质，斯皮尔伯格从小便富有这些特质。"丰富的想象力以及内心对青春永驻的渴望。难道这些特质不能成为通往才华和沉稳的路径吗？"无论斯皮尔伯格所受的教养对其情感成长产生了多大阻碍，它都赋予了他心灵上的自由，让他以罕见的大胆和自信来探索自己的创造力。"难以适应现实"并不一定会成为电影人的障碍，尤其是像斯皮尔伯格这样致力于奇幻类型片的导演，这也有助于解释他在处理成人题材时经常遇到的困难。

斯皮尔伯格是听着父母谈论"杀人的纳粹"和关于犹太人灭绝的"祖父母的口头故事"长大的。纳粹上台后，欧洲犹太人在辛辛那提的埃文代尔找到了一个紧密团结的社区

1　达斯汀·霍夫曼（Dustin Hoffman），美国演员、导演。曾多次提名并荣获奥斯卡最佳男主角，2008年，获得好莱坞电影奖终身成就奖。代表作《毕业生》《雨人》《克莱默夫妇》。——译者注
2　兴起于20世纪80年代，指西方国家中年轻、能干、有上进心的一类人，他们一般受过高等教育，具有较高的知识水平和技能。——译者注

作为避难所，那里生活着很多大屠杀的幸存者。史蒂文的祖母珍妮·波斯纳每天要教四节英语课，在她位于格伦伍德大道的家中，总有8到10名学生围坐在餐桌旁，听幸存者们讲述他们称之为"大屠杀"的故事。

史蒂文和母亲会在外祖母上课时去探望她，他还从其中一名学生那里学会了数字。这名学生给史蒂文看了他手臂上的文身，那是在奥斯维辛集中营被烙上的身份编号。史蒂文记得："他卷起袖子对我说。'这是4，这是7，这是2。'这是我对数字的最初概念。他还总是说，'我给你变个魔术'。他指着数字6，然后弯起胳膊说：'现在6变成9了。'"

"那里的每个人都有一段历史，要么关于自己，要么关于家庭，要么关于他们认识的某个人，"莉亚回忆道，她经常给史蒂文转述她听过的故事，"有些故事太可怕了，简直像电影一样。很难想象这种可怕的事情会真的发生。这些故事拉近了我们与大屠杀的距离，因为你正在和有过这些难以想象的经历的人谈话……"

"我记得一个女人的故事。几个纳粹党徒想抢她的戒指，可戒指取不下来。他们正要割下她的手指时，戒指突然自己掉了下来。我猜是因为她太恐慌了。这个故事把我吓坏了。我肯定这个故事多少影响了史蒂文……谁知道我们的孩子在很小的时候听进去了多少呢？也许比我们想象的要多。"

"我的生活总是以一种奇怪的方式回到这些大屠杀的画面中，"史蒂文在1993年承认，"只是基于我父母在餐桌上所讲的故事，大屠杀就已经成了我生活的一部分。我们失去了不少兄弟姐妹、阿姨和叔叔。当我还很小的时候，我记得母亲告诉我，她在德国的一个钢琴家朋友，因为演奏了一首被禁止的交响曲，德国人便冲上台打断了她的每根手指。我是听着纳粹分子打断犹太人手指的故事长大的。"

离开埃文代尔的传统犹太社区，选择搬到周围大部分是非犹太人的环境中抚育自己的孩子，是"我犯下的一个重大错误"，回忆起史蒂文在欧裔新教徒郊区长大期间遭遇的公开反犹主义事件，莉亚自责不已。虽然不断举家搬迁是迫于阿诺德职业发展的需要，但从1950年起，全家逐渐搬到犹太人越来越少的社区却是莉亚造成的。"我不想成为任何社区的一员，也不想被贴上任何标签，"她解释，"哪怕与人结伴旅行，我也觉得浑身不自在[1]。"

1　莉亚也开始将自己称作"莉"，一个听起来不太像犹太人的名字，她的丈夫甚至孩子们也都叫她"莉"。

但是，斯皮尔伯格的生活状况并不像他自己和母亲回忆的那样简单明晰。他们在埃文代尔有非犹太人邻居，其中一些人对他们有着毫不掩饰的敌意。但他们在新泽西州、亚利桑那州和加利福尼亚州又不是完全没有犹太邻居和朋友的陪伴。这些地方之间的差别很细微，有助于史蒂文性格的逐渐形成。

　　对于一个出生在战争结束后不久的小孩，生活在诸如埃文代尔这样的犹太社区，可能充满了噩梦般的画面，但在一个与世隔绝、像茧一样的环境中生活，其实对史蒂文还是有好处的，这种环境使他远离了中产阶级犹太社区之外的许多严酷现实。犹太人和他们的少数非犹太邻居之间，表面上很有礼貌，但潜藏着紧张情绪。

　　"因为我们不是犹太人，所以不太了解他们。"安娜斯塔西娅·德尔·法维罗承认，她是一名意大利裔美国天主教徒，带着三个孩子一起住在斯皮尔伯格家隔壁。"大部分犹太人都是好人，但我们并不真正了解他们。有一家人生活在那里，带着一个小孩，但我当时太忙了，因为我有三个孩子，我丈夫忙于工作，所以我没有时间社交。"

　　"遗憾的是，我对（史蒂文）完全没有印象，我那时只有十几岁，应该也注意不到那些两岁大的孩子，"斯皮尔伯格家的隔壁邻居，安娜斯塔西娅的嫂子德洛丽丝·德尔·法维罗·哈夫说，"我没有给他做过保姆，他们是犹太人。我在埃文代尔长大的时候，作为一名非犹太人，没有犹太朋友。犹太小孩都只和他们的同类一起玩，他们不愿意跟非犹太小孩玩。我相信这只是种族的问题，我猜他们觉得自己和我们不一样。他们会跟我打招呼，但至于一起玩或一起看电影，我没尝试过。"

　　跟斯皮尔伯格家仅有两户之隔的迈耶·辛格曼，是一名美国空军退伍老兵，曾经在圣约之子会反诽谤联盟工作过。虽然他记得埃文代尔的居民和辛辛那提人一样排斥美国黑人："我认为黑人不可能搬到我们家和斯皮尔伯格家之间。"但他也说："我不记得我和我的家人参与过任何反犹主义事件。如果你还年轻，又生活在一个犹太社区，你不会看到真实的世界。"史蒂文的表弟塞缪尔·格特曼出生于1949年，他还有一个弟弟和一个妹妹。他说，不管史蒂文在辛辛那提遇到过什么样的反犹事件，也不过"像我们小时候打架闹着玩一样"。

　　附近像史蒂文这么大的孩子并不多，住在那里的大多是中年人。因此，史蒂文的大部分时间都花在与成年人打交道上，父母、祖父母和亲戚朋友，珍妮的海外学生，以及商店和犹太教堂里的人们。史蒂文人生的头两年半时间，生活在一个被佩吉·辛格曼描述为

"文化上很先进"、米莉·蒂格形容为"聪明人的温床"的社区中。毫无疑问，史蒂文从小就学会了和比自己年长得多的人打交道，这培养了他性格中的另类、早熟的内敛和严肃。许多比他大的人都认为他"与众不同"（无论是否出自善意）。这个很少和其他孩子一起玩的小孩，在别人和他说话时才开口，他学会了在孤独和想象中生活，发现自己的乐趣很少来自他人，更多是来自内心。

史蒂文在辛辛那提的生活经历，除了那些让他记忆深刻的大屠杀幸存者的遭遇，他母亲的音乐，还有很大一部分存在于他的潜意识中。来自家庭尤其是母亲的关爱，毫无疑问塑造了他早期的信念，即他相信自己是个特别的人，并且这种特别值得被好好爱护。虽然被那些比较传统和固执的邻居认为"异于常人"，但这样的信念一定程度上使他坚持自我，尽管他仍无法摆脱那些排斥的目光所带来的影响。

回顾1994年自己重燃犹太教正统观念的那段时期，莉亚觉得，在史蒂文的成长岁月里，除了合家欢庆的安息日和犹太节日外，犹太教那时"在我们的生活中无足轻重"。

"莉亚的父母还是犹太教正统派[1]教徒的时候，加入了一个保守的犹太教堂，"阿诺德说，"但他们过安息日。他们在安息日什么也不做，除了在大萧条最糟糕的时候，波斯纳先生不得不工作。莉亚和我刚结婚时，我们都很守教规，后来她说：'我们得摆脱犹太教规。我想吃龙虾之类的东西。'因此我们不再遵守教规。但是她又会受到良心的谴责，于是我们又重新遵守教规。就这样反反复复。但当她嫁给（她的第二任丈夫）伯尼·阿德勒时，由于丈夫非常虔诚，她也保持了完全的正统派戒律。"

离开辛辛那提后，斯皮尔伯格夫妇倾向于只在拉比或莉亚的父母来访时才遵守犹太洁食戒律。就像史蒂文说的那样，他们所遵守的不过是"表面上的洁食戒律"。一次，莉亚正准备煮三只活龙虾当晚餐，突然听到拉比把车停在他们家的车道上，史蒂文赶紧把龙虾藏到床底，直到拉比离开。

如果莉亚和阿诺德觉得被传统的、逐渐衰败的家乡环境所限制，甚至觉得有些窒息，愿意勇敢面对离开家乡所带来的身份异化和身份丢失，那么他们就会成为20世纪40年代末到50年代初，那一代开拓新生活的美国人的典型代表。

1　犹太教正统派坚持"天不变道亦不变"的原则，最大特点是拒绝犹太教的任何变革，严守犹太教的传统信仰、律法和礼仪。——译者注

"在经历了大萧条和二战创伤后的最初几年，美国梦所追求的不再是政治或社会意义上的个人自由，而是经济上的个人自由，"大卫·哈伯斯坦在《五十年代》中写道，"年轻男女渴望成为新兴中产阶级的一员，他们追求物质上的幸福，尤其是由稳定工作带来的富足。对于那些刚从大学毕业，年轻而满腔热血的退伍军人来说（他们在《退伍军人权利法案》的帮助下接受了大学教育），安全感意味着在待遇好的大公司里找一份稳定的白领工作、结婚生子、在郊区买房。在那个普遍怀有善意、财富不断增长的时代，很少有美国人怀疑社会的美好本质。"

　　32岁的阿诺德·斯皮尔伯格那时刚刚从辛辛那提大学毕业，1949年6月被美国无线电公司（RCA）聘用，在新泽西州卡姆登的一家制造厂工作，此处与费城隔着一条特拉华河。"我以为美国无线电公司是雇我去做电视节目的，"阿诺德回忆说，"可我进入公司后，他们并不提供电视台的相关岗位：'你以后就在军用电子部门工作。'我开始做电路开发，随后参与了计算机技术发展方向的先进电路研发。试图验证'我们是否要用到电子管？我们是否要用到磁铁？'，那时晶体管才刚刚投入应用。'我们要用到晶体管吗？'我们总是争辩哪一种设计会更适用于计算机。我们很早就开始研究这些问题。除了模拟计算机，我大学时对计算机的其他方面不甚了解。直到进入美国无线电公司工作，我才开始对计算机产生兴趣。"

　　虽然美国无线电公司的总裁大卫·萨莫夫是犹太人，使该公司对犹太人更加友善，但阿诺德所从事的电子领域在当时仍然由欧裔新教徒主导。20世纪50年代，随着冷战开始以及美苏科技竞争加剧，美国在科学和高等教育中针对犹太人的许多长期限制开始放宽。阿诺德从这一变化中受益，并成了这个新兴领域的佼佼者。由于追随着更好的事业发展机遇，以及计算机产业的向西迁移，他不得不带着家人一起不断搬迁，他的家庭也由此饱受漂泊之苦。

　　"每当我刚刚习惯一所学校、熟悉一个老师、交到一个最好的朋友，"史蒂文回忆说，"一块'房屋待售'的牌子就会插在家门口的草坪上……接着就是那些不可避免的告别场面，在火车站或停车场，收拾行李准备去往某个地方，或者在机场，我所有的朋友都会来送我，我会与每个人道别，然后独自离去。我一生中经历了四次这样的离别。我越长大就越难以接受。《E. T. 外星人》充分表达了我的感受。埃利奥特一发现E. T.，便紧紧抓住不放，毫不犹豫地宣布：'我要留下他。'他是认真的。"

　　第一次搬家所带来的焦虑，可能有助于解释斯皮尔伯格的一个怪癖，他说："我从4岁起就开始咬指甲。"他从家乡辛辛那提搬到新泽西州时刚满3岁。

　　在解释为什么总是能保持比较乐观的心态时，斯皮尔伯格说："在成长过程中，我别无选择。我想是因为小时候被那么多消极的东西包围着，我只能求助于积极的东西。我认为这是我们家的遗传，因为我母亲是一个非常积极的思考者。在我很小的时候，我学会且能拼写的第一个句子——要不是我妈告诉我，我现在都快忘了——是'期待'（Looking forward to）。这句话总是与我的祖父母有关。祖父母每次从俄亥俄州到新泽西州来看我，我都会很高兴。我母亲会说：'这是一件值得期待的事，他们两周后就来了。'一周后她又会说：'这真值得期待，还有一周就能见到他们了。'"

在搬到新泽西州的头三年，斯皮尔伯格一家住在卡姆登南29街219号的华盛顿公园公寓，那是一栋红砖砌成的复式居民楼。尽管这栋公寓看上去像士兵的营房，但令人感到安慰的是，正如家族好友米丽娅姆·福尔曼所说，这里被认为是"所有年轻犹太夫妇居住的地方"（现在这里主要住着非裔和拉美裔美国人）。斯皮尔伯格一家住在卡姆登时，史蒂文的第一个妹妹安妮于1949年圣诞节在费城出生[1]。

1952年8月，斯皮尔伯格一家搬到了几英里之外的哈敦镇郊区，毗邻哈敦菲尔德。那是一个富裕丰饶、风景如画的村庄，18世纪早期曾有1.7万英国和爱尔兰贵格会[2]教徒在此定居。美国无线电公司许多其他的雇员，以及与该公司有生意往来企业的一些员工，也住在哈敦菲尔德地区。虽然斯皮尔伯格一家是从卡姆登迁到哈登镇的年轻犹太家庭之一，但他们搬到郊区也是迈出了家庭的重要一步。从文化角度而言，这意味着进入了一个更混杂的社区，在那里，犹太人要想被接受，必须先被同化。

"1945年以后，美国犹太人的社会地位和经济状况都发生了变化，变得与美国推崇的价值观极为接近，"爱德华·S.夏皮罗在《治愈的年代》中写道，"……战后美国犹太人流动性最显著的特征，是他们向郊区的迁移，以及向中产阶级的晋升。在反映国家发展现状中，犹太人的这种人口变化趋势表现得尤为明显。历史学家亚瑟·赫茨伯格[3]预计，在

1　史蒂文的另外两个妹妹也出生于他们一家住在新泽西州的时候，苏珊生于1953年12月4日，南希生于1956年6月7日。安妮·斯皮尔伯格和她的丈夫丹尼·欧帕图舒（演员大卫·欧帕图舒的儿子，意第绪语小说家约瑟夫·欧帕图舒的孙子）住在加利福尼亚州的谢尔曼欧克斯。苏珊（苏）（杰瑞·帕斯特纳克夫人）住在马里兰州的银泉市，南希（西蒙·卡茨夫人）住在纽约的河谷镇。

2　贵格会（Quakers），兴起于17世纪中期的英国及其美洲殖民地，其特点是没有成文的信经、教义，直接依靠圣灵的启示。——译者注

3　亚瑟·赫茨伯格（Arthur Hertzberg），杰出的犹太裔美国学者和活动家，代表性著作包括《美国的犹太人：我的一生和一个民族的身份斗争》（A Jew in America: My Life and A People's Struggle for Identity）等。——译者注

1945—1965年之间的20年里，每3个犹太人中就有1人离开大城市迁往郊区，这一比例高于其他美国人。犹太人倾向于往郊区聚集，一些勇敢的开拓者甚至搬到了几乎没有犹太人居住的郊区。"

在20世纪50年代的10年间，整个美国由旧都市垂直紧凑的住房模式向万花筒般排列的郊区住房模式转变。这些郊区住房有草坪和后院，有洒水装置，还有供孩子玩乐的场地。在这种快速复制的莱维顿[1]模式背后，是一种麻木的统一。这种房屋外观枯燥乏味、缺乏想象，只有空洞的安全感，在20世纪50年代末不断地遭到谴责、讽刺和质疑。民权运动和女权运动带着一种更加耀眼的光芒出现，照耀在艾森豪威尔时期[2]中产阶级美国生活的排他主义和父权主义之上，标志着典型郊区的到来。因此，20世纪50年代许多在郊区长大的人，回忆起当时的环境时，会带着一种既怀旧又尴尬的混合情绪，而"郊区诗人"史蒂文·斯皮尔伯格在他的电影中捕捉到了这种矛盾心理。

我们无法想象如果约翰·福特[3]从未见过纪念碑谷，或马丁·斯科塞斯[4]从未走过纽约的穷街僻巷，会是怎样一种结果。同样难以想象的是，史蒂文·斯皮尔伯格如若不曾在郊区长大，又将是怎样一种情形。"我从来没有看不起郊区，"斯皮尔伯格曾说，"我的人生就从那里开始。"然而，尽管他表达了对郊区的情感，但并不完全相信或认同郊区生活的价值观，也不曾在银幕上将郊区生活描绘得光鲜亮丽。在诸如《决斗》《第三类接触》和《E. T. 外星人》等电影中，他的父母在20世纪50年代早期为了跻身上层社会而努力迁往的郊区，却成了不满于现状的中产阶级渴望逃离的藩篱。

1　莱维顿（Levittown）是威廉·莱维特和他的莱维特公司在第二次世界大战后，为美国退伍军人和他们的新家庭（限于白种人）开发建设的大型郊区住房项目的名称，1947年开始建立了7个项目，被认为是美国郊区模式的原型。——译者注

2　在美国第34任总统德怀特·戴维·艾森豪威尔（Dwight David Eisenhower）任职的8年期间，美国社会经历了战后最安定、繁荣的时期，签订了《朝鲜停战协定》，建立了州际高速公路系统，继续推行冷战政策。——译者注

3　约翰·福特（John Ford），被誉为美国最伟大的电影导演之一，代表作包括《关山飞渡》《愤怒的葡萄》《青山翠谷》等，美国电影学会终身成就奖首位得主。——译者注

4　马丁·斯科塞斯（Martin Scorsese），意大利裔美国导演、编剧、制片人、演员，毕业于纽约大学电影系，代表作包括《出租车司机》《好家伙》等。——译者注

他对这世界失望透顶，所以造了一个自己的世界。

——杰迪戴亚·利兰对查尔斯·福斯特·凯恩的评价

（电影《公民凯恩》）

1952年初，刚满5岁的斯皮尔伯格在新泽西的卡姆登，第一次走进一家电影院。

"我爸告诉我他要带我去看马戏电影，"他记得，"我没听清电影这个词，我只听到了马戏。于是我们排了一个半小时的队，我以为要看的是马戏。我以前看过一次马戏，所以知道接下来会看到什么：大象、驯狮员、火焰、小丑。但爸爸带我走进了一个山洞一样的大厅，里面除了一排排向上仰的椅子外，什么都没有。没有露天看台的那种长凳，只是椅子——我当时在想，这是怎么回事？也太奇怪了吧。"

"大幕拉开了，我以为会看到大象，但除了一大块白色硬纸板和一块画布外，什么也没看到。我正盯着那块画布，突然电影开始了，那是塞西尔·B.戴米尔导演的《大马戏团》（1952年奥斯卡最佳影片）。一开始我很失望，我很生我爸的气，他明明说要带我去看马戏，结果只看到这么一块彩色画布。整场电影看下来，我只记住了三样东西：火车事故、狮子和吉米·斯图尔特扮演的小丑。其他的我没什么印象。"

"有段时间，我一直在想，哎呀，这真不公平！我想看三维立体的人物，而这些都只是平面投影，扁平的画面……从那以后我对一切都很失望。我不再相信任何人……我从来都觉得生活不够好，所以我不得不美化它。"

斯皮尔伯格一家住在卡姆登华盛顿公园公寓时的邻居阿诺德·福尔曼，常被史蒂文惹怒。对他来说，小史蒂文简直就是一只"野兽"。

"史蒂文那小子就是个疯子。"福尔曼也会用意第绪语的"疯子"（Meshuggeneh）抱怨他。他记得有一次，莉亚烤了一个樱桃派，史蒂文一把将它扔到天花板上，着迷地看着它一点一点掉落到地板上。福尔曼还对史蒂文经常戏弄他的小女儿詹妮感到愤怒。史蒂文喜欢隔着婴儿围栏吓唬詹妮，当詹妮穿着裙子在围栏外面时，他又会一把将她推倒，然后用脚把她踹到脏兮兮的泥地里。阿诺德·福尔曼每天下班回家时都会问妻子米茨："那个小混蛋今天又做了什么？"

"我们的父亲那几年气得说要杀死史蒂文，因为他老是捉弄詹妮，"詹妮的哥哥格伦说，"后来我父亲把史蒂文的成功归功于自己对他的'不杀之恩'。"

但福尔曼夫妇不得不承认，史蒂文对詹妮的捉弄是他创作冲动的早期表现，阿诺德·福尔曼表示，史蒂文"有着怪诞的创造力"。史蒂文后来逐渐学会以更有建设性的方式表达自己的攻击和敌意，尽管他喜欢捉弄比他年幼的小孩，尤其喜欢捉弄女孩子。他喜欢吓唬朋友们和他的三个妹妹，不管是用恐怖的故事、怪异的装扮、可怕的游戏，还是让人尖叫的电影。

从小时候起，斯皮尔伯格就非常熟悉恐惧的感觉。"他小时候害怕很多东西，后来才慢慢克服。"他的父亲说，"他有丰富的想象力，能轻易从简单的事物中幻想出任何可怕的或者说是具有威胁性的东西。"

1952年，在举家搬到卡姆登郊区的哈敦镇后，史蒂文就一直被门口路灯下一棵细长的枫树困扰。每到夜晚，随风摇晃的枫树会在他二楼卧室的墙上投下影子。在史蒂文看来，那些影子就像长着扭曲的脑袋、挥动着触手的怪物。他确信还有一些怪物躲在他的床底下和壁橱里。他还会研究壁橱门上的水泥裂缝，让自己相信裂缝里住着更可爱的生物。他还记得自己看到那条裂缝突然崩开时，一些小水泥块从里面滚落出来的可怕经历[1]。

---

1 尽管这似乎不太可能，但那很可能不是他的想象。后来从斯皮尔伯格一家手中购买了这所房子的洛蕾塔·诺布拉克及其丈夫奥古斯特说："墙的压力导致壁橱门上的水泥慢慢开裂，所以每隔几年那条裂缝就会出现一次，然后我们就会把它补上。"

史蒂文逐渐发现，由他的想象力产生出的恐惧可以带来一种奇怪的享受，特别是如果能找到利用这些恐惧的方法，并以此创造出新的视觉效果。"我曾经非常害怕自己的手影，"他说，"晚上我会坐在床上，盯着雪白的天花板——我会在地板上放一盏小灯，摘掉灯罩，点亮灯泡，让灯光将我的手影投映到天花板上。我经常用手影吓唬自己。"

他独自承受的这些恐惧，越来越需要找到某种向外宣泄的出口。幸好，他俘获了一帮忠实观众来满足自我表达的需要。"我没有办法升华或疏导这些恐惧，直到我开始给我的妹妹们讲故事。这消除了我灵魂中的恐惧，并将这些恐惧转移到她们的灵魂中。"

他的妹妹，后来成为好莱坞编剧的安妮曾说："我记得在看《大白鲨》点映时心想，他吓了我们这么多年，现在终于轮到观众担惊受怕了。"

两岁半到十岁是一个人心理成长和社交能力发展的关键时期，但关于斯皮尔伯格在新泽西州度过的这段岁月，少有记录。也许这种忽视很大程度上源于斯皮尔伯格自己对那个时期和地点的记忆模糊。他对童年的回忆往往集中于后来在亚利桑那州生活的那几年。然而正是在新泽西州，他第一次展现出真正的创造力。

在记忆里，他将哈敦镇的街坊邻居描绘得很扭曲。1994年，在朱莉·萨拉蒙为《时尚芭莎》的一次采访撰稿中，史蒂文详细描述了作为一名犹太人的成长感受，他回忆起圣诞节期间，所住的街道上"其他人"都给自家的房子张灯结彩，这让他很苦恼。相比之下，他家的房子就像"水晶露台的黑洞"。童年时，斯皮尔伯格主观上的被排斥感和被当作"异类"的感受是如此强烈，以至于他的记忆夸大了他们一家在新泽西邻居眼中被排斥的程度——事实上，他们邻居当中也有很多犹太人。

"水晶露台"是一片绿树成荫的美丽街区，沿着哈敦镇的一条主干道水晶湖大道蜿蜒伸展。从斯皮尔伯格一家搬到那里直到现在，都没有太大变化。当地居民以邻近的哈敦菲尔德作为通信地址，斯皮尔伯格从未向采访者透露他实际上住在哈敦镇。但对于那个时代的犹太人来说，涌入大量新移民和新晋中产阶级家庭的哈敦镇显然更受欢迎，与刻板、守旧的欧裔新教徒郊区哈敦菲尔德截然不同。

斯皮尔伯格一家位于水晶露台267号的那栋两层殖民风格住宅，是他们花14 000美元从彼得·鲁坦和海伦·鲁坦夫妇那里购得的，建于1949年。那条街是在一片田地上建设起来的，那里曾是一片种植土豆的农田。在史蒂文的童年时代，他家房子后面的一条街仍能看到一些农场旧址。他和玩伴们会带着恐惧，走进那片哥特式的林地与田野中探险。林地周围是饱经风霜的农舍和锈迹斑斑的农用机械。显然，史蒂文将他对废旧农场的记忆与家门前那棵枫树结合在一起，想象出一片令人毛骨悚然的"窗外森林"。这段记忆成为他1982年的电影《鬼驱人》中一个场景的灵感来源：一棵凶神恶煞的树冲进小男孩卧室的窗户（《鬼驱人》中还出现了一个可怕的小丑玩偶，这也是史蒂文童年时期恐惧的东西之一）。

和阿诺德·斯皮尔伯格一样，史蒂文家所住社区的许多父亲都是年轻的退伍军人，在《退伍军人权利法案》的帮助下购买了自己的第一套房子。水晶露台住着许多小孩，史蒂文的邻居玛乔丽·罗宾斯还记得："他看上去跟其他男孩没什么不同——瘦削，平头，整张脸被棒球帽遮住，只露出耳朵。""当时那里有很多新教徒。犹太人、意大利人、爱尔兰人以及德国人住在一起，相处得十分融洽，"住在斯皮尔伯格家对面的爱尔兰天主教徒老罗伯特·莫兰这样说，"那个地方很适合孩子们成长。住在那里的好处就是，它是一个新社区，成员来自不同的地方。而且大多数都是年轻人，大家相处得很愉快。"

那个时期，水晶露台的26户人家中至少有3户犹太人，邻近的水晶湖大道上也主要居住着犹太人。"那是犹太人聚居的地方，犹太人区。"贝斯沙洛姆圣堂的拉比伯特·刘易斯如此形容哈敦菲尔德地区。1953—1957年期间，刘易斯拉比曾经在希伯来学校教过史蒂文[1]。尽管犹太人在二战后就从卡姆登和附近的费城迁往哈敦菲尔德地区，但二战爆发前，这里曾是犹太人的禁区。"后来这里慢慢解除了限制。"刘易斯拉比说，"此前有些乡村俱乐部是不允许犹太人加入的，所以犹太人在这里创办了自己的乡村俱乐部。"

"我小时候对反犹主义的感觉没有史蒂文那么强烈，"与史蒂文一样同为犹太人的玛乔丽·罗宾斯说，她家住在水晶湖大道上，位于史蒂文家附近街道的拐角处。"我想是因为温暖有爱的犹太社区给了我安全感。我们社区从来都夜不闭户。我们有表达自己思想的自由，有想象的自由，有创造的自由。但是他住的那条街是非常基督化的，很明显的是，在圣诞节时，我们生活的地方会变成一个基督教的世界。我记得在国王高速公路的A&P便利店外看到过圣诞老人。我们常常开车穿过哈敦菲尔德，欣赏沿路的圣诞彩灯。那灯光实在太美了。"

水晶露台也有华美的圣诞装饰。每年圣诞节，莫兰一家都会在显眼的位置用聚光灯

1　1952年12月至1957年2月期间，史蒂文在哈敦菲尔德的托马斯·爱迪生学校从幼儿园一直读到小学四年级。早些时候，他在卡姆登上过幼儿园。

和圣诞彩灯装饰出一个大型的耶稣诞生场景，这是斯皮尔伯格一家从客厅窗户里就可以直接看到的。住在史蒂文家隔壁的玩伴、长老会教徒斯科特·麦克唐纳，记得圣诞节会给史蒂文"造成很大压力。我们会把各自的礼物拿出去炫耀，我记得他当时很生气。圣诞节对他来说算不上好时光。除了不过圣诞节，没有人会发现犹太小孩和其他孩子有什么不同。圣诞节时，他很可能会被取笑一番：'你的圣诞节过得怎么样啊？你连礼物都没有收到。'"

斯科特的妹妹简·麦克唐纳·莫雷曾经问安妮·斯皮尔伯格，为什么她家不过圣诞节，安妮"说他们的爸爸是圣诞老人，他太忙了，所以他们没时间庆祝圣诞。我知道她爸爸长得一点也不像圣诞老人，而且他还抽雪茄。我无法想象圣诞老人会抽雪茄。于是我就跑去问我妈妈，我妈跟我说，不，斯皮尔伯格先生不是圣诞老人"。

"史蒂文非常好奇——他会打听每个人的宗教信仰是什么。"身为天主教徒的隔壁邻居玛丽·德弗林回忆，史蒂文经常问她的儿子查尔斯·德弗林，作为祭坛侍童的职责是什么。"他经常会问我一些和仪式相关的问题，而不是信仰，"德弗林说，"他对仪式很感兴趣。他会问：'你手里拿的什么东西？'我当时拿着一件教士服和一件牧师白袍。他还会问：'你早上6点要去哪里？'"

另一个邻居家的男孩杰拉德·麦克马伦讲述："我也是一个想让他相信耶稣基督存在的人。我当时正要去天主教学校上学，那时我认为只有基督教才是正统。大多数孩子都是基督徒。史蒂文是唯一一个不认同基督的孩子。他曾经跟我说，大概的意思是'我妈妈说耶稣不是弥赛亚[1]'。我记得当时我让他回家告诉他妈妈她错了。他听完并没有表现出任何不满或愤怒，也没有表现出沮丧，但是你可以从他的反应中看出他感觉很糟糕。在我的记忆中，他并没有什么不同，他其实挺受欢迎的，但他可能感觉到自己的另类，而且这种感受很强烈。他的父母都很友善，对我也很好，虽然我让他回家去跟他妈妈说过那样的话。每次我去他们家，他妈妈都很欢迎我。长大后，想到我做过的这些事情，我感到非常抱歉。年纪越大，我就越感到难堪，我当时并不了解天主教和犹太教的不同。"

史蒂文从经历的这些事情中得到的经验是："身为犹太人意味着自己不寻常。我跟别人不一样，我只想被接纳。不是接纳作为犹太人的我，而是接纳和大家一样的我。"

1　弥赛亚（Messiah）在希伯来语中最初的意思是上帝所选中的人，具有特殊的权力。犹太教用这个词来指出自大卫家的拯救者，由他带领以色列国恢复大卫统治时期的辉煌盛世。——译者注

朱莉·萨拉蒙在她主笔的斯皮尔伯格简介中提到，圣诞节期间，他想让父母在住处挂上一些彩灯。他们跟他说："我们是犹太人，犹太人不会像非犹太人那样挂彩灯。"史蒂文退让一步，试图建议他们挂上蓝色和白色的光明节灯，但他的父亲说："我们有一个漂亮的烛台，如果你愿意，我们可以把烛台放在窗户上。"

"不！不！不行！"史蒂文大声喊叫，"这会让别人感觉我们是犹太人。"

圣诞节前的那天晚上，史蒂文在自家的门廊里搭建了一个节日场景。他用加长的电线连接一个色轮，这个旋转装置能透过彩色凝胶投射出五颜六色的灯光。他让四岁的妹妹安妮守在开关旁，他自己披着白床单，摆出耶稣受难的姿势，然后给了安妮一个开始转动色轮的信号。人们开车经过水晶露台观看沿路的圣诞节装饰时，便能看到史蒂文在门廊里扮演的耶稣，戏剧性地被环绕在闪烁的彩色光轮之中。这也成了斯皮尔伯格的电影《第三类接触》和《E. T. 外星人》中，预示外星生物到来的灯光效果的雏形。

"他的父母对此非常生气，"萨拉蒙写道，"他们把儿子拽下门廊，一边踹他一边叫骂，抱怨他在邻居面前丢尽了脸。"

本书作者向阿诺德·斯皮尔伯格讲述这个故事时，阿诺德回应："我不记得他扮过耶稣。如果他想要扮的话，我应该会说'不行'。"但史蒂文的父亲补充说，"我可以想象他那样做的情形，因为我知道他很想挂圣诞彩灯。我说：'不，我们是犹太人。我们可以点光明节灯，把光明节灯摆在窗台上。'于是我去找来一盏烛台并买了一些蓝色的小灯泡，把它们摆在窗台上，然后说：'光明节的8天里，这些都得一直摆着。'"

尽管在史蒂文的记忆中，圣诞节彩灯事件可能存在某种程度上的偏差，但它仍是一个展现他创作过程的生动例证。在这个过程中，他把自己异于常人的痛苦感受转化为独具个性的艺术表现，以吸引他所能想到的最广泛的观众。

加入美国无线电公司一年半之后，阿诺德·斯皮尔伯格就成为该公司涉足电脑领域后首台计算机Bizmac的高级研发工程师。Bizmac共有10万根真空电子管，占据了卡姆登工厂的一整层楼，是美国陆军军械部队的成本—库存控制设备。Bizmac的开发尚未完成时，晶体管便已被投入使用，而这彻底地革新了计算机领域。美国无线电公司将Bizmac交付给了军队，但它成了一个昂贵的累赘。1957年，阿诺德离开美国无线电公司跳槽到凤凰城的通用电气之前，还参与了美国无线电公司的第一台晶体管计算机、一个通信计算机项目以及一个计算机销售记录系统的研发。

阿诺德"是出了名的马大哈工程师",斯皮尔伯格一家住在卡姆登时的邻居米丽娅姆·福尔曼回忆,她也在美国无线电公司工作。"他绝对是一个非常聪明的人,但又是一个心不在焉的书呆子。"米丽娅姆·福尔曼的侄女简·福尔曼补充,"有一次,他停车加油时,莉亚下车去上厕所。他把车开走一个小时后才发现莉亚没上车。"阿诺德在Bizmac项目上的上司J.韦斯利·莱亚斯回忆:"他是一个能尽心尽力完成你交代任务的人,他会竭尽所能地工作。只要有加班需要,他会工作到深夜,甚至周末也工作。不管问题有多难,他都能坚持想办法解决。但别指望他能'创新'。他技术很好,也很有管理才能,但是缺乏想象力。相较于他的妻子,他做事更有条理也更勤奋。但他的妻子才是那个有远见、有才华、有创造力的人。"

然而,对于史蒂文来说,他在某些方面与别人的不同,并不是像他的母亲(创造力)和父亲(逻辑性)那样,区分得那么清晰。不管阿诺德·斯皮尔伯格是否可以被描述为一个"有创造力"或"有想象力"的人,就像这些词在艺术领域中的运用一样,他在计算机方面的开创性工作能够证明,在设计复杂的创新通信系统方面,他具有开辟新技术领域的能力。史蒂文·斯皮尔伯格掌握了一种同样复杂的现代艺术形式,这一艺术形式在很大程度上依赖于科技的综合性创新,包括因他的电影而推动发展的计算机技术。当史蒂文开始制作他的第一批业余电影时,他其实是在模仿父亲,因为他的父亲从17岁起就开始拍摄家庭电影。斯皮尔伯格一家于1957年情人节搬到亚利桑那州后,阿诺德就成了史蒂文制作业余电影的热心导师和伙伴。

然而,与莉亚不同,当史蒂文选择将拍电影作为毕生事业时,阿诺德并不赞成。从小时候起,史蒂文便总免不了让父亲失望,因为他在工程方面完全没有天赋。"我上学时非常讨厌数学,"史蒂文承认,"我不喜欢他们将数字一个一个叠在一起。我父亲以前会教我3除4无法整除之类的知识,而我会说:'当然不行,那个3根本塞不进4上面的小洞里,根本不合适。'"

尽管如此,阿诺德仍相信他的技术背景对儿子的电影事业有着积极的影响:"起初,他非常排斥学习任何与数学或科学相关的东西。他仍然不太喜欢这些,但现在他必须学。这是他自己的'游戏',他深陷其中。他利用电脑做的事和我不同。我用电脑处理生意上的事,我几乎从不玩游戏。而他只用电脑玩游戏,他家里有一整排电子游戏。他还有一个飞行控制模拟器。有一天(1995年12月)我去他家时,他正用只有真正的飞行员才能掌握的技巧击落飞机。"

莉亚对史蒂文的教育态度最后变得更加放任，但在他进入哈敦菲尔德的爱迪生学校后，她也为儿子对学习传统知识毫无兴趣而懊恼。"他母亲很不高兴，因为他的分数总是达不到母亲的期望。"玛丽·德弗林回忆，在爱迪生学校的四年里"他只拿了C"。简·福尔曼·萨塔诺夫补充道："她总是很失望，因为他非常聪明，可成绩老是上不去。"莉亚会将史蒂文的分数跟邻居家的小男孩比较。"她不明白为什么史蒂文不能考得更好。"玛丽·德弗林说，"他根本没把时间花在学习上——他总是贪玩。他是个好孩子，个子瘦小，但只是专注于自己想做的事情。我们当时没觉得他很聪明。"

"他是个沉默寡言的年轻人，多年来一直如此。"贝斯沙洛姆圣堂的刘易斯拉比说，史蒂文每周有3个下午要去希伯来学校上课，他和同学们在公立学校上完一天的课之后，会"非常疲惫"地乘坐公共汽车到希伯来学校去。拉比说："史蒂文到学校去了，他做了他该做的。"在史蒂文的记忆中，宗教教育是一种"惩罚性的"折磨，所以他试图让自己的孩子接受比自己当年更为"有趣"的犹太宗教教育。"我想我没有得到适当的宗教教育。如果它不是像去牙医那里拔牙那么痛苦的话，我可能会坚持得更久一点。"[1]尽管史蒂文也是圣殿童子军的一员，刘易斯拉比依然能够看出，仅仅依靠学校活动和童子军来发展社交技能，对于史蒂文来说是远远不够的："他需要一种表达自己的方式。他需要找到这一方式，因为他是一个非常孤僻的人。"

"我记得他的头发是淡黄色，总是像梦游一样到处闲逛，"莉亚的朋友格蕾丝·罗宾斯说，"我不记得见过他跟其他孩子玩。他给我的感觉就像活在一个幻想世界里。他并不是在梦游，而是活在自己的世界中。我当时并不明白，因为我和他没有太多接触，但我知道莉亚觉得他有特别之处。她说：'他不一样。毫无疑问，他与众不同。'尽管他做了一些莫名其妙的事，他母亲也狠狠地训了他。但我认为他是真的遇到对的母亲了，她很有悟性，她不傻。"

由于阿诺德大部分时间都在工作，史蒂文见到父亲的时间比他想要得到的少得多。老斯皮尔伯格在水晶露台大部分邻居的记忆中都是一个很模糊的形象。"我很少见到他，"住在隔壁的史蒂文的玩伴斯科特·麦克唐纳说，"我记得他很高，有点发福，一头黑发。他总是穿着白衬衫，把笔插在口袋里。我不记得见过他在院子里陪孩子们玩。许多父亲会

1　1991年，史蒂文的第二任妻子凯特·卡普肖在与他结婚之前改信犹太教，史蒂文和她一起学习犹太教规，并说："这一年的学习比我以前通过正规的犹太教培训学到的东西还要多。"

和他们的孩子一起玩接球游戏或棒球，但史蒂文的父亲从没这样做。他从来都不陪他们玩。"

阿诺德对工作的狂热引起了家庭关系的明显紧张。每当阿诺德下班回家，邻居们总会听到他大声叫嚷："莉亚，我回来了。你在哪里？"据邻居们描述，有时莉亚会和好友格蕾丝·罗宾斯、茜茜·卡特勒一起玩拼字游戏或打牌，但她大部分时间似乎都在练钢琴或在院子里晒太阳。或许因为和父亲的距离越来越远，史蒂文在情感上与母亲更加亲近。"每次她要去别的地方，他都会装病，"玛丽·德弗林说，"他不想让她去。她是个好人，很有爱心。莉亚的性格非常好，任何事都一笑置之。如果你今天过得很糟糕，跟莉亚聊一下就会感觉好很多。"

"她似乎比我们的妈妈轻松得多，自由得多，就像个艺术家，"查理·德弗林说，"她是我们社区里独一无二的。从某种程度上说，我妈妈和其他妈妈跟贝蒂·克罗克[1]完全一样。那时，家庭主妇们主要负责打扫屋子和做饭，她们是典型的50年代的那种母亲。但莉亚不是，她更'时髦'。"

斯皮尔伯格一家住在新泽西州的最后一段时间里，有一件事显示出史蒂文和父亲之间的关系变得越来越紧张。

阿诺德从美国无线电公司最早的一批晶体管中挑了一个带回家。他向家人展示，并且宣称："这就是未来。"史蒂文立即拿起那个晶体管吞了下去。据史蒂文回忆，父亲当时控制不住地笑了，但很快就开始担忧。这也难怪，因为那个晶体管不仅是他父亲珍视的宝贝，而且是一块直径半英寸、厚四分之一英寸的硬物。上面还带着"几根伸出来的电线"，阿诺德在美国无线电公司的老板韦斯利·莱亚斯说。史蒂文的冲动行为可以被解读为对父亲古怪的致敬，他以一种字面意思的方式"内在化"了阿诺德对科技的热爱。但是，史蒂文讲述这个故事时表示，"让晶体管消失"向父亲传达了更为挑衅的信息："那是你的未来，但不必是我的未来。"

阿诺德说他不记得发生过这样的事。但听史蒂文讲这个故事还是很开心，他承认这件事"可能"发生过。他说："史蒂文对小时候（发生在自己身上）的事记得非常清楚，他

1　贝蒂·克罗克（Betty Crocker），虚构出来的广告商标人物，后成为美国家庭主妇的模范形象。——译者注

会稍加夸张。他很会讲故事。"

"我在史蒂文身上看到了自己的影子，"阿诺德在1985年告诉《时代》杂志，"我看到了一个会讲故事的人。"

"我的孩子们还小的时候，"他解释，"我喜欢给他们讲故事。在他们上床睡觉时，我会给他们讲系列的冒险故事。我会给史蒂文专门讲一套故事，给女孩们讲另一套。但我讲的都是冒险故事，并把他们也编进故事里。比如攀上岩洞，或到处去探险。我在故事里发明了时间机器，他们可以进入机器让时光倒流去看看过去，以及拯救某个人物。我还编造了各种动物，以及一些主人公：女孩琼妮·弗洛西·弗莱克斯和男孩伦尼·路海德，他们的年龄跟我的孩子一般大，这样孩子们才会把自己和人物联系起来。我讲述的故事情节连续。我会跟他们说：'不讲了，你们该睡觉了，明天再继续。'"

史蒂文住在水晶露台时，已经展现出他尚未成熟的讲故事才能。

史蒂文搬走时，他的邻居简·麦克唐纳·莫雷只有6岁。她记得："在慵懒的夏日午后，我们五六个孩子坐在房檐下的阴凉里，听着史蒂文给我们讲故事，打发无聊时光。他似乎总能引起孩子们的注意。小一点的孩子都相信史蒂文讲的故事，因为他真的很会讲故事。他们会跟着附和：'嗯哼''真的吗？''哇！'。

"讲着讲着，他讲起了一个妖怪的故事。他骗我说：'妖怪会把你抓走。'我记得我告诉他我不怕妖怪，因为我睡在二楼，妖怪进不了我的房间。他说：'哦，但是这个妖怪有20英尺高，他可以从你的窗户往里看。'他说，不管你在多安全的地方，他都能进去。我记得那晚我吓得不敢睡觉，生怕被妖怪抓去。"

然而，和史蒂文年龄相仿的孩子并不总是相信这些故事。有时其他男孩会叫他别讲了，或者打断他自己来讲。

"我妹妹跟我说：'史蒂文吓坏我了。'"简的哥哥斯科特回忆，"史蒂文总是讲得一本正经，我妹妹又很容易上当。他骗起我妹妹和他妹妹来简直轻而易举，他会天马行空地胡编乱造，我们从来都不信他的鬼话，会朝他翻白眼。我跟他说我在地下室养了一只短吻鳄，他每天都求我带他去看这只鳄鱼。他会问我：'你喂它吃什么呢？'我说：'我用铅笔的一端挑起汉堡里面的肉来喂给它吃，它还只有4到5英尺长呢。'他又问我：'我能看看它吗？'我会说："它现在不太舒服。'后来他埋怨我说谎，我骗了他好长一段时间。"

从最初给小女孩们讲恐怖故事，史蒂文的想象力很快就发展成为更加精心设计的恶作剧。

"即使他没有成名，他也是那种会让我记住的小孩。"简和斯科特的哥哥斯坦利（桑迪）·麦克唐纳说，"你能看出他有戏剧天赋。我俩以前都很喜欢风暴，附近的大多数孩子却不喜欢，但他是少数几个喜欢风暴的孩子之一。他家房子后面有一个漂亮的包围式门廊，当天空变暗，风暴来临时，我们会穿着黄色雨衣，坐在他家门廊的草坪椅上，边看漫画书，边寻找闪电。"

"有一年夏天，不知是谁弄来了一套高尔夫球杆，史蒂文和我就在他家后院造了个高尔夫球场。我们挖了几个洞，把空罐头盒塞进去，然后插上一些小旗子。那年夏天，我们那个地区只遭遇过一场龙卷风。当时我们看到了乌云，接着我们就躲进了地下室。但是我喜欢看风暴，所以我观察了一下外面的情形。我看见史蒂文在他家后院里边跑边踢那些小旗子，张开双臂在那里转圈圈。后来我问他为什么那样做，他说：'我没有踢那些旗子，是龙卷风吹倒的。'我说："史蒂文，我看到是你干的。他不承认，不过他倒是'成了'一个龙卷风[1]。"

说到社区体育活动，史蒂文的协调性差得令人绝望。"他会参与，但我们会取笑他投不好也接不好球。"斯科特·麦克唐纳说，"我们不会非常刻薄地取笑他，但是他从来没有做出让我们感到快乐的反应。他总是玩一会儿就说：'我要进去了。'史蒂文并没有受到排斥，但是他有自己的玩法。你可以称他为有点书呆子气的孩子，但他真的不是。我们认为他在自己感兴趣的领域还是非常厉害的。"

"有一次，有人带来一副拳击手套，"桑迪·麦克唐纳说，"然后我们两家之间还进行了一场拳击赛。轮到史蒂文上场时，他被打败了，然后他就跑了。他从家里拿来一瓶番茄酱，每次他被打败，就往自己身上倒番茄酱，弄得衣服和头发上都是。"

"还有一次，"斯科特回忆，"史蒂文把一只番茄扔进炉子上的锅里，我们三四个孩子围在旁边看。他说：'看看它爆炸后会怎么样。'还没等到番茄爆炸，我们就听到他家的车停在了门口，吓得我们赶紧都跑了。他认为这是一种制造假血的新方法，他喜欢任何看起来像血的东西，那些会爆炸出红色的东西。他以前非常喜欢桑葚，他会把桑葚汁挤到

---

1 斯皮尔伯格的"安培林娱乐"制作了电影《龙卷风》，由扬·德·邦特在1996年导演，是一部有关龙卷风研究人员的动作大片。

头上和手臂上，跑回家向母亲哭诉自己在流血。"

还有一次，史蒂文把自己锁在家中二楼的厕所里，结果"成功地"引发了一场大骚乱。正如斯科特所描述的："看到消防队架梯子从二楼的窗户进去，我感觉这场面挺壮观的。"

这位未来《侏罗纪公园》的导演很早就迷上了恐龙。对于一个在哈敦菲尔德长大的男孩来说，这不算稀奇，因为这座城镇所在之地，恰好曾被史前海洋覆盖。这里出土过现代历史上发现的第一具几乎完整的恐龙骨架——鸭嘴龙的恐龙化石。当斯皮尔伯格还是个孩子时，这里的学生们经常被带到鸭嘴龙化石的发现地进行实地考察。当时的部分遗存还在费城的自然科学研究院中展览，那里还出售黄铜做的恐龙模型。

"从我还是个孩子时，就对恐龙很感兴趣，"斯皮尔伯格在拍摄《侏罗纪公园》时说，"我大多数电影主题的灵感都来源于小时候。我记得我一直在收集恐龙模型，我对这些体型庞大的动物很感兴趣。"

就像所有在20世纪50年代长大的美国男孩那样，斯皮尔伯格也从漫画书中接受了幻想和冒险概念的熏陶，这对他后来成为一个视觉风格大胆，有时甚至夸张的导演有着深刻的影响。他最喜欢的形象包括超级英雄和奇幻类型中的人物——超人、蝙蝠侠，以及比扎罗——迪士尼漫画中的米老鼠、唐老鸭、史高治叔叔。史蒂文和朋友们尤其钟爱《疯狂》（*Mad*）杂志。该杂志因其令人眼前一亮的戏谑、"黑色"幽默，以及对电影桥段的巧妙模仿，成为20世纪50年代全美潮流人士的宠儿。

《疯狂》为斯皮尔伯格和好莱坞的"电影小子"们铺平了道路，使他们得以延续童年时代对老电影陈词滥调的喜爱，并在后现代主义时期对老电影中的类型与图像进行重新创造和戏仿。斯皮尔伯格的《夺宝奇兵1：法柜奇兵》就是一个著名的例子。剧本要求哈里森·福特饰演的印第安纳·琼斯与一位阿拉伯敌人展开一场精心设计的佩剑与长鞭对决。但是哈里森·福特突然生病了，斯皮尔伯格想加快进度，所以决定让印第安纳·琼斯突然结束决斗，掏出手枪，漫不经心地一枪打倒对手。斯皮尔伯格说，这一幕让他想起了《疯狂》里"我们最想看到的场景"栏目。

也许很大程度上是受漫画书的影响，当他还是新泽西州的一个孩子时，"史蒂文就有一种令人惊讶的病态倾向"，斯科特·麦克唐纳说，"我们认为这真的很酷。我还记得他煞费苦心设计的拷问室。我们过去常去他的地下室，他会教我们如何把他的玩具人送上他用黑色鞋盒做成的断头台。他砍下了几颗玩偶的头，又锯掉了几颗——效果非常好。当我和哥哥看到《E. T. 外星人》时，我们对彼此说：'哎呀，这可不像史蒂文。'他小的时候似乎有点心灵扭曲。当他搬到亚利桑那州的时候，给我寄了一封很有意思的信，信中讲到了蝎子和头上长有很酷的毒刺的美国毒蜥。我们无法想象他在那里过着怎样的生活。"

史蒂文的地下室里还有一个用来演木偶戏的大纸箱。"我从小就想逗人们开心，"他回忆道，"我小时候就排演过木偶剧——8岁的时候，我希望大家都能喜欢我的木偶表演。"

毫无疑问，对斯皮尔伯格童年早期带来最大流行文化冲击的是电视。"我过去是，现在仍然是一个电视迷，"他说，"我和所有人一样，是看着电视长大的，我的脑袋里都是电视节目，真希望能摆脱它们，但我做不到。一旦它们进入你的脑海，就像无法洗去的文身。"

斯皮尔伯格一家于1949年购买了他们的第一台电视机——圆管杜蒙（DuMont）电视机。当时，国家电视网络正式运作不过两年，每12户美国家庭中只有1户拥有1台电视。50年代早期史蒂文还生活在水晶露台时，尽管电视的发展仍在起步阶段，但那个时代富有创造性的发明层出不穷，被称作媒体的"黄金时代"。很少有孩子能观看《文化列车》或《剧院90分》这类知识分子节目，但史蒂文和他的朋友们从小就挤在小屏幕的黑白电视机前长大（其中许多台电视机由史蒂文父亲所在的卡姆登无线电工厂生产），他们全神贯注地看着现在被视为经典的电视节目。然而，电视对婴儿潮一代的电影人也造成了可悲的影响，斯皮尔伯格自己制片的电影作品《摩登原始人》和《小淘气》就是对电视节目进行怀旧模仿的愚蠢案例。但是就节目策划的质量和表演角度而言，他和朋友们小时候观看的电视节目比现在要精妙得多。

他们喜欢的节目包括由西德·凯撒和伊莫吉恩·科卡主演的、惊喜不断又别出心裁的喜剧小品《你行你秀》；以及热闹搞笑的综艺节目，如迪恩·马丁和杰瑞·刘易斯主持的《米尔顿·伯利秀》和《高露洁喜剧时间》；还包括情景喜剧《蜜月人》以及由西尔福斯来扮演比尔·比克中士的《菲尔·西尔沃斯秀》；还有杰克·韦伯的警匪片《天罗地网》（史蒂文觉得很吓人）。他们还收看一些儿童节目，比如《豪迪都迪》、唐·赫伯特的《巫师先生》、安迪·德怀恩的丛林系列连续剧《安迪的枪》和冒险故事《电视游侠》以及《超人》《跛子卡西迪》《罗伊·罗杰斯秀》《思科小子》和《独行侠》。

在史蒂文邻居家的孩子们当中，最受欢迎的当属沃尔特·迪士尼于1954年推出、每周日晚间播出的《迪士尼乐园》系列，以及1955年首播的由"火枪鼠"担任主角的每日综艺节目《米老鼠俱乐部》。史蒂文接连迷上了三位火枪鼠女孩：活泼的达琳·吉莱斯皮、迷人的小凯伦·彭德尔顿、性感又健康的安妮特·芙妮切诺，她们惊艳的青春造型唤醒了很多美国男孩的性冲动。对于史蒂文来说，这个时期的早恋已经转变为"性敬畏——我讨厌使用'性'这个字眼，我觉得这个问题稍微有些沉重，但无法回避"。

1954年12月至1955年2月期间，电视上播放了迪士尼的电视连续剧《大卫·克罗克特》（之后被改编成电影《大卫克罗传》）。在这部电视剧播放后的一年多时间里，扮演大卫·克罗克特一直是水晶露台附近孩子们最喜欢的游戏。每个人都抢在史蒂文之前戴上了浣熊皮帽，所以史蒂文最终不幸被选中扮演"坏人"——墨西哥将军桑塔·安纳。他和玩伴们在用邻居家后院栅栏临时围成的"阿拉莫"[1]里，用玩具枪和长步枪展开殊死战斗。

史蒂文不仅对电视上播放的节目很着迷，对电视本身也很着迷。"我相信里面有东西在试图逃出去，"他曾说，"我过去常常用眼睛直勾勾地盯着屏幕上的雪花。我离电视机很近。总会有一些隐秘的、遥远的频道，它们的信号穿过接收站，但在电视上放不出来。我觉得这些应该是五百英里外一些播放站的影像和鬼魂。"斯皮尔伯格称《鬼驱人》是"我对电视的复仇"，一个小女孩盯着电视上的雪花宣布"他们在这里"，然后她就被鬼魂卷入了家庭电视机里。

史蒂文经常抱怨，除了像《米老鼠俱乐部》和一些喜剧节目这样乏味的电视节目外，他"被禁止看电视"。他说父母不仅有一套限制他看电视的规定，而且在他因为一部有关蛇的纪录片变得担惊受怕后，父母还试图保护他，不让他看那些吓人的电视节目，比如《天罗地网》和《M小队》。史蒂文甚至还记得父母防止他偷看电视时的惯用伎俩："有时父亲会在特定位置放一把头发，这样一旦我为了偷看电视而掀起那19英寸屏幕上的防尘罩，他就能立马发现……我总是能找到这些头发，准确地记住它们的位置，并在父母回家之前将头发重新归位。"

阿诺德·斯皮尔伯格回应说："他曾经抱怨我从来不让他看电视，父母对他过于严格。但是他看电视总也看不够，电视一直开着。但你知道，我们会说：'作业时间到

1　阿拉莫（Alamo），位于美国得克萨斯州圣安东尼奥，在1836年得克萨斯独立战争中曾被墨西哥占领。——译者注

了。'我想我在这一点上的确太过固执。我不会让孩子们看太多电视，所以他对此很不满。"

史蒂文和父亲在这个问题上的冲突可能有助于解释为什么他后来宣称"电视机如同我的继父"。他还提到，在电视出现之前，"父母会坐在摇椅上给孩子们读书，家庭成员之间也非常亲密。他们过去常常聚集在家中的说书人或故事家周围，20世纪二三十年代时，这个被包围的人通常是父亲。接着电视取代了父亲，现在它似乎同时取代了父亲和母亲。父亲每晚讲故事的习惯一度对史蒂文非常重要，但是20世纪50年代以来阿诺德就已全身心投入工作，史蒂文不得不转向其他方式寻求娱乐。从这个层面上说，至少在史蒂文的家里，电视确实取代了父亲"。

斯皮尔伯格的父母也试图管控他青春期前的观影行为。"我只能当着他们的面看电影，通常我看的那些片子都是他们喜欢的。"斯皮尔伯格一家常看的是一些合家欢影片，比如丹尼·凯耶主演的《宫廷小丑》、弗雷德·阿斯泰尔和奥黛丽·赫本主演的歌舞片《甜姐儿》，当然还有迪士尼电影。"然而，在我8岁那年，有一次我看完白雪公主后尖叫着跑回家，想要躲进被子里，我的父母搞不明白我为什么会变成这样，"史蒂文回忆说，"因为沃尔特·迪士尼的电影不应该令人害怕，而是应该让人感到快乐和着迷。但《白雪公主》《幻想曲》和《小鹿斑比》，简直让我神经衰弱[1]。"

史蒂文回忆说，由于父母"不知道影院里的什么东西会对孩子造成不良影响"，他们"极度努力地从我的生活中剔除银幕上的暴力镜头"。史蒂文和朋友们偶尔会去附近的韦斯特蒙特和奥杜邦的韦斯特蒙特世纪剧院观看周六的下午场电影。花上25美分就能看一场电影，可选片目包括卡通片、怪兽电影和科幻片，或者是由霍帕隆·卡西迪或思科小子这类的西部片。但史蒂文的父母过分在意他看电影的花销和看电视的不节制，以至于史蒂文直到少年时代晚期搬到亚利桑那州之后，才成为一个真正的影迷。在新泽西州时，电影带给他最持久的感受，便是无法观看它们的沮丧。正如他后来所言："我觉得我坚持拍电影的原因之一，可能正是因为父母对我看电影的管控。"

和许多其他退伍军人的儿子一样，史蒂文从小就对第二次世界大战十分着迷："我

1　迪士尼乐园甚至给史蒂文造成了精神创伤："1959年，我父亲带我去神奇王国。一切都让我害怕极了：潜艇航行中海蛇的恐怖眼球，白雪公主里的老巫婆给我一个毒苹果，癞蛤蟆先生的狂野之旅。尽管这是那种让人发笑的恐怖，但直到我去过很多次，并且长大一点后才明白迪士尼先生的用意。"

喜欢那段历史。我父亲给我讲了许多战争故事——在缅甸抗击日军的战役中，他是一名B-25战斗机上的无线电通信员。在一生中，我一直对那段纯粹又极度危险的时期印象深刻。那是一个时代的终结，是纯真的终结，而我成年后的大部分时间都仍然无法将它忘怀[1]。"史蒂文小时候特别喜欢做模型飞机，他说自己就像《太阳帝国》中年轻时的主角一样，"爱上了飞行"。

史蒂文和他水晶露台的朋友们用（第二次世界大战或美国内战）的塑料和橡胶士兵、牛仔和印第安人再现战争场景。史蒂文被称为那些战争游戏的大师。他找到了桑迪·麦克唐纳这个志同道合的伙伴，他也喜欢那些耗时长的复杂游戏，一连能玩上好几天。而桑迪的兄弟斯科特还记得史蒂文那不同寻常的游戏开场方式：

"史蒂文有一张大桌子，他会搭建一个印第安人村庄或是内战场景，还会向我们展示游戏中的人物是如何移动的。但我们还不能开始玩——还要等他设计好游戏情境。他会说：'这家伙在这里被抓了。哦，那家伙得到了一支箭。这家伙上断头台了。'大约留出5到10分钟的时间让他策划好游戏，然后我们才能开始玩。"

"我会去史蒂文的地下室，和他一起布置好那些宏大的战斗场面，"桑迪补充道，"他总会准备一盒钉子和一把锤子，当士兵们被箭射中时，他会把钉子插进士兵的身体里，并用番茄酱当血。在游戏最后，他可用的士兵越来越少。我不会把我的士兵给他，因为他会伤害他们，我不会对我的士兵那样做。对他来说，牺牲士兵做出这样的效果非常值得，士兵受的伤必须是真实的，要有一个箭头刺穿他们的身体。我从未想过这么做。"

"我们女孩从来都不被允许玩这样的游戏，但我们会站在旁边看，"桑迪的妹妹简回忆说，"大多数孩子都满足于结果，'哦，这家伙被弄死了'。史蒂文会把这家伙被杀死的过程弄得跟真的一样。对我来说，这就是他看起来与众不同的原因。"

---

1 那时作为亚利桑那州的一名业余电影人，斯皮尔伯格经常拍摄第二次世界大战题材影片。成为专业电影人之后，他拍摄了二战题材电影《辛德勒的名单》《太阳帝国》《一九四一》以及电视连续剧《惊异传奇》中的《战火浮生》。他还将自己儿时的一部二战飞行题材影片《一个名叫乔的家伙》翻拍为背景设置在当代的《直到永远》。

第四章

大块头中的小个子

　　具有讽刺意味的是，那些经历过艰难童年的孩子往往比那些受到良好保护和备受关爱的孩子更容易适应成年生活。这是一种补偿法则。

——弗朗索瓦·特吕弗的电影《零用钱》中的教师

　　斯皮尔伯格在回首童年时一直认为亚利桑那州是"我真正的家。对一个孩子来说，家是你交到最好朋友、得到第一辆车和献出初吻的地方；也是你闯下大祸和取得最好成绩的地方"。

　　也正是在亚利桑那州，史蒂文一家的关系变得越来越紧张，甚至到了崩溃的边缘。失去了情感寄托，史蒂文也越来越内向。但更重要的是，亚利桑那州是他立志成为一名电影人的地方。他在凤凰城的童年玩伴吉姆·索伦伯格回忆道，"他曾幻想过自己去参加奥斯卡颁奖典礼，获得奖项并感谢组委会。那时他只有十二三岁。"

　　斯皮尔伯格在1989年的一次采访中说："我早些年做的事也许并不完全出于爱好，但从12岁起，我就对拍电影非常认真，你明白我在说什么吗？那时我真的开始了。"

　　史蒂文的母亲后来承认，搬到凤凰城后所受到的文化冲击让她"歇斯底里"："我的意思是，在1957年，哪个犹太女孩会搬到亚利桑那州？我看过一本百科全书，它出版于1920年，我当时并没有太在意——书上说：'亚利桑那州是一片贫瘠的荒原。'确实如此，到了那儿，我只想发疯地踢打和尖叫。我不得不答应给史蒂文买一匹马，因为他也不想搬去那儿。但我从来没有兑现过那个诺言，直到今天他还在调侃我。"

1957年2月，当斯皮尔伯格一家来到亚利桑那州，在搬入市区的阿卡迪亚社区[1]北49街3443号新建成的乡间平房之前，他们一家在凤凰城西区一套狭小的两居室公寓里住了4个月。作为外来人口，生活在驼峰山脚下冬季度假胜地附近的柑橘林市郊开发区，史蒂文感觉自己比以往任何时候都更像一个"外来者"。在亚利桑那州荒漠边缘保守的西部社区，美国毒蜥到处游荡，男人们打着蝶形领结，一些道路仍在施工，街道上新建的商业大楼前还围着护栏，周围的邻居里有参议员巴里·戈德华特和一个名叫J. 丹福斯（丹）·奎勒的爱打高尔夫球的年轻人。这个来自东部的10岁犹太男孩就像他棒球帽下面露出的耳朵一样十分惹眼。

"他是我认识的第一个带有外来口音的人。"斯皮尔伯格的小学同学苏珊·史密斯·莱苏尔回忆道。苏珊是一名摩门教徒，土生土长的亚利桑那州人。"史蒂文话很多，也经常比划手势。他看起来很滑稽，我觉得他很有犹太人的特点。我不怎么认识犹太人，我不认识像他那样说话或长成他那样的人，他是如此与众不同。"

"我想我们是50、60年代的那群人中，思想相对狭隘的，"史蒂文的童子军顾问小理查德（迪克）·霍夫曼说，"就像30年代的那些人一样。那时凤凰城没有很多犹太人。在孩子们中间，我没看到多少反犹太的东西，但我确实在父母那一辈身上看到了。我们这儿有很多蠢货，他们心胸狭窄，这些自由主义者就像无政府主义者那样。"

史蒂文在四年级下学期转到了英格尔赛德小学。面对文化冲击，他变得更加内向。"他非常安静，"他六年级时的老师埃莉诺·沃尔夫说，"我为他感到难过，因为他没有朋友。你看，他和其他人不一样，像个书呆子。他看起来有点拘谨和循规蹈矩，常穿着一件纽扣领的衣服，似乎有点柔弱。他生活在自己的幻想世界里，不太好形容他，只能说还算个好孩子。他很保守，很多孩子都喜欢指手画脚，但他没有。我不知道他的问题在哪儿，也许和自我意识以及自卑有关。噢，天哪，我做梦也没想到史蒂文·斯皮尔伯格会成长为今天这样的人。"

---

1 斯皮尔伯格家的房子位于凤凰城，而不是附近的斯科茨代尔，正如他在报道中经常提到的那样。

然而，史蒂文来到亚利桑那州不久，即将发生的一切便有了预兆。

"一天晚上，我爸爸半夜把我叫醒，拉着我冲进车里，当时我还穿着睡衣。"斯皮尔伯格回忆道，"我不知道发生了什么，我被吓到了。妈妈没有和我们在一起。我在想，究竟发生了什么？爸爸出门时带上了咖啡和毯子，我们驱车大约半小时后，他把车停在路边。半夜里，那里有几百个人仰面朝天躺在地上。爸爸找了块空地，铺好毯子，我们俩也躺了下来。"

"他指向天空，那里正上演一场壮观的流星雨。那些不可思议的光点在夜空中纵横交错。这是一场非凡的表演，显然气象局已经对此提前预报。爸爸真的让我大吃一惊，其实他把我吓得半死！但与此同时，我又想刨根问底，想知道流星雨到底是怎么产生的。"

虽然史蒂文记得当时身处数百人的人群中，但"我们只感觉到了彼此"，阿诺德·斯皮尔伯格说："应该可以在夜空中找到一颗彗星。一些杂志预测会有一颗彗星出现，也许有十等星那么亮。我想看到彗星，也想让史蒂文看到。于是我们驱车上山，进入沙漠，远离城市的灯光。我们下车后躺在沙地上，开始寻找那颗彗星。"

"毫无征兆地，一束流星出现了。在那个时候，凤凰城的空气中没有那么多烟雾和灰尘，星星看起来非常巨大。它们密集地下落，令人害怕。当你走下车时，头顶上便是明亮星辰汇聚的苍穹，璀璨耀眼。那一刻我很害怕，你知道，你会有点迷失方向。然后我们坐了下来，但我找不到那颗该死的彗星。"

史蒂文回忆道，父亲"对流星进行了专业解释……但我不想听，我想把它们想象成坠落的星星"。那段记忆启发了他的第一部电影长片，在亚利桑那州拍摄的《火光》，以及后来由它翻拍而来的《第三类接触》，影片中理查德·德莱福斯用旅行车载着全家人来到乡下，站在路边看到既奇怪又美妙的亮光出现在夜空中。

在凤凰城的成长经历中，"史蒂文的朋友比他记忆中还要多"，他的妹妹安妮提到，但也有很多人看不起这个戴眼镜、长粉刺的笨孩子，认为他"古怪"或"乖僻"，是个"书呆子"或"懦夫"。史蒂文还记得："我在运动队中十分瘦弱……我骨瘦如柴，不受欢迎。我讨厌'懦夫'这个词，在我的朋友圈里我也并非弱者……我的那些朋友和我差不多。我们都有着瘦削的手腕并戴着眼镜。我们都在努力熬过这一年，不让自己的脸被按进饮水机里。"

有些孩子欺负斯皮尔伯格，阻挠他参加社交活动。甚至有人把这个长着大耳朵、大鼻子、鼓鼓囊囊喉结的瘦长男孩叫作"斯皮尔虫"。还有一些人嘲笑他是犹太人。他经常觉得自己是家附近以及凤凰城小学和高中里唯一的犹太孩子，事实上，这儿肯定不止他一个犹太孩子，但他经常这样觉得。他意识到自己在新环境中的"与众不同"，这让他非常痛苦，他甚至在卧室里偷偷尝试改变自己的外貌："我小时候常常拿一大块胶带，把一端粘在鼻头上，另一端尽可能高地往额头上贴。我有个大鼻子，它在我的脸上过于突出。从小我便对自己的鼻子感到难为情。我以为如果用胶带把鼻子封起来，它就不会突出来……就跟橡皮泥一样！"

除了参加英格尔赛德小学的少年棒球队以及C&L服务骑警队并且都表现平平外，史蒂文没有再参加其他体育活动，而体育是他周围大多数男孩最关心的事。史蒂文母亲的朋友玛丽·蒂斯发现了史蒂文其他方面的优点："我不会叫他懦夫，因为他有力量。史蒂文总是很喜欢看电影，我不记得他对其他任何事情感兴趣。我认为史蒂文对他将要做的事从来没有任何怀疑。他很有决心，绝不是三分钟热度。"

当史蒂文宣布要去好莱坞时，许多认识他的人都忍不住嘲笑他。也拍过业余电影的好友巴里·索伦伯格毫不犹豫地给了他一些建议："我记得上高中时，有一次我将兴趣转向我认为更重要的事情，比如橄榄球比赛和追求啦啦队队长，我说：'史蒂文，长大后你打算做什么，拍一辈子电影吗？'他真是个梦想成真的完美例子，是我们这些人中那个笑到最后的人。"

其中一个没有嘲笑史蒂文梦想的人，是他七年级和八年级的社会学课老师兼班主任帕特丽夏·斯科特·罗德尼，大家都叫她"斯科特小姐"。"我曾听史蒂文在电视上说他不是个受欢迎的孩子，"她说，"史蒂文说人们都不喜欢他，觉得他是个外来人。这总是让我很难过。我一生都和孩子们在一起，我从未把他看作一个外来人。我想说：'哇，我会做这种蠢事吗？难道他现在对小时候的这些经历仍然耿耿于怀吗？'我认为他是这个群体中的一股力量。我们总能明白他在想什么，因为他会表达出来。他很聪明，是个干净、有趣的小孩。他不太在意自己的长相，他对发型或其他孩子的穿着没有任何兴趣。他就这样闯入我们的生活，成了一个真正的大人物。"

"他身边总围绕着许多朋友，"他的同学克林·克里斯滕森说，"但如果他没有朋友，也不会因此而沮丧。其实他并不在乎有没有朋友。也许他只是远比我们其他人更成熟，所以他清楚自己的人生方向，并想早点开始朝那个方向努力。"

搬到亚利桑那州后不久，史蒂文就开始摆弄他父亲的新摄影机。阿诺德回忆说："大约在那个时候，莉亚给我买了一台20美元的布朗尼8毫米电影摄影机作为生日礼物或父亲节礼物。它非常便宜，但可以满足最基本的摄像需求，也很好用。史蒂文很快就迷上了它。"

"我对拍电影产生了兴趣，"史蒂文解释说，"仅仅是因为我父亲有一台8毫米的电影摄影机，他用它来记录家庭生活。我的家人都喜欢户外活动，我们会在亚利桑那州怀特山脉的荒野中用睡袋度过3天周末。我爸爸会带上摄影机拍下旅途风光，一周后我们会坐下来一起观看录像。看着看着我就睡着了……欣赏这些家庭录影时，我总会批评那些抖动的镜头和糟糕的曝光，直到我父亲终于受够了，让我来操纵摄影机。"

"既然你懂得这么多，为什么不试试呢？"阿诺德·斯皮尔伯格边说边把摄影机递给儿子。

"我成了我家的摄影师，记录下我们所有的旅行，"史蒂文继续说，"……我对此很是着迷。我拥有了选择权，我可以选择展示哪些场景。我可以表达我对旅行的看法。当影像经过处理播放出来时，爸爸对我选取的画面总会进行挑剔的评判：'你为什么留下这些而不是那些？'但这就是我的想法，我的选择……"

"然后我开始认为，搬演真实的生活要比单纯地记录令人兴奋得多。所以当我们去旅行时，我会要求父母在我们到达露营地前100码让我下车。我跑在前面，拍下他们到达、打开行李和搭建营地的过程……我开始编排露营旅行，然后把糟糕的镜头剪掉。有时候，我只是想找点乐子，拍两帧这个，拍三帧那个，还有十帧其他的东西，因此我的纪录片并非绝对真实。"

史蒂文的朋友们记得，阿诺德曾在史蒂文早期拍片时给了儿子一些帮助，但阿诺德谦虚地说，他在如何使用摄影机方面能教给儿子的实在太少："我能用摄影机做的就是装入胶卷并按下快门，就只有这些而已。我甚至无法对焦，那是一个固定焦距的摄影机。他掌握得太快了，我所能做的就是给他一点指导。我们一起去度假时，他会带着摄影机去拍摄，拍得总是比我好。"

"我对史蒂文拿着摄影机的最早记忆，"他母亲说，"是有一次我和丈夫去度假时，我们让他给离开车道的露营者拍个镜头。他趴在地上，瞄准车的轮毂盖。最后我们都急死了，对他吼道：'快点！我们得走了！快点！'但他只顾着继续拍。我们看到的最终的成片里，他将镜头拉了回来，从轮毂盖转到露营者的全身景别。那是我第一次窥见斯皮尔伯格式的笔触（Spielbergian touch）和将会发生的事情的线索[1]。"

史蒂文很快就拍出了他所认为的第一部真正的电影。故事情节纯粹是一种儿时欢乐的萌动——"我的两辆电动火车相撞了"。他选择这个题材是因为他太喜欢制造火车事故了。他的父亲威胁他，如果他不停下来，就把火车拿走。于是，史蒂文想出了一个创造性的解决方案，把最后一场壮观的撞车事故剪接在一起，供自己观赏。这场事故从不同角度拍摄了在碰撞中从轨道上呼啸而来的火车，并将镜头切换到塑料人在无声的恐惧中做出反应的画面。他的灵感源于他看过的第一部电影，塞西尔·B.戴米尔导演的《大马戏团》里"那列火车从银幕里冲出来掉在我腿上"的场景。当史蒂文将这个场景改编为自己的版本时，"直觉上，我想，我把片段以正确的方式组合在了一起。如果你从右向左拍摄一辆火车，再从左向右拍摄另一辆，很明显它们看起来就好像要相撞"。他为自己的影片取名为《最后的火车事故》（*The Last Train Wreck*）。当后期制作完成后，他"惊讶地发现我的小火车看起来就跟真的一样"。

拍摄第一部入门级小电影时，史蒂文"在摄影机里直接剪辑"。他父亲解释说："由于史蒂文当时没有电影接片机，当有两个人协助他拍摄时，他会对其中一个人说：'现在，你来拉动火车。'接着他会拍下被拉动的火车。然后他又对那人说：'停在那儿不要动。'那个人会停下来。他换了底片后会对另一个人说：'现在由你来拉。'所以你可以看到，在连续状态下两个人轮流拉动火车，最后火车"砰"地一声相撞。"

"1995年12月之前的一周半，我到史蒂文家去玩。为了庆祝圣诞节和光明节，他为麦克斯（史蒂文10岁的儿子）搭了一套火车模型。他每年都会把模型拿出来重新组装一次。这是一套精心制作的、产于德国的玩具，每个部件都很精致。麦克斯创作了一部电影，史蒂文担任摄影师，麦克斯是导演。'现在，让我们看看，我们要把这个人放到铁路上，火车会从他身上压过。'这是孩子们导演的血腥场面。史蒂文有了一台新摄影机，他非常近距离地拍下了这一幕。这台摄影机有一个微距镜头，可以在3到4英寸的距离内拍摄。他拍摄火车时直接在摄影机中进行剪辑，就像他小时候那样。他那时对我说：'看，老爸，我

---

1 史蒂文在新泽西州的玩伴克里·德弗林说，那时史蒂文已经开始尝试拍摄定格动画："他有几百个玩具士兵，还有一个小的电影摄影机。史蒂文会将他所有的二战玩具士兵摆在客厅的地板上，甚至摆在他母亲那台大钢琴下面。他将它们移动一下拍一张照片，再移动一下拍一张照片，这样不断重复。"然而，阿诺德·斯皮尔伯格并不记得史蒂文在新泽西拍过电影。他们家住在那里时还没买电影摄影机，但阿诺德说那台摄影机是史蒂文借来的也说不定。

正在摄影机里剪辑呢！'仿佛回到了原点。"

史蒂文承认，拍电影的爱好是出于童年时期对得到关注的渴望。20世纪50年代，他的三个妹妹在6年半的时间里相继出生，一种渴望被关心的需求也随之增长。由于父亲经常不在身边，无论身体上还是情感上，史蒂文都觉得自己生活在"女人堆里，甚至家里的狗也是母的，我是家里唯一的男人。当时我大概8到10岁，是家里最大的孩子，但（我的妹妹们）在家里称王。我当时觉得她们都很恐怖。她们在家里跑来跑去，还冲进我的房间，把我的模型从架子上打下来，她们什么都干得出来。我别无选择，我必须做些什么来强调自己的存在"。

在童年的大部分时间里，史蒂文都在想着怎么用越来越高明的鬼点子欺负他的三个妹妹。"我小时候已经用尽我能想到的任何办法来吓唬她们，"他承认，"我当时也很坏。从7岁到33岁，我对她们真的很不好。"他不久后便意识到，导演电影也是一种社会允许的恃强凌弱的形式：他可以在自己的电影中影射他的妹妹们，他可以使她们屈从于他所期望的任何类型的暴力和残害，只要这一切是虚构的。

拍电影使他能够把兄妹间的斗争和无能为力感变得更为积极："我认为这是一种与妹妹们争宠以博得父母关爱的方式。这是我用自己的方式在说：'嘿，我也在这里。看看我做了什么！'我也想得到掌声和认可。嗯，是摄影机给了我这些……我发现了一些我能做的事，人们会对它感兴趣，并对我感兴趣。"

"史蒂文过去并没有积极地参与社区活动，当他带着他的小摄影机出现时，立刻引起了我们的注意。"凤凰城的同学史蒂夫·隆巴德说，"他指挥这些孩子，并通过这种方式与周围所有的孩子互动。每个孩子都为能出演他的电影而兴奋不已，他们迫不及待想在银幕上看到自己。"

今天，当游客走进凤凰城史蒂文曾住过的老街区时，50年代的平房依然矗立在宽阔的街道两旁，友善的孩子们骑着自行车穿梭在宁静的街道上，一种感觉油然而生：你不仅回到了过去，而且进入了斯皮尔伯格的电影世界。如果说史蒂文小时候在哈登镇充满焦虑的生活，给那个街区蒙上了《鬼驱人》的阴影，那么这个表面上看似田园诗般，实际暗潮汹涌的郊区，则会让人联想到《E. T. 外星人》。

《E. T. 外星人》是一个"非常个人化的故事"，斯皮尔伯格曾说："我不喜欢精神分析，但《E. T. 外星人》是一部在我内心深处潜藏了多年的电影，在郊区经历了许多心理变化后才得以酝酿而出……《E. T. 外星人》的故事与我父母失败的婚姻有关，表达了父母离婚时我的感受。我对此的反应是逃进我的想象世界，让我所有的神经末梢都停止哭泣，'妈妈，爸爸，你们为什么要分开，将我们单独抛下？'……我的愿望清单包括拥有一个朋友，他既可以成为我从未有过的兄弟，也可以成为我感觉已经失去的父亲。《E. T. 外星人》就是这样诞生的。"

尽管阿诺德·斯皮尔伯格和莉亚·斯皮尔伯格在1966年他们一家搬到加利福尼亚后才离婚，但对史蒂文和妹妹们来说，父母在凤凰城时累积的婚姻问题已经变得无法挽回。孩子们的日常生活被父母无言的敌对情绪所笼罩，到了晚上，这些敌意会化作孩子们在卧室里都能听到的争吵声。史蒂文和妹妹们开始害怕父母在夜里谈论婚姻问题。这场离婚戏码拖了很多年，搅得孩子们心绪不宁，他们只有相互扶持。史蒂文年少时家里日益紧张的气氛"让他很难受"，帕特丽夏·罗德尼老师说："但我认为这让他成了一个有同理心的人。"

生活在如此紧张的环境中加剧了史蒂文的社会疏离感，也带走了一些幸福家庭原本可以给一个男孩带来的安慰。他觉得在一个异教徒占多数的环境中做一个犹太人很不安，经常在上学和回家路上被人欺负。

虽然当时住在斯皮尔伯格家附近的人都一致认为，这个社区总体上是和谐的，公然的反犹太事件并不会每天发生，但一些恶性事件偶尔也会发生。在斯皮尔伯格家后面房子里长大的贾妮斯·祖斯曼记得，有个邻居男孩在人行道上画了纳粹标志，想让她和另一个犹太女孩在上学路上看到。史蒂文的母亲回忆说，邻居家的孩子"过去常常站在屋外大喊：'斯皮尔伯格一家都是肮脏的犹太人。'于是有天晚上，史蒂文溜出房子，在那些人家所有的窗户上都涂满了花生酱"。

根据爱丽丝·沃克原著小说改编的电影《紫色》讲述了一位南方黑人女性的故事。"我们所有人都算是某种少数派，"斯皮尔伯格在拍完《紫色》后反思道，"我是犹太人，在成长过程中我一直是个弱者。犹太人就是一个主要的少数派。在亚利桑那州也一样，那里犹太人很少，而弱者也不多。"

阿诺德·斯皮尔伯格是通用电气公司程序控制部门的总工程师，在凤凰城的工厂工作了很长一段时间，经常出差去美国各地和海外进行实地考察。该部门在发展早期，通过运行程序计算机来控制复杂的工业流程（比如控制公用设备、钢厂和化工厂等）。阿诺德后来转到了公司的商业计算机部，这是从程序控制部拆分出来的一个部门。

"阿诺德非常聪明，有点孩子气，就像他儿子一样，"通用电气的应用和销售工程师沃尔特·蒂斯说，"阿诺德并不是一个典型的工程师——他真的很愿意了解生产流程，甚至想去钢铁厂看看钢铁是怎么生产的。他和史蒂文一样，对整个生产过程都很感兴趣。一些顶尖工程师都是死脑筋，一点也没有个性。阿诺德却并不无趣，他很有魅力，也很机智。作为一名工程师，还很有创造力。"

阿诺德坚称在通用电气工作时并没有经常出差："在莉亚的印象中，我老是出差。因为她讨厌独自一人。所以每当我要离开，就像发生了一件不得了的大事。有一次我要出差去苏联待一个月。我得到了一个机会，代表通用电气去苏联参加在莫斯科和列宁格勒举办的第一次国际控制大会。我希望带上莉亚，她却不同意：'噢，我不能坐飞机，我恐飞。'虽然后来她还是不情愿地坐了飞机，但当时她就是不肯。我感到很内疚，所以当我回到家，我说：'我想给你买点东西。'我们看到了一架漂亮的施坦威大钢琴的广告，于是我给她买了这架钢琴，她很喜欢。"

史蒂文也敏锐地觉察出阿诺德的缺席。在他六年级的老师埃莉诺·沃尔夫的印象中，阿诺德很少来学校。从苏联回来后，阿诺德"带了短片给我们看。那是我唯一一次看到这个孩子很兴奋，也许是因为他的父亲能抽出时间。我想他父亲并没有太多时间陪他"。

"我在苏联拍了一些影像，史蒂文对这些影像进行了剪辑和命名，"阿诺德补充道，"我给了他一个字幕器。他拼错了几个词，但他会做特效。他会一次输入一个字母，然后拍张照片，接着输入另一个字母，不停敲打，片名中的每个字就像是自己蹦出来的一样。"

"他的父亲经常出差，我想这就是史蒂文更亲近母亲的原因。"他的老师帕特丽夏·罗德尼说，"在史蒂文的生活中，她是一个非常坚强的人。她花了很多时间和精力来养育孩子，她不认为自己每天早上8点将孩子们送到学校就完事了。她会经常来学校看望孩子，这让其他孩子很羡慕。她不像有些妈妈那样令人讨厌，她只是顺便来给史蒂文送午餐。她过去常来食堂帮忙清理餐桌，她说：'我是唯一一个拥有硕士学位还来帮忙打扫食堂的人。你也许想知道我为什么愿意在这儿花这么多时间。我有个邻居也经常跑来我家厨房，她是那种一看到漂白珠就很兴奋的人。'"

虽然莉亚"认为史蒂文很完美"，但她"担心他的个人习惯"，他的老师补充道：

"有一次她到我办公室说，如果史蒂文再不洗澡，他们一家都会被骂的。她说：'有的人喜欢你，但不一定会容忍你的一切。你能跟他谈谈个人卫生问题吗？'所以我问他：'听着，你想让这些人还认为你是臭斯皮尔伯格吗？'"史蒂文和一只没关在笼子里的蜥蜴以及几只乱飞的长尾小鹦鹉一同住在凌乱的卧室里。莉亚只有在拿他的脏衣服去洗时才会走进这个房间。

斯皮尔伯格家的客厅主要由莉亚的白色三角钢琴占据，上面摆放着勃拉姆斯[1]的照片。"有一次，史蒂文弄坏了整个琴盖，"邻居比尔·盖恩斯透露，"从那以后，他们家的陈设就变了。"家里的蓝色粗呢地毯上再也没摆过什么其他家具，部分由于史蒂文经常在房间里拍电影，另一部分原因是莉亚看起来对家具之类的并不怎么在意。"除了一张埃罗·沙里宁[2]设计的餐桌和几把椅子，他们没有什么好家具。"保姆苏珊·罗珀·阿恩特回忆说，"电视机经常坏掉。我还记得史蒂文在接线的时候把电视弄爆了。"

莉亚在由她组建的斯科茨代尔室内管弦乐团弹奏古典钢琴，她还去上芭蕾课，并觉得"这比去看心理医生好多了"。她的邻居凯瑟琳·盖尔威回忆："为了练习芭蕾，她以前常常在马路边缘上走路。"不守常规的莉亚总开着那辆退役军用吉普车，邻居们对此都惊掉了下巴。当莉亚开着她的吉普车四处乱逛时，"她会按喇叭"，苏·阿恩特说："你就知道她来了。她是如此有创造力、极好的一个人。她留着短短的波波头，总是穿着膝盖以上的短牛仔裙，皮肤晒成了棕褐色，大面积的棕褐色。"

伯纳德（伯尼）·阿德勒是一名工程师，跟随阿诺德从新泽西州来到通用电气，并在那里担任他的助手，他是阿诺德和莉亚·斯皮尔伯格的好朋友。伯尼当时还没有结婚，"几乎就像斯皮尔伯格家庭的一员，"沃尔特·蒂斯说，"他和阿诺德相处得很好，他们三个会一起去加利福尼亚度假。孩子们叫他伯尼叔叔。他总待在阿诺德家里，什么都和那一家人一起做。"

莉亚与阿诺德·斯皮尔伯格离婚后，与伯尼·阿德勒开始了另一段持久的婚姻（伯尼于1995年去世）。自从当年嫁给了更崇尚自由、更融入外部世界的阿诺德·斯皮尔伯格，莉亚便脱离了她的正教传统。而二婚之后，她又回归了年轻时的信仰。莉亚觉得伯尼"很风趣，又聪明，品行端正。我疯狂地爱上了他"。

1　约翰内斯·勃拉姆斯（Johannes Brahms），德国古典主义作曲家。——译者注
2　埃罗·沙里宁（Eero Saarinen），美籍芬兰裔建筑师，代表作有圣路易市杰弗逊国家扩展纪念门（1949）、耶鲁大学冰球馆（1958）等。——译者注

他们在凤凰城的一些邻居觉得莉亚的罗曼史有点荒诞。史蒂文的朋友克里斯·皮斯基说："我总是搞不清史蒂文的父亲是谁。"凯瑟琳·盖尔威回忆说："莉亚告诉我她同时爱上了两个男人。她说她不能同时嫁给两个人，所以嫁给了斯皮尔伯格先生。"

"我们是在郊区长大的波希米亚人。"史蒂文的妹妹苏回忆说。史蒂文在青春期时曾对他妈妈抱怨："其他人的妈妈都很正常。她们打保龄球，参加家长会，打桥牌。"

"传统的生活方式总是吸引着史蒂文，"莉亚有一次说，"也许是因为我们不过那样的生活。"

《E. T. 外星人》中的埃利奥特需要面对缺席的父亲和长时间不关心孩子的母亲，这个母亲甚至都没发现孩子卧室里藏了一个外星人。史蒂文像埃利奥特一样，躲进了一个充满魔力的舒适世界以消弭童年时期的不稳定感、孤独和无尽的焦虑，而对他来说，这种魔力就是拍电影。

"对我来说，埃利奥特一直是披头士乐队歌曲中的流浪者，"斯皮尔伯格说，"我根据自己的亲身感受来刻画这个人物。当我还是个小孩子时，我没有那么多朋友，我不得不以拍电影的方式来使自己更受欢迎，并为课余生活找到一个消遣的出口……我常常沉迷于拍摄家庭小电影。这就是我成长过程中所做的一切，也是我逃避现实的方法。"

住在"太阳谷"也就是凤凰城的人们，已经习惯了观看外景拍摄的电影和电视节目。斯皮尔伯格和他朋友们这样的年轻电影爱好者认为，住在凤凰城如同住在好莱坞的郊区。对于一个在新泽西小镇长大的孩子，好莱坞似乎是一个遥不可及的梦想，但对于一个住在离洛杉矶仅有一个小时飞机航程的孩子来说，电影导演或其他形式的演艺事业似乎更加触手可及。斯皮尔伯格所读高中的3个学生后来成了好莱坞演员：琳达·卡特（电视剧《神奇女侠》中的演员，就在斯皮尔伯格家拐角处长大）、黛安娜·凯（在斯皮尔伯格执导的电影《一九四一》中扮演天真无邪的少女）和弗兰克·韦伯（出演斯皮尔伯格1970年执导的电视剧《维尔比医生》）。斯皮尔伯格所生活的舒适的中产阶级社区里，许多父母都用8毫米甚至16毫米的电影摄影机记录家庭生活。除了史蒂文，至少还有十几位年轻的电影人经常在城里忙着拍摄自己的业余电影。

他们的灵感来源之一是当地的儿童电视节目《华莱士和拉德莫》，这是一档集演播室滑稽短剧、卡通片，以及在凤凰城周围公园和沙漠中即兴拍摄的喜剧默片镜头（包括很多对西部片的戏仿）于一体的搞笑大杂烩。《华莱士和拉德莫》每周都会为年轻的电影人提供一次"家庭电影赢家"（Home Movie Winners）的展示机会。20世纪60年代初，斯皮尔伯格在KPHO节目中，展示了他拍摄的一小段影像："看起来像在黑暗中发光的太空人，"据该系列节目的联合主演兼编剧比尔·汤普森（"华莱士"的扮演者）所说，"他是个很有创造力、很聪明的孩子，小时候便得到了很高的评价。"当史蒂文在另一个当地电视节目中被问及他拍电影的事时，他父亲"很惊讶他是如此冷静和镇定。他那时不过十六七岁，但老练的处事方式像已经从业多年"。

史蒂文不是那个社区里唯一拍电影的孩子。他与其他三位业余电影人巴里·索伦伯格、巴里的弟弟吉姆和克里斯·皮斯基的友谊及合作，激发了他对电影的兴趣。"我们都被大家当作怪人或傻瓜，"皮斯基承认，"当其他孩子在进行体育活动、追女孩或玩汽车时，我们在摆弄玩具枪和拍电影。我们几乎纯靠自学。我们从电影和电视里获取灵感，比如西部片、科幻片、战争片等那个时候最受欢迎的类型电影。"巴里·索伦伯格回忆说："我们都在彼此的电影中露过脸，如果我们都出现在同一场景而没有人摄影时，我们会说'史蒂文，你来拍这个场景吧'，下次就换别人来拍。史蒂文是我们之中拍电影最多的人。"

"这间接帮助了史蒂文，至少社区里还有其他人也对拍电影这种通常被认为标新立异或古怪的事感兴趣。"吉姆·索伦伯格认为，"如果史蒂文是一个独行侠，是街区里唯一拍电影的孩子，他可能无法坚持下去。但是正因为还有另外两三个孩子也在拍电影，便给了他一些鼓励，人们就不会完全把他当作怪咖。这里是一个孵化电影爱好的好地方。"

然而，直到史蒂文成为一名童子军，并成为英格尔赛德294部队"火焰之箭"巡逻队的一员时，他对电影制作的兴趣才真正显露出来。1958年，为了获得摄影荣誉徽章，他第一次尝试拍摄故事片。"加入童子军给了我一个开始，"史蒂文曾说，"……童子军把我置于了光环的中心。它让我以前的得意之事能够予以表现，也包容了我的怪异。"加入童子军帮他填补了愈加空虚的情感空白。随着他的父亲变成"和我现在一样的工作狂"，他后来解释说："我小时候不理解父亲，而童子军如同父亲的替代品。"

294部队由旅行车陪同驶入沙漠，安营扎寨进行周末露营，并对凤凰城地区有组织的童子军营地"杰罗尼莫军营"进行为期一周的访问。阿诺德·斯皮尔伯格是史蒂文所在小队的出纳员，他和史蒂文一起参加过几次短途旅行，史蒂文很怀念那些周末。"我们成了最亲密的朋友。"曾多次带孩子们远足的迪克·霍夫曼认为史蒂文的父亲"并不常来参加我们的活动。他是个勤奋的工程师。很少有父母会参加孩子们的野外露营活动，他们不喜欢这些。我们当中真正对此感兴趣的都是热衷于此类活动的发烧友。但我想我们已经满足了这些孩子对父母陪伴的需要"。

"我一直有种感觉，史蒂文对他的父亲有些怨恨，"童子军队友查尔斯·卡特表示，"他和母亲关系更好，和他的父亲很疏远。"

霍夫曼记得史蒂文·斯皮尔伯格是"一个瘦骨嶙峋、矮小且不起眼的家伙。我很担心他，因为我很喜欢他。他似乎会很快做好决定并开始做一件事，但他总是一会儿做这个，一会儿又做那个。我认为这是一种能力缺陷，不能像我们其他人那样专注。我知道他对新事物充满热情，但我不认为他有足够的能力去分析事物。我试着让他集中精力，但没什么效果"。

"让我印象深刻的是，有一次他们去烤香肠和棉花糖。孩子们都四处去寻找易燃的木头生火，史蒂文则在周围随便捡起三四根小树枝生火。我告诉他：'史蒂文，这样不对，你得出去多找点木材生火。'他做不到，他太心急了，以至于火老是生不起来。我想，他长大后一定会落后于别人。我做梦也没想到他会有什么作为。当然，这完全是对他性格的误判。"

史蒂文承认，作为一名童子军，他"总是出洋相"。有次他在500名区域童子军集会上演示磨斧头，"第二次打磨时，我不小心用斧刃刺穿了指关节"。还有一次，在一个"极度寒冷的夜晚"，他本应该生火做饭，但"我把饭盒掉进了泥里。火生不起来，还又饿又累。我还忘了把罐头里的食品倒进锅，而是直接把没有打开的罐头放在火上烤。罐头爆炸了，碎片炸得到处都是。幸好没人受伤，但是我的野餐地20码以内的人都得换新制服了"。

尽管如此，史蒂文还是赢得了同伴们的尊敬，先后当上了助理巡逻队长和巡逻队长，勇敢地克服了自己的弱点，还成了一名鹰级童子军[1]。对他而言，完成1英里的游泳任务是一项重大挑战，他怕水。"我真的游不了1英里，但一旦我下定决心要游下去，我的精神便能战胜身体。""我记得游完之后，我从水里爬了出来，全身湿透了。我为自己赢得了更多尊重，因为我能勇敢克服这些恐惧。"

1　美国童子军最高级别。——译者注

"我是童子军的长官之一，他们完成任务后要找我在卡片上签字，"童子军队友蒂姆·迪茨回忆，"史蒂文害怕参加障碍赛，这是他成为鹰级童子军的最后一关。我们一遍又一遍地给他鼓劲：'加油，史蒂文，你要坚持跑完！'我们扶着史蒂文的腿，确保他能完成所要求的引体向上。最终，他完成了所有项目——是个好家伙。他不是那种欠揍的孩子。"

然而，迪茨承认，他们有时会拿斯皮尔伯格开玩笑。他和其他几个人曾骗史蒂文参加一种"猎鹬"恶作剧：让一个容易上当的男孩带着枕套到漆黑的沙漠里去猎鸟。迪茨笑着回忆，斯皮尔伯格"坐在山那边，离我们大约100码，他叫呀叫，以此招徕小鸟"。

但有时这种玩笑对史蒂文来说太过分了。"有个叫雷奇瓦尔德的家伙爱把裤子全部脱下后拉大便，"查尔斯·卡特回忆说，"雷奇瓦尔德按等级只是个下属，我觉得他有点肥胖。斯皮尔伯格之所以插手，是因为我们用手电筒戏耍他，每个人都用手电筒照他，对他咯咯大笑，照得他无处可躲。斯皮尔伯格很生气，因为他们故意让雷奇瓦尔德难堪。我记得我们也稍微欺负过史蒂文（以表示抗议），但欺负得并不严重，我们当时都还只是孩子。但他们把雷奇瓦尔德逐出了队伍。当时我并没有想太多，但现在回想起来被史蒂文的做法深深感动。当时大多数孩子并没有站出来反对同龄人的欺凌，但他做到了，他表明了自己的立场。"

"由于想象力丰富"，史蒂文变得"深受男孩们的喜爱"，迪克·霍夫曼说，"史蒂文总在看书，手上总拿着书。"露营时，当男孩们在搭起的小帐篷里躺下过夜，他会用有趣的故事来逗大伙开心。霍夫曼的儿子比尔记得，斯皮尔伯格讲的故事"往往是科幻，故事里有许多来自外太空的怪物"。

"我在童子军当中是一个很会讲故事的人，"斯皮尔伯格1982年回忆说，"我过去常常围着营火，讲一些鬼故事，把40来个童子军吓得半死。这便是斯皮尔伯格的电视连续剧《惊异传奇》的故事来源：从一群穴居人围着篝火讲故事的场景开始，每周播出的开头片花都会用蒙太奇展示不同历史时期人们讲故事的情形。当史蒂文给他的童子军队友们讲故事时，"围坐的人都会安静下来，所有人都在悉心倾听帐篷里传出来的讲述声，"迪克·霍夫曼说，"他的想象力比我认识的任何人都要丰富。其他孩子都全神贯注地听他说话。我不认为他特别受欢迎，除了他讲故事的时候。"

"这就是他与众不同的地方。"他的同伴鲍勃·普罗尔说。

七年级时，史蒂文讲故事的能力在菲奈塔·苏雷克老师的课堂上也有所体现。他当时的同学德尔·美林回忆说："他总是写一些听起来很有趣的短篇故事或奇幻故事。我们都被要求大声朗读自己写的故事，而有些人的故事简直让人听不下去，但是每个人都很想听史蒂文讲的故事。他的讲述也为故事增添了神秘色彩。他的故事通常有一个反转结局，会吓你一跳。他的许多故事结合了幽默和科幻小说元素，我记得他七八年级时读过很多科幻小说。他说这是他最喜欢的一种文学类型。"

在雷·布拉德伯里的眼中，斯皮尔伯格"可能是赫伯特·乔治·威尔斯[1]的儿子，不然肯定是儒勒·凡尔纳的孙子。他从父亲留在家里的通俗杂志和平装书中汲取了对科幻小说的热情"。史蒂文不仅钟爱布拉德伯里、阿瑟·克拉克和罗伯特·A.海因莱因等大师的幻想故事，他还喜欢看所有科幻奇谈类书籍。

斯皮尔伯格对科幻小说的痴迷是"他最吸引人的地方之一"，史蒂文在加利福尼亚州读高中时的校友，同为科幻迷的基恩·沃德·史密斯说："就我个人来说，当别人读完一本科幻小说时，我已经读了50本，而史蒂文则已经读完了所有科幻小说。他读过我没读过的东西，还看过所有我没看过的科幻电影，比如《地球停转之日》。他给我讲了《禁忌星球》和怪兽电影的情节。我们花了很多时间讨论科幻电视节目，他不喜欢《神秘科学剧院时刻》，但他认为《阴阳魔界》还不错。"

有两个人拉近了史蒂文和宇宙空间的距离，分别是火箭专家巴德叔叔以及童子军队长迪克·霍夫曼。后者曾是摩托罗拉公司空间通信设备的项目经理，负责将地面站与阿波罗登月计划中的宇航员连接起来，并从星际卫星传输照片回地球。霍夫曼家后院的"爱好之家"曾多次召开"燃烧之箭"巡逻队的会议。"爱好之家"是一间客房，里面摆满了霍夫曼自己制作的精良的业余无线电设备，还有一台天象仪和一个地球仪。地球仪上面的亮灯能指示正在被呼叫的位置。多年后，斯皮尔伯格告诉迪克·霍夫曼，他多么羡慕他的儿子有一个"亚利桑那州凤凰城的巫师父亲"。"爱好之家"的屋顶架着巨型天线，还有一个平台。在无云的夜晚，孩子们可以爬上平台，通过一架四英尺长的望远镜观察驼峰山上的星星。后来，史蒂文在"爱好之家"和周围的橘林中拍摄了《火光》的部分片段，他被那架望远镜深深吸引。他也搭起了一架较小的望远镜，从自家后院观察天空。有一次，他发

1　赫伯特·乔治·威尔斯（Herbert George Wells），与儒勒·凡尔纳并称为世界科幻小说之父。1895年出版《时间机器》一举成名，随后又发表了《莫洛博士岛》《隐身人》《星际战争》等多部科幻小说。他创作的科幻小说对该领域影响深远，如"时间旅行""外星人入侵""反乌托邦"等都是20世纪科幻小说中的主流话题。——译者注

现了土星，便兴奋地喊附近的孩子们一起来看。

史蒂文不读科幻小说也不拍电影时，一般都在看电视。他对在凤凰城看电视的记忆有些歪曲。他曾抱怨："亚利桑那州的凤凰城并不完全是美国的文化中心。我们什么也没有！也许，除了那些你看过的最糟糕的电视节目。电视在三个不同的频道播放同一部电影：《原子小子》（1954年的一部喜剧片，由米奇·鲁尼主演，扮演一名在一次原子弹爆炸中带有放射性的幸存者），那些频道多年来一直在重复播放这部影片！"

但即使凤凰城的电视台很少放电影，在《原子小子》之外它还是有更多的节目可供选择。除了《阴阳魔界》，史蒂文还喜欢《希区柯克悬念故事集》和史蒂夫·艾伦的喜剧综艺节目。史蒂文的中间名正好是艾伦，所以当他在加州上高中时，会这样介绍自己："我是史蒂夫（文）·艾伦……斯皮尔伯格。"他还喜欢厄尼·科瓦奇的喜剧和格劳乔·马克斯的节目《赌上你的命》。但他在凤凰城长大时，对他影响最大的喜剧节目是本土制作且最受欢迎的《华莱士和拉德莫》。

"这两人（比尔·汤普森和拉基米尔·克维亚特科夫斯基）极富创造力和独创性，他们让我着迷，"斯皮尔伯格回忆说，"他们是我的偶像。我每天都看他们的节目。就算我已经超过观看这个节目的年龄，我还是想看，因为他们从不过时，总是紧跟时代步伐。他们在《周六夜现场》出现之前就已经呈现出《周六夜现场》的风格了。他们是当代的幽默大师，从不居高临下地对孩子们说话，这是我对他们印象最深的地方。他们从不把孩子当作孩子，而是把他们当作同辈人。我永远不会忘记他们分享斯坦·弗雷贝格的专辑《美利坚合众国》（其中包括《斯坦·弗雷伯格介绍美利坚合众国》，一部关于美国早期历史的讽刺剧）的那天。他们在节目中对着录音带的口型把合集演了一遍，那简直太棒了。我记得我在那之后买了这张专辑并背下了里面的全部内容。"

史蒂文对电影的狂热是在斯科茨代尔主街上的基瓦影院培养起来的，那里晚上放映性感的"成人"电影，但每周六都有儿童日场。父母会给孩子们买张50美分的入场券，把孩子留在里面一整天。孩子们能看的节目主要包括两个专题——B级西部片和泰山系列片，以及科幻和怪兽电影，偶尔也能看上更著名的影片，如约翰·休斯顿[1]的《白鲸记》和

---

1 约翰·休斯顿（John Huston），美国导演，以反叛和古怪著称。导演作品包括《马耳他之鹰》《浴血金沙》《夜阑人未静》等，曾9次获奥斯卡提名，凭《浴血金沙》摘得奥斯卡最佳导演奖。——译者注

约翰·福特的《搜索者》，还有《小顽童》等十部卡通片，以及斯皮尔伯格在《夺宝奇兵》中酷爱模仿的上下集系列电影。"周六真是太棒了，"斯皮尔伯格回忆说，"我每周六都能看上一整天电影。我喜欢诸如《飞行员汤米》《蒙面奇侠》《突击队员科迪》和《间谍粉碎者》之类的系列片。"

"斯皮尔伯格电影里的一些场景，简直跟我们在20世纪50年代基瓦影院里看到的那些30、40年代拍的系列片一模一样，"巴里·索伦伯格说，"哈里森·福特在《夺宝奇兵1：法柜奇兵》中骑着马冲下山，跳上装运约柜的卡车这一场景，是斯皮尔伯格对1937年约翰·卡罗尔主演的《佐罗再次出击》系列的模仿，甚至连摄影机的角度都极其相似——佐罗也是骑马追赶火车，并跳进正在高速公路上行驶的拖车。"

1960年的一天，阿诺德·斯皮尔伯格带着史蒂文·斯皮尔伯格和吉姆·索伦伯格去汽车影院看了阿尔弗雷德·希区柯克导演的《惊魂记》。这是一场双片联映电影，另一部片子是罗杰·科曼[1]的《厄舍古屋》。"《惊魂记》真是把我吓坏了，"吉姆回忆道，"我们三人都坐在前排，史蒂文坐中间，我坐旁边，我吓得都打破了他爸爸汽车的挡风玻璃"。史蒂文后来告诉邻居汤姆·西蒙斯，希区柯克的悬念手法让他钦佩不已："史蒂文谈到了《惊魂记》中的浴室片段，希区柯克没有展现任何真正的暴力，他只是让你看到了刀和其他东西，剩下的恐怖画面全靠观众自己脑补。"

史蒂文和他的朋友们在基瓦影院看电影时有点吵闹。一次他们搭公共汽车去凤凰城市中心的影院参加电影首映，因为太吵而被赶出了影院。在斯皮尔伯格1984年出品的《小魔怪》中，可怕的小怪物们在观看《白雪公主与七个小矮人》时吵翻了整个影院，这一滑稽场景是对值得怀念的童年恶作剧的致敬。

1960年，欧文·艾伦的恐龙题材电影《失落的世界》在凤凰城的一家最大的影院上映，史蒂文回忆说："我和朋友们拿了很多白面包，并将它们和牛奶、帕尔马干酪、奶油玉米还有豌豆混合在一起。我们把这种难闻的混合物放进袋子里带上去看电影，坐在最高的楼座上。电影每放映到精彩之处，我们就发出呕吐的声音，把溶液从楼座上挤到下面观众的身上。我们这样做只是为了好玩儿，没有意识到它会引发呕吐的连锁反应。电影被强行暂停，大灯亮起，引座员拿着手电筒走过来，准备教训我们。我们太害怕了，赶紧从消

1　罗杰·科曼（Roger Corman），美国著名独立电影导演、制片人，以美国式的制片方法及拍摄低成本电影而闻名世界。——译者注

防出口跑了出去。尽管来时开了两辆车，我们七个人还是跑出大约一英里远，最后只好坐公交车回家[1]。"

斯皮尔伯格和伙伴们特别喜欢史诗片和那段时期流行的奇观电影。"《宾虚》（1959）上映已经一年了，"吉姆·索伦伯格回忆道，"但身为犹太人的史蒂文不愿去看那部电影，因为它被宣传为'基督的故事'。我去看了，觉得那片子很棒。最终我还是说服他去看了，他非常惊讶一部电影能拍得这么好。我和史蒂文还看了丹尼·凯耶主演的喜剧《快步走》（1961），我们都觉得很搞笑。很难想象纳粹能被演成喜剧，但丹尼·凯耶做到了。他把自己假扮成希特勒，很多年后我还记得史蒂文当时跳起来给了丹尼·凯耶一个希特勒式的敬礼。"

史蒂文在亚利桑那州少年时期印象最深的电影是由英国导演大卫·里恩[2]执导的两部史诗片——《桂河大桥》（1957）和《阿拉伯的劳伦斯》（1962）。斯皮尔伯格后来将里恩称为"对我影响最大的人"。在职业生涯中，他一直都在模仿里恩那种权威性的视觉叙事方式，尤其是1987年拍摄的被低估的二战电影《太阳帝国》，这部电影恰巧是他从里恩那里接手的一个项目。

曾在斯皮尔伯格两部业余电影中出镜的同学黑文·彼得斯记得，在阿卡迪亚高中上戏剧艺术课时，"因为其恢宏的动作场面，史蒂文将《桂河大桥》推举为最伟大的电影，尤其是那个'最佳场景'（大意如此）：'亚历克·吉尼斯摔落在炸药栓塞上，濒临死亡的场景。'一想起这些，他就很激动，不由自主地把亚历克爵士从高处摔落的著名镜头表演出来"。

1990年，斯皮尔伯格在美国电影学会的颁奖典礼上为里恩颁发终身成就奖时致辞说，《桂河大桥》和《阿拉伯的劳伦斯》"让我有了成为一名电影人的动力，这两部电影的视野和胆识让我觉得梦想充满了无限可能"。

---

1 斯皮尔伯格1985年参与编剧的作品《七宝奇谋》中，一个名叫丘克（杰夫·科恩饰）的小孩讲述了那次在电影院里的闹剧，并说"这是自己干过最坏的事"。斯皮尔伯格后来自己也导演了恐龙题材电影《侏罗纪公园》及其续集《侏罗纪公园2：失落的世界》。

2 大卫·里恩（David Lean），英国导演，从影40多年，只拍摄了16部影片，但56次提名奥斯卡奖，本人7次提名最佳导演，两次获奖，被誉为英国电影界的泰斗，代表作包括《桂河大桥》（1957）、《阿拉伯的劳伦斯》（1962）等。——译者注

1958年夏天，史蒂文刚念完五年级，"就忙着参加鹰级童子军和荣誉奖章的评选，他为如何能获得奖章而绞尽脑汁，"他的父亲回忆道，"我告诉他：'他们有一个摄影奖章，你为什么不带上这个小摄影机，到沙漠里去拍部西部片呢？看看童子军团长能否同意。'然后我给了他3卷胶片，他走进沙漠拍了一小段西部片。"

这部短片一开始没有片名字幕卡。史蒂文后来把这部自己第一次尝试用电影语言来讲故事的片子命名为《最后的枪战》（*The Last Gunfight*）、《最后一枪》（*The Last Gun*）和《最后一击》（*The Last Shootout*）[1]。这部入门级的小西部片是机内剪辑的，演员阵容由童子军团友和其他小伙伴组成，包括吉姆·索伦伯格和巴里·索伦伯格。

"一群邻居家的孩子和史蒂文的爸爸一起坐着旅行车来到一家名为'高峰露台'的餐厅（斯科茨代尔的一家西部牛排馆），餐厅门口停着一辆红色的驿站马车，"这部影片的主演吉姆·索伦伯格回忆说，"史蒂文的爸爸负责影片的大部分拍摄，甚至是所有的拍摄工作。我们还太小，操控不好摄影机。史蒂文构思了整部影片。他更多充当了导演的角色，摄影机就像他的玩具。"

"我用扎染印花大手帕蒙住脸，手持玩具枪，扮演强盗。有两个人站在平台顶端，我打劫了他们。由于摄影机的机位是固定的，即使没有骑马也没关系，因为镜头拍不到马。他们把钱从台上撒下来。然后我们上了车，开到了沙漠里。我记得有一幕是我的牛仔帽被风吹走了，就像在经典西部片里一样，我们很自然地把这一段保留了下来。下一幕我又戴上了我的帽子。最终我不幸中枪，滚下了悬崖。（吉姆滚下悬崖的那一幕，实际上是用一个穿上衣服和鞋子的枕头作为替身。）史蒂文和爸爸打碎了一个番茄酱瓶子，把酱倒在了岩石上假装鲜血。我想装得严肃些，但实在笑得合不拢嘴。后来很多年，他们还常常抱怨，说我躺在那里装死时，总是笑个不停。"

那部西部片让史蒂文"有了一种对经常嘲笑自己的小伙伴们发号施令的威严感。但那并不重要，重要的是我可以一遍又一遍地重温以前发生过的事情，如果没有手中的摄影机，这些事只能成为一种存储在脑中的记忆"。

"当这部电影在下周一晚上的部队会议上放映时，"史蒂文回忆说，"童子军们为我们所拍的电影欢呼、鼓掌、大笑。这就是我想做的事，给大家带来欢乐。"

1　他还给这部片子取了一个名字叫《枪的烟雾》（*Gunsmog*），也许是他自己搞混了。因为这个滑稽的片名是1962年他向《亚利桑那共和报》描述一部尚未拍摄的西部喜剧片时所取的名字。

之后的每次童子军旅行，史蒂文都随身携带摄影机，记录途中发生的一切，从男孩们上车下车，到他们的体能训练和营地恶作剧。当他在部队会议和巡逻会议上放映这些电影时（有些会议在他的房间里召开），他喜欢看到"大家从座位上惊讶地跳起，因为他们都在影片中看到了自己"。

一开始史蒂文拍了许多无声电影，这于他而言是对视觉叙事艺术的极佳训练。希区柯克和约翰·福特等大师也是从无声电影开始的，在有声电影时期再逐步完善他们的电影技巧。史蒂文的朋友特里·梅克林也有一部8毫米家用电影摄影机，七年级时，他和史蒂文一起连着两个周六在梅克林家后院里拍摄了一部向福特致敬的无声电影。这是一部由他们的同学史蒂夫·斯威夫特主演的两集西部片。"片中充满了动作场面，例如直接的抢劫与追逐，一家商店被抢，警长追赶盗贼，场面甚至比一部精心构思的电影还要多，"梅克林回忆说，"我们都喜欢同一部电影——约翰·福特的《搜索者》。这是我们公认可以效仿的电影之一。"

斯皮尔伯格记得，作为一个业余电影人，他用8毫米摄影机拍过大约15或20部电影，但这个粗略的估计只包括他完成的故事片，并未涵盖他在成长过程中拍摄的所有作品。他的电影有时没有故事情节，只是简单的摄影技巧实验。"他会仔细观察所有事物，然后看看如何用镜头将它们呈现。"梅克林说。史蒂文甚至在他的可卡犬"雷"身后挂上了一辆摄像车，让狗拉着摄影机在附近转悠，拍了一部名为《雷生命中的一天》（*A Day in the Life of Thunder*）的影片。

史蒂文"对胶片的使用态度和我不同，"阿诺德·斯皮尔伯格说，"我出生于大萧条时期，在我的成长过程中，所有东西都很昂贵。当我把胶片放进摄影机时，我会珍惜每一寸。而他会用好几卷胶片来做实验。他要尝试特写镜头，尝试停帧，尝试慢动作。我过去常对他说：'史蒂文！你不要浪费胶片！'他却说：'爸爸，我要做实验。'"摄影师艾伦·达维奥将阿诺德称作史蒂文的"第一个制片人"。"没错，我替他精打细算！"阿诺德笑着说，"这就是人们对乔治·卢卡斯[1]（斯皮尔伯格《夺宝奇兵》系列的制片人）的看法：卢卡斯会尽量控制史蒂文的重拍次数。现在史蒂文自己也很擅长这个，他知道该如何掌控一切了。"

---

1 乔治·卢卡斯（George Lucas），美国导演、编剧、制片人，毕业于南加州大学电影系，最著名的代表作是《星球大战》系列。——译者注

8毫米的家用电影摄影机很快便无法满足史蒂文的拍摄需求。"记得有一次我去他家，"隔壁邻居小比尔·西蒙斯说，"一走进浴室，他正在水池里做一些音效，在水中弄出不同的声音。"吉姆·索伦伯格记起13岁那年他和史蒂文一同做过的另一个更为非同凡响的实验："我扮演一个夜晚出现的可怕入侵者，沿着他家走廊潜入他的卧室。他用8毫米摄影机，但用的是西涅马斯科普宽银幕电影镜头拍下了这一幕。他买了一个从商品目录中找到的变形宽银幕镜头，可以把画面压缩。他将一个适配器安装在摄影机上，将另一个安装在放映机上。在拍摄的大部分时间里，他都躺在地板上向上拍我。他还买了一个聚光灯，把现场照得比地狱还热。我拿着一把大屠刀，他很快拍完了我的镜头。我转了几下刀，他就已经拍了好几个镜头。"

史蒂文上八年级的时候，帕特丽夏·罗德尼老师开展了一个"职业探索"项目，鼓励学生们展示今后的职业规划。史蒂文和几个同学一起去了沙漠，又拍了一部8毫米的西部片，这次还加上了配音。他的老师回忆说，史蒂文播放了一盒配套的磁带，里面有"对话、尖叫和奔跑声。他们在沙漠里打滚、射击。为了让影片看起来更逼真，我记得他还花钱买了道具，还用零花钱买了血袋。当时我们都很开心，把电影放了好几遍，最后我们都开心地尖叫起来。我们都看出了他在电影方面的特殊天赋"。

"长大后我要拍电影，"史蒂文对全班同学说，"我要做导演，当制片人。"

"12到14岁时，我偶尔会充当电影放映员。"斯皮尔伯格回忆，"我在亚利桑那州凤凰城我爸爸的家庭娱乐室里为慈善机构放映过16毫米电影，其中包括《大卫克罗传》和《托比·泰勒》等迪士尼电影。虽然这些电影都不是我拍的，但看着孩子们对电影的热烈反应，我觉得那些电影就跟我拍的一样……我想经营一家像大时代一样的业余影院。这让我觉得我是庞大电影行业中的一分子。"

事实上，参加过放映会的人都清楚记得，史蒂文确实放映过他自己拍摄的电影，通常将其作为好莱坞故事片、卡通片和连续剧之前的开场影片。放映的部分利润捐给了佩里研究所（Perry Institute）作为当地一所智障儿童学校的建设基金。1962年7月，《亚利桑那共和报》以专题形式报道了史蒂文的一次营利放映，他一天放映了4场《大卫·克罗：荒凉国度之王》。"年仅15岁的制片人、导演、编剧兼摄影师史蒂文·斯皮尔伯格，如今又摇身一变成为企业家。"专栏作家玛吉·萨沃伊写道。他告诉玛吉，为了帮助佩里研究所，他本可以放映某部自己的电影，但大多数邻居家的孩子已经看过了他所有的电影，"不过，我拍的电影也没什么了不起的。里面又没有明星，只有我的好友们"。

史蒂文用父亲办公室里的油印机印刷电影海报和传单。他的父亲带回一台通用电气生产的16毫米放映机。安妮和苏负责卖票，在暂停休息时，她们还到小吃摊上兜售爆米花、板糖、冰袋和冰棒。"莉亚通常会离开，她不会待在那儿。"史蒂文的朋友道格·蒂斯回忆道，"他们事先商量好，放映结束后史蒂文必须把场地打扫干净。"史蒂文自创了一种类似于汽车影院一样的放映方法，在夏日的夜晚，他把一张床单挂在后院他母亲晾衣服的晾衣绳上，给聚在露台上的孩子们放映电影。

在放映间隙，史蒂文还会询问观众的反应，用邻居的孩子们充当今天好莱坞所谓的"焦点小组"（Focus Group）。对于一个想要了解如何吸引大众的新人导演来说，这种反馈是弥足珍贵的。通过亲身体验电影放映的各个环节，他获得了使他能够以罕见的专业水准监督自己好莱坞作品营销和发行的相关知识。巴里·索伦伯格对史蒂文早熟的商业头脑印象深刻："他租来了《弗朗西斯》（又名《会说话的骡子》）。我原以为那是部傻乎乎的电影，但附近的孩子都很喜欢。孩子们喜欢看什么，他就租来什么，放映什么。"

阿诺德·斯皮尔伯格说，史蒂文放映电影的主要目的是"为自己的电影筹款"。史蒂文回忆说，刚开始拍电影时："我的作品都由父亲资助，每部电影大约20美元。"但是，当拍电影成为史蒂文的一个固定习惯后，他发现自己需要额外的资金来源。在放映会上卖票筹集来的资金，"被用来购买新的胶片，"阿诺德解释说，"他分给妹妹们一小部分钱，剩下的用来购买他想要的胶片。我不赞同他留着这些卖票赚来的钱。我说：'你不能这样做，我们在用别人的电影赚钱，我们没有得到授权。'所以他会把这些钱捐给佩里研究所的智障儿童，并因此让自己更加出名。我告诉他：'比起将钱存起来买胶片，把钱捐给佩里研究所，你会得到更多赞誉。'"

史蒂文有时会通过粉刷果树来增加收入。给果树涂上油漆是为了让它们免受害虫和亚利桑那州酷热的侵袭。和其他男孩一样，他会为了15到20美元，花几个小时为邻居家院子里的树刷漆。有一次，他去了家人常去的、理发师保罗·坎帕内利亚在斯科茨代尔开的理发店，询问："你应该需要人帮忙干活吧？看看我能帮您做点什么，我想挣50美元。"坎帕内利亚记得，"他环顾四周，来到女厕所，看了看说：'你们的女厕所实在太糟糕了，包在我身上吧。'我说：'好吧，只管去做，去把那儿都刷上漆吧。'第二天早上我去检查，简直不敢相信他都干了什么。他把水龙头、马桶把手、水槽下面的存水弯、下水道周围的小孔，甚至镜子周围的铬合金都给刷上漆了。"

斯皮尔伯格做这些事，"并不只是为了赚钱，"道格·蒂斯认为，"这不是他的目的。即使他在家里放映电影，也不是为了赚钱。他这样做是为了支持自己拍电影的爱好。"

斯皮尔伯格在1992年接受《纽约时报》采访时说："不了解我的人认为我只是受金钱或成功的驱使，但这些从来不是我的动力。我从来没有基于金钱来做决定。"

自从史蒂文购买了1950年乔治·帕尔制片的科幻电影《登陆月球》的电影原声专辑后，收集电影原声专辑便成了他一直保持的爱好。他有数百张电影原声专辑，包括一些很稀有的。他对经典电影配乐和作曲家的熟悉程度，极大地帮助他构思出包括音乐在内的完整场景，并能与他的长期合作伙伴约翰·威廉姆斯探讨音乐语言。斯皮尔伯格说："我小时候就会把《大逃亡》（埃尔默·伯恩斯坦作曲）或《爱德华大夫》（米科洛什·罗乔作曲）等影片的配乐融入我的8毫米家庭电影中，甚至根据音乐创作一部电影。"

比尔·霍夫曼说："我记得夏天的午后，外面十分炎热，我和史蒂文在他的房间里听电影原声专辑。"在高中音乐剧里，比尔弹钢琴，而史蒂文则吹奏单簧管。汤姆·西蒙斯"永远不会忘记"某天史蒂文来到他家，发现他有架木琴，然后"敲击出那个时期电视上播放的西部片（例如《荒野大镖客》《赌侠马华力》《夏安族》）中那些耳熟能详的配乐"。

受母亲热爱音乐的感染，高中时期史蒂文加入了英格尔赛德雷鸟乐队，在学校典礼、独唱会和橄榄球赛上吹奏单簧管，还身穿黑白制服，头戴金色羽毛高帽，参加当地的游行，包括每年在斯科茨代尔举行、有10万观众的太阳节游行。乐队的曲目包括标准版约翰·菲利普·索萨进行曲和《桂河大桥》中的《布基上校进行曲》。

"他是个精力充沛的年轻人，周围的人都很喜欢他，"乐队指挥罗德尼·盖里说，"他遵守指令，善于倾听，守纪律。我总是给他打最高分。但最终他还是选择了他现在从事的事业（拍电影），我觉得这是件好事，因为他可能不会成为一名音乐家。但也说不准。他非常有创意，他会轻轻拍打自己的乐器，弄出一点爵士乐的感觉。似乎吹单簧管对他来说是一种很好的放松。"

五年级下学期时，史蒂文的老师海伦·巴顿老师向英格尔赛德小学的校长理查德·T.福特抱怨史蒂文对电影制作太过痴迷。"他快把她逼疯了，"福特回忆，"他在学校里拍一些电影，还总是谈论这些事情。我记得我叫他来办公室谈过一次话。他走了进来，还把他的摄影机带进了办公室，然后跟我谈了谈他正在做的事情。我对海伦老师说："哦，别干扰那孩子了，随他去吧。'""我不是鼓励他去拍电影，但是我还是要那么说，因为他很活跃，是个忙碌的小家伙，从不打扰任何人。我总是喜欢让孩子们自由追逐梦想。如果一个孩子想一个人坐在墙边看天空飘过的云，我也没有意见。总得留点儿时间做梦吧。"

当史蒂文被要求在课堂上大声朗读时，他总是十分尴尬，因为他是"一个读书很慢的人"。直到今天，他仍然认为"自己对阅读的热情比不上对电影的热情"是一种遗憾。一个有趣的问题是，他惊人的视觉能力在多大程度上可以弥补他的阅读困难，反之，他的阅读困难在多大程度上源于他对视觉的强烈偏好。当他在学校阅读的时候，他的思想常开小差，他会在书的边缘画上简笔人偶，翻动书页，制作自己的"动画"来取乐。

虽然他从未出现在优秀学生名单上，但在小学的最后两年里，斯皮尔伯格对历史表现出的浓厚兴趣使社会学老师帕特丽夏·罗德尼将其当作"一个好学生"。正是在她的课堂上，这位未来将导演《辛德勒的名单》的孩子第一次看到了纳粹集中营的电影片段。她放了一部关于纳粹的纪录片《扭曲的十字》，片中"展示的都是真实的东西：死尸、挂在铁丝网上的人们，这十分震撼。为了放映这部电影，我必须得到家长们的许可。这几年我一直在播放这部影片，我总会邀请曾经在集中营待过、亲历过大屠杀的人来到放映现场"。

在波兰拍摄《辛德勒的名单》时，斯皮尔伯格告诉记者，尽管他有亲人死于大屠杀，尽管他小时候在辛辛那提就认识大屠杀的幸存者，但直到他看到《扭曲的十字》，他才相信那些故事都是真的。

史蒂文的童年也有阴暗面，由于比他大的男孩对他的欺侮和他父母之间的紧张关系，他心中积蓄着一种被压抑的攻击性。"他有时是个捣蛋鬼，"住在街对面的西尔维娅·盖恩斯回忆，"他在外面总是用橘子砸那些比他小的孩子。在他的受戒仪式上（1960年1月10日，他家的开放日），大人们不得不让孩子们走开，因为他站在屋顶上往下扔橘子。我相信他一定是在发泄他的某些潜能。"

在1978年的那次采访中，斯皮尔伯格承认自己在电影院呕吐的恶作剧，他描述了自己年轻时最严重的不当行为："以今天的标准来看，我们相当鲁莽。但我确实被叫了6个月的小流氓。一天，我和我的4个朋友去了一个建设中的现代化购物中心，向玻璃窗扔了3小时的石头。后来我们才知道，这大概造成了3万美元的损失[1]。"

他常常以欺负那"三个爱尖叫的妹妹"和妹妹们的闺密来发泄自己的不满。

"每周六早上，父母都会从我们这四个孩子身边逃走，"安妮·斯皮尔伯格回忆，"他们一出门，我就跑回我的房间，把门锁上。史蒂文会把门推开，然后追着我打，将我赶出去。我的手臂常被打得青一块紫一块。如果苏和南希做了什么坏事，下一个受到惩罚的就是她们。当他惩罚完我们后，我们便开始帮他拍电影了。"

南希永远不会忘记那一天：她正和姐妹们"坐在一起玩娃娃，史蒂文在唱歌，就像他是播音台的主持一样。然后他突然停下来，说给我们播报一条重要消息。他宣布龙卷风就要来了，接着把我们从他的头上抛到了他认为安全的地方。他说，如果我们再盯着他看，我们就会变成石头"。

"当我哄安妮睡觉时，"他们的母亲回忆说，"史蒂文会躲在她房间的窗外，用怪异的声音说：'我是月——亮！'安妮会吓得尖叫……有一次，我在光明节给南希买了一个娃娃。一天晚上，当我外出时，他把娃娃的头切了下来，放在一个大盘子里给她吃，盘子里垫着生菜，上面点缀着欧芹和西红柿。这种事南希已经见怪不怪。保姆们再也不愿意到家里来，还说：'如果您把这个男孩弄走，我们就帮您照看这些女孩。'"

"我记得我非常怕他，"住在他家后面的贾妮斯·祖斯曼说，"有一次，苏西和我在去印第安学校路上的水渠边玩芭比娃娃。我不敢告诉父母我去了水渠边，不然我会被禁足一辈子。我们假装这里是大峡谷。史蒂文偷听了我们的谈话还戏弄我们，他说：'如果你们不这么做的话——很遗憾，我也忘了他当时到底想让我们做什么——我就把你们的芭比娃娃扔到水渠里。'他一把抓过我的娃娃，把头拧下来扔进水里。我生命中最重要的东西就是这个芭比娃娃！从那以后，我每次想起这件事，内心都很痛苦。最糟糕的是，我还必须瞒着家人，所以我只能自己到水渠里把娃娃的头捞了上来。"

"史蒂文喜欢做那些事，他总是吓唬别人，"邻居比尔·盖恩斯说，"他会让更小的孩子处于他想要的某种情境中。当苏和安妮在我们家爬树或干什么的时候，他会很快拍下这一幕。无论什么时候，他总是准备好摄影机，抓拍下画面以备不时之需。他一直坚持随身带着摄影机。"

回忆起他对妹妹们的行为，史蒂文承认："我喜欢把她们吓到心脏停跳。我记得电视

1　在那次采访中，斯皮尔伯格并未提到他后来有没有因自己的破坏行为而遭受惩罚。

上曾放过一部电影，讲的是一个火星人把一颗砍下的头颅放在鱼缸里。这把她们吓得不轻，都不敢再看这部电影了。所以我把她们和一个鱼缸一起锁在壁橱里。我仍能回忆起她们充满恐惧的尖叫声。"他还在壁橱里上演了另一场恶作剧，使用的道具包括一块塑料头骨、一个灯泡、一副护目镜和他父亲的空军飞行员帽。史蒂文用这些道具制作了一个风干的二战阵亡飞行员头骨。他把女孩们引诱到黑暗的壁橱里，亮起了骷髅头里面的灯，享受着妹妹们对这个可怕幽灵发出的尖叫。

后来他也喜欢把电影观众吓得魂不附体，这是那些童年恶作剧的延续。他把《鬼驱人》描述为"我对妹妹做的所有恶作剧的大集合"。斯皮尔伯格童年时很喜欢肢解玩偶，还在墙上涂番茄酱，让妹妹们以为看到了血。这离他展现一个住在郊区、被家中鬼魂绑架的小女孩，以及后院游泳池里冒出杀人骷髅的场景只有一步之遥。在《夺宝奇兵》系列电影中，他参考了童年时期在基瓦剧院看电影的一些体验，斯皮尔伯格喜欢令他的女主人公与蛇、虫子、老鼠等动物大战，以通过最为艰苦的考验，这也许延续了其少年时期对异性的恶作剧。

史蒂文所住的社区里，并不是每个女孩都怕他。

"在所有比我大的男孩中，史蒂文是最好的，因为他只想给我们拍照，"比史蒂文小4岁的女演员琳达·卡特说："他至少愿意和我们交流，而不是把我们绑在树上欺负我们。他有一个8毫米的摄影机，他总是在拍摄。我和妹妹帕梅拉总在自家后院表演唱歌和跳舞，有时他会拍下来。我们曾求他给我们录像，他会说：'哦，好吧！'他确实要求我们做过一些疯狂的事，比如在树上上吊之类，但他从来没有真正伤害过我们。"

女同学尼娜·瑙曼·里维拉说，虽然史蒂文在女孩子面前"非常害羞"，但他喜欢上了邻居中最漂亮的一个女孩，他们俩所在的班级仅有一墙之隔，他"曾在她身上尝试过一些电影创意"。他的朋友德尔·梅里尔将史蒂文七年级时的"女朋友"描述为一个"龅牙金发小姑娘"。但在史蒂文的记忆中，他的第一次浪漫经历多少有些创伤："我永远不会忘记我第一次亲密接触一个女孩时的感受。那时我上五年级，我爸爸带我和我的小女朋友去汽车影院看电影。这个女孩把头靠在我的臂弯里，第二天我父母就教训我，说我小小年纪就不干好事。"

这可能是他在亚利桑那读高中时对女生们态度保守的部分原因，尽管他有女性朋友，在校园剧和他的电影中也与女生们合作，却连一次正式约会也未曾有过。他的朋友兼电影人克里斯·皮斯基认为，史蒂文没有约会是因为他"对拍电影过于着迷。此外，花钱约会将缩减他在电影上的开销。史蒂文之所以成为现在的他，正因为年轻时的心无旁骛。除了拍电影，他什么都不关心。"

"我认为他没有察觉到一些女孩对他的迷恋，"安妮·斯皮尔伯格说，"我的一些朋友非常喜欢他。如果你看到他的照片，你会说，是的，他是个书呆子，平头大耳，瘦骨嶙峋。但他真的有非凡的个人魅力。他能指挥人们按他的想法去做。他能让自己正在做的每件事都听上去很有吸引力，让你不由自主地想参与其中。"

在英格尔赛德中学读八年级时，斯皮尔伯格利用自己的创意拍过各种类型的电影，包括他参加帕特丽夏·斯科特·罗德尼老师"职业探索"项目拍摄的西部片；学校的舞台悬疑剧《无头骑士》（Scary Hollow）的影像记录，该片是他与好友、该剧演员之一的罗杰·希尔共同拍摄的；还有一部恶搞喜剧，片中有学生把脑袋从树的两侧伸出来的特效、快放的追逐和其他搞笑画面，让人想起麦克·森尼特的无声二幕喜剧。1960年的万圣节，学校举行了一年一度的户外筹款嘉年华，斯皮尔伯格在操场上一个拉着"史蒂文·斯皮尔伯格的家庭电影"标语的摊位上，放映了那部恶搞喜剧。这位电影人愿意和任何人分享自己拍摄的小电影。

那一年，人们印象最深的一部斯皮尔伯格电影——最清楚地指明了他未来方向的作品——是一部二战时期的飞行题材电影《战斗机小队》。他七年级就开始拍摄这部影片，这是他迄今为止最雄心勃勃的作品。对史蒂文所在社区里的孩子们来说，二战这个话题本身并不陌生。"我们都拍过二战题材的电影，"斯皮尔伯格说，"那是因为我们的父辈参加过二战，他们的衣橱里满是与战争相关的物件：纪念品、制服、旗帜，已经锁住且无法扣动扳机的左轮手枪。"但史蒂文（和他的父亲）设法在有限的预算内，把二战场面活灵活现地搬上银幕。但凡看过《战斗机小队》的观众，无不钦佩地点头称赞。

这部时长约15分钟的黑白电影，将"卡斯特尔影业"[1]的8毫米二战空战纪录片段与史蒂文在当地机场使用老式战斗机拍摄的场景整合在一起。"如果我们要拍一个飞行题材的电影，"巴里·索伦伯格承认，"我们绝不会想到：'让我们去（机场），在真正的飞机里

1　卡斯特尔影业（Castle Films）是美国新闻摄影师尤金·卡斯特尔1924年在加州创办的电影发行公司，1977年更名为"环球8"（Universal 8）。卡斯特尔电影是供家庭放映的8毫米和16毫米电影拷贝发行方面的先锋。——译者注

实地拍摄。'但史蒂文弄到了进入驾驶舱拍摄的许可证，他还站在机翼上拍摄，就像飞机正在飞行一样。"

阿诺德·斯皮尔伯格负责引导飞机的使用。他现场指挥："这些飞机一般用来灭火、空投物资等等。我们可以爬到飞机上，甚至可以坐在里面，但我们没有钥匙，不能开启任何设备。史蒂文爬上梯子，攀上机头，拍摄驾驶舱里的场景，其中一个孩子戴着头盔坐在里面扮演飞行员。当他想要表现飞行员急转弯的样子时，他会将摄影机倾斜，我的老天，这在镜头里看起来就像真的在急转弯！他有自己的拍摄计划。我负责帮他开门和递道具。"阿诺德用背景布和一台充当鼓风机的家用电风扇，在后院拍摄了驾驶舱模型的特写，以补充史蒂文在机场拍摄的画面。

比史蒂文小四岁的道格·蒂斯还记得，史蒂文曾经带他参观过卧室，卧室里都是《战斗机小队》的相关物件，墙上张贴着电影照片和海报，房间里堆放着摄影器材、道具和面具，还有飞机模型。"当看到一个和你年龄相仿的家伙，开着一架看起来像真的一样的战斗机时，你会惊奇，'等等，你是怎么做到的？'迄今为止，我仍无从得知他是如何做到的。我问过他，他回答，'我不能告诉你'。史蒂文非常友善，但是关于拍片的某些诀窍，他会守口如瓶。"

"我会买七八卷这样的卡斯特尔影业的胶片，挑出所有令人兴奋的镜头，根据它们写一个电影剧本，"史蒂文在1978年接受《美国电影摄影师》杂志采访时谈到，"……如果我需要拍摄一个年轻的飞行员向后拉着P-51的操纵杆，我们会去凤凰城的空港机场，钻进一架P-51（在获得父母批准后），然后特写操纵杆正在向后拉的动作，接着切到已有的飞机爬升的画面，再切回我的一个14岁朋友的特写，他脸上露出残暴的笑容，接着特写他的拇指按下按钮的一瞬间。最后接到另一个已有的镜头，战斗机开炮轰炸。这样我就能将一切串联起来。"

扮演小分队队长的吉姆·索伦伯格记得，斯皮尔伯格也曾在这部电影中扮演过一名飞行员："斯皮尔伯格扮演一个德国人。在他的作品中总有德国人，从不见日本人。斯皮尔伯格对纳粹很感兴趣，坦白地说，我有点惊讶他竟然那么久之后才在《辛德勒的名单》中把他们塑造成真正的恶棍，而不是《夺宝奇兵1：法柜奇兵》里那样的角色。在《战斗机小队》中，斯皮尔伯格被击中，在飞机下坠的那个长时间场景里，被困在驾驶舱中的他拼命逃离。他身体前倾，嘴里吐出黑色或蓝色的食用色素，我拍下了那个场景。为了拍出机头朝下的效果，我当时在机翼上侧身拍摄驾驶舱。我记得他拿到样片后非常生气，因为我把摄影机晃得太厉害。他只想让我轻微摇晃，而我的摇晃程度超出了他的设想。这是多年来我唯一一次见他发火。"

"你知道八年级的孩子是什么样，他们成天净想胡闹，"剧组成员迈克·麦克纳马拉回忆道，"他会说：'大家静一静，我们在拍电影。我们来做这个，我们来做那个，如果你不想做，就离开。'其他人都把拍电影或多或少当成一场游戏，而他对预设的最终结果非常较真。这就是他的生活。我对他的专注程度感到惊讶，这是难以置信的，令人生畏。"

1961年5月26日，史蒂文所在的英格尔赛德小学举行了毕业典礼。在毕业典礼上，帕特丽夏·罗德尼老师写下了对班级学生的预言，想象着同学们50年后重聚的场景："岁月不饶人啊，有些人已经认不出来了。我们现在花点儿时间，再次把你介绍给你的同学们……站在那儿，戴着便帽和眼镜的史蒂文·斯皮尔伯格，请您站起来让我们看看谁才是这些伟大的嗅觉芳香电影的制作人好吗？"

帕特丽夏·罗德尼坚称，她只是在以当时正在放映的嗅觉电影及芳香电影（在影院里散发香味的手法）为噱头开个玩笑，并不是在取笑"臭斯皮尔伯格"的洗澡习惯。但除此之外，她的预言都一一应验。

当被问及对史蒂文在好莱坞取得成功有何感想时，这位史蒂文最喜欢的小学老师回答说："我一点也不奇怪他最后入了电影这一行。他从小就是个电影人，他一直是，一开始就是这样。"

Steve
'63

第五章

"大忽悠"

> 我发现在拍电影时，可以通过建构一个故事来"创造"伟大的一天或伟大的一周；
> 我能合成任何想象中的生活。这和作家们展开写作的缘由一样。他们通过写作来美化或重
> 构这个世界，而我也能通过我的想象，通过电影，做任何事情，住在任何地方。

——史蒂文·斯皮尔伯格

　　阿卡迪亚高中的设计风格极具"太空感"，被斯皮尔伯格这一届学生称为"迪士尼乐园"。校园生活围绕着"飞碟"，一个底部被几根柱子架空的圆形图书馆进行，今天这栋建筑通常被称作"E. T. 的宇宙飞船"。1961年9月，史蒂文升入高一时，这所位于凤凰城仅有两年历史的高中，已经在学术和体育方面享有很高的声誉，资金雄厚且人气很旺。斯皮尔伯格在校时，该校共有1539名学生，到他搬到加州读高三时，该校的在校学生已经增长到2200人。当年，阿卡迪亚高中是"一所典型的白人学校，学生大多来自郊区中上阶层的富有家庭（除了两个亚裔家庭）"，史蒂文的同学克雷格·坦尼表示，"好在校园足够大，每个人都能找到自己的舒适圈"。

　　史蒂文的同学也是其儿时的朋友德尔·梅里尔记得，史蒂文"读小学时比在高中更受欢迎。上小学时，他很外向、聪明，也很用功，爱讲故事，常能听到他说'我有一个主意'。每个人都喜欢听他说话，他比较受欢迎。我觉得他在上高中之前自信多了，进入高

中后他变得沉默寡言。在阿卡迪亚高中，他有一些不愉快的经历，高中头两年对他来说布满阴霾，最后他转学了。在那个年龄阶段，运动队中有不少孩子喜欢恃强凌弱，而史蒂文是一个瘦弱的小矮子。高一和高二时，其他孩子都在快速长个儿，史蒂文则受尽排挤。虽然我也是运动队的一员，却从未欺负过他，但我亲眼见过他遭受霸凌——被人打，被故意撞倒，被嘲笑，甚至被放倒在地"。

史蒂文在阿卡迪亚高中时期最亲密的朋友之一，克拉克·（拉齐）洛尔表示，史蒂文当时学会了"一种能融入大众却不会引人注目的技巧，或许是因为他害怕引起不必要的关注"。为了应对自己被阿卡迪亚高中运动队中一些人的排挤，他自称"大忽悠"（Big Spiel）[1]，并建立了自己紧密的社交圈。"他有自己的社交生活，"和他一起在学校乐队演奏的凯伦·海登回忆，"他有朋友，也会和朋友们一起外出，一起去玩。但他有点奇怪，我并非指贬义上那种'怪'，而是说他具有独立的思想。"

史蒂文在阿卡迪亚高中时期一直是个出了名的高冷学生，他"非常专注于拍摄——总是随身携带一台摄影机，而且拍个不停，"他的驾驶课老师霍华德·阿默森说，"他对梦想的坚持不懈令我至今记忆犹新。毕竟很多孩子根本不知道自己的兴趣所在。"

并不是所有人都欣赏史蒂文对拍电影的执着。他的英语老师乔治·考伊说："这个社区的居民都来自中上甚至更高的阶层，孩子考进高中都是为了将来进入大学深造，这很好。只有史蒂文·斯皮尔伯格对上大学不感兴趣。他经常旷课，还假装生病躲在家里剪辑电影。"史蒂文"花了太多时间来适应学校的规章制度"，当时的戏剧社团指导老师菲尔·德佩说，"他做了自己想做的事情，走了他自己选择的道路，我们这些循规蹈矩的人对此也无可厚非。但是学校的管理层可不这样认为"。

阿诺德·斯皮尔伯格曾试图劝说儿子成为一名电气工程师或医生，为此常与儿子发生冲突。史蒂文记得父亲"对所有能让我成为一名工程师或医生有帮助的课程，比如数学或化学，都要求严格。而我对这些科目一窍不通。当然，我走上了一条截然不同的道路，我

---

1 Spiel一词通常指夸夸其谈或者为了推销而编出的夸张故事，这里选择翻译成"大忽悠"（Big Spiel）。这一说法显然是斯皮尔伯格对自己的姓氏（Spielberg）玩的一个文字游戏。——译者注

追随了母亲的脚步[1]。"

史蒂文的朋友大多也是像他这样有创意的怪人，他们所做的事情并不符合阿卡迪亚高中的主流。当史蒂文成为戏剧社团的一员时，这是他第一次"意识到，除了成为运动员或一个受气包外，还有其他选择"。但他还是忍不住把那个社团看作是"我的麻风病友聚居区"。

"阿卡迪亚高中是一所看重学生家庭社会地位，并以此为标准严格划分班级的学校。同学间的攀比让人压力很大，"史蒂文的同学尼娜·诺曼·里维拉解释说，"如果你不符合着装时尚或者说能交到一个橄榄球队的男朋友等衡量标准，你就会被同学们看不起。那些以学业为目标的孩子，那些智力超群的孩子，或者那些心怀远大梦想的孩子，都不适合在这儿学习。史蒂文很害羞，在和女孩子交往方面很内向。没人想跟书呆子说话，但这会让那些书呆子变得更加内向。"

1963年的某个晚上，阿卡迪亚高中学生苏·罗珀正在照看斯皮尔伯格家的三个女孩。史蒂文躺在沙发上看电视，罗珀让他别动，好为他画张素描画像。史蒂文同意了。她画画时，史蒂文一双乌黑的眼睛平静而专注地盯着电视，他的脸庞深情而英俊，完全没有注意到她的存在。她画着画着，便忍不住俯下身去亲吻史蒂文的嘴唇。"和他相处了一段时间后，我被他深深吸引，"罗珀说，"一定是荷尔蒙作祟。我记得我在沙发上吻了他，但他一点反应也没有。我吻了他，但他没有回吻我。这可能只是我的一厢情愿。感觉他从不去舞会，因为我去舞会时从没见过他。我认为他没时间参加舞会。他并不抑郁或喜怒无常，他只是太专注于电影创作。他显然不常参加校园活动，与比较亲近的人也没有多少互动。"

曾与史蒂文合作过戏剧和电影的让·韦伯·布里尔回忆："我们很多人都想多花些时间和他待在一起，但他目标明确，总在忙碌。"但是，拉齐·洛尔记得，史蒂文"至少有一到两个女性朋友，她们会找他聊聊自己的男友或其他事情。我曾听到一位女生向史蒂文抱怨：'等电话的感觉真难受。'我想，'天哪，史蒂文居然成了女孩们的男闺密。她们信任那家伙。'尽管在校园里他算不上受欢迎的风云人物，但他似乎很能赢得女孩们的信

---

1 史蒂文显然不适合从事医学工作，在选修的生物课上被要求解剖一只青蛙时，他感到恶心，不得不跑到外面和其他学生一起呕吐。"而其他学生都是女生"，史蒂文强调说。离开实验室前，他将几只青蛙放生。在《E. T. 外星人》中，他讨喜地重现了这一幕：亨利·托马斯饰演的埃利奥特放走了学校生物实验室所有的青蛙，因此得到漂亮金发小女孩（埃里卡·伊莲涅克饰）的一个吻。

任。我惊讶于他已经成熟到能够和女孩们谈心。不管他高中时经历过怎样的痛苦，他身上总有一种非常安静、平和的特质"。

斯皮尔伯格在讲述高中生活时，往往将他在凤凰城的经历与他在加州萨拉托加的高三时光混为一谈。据其朋友和这些经历的见证者回忆，在萨拉托加发生的一些反犹事件被斯皮尔伯格错误地描述为发生在凤凰城。可能由于他在成长过程中前后辗转了5个城市，所以搞混了一些事件的发生地点和时间。也许，这是他成长过程中频繁搬家所带来的结果。斯皮尔伯格在凤凰城生活时经常受到欺负，其中有一些虐待行为确实源于反犹主义（无论公开与否）。到了萨拉托加，针对他的反犹主义行为变得更为频繁，性质也更为恶劣。

据斯皮尔伯格回忆，他在高中时曾受到过一个校园恶霸的欺凌，这个校园恶霸"制造反犹主义侮辱性言论"，还故意摆布他。上体育课时，这个校园恶霸会在课间把他的脸摁进饮水机，或在橄榄球比赛上把他打得直流鼻血。最可怕的一次，莫过于这个校园恶霸朝坐在学校厕所马桶上的史蒂文扔了一颗樱桃炸弹[1]，但史蒂文侥幸逃过一劫。可以肯定这些事件都发生于凤凰城，因为斯皮尔伯格在阿卡迪亚上高中时所拍的一部影片里，曾出现过"被欺凌的男孩"。

史蒂文之所以被阿卡迪亚戏剧社团吸引，不仅因为他对演艺事业很感兴趣，还因为这个社团为他自己，以及那些能接受他且与他志趣相投的同学提供了一个避难所。就整个学校而言，戏剧活动中犹太学生数量占比较高，这也是他加入戏剧社团的原因之一。史蒂文被他的一些同学称为"斯皮尔虫"，他是"一个书呆子般、个头矮小的犹太孩子，是个友善的家伙，有才华却很古怪"，与他同为戏剧社团成员的犹太人雪莉·米思娜·威廉姆斯回忆说。

史蒂文的朋友里克·库克曾如此评价20世纪60年代初的阿卡迪亚社区："这个社区的有趣之处在于，它非常新，每个人都来自其他地方，那些旧的种族组织在这儿都不存在。回想起来，学校里有不少犹太人。谁知道呢？谁关心呢？那时，竞技运动是学生关注和围绕的焦点。1963年，我们荣获了本州的橄榄球赛冠军，而那些搞戏剧的学生则被看作二等学生，与那些搞学习的学生差不多。

"当我认识'斯皮尔虫'时，他已经想好自己将来要做什么，但他并没有陶醉其中。

1　状如樱桃的红色球形鞭炮。——译者注

他要做的事情不是自娱自乐，也不是那种肤浅的'我要当一名大导演'。他所感兴趣的是电影制作的整个过程。从某种意义上说，他仍然像孩子一样对魔法和奇迹着迷，但他是我见过的最不孩子气的一名14岁少年。他做事非常专注，这不是一个14岁孩子该有的特点。如果我认识的人当中有人将来会成功，我想那一定是史蒂文，因为他那么有动力，还那么坚定不移。"

阿卡迪亚高中的舞台设备已经达到专业水准。这所学校在当地以其一年一度的春季音乐剧而闻名，多达300名学生将在舞台指导达纳·林奇、音乐指导雷金纳德·布鲁克斯和声乐指导哈罗德·米尔索普的统筹下，为这部精心编排的音乐剧贡献自己的一份力量。斯皮尔伯格当时既是戏剧社团成员（1963年，他的妹妹安妮也在读高一时加入了该社团），也是国家戏剧协会（针对参与戏剧的学生的荣誉组织）的成员。设计校园剧布景和服装的美术老师玛格丽特·伯勒尔说，除了帮助她为舞台布景上漆外，史蒂文会"统筹一切——他会统筹剧组成员并协调演员。他是个不错的小伙子，非常有合作精神，对戏剧也很感兴趣"。

"他在《毒药与老妇》中将一具尸体拖出地下室，"与他合作过舞台剧的演员迈克尔·尼尔记得，"斯皮尔伯格曾在《慈母泪》中扮演一名苏打水销售员，并在一部1963年的校园音乐剧《红男绿女》中担任提词员，还在汽车修理厂老板乔伊·比尔特摩尔与尼尔饰演的内森·底特律打电话时，为乔伊配上画外音。作为学校乐队的一员，斯皮尔伯格也在管弦乐队的乐池里为《红男绿女》吹奏单簧管，他还为前一年的剧目《莲岛仙舞》吹奏过。但他在戏剧社团中的表现更为突出，因为他担任了导演黛娜·林奇的舞台经理和常规性综合助理。"

"史蒂文会去参加一些角色的选角，但他通常不会被选中，因为他并不擅长表演，"戏剧社团成员哈文·彼得斯回忆说，"他的个性并不鲜明，还有点笨拙。即使在都是朋友的课堂上，他也会浑身不自在。我们有时要练习对白，他想要做好，也很努力，但老是记不住台词。他经常只能磕磕巴巴地把台词说完。我敢打赌，他对那些跟他有着同样弱点的人十分同情，因为他自己总是很紧张、很害羞。在完成课堂作业方面，他也比一般学生差，因为他从来不读课本。"

"对其他事情，他倒是很主动。放学后，他会在学校多待几个小时。林奇老师有点没条理，只要有机会，史蒂文就会去帮她的忙，跑腿、帮打电话、化妆、调试灯光等。有些孩子取笑他，说他是林奇老师的宠物，成天围着她转，什么小事都愿意帮她做。我记得有几个女孩和（史蒂文的朋友）罗杰·希尔开玩笑地叫他'保姆斯皮尔伯格'，因为他总是为剧组的琐事操心。其他人都想成为聚光灯下的焦点，他却不同。他对戏剧有着很好的心态：事无巨细，亲力亲为。"

但是《火光》的剧组成员华纳·马歇尔认为，"正是'拍电影'使斯皮尔伯格交到了一群欣赏他、佩服他的朋友。这是一个让人们有机会了解他并开始喜欢他的途径。他喜欢电影制作过程中的社交互动，而不仅是利用别人。我觉得拍电影是大家齐心协力的过程，而他是一个平易近人的领导者"。

"凤凰城出了位年轻的塞西尔·B.戴米尔——年轻的史蒂文·斯皮尔伯格。"1961年，当地一位电视新闻主播如是报道。

斯皮尔伯格拍摄二战题材电影《无处可逃》时，一家电视台摄制组被派往驼峰山周围的沙漠对其摄制过程进行报道，这时，斯皮尔伯格才首次被公众所知。《无处可逃》总时长为40分钟，拍摄始于1959年，历时3年，最终在1962年完成。与《战斗机小队》相比，其在制作品质上有了极大提升。这部电影的演员大多是青少年，他们穿着各式各样的临时制服，情感表现夸张，因此没有人会把这部电影认为是《桂河大桥》的翻版。尽管如此，这部8毫米彩色电影还是在1962—1963年的"峡谷胶片青少年电影节"（"峡谷胶片"是一家生产工业胶片的公司）上荣获了州际业余电影大赛一等奖。《无处可逃》获奖的部分原因是导演的战场道具和爆炸特效看起来极为逼真。

"我们早上去他家，喊他出门拍电影时，"巴里·索伦伯格还记得，"他有一辆皮卡，车的后部装有一把50口径的机枪。我们当时非常震惊：'天哪，这家伙从哪里弄来的这把机枪？'但我有着更深层次的疑虑：别说这把枪，一个14岁的孩子又是从哪里弄来的这辆皮卡呢？"

帮助斯皮尔伯格策划战斗场景的克里斯·皮斯基回忆起之后发生的事："我们率先到达外景地，在那儿等啊等，他却一直没有出现。突然，他开着车来了，原来他在路上被警察扣留了一会儿。警察们以为他车上装的是真正的机枪，害怕他要在路上扫射一番什么的。太搞笑了。"

拍摄日程延长，某天，斯皮尔伯格又一次差点触犯了法律。

"高速公路巡逻队对我们紧追不舍，"作为主演之一的海文·彼得斯说，"我们当时正在沙漠里拍摄，有人驾车经过并向州警察报告，说我们这些人戴着纳粹头盔、手里拿着枪，成群结队地在沙漠里走来走去。随后有两三辆警车前来调查。当时我们担心会否因非法侵入而被逮捕。有人告诉警察我们正在拍电影，我记得史蒂文的父亲与他们进行了交涉，并将他们摆平。误会解除后，这些警察对拍电影产生了兴趣，并围在一旁观看。"在《无处可逃》拍摄过程中，阿诺德·斯皮尔伯格似乎占着主导地位，彼得斯说："他（阿诺德）掌管所有事情，我记忆中就是这样。虽然是史蒂文在操控摄影机，但他父亲才是那个成年人——那个真正指引拍摄方向的人。"

《无处可逃》主要在驼峰山和"酷迪亚城"（Cudia City）取景，后者是一家当地西部片制片厂，史蒂文和他电影的朋友们偶尔会在未经许可的情况下去那儿拍电影。这部设想恢弘的无声故事片讲述了一队美军士兵试图占领北非的一座战略山丘，却被德国人包围的故事。在尝试突围的过程中，仅有一名士兵幸存，其余士兵全部牺牲。扮演幸存士兵的海文·彼得斯说："最后只剩我孤身一人，一败涂地，疲倦不堪。在影片结尾，我独自坐在那儿，十分悲凉。但在这部影片中，除了用刺刀相互打斗，没有任何人物关系，全是动作戏。我一直觉得那才是史蒂文感兴趣的事，就是指挥群演。该怎么描述它呢？应该叫B组。整个剧组都成了第二摄制组。他后来重拍了（一些场景），因为他想要更多特写镜头。但他只不过是把镜头拉近拍拍我的脸，这种情况下我似乎根本用不着表演或做些什么，我压根儿不用投入。我对他和他父亲的感觉总是这样，感觉自己只是一具被拍摄的尸体。"

尽管斯皮尔伯格设法召集了二三十个男孩来拍摄战斗场面，但男孩们还是不得不同时扮演美国士兵和德国士兵，以使演员阵容显得更加庞大。斯皮尔伯格本想将白色T恤染成黑色来充当德军制服，但效果并不理想，所以他的德国士兵们都穿着带有银鹰图案的蓝色制服。某些时候，斯皮尔伯格会用陈旧的B级片[1]伎俩来扩展他有限的资源。他手上的德国头盔数量有限，所以他会让一批戴着头盔的士兵们跑过镜头，再把头盔递给其他孩子，然后让这些跟在摄影机背后的孩子冲到镜头前露脸。正如埃斯特·克拉克1963年在《亚利桑那共和国报》上关于斯皮尔伯格的专题文章中写的：为了"呈现出一长列美国大兵正偷偷穿越敌军阵地的场景……史蒂文和他的一个同学一圈又一圈地绕着地上的一台自动摄影机

1　B级片主要指预算较低的电影，是20世纪30年代美国经济大萧条的产物。当时为了吸引更多的观众，电影院推出了双片（double bill）放映制度，即用一部电影的价格，可以观看两部影片：正片被称为A片，一般由大制片厂出品，成本高，制作精良。而附赠的那部片被称为B片。由于B级片预算较低，题材方面也受到了限制，一般都与情欲、黑帮、恐怖、血腥、暴力等有关。——译者注

不停奔跑"。

"我们在亚利桑那州有一辆吉普车，我是当时这伙人中唯一达到驾车年龄的人，"阿诺德·斯皮尔伯格回忆说，"我穿上军装，嘎吱嘎吱地开着吉普车，带领一队美国士兵穿越沙漠。"史蒂文的母亲在部分场景中也驾驶过这辆吉普车，她用头盔罩住金色短发，扮演一名德国士兵。甚至连安妮·斯皮尔伯格也"被迫参军"。"有天我们的一场戏正好缺个士兵，"史蒂文对记者说，"所以我们赶紧让安妮换上制服和头盔，她身着德军制服趴在地上匍匐前进。"

史蒂文后来回忆说："把他们装扮起来是件有趣的事。然而，很难让他们保持兴趣。我只能在周末拍摄。周一到周五，我得在学校上课。周六和周日，当他们想出去快乐玩耍时，却要被我弄来家里拍电影。刚开始的几周，他们很喜欢拍电影，他们的表现也很出色。但不久，他们便有了其他兴趣。迷上了汽车，或喜欢上了女孩，他们再也不来了。我只好临时更换演员，改写电影中的角色。这才是最大的问题。"

曾在《战斗机小队》中担任主角的吉姆·索伦伯格，在《无处可逃》中饰演一名于一场肉搏中英勇牺牲的德国士兵。"我记得这是我第一次觉得史蒂文拥有某种天赋，"他说，"《战斗机小队》只不过是孩子们的小打小闹，《无处可逃》以后的作品就变得相当严肃了。"

"在拍摄《无处可逃》时，有一次他为了一个宏大的战斗场景架设了六台摄影机，"皮斯基记得，"当时的场面非常壮观——他在回声谷的驼峰山上搭建场景，召集所有人员，放好所有炸药——你能想象一个孩子在拍摄一场充斥爆炸和燃烧弹的大型战争场面吗？而且还是用的8毫米摄影机！"

"我的特效很棒，"斯皮尔伯格在1980年的一次采访中自豪地说，"为了模拟炮弹爆炸的效果，我在地上挖了两个洞，在两洞之间架上一块装有面粉的平板，然后在上面覆盖一层灌木。当一个'士兵'碾过它时，面粉会在空中形成一柱完美的喷泉。事实上，它比今天电影中使用的火药效果更好。"

比特效更巧妙的是斯皮尔伯格利用《无处可逃》来处理他个人生活中的一个棘手问题，即那位在阿卡迪亚高中对他"制造反犹主义侮辱性言论"的校园恶霸："他简直是我的死对头，经常出现在我的噩梦中。"看到那个恶霸长得很像约翰·韦恩，斯皮尔伯格便突发奇想，让那个恶霸在《无处可逃》中扮演少校。起初，那恶霸对这一要求嗤之以鼻，但很快他就发现自己很享受在他曾经最喜欢欺负的"受气包"的指挥下饰演这一角色。

"甚至当他出现在我的电影中时，我还是很怕他，"斯皮尔伯格说，"但我可以把他放在一个让我觉得自己会更安全的地方：我的摄影机前。我不用语言，而是用我的摄影机，我发现它是一个如此适用于自我检验和自我表达的一种手段、工具及武器……"

"那一刻我终于明白，电影就是力量。"

"这个社区里，每10户人家中就有3人从小学高年级开始拍电影，"巴里·索伦伯格回忆道，"我们上了高中后，克里斯·皮斯基和索伦伯格家的孩子就对此失去了兴趣。斯皮尔伯格却始终兴致不减、乐此不疲，而拍电影对其他人而言早已成了过去。亲戚们总是打击我们——'你长大了准备做什么？难不成要拍一辈子电影？'而斯皮尔伯格的亲人们则鼓励他。这就是区别所在。"

斯皮尔伯格在凤凰城的朋友们察觉到，父母即将瓦解的婚姻虽然使他痛苦万分，但也并非对他全无好处。"他们并没有干涉他，而是让他有足够的空间去做自己的事，"华纳·马歇尔说，"他们似乎颇为明智——要么是因为无暇顾及史蒂文，要么是已经意识到他对自己未来的规划非常清晰。"为了缓和阿诺德和莉亚之间紧张的婚姻，斯皮尔伯格一家于1964年从加利福尼亚搬到凤凰城，进一步拉近了史蒂文与电影行业的距离。夫妻俩希望在新环境中重新开始，为挽救婚姻尽最后努力。这一尝试失败后，莉亚带着女儿们回到了亚利桑那州，而史蒂文去了好莱坞。

"史蒂文·斯皮尔伯格身上发生过的最好的事情莫过于他父母的离异，"巴里·索伦伯格认为，"如果史蒂文没有离开亚利桑那州，他就不可能有机会在加利福尼亚获得成功。"

1962年，也就是斯皮尔伯格完成《无处可逃》的同一年，他第一次走进了好莱坞的摄影棚。

在洛杉矶地区探亲时，斯皮尔伯格偷偷潜入华纳兄弟位于伯班克的16号摄影棚，当时那里正在拍摄《PT109鱼雷艇》中的战斗场景（30年后，斯皮尔伯格将会在同一摄影棚拍摄《侏罗纪公园》中的部分片段）。《PT109鱼雷艇》是一部热血澎湃的冒险电影，讲述了美国海军中尉约翰·F.尼迪在二战中的英勇事迹，由克里夫·罗伯特森扮演片中的未来美国总统一角，并由莱斯利·H.马丁逊执导（同样由他导演并由米奇·鲁尼主演的喜剧《原子少年》曾在凤凰城的深夜电视节目中频繁播出，斯皮尔伯格对此格外痴迷）。

斯皮尔伯格回忆说，他"一直待在片场，直到日本驱逐舰把PT鱼雷艇切成两半"。然后，令他失望的是，"他们把我们这些旁观者通通轰走了"。

斯皮尔伯格的第一部故事片《火光》，灵感源于他在凤凰城长大时并非亲眼所见的一个不明飞行物。

自1957年史蒂文和父亲看到流星雨的那个夜晚起，他便沉迷于苍穹之光。和几乎所有在20世纪50年代长大的美国男孩一样，史蒂文对飞碟和其他不明飞行物的报道很感兴趣。他渴望这些神秘事件有天会真的发生，有机会亲眼看到不明飞行物。因此，他错过那次童子军远足活动时非常难过。"这是我一整年错过的唯一一夜。你难道不知道吗？"他的同伴们回来告诉他，在午夜的沙漠里，他们都看到了"一些无法解释的东西……一个血红的球体从艾树丛后面升起，弹射进太空。没能在场见证那一刻，我感到失落极了"。侦察队长比尔·霍夫曼说："斯皮尔伯格一整晚都没在沙漠里现身。我不记得是谁说的，但是斯皮尔伯格的确听说了有人看到飞碟的故事。他对此很感兴趣，但那根本不是真的。据我所知，这完全是捏造的。"

凭借《无处可逃》在州际业余电影比赛中获得的奖励，史蒂文拍摄了《火光》。"他赢了很多奖品，"他的父亲回忆道，"其中有一台16毫米的柯达电影摄影机。我告诉他：'史蒂文，我可拍不起16毫米的电影，我们还是拿它换一台8毫米的摄影机吧，足够换一台很好的了。于是我们买了一台非常好的宝莱克斯高配版H8Deluxe摄影机，这台摄影机是按照16毫米摄影机的规格设计，但缩减成了8毫米系统，因此你可以装上400英尺的胶片盘。它配有长焦镜头，可以实现单帧运动以及慢动作，可以用来拍摄各种题材的电影。史蒂文还获得了足有一个图书馆那么多的关于电影制作的书籍。他很喜欢这些书，但他说：'我要把这些书捐给学校图书馆，我不需要它们。我愿意这么做。'作为对他如此慷慨的奖赏，我说：'来吧，让我们给设备升个级。'我们买了一架宝莱克斯放映机，还有一套音响系统。这是宝莱克斯第一套消费级的音响系统。"

这套系统让史蒂文第一次能够直接在胶片上录制声音。在剪切完胶片后，他会去一个实验室在胶片的一面贴上磁条。接着，他会在客厅中把声音录制在磁条上，实现对话、音乐和音效的声画同步。有了宝莱克斯摄影机，他可以进行多次曝光，这为他做出专业视觉效果提供了可能。"很多技术都是由摄影机的功能决定的，"他回忆道。拍摄《火光》时用的设备"现在已经成了老古董，就像莱昂内尔的玩具火车现在也成了古董一样，但我可以使用当时（1963年）已有的最先进的技术，制作出相当精致的电影"。

史蒂文为《火光》所撰写的67页充满人物对话的剧本于1963年初，也就是他高中二年级快结束时才得以完工。从那年6月到12月，他花了大约半年时间来拍摄这部电影，演员来自《红男绿女》和其他学校戏剧小组。当被问及这部电影的资金来源时，阿诺德答道："我们自己出资。总花费在400到600美元之间，我想史蒂文大概靠这部电影赚了700到800美元，也算是小赚了一笔。"

斯皮尔伯格剧本中的人物都是虚构的，让人想起20世纪50年代的一大批B级科幻电影，尤其是改编自英国作家奈杰尔·尼尔的《夸特马斯2》（1957，英国汉默电影公司出品）。该片讲述了外星入侵者控制人类思想的故事（斯皮尔伯格承认，布莱恩·唐莱维饰演的夸特马斯教授对他产生了重要影响）。《火光》的大部分对话都并非刻意制造滑稽，而是使用了夸张的修辞和大量的谐音词误用（剧本中也有许多可笑的拼写和语法错误）。每个看过《火光》的人都认为，尽管具备训练有素的演员和精心编写的剧本，斯皮尔伯格在其第一部电影中还是没能很好地指导演员的表演。但他与生俱来的故事观念、少年老成的视觉叙事天赋，以及已经显露出的编排复杂运动和人物关系的能力（如同电影脚本中所概述的那样），使《火光》成了一部扣人心弦、结构合理（若不是片长过长）的影片。在《火光》中，一小群科学家正在调查从天而降的神秘红色、白色和蓝色光球。这些光球会劫走人类、动物以及地球上的其他东西。

《火光》的故事发生在亚利桑那州自由港的一个虚构小镇上，聚焦于科学家托尼·卡赫（罗伯特·罗宾饰）和他的妻子黛比（贝丝·韦伯饰），他们的婚姻给托尼的事业造成了威胁。片中还有痴迷于不明飞行物的科学家霍华德·理查兹（拉齐·洛尔饰），他想要证明外星生命的存在，却只能勉强得到持怀疑态度的中央情报局资助人的支持。被绑架者中有一条名叫巴斯特的狗、一队国民警卫队队员和一个名叫丽莎的小女孩（南希·斯皮尔伯格饰演），她的失踪使其母亲（卡洛琳·欧文饰演）突发心脏病而亡。丽莎被一道降落在自家后院的刺眼红光绑架，斯皮尔伯格称这道红光为他的"主导影像"——在《第三类接触》中，小巴里·盖勒被看不见的UFO绑架时，也是用灼烈的红光来表现的。

《火光》在凤凰城周围的许多地点取景，包括驼峰山周围的沙漠、空港机场、浸信会医院、国民警卫队军械库、米德尔顿电子研究所、迪克·霍夫曼的无线电广播室还有橘园，以及演员和剧组成员贝丝和吉恩·韦伯的家。但这部"美国艺术家制片公司"的电影里大部分镜头均在斯皮尔伯格家中及其周围拍摄，而他家的车库则用来充当内景和"外景"的摄影棚。史蒂文和阿诺德巧妙地设计了视觉效果，这部低成本电影让人产生如同看到好莱坞般奇观的错觉，其中包括使用各种光学技巧来展现超自然的火光，拍摄一些精致的微缩模型：一幅用闪烁灯显示火光攻击位置的区域地图，一个玻璃罩下的亚利桑那州小镇模型，以及为拍摄火光摧毁国民警卫队、坦克和吉普车的定格动画序列而制作的纸制山脉。

由于天气炎热，夏季的大部分拍摄都在晚上进行。开学后，史蒂文基本只能在周末拍电影，因为他还要忙于学业和日常事务，以及阿卡迪亚高中的舞台剧《看他们怎么跑》和《慈母泪》。直到1964年3月的首映礼前，对白合成和配乐录音等后期制作才得以完成。"我请了高中的校园乐队来为电影配乐，"斯皮尔伯格回忆说，"我吹奏单簧管，并写好单簧管的曲谱，然后让我母亲（她弹奏钢琴）把乐谱转调到她的琴键上。我们制作了活页乐谱让乐队录制，而我也有了自己的第一张电影原声唱片。"

"这是一项非常艰巨的任务，"目前专注于写作科幻小说的里克·库克惊叹道，"他写了部看起来挺专业的剧本，他还要做制片人，自己准备道具，还得说服演员来表演——虽然这并不算太难——但他不得不应付一切。他是整部片子最努力的促成者。他懂得如何让大家各尽其才，而且他这么做时既不咄咄逼人，也不惹人讨厌。他不是一个喜欢说大话的人，也不会对将要做的事夸夸其谈，而是身体力行。他知道自己想要什么，他年轻又有魅力，我们也被他那热情和奉献的精神所感染。"

斯皮尔伯格认为《E. T. 外星人》的情感核心是对父母离异的回应，是对朋友、兄弟、父亲的渴望，甚至是对来自另一个世界的人的渴望。因此，合乎逻辑的是，经受父母即将离婚的创伤时所创作的《火光》，与《E. T. 外星人》和《第三类接触》出于同样的情感需要。童年和重生的隐喻在这些电影中随处可见，事实上，它们在科幻类型片中也频频出现。

"《第三类接触》实际上是《火光》的翻拍。"《火光》的化妆师吉恩·韦伯·布里尔说道，"《第三类接触》中的某些场景几乎完全照搬了《火光》，比如高速公路上出现的火光，以及小男孩看着门外明亮光芒的场景。"《第三类接触》的故事情节与《火光》非常相似，但显然也经过了改写，变得更为精细。"

《火光》表现的主题包括超自然入侵者、郊区的异化与逃离、破碎的家庭和被绑架的孩子、科学探险以及精神的重建等，这些主题在斯皮尔伯格成熟时期的作品中都很常见。《火光》里逃难的年轻情侣指向《第三类接触》中理查德·德莱福斯和梅林达·狄龙这两个角色，而《火光》中的UFO专家霍华德·理查兹则是弗朗索瓦·特吕弗所饰演的拉科姆的翻版，但更年长、更容易犯错、遭遇更为不幸。与《第三类接触》不同的是，《火光》并没有从根本上背离科幻电影的传统，将外星生命描绘成温和而非险恶的生物。《火光》在很大程度上源于人们的焦虑和偏执，这也是20世纪50年代斯皮尔伯格刚迷上科幻片时，这一类型所呈现的显著特点。"这是一部冷战电影，"片中演员拉齐·洛尔说道，"他们认为这是他的《第三类接触》的（第一个）版本，从某种意义上说并没有错——这是一部关于天空之神的太空电影——但就《火光》的电影化视觉呈现而言，它更像一部外星人毁灭人类的恐怖电影。"

《火光》表达了当时一些较为自由的科幻电影对美国政府应对外星人入侵的能力缺乏信任。这部电影对科学家秉持典型的后核战时代的怀疑态度。斯皮尔伯格对不明飞行物研究者霍华德·理查兹冷酷又执迷的性格描绘，以及将托尼·卡赫刻画为一个觊觎他人妻子（海伦·理查兹，由玛格丽特·裴优饰演）的丈夫，都反映出这位年轻导演在处理父亲的事业与父母岌岌可危的婚姻时面临的问题。

斯皮尔伯格对外星生命的看法也有些模棱两可。他对高级生物治愈能力的感知将这部电影与科幻小说中对待外星生物的乐观态度相联系，阿瑟·克拉克的经典小说《童年的终结》以及罗伯特·怀斯的电影《地球停转之日》便是极佳的例证。《火光》曲折的结局显示了罗德·瑟林的《阴阳魔界》剧集对斯皮尔伯格的艺术发展早期所产生的影响，《火光》中的外星人将自由港及其居民一点一点地运送到他们的阿尔塔里安星球上，并建起一个小型动物园。正如《亚利桑那日报》评论员拉里·贾勒特所写："当3名身穿防护服的宇航员通过对话解释，他们是来自外太空的高级物种，劫走地球人，并让地球人以为自己置身于天堂时，这一切的意义才被揭示出来。而他们这样做的原因是为了把整个宇宙从我们地球人的毁灭本性中拯救出来。"

斯皮尔伯格虚构的阿尔塔里安人认为，人类的核武器储备对他们构成了威胁，在给人类进行洗脑以消除人类以往的暴力、仇恨和偏见倾向的做法上，他们产生了分歧。斯皮尔伯格表现了一个两难情境（如安东尼·伯吉斯和斯坦利·库布里克在《发条橙》中所提出的困境一样），这些倾向是自由意志的必然结果。《火光》以外星人抛硬币的方式结束，他们以此决定是先对资本主义国家还是共产主义国家进行重新洗牌（总体上这是一个无关紧要的问题，但它反映出这部电影的冷战背景）。观众永远不知道硬币将以哪一面先落地，而星际动物园究竟将成为一所监狱，还是太空中人类精神再生的新伊甸园，我们也无从得知。

"史蒂文的父母完全支持这部电影。"吉恩·韦伯·布里尔回忆道。据《亚利桑那共和报》报道，莉亚不仅为演员和剧组成员提供零食，而且每周末都开心地忍受着"家里持续的躁动"。她甚至允许史蒂文在车库门口安装一盏闪烁的红灯，以示意邻居们在拍摄过程中保持安静。"我们给这个可怜的女人家中制造的麻烦可不小啊！"吉恩感叹道。

自从在辛辛那提看到母亲的高压锅爆炸造成的一片狼藉后，史蒂文就对厨房混乱中蕴藏的波普艺术潜力着了迷。他为《火光》构思了一个滑稽的场景：贝丝·韦伯家无能的女佣（蒂娜·兰瑟饰演）在做甜点时忘记留心高压锅。"他妈妈实际上往高压锅里放了（30罐）樱桃派，让他用来爆炸。"吉恩回忆说，"最后橱柜、地板和女演员的脸上都是炸烂的樱桃。真是一团糟——但也很好玩儿。"

对于一些在驼峰山周围拍摄的夜间外景，史蒂文以测光表为参照，使用了一种被专业人士称为"白天拍摄夜景"的技术——他在镜头上装了一个蓝色滤镜，将白天变成夜晚。至于《火光》所涉及的视觉效果，史蒂文巧妙运用了各种简单而有效的技术。小查尔斯·G.（查克）·凯斯，现为凤凰城的一名联邦破产法官，曾在迪克·霍夫曼家后面的橘林中与黛德·皮萨尼上演了一出爱情戏。在这出戏的最后，这对年轻情侣被一束火光追赶，凯斯赶紧报了警。"火光其实只是一盏涂上一层红色凝胶的小灯，"凯斯回忆道，"它从树上落下，产生了以假乱真的错觉。在影片中，看起来就好像真的有什么诡异的事情发生。"

阿诺德·斯皮尔伯格解释了史蒂文是如何"让火光把南希（他的小妹妹）给掳走的。南希当时在地上爬行，他让她从这里爬到一棵树上，并在自己脑袋里计算了一下所需时间，将胶片进行备份，再将同样的场景二次曝光，但是这次是让一束火光直接射向南希所在之处。为了做出火焰和能量的旋转效果，他找来两块玻璃板和一块红色凝胶，并在两块板之间涂上凡士林。苏或安妮将前后反复推拉这两块板，使果冻状的凝胶移动，以便他透过凝胶进行拍摄。试想一下在你周围有一团快速旋动的云彩，那就是他想达到的火光效果。看上去南希好似真的被火光掳走而消失了一样"。

"我被他的奇思妙想给迷住了，"剧组成员华纳·马歇尔说道，"我记忆最深的是与

　　　　　　　　　　　　　　　　　票房之神：斯皮尔伯格传

卡罗尔·斯特罗姆一同在史蒂文父母车库中拍摄的那幕。有人坐在吉普车的引擎盖顶上下晃动，他给一些滑轮装上几盏白色圣诞灯——晾衣绳上的一长串灯饰从吉普车旁边经过，看起来吉普车就像驶过一幢郊区的房子一般。他把泛光灯打在吉普车上，制造出月光的效果，并用一大块刻有三角形镂空的硬纸板在灯光前移动来制造阴影效果。这一切都是他想出来的！给我这个年仅15岁的少年留下了难以磨灭的印象——这家伙真的知道自己在做什么。但他并没有流露出一副很清楚自己要去哪里、要做什么的样子。他很谦虚，话也不多。"

也许最引人注目的视觉效果是史蒂文展现火光对UFO专家（拉齐·洛尔饰）进行攻击时所运用的一系列快速叠化。"他倒在地板上，我们拍下了他的解体过程。"化妆师吉恩·韦伯·布里尔回忆道，"我们在斯皮尔伯格的隔音室拍下了这一幕。史蒂文把摄影机装在三脚架上，我们每次大约拍摄八帧，然后会变换场景和妆容再拍八帧。一整天都在这么拍。"

"他们在我脸上化了棕红色的妆，并贴上湿纸巾。"洛尔回忆道，"那时我感冒了，所以一直在发抖。那一刻我觉得自己就是一个真正的演员。在这一幕的最后，史蒂文掏出了一块塑料头骨，让我腾出地方，把头骨放在我原来的位置，然后拍了几帧那个头骨的镜头。"斯皮尔伯格在《夺宝奇兵1：法柜奇兵》的结尾处重现了那一幕——法柜发出的耀眼光芒击中了纳粹恶徒托特（罗纳德·莱西饰），将他的头骨劈成两半。

在《火光》长达数月的拍摄过程中，这位16岁的导演"有时很顽固，有时也会哄人，但他所做的一切都能在一种平静的状态下进行，因此，我能轻松达到他的要求"，洛尔说，"他会压低声音对我说：拉齐，我想让你做这个或那个，然后这件事就能得到顺利执行。我有时会搞砸，但他从未对我说过刻薄之语，我也从来没见他对任何人说过"。

即便最初参演的两位主演（卡罗尔·斯特罗姆和安迪·欧文）在拍摄的头两周就退出了，斯皮尔伯格也没有气馁。他让贝丝·韦伯和鲍勃·罗宾作为替补演员，重拍了这两个角色的戏份，并在12月重拍了影片的开场镜头。"我记得那时大家开始变得意兴阑珊，开始怀疑：'天哪，我要把整个周六都花在这上面吗？'影片中饰演国民警卫队士兵的华纳·马歇尔说，"史蒂文自己倒是很享受。他会说：'就差最后一点点了，你们能留下来帮我吗？'他非常平易近人，营造出一种人人都发自内心对他充满敬意的氛围。在排练《红男绿女》时，他并未显出什么过人之处，但拍摄《火光》时，每个人都真的爱上了他。"

"拍摄《火光》时，剧组气氛非常愉快，"女主角贝丝·韦伯·泽伦斯基说，"史蒂文做事有条不紊，思虑周全，而且很容易相处。他所做的工作已经非常专业了，有好几次我甚至都不知道该怎么演。当然，他现在和演员们相处得比以前好多了。演电影对我来说是一件全新的事。罗怕特·肖（《大白鲨》中的演员）也说史蒂文·斯皮尔伯格是一个有心人，这也是史蒂文让我吃惊的地方。"

史蒂文曾在其他电影中试验过音响效果和音乐伴奏，但《火光》中的声画同步仍是一次大胆尝试[1]。"我找了一些通用电气的人来帮他，"阿诺德说，"我帮他把所有的声音组合在一起。在剪辑了好几个小时的8毫米胶片后，最终得到了时长2小时15分钟的成片。史蒂文在音响技术员布鲁斯·帕尔默和丹尼斯·拉费夫尔的帮助下，在客厅里安装了一个麦克风。当影像被投影到墙壁上时，他让演员在宝莱克斯音响系统上同步对画面进行配音。"

"配音和口型是同步的，"阿诺德解释道，"但是，所有的特殊音效、音乐和环境音都在磁带上。磁带机上的声音有时与画面同步不上，当我们在凤凰城小剧院放映《火光》时，我和他在放映室里疯狂调试，试图让声画同步。"

拍摄过程中，史蒂文让演员们相当严格地遵循他的剧本，但在配音过程中的某些时候，他不得依靠读唇语来弄懂他们应该说的台词。"我花了长时间试着掌握窍门，避免对话看起来很蠢，"沃纳·马歇尔忆说，"但当《火光》在凤凰城小剧院上映时，大屏幕上明亮的色彩、清晰的声音，完全超出了你对一群傻乎乎高中生作品的期望。对我和大多数观众来说，这简直不可思议。"

斯皮尔伯格后来回忆，当他在客厅里第一次看到带有演职员表的《火光》完成片时，"我终于知道自己想干什么了，但那并不符合父亲的期望：我想去好莱坞"。《火光》首映后的第二天，他和家人离开了凤凰城，搬往加州。

"用真相之针戳穿好莱坞的传奇泡泡，它便会在你眼前破灭。"《电视指南》

1　拍摄《火光》时，史蒂文曾帮助另一名业余电影人欧内斯特·G.萨奥尔制作了一部名为《未知之旅》的故事片，这部片子曾在当地剧院首映。萨奥尔有一批相当高级的音响设备，他的大部分科幻片都是在父母家的录音棚完成的。史蒂文担任影片的特效师，还请到了宇宙飞船机械师雷·盖梅尔。主演海文·彼得斯说，斯皮尔伯格那时"主要兴趣在于学习声音技术"。

（*TV Guide*）在1972年针对斯皮尔伯格的一篇介绍中说道。尽管该杂志坚称斯皮尔伯格第一次造访环球影业的故事"被证实为事实"，但是那个脍炙人口的故事还是免不了被真相之针戳破。

1971年，斯皮尔伯格接受《好莱坞报道》采访时，首次讲述了这个故事："1969年的一天，那时我21岁。我穿上西装，打上领带，骗过环球影业警卫的盘查，找到一间空置的小屋，在那里设立了一个办公室。然后我去电话总机台做了自我介绍，给了他们我的分机号码，这样我就能接到电话了。环球影业的人花了两年时间才发现我。"

此前（1969年）接受《好莱坞报道》的采访中，斯皮尔伯格说："连续3个月，我每天都会穿着正式的黑色西装，拎着公文包走进大门。我参观了每一个我能去的片场，认识了很多人，学习先进的拍摄手法，感受那里的氛围。"

1970年，在接受《西南犹太人遗产报》的拉比威廉·克拉默的采访时，斯皮尔伯格承认："为了骗过门口的警卫，我编了很多谎话。"

斯皮尔伯格在1985年接受《时代》周刊的采访时声称，参观环球影业是在1965年的夏天。当时他从环球的游览电车上下来，在摄影棚附近兜转，然后被剪辑部门的查克·西尔福斯拦了下来，"他没有叫警卫把我扔出去，还跟我聊了大约一小时，"西尔福斯很想看看他的电影，斯皮尔伯格回忆说，"所以他给了我通行证，让我第二天去参观[1]。"

"我听过关于我和史蒂文初遇故事的各种版本，"查克·西尔福斯露出一丝苦笑，接着说起他所谓的"最精确的版本"。

这位语气温和、外表慈祥的西尔福斯先生出生于1927年，在1957年加盟环球之前，最早曾在共和影业担任助理剪辑师，并参与了约翰·福特的《蓬门今始为君开》等电影的制作。他遇到斯皮尔伯格时，担任环球电视部剪辑总监大卫·奥康奈尔的助理，正在负责重整电影资料馆的特殊任务。资料馆的临时所在地位于毗邻剪辑总部的一座功能大楼的二楼。

西尔福斯说他不记得遇见斯皮尔伯格的确切日期了，但他说："史蒂文那时应该只有15到16岁，还在上高中。"史蒂文是在亚利桑那州的学校放假期间来参观环球影业的。遇见西尔福斯时，斯皮尔伯格正在进行《火光》的后期制作，据此推测，这次会面应该发生

1　斯皮尔伯格在1996年接受《读者文摘》的采访时提到那次会面发生在"升入高三前的那个夏天"（1964年）。

在1963年秋季到1964年3月之间的某一天，当时他应该是十六七岁（根据西尔福斯所说，他"看上去比实际年龄小2到3岁"）。那年3月，拉里·贾勒特在《亚利桑那日报》发表了一篇针对《火光》的评论，其中写道："史蒂文计划今年夏天去沿海为环球影业工作，看来他似乎和电影资料馆馆长查克·西尔福斯很熟。"

西尔福斯说，某个雨天，他在环球影业的办公室里接到母公司MCA信息服务部经理阿诺德（阿尔尼）·舒派克的电话。西尔福斯回忆道："我见过（舒派克），在他的帮助下学过一门计算机管理的课程。阿尔尼打给我说：'我通用电气公司的一位老朋友的儿子来了。他正在上高中，是个超级影迷。你介意带他参观一下后期制作的过程吗？我说：'好的。'当时史蒂文的学校在放长周末，所以他把史蒂文送来了[1]。"

然而，阿诺德·斯皮尔伯格记得，当时安排他儿子与西尔福斯会面的人是斯图·托尔。托尔住在圣费尔南多谷，是斯皮尔伯格夫妇的好友伯尼·阿德勒（也是莉亚第二任丈夫）的表亲。当时托尔还在霍尼韦尔公司做销售员，在向环球影业售出了一台用于电影资料馆的电脑后结识了西尔福斯。

无论是舒派克还是托尔安排了此次会面，当史蒂文来到办公室时，西尔福斯慷慨地献出了自己的时间："因为下雨的缘故，我没有给他看太多东西。我给他展示了后期制作、剪辑、音像同步装置，我记得他说他见过音像同步装置。剩下的时间我们边走边聊。他说：'我也拍电影。'他给我介绍了他拍的电影。我们问了他一些基本问题，例如他是如何接触到电影制作的。我们的第一次谈话使我大开眼界。"

斯皮尔伯格告诉西尔福斯，他对电影的早期兴趣是如何在童子军中培养起来的，以及他是如何从二战题材的8毫米电影入手一步步精益求精直至完成《火光》。他讲述了自己是如何创作剧本、拍摄和导演自己的电影，如何让邻居和学校的朋友们充当演员，如何设计特效，甚至如何制作服装和道具。

"史蒂文真是个令人惊喜的孩子，"西尔福斯赞叹道，"他身上充满了能量！不仅仅是那种能量感染了我，在史蒂文身上，我认为一切皆有可能。他表现出了一种态度——那种对拍电影的明确态度。他对一切都充满激情。当我们走上配音台时，他是多么激动！在某个时刻，我突然意识到，我在和一个胸怀远大志向的人交谈，不仅如此，他还必将实现他的抱负。"

1　舒派克后来成为索尼影业执行与管理总裁，并未参与此书的访问。

"就他的年龄而言，在许多方面还很青涩。他还不太懂人情世故。但一说到电影，我的天！我就知道他肯定能有所成就。我不知道他会怎么做，但他一定会做些什么。你怎能忽视这样一个孩子？哪怕只是出于好奇，你都想看看他到底能做出些什么。"

斯皮尔伯格回到亚利桑州后，偶尔会与西尔福斯联系，询问《火光》制作的相关问题，比如怎么获取在配乐里使用现成音乐的许可。最后他回到环球给西尔福斯看了《火光》的完成片。他告诉剧组成员，他将把这部电影拿给环球影业看，并希望说服环球影业的制片厂帮助他制作一个《火光》的大银幕版本。西尔福斯记不清斯皮尔伯格是否跟他讨论过这个想法，但是他还能清晰地回忆起观看《火光》时的惊讶感受：

"我当时想，史蒂文到底是怎么做到的？《火光》实在太棒了。多么好的作品啊！我印象最深的是他竟然做了一组包括装甲车、大炮之类的，在运动中穿越山岭的定格动画镜头。我记得他说自己曾问国民警卫队借过坦克和装备，但是遭到了拒绝，所以他使用了定格动画。我问他：'你到底是怎么做到的？'他说：'我遇到了很多麻烦，灯常常被我烧坏。'我承认动画里的光线并不均匀，但这真的足以以假乱真。史蒂文·斯皮尔伯格是我认识的最有天赋的摄影师。"

"另一件让我印象深刻的事情是他录制了对话、各种音效和音乐，并混录在一起。不可否认他真的很特别。正是由于这种强烈的自信，一切才会按照他的意愿进行。"

1964年9月，斯皮尔伯格在北加州萨拉托加高中上高三，据校报报道："今年夏天，史蒂文·斯皮尔伯格与好莱坞导演在环球影业合作拍片。"西尔福斯证实斯皮尔伯格"花了整个暑假"在环球影业剪辑部做无偿助理。整个工作使斯皮尔伯格能够实地考察电影和电视节目的摄制现场，有机会接触电影剪辑师和其他后期工作人员，与电影从业者交谈并学习专业的电影制作技巧。整个大学期间他都常常往来于这些片场，后来在西尔福斯的帮助下，他被聘为导演。

"他第一次回到那儿的时候（1964年），我给他弄了一张进入片场的通行证，"西尔福斯补充道，"我没法给他搞到永久通行证。但史蒂文自有办法，他想什么时候去就能什么时候去。"

1968年12月，当斯皮尔伯格与环球影业签署导演合同时，他首先向媒体讲述了自己闯入好莱坞的故事。他只是简短地对《好莱坞报道》的记者雷·洛因德说："我通过私人关系弄到了一张通行证，然后进入好莱坞学习电影制作。"

第六章

人间地狱

> 他给我留下了难以磨灭的印象……我认为他很成熟——在17岁时，他大部分的个性便已经形成。

> ——吉恩·沃德·史密斯，斯皮尔伯格在萨拉托加高中的同学

1964年夏天，在加州北部念完高中三年级后，斯皮尔伯格便开始了他在环球影业的非正式好莱坞学徒生涯。据他的导师查克·西尔福斯回忆，这个雄心勃勃的少年在片场逐渐"制定出自己的专属课程表"——参观片场、与剪辑师和混音师闲聊。西尔福斯给史蒂文在电视剪辑大楼里提供了一个场所，只要他每天来办公室帮忙几小时，就允许他待在片场。"我跟他说：'有很多跟环球影业无关的粗活可以给你做。'在片场我们必须非常谨慎，他甚至没资格做初级学徒。他只能算作访客，一个自诩的参观者，允许私下接触那些愿意给予他回应的人"。

西尔福斯当时和一位名叫朱莉·雷蒙德的中年妇女共用一间办公室，朱莉是环球电视剪辑部的采购员，负责实验室和其他分包商的订单填写。"我第一次见斯皮尔伯格时，他才16岁，"她回忆说，"他还在上高中时就来片场工作。查克告诉他可以在我们办公室里帮忙打电话。查克把他带进办公室，告诉我这孩子总在片场游荡。斯皮尔伯格常常过来帮忙打电话和写自己的剧本。我当时忙得要死，还要去西尔玛的退伍军人医院看望（患癌症

的）丈夫。我简直分身乏术，就给斯皮尔伯格安排了一些工作。"

1964和1965年夏天，斯皮尔伯格都在帮朱莉打杂，负责"撕下"一些订单——把彩色的纸和复写纸分开——把副本送去不同部门。他还要跑腿去与片场相连的特艺色彩实验室，以及在那栋楼里的其他供应商。

对自己在环球影业早期经历的描述中，斯皮尔伯格从未提到过与朱莉·雷蒙德一起的办公室工作。相反，他绞尽脑汁地为这段平淡故事赋予浪漫色彩。斯皮尔伯格自称，在虚张声势地骗过保安后，他找到一间闲置的办公室，并征用了它，用塑料字母拼出自己的名字挂在楼层索引上的23C房间旁边。

"我从来没进过那个办公室。"查克·西尔福斯圆滑地说。朱莉·雷蒙德的回应就没那么老练："找到空的剪辑室然后搬进去，这些故事都是他编的。全是胡说八道。"

斯皮尔伯格无偿的办公室工作是他最卑微、最平凡的开始，却让这位少年能够有目的地在片场四处参观，同时了解制片厂内部的工作体制。当时，旧好莱坞体系已经日薄西山，20世纪60年代末的创意、金融和政治革新使其彻底分崩离析。但在那个电影公司全面衰落的时代，环球影业是个主要例外。斯皮尔伯格初去那里工作时，环球影业仍然欣欣向荣，到了他于20世纪60年代末和70年代初在电视和电影领域崭露头角时，环球影业仍屹立不倒。那时正值阿尔弗雷德·希区柯克在环球拍摄最后一部故事片，环球影业的电视部门开创了电视电影模式，当时有24部电视剧同时开拍。如果是在30年代的好莱坞"黄金时代"，斯皮尔伯格即便在米高梅或华纳兄弟一样能实现从B级片导演爬升到A级片导演的职业路径。当他那一代的大多数电影人只能从历史书或老电影片段里了解经典的电影制片厂制度时，斯皮尔伯格对电影工业体系的提早接触，让他获取了关于这一体系运作的宝贵一手经验。

"我参观了我所能参观的每一个片场，结识了很多人，学习了各种技巧，并基本融入了那里的氛围，"斯皮尔伯格在1969年的一次采访中说，"至少当洽谈合同时，我知道该怎么做。"他还得到了更多切实的好处。跑腿去特艺色彩实验室"让他接触到很多冲印胶片的人"，西尔福斯回忆，"史蒂文搬去洛杉矶后，他的电影从8毫米胶片升级到16毫米胶片，他的样片（业余电影的底片）也（用特艺彩色印片法）冲印出来了。他靠办公室的工作结交了音效人员，因此能借到声音设备"。

在好莱坞排斥新人、几乎没有正式学徒的年代，允许一个年轻人进入片场是非同寻常的。斯皮尔伯格只能"看着其他导演工作，却没有人来看自己的电影，甚至不愿意站着和我谈上五分钟，这让我非常沮丧。我抱着电话守在办公室里，没有人打来，无事可做。我决定不再看那些导演了——这样会让我心理失衡。他们会向你展示自己的自信，告诉你他们为什么要做这些。但对于漫不经心的旁观者来说，拍电影是一个漫长、乏味、有时甚至是杂乱无章的过程。这让我逃离片场，一头扎进剪辑室。我喜欢跟剪辑师们混在一起"。

他花在片场的时间比他暗示的要多不少。朱莉·雷蒙德表示，在与斯皮尔伯格共事的那两个夏天，她经常接到找他的电话，"是片场的人打来的——'我们正拍着呢，快下来看。'几乎片场的每个人都会打电话来。他那时是个乖孩子，大家都愿意帮助他。他很讨人喜欢，而且很有才华。他真的很懂摄影机，而且似乎已经知道该如何剪辑片子了。他过去常常为学校的朋友们写剧本，但他的拼写十分糟糕。他上高中时，我常常读他的剧本，帮他纠正拼写错误。他总是独出心裁，没有钱做特效，就用向镜头吹香烟的烟雾来做出渐隐效果。他没有变焦镜头——我读了剧本后问他：'这个镜头你准备怎么拍？'他告诉我：'我把摄影机放在滑板上。'他真是太聪明了"。

如果被排斥在环球内部圈子之外使斯皮尔伯格感到懊恼，那么试想一下，在好莱坞的梦幻工厂度过了第一个诱人的夏天后，不得不回到北加州的高中时，他又该多么沮丧。"他在萨拉托加的时候显得情绪低落，那里离环球影业很远，"同学麦克·奥古斯汀说，"对一个17岁的孩子来说，500英里是一段很远的距离。他知道自己想做什么，对自己很有信心。但与此同时，他不得不回归当下的高中生活。"

"我们一起上打字课，"斯皮尔伯格在萨拉托加最好的朋友兼邻居唐·舒尔回忆，"他练习打字时会滔滔不绝地谈论环球影业和电影，以及要去见的人。他太喜欢自己的电影之旅了。我一直认为这段时期对他来说是灰暗的，但事实并非如此——他已经为明后两年做好打算了，早已整装待发。"

阿诺德·斯皮尔伯格在IBM的新工作是担任圣何塞工厂控制系统经理的技术顾问，他的职业生涯自此又进一步。阿诺德来到了北加州的硅谷，新兴计算机产业的前沿地区。他的工作包括为IBM设计新的过程控制计算机。"我造出了那台机器，那是我个人设计的最后一台机器，"他说，"从那以后，我不再做设计这种基础工作了。"

斯皮尔伯格一家曾经短暂居住于洛斯加托斯圣何塞的高档郊区，史蒂文3月31日到6月12日在那里的高中上过学。他们后来搬去了萨拉托加附近的山区乡间别墅，一片位于圣克鲁兹山脚下更富裕的郊区，距离圣何塞10英里，距离旧金山50英里，拥有约2.5万居民。史蒂文进入了当地仅有5年历史的萨拉托加高中。那是一片占地面积庞大的建筑群，由煤渣砖砌成，如同迷宫一般，设计风格粗犷而冷峻，与周围优美的环境格格不入。

斯皮尔伯格经常错误地声称自己只在萨拉托加高中念过高三下学期，但学校记录显示他于1964年9月14日入学，读完整个学年后，于1965年6月18日从该校毕业。斯皮尔伯格的错误记忆，可能由于长期以来对萨拉托加高中痛苦回忆的试图压抑，直到1993年他才公开地深入谈及了那段往事。

萨拉托加是一个富裕的度假小镇，是旧金山许多富人的第二个家，也是圣何塞和硅谷其他地区上班族的住宅区。20世纪50—60年代，计算机产业的发展和郊区化的蔓延，导致小镇上大部分剩余的果园和葡萄园迅速被分割出售，成为住宅用地，但萨拉托加仍保留了其传统、质朴的乡村风格。"说起20世纪60年代，萨拉托加似乎仍处于时间隧道之中。"斯皮尔伯格在萨拉托加高中时的社会学老师休伯特·E.（休）罗伯茨回忆说，"它现在看起来是个小镇，当时也是个小镇，一直保有乡村风貌。那里有着同质且均匀分布甚至与世隔绝的乡村元素。就政治角度而言，你仿佛置身于一块被匈奴王阿提拉[1]控制的土地上。"

斯皮尔伯格一家所居住的萨拉希尔大道21143号乡间别墅可以看到圣克拉拉谷的迷人景色。他们隔壁的邻居唐·舒尔一家，常能听到那间陈设简陋的客厅里飘出莉亚优美的琴声。史蒂文和唐·舒尔常一起步行去离家约两英里外的学校，有时莉亚开着她的吉普车送他们上学。蜿蜒曲折的街道和山坡、幽静舒适的住宅，以及观众所熟悉的温和又守旧的郊区氛围，都可以在斯皮尔伯格的《E. T. 外星人》和《鬼驱人》等影片中找到。比起这位电影人年轻时生活过的其他任何地方，影片中的场景更像在萨拉托加。正如他的同学吉姆·弗莱彻所言："萨拉托加是非犹太人的聚集区，那里的非犹太化达到了极致。"

萨拉托加高中的一些孩子因为斯皮尔伯格是犹太人而欺凌他。由于那些痛苦经历，他将记忆中萨拉托加高中的最后一年形容为"我的人间地狱"。

直到《辛德勒的名单》公映后，斯皮尔伯格在学校里的痛苦遭遇才引起了公众的全面

---

1 阿提拉（Attila），古代亚欧大陆匈人的领袖和帝王，被欧洲人称为"上帝之鞭"，曾率领军队两次入侵巴尔干半岛，包围君士坦丁堡；亦曾远征至高卢（今法国）的奥尔良地区，还曾迫使西罗马帝国迁都。公元448—450年，匈人帝国在阿提拉的带领下，版图达到了盛极的地步。——译者注

注意。斯皮尔伯格向采访者袒露了自己作为犹太人的成长经历，并十分激动地披露了他在萨拉托加遇到的困扰，这在小镇上掀起了争议和自我反省的风暴。"这对我们所有人来说都如同晴天霹雳——我们的奇迹男孩，我们引以为傲的孩子，原来对我们心怀恨意。"跟斯皮尔伯格同届毕业的290个孩子里为数不多的另一个犹太人朱蒂斯·克雷斯伯格·汉密尔顿说。

回忆起"个人最恐惧"的时光，斯皮尔伯格对记者说，"直到今天，我还没有从恐惧中走出来，也不会原谅他们中的任何一人"。他说，那些虐待"包括被羞辱……被打、被撞，在自习室里被扔硬币和谩骂。当他们经过我身边时，会用手捂住嘴发出咳嗽声叫我'犹太佬'……我这辈子从来没有这样觉得自己是个异类，这带给我极大的恐惧和极度的羞耻"。

斯皮尔伯格还记得每天受到的骚扰和身体虐待。他说自己"体育课上在更衣室和淋浴室里被别人掌掴，还被踢到了地上……像大多数孩子一样，我以前也挨过揍。但我从来没有被打过脸，被打脸真是太耻辱了。我的世界崩塌了。尽管出于想要被大家接纳，我曾想成为一名非犹太人，但因为自己是犹太人而被打，实在让我觉得不可思议"。

"突然之间，在这个平均每户拥有3辆轿车的富裕郊区，这些体格强壮的大男孩们格外在意我的犹太身份。放学后他们经常打我。最后，我的父母只好开车来接我，这本身就是一件丢脸的事，因为我家离学校近到只需要步行……有些老师知道这些事情，但对我毫无怜悯之心。"

1993年12月，据《圣何塞信使报》报道，斯皮尔伯格过去在萨拉托加高中的同学，因其对那段经历的描述而感到"深受其扰和不知所措"，并且认为"他公开这些事，完全是为了炒作以大屠杀为题材的新电影"。班长菲利普·H. 彭尼帕克告诉记者："他是个不合群的人，非常、极度孤僻，很明显，那时他正在度过人生中的一段艰难时期。他告诉其他孩子自己的家庭生活正陷入困境，因为他的父母即将离婚。这就是为什么我们认为是他自己将防线高筑，也是为什么其他孩子会对他做出那些事情，而不是因为他是犹太人。"朱蒂斯·汉密尔顿"也曾不太相信"斯皮尔伯格的描述："我也是犹太人，却没碰见这种事发生。如果碰到这样的事，我一定会很难过，并且第一个站出来保护他。我并不是说反犹主义在任何地方都不存在，只是孩子们不会因为犹太人或非犹太人而形成小集团。我不认为孩子们有能力分辨出犹太人并对其采取反犹行为。"

"他说发生在自己身上的事都是事实，"斯皮尔伯格的新闻发言人马文·利维回应说，"……他后悔曾经提起这些事，但当记者问他这些事发生在哪里时，他无法敷衍了事。"

　　斯皮尔伯格在萨拉托加结识的第一个朋友就是他的隔壁邻居唐·舒尔。唐也是萨拉托加高中的新生，刚从圣何塞搬过来。"大块头唐"，正如他给自己取的绰号那样，是个友善温和的大个子，6英尺8英寸的身高足足比史蒂文高了1英尺。"史蒂文和我是对奇怪的组合——就像萨拉托加高中的马特和杰夫[1]，"现在已成为景观设计师的舒尔说，"我从没把他当成书呆子，他只是有些与众不同、不守常规。我觉得我俩都像是离了水的鱼。在萨拉托加，我们很难被别人接纳。因为有他，我才能熬过那段日子。"

　　在斯皮尔伯格的高中时代，几乎所有在萨拉托加高中就读或在那儿教书的人都用同一个词来形容学生群体："小集团"。大部分学生都来自中产阶级或中上层阶级家庭，少数族裔学生的数量并不多。"这是一所很难接纳新生的学校，"同为犹太人的坎德拉·罗森·汉森说，"如果你脱颖而出，如果你与众不同，你就很难融入其中。如果你是犹太人，你就更有理由感到被区别对待。不管怎么说，斯皮尔伯格并不适合这里。在学校里当一个书呆子可并不时髦，何况他还在拍电影。他并不适合高中生活，他比同龄人成熟得多。"

　　"斯皮尔伯格发现自己陷入了这种奇怪的校园风气，"同班同学吉姆·弗莱彻说，"那不是一个好地方。我记得小伙子们会向他们认为下贱的女人身上扔硬币——这是多么低劣的行为啊。就很多方面而言，这都是一所非常残酷的高中，很白人主义，更像一所预科学校——一个弥漫着青春荷尔蒙却满是富家子弟的奢靡之地。"

　　抛开这些负面元素，萨拉托加高中还是以其高教学水平闻名。几乎所有学生都能升入大学，许多还进了旁边的名校斯坦福。尽管斯皮尔伯格在萨拉托加比在凤凰城时更加用功读书，但成绩也乏善可陈，大多数课只拿到B或C。"我对史蒂文最深刻的记忆是，"他在萨拉托加的邻居苏珊·迪丁格·海宁斯说，"每当他父亲督促他学习数学时，他就会说：'哦，爸爸，别管我。日后我一定会成为一个非常有名的电影导演，我才不需要学习学校里那些东西呢。'"休·罗伯茨老师将史蒂文描述为一个"不太会表现自己的聪明孩子"，他指出"一个有创造力的孩子往往都是如此"。他的新闻学老师伯特·菲斯特记得

1　"马特和杰夫"（Mutt and Jeff）是美国同名系列动画片中的两个主角，双方身高悬殊。——译者注

斯皮尔伯格"非常能干，是个好学生，但是也很内向。有一点很不寻常——他偶尔戴一顶软呢帽，很像印第安纳·琼斯戴的那顶。这种帽子是上一辈流行的东西。他跟整个高中氛围格格不入。他冷漠而疏远，我并不是有意诽谤或批评，只是他的心不在学校里。我也为此感到挫败，在我班上居然藏着这样一个有创造力的天才，我却对此毫无察觉"。

斯皮尔伯格常常和唐·舒尔一起去萨拉托加剧院、圆顶的世纪25号剧院和圣何塞市中心的剧院看电影。"看完电影后他总会评论一番，"舒尔回忆道，"比起电影明星，他更喜欢谈论导演，而我根本搞不清导演是谁，也不知道谁是制片人。他总能想出改进那些糟糕电影的办法。和他一起看电影真是太累了。"

"他的奇思妙想真是层出不穷。当我们上山回家时，他会在脑海中构思一部电影的整体场景——电影还没拍出来，但所有场景他已了然于心——在我们爬山时，他尽挑其中古怪的跟我说。我记得有一个场景与外星人和军队有关。这与《第三类接触》非常相似。"

"他告诉我他能看到顺着山丘延伸的大吊杆轨道、乘坐飞碟的人，甚至所有的画面。我会说：'你开什么玩笑！'他说那是一座陡峭的山，所以需要做些工程准备——摄影机要被装在液压吊杆上，直升机在周围盘旋待命，工作人员都戴着头盔。我甚至可以看到彩色的画面！那个飞碟就跟《火光》里的一样，就像两个粘在一起的馅饼盘，在空中颠簸——但在《第三类接触》中，这个景象看起来更像是某个完整的城市。我在很多年前就看到过这个场景（在萨拉托加的山坡上）——飞碟没有播放音乐，而是进入了毁灭模式，就像在《火光》里一样。在《火光》中，他让演员穿上银色制服扮演外星人。太有趣了，这家伙真是太不可思议了。"

舒尔的祖辈是瑞典人和德国人，他从小就是路德教及公理会教徒。当有关斯皮尔伯格曾遭受反犹主义霸凌的争议爆发时，他给《圣何塞信使报》写了一封信，并坚称："史蒂文被殴打、被打到流鼻血、遭受反犹主义辱骂等事，我从未亲眼见过，也从未从史蒂文嘴里听到与此相关的只言片语。此外，我不认为有人知晓史蒂文的犹太身份，即便有人知道，他们也不会在意。史蒂文一直在掩盖真相。"

"如果有人确实打过史蒂文，我肯定早就知道了，我一定会找那些欺负他的人算账。我向你保证：这种事从未发生……"

"那么，为什么史蒂文在萨拉托加这么不开心呢？这可能与他家庭的破裂和从亚利桑那州搬来有关。"

"整件事对史蒂文来说就是一场噩梦……不再拍电影,也不再得到电影奖项,在萨拉托加没有未来。一切厄运由那场糟糕的离婚开启。疯狂的母亲和两个妹妹都不想待在萨拉托加,难过的父亲只能眼睁睁看着妻子和家人逃离自己的掌控。"

"听起来的确是一段'个人的黑暗时期',但这与身为犹太人无关。至少从我的角度来看是这样。"

舒尔的这封信,以及其他一些质疑斯皮尔伯格经历霸凌的声音,引起了另一位同学,即斯皮尔伯格在萨拉托加高中的好友吉恩·沃德·史密斯对《圣何塞信使报》的回应。史密斯回忆起自己和斯皮尔伯格常常在自习室里谈论电影、科幻小说和其他话题,他写道:"我们讨论的其中一个话题就是他的犹太背景。他并没有对自己的犹太身份闭口不谈,不然大家也不会知道……显然,犹太身份是他自我定义的一个重要部分。

"于是,有些人知道了这件事,并以此来嘲弄他。我想有些男孩这么做并不是出于对犹太人的深恶痛绝,他们只是想作弄史蒂文。无论如何,这的确是反犹主义。仇恨的种子就此埋下。

"为什么舒尔没有看到这些?我想,无论他是否知晓,他实际上就是史蒂文的保镖。"

1994年1月11日,《圣何塞信使报》刊出了一封斯皮尔伯格对此事的回信:"我读了这篇出自我的老朋友唐·舒尔之手的文章,他住在萨拉托加的山坡上,我家所在那条路的另一头。我很有兴趣听到唐对我生活的看法,因为我觉得我年少时的那些朋友,都爱夸大他们实际了解我的程度。"

"当无数记者问起我过去遭遇的反犹主义时,我本该隐瞒这个所谓的'弥天大谎'(就像我对唐·舒尔、其他朋友,甚至我的家人所做的那样),那个学期我在萨拉托加高中的遭遇,在周末、在假日,甚至在圣何塞,只要我不幸碰到那些毕业班的高年级学生……"

"我对唐·舒尔有着美好的记忆,但他肯定对我所经历的一切知之甚少——他也不可能知道。"

"实际上我还记得有一次,唐和一个因为我是犹太人而欺负我的恶霸在篮球场上发生了争执。我之所以记得这件事,是因为唐用眼神吓跑了那个男孩。唐接住了对方挥过来的一拳,纹丝不动站在原地,继续死死盯着对方。那男孩赶紧转身溜了。"

"这是我年轻时见过的最英勇的事迹之一,但此事让我更感羞愧——我也希望自己能如此面对那样的事情。"

当被问及那次英勇行为时，舒尔说："我隐约记得这可能与史蒂文是犹太人有关，但我当时的反应是史蒂文因为个头小而遭到了欺负。我可不能容忍。我记得妈妈告诉我不要打任何人，因为我一出手就会把他们的头给打掉。我只是跟那家伙说：'快滚！'也不是什么了不起的事。"

至于史蒂文回忆说，他曾向家人隐瞒自己在萨拉托加高中的遭遇，阿诺德·斯皮尔伯格承认："我从来不知道他遇到过那种情况。当时我在IBM太忙了，对这些事情几乎一无所知。另外，那时我的婚姻濒临破裂，所以那段时间我真的压力很大。我和家人关系紧张，以至于忽略了这些细节。我常常从早上七点半工作到晚上七八点，我以为这些事都是莉亚在管。"

现在已是数学教授的吉恩·沃德·史密斯承认自己比他的朋友史蒂文·斯皮尔伯格更像一个"书呆子"。胖嘟嘟的史密斯戴着眼镜，是个常常受排挤、被捉弄的孩子，"欺负史蒂文的人也常常欺负我"。史密斯在数学和科学方面很优秀，所以他大部分时间都可以在学校图书馆里，按自己的进度研究微积分和广义相对论。图书馆也是他与斯皮尔伯格接触最多的地方。

斯皮尔伯格给史密斯留下了深刻印象，因为他看待事物的方式是如此与众不同："他很有主意，能提出明确的观点，还富有创造力。他极大地影响了我看待电影的方式。我觉得跟他谈话能学到很多东西，这让我惊讶不已。我觉得他是一颗未经打磨的钻石。我想把他变成学霸，让他成为和我关系亲密的人，我专属的最好朋友。不过，他不会轻易受影响。他是个坚持主见的聪明人，这也是他那么有趣的部分原因所在。因此我有点讨厌和嫉妒唐·舒尔，后来我和史蒂文的关系也不像一开始那么亲密了。"

史密斯对电影，尤其是对好莱坞电影，持一种精英态度。当斯皮尔伯格谈到电影作为一种艺术形式——这一尚未在美国普及的概念时——史密斯吓了一跳。更让他惊讶的是，虽然斯皮尔伯格很欣赏英格玛·伯格曼、费德里科·费里尼和奥森·威尔斯的电影，但他"绝对尊敬"的导演是阿尔弗雷德·希区柯克：

"他几乎每时每刻都在谈论希区柯克的电影——对于《西北偏北》和《迷魂记》他总是滔滔不绝。我没看过《西北偏北》。他还会谈到《精神病患者》和《后窗》。他总是一下子往我脑袋里灌输太多东西。他读了所有关于希区柯克的书，他还会谈论摄影机运动之类的事儿，但我搞不懂他到底在说什么。他说：'我称希区柯克为大师。'我想，'哇，这可太离谱了！'我从《纽约客》和《周六评论》上看过一些别人的观点，那些评论家们会屈尊俯就地赞扬希区柯克对电影艺术的精通，但嘲笑其电影主题。我对希区柯克的看法就像今天人们对史蒂文·斯皮尔伯格的看法一样——一个拍了许多精彩又具有娱乐性电影的导演，但作品缺乏深度。我不认为斯皮尔伯格会被他人的观点左右。如果他喜欢希区柯克，就是因为真的喜欢。这使他成为一个有独创性的思考者。"

当斯皮尔伯格谈到他对希区柯克高超技术能力的钦佩时，史密斯意识到其中有更深层次的原因，这也暗示了这位年轻导演未来职业生涯将遵循的方向和理念：

"斯皮尔伯格说电影是一种伟大的艺术形式，因为它感动了大多数人。他认为电影能在普通人、平凡人身上产生强烈反应，他对希区柯克将平凡人置于超凡情境下的艺术手法很感兴趣。斯皮尔伯格想激起所有观众的回应。他希望他的电影不只拍给精英阶层看，更能对社会大众产生影响。他说：'电影能伸出手来牢牢抓住你的心。'这就是他认为希区柯克的伟大之处。斯皮尔伯格一直坚称电影媒介可以与普通人产生共鸣，与大众产生广泛联系，而无需依靠某种知识分子式的过程。当时，这个想法实际上是激进的。电影正是由于这种广泛的吸引力而招致人们的诟病，而斯皮尔伯格认为这才是电影的魅力所在。

"斯皮尔伯格教会我应该欣赏电影本身，以及电影所想要传达的东西，而不仅是将电影看作书籍的低劣版本。关于斯皮尔伯格，我一直听到的一种批评是他总想靠电影赚大钱。但他其实并不打算伸手去触碰观众的钱包，而是想要触及他们的内心。"

史密斯意识到，斯皮尔伯格与观众建立联系的冲动，源于其内心深处有一部分，渴望被一个让他觉得自己是局外人的社会所接受。在萨拉托加高中的那段艰难时期，这种感觉变得尤为强烈。

"在我印象中，他希望被人们接纳并得到大家的喜爱，"史密斯说，"他想要被人喜欢，但他很难做到这一点，因为大家跟他不是一类人。他不喜欢以某种势利的方式凸显自己，这是令我恼火的事情之一。我认为他很聪明，但在某种意义上，他不是个知识分子，也不符合我对人的两类划分——'他们'和'我们'——'我们'很聪明，'他们'并不聪明。对我来说，他是'我们'中的一员，但他想把自己变成'他们'中的一个。"

而史密斯和斯皮尔伯格最大的共同点是对科幻小说的热爱。史密斯记得斯皮尔伯格"是科幻小说的狂热爱好者。我读过了萨拉托加图书馆书架上所有标着科幻小说的书籍，他在凤凰城也是这么干的。我们会谈论那些大家——罗伯特·海因莱茵、艾萨克·阿西莫夫、阿瑟·克拉克[1]——甚至那些不太有名的作家"。

斯皮尔伯格从小就特别喜欢克拉克和雷·布雷德伯里[2]。在他1968年的电影《安培林》中，斯皮尔伯格让男主角在吉他盒里放了一本克拉克1953年的小说《城市与群星》[3]，以此向克拉克致敬。斯皮尔伯格认为布雷德伯里作品的诗性在于用魔幻的手法改造现实。《第三类接触》上映后，斯皮尔伯格问布雷德伯里："你觉得这部'你的'电影怎么样？如果我小时候没有看6遍《宇宙访客》（*It Came from Outer Space*，1953），今天这部电影就不会诞生。"斯皮尔伯格同样欣赏J. J. R. 托尔金的《双塔奇兵》（《魔戒》三部曲中的第二部）以及科幻小说作家J. G. 巴拉德的作品，后者1984年的自传体小说《太阳帝国》后来被斯皮尔伯格改编为电影。

史密斯发现，少年时代的斯皮尔伯格怪就怪在"既博览群书，又孤陋寡闻。在科幻、幻想和冒险领域里，他几乎遍览群书，但在这一领域之外，他涉猎寥寥。我会试着改变他阅读的挑剔——在谈论H. G. 威尔斯[4]时我会提到拉尔夫·艾里森[5]的《看不见的人》（*Invisible Man*），我也会跟他聊到詹姆斯·鲍德温[6]的散文《下一次将是烈火》（*The Fire Next Time*）《没有人知道我的名字》（*Nobody Knows My Name*）和《土生子的札记》（*Notes of a Native Son*）……应该没有提过《乔万尼的房间》（*Giovanni's Room*），虽然我特别喜欢这本书。我只要提起《卡拉马佐夫兄弟》之类的作品时，他会表现出知道我在说什么的样子，但是很快又岔到别的话题上去了。他还是会喋喋不休地谈论科幻小说。我不断试着改变他，但毫无希望。例如，我试着让他读乔伊斯的作品，把《尤利西斯》

1　并称为20世纪科幻小说三巨头。——译者注

2　雷·布拉德伯里（Ray Bradbury），美国小说家，主要以短篇小说著称，迄今已出版短篇小说集近20部，代表作包括《火星纪事》（1950）、《太阳的金色苹果》（1953）、《华氏451》（1987）等。——译者注

3　实际上本书出版于1956年，此处应为作者笔误。——译者注

4　赫伯特·乔治·威尔斯（Herbert George Wells），英国小说家、社会学家。他创作的科幻小说对该领域影响深远，如"时间旅行""外星人入侵""反乌托邦"等都成了20世纪科幻小说中的主流话题。代表作包括《时间机器》《隐身人》《星际战争》等。——译者注

5　拉尔夫·艾里森（Ralph Ellison），美国黑人作家，也是20世纪最有影响的美国小说家之一。其在世期间问世的唯一一部长篇小说《看不见的人》被评为美国二战以来最重要、最有影响的小说。——译者注

6　詹姆斯·鲍德温（James Baldwin），美国黑人作家、社会评论家。1924出生在纽约市黑人聚居区，一生著述颇为丰厚，代表作有《向苍天呼吁》《下一次将是烈火》等。在二战后的美国黑人文学发展进程中，鲍德温起着承上启下的作用。——译者注

强行说成是一种没有奇幻色彩的奇幻小说，并小心翼翼地避免任何可能会让他觉得这类书艰涩难懂的暗示，但我无法说动他。通常情况下，我从未把他和犹太人联系起来"。

"你知道我是犹太人，是吗？"一天，斯皮尔伯格在学校图书馆向吉恩·史密斯发问。

史密斯说他不知道。

"你没注意到我的名字是犹太人的名字吗？"斯皮尔伯格奇怪地问。

史密斯压根儿没想到这一点。

"斯皮尔伯格提出的这个问题非常具有教育意义，"史密斯回忆道，"我总算想通了，这就好比'你父母周六去犹太教堂，我父母周日去长老会教堂。不如换个话题，聊聊更有趣的事吧'（史密斯，瑞典血统，当时是一位'虔诚的不可知论者'）。但我意识到他对这个话题真的很感兴趣。我猜想他在做高中里每个孩子都会做的事——质疑自己的信仰。他不知道如何理解宗教。在我印象中，他不知道如何严肃对待犹太教信仰。他说自己的父母不再是虔诚的教徒，但他们不得不假装虔诚。在我看来，他当时也不算那么虔诚，但他对自己的'犹太人身份'非常认真。"

史密斯对斯皮尔伯格种族背景的新认识，以及他个人对斯皮尔伯格在学校里作为"局外人"身份的同情，使他对这位朋友初入萨拉托加高中不久后就碰到的问题更加敏感，这些问题别人都没有注意到。史密斯记得，某个周一的早晨，斯皮尔伯格走进学校图书馆，看上去"非常沮丧"，图书馆里的另一个人问他为什么这么闷闷不乐。

"你看起来就像刚参加完你母亲的葬礼。"那个人说。

"周六我经历了一件非常可怕的事。"斯皮尔伯格回答。

当被问及发生了什么事时，他只是说，"我碰到了学校的一些人"。

这可能就是斯皮尔伯格写给《圣何塞信使报》的信中提到的"和几个毕业班高年级学生的不幸相遇"。信中说这件事就发生在圣何塞附近，但没有透露细节。史密斯想起斯皮尔伯格提到碰见"学校里那些家伙"的地方是一个购物中心。也许这是斯皮尔伯格第一次经历被掌掴的屈辱，那一刻，正如他所形容的，"我的世界崩塌了"。

史密斯记得在其他一些场合，斯皮尔伯格会说出"你知道吗，这段时间我过得很艰难"等诸如此类的话。"他在校外遇到了问题，总有人找他麻烦。这不是（我们谈话的）主要话题——我们只是会偶尔感叹一句'哦，这些浑蛋'，然后继续我们的话题。"史密斯还记得斯皮尔伯格告诉他那些学生"在更衣室里虐待他"，斯皮尔伯格的朋友迈克·奥古斯汀说："大家在体育课上对他很恶毒。他骨瘦如柴，举止笨拙，不是那种运动型的人，他们把这种体格特征和他的犹太身份联系在一起，有些人就是喜欢这么做。"

有件事史密斯曾亲眼所见，当时他和斯皮尔伯格一起在学校走廊里漫步。"我们班的一个同学朝地上扔了几枚硬币，并用一种粗鄙的、恃强凌弱的腔调（对斯皮尔伯格）说：'去，把它们捡起来！你不是想要这些钱吗？你都拿去。我不要了，这些都是你的。'"

"我想知道这到底是怎么回事，他们之间是否有私人恩怨或以前结下过梁子。他说：'因为我是犹太人。'我对这类事情有点反应迟钝，还问他这和你是犹太人有什么关系。他说：'好吧，犹太人总被看作守财奴。'苏格兰人不也是吗？我是这么想的，但没人对苏格兰人做过这种事。我问他这种情况持续了多久，他说是最近才开始的，这是欺负他的新方法……如果当时这件事发生在一位黑人朋友身上，我会毫不犹豫地把它归咎于恶毒的种族歧视。但我真的很难相信，20世纪60年代的萨拉托加会存在真正的反犹主义。我不记得在成长过程中接触过任何反犹主义思想，所以我认为其他人也没有这种想法。我觉得这不过是打着反犹主义的幌子，他们这么做只是为了折磨史蒂文。但现在回想起来，事实并非如此。"

当人们对斯皮尔伯格用咳嗽声说出"犹太人"这个词时，史密斯也在场。斯皮尔伯格经过走廊去上课时，一些人会假装打喷嚏发出"啊……啾（发音类似英文中的犹太人Jew）"的声音，或者会说："哦，我想我看到了……（用咳嗽的声音叫到）犹太人。"

史密斯回忆说："在斯皮尔伯格遭受这种侵扰时，给我留下可怕印象的是这个男孩身上炽热的怒火和强烈的情感。他流露出的那种沮丧之外，真实但似乎不可言说的愤慨和厌恶，令人不寒而栗。事实上，这件事现在回想起来比当时更感毛骨悚然，因为那时我以为这不过是私人恩怨，但现在我认为这是真正的反犹主义。"

对斯皮尔伯格来说，情况变得如此糟糕，以至于他几乎在看待萨拉托加的所有人所有事时，都戴上了有色眼镜，这侵蚀了他的自尊。"并不是大多数人都讨厌史蒂文，"迈克·奥古斯汀争论道，"但史蒂文总觉得自己被他们讨厌。他其实挺招人喜欢——他的性格真的很好，爱开玩笑，很开朗。当他的性格显露出来时，女孩们会喜欢上他，她们不会说'啊（表示厌恶或恐怖）'，但他不觉得她们喜欢他。他总是很烦躁，很忸怩，很在意自己的外貌。史蒂文很局促，但他认为自己比实际更为局促。"

史密斯很失望，斯皮尔伯格"不接受我让他勇敢面对他人，并做出一点反抗的建议。

我发现实际上这样做似乎能减少自己遇到的麻烦，在萨拉托加高中的最后一年，我高兴地注意到我看起来已经真正掌控了局面。但史蒂文似乎总是想用蜂蜜来诱捕苍蝇，而不是用醋来对付它们"。史密斯还觉得，斯皮尔伯格可能认为，把身材魁梧的唐·舒尔当作自己的"保镖"要比亲自上阵更为谨慎。

斯皮尔伯格后来承认，在萨拉托加高中时，他把大部分愤怒都压抑在内心，"这是我最羞愧的事情之一——我没有反抗"。

斯皮尔伯格在萨拉托加发展出的应对策略之一就是幽默。

自远古时代起，被害者就把这种诙谐的回击当作自卫的武器。这一点在犹太丰富幽默的传统中表现得尤为明显，这种幽默主要针对偏见和歧视发展而来，它是赋予无能为力者力量的一种手段。"当受压迫者无法反抗时就会大笑。"阿尔伯特·麦米在《犹太人的解放》中写道。利奥·罗斯腾在《意第绪语的欢乐》中也发现："幽默也是对痛苦的补偿，是大脑战胜恐惧的象征性胜利。犹太人有句格言：'当你饥饿，就放声歌唱；当你受伤，便开怀大笑。'这句针对强势的、富有的、无情的当权者的讽刺玩笑，是人类尊严得以存续的最后堡垒。"这一传统极大地影响了美国喜剧，成为20世纪美国喜剧的主导模式，并在史蒂文·斯皮尔伯格的人格和艺术发展上留下了难以磨灭的印记（尽管很大程度上没有被意识到）。

唐·舒尔认为，斯皮尔伯格在萨拉托加时表现出的"尖刻"言辞，和他的"机智与伶牙俐齿"可能加剧了他所遭受的欺凌。被霸凌者的高智商和智慧容易招致嫉妒和敌意，本身就可能成为被霸凌的原因之一。被霸凌者往往面临着两难抉择，究竟是默默忍受，希望霸凌行为因缺乏回应而停止；还是站起来反击，让霸凌者意识到自身的懦弱而退缩。斯皮尔伯格选择了一种介于沉默和身体反抗之间的折中方式，也就是言语抵抗，以维护他的骄傲和尊严。

与斯皮尔伯格一同在校报工作时，同他走得很近的迈克·奥古斯汀回忆，"他的讽刺式幽默正是我喜欢他的地方，这种'黑色'幽默显露出兰尼·布鲁斯[1]那样的锋芒。他喜欢给人惊喜，也是个爱开玩笑的人，总是嘲笑那些奚落他的人，就好像他不得不这么做。当人们用粗暴的言语评论他时，他的自然反应便是用幽默言语小心翼翼地回击。每个人都

---

1 兰尼·布鲁斯（Lenny Bruce），原名莱纳德·阿尔弗雷德·施奈德，美国喜剧演员、社会评论家、讽刺作家和编剧。以其开放、自由的喜剧风格和批判性的喜剧形式而闻名，这些喜剧形式融合了讽刺、政治、宗教、性和庸俗。是20世纪60年代反文化运动、美国民众争取言论自由进程中极具分量的人物。——译者注

被他逗笑了，接着他便会走开"。

虽然奥古斯汀觉得斯皮尔伯格在萨拉托加的生活比在好莱坞更加"低迷"，而且那段时间他还为父母濒临崩溃的婚姻而苦恼，但奥古斯汀并没有觉得斯皮尔伯格在那一年过得特别不开心："就算他真的不开心，还是会以幽默为盾牌来保护自己。"他似乎没有被那些负面情绪所压垮，还是那么喜欢捣蛋。

斯皮尔伯格和奥古斯汀在伯特·菲斯特的新闻课上成了好朋友。他们每天见面，并一起筹办校报《猎鹰》（*The Falcon*）。奥古斯汀曾是该校的一名橄榄球运动员和体育版编辑，而斯皮尔伯格，并不符合自身性格地成了他的非正式助手。他们一起报道了大学橄榄球队比赛，斯皮尔伯格还自己为大学低年级篮球、棒球校队的比赛，甚至一些以前在校报上没有得到太多报道的运动，如游泳和越野赛跑撰写报道。

虽然在高中毕业那年，全班都预言斯皮尔伯格会进入《纽约时报》，但很明显，他对新闻的兴趣更多在于社交而不是专业。奥古斯汀指出，斯皮尔伯格9月入学时，"学校里的小集团都已经形成了，只有新闻班还对他开放。并不是说我们很喜欢体育，而是我们很喜欢报道。史蒂文能以此填补生活中的时间和空缺，他以这种方式参加这些体育活动，尽管他不擅长体育。他对自己作为一名记者感到很满足。与其他课程相比，他对新闻学的兴趣更加浓厚，因为新闻学能让他更多地与人打交道"。

在学校里，斯皮尔伯格唯一的课外活动就是在高年级的戏剧《十二个愤怒的陪审员》剧组中工作。这出男女合演版本的舞台剧，由谢尔曼·L.赛杰尔根据雷金纳德·罗斯的电视剧《十二怒汉》改编。1965年3月，在参与英语老师奥尔登·彼得森在学校食堂组织的演员选拔落选后，斯皮尔伯格便加入了灯光组，并帮助演员丹·胡博伊和奥古斯汀对台词。

斯皮尔伯格"在和女生交往方面还是有点畏缩"，就像舒尔说的，但他在萨拉托加已经足够勇敢了，参加校园舞会并开始约会[1]。他约会过的女孩中有一个是舒尔的妹妹凯西，她当时是高一新生，后来被授予"萨拉托加小姐"的称号。她回忆起史蒂文是"班上的活跃分子"，她说："这不是什么惊天动地的罗曼史。我们在车里亲热过几次，这就是为什么我记得那是冬天——我们用水汽糊住窗户。那时我才14岁，这段恋爱对我来说是一次尝试，大多数时候我们只是聊聊天。他喜欢给我们讲故事。他很有趣，是个忠诚的好朋

---

1 在1982年戛纳电影节《E. T. 外星人》的首映新闻发布会上，斯皮尔伯格透露他的初夜发生在17岁（女方的身份未知）。据《综艺》报道，斯皮尔伯格的首次性经历"在一个假日旅馆里和一位天仙似的美女"发生。

友，但我们并不适合彼此。他个子不高，而我身高5英尺11英寸（一米八左右），所以我们俩出去就像马特和杰夫一样。我想他从来没有认为自己很有男子气概。如果给他打分，满分10分的话，他可以打4分。"

萨拉托加高中的大多数女生可能都同意《猎鹰》编辑邦妮·帕克的观点，她认为史蒂文"真的很书呆子气。打字部的姑娘们会说他每次进来时总是蓬头垢面，她们会给他一把梳子叫他梳头发。在我的圈子里（邦妮也是高年级橄榄球队的万人迷），甚至任何人都没想过要和他约会。那时候，女孩们都想和最可爱、最受欢迎的男孩约会。橄榄球运动员更有吸引力。有时候你就是这样错过了一些最好的人。"

为《猎鹰》写体育报道不仅是斯皮尔伯格在学校里找到立足之地的一种方式，对于一个总被运动员欺负的男孩来说，这似乎也是一种聪明的自保方法。"他们会喜欢他的，"吉恩·史密斯想，"他们不敢惹恼他，因为史蒂文会在报道里写到他们。"但是，斯皮尔伯格选择将运动员们的优异成绩载入史册的功利性做法让史密斯感到困扰和受伤："正是这些运动员中的一些人因为他是犹太人而骚扰他。我想，'你为什么要拍他们的马屁？'从某种意义上说，我觉得他是我们班的叛徒，他背叛了我们这个聪明人小组。但那时我也明白他这么做是不想被孤立或被隔绝，那是一种积极的态度。过了一段时间后，运动员们就接纳他了。他以前和这些家伙相处得并不好，突然就跟他们混在了一起。"

斯皮尔伯格用自己独创的方式来报道校队的橄榄球新闻。"我必须把那些画面拍下来"，他对奥古斯汀说。奥古斯汀回忆："我会记录下运动员们正在做什么，而他会一直跟踪拍摄，拿着摄影机在场边来回跑动。他会给球员们和教练看他记录下来的影像，稍后我们会坐下来一起将整个故事拼凑出来。他对此很兴奋[1]。"

斯皮尔伯格在《猎鹰》体育版上的散文写作风格，混合了充满活力的体育报道的套话、对学校啦啦队式的热心拥护，以及对表现不佳的运动员毫不留情的批评。那年10月，斯皮尔伯格在一篇关于低年级橄榄球校队的文章开头写道："随着宝贵时间一分一秒地飞逝，空气仿佛凝滞，大家濒临崩溃。希望无处不在，只是缺乏决胜的信念和精神。"斯皮尔伯格指责了球队"不应该的失败"，指出失败的原因在于"缺乏必胜的信念"。次年3月，在报道一场校队的棒球比赛时，球队在第9局领先的情况下被对手翻盘。斯皮尔伯格

1　在凤凰城的英格尔赛德小学上七年级时，斯皮尔伯格就拍摄了学校的旗帜橄榄球赛和触身式橄榄球赛，在这类比赛中，球员要从对手手里抢夺旗帜，而不是把对方撞倒。史蒂文"只是拍下了我们的动作"，同班同学特里·梅西林说："教练给我们回放录像让我们看到自己的表现。"

尖刻地讽刺萨拉托加的球员们被"讨厌的阴云"笼罩着。

尽管作为一名记者的经历十分短暂，却帮助斯皮尔伯格日后与媒体打交道做好了准备。他学到一些关于记者如何组织故事的基本知识，也许最重要的是，他学到了怎么做好引用。他也可能从负面新闻报道的潜在危险中吸取了一些教训。斯皮尔伯格试图讨好萨拉托加高中的体育队员，结果却事与愿违，因为这不仅与他的新闻道德感相悖，还可能与他对运动员潜在的痛恨相冲突。一天，他对吉恩·史密斯说："他们揍我了，因为他们不喜欢我在校报上写的东西。"

当斯皮尔伯格被困在萨拉托加的时空隧道中时，外部世界正面临一场重大变革。在20世纪60年代末的社会动荡中，他一直表现得"冷漠"："我成长于60年代，但从来没有像我的其他朋友那样，对'花的力量'[1]或者越战的抗议活动感兴趣。我只关心电影。"他在1978年接受《滚石》杂志采访时表示："毒品文化从来与我无关，我从来没有嗑过LSD[2]、麦斯卡林[3]、可卡因之类的东西。我这辈子大概抽过3根大麻烟。我就这么度过了整个毒品文化时期。我的几个朋友瘾可大了。当人们坐立不安时，我就坐在房间里看电视。我一直害怕吸毒，我害怕失去自我控制……我从来不沾毒品的其中一个原因就是害怕自己被它完全控制。"

20世纪60年代，斯皮尔伯格更喜欢以大卫·里恩和阿尔弗雷德·希区柯克为代表的古典主义电影风格[4]，而非让-吕克·戈达尔[5]和丹尼斯·霍珀[6]的偶像破坏主义，他"不反

1　花的力量（Flower Power），20世纪60年代嬉皮士运动的标语。青年学生们被称为花之子（Flower Children），头上戴着花，身上穿绣花的衣服，向市民和警队派发鲜花，而花象征着爱与和平。——译者注
2　LSD（Lysergic Acid Diethylamide），也称为"麦角二乙酰胺"，是一种强烈的半人工致幻剂。——译者注
3　麦司卡林（Mescalinum），通用名称为"三甲氧苯乙胺"。从生长在墨西哥北部与美国西南部干旱地区的仙人掌中提取。吸食后会导致精神恍惚，甚至会出现攻击性及自杀、自残等行为。——译者注
4　古典主义电影风格是极端形式或现实主义的中间风格。在视觉风格上既具有现实主义电影的简单、自然、直接，也具有形式主义电影的花哨、抽象和主观，大部分的剧情片在制作上都遵循古典模式，叙事上以故事本身为重。——译者注
5　让-吕克·戈达尔（Jean-Luc Godard），法国新浪潮电影的奠基者，影史上伟大的导演之一，代表作包括《精疲力尽》《芳名卡门》《随心所欲》等。——译者注
6　丹尼斯·霍珀（Dennis Hopper），好莱坞著名电影演员、导演。1955年，因参演反映青少年反叛现象的影片《无因的反抗》而崭露头角。1969年，执导并主演在美国电影史上占有重要地位的影片《逍遥骑士》。——译者注

抗"的本性使他未能在年轻时成为一个社会活动家。即便如此，他显然比自己所描述的更具社会意识。

斯皮尔伯格和迈克·奥古斯汀都对民权运动产生了强烈共情，甚至到了奥古斯汀所形容的"我们都想成为黑人"的程度。"我们想把自己和人们不喜欢的东西联系在一起。我觉得老一代的想法已经过时了，史蒂文也有同感。"奥古斯汀意识到史蒂文的犹太教信仰和他在学校的少数族裔身份使他对歧视特别敏感。因而斯皮尔伯格在1985年拍摄关于美国黑人的电影《紫色》时，奥古斯汀是少数几个没有感到惊讶的人之一。因为正如他们的文化英雄兰尼·布鲁斯所断言："黑人都是犹太人。"斯皮尔伯格和奥古斯汀总是听兰尼·布鲁斯的专辑，尤其是他的《团结》（*Togetherness*），并效仿他嬉皮、打破旧习的态度。他们印象最深的新电影是斯坦利·库布里克1964年具有开创性的黑色喜剧《奇爱博士》，影片主要讲述战争与核毁灭的疯狂。

奥古斯汀在谈到斯皮尔伯格时表示："他吸引我，让我想和他做朋友的原因在于，我总是对那些似乎被什么困扰的人怀有同理心或爱。他似乎需要有人帮助他，支持他。我记得有人对他说了些什么，我问：'你是谁？受害者吗？'我用幽默让他摆脱了困境。"

斯皮尔伯格回忆说："在萨拉托加的那段时间，我不明白为什么我和其他人如此不同，为什么独独我会被孤立。我开始质疑自己的犹太教信仰。"奥古斯汀记得与史蒂文关于犹太人为什么被迫害的对话。他曾问："我们为什么会受迫害？没有人告诉我。我问过父母，我问过所有人。我们一定是做了一些非常糟糕的事，不然为什么不只我被迫害，我们都会被迫害？史蒂文非常了解犹太人的历史。他给我讲了马察达的故事，关于马察达的犹太人如何跳崖自杀（发生于公元73年，以逃避罗马人的迫害）。他说：'这是真的，犹太人就是这么干的，我也是犹太人。'我安慰他：'好了，史蒂文，放轻松。'我们都在说：'好了，史蒂文，这都是老掉牙的事了。最近有什么新鲜事呢？'他总是追溯几千年前的事来纠结于自己的犹太身份。

"我曾问他作为犹太人是什么感觉，因为我从来没见过犹太人。他邀请我光明节时去他家里参加庆祝活动。晚饭后，他的妈妈和爸爸就吵起来了，我夹在中间。史蒂文指着他们说：'这就是犹太人的生活——你有天多喝了一杯酒，就可以对别人大喊大叫。'我们逃离了他家，我离开是怕史蒂文太尴尬。"

奥古斯汀觉得斯皮尔伯格深受父母婚姻的困扰，因为虽然他们已经处于离婚边缘，对彼此都很愤怒，却还是勉强忠于对方。据奥古斯汀回忆："斯皮尔伯格认为他父母的宗教信仰从这个角度来看是虚伪的，因此怀疑犹太教是不是一种错误的宗教——也许它能够在谈话和仪式中表达出来，但在日常生活中难以实践。这也许就是为什么他不把犹太教当作一种宗教。史蒂文和我一样，对其他宗教很好奇。他曾和我还有其他同学一起去参加天主教弥撒。"

在兰尼·布鲁斯、迪克·格雷戈里、斯坦·弗雷贝格以及戏谑的《疯狂》杂志的影响下，奥古斯汀和斯皮尔伯格开始相信，嘲笑是消除偏见的最好良药。奥古斯汀有奥地利和德国血统，他说当自己和斯皮尔伯格一起开玩笑时，"有时候斯皮尔伯格会扮演犹太人，而我扮演纳粹。有时他来演纳粹，我来演犹太人。他非常擅长扮演'史蒂文·斯皮尔伯格先生（德语）'。他说话带着德国口音，就像个演员一样：'你们这些猪！'我们会用幽默的方式做这些事"。唐·舒尔说，斯皮尔伯格对纳粹主义这个主题很"着迷"，在他卧室的杂物中还有一项看起来挺逼真的纳粹头盔。

斯皮尔伯格在高中时对纳粹的"黑色"幽默情有独钟，这似乎是发泄自己身为犹太受害者的痛苦和愤怒的渠道。藐视禁忌，把大屠杀当作黑色喜剧，或许可以减轻他的痛苦。尼采说："笑话是情绪的墓志铭。"在犹太人和纳粹的角色之间快速切换，斯皮尔伯格可能使自己在心理上远离了在这个混乱、痛苦和自我憎恨的可怕时刻所处的困境。这个男孩承认自己"身为犹太人而感到羞愧"，他"想要成为一个非犹太人的迫切感，就像想成为一名电影人那样强烈"。他也许有种强迫的想法，想要将自己代入敌人的角色里。

斯皮尔伯格离开凤凰城后回忆说："我的生活有了变化，我两年没拍电影了，当时我正努力从高中毕业，想取得不错的成绩，然后申请一所大学。我开始认真学习。"尽管他在一个新城市和新学校度过高中最后一年的压力，让他不可能完成任何像《火光》这样雄心勃勃的事情[1]，但在萨拉托加的那一年里，斯皮尔伯格并没有完全放弃一名电影人的工作。他通过拍摄高中橄榄球比赛和另外两部电影来保持练习，虽然成本不高，但依旧充满了想象力。

斯皮尔伯格在凤凰城念高二时，肯尼迪总统遇刺。这是婴儿潮一代的分水岭事件，标志着他们政治无知的终结和对美国政府不信任的开始。斯皮尔伯格和奥古斯汀都是已

1　"等到我拍电影时，"斯皮尔伯格告诉他在萨拉托加时的邻居苏西·迪丁格，"我的电影票价得卖到3块钱。"他意指那个年代的大作《阿拉伯的劳伦斯》和《窈窕淑女》的路演票价。

故肯尼迪总统的狂热崇拜者，他们想找到某种方式来宣泄对肯尼迪之死的痛苦和愤怒之情。"我有一把木制的肯尼迪摇椅，"奥古斯汀回忆，"这把摇椅是为1964年的总统大选制作的，在肯尼迪遇刺后不久就进入市场。你给摇椅上好发条，它就会播放《快乐的日子又回来了》（Happy Days Are Here Again）这首歌。我把摇椅拿给史蒂文看，他觉得这很讽刺，因为这个东西刚好在肯尼迪遇刺后才推出。他觉得人们应该看到这种讽刺[1]。"

在奥古斯汀的帮助下，斯皮尔伯格为这把音乐摇椅拍摄了一部三分钟短片，把一个看似病态的笑话变成了肯尼迪总统的挽歌。奥古斯汀说："他在自家屋外落日余晖下的麦田里拍摄。我拿着纸板盒上的一块硬纸板或纤维板在麦地里上下扇动，制造波浪效果。摇椅随着这令人难以置信的、可怕的、撕心裂肺的声音慢慢地往下倒去，镜头戛然而止。

斯皮尔伯格还拍过一部滑稽纪录片，关于萨拉托加一年一度的毕业班活动，学生们去附近圣克鲁兹海滩游玩的情景。这是一组精心编排的马克·森内特[2]式的笑料，展示了学生们于5月某个凉爽的日子里，在沙滩上嬉戏、堆砌金字塔、举行吃馅饼比赛等活动，在结尾处还拼凑了几个在校园里拍摄的镜头。

斯皮尔伯格没有解释为什么他还拍了几个同学在沙滩上抬头仰望天空的镜头，他们都畏畏缩缩，捂着眼睛。他剪辑这部影片时，恶作剧般地戏仿了阿尔弗雷德·希区柯克的《群鸟》，把"俯冲轰炸"的海鸥和同学们在沙滩上做出畏缩反应的镜头剪接在一起。在这次被捉弄的人中间，有一个就是曾经欺负过斯皮尔伯格的孩子。1965年6月18—19日，在森尼维尔市英勇骑士餐厅举行的通宵毕业派对上，这部电影被放映了好几次。斯皮尔伯格以为那个人看完对自己的恶搞后会很生气。但那个孩子在看完电影后"好似变了一个人"，斯皮尔伯格回忆说，"他说这部电影让他笑死了，他希望能更好地了解我。"

1965年3月8日，美国海军陆战队登陆岘港后，越南问题横空出世。征兵问题就像乌云一般，笼罩在斯皮尔伯格班上孩子们的头上。那年的高中毕业生不得不面对征兵、是否上大学和在哪里上大学这一更为传统的问题。

---

1 今天的奥古斯汀喜欢把自己想象成另一个印第安纳·琼斯，周游世界买卖古董和奇珍异宝。
2 马克·森内特（Mack Sennett），美国喜剧导演，曾为卓别林导演多部作品，被誉为"美国喜剧之父"，后来其地位随着有声电影的出现而没落。——译者注

　　　　　　　　　　　　　　　　　　　　　　票房之神：斯皮尔伯格传

征兵法案要求年满18岁的年轻人必须登记入伍。1964年12月，斯皮尔伯格18岁那年，正在萨拉托加高中读高三，不得不报名入伍。他喜欢把自己的故事编得很好听，并令人难以置信地声称，他与义务兵役制度的第一次亲密接触发生在几个月前，当时他正在排队等着看《奇爱博士》在圣何塞第一周周末的放映："我妹妹拉上爸爸，拿着装有兵役登记表的信封跑了出来，这是我第一次被划为1-A，得到应征入伍的资格。我太担心自己会被派去越南，于是不得不好好欣赏了两遍《奇爱博士》。那时我才意识到这是一部多么经典、多么奇异的电影[1]。"

斯皮尔伯格在高中毕业那年似乎对政治不感兴趣，除了涉及种族和民族歧视的问题，参军他更是不想。他没有陪奥古斯汀和其他朋友参加1965年春天在旧金山针对林登·约翰逊的反战抗议。但据奥古斯汀说，斯皮尔伯格在那个时候已经有了反战情绪，这使他在质疑美国卷入越南战争的问题上，站在他那一代许多人的前列。谈到决定去加州大学长滩分校上大学，而不是把所有时间都花在环球影业时，史蒂文说道："实际上我去那里上学，只是为了不去越南服役。如果不是征兵的缘故，我可能根本就不会上大学。"

斯皮尔伯格的第一志愿是南加州大学和加州大学洛杉矶分校这两所学校著名的电影学院，但令人啼笑皆非的是，这两所学校都因为其平庸的学业成绩而拒绝了他（他错过了其中一场入学考试，因为他的朋友丹·胡博伊的德索托老爷车在他们赶往圣何塞州立大学参加考试的路上坏掉了）。舒尔回忆说，"史蒂文的成绩并不好，他很沮丧，因为他没能去成这两所大学（南加大和加州大学洛杉矶分校）著名的电影学院"。甚至查克·西尔福斯向这两所大学的说情也无济于事。

西尔福斯和业内其他人士一样，有时会去南加州大学开讲座，他回忆说："我曾致电南加大的赫伯·法默。他在电影学院做了多年的协调员，也是我的朋友。我向他解释了具体情况，说我这儿有一个如此不可思议的孩子，我问他是否有什么办法可以把这个孩子弄进南加大的电影学院，但没起到什么作用。招生名额已经满了，未来好几年内的名额都满了。"

1965年春天，据舒尔说，斯皮尔伯格"已经开始着手B计划"，这就意味着，当他专注于通过自己独立的方式挤进电影行业时，可以只把大学作为一个挂名的地方。"当每个

---

1 这个故事的疑点在于《奇爱博士》在圣何塞上映的第一个周末是1964年3月20—22日，那时不仅斯皮尔伯格只有17岁，而且那是他在凤凰城的最后一周。《火光》的首映礼在那周之后的星期二，后一天他和家人一同离开去往加州。

人都争相讨论说他们要去哪所大学时，"吉恩·史密斯回忆，"斯皮尔伯格说：'我要去长滩州立大学。'我吃了一惊。我觉得他那么聪明，怎么可能去一个州立大学呢？他说他的成绩考不上南加大，长滩州立大学也有一个很棒的电影艺术系。"事实上，长滩州立大学当时根本没有电影系，只是在广播和电视系开设了电影课程。但是长滩州立大学对斯皮尔伯格有着至关重要的吸引力：它位于南加州，距环球影业不到一个小时车程。斯皮尔伯格可以一面应付学校的事务以避免服兵役和安抚父亲，一面跟环球影业制片厂的人保持联系，继续拍摄自己的电影。

显然斯皮尔伯格想要得到免服兵役的额外保护，以免他无法进入大学或失去学生延期服役的机会。克里斯·霍登菲尔德在为1978年的《滚石》杂志专访斯皮尔伯格后写道："心理医生让他避免了去越南服役。"

"18岁的时候，我去看了心理医生，主要是为了免服兵役，"斯皮尔伯格告诉霍登菲尔德，"我真的一个问题也谈不清楚，其实我也没有什么要找心理医生帮我解决的核心难题，所以我只想找他谈谈。有时我觉得心理医生对谈话过程中长时间的停顿感到很不耐烦，因为他会坐在那里抽烟，而我坐在那里无话可说。我记得当时的感觉，尽管如此我还是支付了每小时50美元的费用，我也应该让他开心点。所以我每周会去一次，在那55分钟里编故事。有时候，坐在他办公室椅子上产生的想法，给了我很棒的电影创意。我会在他身上测试所有这些场景……我有一种感觉，在我所有的电影中，都有一些东西来自那些即兴的胡扯。"

想要延期服兵役可能不是他看心理医生的唯一原因。在萨拉托加史蒂文刚满18岁的那一年里，他承受着巨大的心理压力，他从那些事情中学到的是"我绝对不能失去控制，不然我就再也控制不住自己了。"

尽管关于斯皮尔伯格家庭问题的话题是"某种私密的事"，但舒尔在他们高中最后一年里可以看出，这些事情让斯皮尔伯格"受到了精神上的创伤。离婚已经不可挽回，你可以看出这件事已经迫在眉睫。阿诺德和莉亚的关系已经变得相当紧张。"

这种紧张情绪也表现在史蒂文对待妹妹的态度上。曾与安妮·斯皮尔伯格一起玩的凯西·舒尔说，史蒂文让他的妹妹们度过了一段"可怕的时光。他不停追着她们跑，总是吓唬她们。他想加入女生们的聊天，但没有被邀请。安妮总在某些场合让他滚远点。"

史蒂文内心迷茫的另一个迹象是他对待母亲吉普车的态度。"史蒂文非常讨厌那辆吉普车，"唐·舒尔说，"她以前总开车载我们（去上学），因为那辆吉普车，我们很喜欢她。这辆车变成了未来的预兆。我认为史蒂文把离婚和家庭的破裂都归咎于他的母亲。"

1965年6月18日，史蒂文成绩平平地从高中毕业时，阿诺德·斯皮尔伯格从萨拉希尔大道的房子里搬了出来，去了洛杉矶。"孩子们一离开学校，整件事就完蛋了，"舒尔记得，"史蒂文迫不及待地想去环球影城开始自己的事业。尽管史蒂文的职业抱负比一般的18岁男孩更坚定，但他对自己的未来感到极度焦虑，而父母的离婚加剧了这种焦虑：'我的父母离婚了，再没有什么常规可循。我的生活彻底改变了，我离开家去了洛杉矶。'"

舒尔认为，在父母办理离婚期间和离婚后的那段时间里，史蒂文和父亲的关系越来越亲密。在他看来，阿诺德"是个可靠的好人，总是支持史蒂文"。那年夏天，史蒂文决定搬进父亲在洛杉矶布伦特伍德区的公寓。大学一年级时，他一直住在那里，开着父亲送给他的毕业礼物——一辆1962年产的庞蒂克敞篷车往返于长滩市和环球影城。舒尔回忆说，"那是一辆漂亮的车，但是破破烂烂的，刹车和启动时摇摇晃晃，有一个最时髦的引擎。"在看望史蒂文和其父亲时，舒尔发现"他们之间关系很好，特别是在洛杉矶的第一年，他们互相支持。这家人分道扬镳了，史蒂文选择跟随父亲，而他的父亲也选择了史蒂文。"

莉亚于1966年4月11日提出离婚，当时她还住在萨拉托加。在10天前签署的一份调解协议中，她和阿诺德同意将史蒂文交由父亲监护。而16岁的安妮、12岁的苏和9岁的南希则由莉亚监护。阿诺德承诺在史蒂文1967年12月满21岁之前一直供养他，并答应每月为莉亚和他们的女儿们支付650美元的生活费。财产被要求平均分配，包括出售位于萨拉希尔大道的房子以及家庭的其他金融资产的收益。这些资产包括IBM的3股股票、通用电气的20股股票以及亚利桑那州溪洞一块未经开发的土地。虽然大多数家具都划给了莉亚，阿诺德也被允许保留一些带有私人情感的物品，例如他母亲的俄式茶壶、父亲的银酒杯、他的二战纪念品、莎士比亚的戏剧集、古典唱片、俄式三弦琴、祈祷书、工具书、电子设备，以及这个家中"除了安妮的布朗尼电影摄影机之外的电影设备"。他儿子的所有物品都和阿诺德一起搬去了洛杉矶，包括史蒂文的"移动式摄影小车"。

1966年4月20日，圣克拉拉郡高级法院以"虐待"为由批准了他们的离婚。莉亚带着三个女儿回到凤凰城。1967年，离婚案了结之后，莉亚嫁给了斯皮尔伯格家的老朋友伯尼·阿德勒。

回顾他在萨拉托加度过的"人间地狱"般的日子，史蒂文·斯皮尔伯格在1994年说，这段经历"让我真正成长为一个人，使我对我的同伴更加宽容。也许具有讽刺意味的是，这也让我在那年年底，第一次准备好离开家人，独自去一个未知世界闯荡……"

第七章

重大突破

我的初恋，我人生的主要目标，就是拍电影。这就是我的一生，其他事都是次要
的。现在我欠缺的是电影经验和教育，我正在努力获取它们。

——史蒂文·斯皮尔伯格，1967年

被称为"电影学院派一代"（The Film School Generation）的斯皮尔伯格其实从未上
过电影学院。同时代的乔治·卢卡斯、弗朗西斯·福特·科波拉[1]、马丁·斯科塞斯和布
莱恩·德·帕尔玛[2]等人，20世纪60年代都在著名的电影学校里接受过专业训练。而斯皮
尔伯格不同，基本上纯靠自学。他只在加州大学长滩分校上过当时仅有的几门电影和电视
基础课程。以童年制作的8毫米电影为起点，斯皮尔伯格以异于常人的方式开启了属于自
己的职业导演生涯。

实际上，环球影业就是斯皮尔伯格的电影学院。但这是一个与南加州大学、加州大学

1　弗朗西斯·福特·科波拉（Francis Ford Coppola），意大利裔美国导演、编剧、制片人，大学读于霍
　　夫斯特拉大学戏剧艺术系，在加州大学洛杉矶分校电影学院获电影硕士学位，代表作包括《教父》系
　　列、《巴顿将军》等。——译者注
2　布莱恩·德·帕尔玛（Brian De Palma），美国导演、编剧、制作人、剪辑，代表作包括《帅气逃兵》
　　《魔女嘉莉》《铁面无私》《黑色大丽花》等，以导演惊悚犯罪片著称。——译者注

洛杉矶分校和纽约大学电影学院截然不同的训练场，他接受了一种比在学院环境中更私人化、更传统的教育。斯皮尔伯格在环球影业为自己量身定做了私人课程，沉浸在他所认为的、对自己发展至关重要的电影制作的各个方面，无论是作为一名观察者，还是后来作为一名电视导演。那个时期的环球影业同时上马的电视剧多达22部，数量相当之大，足以让年轻人有机会直接成为导演，只要这个年轻人像斯皮尔伯格一样前途无量。

在20世纪60年代的好莱坞，斯皮尔伯格的学徒生涯并不寻常，但这与30年代制片体系的训练类似。环球影业是60年代末仍然保留好莱坞"黄金时代"制片厂运作模式的公司之一。无论在生产方式还是在素材选择上，环球影业都以保守著称，在制度上抵制着分裂国家的文化和政治动乱。斯皮尔伯格在传统制片厂体系中的扎实功底使他有别于同时代的大多数人。当其他年轻的电影人试图改变这种体制时，斯皮尔伯格却正学习着如何融入其中。斯皮尔伯格早年在环球影业的经历，不仅磨砺了他的组织能力和技术专长，还增强了他对流行电影制作的本能亲和力，在很大程度上塑造出他作为一名电影人的独特个性。

1968年《时代》杂志上一篇名为《学生电影制作人》的文章指出，全国各地的学生都在"把电影作为一种艺术表现形式……赛璐珞[1]大爆炸是因为年轻人普遍相信电影是最重要的现代艺术形式。让·科克托[2]认为，除非制作电影的耗材变得如同铅笔或纸张一样便宜，否则电影永远不会成为一门真正的艺术，而他预言的时代正在迅速来临。"斯皮尔伯格比同时代其他著名导演都要更早开始拍摄电影，但他已经远离了电影学院的圈子。所以这篇颇具先见之明的文章对斯皮尔伯格只字未提，而是重点介绍了科波拉、斯科塞斯、卢卡斯和约翰·米利厄斯[3]学生时代的作品。

在"电影学院一代"初到好莱坞时，裙带关系普遍存在，电影公司最终自成一派，变得很排外。那时好莱坞工作者的平均年龄是55岁。在这个似乎没有新鲜血液注入的行业

---

1 赛璐珞（Celluloid）是历史上最古老的热可塑性树脂。自19世纪80年代起，被用作干板的替代品，充当照片和摄影胶片使用。——译者注

2 让·科克托（Jean Cocteau），法国作家、编剧、导演，代表作包括《阿拉丁的神灯》《可怕的孩子们》和《骗子汤姆》等，被当时的评论界誉为才子。——译者注

3 约翰·米利厄斯（John Milius），美国电影编剧、导演和制片人，代表作品包括《野蛮人柯南》《现代启示录》等。

里，电影公司只能用没有组织的学徒方式培养他们的接班人。长期以来，电影公司体系一直受到电视、票房收入下降和成本飙升的冲击，正濒临解体。好莱坞在20世纪60年代末制作的电影往往过于冗长、没有灵魂，而且越来越难以契合年轻影迷的文化和政治观点。对于成年于60年代的狂热年轻影迷来说，未来似乎令人担忧。电影史学家迈克尔·派伊和琳达·米尔斯将这一代年轻影人称为"电影小子"一代（The Movie Brats）。斯皮尔伯格还清楚地记得，他和卢卡斯、斯科塞斯等其他"自行开始职业生涯的人"，"不得不想方设法进入一个除了当演员或编剧之外，从未有年轻人涉足的行当……当我试图挤进这个行当时，没有一个人愿意做我的制片人。我的第一把推力就是这极大的敌意。"

乔治·卢卡斯曾就读于南加州大学，他说："电影学院每天灌输给我们的信条是，没有人能在这个行业找到工作。从电影学院毕业后，你只能去迪士尼乐园当一名售票员，或者在堪萨斯州的工业部门当工人。从来没有人能在好莱坞找到拍电影的工作。"

"南加大黑帮"（USC Mafia）的成员还包括约翰·米利厄斯、罗伯特·泽米基斯、罗伯特·盖尔、贺尔·巴武德、马修·罗宾斯、格罗里亚·卡茨和威拉德·赫依克等斯皮尔伯格未来的合作伙伴。他们不愿就这么放弃梦想。这些人怀揣着先辈们对于写作和绘画的那种热情，恨不得吃饭、呼吸甚至连睡觉时都想着拍电影。时髦的加州大学洛杉矶分校的电影学院——当时最著名的学生包括科波拉、导演及编剧保罗·施拉德[1]和科林·希金斯[2]、导演卡罗尔·巴拉德[3]——鼓励学生自己开拓电影职业道路。关于这两所学校拍摄的电影的不同之处，南加州大学的米利厄斯这么定义："我们的电影总是想要拍得专业并模仿好莱坞，他们的电影里总有美丽的裸体女孩从墓地里跑过。……我想你可以说，他们更左翼，更激进。他们嗑的药也更有劲。"

具有讽刺意味的是，20世纪60年代末，加州大学洛杉矶分校的学生科波拉为其他电影学院的毕业生们敲开了好莱坞的大门。正如斯皮尔伯格所说，他"成了我们所有人的教父"。就像许多加州大学洛杉矶分校电影专业的学生一样，对科波拉影响颇深的除了电影，还有文学和戏剧。但科波拉足够务实，所以靠拍裸体电影起家，还为专拍B级片的制片人罗杰·科曼工作。当时罗杰是好莱坞唯一愿意为年轻电影人提供工作的制片人。

1　保罗·施拉德（Paul Schrader），美国导演、编剧、制作人，代表作包括《三岛由纪夫传》《红色八爪女》等，这两部影片均入围戛纳国际电影节主竞赛单元。——译者注
2　科林·希金斯（Colin Higgins），美国演员，代表作品包括《警察在纽约》。——译者注
3　卡罗尔·巴拉德（Carroll Ballard），美国导演，代表作品包括《风》《伴你高飞》等。——译者注

科波拉在得到华纳七艺的一份编剧合约后退学。他的好莱坞导演处女作《如今你已长大》（1967）不仅由华纳七艺制片，也成了他在加州大学洛杉矶分校艺术学硕士的学位论文作品，这样的一箭双雕让同辈们既羡慕又敬仰。

有了科波拉这个先例，其他电影学院毕业的应届生开始有机会进入日益扩大的年轻人才市场。电影公司高管们对这个市场知之甚少，只将其当作一个值得鼓励且未经开发的利润来源。随着丹尼斯·霍珀1969年的反主流文化电影《逍遥骑士》大获成功，"历史裂开了一道口子，"卢卡斯说，"我们很多人都挤了进去。然后这道口子又被缝上了。"

1967年的一天，斯皮尔伯格来到加州大学洛杉矶分校的罗伊斯音乐厅，参加学生电影节。电影节展映了南加州大学和加州大学洛杉矶分校的学生电影作品，其中包括卢卡斯的未来主义短片《THX 1138: 4EB》（又名《电子迷宫》），卢卡斯后来将其扩展为华纳兄弟出品的故事片《THX 1138》（《500年后》）。

看到这部短片时，斯皮尔伯格"嫉妒得要命。那时我18岁（实际上是20岁），已经导演了15部短片，这部小电影比我所有的短片加起来还要好。我的榜样不再是约翰·福特、沃尔特·迪士尼、弗兰克·卡普拉、费德里科·费里尼[1]、大卫·里恩、阿尔弗雷德·希区柯克或迈克尔·柯蒂兹。更确切地说，乔治·卢卡斯是一个和我年龄相仿的人，一个我可以真正了解、可以与之竞争的人，一个能给我带来灵感的人……

"那天我见到了乔治·卢卡斯，我意识到有整整一代电影人都来自纽约大学、南加州大学和加州大学洛杉矶分校，而我就像一个孤儿，被遗弃在长滩的一所大学里，而且那所大学没有真正的电影专业。因此，我当时加倍努力，想要进入那两所（加州的）大学。每次我递交转校申请时，他们总是说：'不行，你的分数不够高。'我记得南加大的一位老师曾说：'无论如何，你可能都要去越南。'[2]"

对斯皮尔伯格来说，去长滩州立大学有两个主要目的：一是让他不用去越南服兵役，二是让他的父母得到相对安慰。但他后来对校报夸口说："在大学里我什么都没学到！""我认为我们谁也教不了他任何东西。"休·莫尔黑德承认道，"史蒂文比系里任

1　费德里科·费里尼（Federico Fellini），意大利电影导演、编剧，代表作包括《骗子》《甜蜜的生活》《大路》《八部半》等。1993年，被授予第65届奥斯卡终身成就奖。——译者注

2　讽刺的是，当卢卡斯1981年向母校捐款470万美元时，他说服斯皮尔伯格给南加州大学捐了50万美元。斯皮尔伯格于1994年获得南加州大学艺术学荣誉博士学位，两年后，他被选为南加州大学董事会成员。

何人都更了解摄影机，他能来教整个系。"

直到斯皮尔伯格离开后，"电影"一词才被添加到该系的名称中。由于大多数美国大学的电影专业还处于起步阶段，尽管长滩州立大学毗邻好莱坞，但并未急于在电影专业投入资金和人力，也不想与南加州大学或加州大学洛杉矶分校竞争。从1965年9月到1969年1月，斯皮尔伯格在长滩州立大学就读期间，这个系主要为当地电视台或广播电台培训熟练工。虽然该系提供电影欣赏和电影制作相关课程，但几乎没有电影制作设备上的预算；电影制作课一般用租来或老师从家里带来的8毫米摄影机。为了练习剪辑，学生们会购买劳莱和哈代电影公司旧的8毫米默片胶片，将它们重新剪辑。斯皮尔伯格需要的训练，远不止操作家庭电影摄影机，或是把一个故事拍成电影那么简单。被顶级牛校南加大学拒绝后，斯皮尔伯格深感沮丧，他觉得在长滩州立大学读书不仅不能帮他实现闯入好莱坞的抱负，反而成了一种阻碍。

"他对一切都不再抱有幻想，"莫尔黑德回忆，"我们没有他想要或觉得自己该上的电影课程。他会顺道来我的办公室谈谈，他希望我们能开设他想要的课程并购买他需要的设备。那孩子完全为电影痴狂。他脖子上总挂着摄影机，他总是在拍电影。他对我们大学似乎没什么兴趣，确实如此。我觉得他正在通往好莱坞的路上前进。他应该去南加大，他待在长滩州立大学不过是消磨时间，但他也在这里遇上了一些贵人。他是一个非常好的男孩，那种你喜欢和钦佩的孩子。"

成为大一新生后，史蒂文搬进了父亲位于洛杉矶西部时髦社区布伦特伍德的公寓。在家庭破裂后的最初几个月里，他和父亲相互支持，但这种关系在史蒂文读大学期间逐渐恶化。

阿诺德·斯皮尔伯格的经济支持，使史蒂文能够一边上大学，一边在制片厂做无薪学徒。但是，对于在马克斯·帕里维斯基的计算机公司科学数据系统部门工作的阿诺德而言，史蒂文对受教育的漠不关心仍然让他感到失望。史蒂文同意去长滩州立大学，"只是为了离好莱坞近一点。尽管我爸还是想让我主修计算机工程专业"。阿诺德挖苦地回忆说，史蒂文读大学时还是认真学了一些东西，比如关于拍电影的课程："他一上大学就开始仔细钻研电影方面的知识。他选修了戏剧艺术、创意写作之类课程，不过从来不碰理科课程。"

史蒂文上大学前不久，阿诺德给史蒂文在环球影业的导师查克·西尔福斯打了个电话。西尔福斯说这是自己与阿诺德之间唯一实质性的对话，并且颇为"激烈"。

"史蒂文要搬来洛杉矶，"阿诺德告诉西尔福斯，"他要去长滩州立大学。如果能尽你所能确保他按时入学，我将不胜感激。"

西尔福斯说他不能这么做。

"听着，关于电影行业，有些事情你必须了解。"西尔福斯对史蒂文的父亲说，"要让史蒂文实现他的抱负，需要一个重大突破。必须有人拿出极大的信心和资金，这样我们才能看到史蒂文是不是他表面上看起来的那个样子。我是史蒂文的朋友。如果有机会能让史蒂文导演一些可以用来展示自我的东西，我会建议他去做，至于大学什么的，见鬼去吧。在这个行业里，机会稍纵即逝，所以你最好随时做好准备。他们不在乎他是否有学位，他们感兴趣的是他能把什么搬上银幕。"

据西尔福斯回忆，阿诺德一再重申："他想让斯皮尔伯格上大学并获得学位。我的回答是，对于史蒂文·斯皮尔伯格这样的天才，你无须设定这样的目标。学位到底有什么用？那不是史蒂文需要的。你可以判断一个人是否有学术倾向，而史蒂文并没有。他没能从父亲那里得到多少支持，他父亲偏要做所谓正确的事情。我不怪阿诺德·斯皮尔伯格先生。毫无疑问，他是个好父亲。他在做一个好父亲该做的事，但我不赞同他的做法。

"我觉得史蒂文已经把我当成某些方面的精神导师，但我不是，我也不想当他的父亲。阿诺德·斯皮尔伯格先生明确表示，我实际上应该成为史蒂文真正意义上的父亲。我不想扮演父亲的角色，他自己有父亲。在史蒂文上大学期间，我一直鼓励他放手尝试。基本上，这是我唯一真正发挥的作用。不知怎的，每次他有了故事构思，拍了电影或样片时，都会先来找我。"

当被问及为什么要付出这么多心血帮助史蒂文时，西尔福斯的回答很简单："我喜欢他，我很珍视这块未经雕琢的璞玉。不参与或不谈论与电影有关的事情时，史蒂文真的没有什么特别的。我看到了两个史蒂文，一个是拍电影的史蒂文，另一个是不成熟的史蒂文。我知道其中一个会成长，而另一个已经快定型了。"

阿诺德·斯皮尔伯格越来越清楚地意识到，史蒂文并没有把精力放在大学学业上，而是一心一意地追求电影事业，他们之间的关系也越来越紧张。"他爸爸总是有这样的态度，'让他赶紧找份工作，然后从公寓搬走，'"史蒂文的朋友拉尔夫·布里斯觉得，"史蒂文和他爸爸之间的关系不太好，他爸爸不想让史蒂文待在身边。我不认为他有多支持史蒂文。我肯定他觉得史蒂文没有完全发挥自己的潜能。他（最终）还是把史蒂文赶了出去，然后史蒂文搬来和我住在了一起。"

在史蒂文上大学的头两年里，唐·舒尔偶尔会去探望他和他的父亲，他更同情阿诺德的立场："史蒂文千方百计想要成功，他为了拍电影几乎倾尽所有。没有收入来源，只能依靠他的父亲。很明显，史蒂文只是将父亲当作提款机。我最后几次去看阿诺德时，发现阿诺德总是一个人待在家里。我和阿诺德一起出去吃饭，史蒂文却不在。阿诺德忙着替儿子支付账单，史蒂文却太忙了，都没时间和父亲一起吃顿饭。阿诺德还给史蒂文买了一辆车，为儿子提供了一个安全的住所，而这些他妈妈肯定不会做。"

莉亚住在亚利桑那州，她和阿诺德一样，担心儿子在大学里表现平平。长滩州立大学广播电视系的教师丹·贝克回忆说："史蒂文的妈妈总打电话过来，如果听到史蒂文没把更多的精力放到学业上，她会非常生气。她还打电话给（系主任）休·莫尔黑德，问他'史蒂文最近表现如何'，休会告诉她："坦白地说，不太好。'史蒂文对学位的随意态度，让母亲非常失望。他对学业毫无兴趣。"

斯皮尔伯格确实曾与广播电视系一位已故的、名叫比利·乔·兰斯顿的得州教师结下了友谊。兰斯顿"很关心"史蒂文，据霍华德·马丁老师回忆，兰斯顿与斯皮尔伯格的关系"非常密切"。斯皮尔伯格后来在他1974年的电影《横冲直撞大逃亡》中对兰斯顿表达了深切的敬意。这部电影的故事发生在得克萨斯州，围绕一个名叫小兰斯顿的婴儿被绑架的情节展开。但休·莫尔黑德觉得，比起那几门初学者级别的广播电视课，斯皮尔伯格对英文课的兴趣要大得多。他早期的写作天赋，是被一位名叫罗纳德·福特的已故的英语老师激发出来的。莫尔黑德回忆自己和福特"曾经谈论过这个非同寻常、不可思议的孩子。史蒂文在英语方面是个优秀学生"。"他对写作很感兴趣，"丹·贝克表示同意，"他脑子里装着很多故事，还总是把故事里的小点子记下来。他的电视剧《惊异传奇》就来源于这些点子。他说写作是他最想做的事。"

"在广播电视系，"贝克说，斯皮尔伯格被称为"谈话能手和操纵大师，他通过谈话就能解决学校作业中的某些问题。他会出入各种地方，让事情按照他想要的方向发展。但对我来说，他没有表现出责任心，做事也缺乏持久力。在我看来，他还是个年轻的、不靠谱的孩子，他需要更成熟"。

斯皮尔伯格对自己当年没有将更多心思花在大学学业上表示出些许遗憾。"大学毕业那天，我要导演自己的第一部电影，"1984年他这么说，"这曾经是我的目标：首先念完4年大学，让我爸爸高兴。事实上，现在回想起来，我希望我当时能好好学习，因为大学的确能给我提供帮助。如果将更多精力投入学业而不是电影制作，我的职业生涯可能会推迟几年，但我想自己将会得到更为全面的教育。"

斯皮尔伯格为自己安排了课程表，这样他就可以每周花3天时间在环球影业观察电影人的工作，并试图建立有用的人脉。他经常在片场的办公室里过夜，他准备了两套西装放在办公室，这样当每天早上出现在熙熙攘攘的人群中时，他看起来就像没有在办公室里过夜一样。

"他几乎与墙纸融为一体，"舒尔说，"没人能阻止他，没有人会问任何问题。他总是看上去很体面，连门卫都认识他。他说：'这家公司就像我开的一样。'他就能这么疯狂。"

虽然斯皮尔伯格从未住过西塔奇（Theta Chi）兄弟会在海豹滩以及之后在长滩拥有的房子，他在学校有限的社交生活却集中在兄弟会[1]。舒尔认为，史蒂文"一到某个地方，就总是想办法扩大交际圈"，所以他加入了西塔奇兄弟会的整洁会，作为另一种提升自己职业水平的方式。成为一所位于极端保守的奥兰治县边界的大型欧裔新教徒大学兄弟会的一员，对一个来自亚利桑那州、缺乏社会安全感的犹太孩子来说，无疑是一种保护色。

尽管加入西塔奇兄弟会，是斯皮尔伯格年轻时渴望融入美国主流社会的表现之一，但这也使他在某种程度上与不断变化的学生生活文化相脱节。斯皮尔伯格进入大学之前，兄弟会已经在许多学生中不受待见。在反对越南战争和早期嬉皮运动情绪的刺激下，希腊式生活的社会价值观对于那些打破旧习的学生来说，已经完全过时，甚至被划为反动。许多兄弟会和姐妹会陈旧的种族和民族歧视运动也引发了越来越多的反感。长滩州的一些兄弟会以排挤犹太人闻名，斯皮尔伯格入学的前几年，被拉尔夫·布里斯称为"宿舍里的蠢货们"的几名学生，在校园里成立了西塔奇兄弟会的分会——泽塔·贝塔·希（Zeta Beta Thi）犹太兄弟会，其中一些成员"对非白人抱有偏见"，该分会的34名成员中没有黑人。但布里斯说，即将招募的会员是不是犹太人"从来都不是一个真正被纳入考虑的问题"。

1　他显然没有结识那个时代长滩州立大学后来从事演艺事业的其他著名学生：喜剧演员史蒂夫·马丁（哲学专业）、流行歌手凯伦·卡朋特和理查德·卡彭特兄妹、后来的朋克电影导演佩内洛普·斯普瑞斯（斯皮尔伯格后来聘请她来导演了《小淘气》）。

1965年秋天，广播电视专业的学生查尔斯（布奇）·海斯介绍斯皮尔伯格进入该分会，布里斯很快就和斯皮尔伯格结下了长久的友谊，并在此过程中，逐渐理解了史蒂文·斯皮尔伯格对自身种族身份的复杂感受。

"如果要说有什么的话，他淡化了自己的犹太身份，"布里斯回忆，"他从不过多谈论这一点。但是他的小妹妹（安妮）曾经给过他一个小小的千层百吉饼。他把饼干挂在脖子上，直到它变成绿色。我知道他的希伯来名字叫什穆埃尔。我以前是这么叫他的。他会说：'别那样叫我。'还有一件使他烦恼的事，那时我不懂，但现在我明白了。我以前有一件深蓝色和浅蓝色条纹的浴衣。每当我穿上这件浴衣，他总是很恐惧。他告诉我，他的祖父曾进过集中营，营里的人都穿着那种条纹的衣服（斯皮尔伯格的祖父和外祖父都没进过集中营，他所指的可能是在大屠杀中死去的另一位亲人）。我从没意识到这是一个问题，因为我不是犹太人。有一次他叫我不要再穿那件衣服了，而我觉得，这跟我有什么关系呢？"

斯皮尔伯格在迎新派对上遇到布里斯时，布里斯还是英语专业的大四学生。布里斯一直对娱乐业很感兴趣，在圣贝纳迪诺长大时，他曾自己表演过魔术。布里斯在长滩州立大学选修了电影欣赏和电视制作课程，但他计划上法学院。斯皮尔伯格对他说的第一句话，就足以让布里斯开始质疑自己的人生道路。

"你看起来像个制片人。"斯皮尔伯格说。

当布里斯问他这是什么意思时，斯皮尔伯格说布里斯身上穿的泡泡纱夹克，让他想起了自己在环球公司认识的制片协调员穿的夹克。

布里斯对斯皮尔伯格的第一印象是"一个书呆子气的小个子，但是这家伙身上有些独一无二的东西——他的激情，对电影的全身心投入和兴趣。他身上有一种魅力，让人情不自禁喜欢他。"看了斯皮尔伯格的业余电影后，布里斯愈加喜欢斯皮尔伯格。布里斯在法学院念了一学期后，就退学投身电影行业。"就是因为斯皮尔伯格，我才来到好莱坞，"布里斯承认，"我真不知该感谢还是诅咒他。"

1967年，布里斯和斯皮尔伯格搬进了洛杉矶西部棕榈区的一所房子，在西好莱坞和北好莱坞时，他们也一直住在一起，直到1971年斯皮尔伯格买下了自己的第一所房子。除了对电影的共同兴趣外，他们的友谊也是互补型朋友的典例。

"我是一个古怪的艺术爱好者。"布里斯回忆，"我有点嬉皮，他是那种比较直接的人。他总是很刻板却很有干劲。史蒂文从来不喝酒，也从不嗑药。在那个年代，他是与众不同的。后来他从书呆子变成了国王。之前你没法帮他找到女朋友——而现在你没法把女孩从他身边赶走。"

"我们住在同一套公寓但很少一起出去玩。事实上我们过着截然不同的生活。他通过我接触到嬉皮运动。我觉得住在一起时，他总是很尴尬。我会带一些小妞回公寓，而他会对此抓狂，因为这些女孩总光着身子走来走去。这可能让他很尴尬，但也引起了他的兴趣。我记得有一次两个加拿大来的小妞向他扑了过去。她们很饥渴。"

斯皮尔伯格有点夸张地回忆起他的大学时光，"除了看电影和拍电影，我几乎什么都没做。"

20世纪60年代后期，洛杉矶地区是电影爱好者的天堂。斯皮尔伯格在长滩、海豹滩和西洛杉矶的艺术影院里看了新电影，还经常混迹于加州大学洛杉矶分校附近的新艺术影院（Nuart）和麦克阿瑟公园附近的流浪者影院（Vagabond）等改建一新的影院。这一时期，他通过大量接触外国电影而开阔审美视野："只要是美国以外的影片，都能震撼我。有一段时间，我对伯格曼特别痴迷。我想我看过英格玛·伯格曼拍的每部电影，这简直太美妙了！你可以花上一周时间去电影院看伯格曼所有作品。你下周还可以去同一家影院再看……也许是雅克·塔蒂[1]的电影。我超喜欢他！特吕弗[2]可能是我最喜欢的导演。我在学校时看过所有新浪潮时期的法国电影。"

但几乎没人愿意认真把斯皮尔伯格当作电影人。当他试图说服环球影业的高管们去看《火光》以及他的其他8毫米电影时，高管们提出，除非斯皮尔伯格能给他们看一些用16毫米或35毫米胶片拍摄的东西，否则他们不会感兴趣。斯皮尔伯格默默记下这一要求，"在自助餐厅和其他零工中攒了足够的钱，买了 卷胶片，还从伯恩斯&索耶（Binns & Sawyer）公司租了一台16毫米摄影机，周末出去拍摄实验电影短片……我拍了一部讲述一个人被另一个人追杀的电影。但对于这部片子里的主人公来说，逃跑成了一种精神上的愉悦，以至于他忘记了谁在追杀他。我还拍过一部关于梦的影片，呈现了梦的支离破碎。还

---

1 雅克·塔蒂（Jacques Tati），法国演员、导演、编剧、制作人。代表作包括喜剧电影《节日》《于洛先生的假期》《我的舅舅》等。——译者注

2 弗朗索瓦·特吕弗（François Truffaut），法国导演、编剧、演员、制片人。代表作包括《四百击》《华氏451度》《日以继夜》等，是法国新浪潮的代表性导演，深受巴赞真实电影美学理论和意大利现实主义的双重影响，作品具有强烈的纪实性、浓重的个人传记色彩。——译者注

有一部短片表现了雨水砸向地面的景象。这些都是代表我个人的私人化小电影。"

由于缺乏电影学院的资源，斯皮尔伯格依靠西塔奇兄弟会来提供大部分演员和工作人员。"他把我们当作他的苦力池，"布里斯说，"他有办法把你和他所做的事联系起来。"布里斯印象最深的是斯皮尔伯格大一时，在兄弟会会友布奇·海斯帮助下拍摄的那部16毫米黑白电影《偶遇》。"当我看到这部电影时，便对斯皮尔伯格产生了兴趣。我看得出来他很有天赋。"《偶遇》是一部带有存在主义色彩的黑色电影，时长约20分钟，显然就是斯皮尔伯格所说的某个人将逃命看作"精神上的愉悦"的那部电影。兄弟会的会友罗杰·厄内斯特[1]扮演了一名遭到神秘者袭击的商船水手。一场水塔上的刀枪对决，将故事引向了类似阿尔弗雷德·希区柯克的电视剧般的反转结局——策划这场袭击的凶手（西塔奇兄弟会成员彼得·马非亚饰）想要杀死的正是自己的孪生兄弟。

随后，一个不那么艺术化的项目使斯皮尔伯格的电影拍摄引起了校报的注意。据长滩大学校报《49人》（*The Forty-Niner*）1966年2月报道，"一部名为《疯狂大赛车》[2]的喜剧短片于上周在校园食堂首映"，并透露"斯皮尔伯格已经在环球影业做了一年实习导演"。学生记者布鲁斯·福琼写道，这部与《启斯东警察》类似的闹剧由斯皮尔伯格与布奇·海斯合拍。罗杰·厄内斯特和海斯矮小的俄罗斯女友海莉娜·朱尼泽克担任主角。这部16毫米的黑白电影"有完整的声音和配乐，讲述了一名年轻男子与女友吵架后在校园里追逐女友的故事。影片的拍摄将持续整个学期，所以在男主角的追逐过程中，斯皮尔伯格计划将学校的一系列事件串联在一起……海莉娜和罗杰奔跑着穿过拥挤的走廊，校园建筑，皮特峡谷，还有西塔奇兄弟会的厕所。""皮特峡谷"（Pete's Gulch）是校园社团为庆祝每年的"49人日"临时搭建出来的西部小镇，"49人日"是学校一年一度的大型慈善筹款活动。作为庆祝活动的一部分，西塔奇兄弟会举办一场比赛，学生们会骑着安装在肥皂箱赛车上的马桶赛车。

斯皮尔伯格把这种幼稚但受人欢迎的活动融入《疯狂大赛车》当中，就像他在萨拉托加高中拍摄的《高年级学生的校外活动日》一样，以此来讨好同学。

1　除了出现在斯皮尔伯格学生时期的影片中，厄内斯特还在《横冲直撞大逃亡》和《第三类接触》中有过客串。

2　这个标题借用自前一年上映的"终结所有棍棒喜剧的棍棒喜剧"《疯狂大赛车》（*The Great Race*，1965），由布莱克·爱德华兹导演。

没有什么比霍华德·马丁的电视制作课更能显示斯皮尔伯格在长滩州立大学学业上所遭遇的挫折。斯皮尔伯格的这门课只得了C。"我要特别说明这是他在课堂上的成绩，并不能体现他的真实才能，"马丁说，"我也希望当时的结果不是那样。"

广播电视系拥有设备齐全的电视演播室，配有控制室，能够对学生进行三个机位的基础摄制训练。但马丁逐渐意识到，斯皮尔伯格"并不是特别有兴趣进入电视台做一名编导"。马丁给斯皮尔伯格打了C，因为这个年轻人对手头的功课缺乏"专注"。"我想他学习电视课程是为了在另一种媒介上获得额外经验。他只专注于得到他想要的东西。"

马丁也确实从一份课堂作业中看到了斯皮尔伯格的才华——《羊脂球》，一部由居伊·德·莫泊桑的短篇小说改编而成的电视直播剧。这是一个具有讽刺意味的故事，讲述了普法战争期间一名妓女在公共马车车站为一些虚伪的社会成员做出的英勇牺牲（约翰·福特1939年的经典西部片《关山飞渡》借用了这个故事）。这部时长一小时的电视直播剧是由大家在课余时间自愿制作的，由马丁执导，演员来自戏剧系的学生。制作课花了大约一个月的时间来排练筹备，然后在一个周末的时间内搭建布景并完成节目拍摄。

斯皮尔伯格操作三个机位中的一台摄影机。这台学校的大型笨重摄影机没有变焦镜头。拍摄运动镜头时，摄影师必须自己推着摄影机，小心地移动，同时保持焦点和构图。作为一名有十多年电影制作经验的导演，斯皮尔伯格已经一定程度上掌握了摄影机的使用技巧。马丁不了解斯皮尔伯格的背景，所以当以前对课堂漫不经心的学生在演播室发表意见时，马丁感到很惊喜："他经常这么说：'我有一个建议，这样做可能会好一点。'他的建议的确达到了更好的效果，尤其在第三幕。我们在脚本中需要修改的地方做上了标记，并插到场景中去。他们必须处理不同的取景方式，焦点该放在哪里，摄影机该往哪边移动，或是一个特定角色的走位，等等。他使演播室里的工作更为有条不紊。"

马丁当时可能没有那么欣赏斯皮尔伯格的建议。也许正是由于斯皮尔伯格在拍摄《羊脂球》时的额外努力，他对于自己在这门课上只得了C感到很意外。"他无法改变分数，所以非常烦躁，"系主任莫尔黑德记得，"他认为他应该得到更好的成绩。那不是我的问题。如果当时我就知道他将会成为这么著名的人物，那我会更加注意。"

1965年6月，在高中毕业后不久写给唐·舒尔的一封信中，斯皮尔伯格对他作为环球影业实习生的那段时光进行了最生动的描述。这封信充满了诙谐和自嘲，但展示出斯皮尔伯格身上魅力、大胆、早熟和意志坚定等综合特质，这些特质使他能够充分利用进入环球

　　　　　　　　　　　　　　　　　　　　票房之神：斯皮尔伯格传

影业制片厂的宝贵机会。斯皮尔伯格在一杯混合饮料（苏格兰威士忌和波旁威士忌）的影响下，写下了这封意识流风格的信。他承认自己最近一直在酗酒，这个新习惯让他经常呕吐。他还有些炫耀地提到他在日落大道上结识了一些女孩，并与她们发生了一夜情。日落大道是南加州嬉皮士们的夜生活胜地。也许正是应对环球影业所带来的压力，导致了这些不符合他个性的享乐主义行为。但他对好莱坞生活的反应，就像俗语说的——"在糖果屋里迷失自我的小孩"。舒尔记得，斯皮尔伯格"谈了很多关于好莱坞小明星的事，这是他职业生涯中一支重要的推动力。斯皮尔伯格认为这是结识漂亮女孩的好机会。这确实起作用了，我本没想到这样能行。"

斯皮尔伯格来到好莱坞后社交生活的转变，遵循了宝琳·凯尔所观察到的他那一代年轻导演的模式："一个过去从来没有特别吸引过女性的男人，突然发现自己成了主宰：每个人都在等待他发话，只要他点头，女人们就归他所有……导演们很容易受到诱惑，他们经常被崇拜。"

但在进入环球影业的早期，作为好莱坞的风流人物和正在崛起的大亨，斯皮尔伯格很难维持光鲜形象。他当时开的是一辆1962年产的破烂敞篷车，所以他觉得"开着这辆车去环球影业门口有些丢人"，舒尔回忆，"他总把车停在5个街区以外"。

1965年某个夏天的晴朗早晨，斯皮尔伯格穿着整洁的蓝色运动外套、黑色裤子、戴着围巾和太阳镜走到环球影业的大门前，努力表现出他好像拥有这个地方。但当他发现建筑工地的卡车在大门周围撒了一圈泥巴时，他还是谨慎地选择绕过去。正当他这么做时，一辆过路的加长林肯车将十字路口泥坑中的泥溅了他一身。

斯皮尔伯格接受了门卫的建议，在开始日常工作之前，洗掉身上的泥土。不幸的是，在去洗手间的路上，一辆载着观光游客的有轨电车正好经过。车上的乘客拍下了他的照片，并嘲笑地挖苦他是不是化妆去参加某个电视节目，说不定是阿尔弗雷德·希区柯克的电视节目《希区柯克剧场》。斯皮尔伯格在洗手间也没能把这些污垢洗掉，后来片场的服装部给了他一件新衣服。

斯皮尔伯格当天的日程安排包括与萨姆·斯皮格尔会面，但后者未能赴约。斯皮格尔是斯皮尔伯格最喜欢的两部影片《桂河大桥》和《阿拉伯的劳伦斯》的奥斯卡获奖制片人，他当时并没有如期从欧洲回来。作为替代，斯皮尔伯格被允许与传奇导演威廉·惠勒及其最新影片《蝴蝶春梦》的另一位制片人裘德·金伯格会面。这表明了环球影业的人对斯皮尔伯格的认真态度。

虽然在环球影业的这天开局不利，但斯皮尔伯格还是与查尔顿·赫斯顿[1]共进了午餐。那年早些时候，斯皮尔伯格曾在环球影业的露天片场，花了一些时间观摩赫斯顿在导演富兰克林·沙夫纳拍摄《战神》时的现场表演。赫斯顿记得斯皮尔伯格是一个"有决心的年轻人，虽然一次次吃到闭门羹，还是想方设法地混进片场。富兰克林终于被他的坚持打动，让他留在一边观摩。"在给舒尔的信中，斯皮尔伯格生气地讲述了第一次向赫斯顿介绍自己的情景，那个名叫赫斯顿的演员是如何冷落他，无视他的存在。但当赫斯顿一听说这个年轻人是个有前途的电影人时，便立马变得殷勤起来，接受了斯皮尔伯格与他共进午餐的邀请。他们在摄影棚的餐厅见面时，赫斯顿对斯皮尔伯格的背景非常好奇，这个明星甚至还买了单。但斯皮尔伯格对此不屑一顾，觉得赫斯顿是在拍马屁，不过是想要参演斯皮尔伯格未来的电影！尽管对这位明星几乎没有什么好感，在与这位老牌明星的热切交谈中，斯皮尔伯格还是表现出了一种非常成熟的机会主义，因为他认为这位老明星或许能在未来给他的事业带来重要帮助。

与赫斯顿共进午餐只是斯皮尔伯格在制片厂游荡时为自己创造的众多机会之一。他告诉舒尔，他经常在制片厂与明星、导演和制片人偶遇，并邀请他们共进午餐。加里·格兰特[2]和罗克·赫德森[3]等人也接受过邀请。听到斯皮尔伯格透露哈德森是同性恋时，舒尔大吃一惊。尽管斯皮尔伯格不断拓展的人脉给他留下了深刻的印象，但令舒尔伤心的是，他的朋友似乎越来越喜欢与好莱坞的权势人物为伍。"桑尼[4]和雪儿[5]是他名单上的重要人物，"舒尔回忆，"他总是到桑尼和雪儿家去。斯皮尔伯格还带着拉尔夫·布里斯去了这对流行歌手组合的各类电视节目现场。"舒尔最终在1967年左右与斯皮尔伯格失去了联系："我去找他时，他太忙了，根本没有时间见我。"

1　查尔顿·赫斯顿（Charlton Heston），美国影星，曾主演影片《戏中之王》和《宾虚》。——译者注

2　加里·格兰特（Cary Grant），英国男演员。代表作包括《天堂电影院》《西北偏北》和《谜中谜》等。1970年获得第42届奥斯卡终身成就奖。——译者注

3　罗克·赫德森（Rock Hudson），20世纪50—60年代好莱坞最红的银幕小生，以其粗犷硬朗又不失羞涩的形象成为广大女性的梦中情人。曾参演《重修旧好》《不要给我送花》等一系列爱情电影。——译者注

4　桑尼·波诺（Sonny Bono），美国音乐人、演员，出演过多部美剧、电影，并多次获艾美奖提名。——译者注

5　雪儿（本名Cherilyn Sarkisian），美国影视女演员、流行歌手。主要活跃于20世纪60—70年代，曾与比她大11岁的桑尼·波诺有过一段婚姻，但二人于1975年离婚。——译者注

电影或电视公司在拍摄时，几乎不欢迎外来者在场观摩。有时，当斯皮尔伯格从摄影棚或录音室背后冒出来，突然插话时，人们会问："这孩子是谁？"或者"这个小孩到底在这儿做什么？""他从来不碍事，"史蒂文的好友，已故的环球影业剪辑师托尼·马蒂内利在1994年回忆，"他从不打扰任何人。他并不害羞，但也不会咄咄逼人。尽管如此，制片厂里的一些人还是充满了敌意。""那些人每天至少会把我扔出片场一次，"斯皮尔伯格说，"然后我就会回到自己的办公室。"

斯皮尔伯格记忆最深的耻辱是"被资深制片人兼导演梅尔文·勒罗伊[1]从配音室赶出来，还有在阿尔弗雷德·希区柯克的片场被一名助理导演轰走"。1965年11月到1966年2月间，希区柯克正在摄影棚里拍摄《冲破铁幕》。没能看到拍摄现场，让这个将希区柯克称作"大师"的年轻人感到无比失望："这个故事最让人伤心的部分是，你突然走到了奥逊·威尔斯的沙盒旁，旁边的游戏护栏让你得寻找各种机会才能去使用它。但这是一次非常糟糕的经历。"

在对参观片场失去兴趣之前，斯皮尔伯格已经建立起诸多重要的私人和职业人脉。

1965年秋天，斯皮尔伯格参观了本·戈扎那的电视连续剧《逃命》中的一集《鲨鱼时代》的片场。该集导演是莱斯利·H. 马丁森，斯皮尔伯格三年前曾看过莱斯利拍摄影片《PT109》。其中一位客串明星是一位名叫托尼·比尔的年轻演员。这位演员外表整洁、口齿伶俐，后来成为导演和制片人[2]。比尔比斯皮尔伯格大6岁，曾在1963年的《吹响小号》中饰演法兰克·辛纳特拉的弟弟，由此进入了电影行业。1967年，比尔在接受长滩州立大学学生报关于斯皮尔伯格的采访时，谈到他们两人的第一次见面，"斯皮尔伯格跟我讲了他的电影。我看了其中一些，并告诉他如果需要任何帮助请来找我。我觉得他有天赋，因此才承诺帮助他。你知道，当时他身边没有太多愿意给予他帮助的人。史蒂文很清楚，他有非常独到的眼光，我认为这是任何导演需要具备的首要特质，这是学不到的东西。有的人有，有的人没有……反正史蒂文有这种眼光"。

看完斯皮尔伯格的业余电影后，比尔已经"对这位年轻的电影人产生了兴趣。我会花很多时间去参加电影节，考察一些新的电影人。其时正值实验电影的全盛期，我被那些

1 梅尔文·勒罗伊（Mervyn LeRoy），美国电影导演、电影制片人，曾执导过《出水芙蓉》《魂断蓝桥》《鸳梦重温》等经典影片。——译者注
2 他制片的电影包括《骗中骗》和《出租车司机》，导演的影片包括《我的保镖》和1994年的有线电视电影《隔壁邻居》，由斯皮尔伯格的妻子凯特·卡普肖主演。

和我同时代的、品位相同的人所吸引。那时（在好莱坞）还没有出现挖掘年轻人的现象，年轻和独创性被人轻视，当时的电影并不都是拍给我们这一代人看的。弗兰基·阿瓦隆和安妮特·富里切洛一起拍过一部关于年轻人的电影，史蒂文是我认识的少数几个比我年轻的人之一。他对任何事情都持开放态度，这很吸引我。史蒂文不好面子，也很坦诚。他直截了当，形象鲜明。与其他半途而废的人相比，他清晰而又务实。这让我对他的能力和直觉充满了信心。这差不多就是我对他这么说的原因：'如果你需要帮助，我将无偿为你服务。'"

史蒂文现在急需帮助。"他是个穷困潦倒的学生电影人，他的家庭在这方面没什么人脉。"比尔回忆，"而我是个成功的演员，我有房子和妻子，至少可以喂饱他。"比尔还把史蒂文介绍给了他的非正式圈子里那些特立独行的年轻电影人，"在那些日子里，想在电影界取得发展，对我们大家来说似乎都是不可能的。这是一个如此封闭的圈子，我们是唯一可以彼此交谈的人。我们有一群人，愿意相互了解，并对彼此充满热情。斯皮尔伯格和弗朗西斯·科波拉是通过我认识的。史蒂文身上的自信和我当时从弗朗西斯身上感受到的一样。"

史蒂文加入的另一个圈子，是他所谓的"环球影业制片厂中心地带的长发电影协会"，由编剧兼制片人杰罗德·弗里德曼领导。斯皮尔伯格回忆，弗里德曼"雇用了一些编剧、导演和研究神秘特效的人"，后来斯皮尔伯格为弗里德曼导演了电视剧《心理医生》，他们也共用一间办公室。演员杰夫·科瑞还记得，1966年初，在拍摄《逃命》的另一集时，弗里德曼这么向他介绍斯皮尔伯格："杰夫，我想让你见见史蒂文·斯皮尔伯格。总有一天他会成为这家公司的老板。"

刚从好莱坞长期的黑名单上解放出来不久，科瑞就在好莱坞梅尔罗斯大道的一个临街剧院里，经营一家著名的表演工作室。20世纪50—60年代间，他的学生包括詹姆斯·迪恩、杰克·尼克尔森、理查德·张伯伦和卡罗尔·伯内特，以及一些导演和未来的导演：罗杰·科曼、厄文·克什纳和罗伯特·唐恩等等，他们都是来学习如何指导演员的。托尼·比尔参加了科瑞的表演课程，还把斯皮尔伯格一起带去了。

"他来的时候正好是那一年比较景气的时期，"科瑞回忆，"他总是不参加表演。他坐在后排，非常安静，也很专注。有时他不是坐着，而是站在后面。我总劝他加入表演。他会回答：'好的。'但还是不演。他对导演感兴趣，他想观察我和别人一起工作，比如看我朝别人扔东西时我的表演是如何改变的。"

斯皮尔伯格在科瑞的课上所吸收的是一种有趣的、即兴的、大胆的、非传统的表演方式，一种反常规的、自然主义的行为，这将极大地帮助他应对电视导演的压力。正如帕特里克·麦吉利根在其为杰克·尼克尔森写的传记里所描述的，科瑞教导他的学生"不要直接、情绪化地进入一种情境，而是要间接地处理某个场景的内容"。罗伯特·唐恩回忆："他给出的场景会与教科书上写的完全相反，这是给演员的任务，他们通过对能想到的各类情况的阐释，利用与实际场景无关的台词来暗示真实情况。"

大概就在他遇到科瑞时，斯皮尔伯格去参观了《热浪》的片场，遇到了另一种不同类型的表演老师。《热浪》是电视剧《克莱斯勒剧院》的其中一集，由罗伯特·埃利斯·米勒导演，利奥·G.卡罗尔、威廉夏特纳和约翰·卡萨维蒂[1]主演。在斯皮尔伯格的记忆中，卡萨维蒂是"我在好莱坞最早遇到的且愿意抽空和自己交谈的人之一"。

当卡萨维蒂看到斯皮尔伯格在片场时，"他（卡萨维蒂）把我拉到一边问：'你想做什么？'我说：'我想当导演。'他说：'好吧，我们每拍完一段，你就负责告诉我我哪里做得不对，然后指导我。'我当时18岁（实际19岁），而环球影业制片厂的一家专业电影公司在负责摄制这一集电视剧，可卡萨维蒂每拍完一段，就从其他演员面前走过，甚至从导演面前走过，径直走到我面前问：'你觉得怎么样？我该怎么改进？我有哪里做得不对？'而我会说：'天啊，这太尴尬了……卡萨维蒂先生，别当着大家的面问我，我们就不能到角落里去谈谈吗？'"

对卡萨维蒂而言，在好莱坞电影和电视节目中表演只是日常工作，目的在于为他的独立制片电影项目提供支持。1965年1月，他开始执导低成本电影《面孔》，并邀请斯皮尔伯格参与该片拍摄。卡萨维蒂把《面孔》描述成一部"家庭电影"并不是在打比方：这部电影是在好莱坞山庄他自己的家里和岳母的家里拍摄的。该片采用16毫米黑白胶片拍摄，剧组由一小群志愿者组成，并由导演的妻子吉娜·罗兰兹领衔主演。《面孔》于1968年上映，是美国新现实主义的重要代表作之一，正如雷·卡尼在《约翰·卡萨维蒂的电影》中所描述的，这部影片表现出一种原始的、毫无顾忌的"对心理狂乱的文化趋势的观点"。

尽管为卡萨维蒂免费工作，但斯皮尔伯格回忆："卡萨维蒂让我给《面孔》做了几周制片助理，我当时就在一旁观察他怎么拍这部电影。相比自己在摄影机前，约翰对故事和

---

1 约翰·卡萨维蒂（John Cassavetes），美国导演、编剧、制片人、演员，曾参演电影《十四小时》《出租车》等，后来担任《影子》《面孔》等影片的导演。1973年，凭借《受影响的女人》入围第47届奥斯卡金像奖最佳导演奖。——译者注

演员更感兴趣，他热爱自己的演员。他对待演员的方式就像对待自己长期的家庭成员一样。而我真的感觉自己上道了，因为在我观察卡萨维蒂怎么处理他的剧团时，我学会了怎么和演员打交道……我认为成为一名导演最好的方法之一就是，像卡萨维蒂那样，想尽办法去求演员帮忙，除了高品质的结果不保证任何东西，以及要正视你的演员和工作人员。不能趾高气扬，这是我从约翰身上学到的另一点经验。"

在环球影业的大部分时间里，斯皮尔伯格"都和剪辑师们待在一起。在环球影业我花了一年时间和他们在一起，他们喜欢有我在身边。我会和他们坐在一起，他们会告诉我如何剪辑以及为什么要剪辑。我自己剪辑过《马车队》的一些镜头，你知道的，剪辑不是我该做的事，因为我没有工会员工卡。但我就是这么开始的[1]。"

与斯皮尔伯格在环球公司共事时间最长的剪辑师之一是托尼·马蒂内利，他是一位和蔼可亲的资深剪辑师，1925年进入电影行业。"他到我的剪辑室里来的时候只有16岁，还在上学，"马蒂内利回忆，"我们在环球影业的老实验楼里有剪辑室，所以查克·西尔福斯问我是不是可以让史蒂文到我这里来。他是个品貌兼优的年轻人，非常友好，他身上没有任何傲慢的地方。他拍过一部8毫米的电影，是《第三类接触》的一个早期版本（即《火光》）。他有个放映机，而我们把影片投影在墙上。影片有配音，但没能和画面同步起来。这真是一件了不起的作品，完成度非常高。作为一名业余爱好者，他有一些非常有趣的视角——尽管在那个时候他已经不能再算业余爱好者。我知道他有明确的信念，从他的8毫米电影里就能看出。他知道自己要做什么，而且方向是对的。"

1990年，斯皮尔伯格被电影剪辑师协会褒奖为"尊重与他共事的剪辑师，欣赏他们工作"的导演。马蒂内利借此机会回忆起他们的第一次相遇。"我说过我总是中意8毫米的电影，他说我是唯一一个（除了西尔福斯外）愿意看他拍的8毫米电影的人。其他人都拒绝了他。他还提到我是少数几个愿意让他进入剪辑室的人。大多数人都把他赶了出来，皱着眉头以'我很忙'为借口，他们都不同意。我从不拒绝任何人，我的剪辑室永远对他敞开

---

1 在托尼·克劳雷于1983年出版的斯皮尔伯格传记中，托尼质疑斯皮尔伯格是否参与了《马车队》的制作，但他错误地称这部作品在斯皮尔伯格来到环球影业片场之前已经完成了。《马车队》的制作一直持续到1965年，而环球影业的电视剪辑部门在那之后依然为了重播和重新发行该作品而进行了重新剪辑。查克·西尔福斯认为，斯皮尔伯格参与了该系列电视剧的剪辑工作是"非常有可能的"，剪辑师缩短剧集长度，能让电视台插入更多广告，并且减少节目的暴力成分，因此可能改变剪辑的标准和方式。

大门。他只是个年轻男孩，但如果你问他什么，他都会回答你。他理解力很好，脑子也转得很快。他来剪辑室向我学习，而我也站在一旁，向他学习。"

尽管一些剪辑师确实将斯皮尔伯格赶了出来，但是当时他在剪辑室比他对马蒂内利致谢时所记得的要更受欢迎。理查德·贝尔丁，在斯皮尔伯格待在环球影业时接替了戴夫·奥·康奈尔成了电视剪辑部主任，他回忆起斯皮尔伯格"经常和剪辑师混在一起。他会进入剪辑室，在剪辑师们身后观察"，斯皮尔伯格会"提出许多关于剪辑师的问题"。西尔福斯说："这完全是技术的实际操练，他为自己安排了相关课程，这是真枪实弹。你在学校里不可能学到怎么成为一个电影人，学校教不了这些。"

1967年初，在法学院的第一学期结束时，拉尔夫·布里斯打电话对斯皮尔伯格说："我们去拍这部电影吧。""这部电影"被斯皮尔伯格称为《随心逐流》，是一部关于高速自行车车手的电影。他想使用35毫米胶片的标准电影尺寸来拍摄，作为他第一部职业级的短片。"史蒂文真会来事，"布里斯这么说，"他不仅知道如何拍电影，他还知道怎么搞到钱。"

布里斯辍学了。他希望能以制片人的身份开启自己的事业，并说服了父母本和西尔莎给斯皮尔伯格的电影投资了3000美元。另一位西塔奇兄弟会的成员安德烈（安迪）·奥维多拥有一家报纸投递公司，同意出资1000美元。除了奥维多，其他参与者也是斯皮尔伯格的大学朋友，包括罗杰·厄内斯特、彼得·马飞亚和吉姆·贝克萨斯。通过西尔福斯和环球影业其他人的一些帮助，斯皮尔伯格免费得到了一些剩余和未曝光的电影胶片，这些材料被他用来拍摄自己电影的大部分内容。

1967年春天的一个周末，电影在长滩及周边地区开拍。这部电影由娱乐山公司出品，该公司由斯皮尔伯格父子组建。"我这么做是因为没人愿意为他担保，"阿诺德说，"他还是个孩子。所以当我们去CFI（联合电影工业公司）租赁电影设备时，我签了字，还付了一部分钱。有时他还我钱，有时不还，但这没有什么区别。我最近才把我们所有的账单都交给他来还。'嘿，爸爸，'他说，'你真的对我的职业帮了不少忙。'史蒂文想花的钱远远超出了钱包里有的。""我们确实没想到需要花这么多钱，"布里斯承认，"我们当时很天真。史蒂文以为我们可以花不到4000美元，就能用查普曼升降机（一种大型移动摄影机平台）拍一部35毫米的彩色电影。"

斯皮尔伯格选择将体育作为《随心逐流》的主要题材，和他在高中里写体育新闻一样，似乎是他有意迎合美国主流文化的一种表现，以免觉得自己被排斥在外。《随心逐流》是一部相对不那么私人化的电影，尤其作为一部处女作。斯皮尔伯格可能觉得一部更能反映自己个性的电影，对于蓬勃发展的青少年市场并不具有足够的吸引力。《随心逐流》里的主人公不是斯皮尔伯格那样的书呆子，而是一名痴迷于自行车比赛的帅气运动员，也许这个人物借用了唐·舒尔的个性。

斯皮尔伯格住在萨拉托加时，舒尔和他的4个运动员朋友会骑着他们价值1500美元的高速欧洲自行车环行圣克拉拉郡（不包括史蒂文）。"我们过去常常在山间穿行，"舒尔回忆说，"我们就像是动物。我觉得史蒂文可能连一圈都坚持不了，也许吧，他个子很小。我们在路上也经历过一些颠簸，我知道他把那些都记在了脑子里。他说他借鉴了我的一些自行车恶作剧，并把它们用在了电影里。但我从来没看见。"

"冲流"被定义为"由高速移动的地面交通工具后方产生的低气压和向前的吸力区域"。寻求刺激的自行车骑手有时冒着生命危险，紧跟在卡车后面的冲流中加速骑行。《随心逐流》展现了一个勇敢的自行车车手从陡坡上往下冲的一系列动作。主人公在一辆卡车的冲流中骑行，被他的对手——一个要将他撞出路边的狡猾坏蛋所追赶。但当主人公绕过卡车时，另一名车手的冲力将他猛地拉到卡车后部，他被撞得血肉模糊，并被甩出路面。

罗杰·厄内斯特帮助斯皮尔伯格完成了剧本，并饰演了那个卑鄙的骗子，这个角色多少让人想起了在凤凰城和萨拉托加折磨斯皮尔伯格的恶霸。那个好人角色由托尼·比尔扮演，他和其他所有参与制作的人一样，非常乐意为这位20岁的导演贡献自己的力量。

在寻找摄影师的过程中，斯皮尔伯格遇到了年轻的影迷艾伦·达维奥。那时达维奥刚刚成为摄影师，在《随心逐流》担任了掌机，后来成为好莱坞最杰出的电影摄影师之一。他与斯皮尔伯格合作拍摄了几部最具诗意的电影，包括《E. T. 外星人》《紫色》和《太阳帝国》。"1967年那会儿，认识史蒂文的人都不会对他的成功感到意外，"达维奥曾说，"……但那时没人愿意给他提供工作。他的年龄渐渐大了。他已经19岁了（实际上是20岁），他感到时间正在催促他，他得做点什么了。"

1995年，当被问及如何发现斯皮尔伯格的才华时，达维奥回应："我觉得对一个人来说，同时兼具艺术敏感性和对媒介的激情，是难能可贵的品质。此外他还是一个强硬的制片人，他知道怎么做到他想要做的事，他知道怎么和更强硬的投资人打交道。即便是刚刚开始，他也可以说服那些人把钱投进来！"

"对于《随心逐流》来说，他的推销工作完成得很出色。他们说服了南加州的所有欧式的自行车赛车成员们带着自己的自行车参演，甚至还不用付他们汽油费和其他费用。在一片黑暗里，一片被人遗忘的沙漠里，当太阳开始升起，照在公路上的时候，这些人就已经穿好装备，等在街那一头了。这些人愿意配合这个孩子一遍又一遍地拍摄，不求回报，因为他就是这么有号召力。"

斯皮尔伯格请达维奥担任《随心逐流》的摄影指导，但达维奥解释说自己"只拍过一次35毫米的电影，在罗杰·科曼的《旅途》（1967年的迷幻电影）中拍过一些衬底镜头和补拍镜头，我说：'我真的不认为我有足够的经验，来担任这部影片的摄影指导，但我认识一个很棒的法国摄影师，他叫塞尔日·艾涅雷'"。艾涅雷来到好莱坞时正值新浪潮开始之前，他在一个摄影工作棚做助理摄影师。"我第一次遇到史蒂文时，"艾涅雷在《随心逐流》的拍摄期间这么说，"我看到一个年轻的孩子——一个害怕的年轻人——我记得当时在想，天啊，又来了一个想要'发明'电影的家伙！但我发现他很有创造力，也很有天赋。如果他不是这样的人，我不会和他一起工作。我们成了非常好的拍档。"

为长滩州立大学校报去《随心逐流》的拍摄地探班后，《49人》的专栏作者罗恩·瑟罗森预见性地观察到斯皮尔伯格已经在当代著名的导演中"找到了自己的位置"。就《火光》这部作品而言，斯皮尔伯格"显然在好莱坞给足够多的人留下了印象，因此他能够去观摩主流大厂的拍摄流程，这种有利的机会对别人来说很少见，无论年纪大小……他在同行中很受尊敬，这是一个不争的事实，因为和他一起合作的专业人士都称赞和力挺他……

"为什么这些人愿意把自己的命运押在一个自己开制片公司的年轻人身上？为什么他们愿意不计回报地为他工作？因为他们觉得史蒂文·斯皮尔伯格有能力成为一名知名导演，因此他们想要帮助他……史蒂文看上去更像是大学啦啦队队员，而不是个有经验的导演，但他给人留下了深刻印象，而他可能正在成为伟大导演的路上。"

"每一部电影都是一次经历，"斯皮尔伯格这么告诉瑟罗森，"就算到了60岁，我也要学习。我自己学到的东西比我在制片厂里学到的多得多。"

斯皮尔伯格拍摄电影的高度专业性，给这位学生记者留下了深刻印象："拍摄过程中，制作组花了差不多两个小时，8次重拍一个30秒的镜头。这个镜头要求一名演员走近他的一群同伴，然后说：'你们谁想喝杯可乐？'他停顿了一下接着说，'好吧，我就是觉得我该问问。'在这个简短的镜头里，摄影机移动得很快，推进、旋转，然后聚焦于拍摄对象身上。如果导演是个好导演，不把画面拍好是不会罢休的，但有时候一拍就刹不住。"

然而不久之后，影片的拍摄戛然而止。开头和结尾镜头的拍摄——比赛的开始和结束——原定于周末在附近的海滩进行。斯皮尔伯格和布里斯招募了一批自行车骑手和观众。"他们把赌注押在了最后一个周末的拍摄上，"达维奥回忆，"可那天不仅下雨了，还刮起了季风。"

"我们的钱基本都花光了，"布里斯说，"下雨对我们来说更是致命一击。我有张我们租来的查普曼摇臂停在雨中的照片。算上司机，我们一天就要花750美元。我们拍了不少很不错的镜头，（在那个周末之前）一切都棒极了，但我们还不满足。我们拍完了全景镜头、赛车镜头，6000到7000英尺的胶片（大概是一小时多点的电影），但没能拍完剧情部分。"

"钱用完了之后，史蒂文非常沮丧，"达维奥说，"在《随心逐流》之后，他试过用塞尔日正在拍摄的玩偶模型去做一部16毫米的短片。我只知道他必须有所行动。"

1987年，斯皮尔伯格的妻子艾米·欧文为庆祝他的生日拍摄了一部传记电影《公民史蒂文》（*Citizen Steve*），其中包括一段《随心逐流》中45秒的蒙太奇镜头，这部电影被半开玩笑地称作斯皮尔伯格人生中的"莫扎特视角"，"未完的交响曲，未完的电影"。斯皮尔伯格和布里斯用来拍摄《随心逐流》的实验室——联合电影工业公司（CFI），因为电影人无法支付报酬而扣留了电影的胶片，到了1987年，这段影片还躺在好莱坞实验室的架子上。后来斯皮尔伯格将胶片买了回来。尽管《随心逐流》的命运是不幸的，但达维奥拍摄出来的充满动感和诗意的自行车比赛场景，让人得以窥见斯皮尔伯格年轻时的才华。

在这个项目失败之前，斯皮尔伯格带着他个人独有的谦逊和自我意识向学生记者乔·玛丽·巴加拉阐释了自己的电影制作哲学："我不想像安东尼奥尼[1]或费里尼那样拍电影。我不想拍那种只给精英看的电影，我希望每个人都能欣赏我的电影。打个比方，就算一部安东尼奥尼的电影在爱荷华州的苏城上映，人们还是会成群结队地去看《地仙号快车》（1967年迪士尼的奇幻片）。但我确实希望我的电影有一个目的！我只想用我的电影

1　米开朗基罗·安东尼奥尼（Michelangelo Antonioni），意大利现代主义电影导演，代表作包括《云上的日子》《奇遇》《红色沙漠》等。——译者注

来表达我要说的，我所接近的东西，一些我可以传达给观众的东西。如果在这个过程中，我创造出了一种风格，那么这就是我的风格。我努力保持原创性，但有时，即使是原创性也会变得风格化。我觉得现在对我来说，20岁最糟糕的事情就是形成一种风格。"

1968年6月罗伯特·肯尼迪遇刺后，广播电视网发出紧急通知，要求他们的供应商减少电视节目中的暴力镜头。就在查克·西尔福斯为这个问题焦头烂额时，斯皮尔伯格刚好出现在他面前。

"他走进我的办公室，滔滔不绝地说起自己正在做的事。"西尔福斯这么回忆，"我打断他，并告诉他：'史蒂文，我正忙着呢，我没有时间。因为这个节目过几天就要播出了，我得把这些内容都删掉。'我不会说我要气炸了或对他大喊大叫，但我确实用了一种比较尖刻的语气，我说，'我现在有个大问题要解决，我没时间听，史蒂文。我不想再看你的电影日记了，也不想听你的故事，不想看你的混剪了。'他脸上的表情就好像被我打了似的，'下次你要带35毫的彩色成片来给我看——也就是一部完成的电影。你拍完了这个，再打电话给我。'"

"接下去的好几个月我都没再见他，然后我在某个周日接到了他的电话。他说：'我有东西要给你看。'我问他：'多长？''26分钟。''好的，我今天下午订个房间。'我想我应该是感到内疚了。他不肯进放映室，他太紧张了，要么就是他不想被问任何问题。我一个人走进放映室看了《安培林》。至今我都觉得这是一部完美的电影。"

尽管斯皮尔伯格已经远非新手——毕竟，他22年的岁月里有一半时间在拍电影——但1968年12月在电影院发行的《安培林》，仍被视为这位年轻导演的正式处女作。这部富有表现力却台词极少的短片，讲述了一对男女苦乐参半的故事，他们相遇了，但最终在搭乘顺风车从沙漠到南加州海边的旅途中渐行渐远。

并未在《安培林》片尾名单上出现的朱莉·雷蒙德堪称影片的教母，她曾将史蒂文·斯皮尔伯格介绍给心怀抱负的制作人丹尼斯·霍夫曼，她与后者在"太平洋字幕公司"一起共事过。霍夫曼比斯皮尔伯格年大9岁，管理着一家特效和后期公司Cinefx，同时还作为一支名叫"十月乡村"（October Country）的摇滚乐队的经纪人，正在寻求一部能够用这支乐队配乐的电影。1968年初，就在斯皮尔伯格21岁生日后不久，雷蒙德带霍夫曼来和这位年轻的电影人共进午餐。

霍夫曼对斯皮尔伯格的第一印象是，他"很有进取心，很有魅力，也很敬业。他无论吃饭、呼吸还是睡觉，都离不开电影。他的梦想是当一名导演，简单明了。他说如果我愿意投资，他什么都肯做。史蒂文是一个让人放下戒心的人。他有一种孩子般的气质，天真烂漫，让你想要帮助他。斯皮尔伯格达成今天的成就不是意外，不是靠运气，这一切都在他计划之中。他不仅是电影制作的天才，也是自我推销的天才。他和我都有拍电影的雄心壮志。没错，我愿意帮助他是因为我也想要有所成就。我想要进入制片行业。我以朋友的身份帮助他，因为我喜欢他，他也需要帮助。"

他们洽谈的第一个项目是《随心逐流》。

"他需要大约5000美元来完成这部电影。他找过父亲，父亲没有给他钱。摄影很出色，但我回忆起来又觉得这部片子很无聊——很多人骑着自行车，没完没了，一点也不让我兴奋。也可能是因为我比较自大吧，我告诉他：'我真的对拍完这部电影不感兴趣。'

"我告诉史蒂文我想看看他正在写的东西，比如大纲或剧本。他给我看了两到三个不同的项目，三页到四页的大纲。他首先提议拍摄一部关于汽车电影院的短片。故事都发生在晚上，人们下车去拿糖果，大概讲述了他们一路上看到的东西。而他们回来之后，就找不到他们的车了——那些车都是大众牌。这个想法挺不错，但成本太高，而我的乐队也没法配乐。我想，如果他不需要处理对白，那么对他第一次当导演来说会比较简单。我告诉他：'我们来拍点不需要这么多场景、这么多人员的电影吧，来拍点没有声音、没有对话的东西。我们可以找个外景，不要这么多设备，这样会更简单。我们来拍点可以用到我音乐的东西。'

"而下一个剧本就是量身定制的。我选择《安培林》是因为片中几乎没有任何对话，他也很及时地提出了这个方案。史蒂文不喜欢摇滚乐，但还是为我们破了例，并按照我们的要求撰写了剧本。故事虽然是他写的，但是根据我的指导来完成的。我们开了几次会，促成了合作。《安培林》并不是他愿意倾注热爱的作品，他拍这部片子是因为他需要一个跳板来成为导演。"

斯皮尔伯格将《安培林》描述为"粗鲁的商业主义反击。我拍了很多16毫米的短片，但一点用都没有，它们太深奥了。我想拍一些东西，可以向那些电影投资人证明，我确实可以成为一名专业的电影人。《安培林》是我有意识地尝试跻身行业的努力，并且成功地向人们证明我可以操控摄影机、找到好构图，并且能够处理照明和表演。《安培林》给我带来的唯一的符合心意的挑战是，我必须在没有对话的情况下讲述一个男孩和一个女孩的故事。我发现即便我想加入对话，也负担不起费用，所以我只好这么拍。"

布里斯和斯皮尔伯格从《随心逐流》的不幸经历中汲取了很多关于节省经费的经验，或者他们至少学会了未来怎么去操纵一个没有经验的准制片人。"他们为《安培林》做的最初预算是3000到4000美元，"霍夫曼回忆，"他们抄了不少近路。"意识到这个数目低得不切实际后，霍夫曼批准了进一步的支出，而最终的成本达到2万美元左右，包括CFI、Cinefx和莱德声音的实验室费用，特艺色彩的35毫米胶片发行拷贝，还有几千美元的广告和宣传费。

《安培林》的拍摄几乎完全在南加州的自然环境中进行，霍夫曼设法让结尾场景在杰克·帕兰斯位于马里布的海滩别墅拍摄，并在为一个夜晚外景的拍摄提供了自己在Cinefx的小摄影棚。两位主人公在篝火旁的睡袋里做爱的场景是在摄影棚里拍摄，以减少外景费用，也为了让摄影师艾伦·达维奥更好地控制灯光。

参加这部电影的所有人，包括斯皮尔伯格，都是为了银幕上的署名而无偿工作的，这对他们25个人（包括十月乡村乐队的5名成员）来说，都是一次展现自己的机会。斯皮尔伯格在《电影学院演员名录》（*Academy Players Directory*）里找到了那位妖冶的红发女主角帕梅拉·麦克迈勒。她毕业于帕萨迪纳戏剧学院，已经在《波士顿杀人王》（*The Boston Strangler*）中演过一个小角色。而男主角理查德·莱文则在比弗利山庄公共图书馆里做图书管理员，他和导演长得很像，因此有助于突出该角色的自传体色彩。

斯皮尔伯格称霍夫曼"想要影片的所有权署名，这意味着这部电影的片名会是'丹尼斯·霍夫曼的《安培林》'。我说：'那好吧。'然后我就拿了钱，拍了这部电影。"不过《安培林》片中并没有所有权署名，比尔·霍夫曼是制片人，而布里斯则是"制片主任"，影片最后字幕打出了："由史蒂文·斯皮尔伯格编剧和导演。"霍夫曼觉得提到这部电影的人只强调斯皮尔伯格的创作贡献是不公平的，而"把我说成是一个有钱没脑子的暴发户。是我发现了斯皮尔伯格。我为他的电影投资，我照顾演员和剧组工作人员，我支付了所有费用。一切都说过做过之后，我就被遗忘了。我才是制片人啊。"

1968年7月6日，拍摄《安培林》的第一天，布里斯在Cinefx的摄影棚里看到斯皮尔伯格的某个举动时突然紧张起来，他"当时在拍摄一段火柴点燃篝火的移动长镜头。就故事来说是合理的，但他不肯告诉我们他在做什么。我知道胶片是我们最昂贵的耗材，如果整部电影都这么拍，我们会用掉一万英尺胶片。我大声喊道，'卡！'史蒂文就发飙了：'没人能在我的片场喊"卡"！'我吸取了教训，从此我再没在片场喊过'卡'。我觉得他从未原谅我。"

"第一个周末，丹尼斯差点撤销了整个项目，"达维奥说，"那个周末我们拍摄了篝火的场景，到周六结束时我们已经用掉了三四倍当日配额的胶片。丹尼斯说：'到此为止了，我们现在就撤吧。我负担不起了。'我们只好说：'好吧，我们会听话的，我们会听话的！'第二天我们小心翼翼，只用了很少的胶片，这样我们才能前往沙漠拍点'真东西'。"

对他的导演权威的测验一旦结束，斯皮尔伯格似乎就能得心应手。在接下来的八天里，拍摄工作转移到了洛杉矶北部梨花城附近的沙漠地区。"梨花城7月的温度可达105华氏度，"达维奥回忆，"根本不适合人类带着摄影机出外景。"除了身体上的折磨，斯皮尔伯格对参与拍摄的每个人都"好极了"，霍夫曼说："我们只是群孩子，绝对的业余爱好者。史蒂文和大家相处得很好，他和任何人都能立即搞好关系。不管你是谁，他都会指引你。此外他也提前做好功课和准备。"斯皮尔伯格甚至用自己的8毫米摄影机记录下了《安培林》的摄制过程。

"人们会问：'你是怎么认识斯皮尔伯格的？'"达维奥笑着说，"我开始真正了解斯皮尔伯格是当我和他一起连续8天高强度地拍摄日出和日落的时候。每天早上他都想起来拍日出。'史蒂文，我们昨天的日出拍得很棒了。''是的，但今天的可能会更好！'我们的拍摄非常随意，史蒂文边走边拍。我们拍了日出，之后又拍一整天，再拍日落。然后我们开车进城，去特艺公司看前一天的样片。史蒂文这样做只是为了让我们知道如何在重拍时把这个小小的镜头拍得更好。我们开车回来，上床睡觉，然后，砰！清晨5点，史蒂文就起来了，大叫'快起床！快起床'。"

《安培林》剧组成员中后来继续在好莱坞工作的包括：作曲家迈克·劳埃德；斯皮尔伯格十几岁的妹妹安妮，她当时担任场记并负责准备食物；制片助理索姆·艾伯哈特，当时是加州州立大学长滩分校的学生，现在已是一名导演；制片助理罗宾·C.钱柏林，后来制作了电视剧《插翅难飞》（*Wings*）；摄影助理唐纳德·E.海策尔，毕业于加州大学洛杉矶分校电影学院，曾与达维奥合作拍摄过摇滚短片，后来成为制片助理和制片经理。

在霍夫曼的记忆中，所有人都对这部影片倾注了心血，但对某些人而言，它只是一种劳动，而且是无偿的劳动。海策尔说，工作人员们在条件严苛的外景地起早贪黑地辛苦干活，等回到沙漠里的小旅馆时早已"筋疲力尽"。布里斯回忆，剧组人员一直在换，因为

"有人会说'就这样吧，我不干了'"。"那段时间很难熬，"海策尔承认，他也在拍摄结束前就离开了梨花城，"太苦了。条件十分艰苦，天又热，还是个荒无人烟的地方。我们要爬上山坡架好摄影机，也没有常规的便利设施。"

海策尔很快发现，斯皮尔伯格并不像看起来那么轻松："我们总是一大早就出发去外景地，斯皮尔伯格说他每天早晨出发前都会呕吐。我可以理解，每个导演都很紧张，而他不过是个小孩子。但他仍然是领导者，他是认真的。当你拿别人的钱去做一些可能没有市场的东西时，最好还是认真点。"

斯皮尔伯格发现，《安培林》的剪辑过程对他来说是"堪比泻药，因为剪辑对这个故事至关重要"。为了这部26分钟的短片，他拍了长达3个多小时的素材。当他准备开始剪辑时，他的制片人几乎没有钱给他租剪辑室。朱莉·雷蒙德再一次伸出援手："我帮他在好莱坞找了一间可以让他剪片子的剪辑室——哈尔·曼恩洗印厂。我认识哈尔，他曾是太平洋字幕公司洗印工作室的主管。"

"朱莉·雷蒙德打电话给我，向我推荐了斯皮尔伯格，"曼恩回忆，"我们以前在太平洋字幕公司一起共事过。他拍了一些16毫米的东西，并带来洗印。公司老总拉里·格里克曼接过不少学生作业的活儿，他很善良，乐于助人又善解人意。我们以成本加5%的价格向他们提供胶片。那时斯皮尔伯格不过是一名学生，我隐约记得他。他和助理剪辑师布里斯一起进行《安培林》的剪辑工作，他刚刚到要制作特效的阶段。我猜他的钱花光了，需要找个地方剪片子，并且希望随时都能工作。他过来和我聊了聊。我们对他印象深刻，并表示愿意提供帮助。他看上去是个好孩子，懂礼貌，尊敬人，他把每个人都称呼为"先生'，他的举止像个生意人。我们正好有一间空闲的剪辑室，就借给他了。我们跟他说就算他工作到很晚也可以免费使用这个房间。"

斯皮尔伯格整整六周都在曼恩的声画剪辑机上操作，剪辑画面和声音，其中包括迈克·劳埃德的配乐，一首由十月乡村主唱卡罗尔·卡马乔演唱的充满哲思的主题曲，以及片中仅有的人声——帕梅拉·麦克迈勒在一段抽大麻的连续镜头中咯咯的笑声。斯皮尔伯格的剪辑风格大胆、简洁、有力，带有一种奔放的新浪潮色彩，例如突然的、不寻常的跳跃剪辑和定格。每周7天他都在剪辑，从下午4点到次日凌晨4点，整栋大楼里只有一位剧组成员陪他工作，晚上还有布里斯。斯皮尔伯格决定在今年年底，也就是奥斯卡最佳真人短片奖的评选截止日期前，发行这部电影。

斯皮尔伯格"靠比萨和夜晚的空气过活",曼恩回忆:"他花了近两周的时间,日夜不停地听着电影配乐(以便根据音乐来剪辑)。他有一个留声机,他带来了所有这些每分钟33转的唱片。他会边听边看自己的电影,就这么一整夜走来走去。他是个完美主义者。他想知道一切的一切,他想知道我们的洗印室是如何工作的、我们的特效机器是如何运作的。我们有两三名特效师,他想知道他们在做什么。他从许多好人那里得到了建议。很少有人嫉妒他的时间和知识,大家都想帮助他。他是一个非常坚强的人。他不会表现得无所不知,他渴望学习。我们从中得到了乐趣,总有某些人会让你想要帮助。我们都认为他会有所成就,电影就是他的生命[1]。"

在后来的几年里,斯皮尔伯格把《安培林》贬为"一部伟大的百事广告",它的"灵魂和内容就像一根漂流木"。自1977年从霍夫曼手中买下自己处女作的版权以来,斯皮尔伯格一直认为这部片子不适合重新发行。"多年来,史蒂文一直不愿意让人们看到那部电影,"达维奥说,"因为他觉得那部电影显然是经过精心策划的,目的就是说服环球公司的一群高管把钱投给这个21岁的导演。它显然是针对这类观众的,有足够多的新奇亮点,但在其他方面又显得很老套。我觉得这片子让他有点尴尬。"

"这片子我现在简直看不下去,"斯皮尔伯格在1978年承认,"这片子证明了我在20世纪60年代多么冷漠。当我回头看那部电影时,我可以轻松地说,'难怪我没有去肯特州',或者'怪不得我没有去越南,而当我的朋友们在世纪城联合举着标语抗议时,我也没有参加反战游行'。我当时一门心思搞电影,而《安培林》只是一个沉浸在电影世界中的孩子的意外收获。"

斯皮尔伯格低估了自己的电影。这么多年过去了,《安培林》的成熟的视觉效果依旧震撼人心。尽管它是针对市场需求量身定做的,但这部电影绝不仅是导演的"敲门砖",或者只是一部为了迎合20世纪60年代青少年题材电影市场而没有灵魂的作品。该片简洁而又迷人的叙事方式感人至深,斯皮尔伯格以微观视角,通过描绘搭车人的不同个性,对那个时代不同文化族群进行了精准而又有深度的刻画。影片对嬉皮士文化的矛盾视角,反映了导演自身在体制内特立独行的性格,同时展现了斯皮尔伯格精准的行业嗅觉。斯皮尔伯

---

1 斯皮尔伯格找到机会和曼恩的女儿黛芙拉(现名黛芙拉·哈德伯格,是电影研究公司的洗印室主管)建立了关系。黛芙拉当时也在那里学习家族生意,如果斯皮尔伯格在看《安培林》的样片时需要别人来听一下或看一眼,黛芙拉便会帮他。黛芙拉也从那时开始和这位年轻的电影人约会。

格一边表面上满足了年轻人这一目标观众群，另一边也在向他真正且更小众的目标观众推销这部电影，这些目标观众是好莱坞的中年高管，他们对新兴的青年文化既警惕又喜爱。通过这种方式，他成功地使这部电影既具有广泛的商业吸引力，又具有隐秘的个人情感——这种结合将成为斯皮尔伯格职业生涯的一个标志。

理查德·莱文饰演的角色拎着吉他箱，戴着迷彩帽，穿着休闲服，看上去像个嬉皮士，或者至少是努力想成为嬉皮士的中产阶级犹太孩子。他的羞涩和性问题上的笨拙吸引了帕梅拉·麦克迈勒饰演的角色，她美丽且时髦，脆弱但饱经风霜的外表表明她是一个被生活弄得遍体鳞伤的流浪者。她引诱他抽大麻，并与他交欢，她爱玩的天性似乎让他放松下来，但随着故事的推进，他内心的拘谨变得日益明显。

男孩焦虑地拒绝让旅伴查看他的吉他盒，起初这只是看似无害的奇怪举动，但逐渐引发女孩对他性格隐秘一面的注意。当他们最终到达太平洋时，男孩穿着衣服在海浪中嬉戏，而她在海滩上愁眉不展地荡着秋千，觉得他们短暂的交集不会有未来。在一系列紧凑的跳跃式剪辑中，斯皮尔伯格让女孩越来越靠近沙滩上的吉他盒。她打开了吉他盒，脸上动人的微笑混合着懊恼和好笑，她发现男孩真实身份的象征——一套商务西装和领带、一双棕色的双尖头皮鞋、牙膏、漱口水、一卷卫生纸与阿瑟·克拉克的《城市与群星》平装本。这些看似不协调的物品，有助于向细心的观众提示斯皮尔伯格与这个角色的关联。

这个男孩不仅是一个假嬉皮士、一个冒牌货，而且是一个相当令人讨厌的旅行者，更别说他在社交方面也相当笨拙。一开始，他独自一人无法在高速公路上搭到车，于是就把这个女孩当成了毫不知情的司机们的诱饵，这个计谋却事与愿违，产生了一系列有趣的视觉笑料。在一个更严肃的戏剧层面上，斯皮尔伯格微妙地表达了这对伴侣对彼此的微妙态度，男孩麻木不仁地允许女孩在情感上接近自己，而他却不愿主动靠近女孩。女孩难过地意识到，他想去南加州追求（未阐明的）梦想，不会给一个无根的、缺乏社会抱负的流浪者留下任何空间。透过更敏感、更清醒的女性角色视角，斯皮尔伯格以批判的眼光审视男主人公，含蓄地批判了男性的野心和情感上的冷漠。虽然当时的观众不一定看得出来，斯皮尔伯格作为一个年轻人，在片中令人惊讶地尖锐与客观地塑造了自己的艺术家形象。莱文这一角色对女孩的态度和刻板的斯皮尔伯格对他的嬉皮士室友拉尔夫·布里斯的态度如出一辙——他感到尴尬，但对她的性与情感开放态度又感到好奇。导演对麦克迈勒这一角色的深刻刻画，出于对反主流文化的尊重。作为有足够自知之明的电影人，他知道自己永远不可能真正地加入反主流文化阵营。

虽然《安培林》没有明显的政治意识，但影片的制作者也绝不是冷漠的，而是带有浓厚的情感，用忠实却巧妙的含蓄手法刻画出他那一代人的不满情绪。斯皮尔伯格在1968年形容《安培林》"充满希望地代表着今天发生的一切。本片对大麻和性不持明确立场，只是简单地呈现"。他本可以说得更好些，因为尽管《安培林》可能不会采取鼓吹改变社会规范的"立场"，但它会入微而热情地对一切变化进行记录，而不带任何夸张。斯皮尔伯格灵活和机智地使用摄影机、充满活力的和带有出乎意料节奏的剪辑，演员迷人的自然主义表演，使《安培林》在成熟的框架内具有新鲜感和自发性的情感以及高度的控制，甚至古典主义视觉风格。那些20世纪60年代更出名的青春片过度激昂，以至于今日根本看不下去，相比之下《安培林》则像是一幅优雅而质朴的时代缩影，超越了陈词滥调。它的导演绝不需要道歉。

"当我观看《安培林》时，"查克·西尔福斯说，"老实讲，我哭了。它达到了它应该达成的一切，太完美了。他利用摄影机的某些方式很有趣，但不仅是为了有趣——他在讲一个故事。这是一个简单的故事，讲得很好，而且还是部无声电影。史蒂文·斯皮尔伯格是我所见过的最有天赋的摄影机操控者，他知道他的想法必须通过视觉来传达。我不想以任何方式充当他的老师。但我真希望我曾经是。你要怎么教玛丽亚·卡拉丝唱歌？谁能教达·芬奇？师父领进门，修行在个人。在我看来，他不仅是当下，也是有史以来最有天赋的电影人。"

"我并不很相信自己对《安培林》的反应——我想我可能不是太客观。我又看了一遍，以一种更专业的眼光审视它。我没有发现任何可以改动的地方，这对我来说很不寻常。我把电影放给和我关系很好的几位剪辑师看。其中一个名叫卡尔·平吉托的甚至哭了。卡尔平时看起来就像头脾气暴躁的熊，但他说：'这是我看过最美的东西。'当我把《安培林》给三四个剪辑师看过之后，我决定给史蒂文提供一个机会。"

西尔福斯希望史蒂文取得的"重大突破"现在就要实现了。正如斯皮尔伯格所说，接下来发生的事情是一个"实打实的灰姑娘故事"。尽管当时环球公司的其他人想把《安培林》引起公司高层的注意归功于自己，但西尔福斯才是第一个这么做的人。

"我花了3天时间才确定要拿《安培林》怎么办，"他回忆说，"很明显，对史蒂文来说，参与电视制作是个不错的选择。我自己在电视圈混，我认识的人也都在电视圈。那将是史蒂文的第一次亮相。我想：我到底能做什么？不如打电话给负责人吧。"

负责此事的是希德·谢恩伯格，当时33岁。这位身材高大、仪表堂堂的得州人，是环球影业电视制作部副总裁。

"我认为未来的电视，"他在聘请斯皮尔伯格后不久说，"没有规则可循。"1958年，希德·谢恩伯格来到加利福尼亚，在加州大学洛杉矶分校教授法律。次年，他受聘于当时好莱坞顶尖的人才经纪公司——MCA的电视制作部门旗下的滑稽剧制片公司法律部。1962年，在帮助MCA与环球公司谈判收购事宜后，谢恩伯格开始在职场上步步高升，并成为电视业务主管。1964年，他提出拍摄电视电影的想法（当时被作为NBC的"全球首映"），开创了电视的新纪元。随着环球公司电视部的蓬勃发展，谢恩伯格很快就成了MCA总裁卢·沃瑟曼的宠儿和接班人。

编剧兼制作人威廉·林克回忆起在电视界工作时的谢恩伯格说，他"会在几秒钟内做出决断，毫不迟疑，也没有好莱坞著名的'拿腔拿调的否决'，没有。他有律师的头脑，希德总能给剧本讨论会带来极大帮助，他会提出（有创意的）建议，这对（高管）来说十分罕见。希德会重新规划，改变结构，双管齐下。他是一个相当精于世故的人"。曾与斯皮尔伯格合作拍摄环球电视节目的助理导演马丁·霍恩斯坦认为，谢恩伯格是"一个有远见的人，不怕尝试新事物"。

1968年秋的一个雨夜，快到9点时西尔福斯打电话到位于MCA执行总部"黑塔"的谢恩伯格办公室，商谈《安培林》的事。"他正在和NBC的人开会，"谢恩伯格的秘书告诉西尔福斯，"我去问问他能不能接你的电话。"谢恩伯格接过电话吼道："天哪，我正在开会，正和这帮人吵着呢。"

西尔福斯鼓起勇气继续说："希德，我有些东西想让你看看。"

"我这儿有一大堆该死的片子要看，"谢恩伯格回答，"我要在这儿待到半夜。午夜能回家就不错了。"

"我打算把这部片子拿去放映室。你真的应该今晚就看。"

"你认为有那么重要吗？"

"我觉得很重要，如果你不看的话，别人就会抢先看到的。"为了不让谢恩伯格改变主意，西尔福斯告诉谢恩伯格的放映员，"如果他说'今天就到这儿吧'，你赶紧把这部片子放上去，不管怎样都要放给他看。"

"现在的放映员不会那么做，"西尔福斯解释，"但我想让他明白这部片子有多重要。那天晚上的某个时候，谢恩伯格抽了半小时看了那部片子。第二天我一早来到办公室，收到了五六条留言。希德的得力助手乔治·桑托罗一直在给我打电话。我给乔治回了电话。乔治问我：'斯皮尔伯格是谁？'"

"我们认识的一个年轻人。"西尔福斯答道，他记得当时想着："啊哈！他上钩了，钓到他了。"

"我们能跟他谈谈吗？"桑托罗问。

"我想我可以安排。"

谢恩伯格后来回忆起他对《安培林》，以及接到这部片子的推荐人西尔福斯打来电话时的最初反应："他说有个在环球影业乱逛的人拍了一部短片，于是我看了那片子，觉得棒极了。我喜欢他挑选演员的方式，喜欢片中的人物关系，喜欢影片的成熟和温暖。我让查克带他来见我。"

西尔福斯立即打电话给斯皮尔伯格："他们想找你谈谈，你什么时候能过来？"

"我现在就出门。"

"好，你先来一下我的办公室，我得先跟你谈谈。"

斯皮尔伯格刚到，西尔福斯就告诉他："听着，不管待会儿你在那里发生了什么，记住，他们是在谈生意，你需要的是机会。你听着就好，千万什么合约都别签[1]。"

斯皮尔伯格回忆起在谢恩伯格办公室里发生的事情："希德是个好人，很朴实。他坐在自己法式风格的办公室里，俯瞰着环球。就像《根源》（*The Fountainhead*）里的那一幕。他总会称呼别人为'先生'，他说：'先生，我喜欢你的作品。你想做 些更专业的工作吗？'……你还能说什么？他详细说明了整个计划，'你签约后就从电视剧拍起。如果你之后拍摄的作品得到其他制片人的喜欢，就可以开始拍故事片了。'那真是一份我梦寐以求的合同。我是说，尽管一切都很模糊，但是听起来很棒。"

谢恩伯格回忆，他对斯皮尔伯格早熟的才华深信不疑，毫不犹豫地给了"这个骨瘦如

---

[1] 在与谢恩伯格会面前不久，斯皮尔伯格以《安培林》与他的第一个经纪人——综合艺术家公司（General Artists Corp）的迈克·麦达沃伊签了约。该公司后来被创意管理协会（Creative Management Associates）收购，后者由弗莱迪·菲尔兹和大卫·贝格曼共同经营。麦达沃伊没有陪同斯皮尔伯格出席会议，但后来该公司就斯皮尔伯格的协议与环球影业进行了协商。

柴的书呆子一个机会……我说：'你应该当导演。'史蒂文说：'我也这么认为。'史蒂文那时不过是个孩子。"

"希德仿佛是童话中的教父，"西尔福斯说，"因为他有能力让这一切发生。他看了电影，然后做出了反应。那真是个幸运的电话！但毫无疑问，即便环球影业没这么做，其他人也会这么干的，史蒂文还是会成为现在这样的人。这种才能不容忽视，不可能被埋没。"

和谢恩伯格的会面结束后，斯皮尔伯格直接回到了西尔福斯的办公室。

"他们给了我一份合同。"斯皮尔伯格说。

"你什么也没签？"

"没有。"

然后，斯皮尔伯格"问我愿不愿意做他的经纪人"，西尔福斯说，"我说：'史蒂文，你需要一个比我更了解这个行业的人。我不合适。'他问我需要什么回报（因为我曾给过他帮助）。我说：'唉，史蒂文，等你真的功成名就时，我可能已经太老了，也不需要你的帮助了。'如果当时我知道他能取得现在这样的成就，肯定会给他一个完全不同的答复。事实上，我当时是这么告诉他的：'如果可以，请把这种帮助传递下去。等你成了大人物，一定要好好帮助那些年轻人。这是我从那些我应该感谢的人身上学到的。现在教给你，你可以把它传递下去，去帮助更多人。'"

"史蒂文做出了承诺，他也做到了。他建了一所以他名字命名的医院（西好莱坞西达赛奈医疗中心的史蒂文·斯皮尔伯格儿科医学研究中心）。南加州大学也有一个以史蒂文·斯皮尔伯格命名的录音棚。看看他帮助过的新人导演、编剧、制片人名单，他用自己的金钱和事业为他们创造了机会。

"他还对我信守了另一个诺言。他说：'来点私人的愿望怎么样？你想要什么？'我说：'以后每次见面，你都要给我一个拥抱。'此后无论何时相见，他都会给我一个拥抱。"

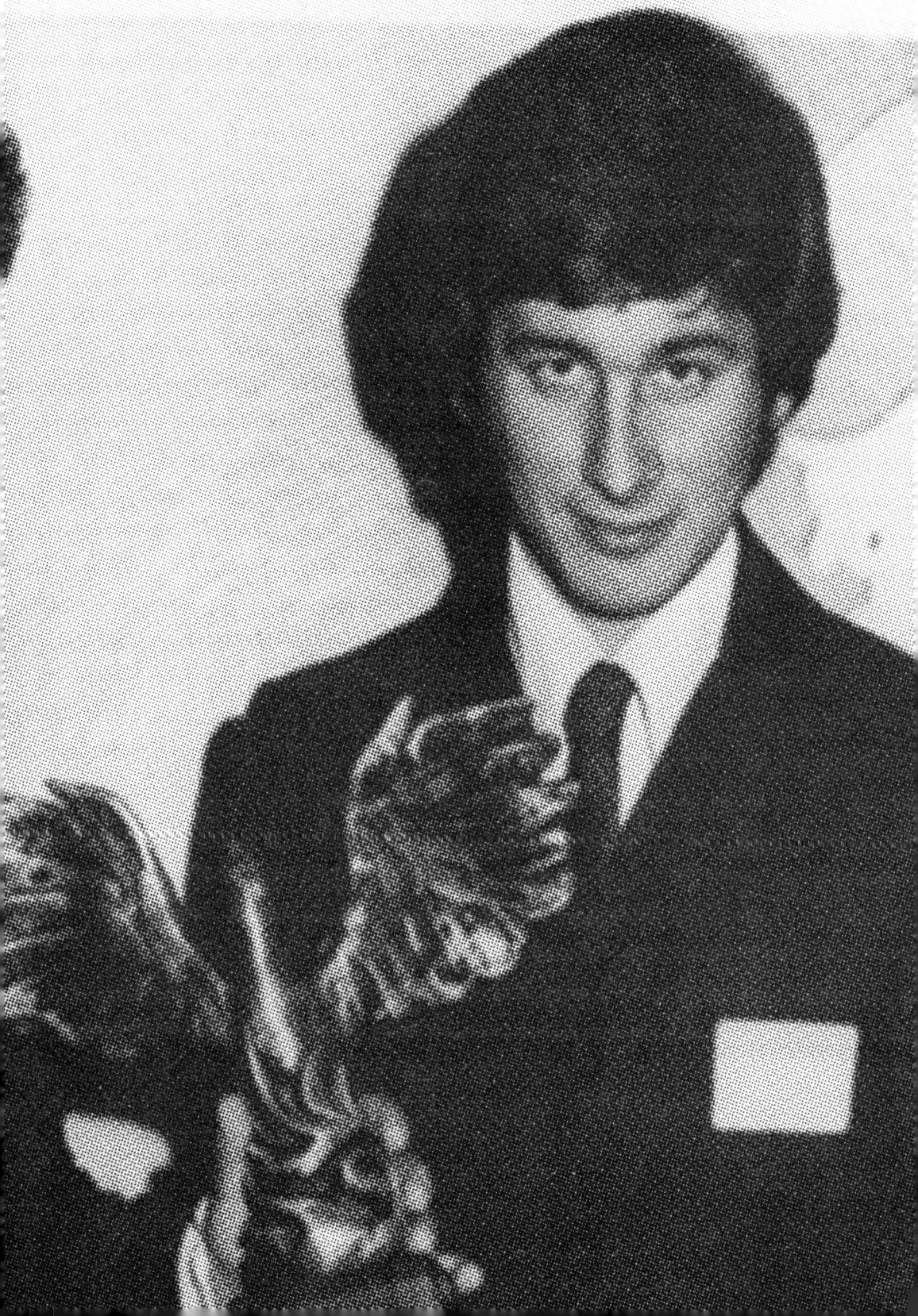

第八章

"这台巨型绞肉机"

我一直讨厌电视媒体，尽管我正是经由电视，找到了一条通往电影的道路。

——史蒂文·斯皮尔伯格，1974年

"他们和我签了约，让我想点东西出来，这对我来说证明了老式的好莱坞办事方法正在逐渐瓦解。"斯皮尔伯格在1968年12月接受《洛杉矶时报》采访时说。他觉得这份合同仿佛让他"梦想成真"，他后来回忆："我终于有办法展现我的能力。不是为了别人这样做，而是为了自己的梦想，为我从小就相信的一切。我终于可以把脑海中的故事都变为现实。"

但当一个年轻的业余电影人突然坐上专业导演的位子时，他的兴奋被焦虑所冲淡。甚至当他在环球导演自己的第一集电视节目之前，他告诉《好莱坞报道》："现在我被卷入了这台巨型绞肉机，《安培林》将成为我拍的最自由的一部电影。"

《安培林》于1968年12月18日在韦斯特伍德的勒夫顶峰影院举行全球首映，并持续上映一周以获得角逐奥斯卡的资格[1]。斯皮尔伯格的短片被不恰当地拿来与奥托·普雷明格[2]

1　奥斯卡规则规定，必须于12月31日前在影院公映至少一周，才可以参加奖项评选。——编者注
2　奥托·普雷明格（Otto Preminger），美国演员、制作人、导演，代表作包括《蓝色月亮》和《金臂人》。——译者注

关于嬉皮士和黑帮的糟糕喜剧《出走》（*Skidoo*）对比。《安培林》毫不起眼的广告挤在报纸的夹缝里，"它带来了摇滚演唱会般的冲击力！"《洛杉矶时报》的特约撰稿人韦恩·沃加称这是一部"值得一看的精彩电影"。

首映当晚，制片人丹尼斯·霍夫曼在日落大道的一间放映室举办了一场派对，斯皮尔伯格身着一件尼赫鲁夹克，很时髦，但又很害羞。巧合的是，当天正是斯皮尔伯格22岁的生日，尽管第二天《时代》周刊报道说他刚满21岁。这个派对是公关人员杰瑞·帕姆策划的奥斯卡宣传活动的一部分。霍夫曼也于当月在美国导演协会影院为《安培林》举办了另一场放映会，并在行业报纸上登了广告。斯皮尔伯格还被邀请参加在南加大杰瑞·刘易斯教授导演课上的试映，刘易斯告诉他的学生们："这就是电影人该做的。"

"尽管大肆宣传，《安培林》还是很难卖给电影院。""问题是片子太长了，"霍夫曼回忆，"电影院的人不喜欢它，因为放了它之后每天就要减少一场放映。他们只愿意放映7分钟的短片，而这片子有26分钟。我们费了好大的劲来劝他们放映。"

1968年秋天，霍夫曼洽谈的第一家发行公司是环球影业，这是一个合乎逻辑的选择，因为该公司打算签下斯皮尔伯格和帕梅拉·麦克迈勒[1]，但环球影业似乎觉得《安培林》本身并不重要，只提出以2000美元买下《安培林》的全球发行权，霍夫曼愤怒地拒绝了。《安培林》又被联艺公司拒绝后，霍夫曼与西格玛III公司签署了一份临时发行协议，从桂冠公司的发行中分割收益，但分销发行商选择不行使其对全国发行的优先取舍权。霍夫曼在1970年6月15日又与四星精益求精发行公司签订了合同，该公司负责《安培林》未来一年内的全国发行（后来也负责该片在英国的发行）。霍夫曼在1994年表示，《安培林》总体上收回了成本，但它在美国公用事业合作伙伴（UPA）的非影院发行中状况更好，几年内向学校、图书馆及军事基地出租、销售了不少16毫米的影片拷贝。

斯皮尔伯格还带《安培林》参加了1969年6月的亚特兰大和威尼斯电影节。霍夫曼无法支付斯皮尔伯格去亚特兰大的路费，于是斯皮尔伯格成功说服环球公司为他报销旅费。《安培林》被亚特兰大电影节评为最佳真人短片，并称其为"提名奥斯卡金像奖的有力竞争者"。"每个人都说我们会获得提名，"霍夫曼回忆，"每个人都认为这次十拿九稳。"

1　环球立刻让麦克迈勒参演了电视剧《天罗地网》。《安培林》也帮助她参演了华纳兄弟1970年的约翰·韦恩电影《白谷太阳》。她也在其他几部电影中客串，但没能大红大紫。

2月18日奥斯卡公布提名名单时，《安培林》却榜上无名。霍夫曼和斯皮尔伯格都"无比失落"。获得奥斯卡最佳真人短片的是查尔斯·古根海姆的《罗伯特·肯尼迪记得》，奥斯卡金像奖一直青睐冷静、传统的影片，而不是更具冒险精神和突破性的作品。霍夫曼从学院奖短片评选委员会的成员那里得知，"《安培林》没有获得提名是因为评审团成员不喜欢电影中提到毒品。在影片的一小段里，我们将大麻描述成一种有趣的东西。"（另外，《安培林》竞选奥斯卡的一张宣传海报上，突显了一支正在燃烧的烟卷和一包大麻。）

这是学院第一次冷落斯皮尔伯格的电影，但绝不是最后一次。

在开始环球影业的导演生涯之前，斯皮尔伯格还有一件未完成的事情——大学。面对谢恩伯格提供的起薪为周薪275美元的7年合约，斯皮尔伯格犹豫了，显然在想他的父亲会作何反应。

"毕竟，"斯皮尔伯格说，"我还没毕业呢。"

对此，谢恩伯格不耐烦地答道："你是想从大学毕业，还是想当电影导演？"

"一周后我就签了字，"斯皮尔伯格说，"我以最快的速度退学，甚至都没来得及拿出留在储物柜里的物品。我从长滩的加州州立大学分校，来到环球影业的15号摄影棚，琼·克劳馥约我在门口见面。"

那只是稍微有点夸张。1969年1月31日，斯皮尔伯格在加州大学长滩分校完成了大三上学期的学业后，便正式退学。第二天他就开始和克劳馥排演他为环球拍摄的第一部电视剧《夜间画廊》。他后来说："毕业的前一年我突然决定去做导演，我父亲永远不会原谅我。"

环球影业对斯皮尔伯格的信任，可以从一件事体现出来：当时《夜间画廊》原定的女主角拒绝由一个22岁的孩子来导演。环球影业并没有换导演，而是将原定主演贝蒂·戴维斯[1]替换为琼·克劳馥。拍摄期间，一位记者问克劳馥，她对与如此年轻的导演合作有何感想。她回答说："我签约时他们告诉我，他已经23岁了！"

---

1 贝蒂·戴维斯（Bette Davis），美国电影、舞台剧女演员，代表作包括《女人女人》《艳窟泪痕》《红衫泪痕》，1977年获美国电影学院终身成就奖。1999年，被美国电影学院评为"百年来最伟大的银幕传奇女星"第2名。

戴维斯和克劳馥，继1962年在罗伯特·奥尔德里奇的惊悚片经典之作《兰闺惊变》中的精彩合作后，这两位传奇女星在60年代末，沦落到为越来越俗气的角色展开竞争，例如恐怖片里的老女人。当克劳馥接受环球以5万美元的片酬，在美国全国广播公司电台（NBC）"世界首播"的三集电视电影《夜间画廊》中参演一集时，她对自己的导演没有任何挑剔。她需要钱，她也清楚自己是来顶替戴维斯的角色。

《夜间画廊》由罗德·瑟林在其职业生涯逐渐下坡的日子里创作，原是一部电影剧本，后来又被改编为一部试图重现《阴阳魔界》中诡异魔力的灵异电视剧的试播集。在亚利桑那州长大的斯皮尔伯格深受《阴阳魔界》的影响，他被指派执导三集《夜间画廊》的第二集——《眼睛》[1]。

《眼睛》由瑟林1967年文选中的小说《这个季节要小心》（*The Season to Be Wary*）改编，讲述了一个耸人听闻的故事：故事女主角克劳迪娅·曼罗是一位有钱的盲女，她勒索自己的医生（巴里·苏利文饰），让他去夺取一个穷困赌徒（汤姆·博斯雷饰）的双眼，移植给自己，以换取几小时的光明。当她拆下绷带时，发现世界还是一片黑暗——1965年的大停电让纽约城陷入一片漆黑。这个二流的胡编乱造的故事含有大量不合理的情节：为什么受害者在拿了曼罗小姐的钱来偿还赌债后，不在手术前逃离小镇？她为什么选择在晚上拆下绷带？当她在黑暗中跌跌跄跄地走到外面时，为什么看不见路上如织的车流与车灯？

但斯皮尔伯格充满活力和创造性的视觉风格，以及克劳馥令人信服的怪异表演，为《眼睛》增色不少。"这是他的炫技之作，"《夜间画廊》的制片人威廉·萨克海姆在谈到斯皮尔伯格执导的这一集时说，"虽然它不会成为留名影史的伟大作品，但也十分精彩。"

斯皮尔伯格声称，在与环球公司签订合同后，他被留在一间"无人问津"的办公室里，"无事可做。片场没有一个制片人愿意给我一个机会。"他被指派的第一个任务是"陪同一位高个子年轻人参观环球影城，因为他刚把自己写的小说《天外来菌》卖给了（导演）罗伯特·怀斯和环球影业"。这位高大的年轻人是迈克尔·克莱顿，他后来会写出斯皮尔伯格的《侏罗纪公园》的原著小说。事实上，斯皮尔伯格只是过于急躁，他并没

1　另外两集由电视导演鲍里斯·萨加尔和巴里·希尔执导。

有被"黑塔"[1]忽视太久，1969年1月23日，《每日综艺》报道他即将执导《眼睛》，此时距离他签约环球不到六周。

斯皮尔伯格觉得谢恩伯格为了帮他争取到第一部剧集的拍摄似乎得"费九牛二虎之力"。但经验丰富、制作过许多成功电视剧的萨克海姆坚称，谢恩伯格"从没给我打电话说'就让史蒂文·斯皮尔伯格来导吧'。我不认识史蒂文，但我猜他那时早就是传奇人物了。传说他不过是爬过了栅栏，跳进了一辆保姆车——至少我听到的是这样的故事。一天，谢恩伯格打电话给我：'先生，我有点东西想给你看看。你听说过史蒂文·斯皮尔伯格吗？'我说：'那个传说中的孩子？'他给我放了一场《安培林》，这是一部令人惊奇的作品，拍得非常专业。我对谢恩伯格说：'我想知道史蒂文·斯皮尔伯格是否能导演好这个电视剧，我觉得这是个有趣的想法。'谢恩伯格说：'我觉得这主意棒极了。我们就这么办吧。'"

之后，谢恩伯格向斯皮尔伯格提出了这个想法，萨克海姆没想到问题会出在剧本身上。

"剧本烂极了，"斯皮尔伯格后来说，"罗德·瑟林是位优秀的作家。但这不是他最好的故事。我真不想拍这个。我跟希德·谢恩伯格说：'老天，我能不能拍点关于年轻人的东西？'他说：'如果我是你，我会抓住这次机会。'当然，我接受了。我什么都愿意做。我会去拍……怎么说……环球让我拍的任何东西，只要能进棚就行。我开始重读那可怕的剧本，试图在视觉上拍得有趣一点；这是我拍过的视觉效果最突出的电影，这也说明了剧本对我的启发有多大。"

尽管斯皮尔伯格对剧本评价不高，但他觉得瑟林是"整个制作团队中最积极的人。他是一个伟大的、精力充沛的、快乐的人，和我进行了一场精彩又鼓舞人心的谈话，他告诉我如果像我这样的年轻人能有所突破，整个电影行业都将改变。"

当斯皮尔伯格得知琼·克劳馥将会出演他所执导的《眼睛》时，"便开始冒冷汗"。就在电影开拍前不久的一个星期天，斯皮尔伯格第一次见到了这位自1925年以来就一直在好莱坞工作的62岁传奇巨星。斯皮尔伯格打电话给查克·西尔福斯，焦急地问："他们告诉我，今天我得去和她谈谈。我该怎么办？"

1　对环球影业的戏称。——译者注

"你穿的什么？"西尔福斯问。

"牛仔服。"

"没事，做自己就好。"

"他们要派一辆豪华轿车来接我！"斯皮尔伯格兴奋地说。

"记得让司机做他的工作，记得要让他帮你开门。记得要坐在车里，等他为你开门。"

（西尔福斯说，他试图传达给斯皮尔伯格的信息是，"做你自己，但你也要开始做导演了"。）

"只要记住她是一位非常非常有名的女士，"西尔福斯继续说，"在他们来接你之前，坐下来找张纸，写几部你记得的、她演过的电影的片名。"

（"因为我知道他很紧张，"西尔福斯解释说，"我想让他在等待的时候有事可做。"）

斯皮尔伯格只熟悉克劳馥的《兰闺惊变》和《欲海情魔》，于是他去买了一本劳伦斯·J.奎克的书《琼·克劳馥的电影》（*The Films of Joan Crawford*）。在晚上8点和克劳馥在其好莱坞的公寓中会面之前，他恶补了一番她的从业史。

斯皮尔伯格告诉过克劳馥的传记作家鲍勃·托马斯，当他到达克劳馥的公寓时，她用温暖的声音喊道："进来吧，史蒂文。"但他一开始没看见她。接着，托马斯写道，斯皮尔伯格"发现她蒙着眼睛站在沙发后面时被吓了一跳。他吃惊地看着她在房间里跌跌撞撞地前行，有时还撞到家具上，他只好伸出一只手来保护她。"

"盲人就是这样穿过房间的，"克劳馥告诉斯皮尔伯格，"我正在为这个角色练习。没有视力是多么困难啊，你好像迷失在黑暗的世界里。拍摄时我必须这样，史蒂文。我需要在开拍前两天练习一下穿过这些家具，这样即使我的眼前一片漆黑，也能像盲人一样认路了。"

托马斯说，就在那时，她取下了眼罩。当她的大眼睛第一次盯着这个可能做她导演的人，眼里闪烁着困惑。她端详着那张光滑的、没有胡子的脸，笑容渐渐僵住了。"你好，史蒂文。"她伸出手。"你好……琼。"他回应道，暗地里恨不得能逃走。

"天哪，"她对他说，"你这么快就成了导演，一定是做了什么了不起的事。你导演过什么电影？"

"嗯，没有。"

"没有为公司导过片子吗？"

"没有，夫人。"

"那么……？"

"嗯，我确实拍了一部电影，公司很喜欢。这就是他们签我的原因。"

"哦？是什么片子？"

"是我在加州大学长滩分校拍的一部20分钟短片。"

"还在上学的时候？"

"是的。"

"你有长辈在'黑塔'工作吗？"

"不，夫人，我是靠自己进入环球公司的。"

"史蒂文，"她笑着说，"你和我一样都是靠自己努力打拼。我们会相处得很好！走吧，我们去吃饭吧。"

他们去了比弗利山庄的"卢奥"餐馆，吃波利尼西亚菜，这个馆子虽然装模作样，但在电影人中口碑很好。克劳馥喝着伏特加，斯皮尔伯格喝的是不含酒精的水果潘趣酒。她询问他的背景，他告诉她自己想拍电影的愿望。她谈到了自己与已故丈夫——百事可乐公司总裁阿尔弗雷德·斯蒂尔的生活，作为公司的董事会成员和发言人，她一直与公司保持着联系。当听到斯皮尔伯格说："我想我俩唯一的共同点就是我们都属于百事可乐一代。"克劳馥捧腹大笑。

到晚餐结束时，他们那不太可能的友情已经发展到了一定地步。克劳馥说："现在，我知道电视制作的日程表了，我明白要按时完成节目你得承受多大压力。你会希望你作为导演的第一部作品能让你感到自豪，而我会尽全力帮你。不要让任何管理层的人打扰你，哪怕你的工作无法按计划进行。如果你对'黑塔'有任何意见，让我来处理。我来保护你，行吗？"

"好吧。"斯皮尔伯格如释重负地笑了。

第二天，他告诉查克·西尔福斯："我在回家的路上非常高兴。"他通过了作为专业导演的第一关考试。

"这是一个巨大的飞跃，"他后来说，"我从没想过能指导琼·克劳馥！但她真的棒极了……她很同情我这个满脸青春痘的孩子。她一定期待乔治·斯蒂文斯或乔治·库克执导她的第一部电视剧。"

不过斯皮尔伯格不知道的是，《夜间画廊》并不是克劳馥的第一部电视作品。她之前出演过9部电视剧，最早的一部在1953年，最近的一部是露西尔·拜尔的情景喜剧《露西秀》（*The Lucy Show*）1968年里的一集。但克劳馥对电视媒体"有点担心"，萨克海姆说，"这个女人可能从未在一天之内拍摄超过两页的对话，现在却要拍8页。她记台词有困难，最后我们制作了提词卡。我记得她向史蒂文道歉了，她对自己无法达到他的要求感到非常难过。"

斯皮尔伯格记得，"当时我很害怕，以至于现在对于那个时候的记忆都是一片空白。我如履薄冰……我不知道你有没有过连续4天不睡觉，拍摄《夜间画廊》时就是那样。我不嗑药，从来没有，不然我会在那个时候试尽所有毒品。那部剧使我陷入困境，这是很好的历练，但是一次非常糟糕的经历。"

琼·克劳馥始终信守她的诺言，对待斯皮尔伯格"就像我已经干了50年……她知道我做了功课——我身边总带着分镜图——她把我当导演看待。当然，我本来就是。但那时候她在导演方面比我懂得还多。"

但正如演员巴里·苏利文在1994年去世前所记得的那样，斯皮尔伯格"把琼·克劳馥哄得很好。他很讨人喜欢，嘴很甜，总是说些好话，他平时可不会那样。克劳馥爱上了他，但她不相信自己会爱上这位年轻导演，这只是我的解读。她对他印象很深，但不知道为什么，她又觉得他是个疯子。"

2月3日，《眼睛》开拍的第一天。"很可怕，因为我还没见过摄制组，"斯皮尔伯格在1973年美国电影协会的研讨会上回忆说，"我来到片场，他们以为我在开玩笑。他们真的认为这是一个宣传噱头，整整两天没人拿我当回事。我感到非常难堪。我拍摄《夜间画廊》里的一个镜头时——这个单纯炫技的镜头要透过吊灯拍摄——我记得看到人们窃笑着说：'他在这条路上走不远的。'"

巴里·苏利文意识到了斯皮尔伯格的感受，他把导演拉到一边说："人生苦短。没必要的话，就不要让自己经历这些。"斯皮尔伯格回忆说，这个建议"我一直都记得，尽管不过是老生常谈"。

斯皮尔伯格拍摄《夜间画廊》时已经早熟地形成了自己成熟的视觉风格。他蔑视电视惯用的，以主镜头、中景镜头和特写机械地拍完所有场景的方法。他出于本能地厌恶过肩拍摄风格，虽然这种风格由于易于剪接而深受电视剪辑师的喜爱。带着掌控一切的热情和对移动摄影机的执着，他更喜欢尽可能地用一个连贯的主镜头拍完一场戏。由于他的非正统拍摄方式，加上克劳馥很难记住自己的台词，最初两天进度缓慢。正如鲍勃·托马斯所报道的："斯皮尔伯格知道'黑塔'的老板们更关心的是赶上进度而不是质量，他担心这两点他最终都无法做到。如果第一次任务失败了，还会有第二次机会吗？"

斯皮尔伯格绚丽的视觉风格也造成了和制片人之间的摩擦。根据剪辑师爱德华·阿布罗姆斯的回忆："第一天我们看当日样片（放映前一天拍摄的镜头）时，第一个场景是巴里·苏利文走进克劳馥的套间，是透过吊灯拍摄的。史蒂文将机位放在吊灯近旁，我记得萨克海姆说：'我的天哪，这个镜头也太矫揉造作了吧！上帝啊！'听到这样的评价，斯皮尔伯格之后感觉'十分不舒服'。但他的剧组成员很快变得'富有同情心'，尽全力帮他拍出想要的镜头。"

在拍摄最后一天，《好莱坞报道》的鲍勃·赫尔采访了这个"长头发并且看起来很年轻的菜鸟"，斯皮尔伯格强调愿意在体制内工作："我试图证明自己可以同时兼顾商业和艺术。行业里跟我年纪差不多的人都很有可塑性，并不是只愿意按自己的想法做事。我们可以向过去学习。"他说，"刚开始拍这部片子时，我以为会遭到敌意，"但他委婉地掩饰了自己早年与摄制人员相处时遇到的困难，"但似乎没有人认为这是不寻常的。但是没人觉得我有什么不一样，没人叫我'小子'。事实上，年长者最先接受了我。我猜他们觉得，如果上面的人觉我够格干这份工作，那他们也不敢有什么意见。"

"从他喊出'开拍''卡'的那一刻起，他就是导演，"查克·西尔福斯说，"这一次完全是专业拍摄。大多数片场总有人游手好闲、打牌、开玩笑、偷懒，你在斯皮尔伯格的片场看不到这些。他尊重他人，所以能赢得他人的尊重。"

拍摄的第三天，出现了另一场危机。琼·克劳馥病了，她被诊断出内耳感染，要休息一天。斯皮尔伯格想要赶上进度的努力似乎注定要失败。

克劳馥回来的第一天拍摄结束时，她虚弱地找到斯皮尔伯格："史蒂文，明天我真的需要你的帮助。我第一次拆下绷带看到世界的那一场戏，我要演出被吓坏的感觉。这可能是全剧最重要的一个镜头，但我就是不知道该怎么演。"

"我们会解决的，琼，别担心。"他保证道。但第二天制片部给他施压，要求他拍完公寓布景的戏份，以便把片场让给另一部剧的拍摄。就在快要拍完时，助理导演拉尔夫·费林跟他说克劳馥想找他谈谈。

"等会儿再说，"斯皮尔伯格说，"我必须在6点前把这个场景拍完。"

"你最好和琼谈谈，"费林说，"不然你可能没法拍完这个剧。"

斯皮尔伯格发现克劳馥在化妆间里哭泣。

"你让我失望了，"她告诉他，"我很少向别人求助，但这次我真的急需帮助。昨晚我问你今天能不能抽空帮我讲讲我要拍的那场戏，结果现在要收工了，你都没来找我说话。"

斯皮尔伯格取消了当天的拍摄，虽然他还没拍完。接下来的一个小时，他和克劳馥在她的化妆间里一起排练，并保证道："我不在乎制片部怎么说。拍多少条都没关系，直到拍出我们两个都满意的效果。"

斯皮尔伯格"第二天很谨慎，拍了一条又一条，直到琼完全满意"，鲍勃·托马斯报道，"那个镜头在整个片子里不到5秒，但这次经历让这位年轻人得到了一条宝贵教训——导演要为他的演员负责"。

在拍摄的最后一天晚上，斯皮尔伯格拍了曼罗小姐的最后一个镜头，她的视力随着日出而消失，撞破顶层公寓窗户时她大喊着："我要它！给我阳光！"

"我们原来打算从素材库里找一个太阳的镜头，"剪辑师阿布罗姆斯回忆，"作为她那样的演员，她觉得不妥：那我怎么会有冲动想要感受脸上的热度？这窗户连玻璃都没有，我该怎么演？'由于史蒂文当时还不成熟，他没法跟她好好讲道理。他只好说：'我们会在另一边放一些垫子，我们会接住你。'但她就是没有足够的动力。比尔·萨克海姆把她拉到一边，然后她才演了。"

"那是我和克劳馥小姐的第一次争执，"斯皮尔伯格在拍摄结束对《好莱坞报道》说，"这并不是什么意见不合的事，不过是一个场景的小事。能和那样的女演员讨论这些，我深感荣幸。"

1977年克劳馥去世时，斯皮尔伯格是乔治·库克组织的好莱坞追悼会上最年轻的发言人。他回忆，拍摄《夜间画廊》期间，"她对我就像我知道自己在做什么，其实我不知道。因此我爱她。"

斯皮尔伯格的这一集拍摄比原定的7天超期了两天，这在流水线电视剧制作中是不可容忍的，即使不能完全怪在导演身上。斯皮尔伯格后来将这种苦闷情绪带到剪辑中，最终被禁止进入剪辑室。他后来声称，剪辑师埃德·阿布拉姆斯"把我赶出他的剪辑室，还打电话向制片人投诉。我记得他朝我扔了个很重的东西，但打偏了"。当被问及斯皮尔伯格被免职一事时，阿布拉姆斯"有点犹豫"，不愿讨论具体情况，但萨克海姆坚称，"没有人要赶走他"。制片人承认"在试图从他手中接管这部片子时遇到了一点小麻烦，他拍了一些非常疯狂、古怪的东西。关于汤姆·博斯利被挖去双眼的那场手术，我们很难把拍到的东西剪在一起。""几乎没有拍手术场景，也没有关于手术的任何镜头，"阿布拉姆斯说，"史蒂文拍了两人躺在床上被推进手术室，又俯拍了两人的脸部特写——我们怎么能解释清楚他的眼睛被挖走了？我不得不使用一些技巧，修改底片，用上一些光学特效。"曼罗小姐坠楼身亡的特效镜头在后期制作时也进行了补拍，斯皮尔伯格并未参与。

"我拍完这部剧后一年都没有再做导演了，"斯皮尔伯格回忆，"因为我对好莱坞和演艺圈的幻想破灭了……我很受伤。导演那部剧的压力太大了……我真的觉得这不是我想从事的行业。"

《每日综艺》资深电视评论员戴夫·考夫曼有不同的看法。11月8日该剧在美国全国广播公司电台播出后，考夫曼写道："斯皮尔伯格导演的克劳馥这一集是一流的。"他称赞克劳馥的表演"棒极了"，并认为该集"极富想象力而且扣人心弦"。但《好莱坞报道》的约翰·玛哈尼则略有贬低地评论道："第二集的导演是22岁的史蒂文·斯皮尔伯格，采用了螺旋擦除等新的转场效果。该集主演琼·克劳馥的炫技表演十分卖力，不过全片的完成度并不怎么样。"斯皮尔伯格似乎不记得考夫曼在《每日综艺》上的赞扬，他日后回忆说《夜间画廊》的评价"很糟糕。一些评论家说我不该拍这部片子——因为我的年龄。突然之间，年龄成了我的困扰。"

尽管《夜间画廊》出人意料的好评让该剧连播3年，但《夜间画廊》的试播集给斯皮尔伯格在环球影业带来了"前卫"的坏名声，希德·谢恩伯格说："现在很多人都为他的成功而叹服，但在当时，他连把摄影机放在地上都要遭人诟病。"斯皮尔伯格当时的经纪人迈克·麦达沃伊回忆说："在史蒂文执导《夜间画廊》的首秀后，虽然他们认为他有一些才华，但他们还有许多导演，他也不像迈克尔·里奇或其他人那样备受宠爱。那里总有年轻人在工作，但史蒂文真的很年轻，他看上去就像15岁。"

"我在那里待了8个月，"1971年，斯皮尔伯格对《好莱坞报道》说，"我正式签约后只得到了一盒名片和一个税单号码。除了《夜间画廊》中我导演琼·克劳馥主演的一个部分外，我早已被遗忘。我提交了3个项目，但都被打回来了。"

在拍摄《夜间画廊》那一集的最后一天，斯皮尔伯格向《好莱坞报道》宣布了他的下一步作品《白雪公主》："讲述了7个人在旧金山经营中国食品厂的故事。"他没有开玩笑。

环球影业计划将《白雪公主》拍成电影，将受人喜爱的童话故事改编为时髦的20世纪60年代犬儒主义的故事，基于唐纳德·巴塞尔姆[1]1967年2月在《纽约客》上发表的小说。在这个冗长的下流笑话中，女主角毫无兴致地向7位好色的室友提供性服务，古板的斯皮尔伯格不得不绞尽脑汁寻找能展现自己才能的东西。巴塞尔姆散漫的、装腔作势的晦涩故事几乎没有人物或情节发展。虽然是一部讽刺作品，却缺乏幽默感，对性解放运动给女性带来影响的态度又模棱两可，还有一个悲惨的结局：白雪公主的假"王子"最终死于中毒，她的7个室友之一被绞死。1969年2月23日，据《纽约时报》报道，制片人迪克·伯格对斯皮尔伯格在《安培林》上的表现印象深刻，于是聘请了他和电视编剧拉里·格鲁辛来给《白雪公主》进行"青春诊疗"。

环球影业对青少年市场的把握，相当不可靠，"那时的环球影业糟透了"，麦达沃伊回忆，是他将《白雪公主》的计划推荐给斯皮尔伯格，"他们唯一拍过的片子是《国际机场》（*Airport*）"。误导性的自发式狂热，很快导致公司不顾一切地投身到反主流文化当中，1971年一股脑儿推出了蒙特·赫尔曼的文艺片《双车道柏油路》、彼得·方达呆板的西部片《帮手》，以及丹尼斯·霍珀那令人难以理解的《最后一场电影》。虽然斯皮尔伯格很希望借此报复迪士尼的《白雪公主和七个小矮人》对他童年造成的惊吓，但现在回想起来，他可能会感到庆幸，"黑塔"最终找回了理智，打消了把这部自1937年以来就广受欢迎的经典动画片改编为淫秽讽刺片的计划。

1969年5月，斯皮尔伯格想出了一个更好的电影创意，他后来将其描述为"一个悲惨的童话故事"。《好莱坞公民新闻报》（*Hollywood Citizen-News*）5月2日那期的大标题，足以吸引任何年轻电影人的注意，因为它读起来就好似好莱坞的故事创投：《新邦尼和克莱德》。

尽管斯皮尔伯格四年多后拍摄的电影《横冲直撞大逃亡》，在很大程度上偏离了最初事件的报道事实，但他从报道的前两段清楚地看清了故事的情感内核："两周前刚刚获释

1　唐纳德·巴塞尔姆（Donald Barthelme），美国后现代主义小说家，代表作是《巴塞尔姆的白雪公主》，曾从事新闻记者、杂志编辑等工作，一生写了大量的短篇小说，1972年获得美国国家图书奖。——译者注

的前科罪犯，愿意做任何事'以见到孩子并给予他们爱'，如今绑架了一名巡逻车上的得州高速公路巡警。这场高速公路上的（追逐）事件，7小时后以一场枪战告终。"该报道称罗伯特·塞缪尔（鲍比）·登特及其妻子伊拉·费伊劫持了名为J.肯尼斯·科隆的公路巡警，他们威胁要用猎枪杀死这名巡警，并开着巡警的巡逻车，在得克萨斯州东南部狂飙了几百英里，后面有100多辆车在追着他们。最终，得克萨斯州公共安全部警长杰瑞·米勒与逃犯登特达成协议，如果自己能让登特在位于威洛克的岳父家中见见他的一双儿女，登特将保证巡警科隆毫发无伤。"我想和我的孩子们聊上10到15分钟，感受一下亲情，我觉得他们不会再有机会和我们见面了。"登特对警方说。但当他进屋后，登特的孩子并未出现，他被当场击毙。

直到后来，斯皮尔伯格才了解到这个离奇事件的全部经过，以及导致这一悲剧的种种戏剧性失误。登特和妻子驾车由博蒙特前往阿瑟港时，没能把前灯调暗，被一辆路过的警车看到。当警察试图让他靠边停车，但这个有前科的人惊慌地开车逃走了。几辆巡逻车对其进行追捕，其中一辆由科隆驾驶，这对逃跑的夫妇弃车向一位农场主求助。农场主以为登特夫妇被劫匪殴打，于是打电话给当地的治安官。科隆听到无线电报告赶往农舍，结果却被扣为人质。鲍比·登特最终并非死于"枪战"，而是被罗伯森县警长E. T. 艾略特和联邦调查局特工鲍勃·怀亚特击毙[1]。当时人质科隆挣脱以寻找掩护，而登特在混乱中没有听从命令将枪放下。

当《横冲直撞大逃亡》于1974年上映时，大家普遍认为斯皮尔伯格对鲍比·登特和伊拉·费伊的传奇的主要兴趣在于有机会拍摄电影史上规模最大的追车戏码。尽管斯皮尔伯格对这场马戏般的追逐场面很感兴趣，但他在1974年说："你真的没什么办法去导演汽车……在我被那些车的视觉效果所吸引之前，人与人的戏剧性冲突一直深深地吸引了我。"毫无疑问，打动斯皮尔伯格内心最深处的是鲍比·登特对见到孩子的渴望。事件发生时，斯皮尔伯格和登特（22岁）同岁。1969年，这位年轻的导演开始了他的导演生涯，家庭的破碎对这个年轻电影人来说还是一个伤痛的事情。虽然他后来得知，整串事件并非全部由登特想见孩子的渴望推动，斯皮尔伯格依旧保持了原始报道中的精神，将重建破碎家庭作为《横冲直撞大逃亡》这部戏的主要焦点。

1969年，当他向环球影业提出这个故事时，公司并不感兴趣。他们告诉他，这个故

---

1 斯皮尔伯格以影片《E. T. 外星人》的片名以及保护它的小男孩艾略特来呼应艾略特的名字。

事太沉重、太悲观，赚不了钱。20世纪60年代挣钱的都是青春片，甚至像《雌雄大盗》和《逍遥骑士》这样的悲剧公路电影，都让其中的角色在遭遇最终的命运悲剧前，带有令人着迷的、叛逆的自由精神。鲍比和伊拉·费伊·登特的故事并没有什么令人振奋的地方，这两个绝望的失败者很难符合浪漫亡命之徒的流行模式。斯皮尔伯格不情愿地从《好莱坞公民新闻报》上收起了这段新闻的剪报，只能将这个故事存留在脑海中。

他不仅没能引起环球影业的兴趣让他"把脑子里所有的故事都搬上银幕"，甚至没人邀请他执导电视剧集，"我处于一种沮丧的、浑浑噩噩的状态，于是我跟谢恩伯格说我想请个假，并得到了批准。"

从1969年夏天到1970年初的这几个月，斯皮尔伯格离开了制片厂，他试图筹集资金，拍摄一部16毫米的低成本独立电影。他后来说，如果当初如自己所愿，"我可能会先开始拍地下电影，像布赖恩·德·帕尔玛那样，在闯入电影界之前，先拍上9部电影"。但是一旦他成了一名专业的电影人，就没有回头路了。他懊恼地发现，自己甚至筹不到1000美元来拍部短片。

与此同时，斯皮尔伯格开始与其他编剧一起创作电影长片剧本。在经纪人的帮助和鼓励下，他在环球影业的非正式休假期间，开始接触其他制片厂的项目。虽然环球影业与斯皮尔伯格签的是独家合约，但麦达沃伊说："我觉得如果我能找到人买下他，我就可以去环球影业把他租借给别家公司。我从没求过让希德同意。我想，史蒂文反正现在也没有活儿干，又何必让他们知道？"

斯皮尔伯格的经纪人迈克·麦达沃伊后来做过制片厂经理，他于1941年出生于上海，父母是俄裔犹太人，一家人居住在英租界内，又在1947年移民智利，并在10年后移民美国[1]。1963年于加州大学洛杉矶分校毕业后，强势且博学的麦达沃伊以品位独特且成熟老练的特点而闻名。1968年，签下斯皮尔伯格的同时，麦达沃伊也签下了包括乔治·卢卡斯、弗朗西斯·福特·科波拉、约翰·米利厄斯、泰伦斯·马利克、迈克尔·里奇、菲利普·考夫曼、蒙特·赫尔曼，以及米开朗基罗·安东尼奥尼等多位导演。他执掌的CMA签下的新客户们后来被统称为他的"68班"，而他本人则被斯皮尔伯格亲切地称

---

1 斯皮尔伯格1987年的电影《太阳帝国》背景设定在二战中的上海，与片中年轻的主角不同，麦达沃伊在战争中并未与父母分离。斯皮尔伯格拍摄该片时，麦达沃伊向其提供了家庭照片以协助斯皮尔伯格的研究。

为"沙皇"。

"一开始我们很亲近，"麦达沃伊回忆说，"我们一起度过了许多时光，一起吃了很多花生酱三明治，搭讪相同的女人。好笑的是，我错得很离谱，我以为真正会成功应该是蒙特·赫尔曼、泰伦斯·马利克、约翰·米利厄斯、菲利普·考夫曼——我从没想过其他人会成功。我不确定史蒂文是否会成功。我承认他非常有才华，也很有抱负。但一开始，我认为他只会模仿和复制，不会原创。可他模仿并复制最好的部分，并最终成了原创者。"

斯皮尔伯格四处推销的一个项目是二战背景的"近身空战片"，当时他计划和麦达沃伊的客户之一卡尔·哥特列布一起拍摄这部电影。后者是一名年轻的电视喜剧编剧和演员，日后在斯皮尔伯格的片子中饰演各种小角色，并写了《大白鲨》的最终拍摄脚本。斯皮尔伯格对飞机和二战的兴趣在他的业余电影《战斗机小队》中得到了充分的表现。空战项目吸引了华纳兄弟的兴趣，但斯皮尔伯格希望自己能导演这部片子，根据哥特列布的说法，"尽管他的天赋显而易见，但他是这个项目的绊脚石。"斯皮尔伯格和哥特列布也试图让制片厂对"一部卡茨基尔山脉[1]的生活喜剧"感兴趣，但"计划总是泡汤，因为斯皮尔伯格坚持要当导演"[2]。

然而，斯皮尔伯格并没有因此却步，转而与一位年轻编剧克劳迪娅·索尔特合作，开始了另一个关于飞行电影的想法。两人也是通过麦达沃伊介绍相识的。《父子双雄》是第一部斯皮尔伯格署上名字的好莱坞故事片（斯皮尔伯格获得了"故事作者"的署名），故事发生在20世纪20年代的堪萨斯州乡村，讲述了巡回表演飞行员艾利（克里夫·罗伯逊饰）和其子罗杰（埃里克·谢伊饰）之间的纠葛。银幕上的父亲是一个醉酒、骂骂咧咧、病态的粗人，从一个镇到另一个镇，父亲利用自己虚假的浪漫形象、时髦的飞行员身份，以及讨女人喜欢的特点饮酒寻欢，而他苦恼的12岁儿子则要照顾他沉迷酒色的需求、支付账单、可怜地与父亲的女人调情。在第一个场景中，艾利驾驶的飞机坠毁了，导致罗杰目睹了母亲的死亡；最终，艾利的男子气概荡然无存，沮丧的他拒绝了罗杰爱的挽留，从飞机上一跃而下，留下罗杰成为孤儿。

1　卡茨基尔山脉位于美国纽约州，阿利根尼高原的切割部分，是阿帕拉契山系一部分。——译者注

2　1969年斯皮尔伯格想要导演《基督教徒的甘草店》却未能成功，该片讲述了一名年轻网球运动员寻找生命意义的离奇故事。最后该片的导演工作交由参与过电视剧《曼基乐队》制作的詹姆斯·法威利，由博·布里吉斯主演。该片仅在1971年进行了短暂上映。

虽然斯皮尔伯格否认这部片子是根据自己的故事改编，但《父子双雄》看起来是他试图弄明白年少时对男性气质模糊的认识，在情节上明显地颠倒了父亲和儿子的心理角色。这一离奇影片结合了斯皮尔伯格对飞行的着迷——他把飞行作为既令人兴奋又充满了危险的"逃离"的象征，和他作为电影人的另一个主题——不负责任的父亲形象。这是一个能引起他个人共鸣的主题，尽管是间接的，但也反映了他和父亲的不和。二战期间，斯皮尔伯格的父亲曾是B-25轰炸机的无线电操作员，这段经历让他对飞行产生了毕生兴趣。

1969年，斯皮尔伯格将剧本拿去给20世纪福克斯的总裁理查德·扎努克，当时扎努克是该公司的负责人，这是他担任总裁的最后一年。这是斯皮尔伯格第一次与扎努克相遇，后者离开福克斯后和大卫·布朗共同为环球制作了《横冲直撞大逃亡》和《大白鲨》。"我喜欢《父子双雄》的剧本，想买下它，"扎努克回忆说，"买下剧本的条件之一是斯皮尔伯格想要导演。我对他在CMA的经纪人说：'那个可能性非常非常小。他想要实现在大银幕的突破，是哪家公司都无所谓。可能性不大是因为我们的项目想找的都是经验丰富的一线导演。'他们说：'好吧，你至少能见见他，考虑一下他吗？'"

"于是他来到我在福克斯的办公室。我们聊了几分钟。对我来说，这是为了达成目的而必须做的事情。我当时不知道将来会和他密切合作，也不知道他会成为我们这个时代的沃尔特·迪士尼、塞西尔·B.戴米尔、大卫·格里菲斯[1]的集合体。他看上去比实际年龄还要小，而且他实在是太年轻了！他看上去仿佛只有15岁。我参加了这个义务性的会面，这样我就能买下他的剧本。他给我的印象是友善、聪明，有点害羞，但我没有从第一次见面中看到任何他会成为大人物的迹象。我见过很多年轻导演。当时有许多年轻导演也找到了工作，但他看起来比那些导演还年轻。"

扎努克同意看一看《夜间画廊》中斯皮尔伯格拍的那集，但他没有改变主意。然而，1970年1月6日，扎努克离开环球后不久，福克斯就宣布斯皮尔伯格将执导《父子双雄》，由乔·威赞担任制片人。拍摄定在中西部地区于那年夏天进行。业余飞行员、演员克里夫·罗伯逊曾与斯皮尔伯格和索尔特见面，也为剧本提供了灵感。但当制片人罗伯特·弗莱尔和詹姆斯·克莱森接手这个项目后，斯皮尔伯格导演的计划泡汤了。弗莱尔对英国青年导演迈克尔·萨恩在福克斯翻拍戈尔·维达尔的《迈拉·布雷肯里奇》电影版中的糟糕

1　大卫·格里菲斯（D. W. Griffith），美国导演、编剧、制作人、演员、艺术指导，被誉为"美国电影之父"，对早期电影发展具有开创性贡献，活跃于20世纪20年代的默片时期。代表作包括《一个国家的诞生》和《党同伐异》。——译者注

表现感到震惊，并宣称："我再也不要35岁以下的导演了！"

同年年初，斯皮尔伯格重返环球影业，继续执导电视剧集。《父子双雄》选定由约翰·厄曼执导，于1971年夏季投入拍摄。正如扎努克所说，它"果然是一部糟糕的电影"[1]。这部电影的最怪诞之处在于对阴暗主题的精神分裂式呈现，用活泼的视觉效果来掩盖痛苦，盲目地赞美巡回演出的浪漫。1973年春天，当福克斯终于推出了被推迟发行的《父子双雄》后，斯皮尔伯格公开控诉他的故事"被改编成了一部恶心的电影，他们应该把它烧掉"。

《好莱坞报道》的苏·卡梅隆在1971年4月采访斯皮尔伯格后写道："斯皮尔伯格刚在其他制片厂有所动作，就被叫回了环球影业。"斯皮尔伯格后来声称事实并非如此：他受够了自由职业，恳求谢恩伯格让他回来。两种说法都有道理。谢恩伯格没有对他的未来失去信心，麦达沃伊也表示在斯皮尔伯格找到其他事做后，环球也"重新振作了起来"："他们要求他回去拍电视剧。"但斯皮尔伯格非常渴望有份导演的工作。"我什么都愿意做。"他说。他还承诺他的摄影不会再那么前卫，同意"从鼻孔下方6寸拍摄而不是从地洞里拍摄"。

麦达沃伊强烈反对他的年轻签约人回归电视剧。"我对史蒂文说：'听着，你该离开那里了。你不能受合约约束又回去拍电视。如果你要那样做，我就不做你的经纪人了。'他说：'我觉得我应该忠于希德。另外，我每周都能拿到一笔工资。'我说：'你要相信我，我会让你拍电影，然后带你离开这里，因为这个地方不会拍出你想拍的那种电影。我去争取公司的同意。'而他说：'我做不到。'我说：'好吧，那你就得再找一个经纪人了。如果你要这么做，我将不再做你的经纪人了。'他说：'你不能那样对我。'我说：'我能。'"

"我把他领到迪克·谢泼德面前，他当时是电影部门主任。我说："迪克，这是你的新客户，史蒂文·斯皮尔伯格。史蒂文，这是你的新经纪人，迪克·谢泼德。你的事儿我不管了。'然后我就走了，心中希望他会回来说：'好吧，我们离开这里吧。'但他没有。后来盖伊·麦克埃尔弗恩接替谢泼德成为斯皮尔伯格的经纪人，他也渐渐和麦克埃尔弗恩

1　经过重剪，索尔特和厄曼改用假名奇普·罗森和比尔·萨普森，弗莱尔和克莱森也去掉了自己的名字，制片人则署名为伯里斯·威尔森，一个虚构出来的名字。

走得很近，事情就这样结束了。

"他对环球影业非常忠诚，这也是他一直待的地方。我认为部分原因是为了安稳。在那一刻，史蒂文总觉得世界会从他的脚下崩塌。大多数有创造力的人都没有安全感，他心中更是怀有深切的不安。"

当斯皮尔伯格结束他的电视学徒生涯，他认为与环球公司7年合约是"我一生中最大的错误"。麦达沃伊最早得出这个结论："我早告诉过他，甚至把我和他的关系都赌上了。这也是我犯的最大的错误，但归根结底，留在环球最终救了他，因为他最后导演了《大白鲨》。"

《安培林》的摄影师艾伦·达维奥，在斯皮尔伯格早期做电视剧集导演时一直和他保持着联系。"他在环球电视所做的斗争从未得到足够的承认，"达维奥说，"因为他们想将他塑造成环球影业的电视导演，尽管他曾经坚决地说过他想拍电影，而且他对电视不感兴趣。但他们对斯皮尔伯格说：'先拍点电视热热身。'当然，他们的目的是完全奴役他。"

"在那个时代，想从拍电视连续剧转行拍故事片极为困难。因为拍电视真的只是'开拍，然后就能搞定'的流水线工作。还有位导演也差不多同时加入环球——我就不提他的名字了——和那位导演开会时，他们总会提到史蒂文，仿佛他做错了事：'他不会有好结果的。现在，如果你听我们的，你在这儿的事业会蒸蒸日上。'当然，事实刚好相反，因为史蒂文知道在那种环境下不得不抗争。我说的'抗争'是指在一定程度上，他真的需要随时准备辞职不干。他们会冲他吼，'你在好莱坞永远再也找不到工作'之类的话。他奋起与之抗争，因为他不想陷入电视连续剧的泥沼。"

斯皮尔伯格回到环球后的第一份工作是导演面向青少年的电视剧《维尔比医生》中的一集——《恶魔手势》，这部广受欢迎的新剧由资深演员罗伯特·杨主演。这集于1970年3月播出之后，斯皮尔伯格又为其他剧集导演了6集电视剧，于1971年1—9月间播出。按拍摄顺序，分别是《夜间画廊》的一集——平淡无奇的《让我大笑》，与戈德弗雷·坎布里奇合作[1]；两集《心理医生》；《游戏的名字》[2]（*The Name of the Game*）

---

1 詹诺特·茨瓦克重拍了部分内容。
2 斯皮尔伯格1971年执导的电视剧集《LA 2017》是其中的一集。

《欧文·马歇尔：法律顾问》各一集；还有《神探可伦坡》第一季的一集。虽然受挫连连，但斯皮尔伯格学会了制片厂那一套方法，可以在电视拍摄日程表的极大压力下高效工作。在学习职业导演应有的自信和手段时，他也越来越娴熟地利用电视连续剧来表达自己的创作愿景，并推进自己未来的故事片导演事业。

助理导演约瑟夫·波士顿回忆说，当斯皮尔伯格被派去拍摄《维尔比医生》时，片场的人都说他只拍过一部学生电影（剧组人员显然不知道他曾经导演过《夜间画廊》中的一集）。现场一定有十几位第一助理导演有当导演的野心，而且许多人多年来一直在当助理，试图完成转型。这个年轻小伙，刚从大学毕业，没有从基层干起，却一上来就当了导演。没人能搞懂这是怎么回事！我记得他不停地打电话，感觉他总是在谈论其他项目。但他马上就被接纳了——友善、不高傲、干练、果断、好相处。

做出片名"恶魔手势"的是一个十几岁的血友病患者拉里·贝罗（弗兰克·韦伯饰），他不顾母亲（玛莎·亨特饰）的过分保护，在维尔比医生的帮助下，决意参加一次高中的野外旅行。拉里也因为父母离婚深受创伤，"大半辈子都在悉心的看护中度过"，他最大的愿望便是"努力表现正常，做一个正常人"。斯皮尔伯格对拉里的感受深有同感，他从韦伯身上激发出了带着巨大能量的表演，后者刚从凤凰城阿卡迪亚高中毕业。

在视觉层面上，《维尔比医生》是斯皮尔伯格最不华丽的电视剧。和大多数电视剧一样，《维尔比医生》往往显得"非常模式化，因为拍摄时间很紧"，该集制片经理马蒂·霍斯坦说，"但斯皮尔伯格的东西看起来有点不同，总会有一些额外的东西"。斯皮尔伯格喜欢用前后景之间极具张力的构图，来激化人物之间的关系，尤其是剧本中平淡的母子关系。在拍摄的第一天，导演在高中更衣室里拍了一个移动镜头，充分展现了导演标志性的对演员走位和摄影机移动的复杂编排。助理导演波士顿回忆："他设计了一个可爱的、流畅的主镜头，把过肩镜头和特写都包含进去了，加上演员的瞬间动作，让摄影机在正确的地方和正确的时间都处于一个独特的位置，这给我留下了深刻印象。后来史蒂文就把摄影机交给摄影导演沃尔特·斯特伦奇，去调整灯光，我记得我还去问他是不是整晚都在研究那个镜头。他笑着说那是他灵光一现想出来的！"

"当然，他们都抓狂了，因为这是他第一天工作，到了11点连一个镜头都没拍好，"艾伦·达维奥回忆，"这个了不起的主镜头要用到变焦、移动摄影车和轨道，还要用到升降机，这些都要在一个长镜头里完成。他花了一整天来拍这个。拍完之后史蒂文说：'好了，沃尔特，现在我要用18毫米（广角镜头）在钢琴边拍一个镜头。'沃尔特·斯特伦奇于是回答：'孩子，拍这种剧的时候，我们不会把变焦镜头拆下来[1]。'史蒂文特别喜欢讲这个段子。"

一旦谢恩伯格开始给他安排定期任务，斯皮尔伯格在一段时间内便不再抱怨他与环球的合约。他告诉《好莱坞报道》："环球公司改变了策略。多亏了詹宁斯·朗和内德·塔嫩这两位资深影视高管，他们不再将电影人看作威胁，而是视为资产。我知道希德刚到环球时，碰上了很多棘手的事务。他熬过了这些，还提出了不少好点子，他将为环球影业立下功劳。"

多年来，斯皮尔伯格与谢恩伯格的忠实关系，一直是他职业生涯中最长久、最重要的一段关系。早些时候，他们之间的关系"好似父子一般，尽管希德的年龄比斯皮尔伯格大不了多少"，《神探可伦坡》的编剧兼制片人威廉·林克说。"希德对他非常负责，"电视剧剪辑主任理查德·贝尔丁回忆，"尽管没人说过'我不想要斯皮尔伯格'，但要想让斯皮尔伯格得到重用还是得下一番功夫。"

"在史蒂文早期的职业生涯中，我是他的经纪人，"谢恩伯格在1988年的一次采访中说，"……从《夜间画廊》到《大白鲨》。他的事业停滞了好几次，我必须让他重新开始。我曾经帮助过很多导演开启和发展他们的事业，但史蒂文的经历不同，因为我不仅要帮他拿到第一份工作，还需要帮他拿下很多工作。以至于很多人都在好奇：'谢恩伯格到底是怎么回事？为什么我一定要用这个孩子？'"

与斯皮尔伯格签约后不久，谢恩伯格便开始推销，为一些电影公司的主管和全部宣发部门安排《安培林》的放映。"他们希望我们意识到，这个年轻电影人将会成为公司的重要财富，"当时经常为阿尔弗雷德·希区柯克工作的公关人员奥林·波斯登回忆，"当然，我们印象深刻。大家都对他寄予厚望。他是被选中的那个，是年轻的金童，是伟大导演的接班人。"从那以后，谢恩伯格为斯皮尔伯格找电视工作的过程便陷入了"销售和订购之间的某个阶段"，谢恩伯格自嘲地解释道。每个工作机会都取决于不同的制片人，而且不是每个制片人都有同等程度的自主权。

《游戏的名字》的监制理查德·欧文就是聘请斯皮尔伯格的人之一，他是女演员

1　18毫米超出了变焦镜头的范围，需要更换专门的广角镜头。更换镜头并指定焦段一般是电影导演的要求，摄影指导这里的意思是让斯皮尔伯格老老实实地按照电视的规格来拍摄。——译者注

艾米·欧文的叔叔，斯皮尔伯格后来娶了艾米。1970年秋天，迪克·欧文正在为《洛杉矶2017》（*LA 2017*）找导演，这是一集关于生态灾难的未来主义电视剧。谢恩伯格打包票地告诉他："我这儿正好有个合适的人选，让史蒂文来吧。"

这部剧集的制片人迪恩·哈格罗夫在谢恩伯格的一次放映会上看过《安培林》。"我认为这部电影很有想象力，相对于他的年龄和资源，也很令人印象深刻。"哈格罗夫说，"但我并没有从这部电影中推断出这个人的全部才能。"欧文从谢恩伯格传了话之后，哈格罗夫看了粗剪的《平杆完赛》（斯皮尔伯格拍摄的《心理医生》中的一集）：克鲁·古拉格饰演一名即将死于癌症的职业高尔夫球手，琼·达林则饰演其悲痛的妻子。这集还未播出，就足以让哈格罗夫相信斯皮尔伯格的才华："这一集看起来与众不同，虽然不是特别有异国情调，只是一部医疗剧。但即使在当时，他的作品中的一些特质已然清晰可辨，例如视觉效果和布景。他移动摄影机的方式和演员的走位也很独特。他拍的全景长镜头是我见过最有意思的。我认为他有一种令人难以置信的电影感，与其他所有导演都不同。"

在向《神探可伦坡》的出品人及制作人理查德·莱文森和威廉·林克推销斯皮尔伯格时，谢恩伯格则采用了一种更为温和的方式。1971年夏天《神探可伦坡》的剧集开始拍摄时，莱文森和林克已经拍了两部相同题材电视电影，由彼得·福克扮演邋遢但智慧的警探。环球公司习惯于以不同寻常的服从和尊敬来对待有文化的成功制片人，林克回忆道，在雇用斯皮尔伯格时"从来没有接到过'黑塔'的任何命令，例如'你们必须用这个孩子'。你当然会对他的作品印象深刻，但决定也是你自己来做。那是《神探可伦坡》的第一季，我们不仅在寻找那些经验丰富的、可靠的、能执导悬疑剧的导演，而且我们也在寻找一些年轻人，能给这部剧增加一些刺激的新鲜血液。"

然而，电视制片人本能地不愿在一个没有经验的导演身上冒险。正如林克解释的那样，"拍电视时，一天的进度是6到7页——这是马克·森内特[1]的效率。这不像拍电影，你能有600万美元预算，能像布莱恩·德·帕尔玛那样每天连一页都拍不完。电视业是娱乐界的'盐矿'。钱永远不够，时间永远不够。对史蒂文来说，得到拍电视的工作不容易，

1　马克·森内特（Mack Sennett），加拿大导演、制片人，曾担任《一夜风流》（1917，哈里·麦科伊导演）、《冷酷的爱情》等电影的制片人。——译者注

因为他没有口碑。"

　　莱文森和林克在谢恩伯格和卢·沃瑟曼的陪同下观看了《安培林》的私人放映。林克认为那是"一部绝佳的'镜头实验'电影。《安培林》运用了当时流行的电影技术，比如调焦，虽然后来被认为老套。但他不仅是一个非凡的天才，我的意思是，你从未见过一个孩子能拍出那样的片子"。但是，林克说，最终"让我和迪克相信那个孩子确实有些东西"的，是斯皮尔伯格之前说服过哈格罗夫的同一部作品的样片：《平杆完赛》的粗剪版本[1]。"然后我们还得向福克推销他，"莱文森回忆说，"当时人们都说斯皮尔伯格是个技术型导演，他很会操控摄影机，而不会指导演员。我们知道那不是事实，但我们必须说服彼得。""彼得更想要和有经验的导演合作，而斯皮尔伯格不过是白纸一张，"林克补充道，"光有赞美之词还不能说服福克先生。彼得很聪明，很难蒙蔽他的眼睛。我们得给他看片子。我们给他看了克鲁·古拉格和琼·达林主演的那集《心理医生》，而他觉得还不错。"

　　即使在那之后，斯皮尔伯格还得克服另一个巨大障碍。他那集《神探可伦坡》（《书本谋杀案》）的摄影师是拉塞尔·L. 麦蒂，曾为斯坦利·库布里克拍摄了《斯巴达克斯》并获得了奥斯卡奖，并和奥逊·威尔斯合作过四部电影。与斯皮尔伯格见面后，麦蒂告诉制片人："他还是个孩子！他是不是需要有牛奶和饼干的休息时间？他的尿布车会干扰我的发电机吗？"林克回忆道："麦蒂是个脾气暴躁的老家伙，快要变成化石了——他总是把奥逊·威尔斯称作'那孩子'。他当时已经60多岁了，而这还是个21岁的孩子（斯皮尔伯格当时实际24岁）——这不是代沟，而是代际间的大裂谷。"

　　摄影师一开始抱怨斯皮尔伯格非正统的手法，并告诉制片人："你们的大牌导演让我待在口蔷大道的这个房间里，四面都是玻璃，这让我把灯架放在哪儿？""我们不知道他在说什么，"莱文森承认，"我们对灯光一窍不通。但为了我们的威信，我们只好对他说：'他是导演，照他说的做。'"

　　但在拍摄过程中，林克说："史蒂文常常会从片场打电话来说：'过来一下。'我们说：'史蒂文，我们还有6个剧要写要拍。你做得很好，每天的样片都很好。他还是会说：'过来一下。'我们终于明白了，他是因为没人可以说话。他是片场上最小的人，换场的时候他会很孤独。我觉得在那些片场里，他找不到任何可以聊天的人。我们会去片场，或

1　莱文森和林克创作了《心理医生》剧集，但并未参与制作。

者在我们自己屋里和他闲聊。"

同年夏天，斯皮尔伯格被聘请导演新一季的《欧文·马歇尔：法律顾问》中的一集。"我们被交给他了，"联合作者及执行故事顾问杰瑞·麦克尼里承认，"'黑塔'想让他工作。我第一次感到他的与众不同，是因为制片人乔·爱泼斯坦告诉我他非常高兴斯皮尔伯格能来拍片，他只是个孩子，但他拍过《夜间画廊》《维尔比医生》，还有琼·达林参演的《心理医生》。我记得他没有胡子，我不是说他没留胡子，我是说他看上去太年轻了，还没长胡子。他看起来大概只有十五六岁。这真令人吃惊。我瞪大了眼睛：'这就是导演！就是那孩子！'开工后我意识到，他不是那种脸上只有绒毛的孩子，他知道自己在做什么。

"真正令人瞩目的是，这位天才很快就崭露头角。对于像谢恩伯格这样的人来说，给斯皮尔伯格一个机会，让他执导一部电视剧是一回事，让他在摄影棚里当明星做热身是另一回事。当时肯定有这种感觉。乔·爱泼斯坦说：'我们得到了这个天才少年。'我想乔不是认真的——我想他不知道斯皮尔伯格究竟有多大能耐，但当时他们是那么说的。"

"电视基本由制片人说了算，"《游戏的名字》制片人迪恩·哈格罗夫说，"制片人对选角和剪辑有最终决定权。在电影中导演则是一切，但在电视业，导演更像是一名雇员。"即使斯皮尔伯格对小说家菲利普·怀利为《洛杉矶2017》所写的剧本进行重大修改，这位年轻导演"显然让这部剧反映出了自己的敏锐性"，哈格罗夫说，"他不仅把自己的想象力应用在这集电视剧的视觉效果上，而且还应用到了他使用视觉效果的方式上。这集电视剧有着一致的表演风格——较真实夸张一点，但又不虚假。史蒂文选角时精明极了——我们一起选的——他和演员们相处也很融洽。"

《洛杉矶2017》是斯皮尔伯格最具表现主义风格的电视作品，描绘了未来洛杉矶人不得不生活在污染严重的地下。这也让导演在营造出噩梦般的视觉效果时拥有更大的自由度。先于雷德利·斯科特在《银翼杀手》中呈现的启示录般的21世纪洛杉矶景象，斯皮尔伯格用红色和橙色的滤光镜，被火熏黑的卡拉巴斯地貌来表现南加州荒凉、荒芜的地表。他用蜿蜒的跟踪镜头穿梭于地下城生活区（在亥伯龙污水处理厂拍摄），一群狂热的、精心编排的演员构筑出炽烈而幽闭恐怖的人间地狱。故事主线是相当标准的科幻情节剧，一群反抗者试图推翻法西斯统治阶级，他们的首领是温和的巴里·苏利文（整个事件最后被证明是剧集主角金·巴里的一场幻觉），斯皮尔伯格没有使用过分的语言修辞，便表达了自己对环境污染的观点。仅有37.5万美元的预算和12天的拍摄计划，可斯皮尔伯格建构出如此壮观的未来主义景象，这种能力尤其引人注目。而成片的时长与他为好莱坞拍摄的第一部长片相当。在环球实行的"四合一"播放政策下，四个系列节目在美国全国广播公司电台轮流播出，留给《游戏的名字》的时间段为90分钟，除去广告时间，还剩74分钟时间来讲述这个故事。

"对于这样一场雄心勃勃的大戏，史蒂文的日程安排得很紧，"哈格罗夫说，"他严格遵守日程表，并且准备充分。他会在早上开拍前给我看当天要拍的镜头，他没有画分镜，但我想他脑子里有一个。他毫不含糊。有些导演会先看演员彩排，然后再考虑如何拍摄。史蒂文却反其道而行。他倾向于像希区柯克那样，从对一个场景的具体想象开始。在配音的过程中，他始终监督着影片，导演们通常不会这么做。"

"有些导演只是象征性地（在剪辑室）转一圈，有些则全身心投入工作中，想要确保这部电影能达到最高水准，"《洛杉矶2017》剪辑师弗兰克·莫里斯说，"史蒂文就是后者，他能参与的都会参与。他很有创意，而且对于剪辑了如指掌。虽然他还只是个小屁孩，但他的个性则像一股清泉。我从他身上学到了许多。我和史蒂文的关系从来不像是工作中的同事，这种关系很有趣。"

当《洛杉矶2017》于1971年1月15日播出时，由于其标新立异的风格和切合时代的主题，美国全国广播公司对其进行了不同寻常的大力宣传。《每日综艺》的评论员杰克·海尔曼认为，这集电视剧"对于生态问题来说仿佛晴天霹雳……与其他纪录片形式的生态影片不同，这部奇特的混合式作品让人高潮迭起。史蒂文·斯皮尔伯格的导演能够直击人心。"

"那集电视剧为我打开了不少大门。"斯皮尔伯格说。

如果说《洛杉矶2017》预示了斯皮尔伯格即将成名的华丽视效风格，那么他拍的《欧文·马歇尔：法律顾问》中的那集《为接球手致悼词》则展现出他才华的另一面，即在《紫色》《辛德勒的名单》中占据主导地位的、更为内敛的人文主义。虽然有可能变成电视情节剧中的陈词滥调，但事实证明，《为接球手致悼词》中对高中橄榄球教练戴维·巴特勒（史蒂芬·杨饰）的立体刻画依旧令人动容，他采用的高压战术对自己的明星球员史蒂夫·巴格特（安森·威廉姆斯饰）来说有致命危险，因为后者患有风湿性心脏病的隐疾。

当他拿到《欧文·马歇尔》的工作时，斯皮尔伯格还拿到了一个关于年轻歌剧演员的剧本。"史蒂文很讨厌那个剧本，"故事顾问杰瑞·麦克尼里回忆道，"现在我知道原因了，但当时我们只觉得他是个被宠坏的孩子。那个剧本有很多对话，情节复杂，而斯皮尔伯格显然想要做自己的东西。他问：'还有别的吗？'我们找了找，发现了理查德·布鲁埃尔写的《为接球手致悼词》（ *Eulogy for a Wide Receiver* ）。史蒂文说：'神哪，我宁愿拍这个，但是这个需要改动。于是我花了一个周末，从头大改了一遍。'"

斯皮尔伯格带到这部戏里来的不仅有拍摄初高中橄榄球赛的实际经验，还有对学校运动员的尖锐批评。这个被他在校报上所报道的运动员屡次欺凌的懦夫，对剧本里高中橄榄球队准军事化的训练进行了抨击，并对一个折磨他的球员予以发自内心的反击。这个欺负他的恶霸最终为了他的文森特·伦巴蒂[1]式的教练而自杀。

"就在我们开拍的前一天，"麦克尼里回忆，"史蒂文进来说：'天哪，我真沮丧。我去看了《美雏成行》[2]。'史蒂文说《美雏成行》把很多他想在片子里拍的东西都拍了。他原本以为自己想拍的高中橄榄球赛是一个全新题材。那只是个小挫折，他从来没有迷失方向。在橄榄球场上，史蒂文用吊杆和移动摄影车拍了一个长镜头——摄影机从看台上下来，一路跟着演员到达球场。用今天的斯坦尼康来拍，可能这个镜头也没有什么了不起，但放在当时，那样的镜头可能需要一两天时间。史蒂文在我们一小时的电视电影里有类似的镜头。你需要一两天才能拍好的东西，他只需一个半小时就能搞定！"

"该集的后半部分发生在法庭现场。作为法律剧，那个场景得拍很久，"麦克尼里说，"每周都要在法庭上拍15页戏份。除了一个人以外，大家都得坐着。拍起来很没意思。我们在《欧文·马歇尔》片场见过优秀、可靠的电视导演，但史蒂文一来就不一样，我们坐下看他拍，感叹道：'伙计，这跟以前不一样！'他们在法庭上用放映机播放橄榄球赛画面，他透过放映机投射的光线拍摄，把焦点从放映机转移到坐在法庭另一头的少年身上。我从没见过那样的镜头。"

---

1 文森特·伦巴蒂（Vincent Thomas Lombardi），美国橄榄球教练，以粗鲁的举止和铁腕纪律著称，橄榄球NFL超级碗奖杯以他的名字命名，被认为是史上最伟大的橄榄球教练。——译者注

2 法国导演罗杰·瓦迪姆的黑色喜剧（1971年上映），罗克·赫德森扮演的高中橄榄球教练不仅与女学生上床，而且还是一名杀人犯；斯皮尔伯格导演的《欧文·马歇尔》中的演员约翰·大卫·卡森也参演了本片。

斯皮尔伯格在与演员的合作中也表现出早熟的特质。这部剧的主演亚瑟·希尔，曾参与过爱德华·阿尔比制作的《灵欲春宵》，并因乔治一角而获得托尼奖[1]。刚开始与斯皮尔伯格合作不久，他就对麦克尼利说："这孩子真了不得。"

"我很惊讶，首先，这么年轻的人居然这么会与人打交道。"希尔回忆，"但更令我惊讶的是他的镜头感。他似乎比别人看得更清楚，不会浪费任何时间，并不像其他导演在拍摄法庭戏时通常做的那样，占用大量的拍摄时间，消耗大量的胶片。他直击重点。我们知道这孩子懂摄影机，但是我们发现他还真的懂得如何调度演员！他的态度很好，这对一个导演来说很有利，可以让你走得更远。他总是说：'我对这个不是完全了解，但是你愿意尝试一下吗？'当一个导演有这样的态度时，你会愿意为这个导演拼命。"

斯皮尔伯格曾回忆起自己"和电视明星有过不愉快的经历"，尽管他并未指明是谁。拍摄剧集《神探可伦坡》中《书本谋杀案》的第一天，斯皮尔伯格和剧集主演彼得·福克面临一个棘手的问题，有一位配角"迷迷糊糊，踉踉跄跄"，林克回忆道，"史蒂文简直快崩溃了。这部戏对他来说很重要，他要拍一个复杂的长镜头。但他最终解决了这个问题。

"斯皮尔伯格让我和迪克印象最深的是：他是个可以驾驭长镜头的孩子。大多数导演都做不到，他们对拍摄长镜头毫无头绪。对大多数导演来说，他们只能空谈根本不会拍。但斯皮尔伯格可以进行像戏剧一样的调度，他的布景总是很漂亮。他的镜头从来不会无趣。他会避免那种完全正确的拍摄方法，选择有趣的角度来击中你。"

当发现演员无法完成任务时，斯皮尔伯格很快就不得不重新考虑其他的拍摄方法。"拍电影时你可以绕过这个问题，"林克说，"但是现在不行，只能硬着头皮上。不幸的是，他不得不分解自己的长镜头，他得一段一段拍。他很失望，但我们对他灵活应对问题的能力印象深刻。"

但在他职业生涯的那个阶段，斯皮尔伯格回忆说："我已经说过，人生苦短，不要关心别人的保姆车大小，或者他们会因为发型师口里有咖啡味而心生不满，很多小事都会让

1　托尼奖，全称为安托瓦内特·佩里奖（Antoinette Perry Award for Excellence in Theatre），是由美国戏剧协会为纪念该协会创始人之一的安托瓦内特·佩里女士而设立的，设立于1947年。托尼奖一直被视为美国话剧和音乐剧的最高奖，常设奖项24个，每年6月举行颁奖仪式，通过哥伦比亚广播公司播出。——译者注

我抓狂。不想按标记走位的演员，希望自己导、自己演的演员，听不进我任何意见的演员，我在电视行业里虽然只有过几次负面的经历，但足以成为让我对电视行业产生反感的理由。"在开始导演电影长片后，斯皮尔伯格倾向于避免和大牌明星合作。他通常选择性格演员，而不是超级明星来担当主角，这不仅让他在片场的工作更加轻松，也符合他对"普通先生"的关注。

由彼得·福克饰演可伦坡这名普普通通的警探，林克称之为"电视领域里的天作之合"。不过完美主义者福克为了控制这个角色而做出的斗争也是堪称传奇。斯皮尔伯格认为这部76分钟的《书本谋杀案》和《平杆完赛》是他最好的两集电视剧。1971年夏天拍摄的前七集《神探可伦坡》中，《书本谋杀案》是第二个开始拍摄的，但它被选为9月15日的首播集，而且是这部长播电视剧中创作者最喜欢的一集。尽管如此，斯皮尔伯格在评论与福克共事时使用的外交式辞令表明，他并没能掌控全局。

"《神探可伦坡》拍得很愉快，"1977年斯皮尔伯格说，"因为拍摄《神探可伦坡》的主要任务是帮助，或者说大部分情况下是看着彼得·福克入戏……彼得当时还在找角色的感觉。我和彼得一起发现了他的经典角色'可伦坡'。"然而，林克不认为斯皮尔伯格为可伦坡这个角色增添了什么："斯皮尔伯格来时可伦坡这个角色已经完全成型了。福克当时已经拍了两个试播集，开拍时所有问题都已经解决了。"

"一开始我们运气还不错，1971年的首播集由一个叫史蒂文·斯皮尔伯格的年轻人导演。"福克回忆，"我告诉制片人林克和莱文森：'这人来拍《神探可伦坡》是大材小用了。'让我告诉你我最欣赏史蒂文的地方。有次我在排练一幕戏，在街上和一个男人谈话。我突然意识到：周围没有摄影机。而史蒂文在街对面用远距镜头拍我。这在20年前并不寻常，作为演员我感到很舒服，而且拍出的画面很有艺术美感——好吧，这告诉你他不是一般的导演。"

斯皮尔伯格对《书本谋杀案》优雅而克制的导演手法反映了他作为一名专业电影人的成长。这个滑稽的故事讲述了一位没有天赋的作家（杰克·卡斯迪饰，绝佳地演出了角色的油腻感）因忌妒自己的合作伙伴（马丁·米尔纳饰），而起了杀心，这一系列故事的剪辑史蒂文·布奇柯后来成为《纽约重案组》《洛城法网》等成功剧集的制作人。和《眼睛》或《洛杉矶2017》不同，斯皮尔伯格不需要用华丽的视觉效果来丰富老套的故事情节。"我刚开始拍电视剧时，用了许多花哨的镜头，"他回忆说，"有些构图还不错，但通常会从某人腋窝下穿过或者从某人鼻尖上的某个斜角去拍。我后来不再频繁使用那样的拍摄手法，不再那么专注于技巧，开始更多地从我手中的剧本中寻找文学质感。"

《书本谋杀案》的开场镜头是从极高的地方俯拍杀手奔驰驶过日落大道，再将镜头转向办公室的窗口，窗内毫无戒心的伙伴正在打字机前工作，斯皮尔伯格优雅地使用摄影机来制造悬念和触动观众的情绪。他对声音的非常规运用有助于营造出一种不祥的、令人不安的气氛：在整个开场，整部影片出奇地安静，我们只能听到打字机的咔嗒咔嗒声。斯皮尔伯格建议作曲家比利·戈登伯格使用这个打字机的主题，后者便将打字机的声音编进了乐谱。

为另一个谋杀场景混音时，斯皮尔伯格和林克想出了一个令人毛骨悚然的桥段，也许是受到了1929年阿尔弗雷德·希区柯克《勒索》中类似的手法的启发。"通常是制片人或者联合制片人负责最终混录，"林克说，"导演一般都会去干别的事了，但斯皮尔伯格不是，斯皮尔伯格就在那。女人被攻击的老套表现手法是一声尖叫，斯皮尔伯格和我决定要剪掉那声尖叫并将画面变黑，在其中只使用配乐。我的合伙人很不喜欢，直到迪克死的那一天，他都不喜欢。那算是我们做的一种抽象的东西。"那是在创作中斯皮尔伯格和莱文森或者林克之间唯一的分歧。"我制作的片子中，只有这部，"林克说，"我和迪克看导演剪辑版的时候会说：'暂停。'史蒂文很生气，他说：'我还想剪掉20英尺的胶片呢。我们说：'史蒂文，请便，随意剪。'"

《每日综艺》的托尼·斯科特在评论《书本谋杀案》时表示对剧本持保留意见，但称整出戏"在史蒂文·斯皮尔伯格手上有大师之风"。在仅仅两年半的时间里，斯皮尔伯格在好莱坞媒体口中从"菜鸟"成长为"大师"！

"我们为这部戏而自豪，"斯皮尔伯格和《平杆完赛》中的合作者在NBC的宣传短片中表示，斯皮尔伯格更表示这是"我的最佳电视作品"。

拍摄于1970年秋天，于1971年3月15日播出的那一集《心理医生》由克鲁·古拉格饰演一名临死的职业高尔夫球手，被希德·谢恩伯格在拍摄结束后不久的采访中称为"我看过的导得最好的电视剧"。公司里大多认同谢恩伯格的看法。在进行了第一次内部放映后，电视剪辑总监理查德·贝尔丁回忆说："大家看完都沉默了，每个人都热泪盈眶，那集太棒了。这就是史蒂文真正的起点之作。"

当片子还拍着时，一种不寻常的感觉就开始在片场弥漫开来。"史蒂文拍的胶片都足以剪成一部长片了。"查克·西尔福斯回忆说，"有一天，我碰巧在街上遇到了摄影部门的负责人比尔·韦德，他告诉我：'你得去摄影棚看看，你再也不会见到那种场面了，你的朋友斯皮尔伯格在导戏。'我说：'我见过别人导演。'他说：'你肯定没见过剧组人员站那儿哭。'他们当时正在拍摄克鲁·古拉格死亡的那一场。我没有过去，但是其他几个人去了，他们说拍到最后现场一片死寂。斯皮尔伯格喊'停'之后，在镜头之间的空当，现场依旧一片死寂。"

斯皮尔伯格认为《平杆完赛》和《心理医生》的另一集《马丁·达顿的异想世界》都带有强烈的个人风格，主要是因为制作人杰拉德·弗里德曼允许他"在剧本创作时加入很多自己的想法，所以这是一个真正的挑战"。在《马丁·达顿的异想世界》中，编剧柏·梅塑造了一个与斯皮尔伯格本人有着强烈共鸣的主角：一个逃离麻烦家庭生活的孩子（斯蒂芬·胡迪斯饰）。"这集敏感的电视剧中的许多元素显示出斯皮尔伯格与孩子们的融洽关系，"马克·威雷奇在1982年发表的一篇有关斯皮尔伯格电视作品的文章中写道，"……两集《心理医生》都以迷人的达利式梦境序列为标志，并通过洛伊德·埃亨精湛的摄影技术为观众呈现。这两集电视比其他任何剧集都更贴近斯皮尔伯格当前作品的核心，这些异常敏感的、血肉丰满人物陷入了颠覆他们日常生活的危机之中[1]。"

《平杆完赛》根据托马斯·德雷克的作品改编，由德雷克、弗里德曼、梅和赫伯·伯曼编剧，这对一个年轻导演来说似乎是经验之外的领域，因为该剧主要描述一个男人正面临即将到来的死亡。但这个故事，以及制片人给予他的创作自由，使斯皮尔伯格能够从自己的童年经历中，挖掘出以前从未探索过的深度情感。拍摄过程中，斯皮尔伯格说"自从用8毫米摄影机开始拍摄以来，这是我第一次可以把上午9点出现的想法，融入下午2点的拍摄中去"。

他以古拉格的两个高尔夫球友来医院看望他的场景为例："剧本写的是，他们很不舒服，古拉格已经多次面对死亡，但这两个男人做不到。他们无法认同他的观点，最终不得不离开。我上午刚有个想法——也许可以让这一幕更感人，那两个高尔夫球手也许可以用铲子把整个第18洞挖出来，放在鞋盒里，插上旗，然后带去病房，把这个礼物放在他身上。当拿到礼物时，他打开盒子，里面是泥土、绿草和旗帜。一定妙极了。这时克鲁哭了起来——作为一个人，也作为一个演员。摄影机一开拍，他的第一反应便是放声大哭。他

---

1 环球影业把《马丁·达顿的异想世界》和杰夫·科雷导演的那集《心理医生》合在一起，将两集电视剧重新剪为一部电影，在欧洲放映后，1980年又在哥伦比亚广播公司电视台播出。

把草从洞里拔出来，把泥土捏碎弄得满身都是，然后感谢他们给了他这个礼物，这是他收到过的最好的礼物。一个临时的想法造就了这个感人至深的时刻。不是一切都要按剧本来的，一天有那么长的时间，摄影机里有那么多胶片，预算里多的是钱。"

《平杆完赛》中最令人难忘的一幕是琼·达林扮演的古拉格的妻子。查克·西尔福斯生动地回忆起斯皮尔伯格对这一场景的特殊处理方式：当她从医生那里得知丈夫只有几日可活时，"她走进他的房间，强装笑颜。她走到走廊上时，突然你从脸上的表情和她的肢体语言中知道她只是勉强坚持着。她看到走廊尽头有一个公用电话，便拿起电话，想要打给远方的母亲。谈话中她几近崩溃。我的天啊，这表演真是太棒了。"

"她侧身对着电话，摄影机离她很近。我想，开拍后她肯定会十分心烦意乱。听见电话被她拿起，她转过身背对着镜头。任何一个心智正常的导演都不会在此时让镜头离开她的脸，但斯皮尔伯格不是这样！他让摄影机逐渐后退，你听见她说了一个词：'妈妈。'史蒂文可以反其道而行地表现亲密感。整集片子都是那样，他打破了所有规则，而且因此完成得更好。"

被邀请出演《平杆完赛》的角色时，达林"住在鳕鱼角，正考虑是否应该退出影坛。我接到经纪人的电话：'你明天上午10点能来环球的片场吗？'某个女孩不能演了，制片人记得我演的《维尔比医生》。我跟他说：'我要下午才能到。'他们去机场接我，然后直接带我去换装。我还没见过史蒂文·斯皮尔伯格。当我第一次到片场时，我总喜欢先看看导演如何工作。我四处寻找导演，却看到一个戴牛仔帽的小孩。我走过去偷听，他跟克鲁说了几句话，我想，天哪，他真的是导演！

"那天晚些时候，我们仍然没有见面，我坐在一棵树下。史蒂文过来对我说：'你知道肯尼迪总统被枪杀后，杰奎琳·肯尼迪——'我说：'别再说了，我完全明白你的意思。'那一刻我们心意相通。那是我们之间信任的开始。我知道他想要我的最佳表现，而且他接受性很强。当他说'像杰奎琳·肯尼迪一样'的时候，我马上就明白了他的意思。他想要我演出的是杰奎琳·肯尼迪的风度，以及她面对不幸的恐怖时的行为方式。我明白这一点，也知道该怎么做。他相信我能理解他。这绝对是个优秀的导演方式——给演员提供一个能让他觉得津津有味的范例，但不发号施令。

"我马上意识到他对心理的理解和我一样复杂。对这个世界和身处其中的感觉，我们都怀有一种难以置信的热情，一种纯洁的孩童般的热情，我们都有好奇心，对人类行为有着复杂的兴趣。他有一个伟大的灵魂。他能看到太多，我不是说视觉上他所看到的细节，他看到一个人的多面性。我得努力去赶上他。《平杆完赛》是一部了不起的作品，片子探讨的都是成人的问题，他对世界的成熟认知给我留下了深刻印象。我认为从这部作品开始，直到《辛德勒的名单》之前，他都没有向世人展示他在此方面的真正能力。"

后来，达林自己也成了一名影视导演，并执导了斯皮尔伯格的电视剧《神奇故事》中的两集，包括斯皮尔伯格妹妹安妮的童年鬼故事《如果》。"刚开始做导演时，"达林回忆说，"我打电话问他：'我该怎么办？'他说，买一双好穿的鞋。我说：'好。'第二次我要导演一部长片，我打电话给他，他正在《第三类接触》的片场。他说：'少拍点人们进进出出的镜头。'我问他："史蒂文，如果档案员来问我你给了我什么建议，你想让我告诉他们你说了什么？'他说：'好吧，这样没用。'我跟他说：'我对摄影机一无所知，我怎么知道该把摄影机放在哪里？'他说：'你注意一下看排演时你自己站在哪里，就把摄影机放那里吧。'这句话意义深远，因为它让我关注'我在讲什么样的故事'。"

《每日综艺》评论员托尼·斯科特称赞《平杆完赛》导演得十分精彩："古拉格对面临死亡的高尔夫球手抱怨命运的有力诠释，令人不安地提醒着我们生命的脆弱。饰演生不如死的妻子，达林小姐的表演值得特别关注，特别是给母亲打长途电话的那一幕，她塑造了一个生命中祸不单行的辛酸形象……将古拉格和达林的关系呈现得很美。"

"年轻的史蒂文·斯皮尔伯格以执导的那部小电影，奠定了自己作为好莱坞最令人兴奋的天才之一的地位。"《洛杉矶时报》的塞西尔·史密斯在1973年写道。史密斯又补充说，自从看过达林"那令人揪心的表演"后，便成了她的"铁杆粉丝"。

查克·西尔福斯被斯皮尔伯格导演的《平杆完赛》深深打动，甚至质询自己的徒弟："史蒂文，你怎么知道痛苦是什么？你那么年轻，怎么会懂得痛苦？"

斯皮尔伯格告诉他："我以前每个星期都会去养老院看望我的外公（当时菲利普·波斯纳住在斯皮尔伯格位于亚利桑那州的家附近）。我只是观察他，我会一边玩耍，一边观察他，观察母亲还有医院里的其他人。"

"显然他观察到的不只是表面上发生的事情，而是生命中重要的事，"西尔福斯意识道，"这个小男孩躲在后面观察着。我想他从睁开眼起，就一直在观察别人。不知怎的，他能够看到表象背后的东西。"

1968年以来，斯皮尔伯格一直和拉尔夫·布里斯住在环球影业对面拉格尔广场3649又二分之一号的一间两居室老平房中，那是一栋位于圣费尔南多谷小巧而方便的住宅，这里唯一值得纪念的便是鲍比·达林住在这儿时创作了自己的热门歌曲《啪嚓扑通》（*Splish Splash*）。

"我们没怎么一起出去玩过，"布里斯回忆，"他交过好几个女朋友，其中一个是经纪人。我们曾试图一起做些什么，但最后我们各奔东西。"

导致这二位室友分开的是生活中的两次剧变。一次是自然的，另一次是经济上的。

"史蒂文从1971年的地震中把我救了出来，"布里斯回忆，"地震发生在清晨6点（2月9日，圣费尔南多谷受灾最严重）。前一天晚上我在外面开派对，喝得酩酊大醉。地震来袭时，我突然惊醒，恍惚中还以为有一波巨浪从山上袭来。于是我把床单盖在头上，开始祈祷——那时我很信这些。我的房间位于这栋小公寓的后部，史蒂文的在中间。他冲进来大喊：'地震了！快跑！'我们穿过客厅——音响都倒了，但是房子还没有垮。我们跑到一座小山上，旁边是泳池，可以眺望群山。我们可以看见地震袭来时群山都在起伏，我们可以看到变压器爆炸。这个山谷仿佛成了液体。我们损失了不少，但我们当初也没什么值钱的东西。我吓坏了，跑去了夏威夷。他和环球签了一份新合同，还买了一栋房子。"

斯皮尔伯格在1970年12月签署的合约，被这位导演形容为将自己两年前签下的七年独家合约"修正得更自由"。据《每日综艺》报道，斯皮尔伯格现在有"一份为期五年的独家制片人合约，和一份为期六年的非独家电影电视导演合约"。新合约给了他足够的自由，让他不再想着离开环球奔向更广阔的草原而永不回头，但他仍然要优先为环球服务。这份合约也让斯皮尔伯格在好莱坞有了一定的根基，足够让他给位于休闲但时髦的月桂谷的小房子支付订金，最后以5万美元买下这栋房子。他和一条名叫埃尔默的可卡犬住在一起，房子里贴着电影海报作为装饰，斯皮尔伯格把这种风格称作"单身汉范儿"。

制作了1971年的长片《苏珊娜的二次拜访》（*The Second Coming of Suzanne*）后，布里斯想要再制作另一部电影但未果，之后开始了忙碌的制片经理生涯，但自从与斯皮尔伯格合作拍了《安培林》之后，两人就再没合作过。"我们最终分道扬镳，"布里斯说，"我偶尔还会碰到他。我家里有一张他签名的《E. T. 外星人》海报：'致我曾拥有的最长久的友谊。'"

斯皮尔伯格搬到月桂谷后，主要的社交生活就是看电影，或者请朋友来家里一起看电影和电视剧。他尽量不参加好莱坞的大型聚会，但只要出席，他就会变得很商务范儿。

琼·达林曾惊叹，"史蒂文是多么聪明啊，他知道要想在事业上取得成功，社交活动是必不可少的"。但他也很享受作为一名成功好莱坞导演的社交优势。"没有哪个女人认为他是个书呆子，"达林说，"他很喜欢和漂亮姑娘约会。我一直觉得他很有魅力，他的幽默感、他的顽皮——他是我喜欢的那种人。"她觉得，即使斯皮尔伯格不过20出头，他还是有一种不满足的冲动，想找到合适的女人建立家庭以求安稳："家庭对他来说真的很重要。"

达林及丈夫比尔·萨瓦诺（歌手兼编剧）也成了斯皮尔伯格社交圈中的成员，"我们会去看电影，吃东西，再一起聊聊电影，"她回忆说，"我们会躺在地板上大笑。我们一起写过一部3页脚本的电影，我们还写了一部关于龙虾的剧本。我们会一直笑到犯傻。史蒂文、比尔和我会去里河畔赛车场。我有一台超8摄影机，我把它交给史蒂文，然后他会拍出一整部片子。他和比尔都很喜欢小玩意儿——不仅是和电影相关的，还有各种各样的小玩意儿。有一回，史蒂文打电话给我们说：'你们一定要去圣莫妮卡和谢内加大道拐角的保龄球馆。'那里有最早的电子游戏，战斗机飞行员的故事类游戏，他完全被吸引住了。他总是充满好奇。

"我们都在工作上很有野心，但我们都没能得到自己想要的工作。史蒂文知道他想拍长片。我们会讨论如果史蒂文真能导演一部长片，那么我们能够怎么做。我记得曾对丈夫说过，当史蒂文非常沮丧地试图卖出剧本和找到突破点的时候，无论他内心多么痛苦，他总能积极向前。"

不是所有人都能同情斯皮尔伯格的挫折。《欧文·马歇尔》的故事顾问杰瑞·麦克尼里记得斯皮尔伯格导演那部剧不久后发生的一件小事。麦克尼里和制片人乔·爱泼斯坦在环球的片场漫步时，"史蒂文开着一辆绿色的小型敞篷奔驰过来，然后停了下来。他正在抱怨着什么，我记不清了。史蒂文开车走了后，乔说：'孩子啊，有几个孩子在你的年纪能开上敞篷奔驰？你要为你的工作感到知足。'"

"电视对我来说不是一种艺术，只是一份工作。"斯皮尔伯格在1995年回忆，"因为电视，我真的有一段时间不知道我是否想继续做电影，因为我感觉好像在血汗工厂做苦力，就连12岁时拍8毫米电影时的兴奋和满足都荡然无存。我失去了那种激情，因为电视让我窒息。直到我开始拍故事片时——实际上是我开始拍电视电影和《决斗》时——我才重新找回拍电影的乐趣。"

第九章

史蒂文·斯皮尔伯格的生意

这部电影的导演是多年以来最伟大的少年天才。

——比利·怀德[1]，《横冲直撞大逃亡》1974年的试映会后

　　1963年11月22日，奇幻和科幻小说作家理查德·马特森在加利福尼亚州西米谷打高尔夫球时，传来肯尼迪总统遇刺的消息。马特森和他的球伴、作家杰瑞·索尔立即放下球杆，赶回洛杉矶。马特森回忆，当索尔开车穿过一条狭长的峡谷时，一辆卡车以危险的高速尾随在他们车后："我很确定当时我的反应很激烈，因为我们还沉浸在肯尼迪被刺杀的震惊中。我们既害怕又愤怒，把对肯尼迪遇刺的激愤发泄在那个卡车司机身上。我们冲车窗外大叫，但是卡车司机的车窗是关着的，他听不见。最后我朋友的车被逼停，滑入岔路的一个泥坑里。在作家的脑海中，一旦你与死神擦肩而过，就会开始构思一个故事。我灵光一现，随手在一个信封的背面写下了这个想法。我想把它卖给《逃亡者》和其他几部电视剧，他们觉得'还不够好'。于是我想：'看来我只好先把它写成一个故事。'"

　　马特森这部扣人心弦的短篇小说讲述了一场卡车和轿车之间的殊死较量，但《决斗》

1　比利·怀德（Billy Wilder），美籍犹太裔电影导演、编剧、制片人，曾多次提名并获得奥斯卡最佳导演奖。代表作《坏种》《双重赔偿》《龙凤配》《控方证人》。——译者注

这本小说直到7年后才写成。这位作者担任编剧的作品还包括经典的《阴阳魔界》电视剧中的几集，以及由小说《决斗》改编而来的斯皮尔伯格执导的同名电视电影。该片于1971年11月13日在美国广播公司（简称ABC）的"周末晚间电影"栏目播出。评论界对《决斗》的赞誉和业内人士的良好反响，使这位距离25岁生日还有一个月的导演一跃跻身好莱坞电影人的第一梯队。

斯蒂芬·金生动地描述了斯皮尔伯格给马特森的故事赋予的视觉和听觉震撼："在这部电影中，一个精神失常的卡车司机开着一辆十轮大卡车，一路追赶丹尼斯·韦弗，看上去好像至少在加州公路上追了100万英里。我们从来没有真正看到卡车司机（尽管我们确实看到过一条结实的手臂伸出驾驶室的车窗，还有一次我们看到卡车尾部露出过一双尖头牛仔靴）。最后，带着巨大的轮子，傻瓜的凝视般的脏兮兮的挡风玻璃，以及发出饥饿怒吼的保险杠，卡车自身变成了怪物——韦弗最终将它引向一处路堤，并将其诱下山崖，它'死亡'的哀嚎变成了令人毛骨悚然的侏罗纪式的咆哮……我想，那正是一头霸王龙慢慢陷入沥青坑时会发出的声音。韦弗的反应和任何一个有自尊心的穴居人一样：他大喊、尖叫、欢呼雀跃，简直高兴得手舞足蹈。《决斗》真是一部扣人心弦、悬念丛生、高潮迭起的电影。"

《决斗》是故事和导演的完美结合。斯皮尔伯格总是倾向于把自己的主角——"普通先生"置于极端情境中，以考验其是否有能力生存并克服现实的乏味和恐惧。斯皮尔伯格还记得，当秘书诺娜·泰森将《花花公子》1971年4月刊上这篇马特森的故事拿给他看时，自己的反应："我完全被打动了。我想把它拍成电影。"

斯皮尔伯格读到小说《决斗》时，环球影业已经买下了电影版的改编权，并交给了乔治·埃克斯坦，他是电视剧《游戏的名字》中罗伯特·斯塔克导演的那集的制片人。将马特森的杂志故事交给埃克斯坦的是年轻作家史蒂文·博奇科，他曾参与过斯皮尔伯格导演的《神探可伦坡》那集的编剧，并在日后成为一名电视制片人。"我找了迪克·马特森来写剧本，"埃克斯坦补充说，"剧本是他和我一起构思的。"马特森起初不接受环球的邀请，"因为我想不出来这怎么能拍成一部电影，这个故事中只有一个人和一辆车。有一次，我建议把主角的妻子也加进车里，这样就有人跟他聊天了。谢天谢地，他们没听我的。"

"我们都面临着最后期限，"埃克斯坦回忆说，"我在找一个导演。剧本传过多人之手，史蒂文·斯皮尔伯格拿到剧本后，到我的办公室说他想拍这个。我知道希德·谢恩伯格很欣赏他，我也看过《安培林》。希德给制片厂的每个制片人都看了那部片子。那是一部很吸引人的片子，21岁的孩子能拍成那样很了不起，但那只是一部不错的小电影，没有显现出天才的迹象。

"我印象最深的是斯皮尔伯格关于如何拍摄《决斗》的想法和我基本一致，主张主要从司机的视角拍摄，摄影机一直在车内，而不是跟在车后，或者尽可能不在车后。史蒂文对这个项目的热情也给我留下了深刻的印象。我和很多导演合作过，对他们来说那不过是份工作而已，但斯皮尔伯格很兴奋，他的热情感染了和他一起工作的每个人。而且他做了准备工作，虽然他是个年轻导演，但你知道他可以在规定时间内拍完一部戏。"

有人考虑过将《决斗》拍成一部院线电影，但事实证明，无论电影公司还是创作团队都不同意。环球影业告诉斯皮尔伯格，如果格里高利·派克愿意出演主角，就同意将《决斗》拍成电影，但那位经验丰富的演员拒绝了。马特森认为那是万幸，因为把《决斗》拍成院线电影的片长是"行不通的。即使把电视电影加长至长片长度（他们之后确实这么做了）也不行。他们得加长达18分钟的戏。73分钟的情节很紧凑，太完美了，没有比这个长度更完美的了[1]。"

被格里高利·派克拒绝后，埃克斯坦把这个项目交给了ABC主管电视电影的副总裁巴里·迪勒（迪勒后来成为著名的电影公司高管）。埃克斯坦回忆说，一开始"巴里觉得这片子撑不满90分钟，差不多只有73分钟"。但之后迪勒看了斯皮尔伯格拍的《心理医生》中的《平杆完赛》，便确信斯皮尔伯格可以把《决斗》拍成一部火爆当周的电视电影。

斯皮尔伯格在准备《决斗》时面临的最大挑战是避免视觉上的重复，因为这部电影本质上是一场漫长的追逐。雪上加霜的是紧张的拍摄日程（16天）以及有限的预算；而且大部分拍摄都被限制在距洛杉矶以北30～40英里的14号高速公路上，这条蜿蜒的公路

1　1972年，海外发行的影院版中加入了4段戏（两段由斯皮尔伯格创作，两段由埃克斯坦创作）。斯皮尔伯格加的完全是视觉场面：开场从韦弗的车离开车库，开到公路上的视角切入（电视版开始时轿车已经行驶在宽广的路面上），接着是一辆卡车试图将小轿车逼向一列火车。其他增加的包括卡车帮助一辆抛锚的校车，以及韦弗和妻子（杰奎琳·斯科特饰）在电话中的争吵，妻子在家中，两个儿子在玩机器人（典型的斯皮尔伯格笔触）。虽然埃克斯坦说斯皮尔伯格当时并未反对夫妻吵架的戏份，但导演后来十分后悔拍摄了那场戏，马特森也认为这场戏"十分像肥皂剧而且不必要"。

总长15英里，穿过6个干旱峡谷（附近便是斯皮尔伯格拍摄《安培林》的沙漠公路的延长线）。但《决斗》的年轻导演证明了自己"有着不可思议的创造力"，影片的剪辑弗兰克·莫里斯说："许多连续镜头都是在同一地区拍摄的，绕过同一道弯、同一座山、同一条路。但在片子里看不出来。我们用15个不同角度来拍摄卡车绕过同一个弯，而你根本看不出来。"

斯皮尔伯格已经习惯于使用故事板预先规划电视剧的拍摄，他在《决斗》中则使用了更有创意的故事板："我让一位艺术家画了一张完整的地图，就像直升机航拍的追车路段地图一样。整张地图上写了很多提示，比如，'在这里轿车超过卡车'，或'在这里卡车超过轿车，然后轿车又反超卡车'。这样我就可以在汽车旅馆里把地图摊开（外景拍摄时他住在兰卡斯特），把拍完的部分一点点划掉。拍摄时我会努力在地图上推进8到10英寸——拍摄特别顺利时，我们甚至能一天拍完2英尺——直到整张地图全部拍完。那张全景图给了我一种地理方位感，让我知道应该在哪里花时间，哪里应该把握整体，哪里应该突出某个局部场景。"斯皮尔伯格还将故事板上画的每个分镜存储在IBM电脑卡上，钉在汽车旅馆房间的布告栏上。每天都会带着提示卡片作为参考，拍完后就把那张卡片撕碎。

拍摄从1971年9月13日到10月4日，五个星期后便匆忙在电视台播出，根据埃克斯坦的说法，《决斗》的制作成本约75万美元，而不是斯皮尔伯格所说的42.5万美元[1]。这位年轻导演身边围绕着一个经验丰富的剧组，包括摄影师杰克·A.马尔塔（他获得的艾美奖提名是《决斗》唯一的提名）、第一助理导演吉姆·法戈（后来也成了一名导演）、特技协调员凯利·洛夫汀，以及项目制片经理华莱士·沃斯利。"和史蒂文合作很愉快，"埃克斯坦说，"他坚持自己的观点，从不怀疑。他赢得了每个人的尊重，这在一个23岁的孩子身上可不多见。他并非毕恭毕敬，但他尊重杰克·马尔塔这类经验丰富的人。他周围的人也同样尊重他，但也有人敬畏他。"

在《决斗》中驾驶卡车的凯利·洛夫汀对斯皮尔伯格的才华和他与剧组人员的关系抱有不同看法，这位脾气暴躁的动作片老手对这位年轻导演并没有留下太深刻的印象。"那时候我没觉得他有什么优点，"洛夫汀回忆说，"他还是个孩子。老实说，我觉得谁都能做得比他更好，我都能做得比他好。我年纪这么大了，也不必撒谎。关于这个问题，我持不同意见。"

---

1 为了制作影院版，环球影业为斯皮尔伯格为期3天的补拍追加了10万美元制作经费。

《决斗》最让人不寒而栗的一点是，司机的脸从来没有出现过。我们只能看见他那看上去很邪恶的牛仔靴，还有狡猾地将韦弗引向迎面驶来的车时挥舞的手臂。斯皮尔伯格听从了马特森的意见，拒绝对卡车司机进行精神分析，因为他明白，与其将其归咎于某种平淡无奇的原因，这种毫无动机的邪恶更令人恐惧。卡车及其司机深不可测的恶意，就像《大白鲨》里的鲨鱼和《侏罗纪公园》里的霸王龙一样神秘莫测。但是洛夫汀认为，"毫无动机的行为是没有道理的。所有行动都要有理由支撑，否则那就是一场特技表演"。

拍摄第一天，洛夫汀找到斯皮尔伯格，建议增加一场戏，让卡车司机有一个明确的报复动机。"看看这辆卡车，"斯皮尔伯格对他说，"它饱经风霜，丑陋至极，喷过漆后看起来更丑。而你则是一个该死的、坏透了的、没出息的混蛋。"

"孩子，"洛夫汀回答，"你找对了人。"

埃克斯坦回忆起"对卡车进行选角"时，制片经理沃利·沃斯利"拖来了一堆卡车放在停车场让我和史蒂文挑。有些看起来挺新，但史蒂文想要一辆看起来像是用过的卡车，看上去有街头智慧的那种。"斯皮尔伯格选了一辆破旧的彼得比尔特汽油运输车，他形容这辆车"个头最小，但也是唯一一辆大鼻子车。我觉得经过一些改造后，真的可以让它看起来像人一样。我让美术指导在门两侧各加了一个液压箱，一般是不会有两个的。它们就像卡车的耳朵。然后我在挡风玻璃上放满了死虫子，这样你就很难看清司机的脸，格栅上都是死蚱蜢。然后又用机油和厚重粗粝的黑褐色油漆给它洗了个泡泡浴"。

挑选《决斗》的人类主角更是困难。除了派克，至少还有三名演员拒绝出演戴维·曼恩这个角色，其中包括电视剧《亡命天涯》的主演戴维·简森。片方也曾考虑过出演过《毕业生》和《午夜牛郎》的年轻影星达斯汀·霍夫曼。"我们找的都是电影演员，"埃克斯坦说，"我们被拒绝的理由是'因为我不拍电视'。我们一个一个地找。我们想找的是'普通先生'，看上去性格脆弱的那种。我们很幸运最终能和丹尼斯·韦弗搭档。"马特森回忆，环球"为了能让韦弗主演《决斗》，最终不得不让电视剧《麦克劳德》停机"。

斯皮尔伯格很高兴能与韦弗合作，他对其在奥逊·威尔斯的《历劫佳人》中饰演的胆小、性瘾极大的汽车旅馆员工时的古怪表演记忆深刻。在《决斗》中，韦弗成功塑造了这个焦虑年代的普通人，一个胆小鬼突然变成了"勇士"（讽刺的是，他开的小红车的型号名称也是"勇士"），并歇斯底里地接受了一场非理性的公路决斗以自证被怀疑的男性气质[1]。《决斗》的主要瑕疵便是主角戴维·曼恩的无能是通过画外音和其他戏剧性的技巧，以一种笨拙的语言化方式塑造出来的。影片没必要提及他的家庭生活，一切主题都可以隐含在动作中，因而加长版中增加的场景显得画蛇添足：妻管严的曼恩与其不幸福的妻子在争吵，因为头天晚上的派对上有一个男人对她表现出性方面的兴趣。

斯皮尔伯格在1982年谈及，如果要重拍《决斗》，"我会更严苛一些，删掉所有旁白，丹尼斯·韦弗的所有独白，甚至可能删掉大部分对话……我反对电视台强加的那些对话。他们迫使制片人乔治·埃克斯坦和编剧理查德·马特森不断给丹尼斯·韦弗增加内心独白，好让观众理解他的内心深处的恐惧。我认为没那个必要[2]。"

斯皮尔伯格在《决斗》中的动态构图，反映出他认识到视角在视觉叙事中的重要性，摄影机在卡车上的有利观察位置和车中戴维·曼恩的视角之间切换。最有感染力的镜头包括，通过卡车顶上装有鱼眼镜头的摄影机拍摄卡车逐渐逼近小小的轿车的画面，以及将摄影机架在时速135英里的摄影车前的低吊平台上，从卡车保险杠的角度拍摄"勇士"的尾部。摄影机向上仰拍的角度使疾驰中的卡车呈现出斯皮尔伯格所说的"哥斯拉比例"。

斯皮尔伯格和摄影师杰克·玛尔塔通过广角镜头，人为地缩短了卡车和汽车间的距离，从而加强了视觉张力。对疯狂的曼恩的特写拉得极近，以至于他总是看起来就要撞上镜头。特写中有一些是通过车外固定在三脚架上的摄影机拍摄，但也有很多是由坐在车座上或在车底的摄影师用手持摄影机拍摄的。空间十分局促，以至于出现了穿帮，在影院版中有一个镜头你可以从曼恩的后视镜中瞥见坐在后座上的斯皮尔伯格。

马特森回忆说："刚开始的几天，制片厂看过史蒂文的每日样片后，曾想过撤资，因为这片子看起来实在太另类了。"但埃克斯坦坚称，斯皮尔伯格从未有被换掉的危险。希德·谢恩伯格看到片子的粗剪时"欣喜若狂"，"我认为《决斗》有些部分略显冗长"，但他立马补充道，"但这些部分都被片子的激情和活力所平衡，有时你简直想冲史蒂文大喊：'短点会更好！'这是他唯一的缺点。"

卡车在曼恩无人驾驶的轿车的引诱下滚下山坡，坠毁过程的慢镜头令人痛苦，引起了

---

1 戴尔·凡·西克尔担任驾驶"勇士"的特技替身，韦弗的表演主要是特写镜头。
2 斯皮尔伯格建议在国际发行的影院版中将所有画外音删去，只保留韦弗和其他人互动时候的对话，但发行商新艺国际电影公司不愿意采纳如此激进的建议。埃克斯坦说他和斯皮尔伯格还是为那个版本去掉了"不少"的旁白和其他的一些对话。

电视台的强烈反对。尽管这是全片最令人难忘的场面之一。

"在剧本中，卡车最后爆炸了。我觉得那样太简单了，"斯皮尔伯格回忆，"……我认为如果让卡车奄奄一息地、缓慢地走向毁灭会更有意思——卡车是个讨人厌的家伙，你想看到它逐渐扭曲、缓慢而残酷地死去。我想自己操刀这个改编。我觉得我是导演，所以有权修改剧本，我就是不想把卡车炸了。结果，电视台看到片子时，他们一直在说：'合同里写明卡车应该爆炸，回去读读你的合同吧。'埃克斯坦最终说服电视台的高管们不要强迫斯皮尔伯格炸掉卡车。"

拍摄高潮那一幕时，需要在卡车的方向盘上安一个装有弹簧的手动控制杆，这样凯利·洛夫汀在爬出驾驶室后，可以让卡车继续向悬崖边前进，并在最后一刻跳车。在拍摄的最后一天，10月4日下午晚些时候，斯皮尔伯格在悬崖边6个不同地点架设了6台摄影机来拍摄最后一场戏。

"我自己也差点掉下悬崖，"洛夫汀回忆说，"我一拉手动杆，整个装置都掉了下来。我下了车，发现卡车正在减速。我想：'我得用右脚踩住油门。'我试图加快车速。我不该那么做的。"

卡车加速冲向悬崖边时，洛夫汀当时想到的只有第二天他要在佛罗里达迪士尼乐园的开幕式上表演飞车特技。

"我本可以把卡车掉转方向然后重拍一次，但是我第二天必须去佛罗里达。结果我自己也滚到了悬崖边上，旁边是300英尺的深渊。卡车落到谷底，而小轿车落在了卡车的顶上。"

"剪辑室里，凯里的屁股刚出画框，我就下手剪了。"斯皮尔伯格说，"镜头一开始，就是他的求生一跃。"

"我记得当时我在每日样片时看到坠车那一幕，"埃克斯坦说，"那是最后一天。那真的是最后期限了。前面5台摄影机都没有拍到，我们担心最后只能把那个镜头用剪辑拼凑出来。我记得坐在那里的煎熬时刻，幸好最后一个摄影机拍到了，大伙儿才终于放松下来。"

为了做出卡车的死亡哀嚎，斯皮尔伯格首先想到的是用卡车噪声和女人尖叫时发出的扭曲声音来做混音。"于是我走进录音棚，尖叫了一声，"琼·达林回忆，"他想要一头怪物死亡的声音。"然而最终，斯皮尔伯格决定不用达林的尖叫，而选用一只著名的电影怪兽的叫声。一位音效剪辑师想到了这个主意，将环球影业1954年的恐怖片《黑湖妖谭》

中史前鱼怪的吼声进行扭曲，做出了史蒂芬·金所说的令人毛骨悚然的"侏罗纪般的怒吼"。

《决斗》的后期制作必须加紧，以赶在11月的播出档期前完成。由于斯皮尔伯格经常同时使用多个摄影机，有太多胶片需要剪辑（大约95 000英尺，片比约为12∶1），弗兰克·莫里斯不得不请来另外四名剪辑师和好几名音效剪辑师来帮助他剪辑不同的场景。莫里斯记得，在13天的剪辑时间里，斯皮尔伯格"不停从一个剪辑室跑到另一个剪辑室"来指导他们的工作。

"我看了粗剪版的《决斗》，"巴里·迪勒回忆，"我当时就在想，这家伙一定会很快离开电视圈的，因为他的作品太棒了。我很难过，因为我以为再也见不到他了。这部作品达到了电影导演的水准，而电视可不足以让电影导演大展拳脚。"

环球影业为了体现对《决斗》和史蒂文·斯皮尔伯格的高度赞誉，不同寻常地为该片举行了媒体预映会，并在多个放映室同步放映这部片子。《洛杉矶时报》的电视专栏作家塞西尔·史密斯公开表示，美国的电视屏幕将首次出现一些不同寻常的东西。11月8日，史密斯报道了斯皮尔伯格和埃克斯坦在环球影城，为克莱蒙特学院的电影专业学生举办的另一场预映会，其中一些观众的年龄比导演还大。当麦克·莱利教授问斯皮尔伯格，如果要把《决斗》拍成影院版，他会怎么拍时，斯皮尔伯格回答说："主要区别在于时间。拍这部《决斗》我只花了16天……如果是电影，我可能会花50天，是时候尝试一下不同的东西了。"史密斯称赞《决斗》是一部独一无二的电视电影，因为它几乎没有台词，"完全是一场电影般的观影体验"。他还写道："史蒂文·斯皮尔伯格绝对是电影界的神童。24岁的年纪，看起来却像14岁的孩子，而谈论起电影来又仿佛是约翰·福特的同辈人，就像已经拍了一辈子电影。"

这篇报道引得电影业内的许多人在接下来的周六晚上待在家中观看《决斗》，此前周五的好莱坞行业报纸上，斯皮尔伯格、埃克斯坦、曼森和作曲家比利·戈登伯格共同刊登的整版广告也发挥了不小作用。在一幅画面中，一辆卡车正迎面压向路边无助的韦弗，附上一句简短的广告语："我们邀您共赴一次独一无二的电视体验。"

在下周一的《每日综艺》上，电视评论员托尼·斯科特写道："真正的电影迷们应当从《决斗》中学习，并在一段时间内将其视作参考片例。这是迄今为止ABC最棒的周末电影，该片值得作为最棒的悬疑片之一被列入经典榜单。导演史蒂文·斯皮尔伯格逻辑严密地一步步将故事推向精心控制的高潮，以及向理查德·曼森的电视剧致敬的象征性的结局。任何打开电视收看了前5分钟的人都会忍不住一口气看到底。"

那一周，斯皮尔伯格接到了十几个拍摄电影的邀约。"我去他办公室跟他见了面，"马特森回忆说，"墙上贴满了业内人士的祝贺信。"

尽管《决斗》的电视收视率表现平平，但当其加长版在欧洲、澳大利亚和日本等地发行后，戏剧化地成了斯皮尔伯格首部在影院上映的长片电影（除了在电影院放映过的《火光》）。这部影片爆冷获得了巨大的票房成功，总票房高达800万美元。本片在国际影评人中建立起斯皮尔伯格的声誉，并在法国阿沃里亚兹奇幻电影节上斩获大奖，还在意大利陶尔米纳电影节[1]上获得最佳处女作奖[2]。

伦敦《星期日泰晤士报》的资深评论家迪莉斯·鲍威尔被斯皮尔伯格称为"我职业生涯的开启者"，因为在1972年11月，这部电影在英国首映之前"她看了《决斗》，并为评论家们在伦敦专门安排了另一场放映，结果，电影公司在宣发上花的钱超出了原本的预算"。

鲍威尔写道："你很难想象，如此短小、情节看似毫无动机的剧本（由理查德·马特森撰写）怎么能拍成一部90分钟的电影。"鲍威尔写道，"结果影片却很饱满，因为紧张感是如此微妙地持续叠加着，节奏和运动的步调是如此微妙地变化着，那潜伏的敌人和等待被唤醒的恶魔，都增添了戏剧性的效果……斯皮尔伯格先生来自电视界（《决斗》是作为电视节目拍摄的），年仅25岁。这并非预言，但不知怎么，我觉得这是一个值得留意的名字。"

在去欧洲宣传影片期间（这也是他的第一次海外之旅），斯皮尔伯格发现，在他新的艺术地位下，人们期望他在重大问题上发表高见。在罗马，这位年轻导演"试图在他的首次欧洲新闻发布会上，避开政治议题"，尽管意大利记者将这部影片称为"带有社会评论性"的电影并试图将其政治化。据《每日综艺》1973年9月报道，"虽然斯皮尔伯格表达了对美国政治的某些不满，但他说，他希望这部电影是'对机器的控诉'，是人与机器带来的危险之间的生存之战，并否认了记者关于'危险'指涉'既有体制'或'两个美国'之

1　陶尔米纳电影节（Taormina Film Fest），始于1955年，围绕纪录片竞赛单元和故事片竞赛单元举行。——译者注

2　《决斗》的影院版1983年在美国发行时并没有取得多大成功，因为它已成了家喻户晓的电视节目，加长版后来还被电视台反复播映着，不过原始的电视版本现已不再公开发行。

间斗争的观点"。当斯皮尔伯格不同意卡车和小轿车分别象征上层阶级和工人阶级时，四名记者甚至提前退场。

对于一些国际知名导演来说，《决斗》似乎标志着斯皮尔伯格一夜之间跻身于他们之列。弗朗索瓦·特吕弗、弗雷德·金尼曼[1]，以及斯皮尔伯格的偶像大卫·里恩都对这部电影表示了赞赏。"我知道这是位非常聪明的新导演，"里恩后来说，"史蒂文通过行云流水般的镜头运动，使动作场面给观众带来了无与伦比的感官享受。他有着非凡的视野，他的电影中充满了光芒。但话说回来，史蒂文还是未能免于过去老电影的套路。"

"在《决斗》之前，我曾一度怀疑自己与环球影业签的7年合约是个错误的决定，"斯皮尔伯格在1977年的一次采访中说，"拍了《决斗》之后，一切都回到了正轨，都变得值得。"

尽管斯皮尔伯格突然发现自己已经成为大受欢迎的导演，但他仍然受到那份繁重合同的约束。他已在电视圈大放异彩地展示了自己的才华，因此比以往任何时候都更渴望拍些电影。在结束《决斗》的制作后不久后，斯皮尔伯格开始为哥伦比亚广播公司电视台（简称CBS-TV）拍摄《邪灵》（*Something Evil*），这是一部风格时尚但缺乏新意的恐怖片。"环球影业没什么能提供给我了，"斯皮尔伯格回忆，"他们说，与其看着我坐在办公室里消磨时间，还不如拍点东西。"于是斯皮尔伯格又不得不为环球影业拍摄了一部电视电影《萨维奇》（*Savage*，1973），"这部影片的委派堪称不可抗力。《萨维奇》是制片厂第一次也是最后一次指派我做事"。

《邪灵》的剧本由罗伯特·克劳斯创作，桑迪·丹尼斯和达伦·麦克加文在片中饰演一对夫妇，他们逃离城市生活，来到了宾夕法尼亚州的一所农舍，却发现农舍里住着一个恶魔，恶魔想伺机附身在他们青春期的儿子（强尼·惠特克饰）身上。呼应威廉·皮特·布拉蒂写于1971年的小说《驱魔人》（电影版于1973年公映），《邪灵》让斯皮尔伯格和摄影师比尔·巴特勒有了发挥的空间，以华丽的超现实主义视觉效果呈现出家庭与恶魔的搏斗，但模式化的剧情还是略逊色于《决斗》带来的新鲜感。

在斯皮尔伯格的记忆里，《邪灵》主要是一次技术练习，巴特勒也热情回应了他的

---

1 弗雷德·金尼曼（Fred Zinnemann），出生于奥匈帝国首都维也纳（现奥地利），代表作包括《乱世惊魂》《良相佐国》《修女传》等，曾四度荣获纽约影评家协会奖。——译者注

"实验欲望……以及新想法"。"我喜欢史蒂文的韧劲儿，"他的表演老师，在这部电视电影中客串了一名被附身的宾夕法尼亚农民的杰夫·科里说，"记得有一次他为了拍好一个镜头花了一整天时间。这个镜头要拍整个派对，从室外到室内，从客厅到厨房，要一镜到底。不拍到满意，他绝不罢休。（作为导演）我更加通融，而他确实很有胆量。"

1972年1月21日，当《邪灵》作为CBS周五晚间电影播出时，《每日综艺》的评论员戴夫·考夫曼写道："克劳斯的电视剧本废话连篇，突出怪异的特效，而不是人物塑造，导演斯皮尔伯格也是如此。桑迪·丹尼斯饰演的那个歇斯底里的女人，只会惊声尖叫，根本打动不了观众……斯皮尔伯格表现了出对技术的敏锐意识，却没有体会到真挚情感投入的重要。"

在说服环球影业让他拍摄《横冲直撞大逃亡》的努力仍然受阻的情况下，斯皮尔伯格继续从别处寻找突破电视圈的机会。在为福克斯拍摄《父子双雄》的愿望落空后，斯皮尔伯格宣布将执导《麦克鲁斯基》（*McKlusky*）作为自己的首部电影长片。这是威廉·诺顿为联艺公司创作的汽车追逐片，由伯特·雷诺兹主演。冒着"被定型"的风险，斯皮尔伯格从1972年2月开始着手准备《麦克鲁斯基》。他与雷诺兹见了面，开始挑选其他角色，并在美国南部寻找拍摄地点。但后来，"我意识到这并不是我想拍的长片处女作。我不想一开始就做个守旧的、熟练学徒一般的导演，我想做点更自我的事"。到了4月，约瑟夫·萨金特[1]已签约接替斯皮尔伯格，成为《麦克鲁斯基》的导演，该片于1973年更名为《霹雳猛虎》（*White Lightning*）并公映。

斯皮尔伯格执导的下一部，也是最后一部电视电影名为《萨维奇报道》（*The Savage Report*），于1973年3月31日更名为《萨维奇》在电视上播出[2]。后来这类节目被称为"小报风格"的电视节目。斯皮尔伯格的这部在"NBC全球首映"栏目播出的片子，由马丁·兰道饰演电视政治改革记者保罗·萨维奇，芭芭拉·贝恩（兰道的妻子，电视剧《虎胆妙算》的联合主演之一）担任制片人。剧本由马克·罗杰斯、威廉·林克和理查德·莱文森共同创作，讲述了一位美国最高法院的提名人（巴里·沙利文饰）被敲诈的故事。

---

1 约瑟夫·萨金特（Joseph Sargent），美国演员兼导演，代表作包括《骑劫地下铁》《大白鲨4：复仇》等。——译者注

2 就在当晚，斯皮尔伯格与众多好莱坞精英及尼克松总统一起，参加了比弗利山庄的首届美国电影学会终身成就奖颁奖晚宴，共同悼念已逝导演约翰·福特。

"环球当时承诺要拍一部替代剧集，NBC与环球在一条船上，大多数情况下，谢恩伯格想拍的最后都能播出。"林克说，"谢恩伯格找到我和迪克，对我们说：'我有个罗杰斯写的旧剧本，你们也许可以改编一下，我们来试试吧。'我们并不喜欢这部剧本，于是将它重写了，但工作量实在太大了，时间太紧了。我们告诉希德：'这个片子要拍成，就必须有一位技术高超的导演，去找斯皮尔伯格吧。'"

"史蒂文读了剧本，同意我们的看法——这剧本太烂了。我们打电话给希德说：'你为什么不打电话给史蒂文，给他施加点压力，让他来改编这部剧本呢？'这件事我们从没告诉过史蒂文。我记得那是一个下着雨的星期日，史蒂文在12楼（与谢恩伯格）开会。迪克和我正在心里默默祈祷着。史蒂文几乎是哭着回来的，我们问他：'发生了什么事？'我们在装傻，因为这是我们安排的。他说，谢恩伯格拍了一通他的马屁后，几乎是按着他的胳膊让他必须完成这个剧本。史蒂文犯了个错误，他说他不再是为环球影业干活了，而是在为'史蒂文·斯皮尔伯格的生意'努力。也许他是有些生气才说出那样的话。谢恩伯格勃然大怒，扬言要让他停职。他们过去关系很好，但谢恩伯格的话深深刺伤了史蒂文。我们告诉他：'你应该听他的，史蒂文，如果你不想被停职的话。'我想我们没有向他承认，我们向谢恩伯格出卖了他。在某种程度上，他是对的。尽管剧本不是很好，但他出色地完成了任务。"

马丁·兰道认为这部电视电影作为对电视新闻的批评，"领先于时代"，并称该片未能拍成电视连续剧是因为"我们被以错误的理由否决了，很明显是政治原因。电视台新闻部对我们的这部片子开了特例。我接到希德·谢恩伯格的电话，他说：'这是我们迄今为止拍过的最好的东西，NBC简直为之疯狂，马上就将播出。'在那之后不到一周时间，一切就都被抛之脑后"。另一方面，《每日综艺》的评论员托尼·斯科特认为，这部72分钟的电视电影很难扩展为一部电视连续剧，因为它的"情节还不够丰富"。但他又补充说，萨维奇"之所以能引起人们的兴趣，主要归功于史蒂文·斯皮尔伯格卓越又创新的导演才能，以及他对人物性格细致入微的揣摩"。

为了再次向环球影业争取拍摄电影长片的机会，斯皮尔伯格把关注重心从希德·谢恩伯格身上转向了另一个制作人——詹宁斯·朗[1]。他聪明地拉拢了朗，令其帮助自己转

---

1 詹宁斯·朗（Jennings Lang），电影人，参与作品有《独闯迈阿密》《骗中骗2》等。——译者注

型拍摄电影。"当希德把史蒂文带来时，朗就像个大家长一样，"朗的助手皮特·夏皮耶说，"毕竟，詹宁斯是希德的导师，而且他觉得与史蒂文非常投缘。"

放荡不羁、言语粗俗的朗是好莱坞圈子里的传奇人物。他曾经当过经纪人，其客户包括琼·克劳馥和琼·贝内特，他与贝内特有过一段婚外情，导致自己的腹部被女方长期分居的丈夫——制片人沃尔特·万格于1951年开枪击中。随后，他加入了当时还是一家艺人经纪公司的MCA，负责将MCA的时事讽刺剧的制作，以及环球的电视部，打造成一个联合制作的强大集团。在斯皮尔伯格来到环球时，朗已经成了环球影业的高级副总裁，在MCA的地位仅次于董事会主席朱尔斯·斯坦和总裁卢·沃瑟曼。朗的职位使他拥有批准并监制一系列院线电影的少有权力。

20世纪70年代初，斯皮尔伯格还在导演电视剧时，便常常到朗的家中拜访，也和朗的太太、歌手莫妮卡·刘易斯，以及他们正值青春期的儿子詹宁斯·洛克威尔（洛奇）·朗成了朋友。"我父亲栽培并指导过史蒂文，"洛奇说，"我记得在拍《横冲直撞大逃亡》时，史蒂文常常到我家来，他的女朋友们有时候会过来和他一起吃晚饭。在我看来，我父母几乎就像史蒂文的养父母，而我也把史蒂文当作哥哥。"

如今已经成为导演兼制片人的洛奇，在八年级时已经开始尝试拍电影了，那时他便遇到了斯皮尔伯格。"史蒂文送了一块场记板给我做小学毕业礼物，上面写着'祝贺你'，"洛奇回忆说，"史蒂文看了我用超8摄影机拍出的电影后，给我施下了诅咒，他送了我一张他小时候的照片，并告诉我，我在他这个年龄时，可比他强多了。这给我带来了极大压力，我嫂子是个心理学家，她说她知道很多年轻的电影人都患有'斯皮尔伯格征'——这些孩子将来都想成为下一个史蒂文·斯皮尔伯格，一旦早年没有获得预想中的成功，他们就会变得消极、沮丧。这导致他们做出了种种神经质的行为。"

但斯皮尔伯格"对孩子们很好，真的非常平易近人"，洛奇说，"我会跟史蒂文聊关于我女朋友的问题，聊网球，聊我的校园生活，还有我正在拍摄的电影。他让我觉得自己走在正确的道路上。他给我的唯一建议就是要对自己想做的事情充满激情。那正是我要学习的东西，因为我一开始就把这个行业看作商业化的生意，觉得电影业跟其他任何行业一样，我想做一个成功的业内人士并渴望拥有特权。他告诉我：'找一个你真正热爱的项目，然后一直坚持下去。'列一个清单，把不必要的东西抛在脑后，更认真地对待它。"

斯皮尔伯格与朗一家的友好关系最终有了回报，朗同意他与编剧豪尔·巴伍德和马修·罗宾斯合作开发一部剧本，这就是后来的《横冲直撞大逃亡》[1]。当时的暂定名叫《任意条件》（*Carte Blanche*），隐晦地影射了斯皮尔伯格之前想写的那对看似最终能获得自由的亡命夫妻，带着他们倒霉的人质从得克萨斯公共安全部驾车穿越得州的故事。1972年春天，斯皮尔伯格退出了联艺的《麦克鲁斯基》的制作，他给那些年轻编剧们读了美联社关于1969年那起得州事件的报道后，便把《任意条件》的剧本交给了他们。与导演讨论了几天后，巴伍德和罗宾斯写出了故事大纲，联艺随后同意他们将大纲发展为电影剧本。但联艺很快改变了主意，斯皮尔伯格又把《任意条件》带回了环球影业，尽管环球在3年前就拒绝过这个剧本。

这一次"一切都发展得很快，"斯皮尔伯格说，"一切都按照我想要的那样完成了。"1972年4月11日，他把大纲给了朗，朗在当天下午就把这个项目付诸实施。第二天，斯皮尔伯格和他的两位编剧飞往得克萨斯进行了为期一周的考察。巴伍德和罗宾斯在13天内完成了初稿，但环球影业再次拒绝了这部剧本，用好莱坞的行话来说，制片厂已将剧本"背面朝上"（in turnaround）。然而，就在几周后，理查德·D.扎努克[2]和大卫·布朗[3]与环球签订了独家联合制片合约，剧本才得以重见天日。朗答应给剧本的创作提供经济支持，这无疑对斯皮尔伯格的事业起到了至关重要的推动作用。但在环球同意扎努克和布朗将剧本拍成电影后，朗却被排挤出局。"詹宁斯对《横冲直撞大逃亡》一事感到十分不满，他觉得环球将把它从自己手里抢走了。"他的助手皮特·夏皮耶回忆，"他本来就有脑梗塞，拍《横冲直撞大逃亡》时他在食堂里昏过去了，回家休养了好几个月。"

在拍摄《横冲直撞大逃亡》期间，朗是项目的执行总监，但那只是徒有头衔罢了。夏皮耶说："环球与扎努克和布朗达成的协议是，在他们拍摄期间，不得有任何人监督。"后来，朗参与了制片厂购买皮特·本奇利的小说《大白鲨》的电影改编权的决定，1975年斯皮尔伯格的商业大片便是基于此小说改编。但最终《大白鲨》也是由扎努克和布朗联合

---

1 巴伍德和罗宾斯此前写过7部未被拍成电影的剧本，包括《清水湾》（*Clearwater*），一个在西北太平洋发生的未来故事。1973年10月，环球影业宣布该剧本将交由斯皮尔伯格和朗进行拍摄。

2 理查德·D.扎努克（Richard D. Zanuck），好莱坞传奇制片人，主要参与的作品有《为戴茜小姐开车》《理发师陶德》《爱丽丝梦游仙境》等。——译者注

3 大卫·布朗（David Brown），美国制片人、演员，代表作品包括《浓情巧克力》《大白鲨2》等。——译者注

票房之神：斯皮尔伯格传

出品。朗郁郁不得志，逐渐成了又一个环球影业的平庸制片人，陆续制作了立体声环绕的大场面电影《大地震》（Earthquake）、《摩天轮大血案》（Rollercoaster）以及其他更加过眼即忘的电影。

1983年，朗中风后，好莱坞很少有人去看望他。到了1994年，也就是朗去世的前两年，他的儿子洛奇·朗说："这太残酷了。如果你不再对他们有任何用处，哪怕你最好的朋友也都会离你而去。只有史蒂文仍然在，他对我父母一直很好，从未忘记过他们。他会送他们生日礼物还有结婚纪念日礼物，他会把自己的电影带来给他们看，比起很多更该来看望我父亲的人，史蒂文来的次数要多得多。"

说到自己与斯皮尔伯格的关系，洛奇承认："《大白鲨》之后，我和他失去了联系，因为他和父亲不再合作了。我现在和他很少来往，可能每年联系一次吧。我和史蒂文没有什么私下来往了。从他在白宫度过的那夜起，他的社会地位已经今非昔比了。当你攀上那种高位时，所有人都会对你有所企图。我也希望他能比现在帮我得更多，但我没有给他打电话，因为我不想也成为那种人。我一直把史蒂文放在心里，但现在我和他没有任何往来，这让我感到无比失落。"

理查德·扎努克在拒绝雇用斯皮尔伯格成为20世纪福克斯的导演不久后，作为这家陷入财务困境的电影公司的负责人，立马被他的传奇老爸达里尔·F.扎努克解雇了。随后出现了一段小插曲，作为华纳兄弟的执行总监，扎努克和自己以前在福克斯的得力助手大卫·布朗，1972年创办了两人自己的制片公司，不久后便与环球影业签约。对环球来说，邀请如此杰出的高管担任制片人十分不易，而卢·沃瑟曼的认可给予了两人令人羡慕但并非无限的创作自由。

"在签约环球影业之前的6到7周，我和布朗一直在犹豫到底该往何处谋求发展。那时我们读了大量剧本，"扎努克回忆说，"斯皮尔伯格的经纪人盖伊·麦克埃尔弗恩给了我《横冲直撞大逃亡》的剧本，当时史蒂文想导演这部片子。我把它给了布朗先生，他很喜欢这个故事。我对史蒂文说：'告诉你一个秘密，我们要与环球影业做笔交易。'他说：'哦，不行，环球影业已经决定不拍这个故事了。'我说：'那就更难了，但也不是毫无办法。'"

就在那时，扎努克和布朗与沃瑟曼见了面，沃瑟曼告诉他们："这电影太普通，观众不会捧场的，肯定没什么上座率。不过，谁知道呢，你们如果一定要拍的话，就去拍吧。"扎努克后来承认，事实证明沃瑟曼当时的评估是正确的，"但他对我们的信任也促成了后来的《骗中骗》和《大白鲨》，让MCA股价翻了两番。坦白说，我希望今天有更多像卢·沃瑟曼那样的执行总监。他总是脚踏实地，默默在背后支持自己信任的人，而不是对他们指手画脚。

"环球影业非常尊重史蒂文，我想他们有计划让他来执导一些东西。史蒂文很惊讶我们会为环球制作《横冲直撞大逃亡》。我们在便利店开了个小会，他溜过来说：'天啊，我简直不敢相信！你们要做我的制片人吗？'我当时是制片厂的负责人。他又问：'谁来负责现场制片？'我告诉他是我。他说：'太好了，你每天都会来片场吗？'我告诉他'是的'。后来我和史蒂文有了非常亲密的工作关系和友谊。"

"《横冲直撞大逃亡》基本算是史蒂文的电影，由他与马特和哈尔共同创作，而制片厂认为他们三人缺乏经验，于是希望找一个更资深的制片人参与其中。"扎努克和布朗制片公司的执行总监，当时在《横冲直撞大逃亡》剧组中担任单元制片经理的小威廉·S.吉尔摩说，"史蒂文很会在比他年长的人面前表演，就好像在说：'快帮帮我，我找到感觉了。'其实他自己就很有天赋。当时好像组里每个人都有东西要证明，史蒂文必须证明他能导演一部电影长片而不是电视剧。扎努克必须证明他能做电影制片人，而不只是父亲的制片经理。那时有这样一种团队精神，我们都想用非制片厂的方式拍一部电影，这一小群精心挑选的剧组成员像闪电一般极速前进着。"

"制片是一件令人无比头疼的工作，"影片上映后不久，斯皮尔伯格对《好莱坞报道》的记者说，"这工作对我来说是能免则免。扎努克和布朗配得很好，给了我完全的自由，那种我在拍电视节目时从未有过的自由。迪克·扎努克一直在背后支持着我，即使在我们为数不多的分歧中，也都是他对我错。"

史蒂文的第三次尝试终于迎来了好运。1972年10月17日，斯皮尔伯格的长片处女作《任意条件》登上了好莱坞行业报纸。第二天，巴伍德和罗宾斯提交了他们的第二份剧本草稿，整个拍摄过程中，剧本又进行了多次修改，斯皮尔伯格与这两位编剧共同创作了这部剧本。同年11月，片名变更为《横冲直撞大逃亡》（又名《甜园不归路》），尽管有一段时间，制片人们考虑过干脆把电影命名为《甜园》（Sugarland），这是一个小镇的名字，也是片中"悲惨童话"的终结之地[1]。

---

1 故事高潮实际发生的地方是威洛克镇，但剧组借用了甜园的名字，并在斯维尔取景。

在将鲍比·登特的传奇故事搬上银幕时，斯皮尔伯格将登特的妻子伊拉·费伊变成了影片的中心人物鲁·琴·波普林。在甜园，夫妻俩两岁的儿子被社会福利机构送往了一个寄养家庭，鲁·琴说服了犯罪的丈夫克鲁，在刑期仅剩四个月时毅然逃狱，只为找回自己的孩子。年轻母亲对与孩子分离的绝望，以及由此产生的悲喜剧般的荒诞，为斯皮尔伯格处理自己对家庭的复杂情感提供了广阔的发挥空间。斯皮尔伯格认为鲁·琴的行为就像个被宠坏的孩子，用"性"操纵着克鲁顺从她的突发奇想，最后用小孩般的胡闹，使丈夫落入了致命的陷阱。鲁·琴对孩子不计后果的渴求，与其说是母爱的表达，不如说是自己童年的不负责任的延伸。

环球影业为了保证这部另类电影的商业效应，坚持要斯皮尔伯格和制片人签下一位主流女星来饰演女主角鲁·琴。斯皮尔伯格见过几位女明星，但她们通通表示对剧本不感兴趣，最后他属意于歌蒂·韩。这位女星此前最出名的角色是电视剧《嘲笑》（*Laugh-In*）中那个咯咯笑的金发性感女郎，她既有外显的魅力，又有内在的顽固，这些特性都是角色所需要的。"我一直觉得她是名优秀的女演员，因为她就连演喜剧都非常认真，"斯皮尔伯格回忆，"于是我跟她见了面，我们度过了一个愉快的下午，你能看出来，比起《嘲笑》中所受的局限，她本人其实要比那聪明千百倍。"凭借《仙人掌花》（1969）获得奥斯卡最佳女配角奖的歌蒂·韩，与环球影业签下合约。在同意出演《横冲直撞大逃亡》之前，她已有一年时间没有接受任何剧本的邀约。据吉尔摩回忆，在这部耗资300万美元的影片中，她的片酬是30万美元。

斯皮尔伯格和环球影业希望观众对歌蒂·韩的喜爱能帮助他们接受一个行为与观众的同情相悖的角色。电影制片人也希望在她获得奥斯卡奖之后，观众们会更好奇看到歌蒂出演一个比喜剧更具戏剧性、更具挑战性的立体角色。斯皮尔伯格在1974年曾说，她扮演的鲁·琴"对于那些认为她只能演傻白甜类型角色的人来说，一定能带来惊喜。她对自己很严苛，并力求深入角色的内心"。

对歌蒂·韩来说，这个项目"最令人激动"部分的则是导演斯皮尔伯格。她说："想到史蒂文未来的光明前途，就足以让我激动不已。"

到了1973年1月15日影片开机时，斯皮尔伯格刚刚过完26岁生日，比奥逊·威尔斯开始拍摄电影处女作《公民凯恩》时大了一岁。扎努克还清楚地记得斯皮尔伯格在得克萨斯州拍摄外景的第一天：

"我告诉大伙儿：'今天是他的第一天，我们让他慢慢来。先从简单的做起，到他找到感觉为止。'他以前从没和这么大的团队合作过，第一个镜头我想完全交给他，我希望让他觉得是自己在操控一切。所以我故意拖延时间，尽量来得晚一点。我大约8点半才到片场。天啊，等我到片场一看，他已经摆好了我这辈子见过的最复杂的场景了！我走到制片总监面前，问他：'这是什么情况？我们应该让他从最简单的做起！'

"当时我已经看了好几遍《决斗》，也看了好几遍琼·克劳馥演的《眼睛》，跟史蒂文朝夕相处也有三四个月了，但那只是一小部分工作，直到那天他站在那里，与数百个人一起工作，你才知道他到底行不行。我看到他在行动，他知道自己在做什么。他的意见很明确，他指挥着一切。我可以看出来，因为我有和罗伯特·怀斯[1]、威廉·惠勒[2]、约翰·休斯顿等伟大导演们共事的足够经验，我几乎立刻就知道，他有知识和指挥能力，并且天生有着对镜头的敏锐感觉，知道如何将一个个琐碎的镜头剪接起来，创造出令人震撼的视觉效果。

"我到现在都不认为我合作过的人中有比他更了解电影机制。他就像一位国际象棋大师，对每一步都了然于心。像经验丰富的导演一样，他知道所有镜头和器材的功用，他知道如何掌镜、何时运动、何时停止，也知道如何用不同的方式去控制摄影机的运动，知道如何调度工作人员。他就是知道。"

"《横冲直撞大逃亡》是他第一次真正的外景拍摄。"曾在《心理医生》和《夜间画廊》中与斯皮尔伯格合作过，当时担任影片艺术指导的小约瑟夫·阿尔维斯后来回忆说，"史蒂文没意识到其他部门能如何为他所用，他其实不用事事亲力亲为。当你还年轻时，尤其是当你在拍摄自己的第一部电影时，一切都得你自己亲自去做，但适当地依靠他人，则能给你提供更多选择。这便是他从《横冲直撞大逃亡》中收获的经验，这与拍电视不同，拍电视时大家不需要这么长时间的相处。

"拍摄《横冲直撞大逃亡》时，史蒂文、比尔·吉尔摩和我在开拍前4周一起去了得

1　罗伯特·怀斯（Robert Wise），美国电影导演、制片人，多次荣获奥斯卡奖，曾担任《公民凯恩》的剪辑师，导演作品包括《地球停转之日》《西区故事》等。——译者注

2　威廉·惠勒（William Wyler），美国导演。一生共导演69部影片，曾12次获得奥斯卡最佳导演奖提名，分别于1965年和1976年获得美国电影科学与艺术学院颁发的撒尔伯格纪念奖和终身成就奖，代表作包括《黄金时代》《罗马假日》和《宾虚》等。——译者注

克萨斯，并一同开车逛了一圈作为初步考察。我记得有一天，考察取得了很大的进展。在圣安东尼奥方圆30英里的范围内，我们找到了很多合适的外景地。对不同地形的掌握和旅行耗时的节省，让斯皮尔伯格有更多时间与演员们一起工作，也能花更多时间在视觉效果上。他说：'天哪，你们为我做得太多了，我们告诉他：'这是我们该做的，付我们工资就是让我们干这个的。'他说：'也对，那好吧。'他终于意识到，如果有人帮他做这些工作，就能减轻他的压力。"

生于匈牙利、曾担任《横冲直撞大逃亡》摄影师的维尔莫什·日格蒙德说，"这可能是史蒂文唯一一次担任导演和指挥者时，需要依赖合作伙伴的专业知识。他知道自己想要什么，却也能虚心接受他人的意见。如果确实有更好的方法，他便会倾听。他看起来不像新手，他已经对这些工作深谙于心，但我好歹还能帮助他。他经验尚浅，并不能对一切都了如指掌，在拍摄《横冲直撞大逃亡》期间，我有好几次看到过他在学习。我想他从《大白鲨》中学到了更多，到后来我们合作《第三类接触》时，他便几乎无所不知了。在拍摄《横冲直撞大逃亡》时，史蒂文给了合作者们百分百的合作机会。每个人与史蒂文的关系都很好。虽然他总是面带微笑地让你完成不可能的任务，但你又怎能说不？"

"拍摄期间，我和维尔莫什几乎情同手足，"斯皮尔伯格当时说，"我听说过这个疯狂的匈牙利人，他可以只打上仅仅6英尺烛光的灯光（极低的照度），他什么都愿意尝试……我可以和他创造性地交换想法，这于我甚有帮助——不仅是眼前的问题，还有创作理念。维尔莫什是那种会被我邀请进剪辑室的人，因为他总能帮到我，我不会跟其他摄影师如此合作。"

斯皮尔伯格和日格蒙德在外景地时总一起吃早餐和晚餐，兴致勃勃地讨论当天的计划。一天早上，他们在圣安东尼奥镇河滨大道的"温室"餐厅吃早餐时，日格蒙德把斯皮尔伯格介绍给了一位年轻漂亮的女服务员。"本来我想约她出去，"日格蒙德后来回忆说，"但她只对史蒂文感兴趣，她对我说：'我想认识你的朋友。'于是我对史蒂文说：'这姑娘爱上你了。'他们成了朋友，他在拍摄结束后还带她去了夏威夷。后来她来了好莱坞，他们交往了很长一段时间。事实上，他很惊讶这个女孩真的喜欢他。这是他生命中的新体验，那时候他很害羞。"多年以后，当圣安东尼奥的影评人鲍勃·波伦斯基问起他拍摄《横冲直撞大逃亡》的回忆时，斯皮尔伯格微笑着回答说："我曾在圣安东尼奥的河滨大道上坠入爱河[1]。"

开拍之前，斯皮尔伯格花了很长时间和他的摄影师一起探讨对电影的品味。日格蒙德说："我们都喜欢《公民凯恩》，都爱欧洲电影还有费里尼。"斯皮尔伯格非常欣赏日格蒙德与罗伯特·奥特曼在《花村》（*McCabe & Mrs. Miller*），还有《漫长的告别》（*The Long Goodbye*）中大胆而不落俗套的合作。这些电影的印象主义视觉风格，自由地使用自然光源照明和漫射，并利用光线强度的极端变化，以及使用长焦镜头来压缩平面空间，对《横冲直撞大逃亡》产生了重要影响。

从电视剧的视觉约束中解放出来，斯皮尔伯格第一次以宽银幕电影的宽屏格式拍摄出层次更为丰富的画面。但他希望塑造出一种比奥特曼更有质感，且不那么自我程式化的风格。他告诉日格蒙德，他想要的是带有"纪录片感觉"的"欧洲布光"。他和日格蒙德一起看纪录片，寻找解决外景拍摄问题的创造性方法。他们同意要尽可能多地运用自然光和同期录音，并尽量避免在车内场景中使用背景投影拍摄[2]。斯皮尔伯格希望能多遇上雨天，还想透过摆动的雨刮来拍摄，尽一切努力消除歌蒂·韩的"小仙女"光环。雨倒是没下多少，但得州的寒冷天气给这部电影蒙上了一层阴郁色彩。

"我们将它当成一件艺术品。"日格蒙德说。

得克萨斯州公共安全部（简称DPS）最初拒绝与片方合作，这可以理解，这部关于鲍比·登特事件的电影会影响他们的形象。尽管也考虑过将路易斯安那州或其他州作为外景地，比尔·吉尔摩最终说服了DPS的官员，"这部电影不会把这里的人们塑造成负面形象。我不得不这么说"。这通半真半假的说辞使影片得以在得州的公路上继续拍摄，但是电影公司仍然不得不自己组织车队去追捕那辆警车。在那辆警车里，鲁·琴和克鲁（威廉·阿瑟东饰）挟持着人质麦克斯韦尔·斯莱德警官（迈克尔·萨克斯饰）一路狂飙。吉尔摩在警察拍卖会上买了23辆车，并从其他非DPS官方途径租了17辆车（真实的追捕涉及100多辆警车及民用车辆）。影片上映后，DPS的负责人威尔逊·斯皮尔上校愤怒地回应

1　除了新女朋友，斯皮尔伯格还从外景地收获了两件纪念品，从迪巴拉免下车黄金炸鸡店拿到的旋转霓虹灯店牌，还有一辆布满弹痕、编号为2311的警车。斯皮尔伯格将霓虹灯店牌放到了他在环球影业的办公室里，开着那辆警车逛遍好莱坞，然后把它捐给了博物馆。

2　在背景投影拍摄中，用于投影的镜头预先拍好，然后演员在"投影银幕"的背景前表演，以创造出他们在背景的场景中的幻觉。

道："本部门执法人员以及得克萨斯州的任何其他警察机构，都不会做出影片里这种不专业的行为！"

《决斗》和《横冲直撞大逃亡》都是公路电影，一直在路上，但是与《决斗》中的简单元素相比，《横冲直撞大逃亡》在逻辑层面上则更为复杂。"令人惊讶的是，"《新闻周报》的评论员保罗·D. 齐默尔曼写道："斯皮尔伯格对动作场面的精确掌控，以及他与摄影师维尔莫什·日格蒙德共同完成的视觉扫荡，呈现出'车轮上的美国'讽刺却又充满怪异美感的形象。"为了保持风格的连贯性，斯皮尔伯格用了拍摄《决斗》时同样的方法，他在墙上画了地图用以显示追捕过程的进展。他还让乔·阿尔维斯画了一些场景的故事板，并在特技协调员凯利·洛夫汀的专业帮助下完成了许多临时增加的外景拍摄任务。

在拍摄斯莱德警官的巡逻车内部和外部的镜头时，车的轮胎被卸了下来，整辆车被装在一辆低矮的平板拖车上。斯皮尔伯格和日格蒙德不满足于只用固定或手持摄影机拍摄，他们在安装于车辆后面的平台上设置了轨道，用一辆小型移动摄影车载着摄影机来拍摄行进中车辆的推轨镜头。在新发明的、机身小巧的Panaflex摄影机的帮助下，他们取得了更好的拍摄效果。这款摄影机有很强的可移动性，运行起来噪声很小，能够在车内灵巧拍摄，将其固定在滑板上，就可充当临时的推轨装置。潘纳维申（Panavision）公司从众多申请者里选中了《横冲直撞大逃亡》剧组作为Panaflex的试点剧组，并在拍摄的最后两周里投入使用。尽管电影大部分镜头都是连续拍摄的，斯皮尔伯格还是将一些最复杂的公路镜头留到了最后，以便能用上Panaflex。

"我们在《横冲直撞大逃亡》中做了以前从未做过的事情。"吉尔摩说，"我们拍摄了一辆车内的360度场景，而且还有对话。这是前所未有的。这是第一部在车里用推轨移动镜头拍摄的电影，从车的前部运动到车的后座。我们在时速35英里的车内用推轨移动镜头拍摄后座的镜头！我们都被史蒂文的专业知识和他掌控摄影机的本能直觉震惊了。"

"我不知道史蒂文怎么会想到那样做，因为我从来没见过那样的镜头，"日格蒙德说，"史蒂文意识到移动镜头对电影来说必不可少，我也有同感。运动镜头能建构出电影的第三维度，电影就该这样才对。如果将摄影机固定，就像从一个角度去看所有的东西，跟看戏剧没什么区别。电影本该与戏剧不同。当摄影机第一次靠近警车时，我们发现两条路交会在了一起。我坐在摄影车里，平行前进，越来越近，最终成了近景镜头。那是个很难拍的镜头，但拍起来很有趣。"

斯皮尔伯格和日格蒙德都不喜欢粗糙地使用明显的变焦镜头，虽然那种镜头在当时非常流行。因此他们通常使用奥特曼式的装置，来同时进行变焦和横摇拍摄。这是一种能掩盖镜头变焦的流畅技术，并且还能让摄影机迅速切换拍摄视角，更巧妙地迷惑观众。在影片结尾，当主角的轿车缓缓驶近儿子养父母的房子时，斯皮尔伯格将变焦镜头和移动摄影车的运动极富冲击力地结合在一起。安装着摄影机的摄影车向前移动，朝向窗户，越过一名狙击手的肩头，与此同时，由窗帘构成的画框内，镜头从远处驶来的车辆上变焦拉回来。希区柯克曾在《迷魂计》中使用这种手法来表现詹姆斯·斯图尔特主观的"眩晕效果"，斯皮尔伯格后来又用这种手法创造了《大白鲨》中著名的恐怖时刻。

在《横冲直撞大逃亡》高潮之前的关键时刻，斯皮尔伯格使用了"暂停15秒"的摄影技术。吉尔摩说："当史蒂文将镜头推进的同时，再变焦将画面拉远，这样前景和背景就并置在了一起，车内的人和车外的狙击手都处在了同一画框中并形成了对等关系，用两种截然不同的手法，成功地冻结了时间。直到现在，我仍对那个镜头充满敬畏。"

斯皮尔伯格似乎已经有了"40岁的人才能拥有的经验"，日格蒙德在片场接受《美国电影摄影师》杂志的采访时说，他导演的方式让你觉得，他一定已经拍过了很多电影……能与他相比的只有奥逊·威尔斯了，那也是位少年老成的导演……大多数年轻导演在第一次拍电影时都会有些胆怯，他们会退缩，会谨慎行事，因为他们害怕会失去拍电影的机会。可史蒂文不会这样，他总是直击要害。他会做最疯狂的尝试。直到现在，他拍的大多数镜头都是他梦寐以求的。

也许斯皮尔伯格执导最成功的地方在于，他从未让追逐场面掩盖车内鲁·琴、克鲁和斯莱德警官之间的戏剧张力。这源于他对人物感情的深度揣摩，尤其是对鲁·琴，而正是这个人物，让斯皮尔伯格在他的职业生涯起步阶段，花了四年时间来获得拍摄这部"更加个人化"的电影的机会，而不是去接手那些拍摄一些商业风险较小的电影的邀请。

"《横冲直撞大逃亡》所带有的史蒂文的个人色彩，比他其他影片还要多。"日格蒙德相信，"他没有想过把《横冲直撞大逃亡》商业化，他只想拍一部有出色人物的优秀电影。我觉得那才是最好的史蒂文。"

尽管逃亡者的妻子此前只在报纸上被偶然提及，但也引起了斯皮尔伯格对登特事件的兴趣，而她也成了影片戏剧冲突的中心人物，被塑造为一个冷漠无情的角色，是母爱失控的象征。这部电影所揭示的，如果不是导演潜在的厌女症，就是年轻的斯皮尔伯格对女性的恐惧，以及对母亲形象深深的矛盾心理。它还引入了斯皮尔伯格电影中反复出现的一个主题：不负责任的父母。亡命鸳鸯鲁·琴和克鲁为了找回儿子朗斯顿不惜一切代价，因为他们知道自己在为人父母上是如此失败、如此可悲。

领导追捕行动的DPS警官坦纳警长（本·约翰逊饰）意识到鲁·琴和克鲁不是惯犯，只是犯了错的"孩子"。坦纳是一个更加成熟和仁慈的父亲形象，但他也是一个失败者，放弃了他不使用武力的承诺。最让人痛苦的是，当坦纳用自己的个人名誉担保用孩子朗斯顿换回斯莱德警官后，为了终结这场追逐，他不得不食言。饱经风霜的约翰逊跟约翰·福特西部片中那些熟悉的面孔一样，体现了19世纪执法者的正直，但在这个现代"车轮上的西方"堕落的大环境中，他也代表了牛仔荣誉准则的过时。

1993年，亨利·希恩在一篇关于斯皮尔伯格电影的评论《逃避责任的父亲》中指出："在他的许多电影中，都潜藏着一种黑暗而令人生畏的欲望，那就是永远摆脱责任、家庭和孩子。正是这种深藏在影片之中的敏锐冲动，带给斯皮尔伯格的电影一种焦虑的动力，以及高潮时那种如释重负的感觉。"鲁·琴不惜一切代价与家人团聚的强烈愿望，表达了家庭破裂给斯皮尔伯格造成的童年阴影。在父母离婚时，他把主要责任归咎于自己的母亲。在他对鲁·琴的刻画中，我们或许可以窥见他在孩童时期对母亲的认知，即母亲"就像一个永远长不大的小女孩"。鲁·琴的冲动和欺骗行为招致的灾难性后果，反映了这位27岁的电影导演成熟的认识——重组破碎家庭已然绝无可能。从《横冲直撞大逃亡》到《辛德勒的名单》，斯皮尔伯格对不负责任的家长和破碎的家庭的审视，使他拍出了儿童与父母分离时受到原初性创伤的可怕画面，并深入剖析了父母和子女双方都难以承受的悲痛之情。这种创伤所导致的非理性行为，甚至是疯狂举动，正是《横冲直撞大逃亡》中最令人不安的情感内核。

"每一部电影都加深了我的自我认知，"斯皮尔伯格在拍完《横冲直撞大逃亡》后说，"我发现，我喜欢关注那些被强大力量追逐的普通人。对我来说，个人化的电影就是该表现有执念的人。"

作为一个经常被指责多愁善感的导演，斯皮尔伯格的电影生涯却始于对人物性格的理性化研究，以及对文森特·坎比在《纽约时报》评论中所说的"美国观众就是喜欢多愁善感的无稽之谈"的尖刻嘲讽。鲁·琴和克鲁被沿途城镇里的人们奉为英雄，民众对这对夫妻夹道欢迎，向他们挥手致意，还把礼物塞进他们车里，把这两个傻瓜错成反抗专制国家的真正代表[1]。对得州这场笼罩着狂欢气氛追捕的嘲弄，部分由媒体煽动而起。斯皮尔伯格承认他的灵感来源于比利·怀德1951年的讽刺片《倒扣的王牌》，在该片中一名无良记者（柯克·道格拉斯饰）将一个男人囚困于山洞中，利用该名男子的遭遇引发了一场媒体事件。

对编剧哈尔·巴伍德来说，《横冲直撞大逃亡》讲述的是"美国人怎样就能轻易将声名与恶名混为一谈"这样一种混乱的价值症候，是当时重大社会问题的显性表现——越南战争引发的社会解体、对权威信仰的丧失、家庭的破裂，以及武力的广泛使用。尽管《横冲直撞大逃亡》没有直接指出问题的根源所在，但该片是关于这些问题所带来的混乱的生动隐喻。不过该片对美国社会的批评在政治上不易归类。斯皮尔伯格相对独立的个性和艺术发展倾向，让他与同代人的叛逆格格不入，反而令其对公路电影中浪漫、无政府主义的过度行为进行了尖锐批评。在他的电影中，这对逃亡的年轻夫妇并没有指挥追捕的执法者那么容易使人同情，因此不会吸引左派观众，因为这些观众希望自己的反威权主义能够得到迎合，并且不愿检视自己的社会偏见。然而，这部影片也会疏远右派观众，因为它同样严厉地批评了崇尚武力的执法者和那些痴迷枪支的警员。

尽管对欧洲评论家试图将《决斗》的社会意义解读成更鲜明的寓言感到不满，斯皮尔伯格在拍摄《横冲直撞大逃亡》时还是更自觉地探索了影片的社会意义。总的来说，斯皮尔伯格更多地通过行动而非言辞来表现影片主题，当他试图向媒体解释创作意图时，却阐释得不太明晰："我拍摄《横冲直撞大逃亡》是因为它对伟大的美国造梦机器做出了重要声明……影片的本意想表达一些关于人类状况的东西，但显然，这些东西并不十分乐观。"

由于这个主题如此悲观，马修·罗宾斯说他和巴伍德有意识地增强了剧本的"间离"效果。他们选用了一种"万花筒式"的视点，这样观众就不会把克鲁的死看作"毁灭性的悲剧事件……影片中的其他人物也更值得共情。"

斯皮尔伯格对演员带有共情心理的指导，倾向于淡化剧本的漫画色彩，并加强戏剧化的层面。与编剧的意图相反，克鲁的死对观众来说确实是一个"毁灭性事件"。斯皮尔伯格将剧本的"万花筒式"观点延伸得更远，与其说是为了产生间离效果，不如说是为了增

1　1994年，警方在洛杉矶高速公路上对O. J. 辛普森进行了低速追捕，当时道路两旁的公众也向他欢呼、挥手，这个场景让《横冲直撞大逃亡》显得更具预言性。

强影片视角的复杂性，通过大胆的多重性视角唤起观众对次要角色的共情，包括斯莱德警官和坦纳警长，并弥补观众与主角鲁·琴之间的距离。父母的婚姻破裂对斯皮尔伯格情感上的残存影响，让他无法忽视鲁·琴母性冲动中的破坏性，并对受她控制的那些出于善意却无能为力的男性角色更加宽容。

当时的观众习惯于那种突出单个人物的电影，用好莱坞的行话就是"扎根于"一个主角或女主角，因此观众们不可避免地被《横冲直撞大逃亡》的复杂语调弄得困惑不安。《横冲直撞大逃亡》在商业上失败后，斯皮尔伯格也重新思考了自己的导演方式，他曾在1977年说："如果我有机会重拍《横冲直撞大逃亡》，我会将它拍成完全不同的样式。"他说影片的前半部分他想完全从坦纳警长的视角拍摄，"从警方设置的路障和警长的巡逻车内拍摄。也许我不会让这对逃亡的夫妇出镜，只能在警方的广播里听到他们的声音，或是从望远镜看到远处的三个人影。因为我不认为执法机构在《横冲直撞大逃亡》中得到了公平对待……至于电影的后半部分，全部故事都将在车内展开，让观众看到这些人是多么天真和愚蠢，以及他们的目的是多么渺茫和无聊。"

这种简单的翻拍也许会在票房上更成功，但那就不是斯皮尔伯格的电影了。导演的复合视角会让观众体验到不同的人类情感变化，这种变化是广泛而微妙的。

斯皮尔伯格在1973年3月下旬完成了拍摄，比55天的拍摄计划多了5天。制片经理比尔·吉尔摩说，所有的延误都可以归咎于天气和冬季日照时间的缩短。那年夏天，斯皮尔伯格与爱德华·阿布罗姆斯和维尔纳·菲尔兹共同完成了影片的剪辑工作，并于9月10日完成了后期制作。《横冲直撞大逃亡》的配乐是后来成为斯皮尔伯格创作团队固定成员的约翰·威廉姆斯第一次为斯皮尔伯格工作。斯皮尔伯格此前非常欣赏威廉姆斯为马克·雷戴尔的两部影片《华丽冒险》和《牛仔》所创作的"美妙的美式音乐"。"当我听到这两首音乐，我觉得一定要寻回这种遗失已久的老电影交响乐的现代遗产……我的第一部电影一定要配上真正的阿隆·科普兰[1]式的音乐。我想雇一个大型的弦乐团用80架乐器来配乐。但约翰礼貌地拒绝了，并提出这部片子只用口琴和一个小型弦乐团便已足够"。

1　阿隆·科普兰（Aaron Copland），美国作曲家，祖籍俄国，是第一位公认具有本土风味的美国作曲家。代表作包括管弦乐幻想曲《墨西哥沙龙》《第三交响曲》等。——译者注

1973年秋天，电影已经做好了首次公映的准备。"制片厂对《横冲直撞大逃亡》很满意。"经验丰富的环球影业宣发人员欧林·博斯坦回忆说，"斯皮尔伯格没有在这片子上使自己的才能锋芒毕露，他是一个成熟的天才。""你无法相信我们内部对这部片子的评价多么高，"监制比尔·吉尔摩说，"这片子在那个时代简直太具创新性了，太激动人心了，我们都觉得这部影片会横扫奥斯卡。"

《横冲直撞大逃亡》与彼得·博格丹诺维奇以大萧条时期为背景的喜剧《纸月亮》一同，在加州北部城市圣何塞举行了联票制预映，这里与斯皮尔伯格以前的故乡萨拉托加相邻。斯皮尔伯格与扎努克、布朗、吉尔摩、巴伍德、罗宾斯和环球影业的高管代表团一同出席了放映。

"观众喜欢前半部分，"吉尔摩回忆说，"小妞歌蒂·韩跟两个蠢货（克鲁和斯莱德警官）搅和在一起，这部分是玩笑般的闹剧。但当两名狙击手出现在镜头中时——我们请了两名真正的得州骑警（吉姆·哈瑞尔和弗兰克·斯特尔）扮演狙击手——我记得观众们当时倒抽了一口气：'哦，天哪，这可是性命攸关的，真正的血拼肉搏。'"

"从那一刻起，我们就失去了观众的兴趣。我觉得错误在于观众觉得这又是歌蒂·韩的一部闹剧电影，尽管她原本出于好意参演。当电影进行到大约五分之三，变得严肃起来时，观众就坐在那里，一声不吭。他们不知道自己在看什么，也不想再继续看下去。这给了我一个教训，我们应该向观众提供他们预期会看到的东西。"

一些观众哭着离开了。巴伍德回忆说，"还有一些人目露凶光走了出去"。

扎努克和布朗想让影片原封不动地上映，但斯皮尔伯格说服他们让自己把片长从121分钟剪到108分钟，重新剪辑了影片前半部分一些刻意安排但没什么效果的笑点。在今年秋冬两季的电影行业顶映会上，观众对新版的反应与此前大不相同。正如《好莱坞报道》所说的，"整个好莱坞圈内都传遍了：一位导演新星带着他的新作来了"。

但由于圣何塞的预映验证了之前对于该片缺乏商业吸引力的担忧，环球影业改变了发行计划。影片原定于感恩节上映，但为了避免与诸如《骗中骗》（扎努克/布朗为环球影业出品）和华纳兄弟的《驱魔人》等主要商业片竞争。当时将计划改为2月在洛杉矶和纽约的两家影院同时点映，但斯皮尔伯格已经开始担心，如果点映不成功，环球可能会很快将影片投入更广阔的市场。当时，任何有名气的电影都会先在大城市的几家影院点映，然后再逐渐于全国范围内发行，这就是所谓的"平台化"发行策略。大范围地发行电影（"饱和化"上映）往往表明公司并不重视影片的质量，而只想在负面口碑扩散之前捞一笔快钱。环球营业最终决定放弃《横冲直撞大逃亡》的点映，直接于4月5日在全美250家影院同时上映。不出所料，该片的票房成绩令人失望，美国和加拿大的票房收入仅有750万美元，海外的票房收入也只有530万美元。这部电影卖给电视台后，才勉强赚了一点钱。

《横冲直撞大逃亡》上映3周后，斯皮尔伯格在接受《好莱坞报道》的一次采访时抱怨环球影业未能好好抓住好莱坞的放映机会，他说："从预映到正式上映之间相隔了4个月，口碑的效应已经逐渐淡化了，起不到作用了。"但即使提前上映，也应该帮助不大，毕竟好莱坞对斯皮尔伯格导演才华的欣赏，并不意味着他的电影会受到广大观众的喜爱。而且英美的主要评论家们的赞誉，也没能给公众留下什么印象。

"斯皮尔伯格在众多导演中是如此罕见的稀有之才，天生的娱乐家——也许会成为新一代的霍华德·霍克斯。"宝琳·凯尔在《纽约客》上称赞道，"就技术给观众带来的愉悦而言，这部电影堪称电影史上最杰出的处女作之一。"

《新闻周刊》的保罗·D.齐默尔曼将他的评论和对导演的描述结合在一起，也预言道，"又一位才华横溢的新导演横空出世"。《伦敦时报》的迪利斯·鲍威尔在《决斗》于海外影院上映时就发现了斯皮尔伯格的才华，他写道："人们往往会对一位有前途的年轻导演的第二部作品感到担忧，但这一次，担忧是不必要的。"虽然注意到《决斗》和《大逃亡》在主题上的相似之处，但鲍威尔欣慰地发现，这一次，"人性元素被推到了最前端"。

持反对意见的影评人也很多，但史蒂芬·法伯在《纽约时报》上针对这部电影的责骂，为后来对导演的批评奠定了基调："凯尔和其他一些容易上当受骗的评论家，可能已经被斯皮尔伯格的年轻和他的技术手段所唬住……《横冲直撞大逃亡》就是这种新型工厂电影的典型例子：华而不实、犬儒、机械、空洞……一切都被刻意强调着，斯皮尔伯格牺牲了叙事逻辑和人物的一致性，取而代之的是瞬间的刺激和低级的笑料……《大逃亡》是一份'社会声明'，它唯一的目标就是票房。"

甚至连凯尔的评论也表现出对斯皮尔伯格未来发展的一些担忧："也许斯皮尔伯格太喜欢动作、喜剧和速度了，以至于忽略了电影中的其他要素……我不知道他是否有头脑，甚至是强大的个性，但很多优秀的电影人都没有什么深度。"

"这部电影确实得到了不错的评价，"斯皮尔伯格在谈到《横冲直撞大逃亡》时说，"但我宁愿放弃这些好评来换取更多观众。"这次商业上的失败让斯皮尔伯格在某种程度上对制作公开的"个人化"电影更为谨慎，而比以往任何时候都致力于拍摄取悦大众的娱乐电影。

制片人的内部调查指出了这部电影在观众中并不讨喜的几个原因。"糟糕的片名"是环球出品人欧林·博斯坦的看法，他说："很多影片都是被糟糕的片名毁了。"尽管有意产生讽刺效果，但不幸的是，这个片名与歌蒂·韩的形象不谋而合，而斯皮尔伯格一直努力避免这种形象。也许从决定启用歌蒂·韩担任主演时起，这部电影不可避免地走向了失败的商业命运。"这并非一部喜剧片，人们也并不想看到她扮演严肃的角色——他们只想看她做个有点傻的花瓶。"理查德·扎努克总结说。出于对自己女主角的维护，斯皮尔伯格于1974年9月澄清说，影片的失败"并非源自歌蒂的反喜剧形象，而是与宣传活动、上映时间、发行模式，以及制片厂对影片的重视程度有关。这与观众拒绝接受歌蒂·韩的形象改变无关"。

20世纪70年代初，不以广告宣传见长的环球影业，在《横冲直撞大逃亡》的发行上似乎遇到了前所未有的麻烦。预告片和平面广告在到底该将影片塑造成轰动的枪击情节剧，还是该强调歌蒂·韩的可爱与笑点之间摇摆不定。但是斯皮尔伯格把所有的责任都推给公司，有点不太厚道。据大卫·布朗回忆，"环球公司将宣发和营销创意全权委托给我们和斯皮尔伯格，以避免影片带有太浓重的制片厂色彩。一开始的广告都是我们拍的，斯皮尔伯格还亲自拍摄了其中一支。但我们的宣传并未奏效"。"现在我认为，有效的宣传活动和营销计划与找到好剧本、拍出好电影一样重要。"斯皮尔伯格在《好莱坞报道》的回忆访谈中说。但他同时也承认："不该怪罪任何人，这本来就是一部很难卖座的电影。"尤其难以吸引年轻观众，因为影片对年轻的女主角提出了严厉批评，对执法者的刻画也更具同情心理。它对公众感情上容易上当受骗的攻击，也使影片未能赢得大多数美国观众的喜爱。归根结底，公众对《横冲直撞大逃亡》的排斥可能源于一个压倒性事实：正如卢·沃瑟曼所警告的那样，它对观众来说太过"消极"。

但正如维尔莫什·日格蒙德所说："史蒂文没有让人们对《横冲直撞大逃亡》留下更多印象，这真是个遗憾。他只想忘掉这部影片，因为他认为这是一部失败之作。我不认为这部作品是失败的，这是艺术上的胜利。"

1974年4月，在收到关于《横冲直撞大逃亡》的坏消息后，斯皮尔伯格并没有太多时间坐下来进行事后反思或疗伤。他正在玛莎葡萄园岛的马萨诸塞岛上，全身心投入扎努克和布朗制片公司与环球影业合作的另一部电影的准备工作中。这不是一部"艺术片"，而是一部旨在取悦观众的类型电影。

这是一部预算适中的恐怖片，名叫《大白鲨》。

第十章

一部原始的尖叫电影

谁想被称为一位"鲨鱼和卡车导演"呢?

——史蒂文·斯皮尔伯格,1973年

  1973年11月,《横冲直撞大逃亡》已经完成,正等待发行。斯皮尔伯格在美国电影学会的一次研讨会上说:"当你在好莱坞拍摄你的第一部电影时,你会变得大受追捧,如果你有一个好的经纪人,他会在你的电影上映前帮你敲定接下来的3部电影片约。那么,即使你的这部片子票房惨淡……你还有3部电影可以救赎自己。我有一位很出色的经纪人盖伊·麦克埃尔韦恩,他很会宣传……他为我在4家公司争取到全权委托权,让我有合理的预算做我想做的任何事。"

  "全权委托"有点夸张。斯皮尔伯格很想执导彼特·斯通的电影剧本《骑劫地下铁》,剧本改编自约翰·戈迪的惊悚小说,讲述了一趟纽约地铁被洗劫的故事。在看过粗剪版的《横冲直撞大逃亡》后,联艺公司的制片主任大卫·皮克尔答应将片子交给斯皮尔伯格。但最终,皮克尔考虑到《骑劫地下铁》需要一张"导演名片",转而选择了经验丰富的约瑟夫·萨金特。萨金特还曾接替斯皮尔伯执导过联艺的《霹雳猛虎》。后来,斯皮尔伯格又放弃了另一部最终由萨金特导演的影片。理查德·扎努克和大卫·布朗曾邀请斯皮尔伯格执导《麦克阿瑟传》,剧本由哈尔·巴伍德和马修·罗宾斯联合撰写,讲述了道格拉斯·麦克阿瑟将军备受争议的一生。斯皮尔伯格声称，他拒绝这部电影是因为他对二战和朝鲜战争影像呈现的逻辑问题十分谨慎，但扎努克认为他"只是不喜欢这个主题"。

斯皮尔伯格知道，在他电影生涯的起步阶段，谨慎选择项目是多么重要。继《横冲直撞大逃亡》之后，如果还有另一次失败，尤其是艺术上的失败或票房上的失利，对这位年轻导演打击可能是灾难性的。据布朗说，大约在这个时候，斯皮尔伯格"拒绝了一位世界顶级大牌明星给他的剧本，因为他认为这个角色不适合那位明星。对此，这位年轻导演解释说：'如果我再拍电影，我不会做出这样的妥协，否则我的事业将会断送于此。'"

斯皮尔伯格的严格把关在他开发自己梦想中的项目时得到了回报，他的8毫米科幻片《火光》将进行一次非官方翻拍，拍摄规模远比从前大得多。这部后来成为《第三类接触》的电影，对斯皮尔伯格来说，甚至比《横冲直撞大逃亡》更加个人化。"我愿意花很长时间拍好它，不管是在这个国家还是去任何地方拍摄。"他说，"无论如何我都得找到项目资金，这是一部我十多年来一直想拍的电影。"

他最初考虑拍摄一部纪录片，关于对不明飞行物（UFO）持相信论的人们，或一部低预算的故事片。但他后来才意识到，"一部很大程度上依赖于最先进技术的影片，花250万美元是拍不出来的"。《第三类接触》由他1970年写的短篇小说《经历》（*Experiences*）发展而来，小说讲述了"美国中西部小镇上的一条'恋人小巷'内，孩子们从车里看到的头顶天空中出现了一道亮光"。1973年秋天，与哥伦比亚影业达成一项开发协议前，斯皮尔伯格借用1951年的电影《怪形：异世界来客》（*The Thing from Another World*）结尾的一句著名台词，将这部电影更名为《仰望星空》（*Watch the Skies*）。

在《横冲直撞大逃亡》的后期制作阶段，斯皮尔伯格和年轻的制片人迈克尔·菲利普斯成了好朋友。当时菲利普斯正与妻子茱莉亚和斯皮尔伯格的好友托尼·比尔在环球一起为扎努克和布朗制片公司拍摄《骗中骗》。迈克尔·菲利普斯发现斯皮尔伯格是个"充满渴望的孩子，总是洋溢着热情。他对一切都感兴趣，不仅是对电影。他是一个多面的人。他总是对新技术感兴趣，也是第一批迷上电子游戏的人之一，还是第一个在配音室安装乒乓球游戏和坦克游戏的电影人。他真挚地热爱着电影，但似乎并没有与他人的竞争之心，这使他有别于这个群体。而且他已经拍出了《决斗》这样不可思议的作品。

"我们每天在环球影业的食堂一起吃午饭并成了好友，还一起谈论我们最喜欢的科幻电影，比如《地球停转之日》等等。有一次他说：'晚上去你家吃饭吧，我想给你讲个故事。'他讲的都是关于'UFO和水门事件'的故事。故事重点在于政府想要向公众掩盖不明飞行物的真相，以及蓝皮书项目（美国空军对UFO研究的长期保密计划）。这与我们最后想拍的东西非常不同，我认为这些故事根本没有我们拍的那么好。"

编导保罗·施拉德记得1973年夏天"非常令人兴奋，因为每周末都会有很多人聚在迈克尔和茱莉亚位于马里布特兰卡斯海滩的家中"。"我们过去经常举办家庭开放日活动，"迈克尔·菲利普斯说，"在我家，我们这群年龄相仿的电影界人士会一起烧烤、游泳、晒太阳、听音乐、谈论电影。编剧和导演会互相帮助，为彼此的电影帮忙设计场景或对话，还会帮忙进行粗剪。那是一个很棒的小团体。"

那个团体的成员包括斯皮尔伯格、马丁·斯科塞斯、罗伯特·德尼罗、约翰·米利厄斯、琼·迪第恩、约翰·格里高利·邓恩、布莱思·丹纳和她的制片人丈夫布鲁斯·帕特洛，以及玛戈·基德、珍妮特·玛戈林、律师汤姆·波洛克（后来成了MCA和环球影业的高管）、编剧大卫·瓦德（曾凭《骗中骗》获得奥斯卡奖）、编剧夫妇格洛丽亚·卡茨和威拉德·赫依克（乔治·卢卡斯的影片《美国风情画》的联合编剧之一）。"尽管我们当时还不太出名，"施拉德回忆说，"但当时大家都真的觉得世界将属于我们。"

在那些聚会中的一次遇到了赫依克夫妇后，斯皮尔伯格邀请他们写一个剧本，剧本基于卡茨所说的"一本古怪的粉色小书。那是马桶之父托马斯·克拉珀的传记，书名为《自豪地冲厕：托马斯·克拉珀的故事》（华莱士·雷伯恩著，1969）。我们有一个好主意，可以把它写成《少年爱迪生》"。"但也可以参照《小巨人》，"赫依克补充说。这本让斯皮尔伯格十分着迷的书，在开头非常诚挚地对这位英国发明家做出了如下描述："俗话说'先知在自己的国家总是得不到赞誉'，没有比这句话更适合形容托马斯·克拉珀了。他的远见卓识、智慧创意、坚持不懈，给予了人类最伟大的恩惠。但是他的名字是否和桑威奇伯爵[1]一样受人尊敬呢？……就让美国人来授予这位伟人应得的荣誉吧。"

"我们写出了剧本大纲，"赫依克说，"并将它交给了我们共同的经纪人盖伊·麦克埃尔韦恩，他说：'史蒂文，如果这是你想拍的那种电影，我不想再做你的经纪人了。'"

斯皮尔伯格又提出另一个影片构思，而这种对低级幽默的怪异的探索使赫依克夫妇

---

1 桑威奇伯爵（the Earl of Sandwich），英格兰海军上将，在马斯顿荒原之战、内兹比战役和布里斯托尔战役中立下赫赫战功。——译者注

对他更加质疑。"史蒂文请我们去吃晚饭，告诉我们他有个故事，想让我们写个剧本，比如从外太空落到罗伯逊大道（位于好莱坞西部）的不明飞行物。"卡茨说，"我说：'史蒂文，这是我听过的最糟糕的主意。我可不想听什么关于宇宙飞船的创意，太奇怪了。'后来斯皮尔伯格让保罗·施拉德把这个故事写了出来。"

才华横溢的怪才施拉德，对自己在密歇根州接受的严格荷兰加尔文主义教育充满叛逆。他在自己出版于1972年的《电影中的超验风格：小津安二郎、布列松和德莱叶》一书中探讨了自己的宗教思想。斯皮尔伯格简明地表达了对拍摄施拉德的半自传体黑色剧本《出租车司机》的兴趣，这部备受争议的影片在1976年由马丁·斯科塞斯执导、罗伯特·德尼罗主演，菲利普斯夫妇为哥伦比亚影业制片。斯皮尔伯格同意作为这部电影的后备导演，哥伦比亚才允许斯科塞斯开拍，而斯皮尔伯格唯一参与的工作就是对粗剪版提了些建议。

斯皮尔伯格决定不向环球提交《仰望星空》。"他想离环球远一点。"迈克尔·菲利普斯解释说，"他不想被环球束缚，他一直坚持这一点。他对环球非常忠诚，但他会与所有的制片厂合作，与所有人合作。他在好莱坞还有一些朋友，以前他每周都会跟小阿伦·拉德（20世纪福克斯故事片部负责创意事务的执行官）一起打牌，所以我们一开始先带着《仰望星空》去了福克斯。"茱莉亚·菲利普斯在她的好莱坞回忆录《你再也不能在好莱坞吃午餐了》中，对斯皮尔伯格迈向大亨的第一步颇有偏见："史蒂文常跟那些比他老太多的人混在一起，他们打赌、喝酒、在周日一起看橄榄球赛，而那些人管理着制片厂和经纪公司……我们把史蒂文从位于贝弗利山的盖伊·麦克埃尔韦恩的宅邸带了出来，把他带去海滩，那里的人们仍在谈论艺术和伟大的事，偶尔还会一起抽抽烟。"

与20世纪福克斯初步磋商后，斯皮尔伯格和菲利普斯夫妇认为福克斯对《仰望星空》没有足够的热情。于是制片人建议把这个项目交给他们共同的好友、当时刚被财务状况糟糕的哥伦比亚影业聘为财务总监的监制大卫·贝格尔曼[1]。"我们选择了哥伦比亚影业，因为大卫已经准备好、有能力也愿意做出一定承诺，这让我们觉得他会支持这部电影。"迈克尔·菲利普斯说，"这是场豪赌，他接受了。大卫从《决斗》开始便是史蒂文的忠实信徒。"

1　贝格尔曼曾经是创意管理协会（Creative Management Associate，简称CMA）的负责人，这家公司也是代理斯皮尔伯格的经纪公司，CMA和国际著名艺术家协会（International Famous Artists，简称IFA）在1975年合并后重组为国际创意管理协会（International Creative Management，简称ICM）。

自《星球大战》和《第三类接触》上映后的20年里，科幻电影占据了票房排行榜前20名的一半。但在乔治·卢卡斯和斯皮尔伯格复兴科幻类型片之前，"没有制片厂对科幻片真正感兴趣——那只算B级电影"。菲利普斯回忆说："传统的看法认为，除了《2001太空漫游》这个特例，科幻电影的盈利从未超过400万美元。但哥伦比亚影业需要一部叫座影片，如果他们没有陷入如此绝望的财务危机，也许他们的需求就不会如此迫切。但他们还是决定放手一搏。因为他们明白，一旦成功，他们就有机会一举翻身。"

被人类渴望与外星生命接触的非正统精神暗示所吸引，1973年12月12日，哥伦比亚影业聘请保罗·施拉德为斯皮尔伯格的UFO电影项目撰写剧本，后来保罗因这部片子获得了3.5万美元的稿酬和纯利润2.5%的分红。《仰望星空》原定于1974年秋季开拍。但菲利普斯回忆："我们费了很大功夫才把剧本最终定稿。我们为此纠结了几年之久。1973年的一天，史蒂文来找我们说：'听着，如果你们不介意，我现在真的急需用钱，这片子已经延期了，我现在又得到了一个关于鲨鱼的片约，大概要花6个月时间，然后我会回来完成《仰望星空》。'我们说：'去吧，没关系，反正这儿暂时也没什么进展。'"

斯皮尔伯格从《横冲直撞大逃亡》的得州外景地回来后不久，就在制片人的办公室里发现了一本尚未出版的小说的副本，并"从迪克·扎努克的书桌上偷走了小说的样稿！我说过，'我能把这部小说拍出来，一定会很有趣的'"。但对于扎努克、布朗和环球影业来说，斯皮尔伯格并不是执导《大白鲨》的最优人选，尽管这部片子后来成为电影史上最赚钱的电影。

1964年夏天，作家彼得·本奇利在《纽约每日新闻》上读到一篇关于长岛捕鲨渔民弗兰克·蒙杜斯用鱼叉捕获一条重约4500磅的巨型鲨鱼的报道后，萌生了创作这本小说的想法。蒙杜斯后来成为《大白鲨》中痴迷于猎捕鲨鱼的昆特船长的原型。彼得·本奇利是幽默作家罗伯特·本奇利的孙子、小说家纳塞尼尔·本奇利的儿子。年轻时，彼得曾在夏季于楠塔基特岛和父亲及兄弟一起进行猎捕鲨鱼的冒险。在看过彼得·金贝尔1971年的纪录片《蓝海白死神》后，本奇利更加清楚地认识到鲨鱼对电影观众的威慑力。同年，时任《新闻周刊》（Newsweek）副主编的本奇利接受了双日出版社7500美元预付款中的第一笔1000美元，开始创作他的第一本小说，这本惊悚小说讲述的正是一条大白鲨在长岛海岸捕食人类的故事。

1973年，在《大白鲨》的小说校样送到环球影业和其他几家电影制片厂之前，美国广播公司曾拒绝将《大白鲨》拍成电视电影，他们认为制作成本太高。这本书以平装版引起出版界的轰动，班坦图书公司（Bantam Books）以惊人的57.5万美元买下了小说的平装版版权。"这本小说在好莱坞掀起了一股热潮，"詹宁斯·朗在环球的左膀右臂皮特·夏皮耶回忆，"周三（1973年4月11日），本奇利的经纪人（国际著名艺术家协会的约翰·普塔克）把小说交给了我。我周末读了这本书，便想，这小说肯定能拍成一部轰动的电影——得把它交给卢·沃瑟曼。我们必须立即行动。詹宁斯是个完美的节目制作人[1]。周一我把报告交给他时，他说：'我会给卢打电话，还有莱昂纳德·希尔山（威廉·莫里斯的经纪人），请他去找保罗·纽曼。'我写了一张备忘条给卢——想到'老人与海'——我建议由阿尔弗雷德·希区柯克来导演。"

4月17日，负责根据读者调查报告，为公司制订可行计划的环球故事部给出了他们的意见。令夏皮耶吃惊的是，"他们不喜欢这故事！如果故事部门看中某个故事，会在封面盖上'推荐'或'待定'的印戳。如果不喜欢，就不会盖章。这故事上没有任何标记。我当时想，天哪，上帝，他们干脆杀了我算了"。但到了第二天，扎努克和布朗已经读完了剧本审查员丹尼斯·麦卡锡提交的故事大纲，他们打电话给沃瑟曼，表达了对这个项目的浓厚兴趣。

扎努克记得，他们很快发现自己陷入了"激烈的竞价中"。哥伦比亚影业的代表、资深制片人兼导演斯坦利·克雷默[2]表达了对这个故事的兴趣，但最后的竞标落到了华纳兄弟和环球影业之间。"我们尽了最大努力，"扎努克说，"我们就差跪下了。我们做了无数承诺，很高兴我们做到了……相比于其他竞争对手，我们并不具有价格优势，问题是谁能拍出更好的电影。我们说服了本奇利，让他相信我们能做到。"5月1日，普塔克和环球影业达成的协议中，扎努克/布朗公司同意支付作者15万美元和小说净利润10%的分红，外加2.5万美元的剧本改编费[3]。"坦白说，竞价结束后，詹宁斯勃然大怒，"夏皮耶说，"他觉得那应该是我们的电影，我们的囊中之物。"

几天后，夏皮耶在公司食堂吃午饭时，扎努克和布朗对他发现了《大白鲨》表示感

1　在好莱坞，负责把导演、编剧、演员等剧组成员，以及各方投资集合在一起的人物。——编者注

2　斯坦利·克雷默（Stanley Kramer）美国电影导演、制片人，多次获得奥斯卡最佳导演奖提名，其作品也多次提名奥斯卡最佳影片，代表作品包括《猜猜谁来吃晚餐》《纽伦堡大审判》等。——译者注

3　本利奇还得到了每部续集7万美元的知识产权费，并因该作品蝉联《纽约时报》畅销书榜单而得到5万美元奖励。

谢，还说"我们打算花75万美元，拍一部低成本电影"。夏皮耶表示怀疑，这是一部在水里拍摄的电影，而这通常被制片人视为噩梦般的环境——预算不可能如此之低。两位制片人考虑了一会儿，回答说："可以追加到100万。"布朗后来承认，在得到这部小说后，他和扎努克"经历了准备不足的恐慌。如果我们再读一遍《大白鲨》，可能就不会想把它拍成电影了。更仔细的分析会让我们意识到，把这故事拍成电影实在太难了。"

扎努克和布朗最初认为，为确保能应对《大白鲨》拍摄过程中的种种问题，最好的办法就是聘请一位经验丰富的动作片导演。他们首先找到的是约翰·斯特奇斯，他的作品不只包括经典的《黑岩喋血记》和《大逃亡》，还有根据海明威同名小说改编、大部分场景都在棚内"水池"里拍摄的《老人与海》，片中斯宾塞·屈塞在人造背景下完成了表演。但两位制片人认定不能将《大白鲨》拍成那样的电影，于是他们决定将导演工作交给迪克·理查兹，当时理查兹已年近四十，并于1972年在福克斯完成了他的首部故事片，那是一部关于一名青年牛仔的西部片，名叫《牛仔路漫漫》。

"如果要买这本书的版权，协议的一部分是，最好能请一位IFA的导演来执导。"扎努克回忆说，"我们与迈克·麦达沃伊（斯皮尔伯格的前经纪人，当时是IFA电影部的主管）达成了君子协定，他们提出了几个名字，我们回纽约与本奇利见了面，还带导演理查兹一起去吃了午餐。这位导演一直说它是'鲸鱼'，三次之后，我不得不打断：'我的老天，这是条该死的鲨鱼！'吃完这顿不欢而散的午餐，步行回办公室的路上，我对布朗先生说：'我们得考虑换人了，这个错把鲨鱼当成鲸鱼的家伙不可能导演好这部电影。'我又打电话给迈克，这是一通艰难的电话，迈克说：'这可是一次严重的失信行为，我会失去客户的。'我说："你的客户至少应该知道鲸鱼和鲨鱼的区别。我可不能和这家伙一起出海。'"

斯皮尔伯格那时已经表明了他的兴趣，制片人也很满意其对《横冲直撞大逃亡》的执导，于是开始考虑也许没必要找一个更有经验的好莱坞老手合作。"制片厂老想找一个经验丰富的人。"扎努克说，"从经济角度来看，这可能更合理，我们晚上至少也能睡得安稳些，但我们真的想拍出让所有人都大吃一惊的东西。""我们不仅想拍一部商业片，更想拍一部好电影，"布朗说，"所以我们决定选择斯皮尔伯格。"

1973年6月21日，斯皮尔伯格正式签约。但不久之后，不只是斯皮尔伯格，大家又面临着一项新的挑战。"史蒂文对此非常兴奋，然后又非常担忧。"扎努克说，"'这该死的片子到底该怎么拍'又成了大问题，读小说是一回事，而要造出一条鲨鱼则是另一回事。"《大白鲨》的联合编剧卡尔·哥特列布说，斯皮尔伯格也"害怕被定型为只擅长拍勇士和冷血杀手之间搏斗的动作片导演。'谁想被称为一位鲨鱼和卡车导演呢？'我曾听斯皮尔伯格抱怨"。在1975年《大白鲨》上映前不久，布朗表示："斯皮尔伯格之所以不情愿地接拍了《大白鲨》，是因为他意识到这部片子主要是一部商业电影，而不一定非得是一部佳作，而他是一位严肃认真的电影人。迪克和我说服了他，我想他现在意识到，这电影不仅卖座，也是一部杰出作品——并不是说他不尊重商业大片，相反，他把这部片子当作了职业生涯必不可少的部分。"

从小到大，斯皮尔伯格一直受本能驱使，寻求被大多数人接受与认可。从心理上来说，他无法接受成为边缘艺术家，而不是受欢迎的电影人。在拍出叫好不叫座的《横冲直撞大逃亡》之后，他有必要向好莱坞证明，自己不仅是一位艺术片"作者"。于是他打消疑虑，同意接手这部"商业大片"。

"我们去见了沃瑟曼和谢恩伯格，"扎努克回忆说，"现在很难想象，但当时你谈论的是一位导演的第二部电影，他此前并未证明自己。尽管沃瑟曼对这孩子印象深刻——那段时间我们曾多次向他提起这孩子，但沃瑟曼还是奇怪我们选择了史蒂文。"

"天啊，迪克，这孩子很棒。"沃瑟曼说，"但是记住，你也要参与其中，这是部大制作，很可能会失控。找一个以前拍过这类电影的人合作难道不会更好吗？"

扎努克回答说："我们就是不想找那样的。我们不想拍成一部翻版《白鲸记》，这孩子可以给影片带来视觉上的冲击，我们会全力给予他需要的一切支持。"

《大白鲨》完成20年后，扎努克/布朗制片公司的执行制作人比尔·吉尔摩将其描述为"迄今为止最难拍的电影"。1974年5月2日，影片在玛莎的葡萄园岛开机后不久，电影的主角"机械鲨鱼"显然不太合作。"8月1日左右，电影陷入了可怕的危机，机械鲨鱼罢工了。"吉尔摩补充说，"我回到酒店后焦虑不已。我妻子对我说：'是谁一开始告诉他们说这小说可以拍成电影的？'我闷了一大口苏格兰威士忌。回想起来，我们都是英雄，但我们都觉得我们失败了，因为当时的预算和时间都已超出计划的一倍。"事实上，《大白鲨》花费的时间几乎是计划的三倍，原本55天的拍摄计划，最后延长到159天。

一开始，扎努克给吉尔摩看了小说样稿，想让吉尔摩思考一下如何拍出这部电影以及成本是多少，吉尔摩"觉得这不过是一种好莱坞鲨鱼，一种除了会飞之外什么都能做的超级鲨鱼"。本奇利在小说中写道："它跃过头顶，遮蔽了天日。"扎努克问："我们能拍出来吗？"我说："能的，我们能拍。"作为一个在电影行业摸爬滚打多年的人，我那么说完全是出于自负，我觉得好莱坞无所不能——金·凯瑞[1]都可以和老鼠共舞，我们也能把人送上太空。我们接下剧本，并相信自己可以制造一条机械鲨鱼。我们可以从受害者的头顶去拍摄鲨鱼，也可以从鲨鱼的视角去拍摄受害者。这是前所未有的。

"我们在大西洋上拍摄外景，之前没有人在海上用小船拍过电影。每一部在海上拍摄的电影，最后都是在水池里拍完再后期合成的，看起来也很逼真。从一开始，史蒂文和艺术指导乔·阿尔维斯、我和扎努克便一致同意去真正的海上拍摄。我都记不清我们被海浪冲击和拍打了多少次。尽管困难重重，这也是为什么影片最终能如此成功。因为每个人都置身大海，那是一片真正的大海，一条真正的船。"

吉尔摩相信那些魔法师般的好莱坞特效师能制造出这条机械超级鲨鱼，但制片人更想试试用一条真实的鲨鱼。哥特列布说扎努克和布朗"曾天真地认为他们可以找一位鲨鱼训练师，反正有足够的钱，可以找一条真的大白鲨，让鲨鱼按提示做一些简单特技，配合水中的假人拍些长镜头，后期再来剪出些微缩镜头或特写"，当斯皮尔伯格想起那些讨论时，他笑了："当然，是的，他们可以训练一条大白鲨，让它在镜头前表演，再把我放进笼子里拍摄。他们试图让我相信这是可行的做法。我大喊道：'迪士尼！'我一读到剧本就大叫起来，'迪士尼！'我们得去找那个在《海底两万里》中做出乌贼的家伙！……我当时还不知道那人是谁。原来他就是鲍勃·马蒂，后来我们请他来给我们做了一条鲨鱼。但他们还是想让我用活鲨鱼试验一下。"

已经退休的马蒂被成功吸引，决定重出江湖，开始为影片制造3条25英尺长的鲨鱼，它们能在影片中表演各种动作。扎努克和布朗还找来了夫妻档罗恩和瓦莱丽·泰勒，在南澳大利亚海岸危险的礁石边记录真实的鲨鱼生活画面。制片人认为，不管马蒂能创造出怎样的奇迹，让观众在电影中看到真实的鲨鱼并以此为宣传噱头还是非常重要的。泰勒夫妇以他们在《蓝海白死神》中无畏的水下摄影而闻名。吉尔摩想起在澳大利亚遇见他们时，"我非常紧张，因为我觉得他们是全世界最伟大的鲨鱼专家。我说：'你们觉得这本小说

1　金·凯瑞（Jim Carrey），加拿大裔美籍演员、编剧、制作人，曾参演《楚门的世界》《月亮上的男人》《冒牌天神》等影片。——译者注

怎么样?'罗恩·泰勒说:'我不知道本奇利先生是谁,但不管他是谁,他无疑非常了解大白鲨,因为他所写的一切都有可能发生。'我浑身的汗毛都竖了起来,作为好莱坞典型的犬儒主义者,我对大白鲨真的能做到这一切感到震惊。从那一刻起,我就知道我们的机会来了。"

斯皮尔伯格列出了他希望泰勒夫妇拍摄的16个镜头,包括鲨鱼绕着一个被困在水下笼子里的人游来游去的场景。之后再与这些镜头相匹配地,在摄影棚的水箱里拍摄理查德·德莱福斯穿着潜水衣的一组近景镜头。为了让真实的鲨鱼看起来更大,一位名叫卡尔·里佐的退休赛马骑师作为侏儒特技演员,被指派为德莱福斯的水下替身。"我们拍摄真实的鲨鱼镜头时,"瓦莱丽·泰勒回忆说,"没有人想到这部电影会如此大获成功。对我和罗恩来说,这只是另一份拍摄工作,不过是我们当时接到的第8份拍摄大白鲨的工作。那是罗恩第一次不得不按照剧本来拍。"但鲨鱼不肯照着剧本行动。

1974年2月16日,泰勒夫妇和鲨鱼专家罗德尼·福克斯一起出海。10天后,他们终于设法拍到了一条鲨鱼围着笼子打转的镜头。然后,他们准备让里佐潜入特制的潜水笼,尺寸为正常大小的八分之五。里佐正要从一艘19英尺长的玻璃纤维辅助船"Skippy"号上下来时,鲨鱼突然袭击了这艘船。"船翻向我那边,被一条半吨重的凶猛鲨鱼拖入水中,"瓦莱丽·泰勒在她的拍摄日记中写道,"一个硕大的脑袋从浪花中探了出来,在水面扭动着,三角形的牙齿在撕咬金属时裂成了碎片,因为疼痛和暴怒,它张开了深渊巨口。这凶猛的庞然大物,它的尾巴在离海面6英尺的空中摆动着。"

"卡尔吓呆了。罗德尼把他拉回来时,鲨鱼的尾巴扫过了他的脸。要是罗德尼再慢两秒,这位袖珍的特技演员就会被弄死,他会当场脑浆迸裂……大白鲨的身体撞到了船体,发出令人难以置信的巨大声响,木头断裂的声音、海浪声、笼子撞到船的声音、鲨鱼与船的对撞声交织在一起……最后一声巨响,鲨鱼、笼子、绞盘和甲板都消失在翻滚的、冒着泡沫的漩涡中。如果卡尔被关在笼子里,他也会消失得无影无踪。"

接下来发生的事情是由斯皮尔伯格讲述的:"我们的特技演员马上转过身,相当平静地走到船舱,把自己锁在了厕所里!他们试图用一把餐刀把门撬开、把他弄出来,可他把门死死顶住,不肯出来。"

吉尔摩接到了罗恩·泰勒从澳大利亚海岸打来的电话。"他在电话那头都激动得语无伦次了。"吉尔摩说,"他告诉我们,他刚刚拍到了职业生涯中见过的最壮观的鲨鱼镜头。我说:'罗恩,太好了。可那位侏儒特技演员在笼子里吗?'他说没有。我的心一沉，我说：'那这个镜头就不能用了。'后来他们寄来了这段胶片，那真是精彩绝伦的镜头。剪辑师弗娜·菲尔兹、史蒂文和我都对无法使用这个镜头感到难过，我们实在觉得这镜头太棒了，最后决定将它用在影片中。在小说里，德莱福斯饰演的海洋生物学家马特·胡珀潜入笼子里，鲨鱼游过来咬碎了笼子——这是胡珀的结局，鲨鱼吃掉了他。我们在影片里将这一幕改成胡珀放下他的枪，鲨鱼继续攻击笼子，胡珀趁机从笼子里逃了出来，往下游，藏在了岩石缝里。你能想象没有胡珀的《大白鲨》吗？他是最讨人喜欢的角色。澳大利亚的那条鲨鱼改写了剧本，拯救了德莱福斯饰演的这个角色。"

当斯皮尔伯格找德莱福斯扮演直言不讳的鱼类学家马特·胡珀时[1]，这位演员说："我会去看这部片子，但我不想演。"

"为什么？"斯皮尔伯格问道。

"因为，作为一名演员，这个角色不能给我带来任何好处。"

电影完成后，德莱福斯解释说："这个角色存在的意义只是为了传递出有关鲨鱼的信息，证明它们真的存在……无聊，无聊，太无聊了。但我当时很缺钱，所有人都说这部影片会成为一名演员的代表作，我信任的每个人都劝我接了它，于是我们花3天时间创造了这个角色，最后我说，好吧，我让步，我投降，我出卖了自己。"

直到正式开拍前不久，这个角色才确定由德莱福斯饰演。当时斯皮尔伯格对胡珀这个角色的第一人选是乔恩·沃伊特，但他拒绝了；导演还考虑了蒂莫西·伯特姆斯、杰夫·布里吉斯和乔尔·格雷。在选角的过程中，斯皮尔伯格逐渐将这一角色看成了"我的另一个自己"，他重塑了角色和这部电影来反映自己的情感。除了个子矮小及充满斯皮尔伯格所说的"运动的能量"外，德莱福斯还与斯皮尔伯格在其他方面有着不少共同点。正如这位演员的老朋友卡尔·哥特列布所说："当他说话开始不明所以时，就是那张快速运动的嘴赶不上他转得更快的大脑了。"德莱福斯的"学历并不高，甚至没有念完大学，他在某些问题上还表现得出乎意料地幼稚……但是他可以很容易地抓住一个复杂的问题，把它的矛盾和模棱两可之处简化为概括的几个要点，然后制订一套行动方案，这样他就能处理好那些大的任务了。"

对斯皮尔伯格来说，德莱福斯还"代表了我们所有人中的弱者"。以他为喉舌，将

1　斯皮尔伯格第一次见到德莱福斯时，这名演员拒绝出演斯皮尔伯格的电视电影《萨维奇》。

《大白鲨》从老套的怪物情节剧上升到一部叙述朴实但有着清晰社会视角的电影。作为一个"带有明确民族根源的美籍犹太人"，德莱福斯是哥布列特所形容的"天生有着求知欲、尊重知识、崇尚道德、遵纪守法"的典型例证。这些品质充分体现在了影片中马特·胡珀这个角色身上，他是科学理论和公民责任的发言人，反对起初重视旅游经济多过保护自己的公民免于伤害的镇政府，并以反对官场虚伪的原则为立场，唤醒了罗伊·施耐德饰演的警察局长马丁·布罗迪的良知。起初懦弱的布罗迪，后来冒着丢掉饭碗的危险，公然站出来对抗贪赃枉法的市长（莫瑞·汉密尔顿饰）、谄媚奉上的报纸编辑（卡尔·哥特列布饰）和镇上目光短浅的商人们。

尽管在整个拍摄过程中对于这部电影带着蔑视，德莱福斯还是热情地评价了他与斯皮尔伯格的合作关系："史蒂文不是那种传统意义上的演员导演，但他会以一种轻松和开放的方式表达自己想要的效果，来帮助你找到感觉。在他的观念中，演员虽是为故事服务的，但这与演员的即兴发挥并不矛盾——一点也不。"

斯皮尔伯格在选角上的精明和另类，也体现在他对环球影业的热捧对象查尔顿·赫斯顿的拒绝上。查尔顿曾公开表示他想饰演布罗迪警长，这无疑让斯皮尔伯格想起了自己还在制片厂当学徒时，与赫斯顿的会面给他留下的糟糕印象。导演认为像赫斯顿这么个性鲜明、富有传奇色彩的人物，如果扮演一个小镇警察局局长，很难得到观众认同，尤其这个角色还如此怯懦、满是性格缺陷。斯皮尔伯格一开始曾试图说服扎努克和谢恩伯格让不知名的约瑟夫·博洛尼亚来饰演布罗迪警长，但之后还是邀请了罗伯特·杜瓦尔来饰演这一角色。但杜瓦尔想要扮演昆特船长，斯皮尔伯格很难想象他能扮演这样一个引人注目的角色（后来导演后悔了）。据布朗说，斯皮尔伯格"迟迟才决定"让罗伊·施耐德扮演布罗迪警长。当时，这位演员最著名的角色是电影《法国贩毒网》中冷酷无情的纽约警察，斯皮尔伯格不想让布罗迪被塑造为一名硬汉。但事实证明，施耐德通过内敛的表演方式力证自己可以塑造出斯皮尔伯格想要的"普通先生"。

李·马尔文拒绝了昆特船长一角，斯特林·海登也因为受税务问题困扰而无法出演了，于是史蒂文转而求助于罗伯特·肖。这位多才多艺的英国演员、剧作家和小说家，曾参演由扎努克和布朗制片的《骗中骗》。尽管担心肖的电影表演会"过分夸张"，斯皮尔伯格还是理智地认为，昆特这一人物的表演应该略夸张于日常生活。两人合作没多久，肖就对斯皮尔伯格十分欣赏，但肖一开始对这部电影并不感冒，还曾告诉《时代》杂志：

"《大白鲨》根本算不上一本小说，不过是一群人写的故事而已，是一通胡扯。"

"彼得·本奇利小说的视角可不是我想拍出的电影的视角，"斯皮尔伯格在玛莎葡萄园里一次非正式的场合中这样对《新闻周刊》的记者亨利·麦基说，"彼得不喜欢他书中的任何一个人物，所以他们都不太可爱，你会站在支持鲨鱼吃人的立场上，看着他们一个接一个被鲨鱼吃掉。"

尽管让人欲罢不能，本奇利的第一本小说还是充满了扁平的人物，而且次要情节毫不出彩。斯皮尔伯格恰当地称其"太像电影《冷暖人间》（*Peyton Place*）了"。鲨鱼的动作总是再三重复，并且总被警长妻子和来访的鱼类学家的幽会打断。斯皮尔伯格坚持删去书中关于性和黑手党之类的次要情节，并尽量减少与《白鲸记》的相似之处。希德·谢恩伯格对此表示赞同，并建议说："我们为何不用鲨鱼来拍《决斗》的故事呢？"

本奇利写了两版剧本草稿，第一版是与斯皮尔伯格讨论完成的。电影的结构与本奇利的第二版稿子非常接近，但为了即兴处理大海和机械鲨鱼带来的问题，斯皮尔伯格对剧本进行了重新构思，大部分对白被重写了，动作场面也变得更加精彩。"我不是个称职的编剧。"本奇利承认，他没能领会到一本书在从剧本到电影的转变过程中需要改变多少。"我和史蒂文唯一的争论是关于电影的结局。"本奇利补充说，"史蒂文说，'小说的结局令人沮丧'，接着他告诉我他想怎么做。"在书中，大白鲨杀死胡珀与昆特后逃之夭夭。但在影片中，胡珀活了下来，布罗迪警长将一个压缩空气罐塞进鲨鱼嘴里，并向气罐发射了一颗子弹，从而杀死了鲨鱼。本奇利告诉斯皮尔伯格："这情节太假了，观众绝对不会相信。"斯皮尔伯格回答说："如果他们坚持看完这两小时，就一定会相信的。我想让观众尖叫着跑出影院。"本奇利也承认，导演"绝对达到了预期效果"。

在寻找新的编剧的过程中，斯皮尔伯格就像之前筹拍《横冲直撞大逃亡》时所做的那样，首先求助于理查德·莱文森和威廉·林克，但得到的答复和之前一样。"我们一点也不感兴趣，"林克这么评价《大白鲨》，"我们讨厌这个主意。我们正在做重要的电视电影，比如《劫后亡魂》和《那个夏日》，我们关心的是社会问题。我们当时真是蠢，还劝他不要拍。我们说：'你为什么想拍这部如此愚蠢的恐怖片？与那些廉价恐怖片没区别。你这么有才华，为什么要做这件关于鲨鱼的蠢事？'他并没有因此大发雷霆，他也讨厌这本书的前半部分。他说：'我要去科德角拍片，你可以带上妻子一起去，你们会玩得很开心。'我们说：'不，不，史蒂文。你为什么要接这种华而不实的片子？'众所周知，

《大白鲨》是一部精彩绝伦的惊悚片，电影正式发行前两个月，他邀请我们去看。看完后我们说：'赶紧去买MCA的股票。'我们买了几千股，大赚了一笔。当年的一位姑娘，也就是我后来的妻子看了这部电影后说：'永远别再拒绝那个孩子了！'"

曾凭借《拳王奋斗史》（*The Great White Hope*）获得普利策奖的戏剧作家兼电影编剧霍华德·塞克勒被请来修改《大白鲨》的剧本。作为一名经验丰富的水肺潜水员[1]，塞克勒花了五周时间重写了《大白鲨》的剧本，但并未要求署名。他最重要的贡献之一，是添加了1945年美国军舰印第安纳波利斯号在大批鲨鱼出没的海域沉没的故事。作为昆特的独角戏，这段难以忘却的记忆给了那位头发花白的鲨鱼猎人一个憎恨鲨鱼的理由。斯皮尔伯格认为塞克勒写的台词部分仍需要扩充，于是找了二战行家约翰·米利厄斯帮忙，他"一直想让我把昆特的角色给他演，并写出了只有约翰·米利厄斯才能说的台词"。最终版本由肖修改，肖"是位才华横溢的作家，擅长即兴发挥"，扎努克说，"当时他是在喝得半醉的情况下写成的"。

斯皮尔伯格认为，塞克勒令剧本"聚焦于让小说十分引人入胜的四五个元素上，尤其是小说的最后几百页"，但是导演对塞克勒的草稿以及后续重写的尝试并不满意："我知道自己需要做的就是把电影拍出来，但还得做一些对我来说非常可怕的事——据我所知，鲍勃·奥特曼经常这么做——将绝对控制权让位于有意义的合作；所有人都聚在一个房间，共同决定我们要拍什么样的电影。到底是一部关于鲨鱼的电影，还是关于杀死鲨鱼的英雄？我雇了一个叫卡尔·哥特列布的人，他是我的老朋友，基本上每天晚上都跟我一起去玛莎葡萄园，与我和演员们坐在一起润色剧本——通常离拍摄只剩24小时——只好即兴创作。我对待《大白鲨》的演员同我对待片中的特效一样认真。"

为了方便剧本的写作，哥特列布与斯皮尔伯格在外景拍摄时住在一起，每当斯皮尔伯格睡着后，哥特列布还在继续修改剧本。每天早晨，哥特列布都会给随行的打字员几张新手稿，到了上午8点半，这些新加的手稿将被讨论通过并准备拍摄。"由于道具需要不断更换，拍摄现场的气氛变得极度紧张。"哥特列布在1975年的一次采访中说，"有段日子制片经理威廉·吉尔摩与斯皮尔伯格甚至互不理睬。"

本奇利到片场探班时，紧张气氛进一步加剧。斯皮尔伯格让他扮演一位电视台记者，

1　水肺潜水又称Scuba Diving，指潜水员自行携带水下呼吸系统进行的潜水活动。——译者注

在沙滩上报道关于鲨鱼的袭击。碰巧就在本奇利到达玛莎葡萄园的那天，斯皮尔伯格对原小说的中伤刊登在了《新闻周刊》上。当本奇利抵达当地机场，走下飞机时，遇到了宣传人员阿尔·埃布内与正在对拍摄过程做专题报道的《洛杉矶时报》记者格雷格·基尔迪。据本奇利回忆，基尔迪当场宣称，"斯皮尔伯格说你的书是一坨屎"。

"你必须明白，"本奇利向记者回应说，"争议从来就不是问题。我知道有些情节他们必须删掉。当我完成自己那版剧本时，布朗觉得还不错，扎努克也说还行，斯皮尔伯格什么也没说。在霍华德·塞克勒重写剧本后，我给大卫·布朗寄去了一封信以表愤怒。我对其中一个角色'海洋学家胡珀'提出了质疑，这一角色是个令人难以忍受的、学究气的笨蛋。我想斯皮尔伯格是把他当成了自己（本奇利笑了），但信上我没有这么说。

"斯皮尔伯格需要在剧本的人物身上多下点功夫，显然他什么都不懂。想想看，他不过是个26岁的毛头小子（实际是27岁），从小看电影长大。除了电影，他对现实一无所知。他只通晓B级片。当他必须决定人物的行为细节时，只会套用四五十年代电影的陈词滥调。"

带着基尔迪所说的"某种嘲讽的愉悦"，本奇利总结道："等着瞧吧，斯皮尔伯格总有一天会成为美国最伟大的特技组导演。"

20年后再次回忆起当年的那次爆发时，本奇利说："在我一生中说过的所有蠢话里，那些话算得上最蠢的。但那是一种非常不幸的愤怒，我们都被媒体操纵了，我们当年都很天真。我说完就立马对自己的任性回应感到后悔，并试图收回那些话（基尔迪在他7月7日的文章中对两个版本的回应都进行了报道）。环球影业对我们于公众面前相互嘲弄的做法很不满，他们说：'请停止口水战。'在那之后，我俩聚在一起，告诉对方自己真的非常抱歉。在某种程度上，我的言论是一种净化。"

斯皮尔伯格声称《新闻周刊》歪曲了他的言论。他向本奇利解释说，他真正的感觉是"这本书不是特别适合被改编为电影"。本奇利把这句拗口的评价理解为："这本书无法直接拍成电影。"尽管如此，本奇利还是有些悲伤地感叹道："令人遗憾的是，史蒂文总想公开诋毁这本书。"《大白鲨》发行前3个月，电影杂志《毫米》（*Millimeter*）刊登了一篇在玛莎葡萄园对斯皮尔伯格的采访。这次采访这么援引了导演的话："如果我们不能把这部电影拍得比原著更好，我们就真的摊上麻烦了。"

斯皮尔伯格给本奇利寄了一封道歉信，这位饱受批评困扰的作者回信说："感谢你的来信，我不看《毫米》（实际上我以前从没听说过这个杂志），因此无论你往我身上泼了多么恶毒、酸臭、有伤风化的、下流、毁谤我的脏水，我只当没有看见。然而，预先警告这种事……你写这封信考虑得真周到。

"为了公平起见，应该让你知道我已雇用水军准备对你进行口诛笔伐，揭露你私生活中的肮脏真相。你的一切都会曝光——鞭子、皮革运动鞋、短睡衣甚至脆花生酱，我准备发在《杰克与吉尔》6月刊上……"

"听着，《大白鲨》可能成为1975年最大的笑话。"斯皮尔伯格后来说，"我拍它是为了自娱自乐，我曾有3次差点放弃。"

在开拍前的几个月里，斯皮尔伯格认真考虑过放弃《大白鲨》，转而为20世纪福克斯执导由威拉德·赫依克与格洛丽亚·卡茨创作的浪漫喜剧/动作情节剧《幸运女士》。该故事讲述了20世纪30年代一名走私酒贩卷入的一段三角恋。保罗·纽曼[1]想让斯皮尔伯格导演这部电影。"福克斯提供了一部我非常感兴趣的电影，"斯皮尔伯格在1973年11月的美国电影学会研讨会上说，"可我的合约里写明了环球影业拥有优先权，因此他们行使了这项权利，不让我接受福克斯的片约，而让我先拍那一部我原先答应但拖了8个月还没投入制作的《大白鲨》。环球影业是家大公司，他们并不尊重你的个人选择。当你事业发展到一定高度时，你会真的很想离开。而他们只会一次又一次地压榨你的剩余价值。"在完成《大白鲨》之后，斯皮尔伯格认为这是"自己一生中最糟糕的经历"，他告诉制片厂的公关奥林·博斯滕："我再也不会为环球拍电影了。"

当詹宁斯·朗听说斯皮尔伯格想放弃《大白鲨》后，他在电话里对斯皮尔伯格大发雷霆（这是朗十几岁的儿子洛奇无意中听到的对话）："你必须完成这部电影！你会拍出一部伟大的作品，那将会很棒。你为什么要去福克斯拍《幸运女士》？那会是一场灾难。"精明的詹宁斯·朗在这两点上都说对了。这部由斯坦利·多南执导，伯特·雷诺兹、吉恩·哈克曼与丽莎·明奈利主演的《幸运女士》，正如格洛丽亚·卡茨所评价的那样"成了一部大烂片"。

希德·谢恩伯格在《大白鲨》的拍摄问题上也与斯皮尔伯格发生过争执。"这是我与史蒂文之间为数不多的分歧之一，"这位MCA总裁在1988年的一次采访中说，"确实是我

1　保罗·纽曼（Paul Newman），美国演员、导演、制片人。曾参演电影《浓爱痴情》《骗中骗》《大智若愚》等，导演作品包括《玻璃动物园》《父子情深》等。——译者注

逼他拍的……我觉得他有一阵子情绪很低落。他找到我问：'你为什么要逼我拍这部B级片？'"

"我得到消息，史蒂文要来办公室找我辞职，"扎努克回忆说，"这时距离电影开拍只剩三个月。他很害怕，我觉得他已经有些不堪重负。他不确定自己是否是导演这部电影的合适人选，而且不断有人邀请他参与其他项目。当我在福克斯与他达成协议时（关于《父子双雄》的剧本），我们还有两个廉价的导演项目可以选择，每个5万美元。虽然也能选择《幸运女士》，但我压根儿没把这部片子纳入考虑。我告诉他：'你最好别参与这个项目。'我本想拿《乱世佳人》作比，因为我想让他坚持完成《大白鲨》。开拍日期就快到了，我们必须赶在演员罢工[1]前完成拍摄。沃瑟曼告诉我们，最迟必须在某个日期前开始，否则将无法正常开拍。我们当时已经雇了很多人参与建造鲨鱼模型。那简直是场噩梦。"

"史蒂文做了一些《大白鲨》主题T恤，当我被告知他要来辞职时，便赶紧脱下衬衫，穿上了'大白鲨'T恤，坐在我的办公桌后面。他看见后很吃惊，因为他曾把分发这些衬衫当作一件大事。他纠结许久才向我开口，最终把所有的困难和顾虑都倾吐出来。这部电影对他来说很重要，极其重要，甚至赌上了他的职业生涯，他说：'我的老天，现在是箭在弦上，不得不发了。'"

"我使他深感内疚。我说得很清楚，这是一个绝佳的机会，我们要拍出一部成功的电影，他甚至没有任何回绝的余地。我告诉他我们会一直支持他。我这完全是作茧自缚，因为我当时根本不知道这部电影该从何下手，什么都没准备好。那时已经完全失控了，拍摄过程中的大部分时候也是如此。"

《大白鲨》（Jaws）在制作过程中遇到了很多问题，以至于恼火的剧组成员戏称本片为《大瑕疵》（Flaws）。"7天里只有4天能正常开拍，"斯皮尔伯格后来承认，"我本以为它会是部烂片。"

变幻无常的天气让人持续头疼，海上拍摄给后勤造成了巨大困难。但最大的罪魁祸首是鲍勃·马蒂的那3条机械鲨——大伙都以斯皮尔伯格的律师布鲁斯·雷默的名字将鲨鱼命名为"布鲁斯"。"布鲁斯"们在被卡车从环球公司运到玛莎葡萄园之前，没有接受

---

1 美国演员工会（The Screen Actors Guild）威胁要在1974年7月1日进行罢工，但最后罢工并未实行。

过海水测试，也没有人预料到盐水的电解性会对其复杂的底层结构造成腐蚀。在大多数场景中，鲨鱼都要被架在水下起重机上，在水下平台沿着轨道移动，由工作人员在水面漂浮控制台上操作的气动软管控制。这套每天都要被拖入海中的装置整体重达12吨[1]。开拍后几周，"布鲁斯"就罢工了。斯皮尔伯格看了关于鲨鱼的第一批样片后，整个剧组"都蒙了"，当时去片场探班的导演布莱恩·德·帕尔马回忆说："布鲁斯成了对眼，上下颌无法合拢。"那天晚上，德莱福斯宣称："如果我们大家还尚存理智的话，现在就都该逃出剧组。"

在一个叫作"鲨鱼城"的临时车间里，马蒂、艺术指导乔·阿尔夫斯以及他们的工作人员对机器进行疯狂修补，而斯皮尔伯格则焦急地围绕着这个电影中的主角补拍些镜头。绝望的斯皮尔伯格采纳了霍华德·塞克勒剧本草稿中的装置，开始用桶替代部分鲨鱼来拍摄。在影片中，木桶被鱼叉固定在鲨鱼身上，在海面上巡游，充当潜藏在水下的鲨鱼的替身。直到那年夏末，那条鲨鱼才被修好，之后还是间歇性地出现问题。

"那鲨鱼就是个灾星，"扎努克说，"我们对它大失所望。我们开始对马蒂失去信心，都很害怕。坦白讲，我不知道我们是否有人能弄好这条鲨鱼。我们心想，上帝啊，我们在拍一部叫《大白鲨》的电影，而我们连条该死的鲨鱼都没有。今天，有了电脑，你可以把鲨鱼合成进去，就像史蒂文在《侏罗纪公园》里造出恐龙那样。在那个年代，这完全得靠机械。我们有一个需要13人坐在上面操控的平台——一个人控制鲨鱼的背鳍，一个人控制鲨鱼的眼睛……就像一个管弦乐队。这真是惨不忍睹。鲨鱼的尾巴位置对了，但头部又歪了，这真令人头大。为了让鲨鱼看起来像真的在运动，史蒂文使出了作为电影人的浑身解数。当它奇迹般地正常运作时，还真是不错。"

"鲨鱼工作的时候我们就拍，"斯皮尔伯格回忆说，"无论光线如何，演员着装是否合适，只要鲨鱼能工作，我们就开拍！你知道环球影城里的鲨鱼吧？那玩意儿比我们电影里的好用10倍！"

这位27岁的导演承受着巨大的压力。"我以为我的电影生涯完蛋了，"斯皮尔伯格在1995年的一次采访中承认，"我从好莱坞那边听到谣言，说我再也不会有工作了，因为从来没有人拍电影会超出原计划100多天——更不用说一位处女作长片就票房惨淡的导演了……我曾一度感到孤独，一个人坐在船上等待拍摄，觉得这是不可完成的任务，这片子

1　3条鲨鱼中的其中1条并没有固定在平台上，而是架在机械雪橇上，由水肺潜水员进行控制。

从开拍起就是件愚蠢的事，我们永远不会完成它。没有人会看到这部电影，我也再也没机会在好莱坞工作了。"

搞定这条桀骜不驯的鲨鱼已经够难的了，但斯皮尔伯格还得面对来自吉尔摩和制片人持续不断的施压，继续拍摄一些镜头。由于鲨鱼和天气的原因，有些时候斯皮尔伯格只能拍摄几秒钟的镜头，或者根本什么都拍不了。虽然这部电影好像一颗定时炸弹，斯皮尔伯格并不想在质量上妥协，哪怕那些在极少数情况下能拍的零星镜头。"有几次，我们甚至觉得聘请他是一个错误，因为史蒂文是个疯狂的完美主义者，"布朗写道，"是的，他是个完美主义者。"扎努克也同意，"我不得不感谢他对自己看法的坚持，当时的情况非常令人焦躁不安。哪怕他知道已经无计可施时，也会找到解决方案，他必须向剧组证明自己。史蒂文有时对剧组成员很粗暴，他很苛刻，有时不按常理出牌。每个人的年龄都比史蒂文大，很多人都对他持怀疑态度，他们连每日的样片都不想看。"

"整个公司都形成了一种散兵心理，像前线士兵那样，出现了战斗疲劳、神经衰弱和轻度酗酒……"编剧哥特列布回忆说，"演员和表面装作若无其事的导演的内心其实已经崩溃了。史蒂文尽量保持冷静，耐心地等待布景，与他的演员们一起工作，听他们歇斯底里地唠叨着他们错过的其他项目和电影、他们的家和家人，甚至罗伯特·肖的个人所得税。"哥特列布说，罗伊·施耐德有一次对船上提供的食物忍无可忍。这位演员"将盘子扔到甲板上，冲着助理导演大吼，并对着史蒂文大喊大叫，把过去几个月一直在内心翻腾的沮丧和不满发泄了出来。这可能是最原始的释放，史蒂文花了好几个小时才让他冷静下来，走出这种情绪，在这艘小船上可真不容易。"

琼·达林跟着斯皮尔伯格参与了一天外景拍摄，亲自见证了史蒂文的挫败感，早上因技术问题而无法拍摄，下午的拍摄进度也慢得让人难以忍受。"他一直在片场，根本闲不住，"她觉得，"作为一名导演，史蒂文有着令人难以置信的勇气和毅力。一场接着一场，一个镜头接着一个镜头，他要完成那部电影，并非以一种不愉快的方式，而是带着一种内心的平静。即使他内心可能正充满痛苦，但这从未让他远离自己的目标。"

导致拍摄延误与冲突的一大因素源自斯皮尔伯格坚持在拍摄捕鲨船"奥卡"（Orca）时，必须保证该镜头中没有其他船只。要让观众相信奥卡是独自出海，得不到任何可能的帮助，且船上的无线电还因损坏而无法使用。那么至关重要的是，不能让观众看到远处有别的游船漂过。但随着夏季的结束，玛莎葡萄园岛周围的海域挤满了帆船。如果有船只出现在拍摄的背景中，公司会派出一名工作人员骑着摩托艇，让那艘船在拍摄时离开拍摄范围。"有些人很配合，"扎努克回忆说，"但另一些人非要看看拍摄现场，这些人会说：'去你的，你凭什么让我走开？'在这种情况下，可能要等上近一个小时，视野里才看不见其他船只。有时，比尔·吉尔摩不得不付给一个船工几百美元，请他离开。"

"我很惊讶史蒂文年纪轻轻居然能如此镇定自若。"艺术指导师乔·阿尔夫斯这样评价，"史蒂文希望确保海面上看不见其他任何东西。他想令这3个人乘坐小船独自出海，以展现他们的脆弱性，并突显鲨鱼。制片厂一直在说：'哪怕只有一条其他的船，都不能拍吗？'但是他毫不让步。来自制片厂的压力很大，一般导演可能早就妥协了，但他在这一点上始终坚持自己的立场。"

"史蒂文永远不会知道我们每晚（向环球）汇报当日进展时，受到了多么严重的打击，"扎努克说，"压力都是从那边来的。"制片厂"急于让我们离开那里，制片经理与导演之间总有一条很难把握的界线，因为制片经理始终需要掌控时间。当然，斯皮尔伯格既想把这部片子拍好，也想加快进度，每天晚上他都与制片厂通电话，每到那时气氛都很紧张。我们无论何时都会支持斯皮尔伯格。可有些他想做的事让我们觉得不可理喻——比如一些关于进一步拍摄的建议——我们做不到。

"他会带着极大的热情欣然提出一个想法，然后再进一步深入，直到它变得不切实际。没人有他那样的精力和热情，这是一种很好的品质。但如果你说，我觉得这家人应该养只狗，第二天你就会看到那里有了3只狗。我们会把他拉回来，因为他有时确实会做过头。他对《大白鲨》的最后一个镜头的设想——我不知道他是不是当真这么考虑——海面上冒出许多鲨鱼鱼鳍涌向小岛。杀死一条鲨鱼却引来更多鲨鱼，他认为这将是一个绝佳的讽刺。我们说这不是一个好主意，我们劝他打消了这个念头。"

斯皮尔伯格说，在那段绝望的夏天，当鲨鱼无法工作时，环球在考虑取消这部影片的拍摄——用好莱坞的行话说就是"解除职务"——或炒他鱿鱼。然而，谢恩伯格坚称"从来没有人想要这么做"，扎努克和吉尔摩也认为，炒掉他不是一个好的选择。但扎努克承认，《大白鲨》当时"受到了特别关注，制片厂曾一度讨论过暂停拍摄，全组撤回到好莱坞解决鲨鱼的问题，而不是当着250人的面进行修理"。当时还考虑过将计划延期一年，来年夏天再回玛莎葡萄园岛完成拍摄，可扎努克觉得"这会摧毁电影已有的势头"。

"我们听着也焦虑不已，"布朗回忆说，"但最后决定，不管拍摄进程有多慢，继续推进才是明智的选择……我们的电影预算大约是450万美元，比原先超出了一倍（算上制片厂的经费，总制作成本约为1000万美元）。我们如何预算成本？这次预算与以往任何影片都不一样。从来没有人为一条鲨鱼做过预算。"

谢恩伯格和环球影业的执行制片经理马歇尔·格林前往片场来决定需要做些什么。吉尔摩回忆起格林："他是一个老行家，瞥了一眼我们正在做的事，便说：'再接再厉！'""谢恩伯格和沃瑟曼没有对我们施加任何压力，"扎努克补充说，"尽管他们很担心，因为投入了资金，但他们从未考虑过拿走摄影机。他们非常支持我们。"

当制片厂的一位高管敦促沃瑟曼把这部电影带回厂里完成时，沃瑟曼问："难道我们比他们清楚怎么能将这部电影拍得更好吗？"

"不。"这位高管承认。

"那么，"沃瑟曼说，"让他们继续拍吧。"

谢恩伯格的妻子、电视演员罗琳·加里将首次出演故事片，饰演布罗迪警长（罗伊·施耐德饰）的妻子艾伦·布罗迪。她在《大白鲨》及后面3部续集中的两部担任主角，无疑为丈夫扣上了开后门的帽子，但那些指控完全是无稽之谈，因为是斯皮尔伯格决定把这个角色给她的。扎努克也曾建议让自己的妻子、女演员琳达·哈里森出演这个角色，但他并不知道斯皮尔伯格已经把这个角色给了加里。斯皮尔伯格惊呼："哎呀，不好！"对斯皮尔伯格来说，让加里出演是一个"非常精明的政治举动"，威廉·林克认为，"扎努克与布朗可能会说：'这孩子在等着天气转好，等船只驶离海面。'希德与罗琳交谈时，她则会说导演的好话：'他是位出色的导演。'史蒂文挑中罗琳并不是为了讨好谢恩伯格，她确实非常适合这个角色，只不过他从中捞到了点好处。史蒂文很早就知道拍电影不只是光拍而已——电影是一群人的游戏，而他也玩得不错。"

谢恩伯格到玛莎葡萄园岛探班时，他在斯皮尔伯格与哥特列布同住的房间里与这位导演共进晚餐。晚餐结束时，据谢恩伯格回忆，斯皮尔伯格和哥特列布"借故离开，走到一个角落里开始打字，准备第二天的工作。这绝对是一次可怕的经历。'我的上帝！这片子就是这样拍出来的吗？'当时，我脑子里有个念头一闪而过，那就是这些零碎的片段永远没办法组成一部电影。"

第二天，在观看了海上拍摄后，谢恩伯格问导演是否有可能在摄影棚的水池里完成这部电影。斯皮尔伯格这样回答："为了效果更加逼真，我想在海上拍。"

"可这逼真的效果花费太高了。"谢恩伯格说。

"我理解，但我真的很看好这部电影。"

"好吧，我相信你。如果你想现在辞职，我们会想办法把钱赚回来。如果你想留下来拍完这部电影，你可以继续拍完。"

"我想留下来完成这部电影。"斯皮尔伯格说。

"很好。"谢恩伯格说。

环球影业的制片总监内德·塔嫩回忆说："哪怕电影进度缓慢、拍摄异常艰辛——事实上的确是进度缓慢、异常艰辛——谢恩伯格都不会对史蒂文置之不理。他们之间的友谊就是这么来的。谢恩伯格当时是环球的首席执行官，但他刚上任没多久，所以对他来说，那一刻也背负着很大的风险。"

童年时代起，斯皮尔伯格就把拍电影作为消除恐惧的一种方式。"对我来说，恐惧是非常真实的东西，"他曾在谈论《大白鲨》时说，"应对恐惧的最好方法之一就是反向输出，向别人展示我的恐惧。我的意思是，如果你害怕黑暗，你就把观众带入一个黑暗的影院。而我本人非常害怕大海。"

读到本奇利的小说时，斯皮尔伯格立刻发现了一个能从内心深处抓住观众的主题："我想拍摄《大白鲨》其实出于敌意。我读完小说后，觉得自己被攻击了。这让我很害怕，我想发起反击……我知道我很乐意拍这样的电影，因为它在某种程度上迎合了我的初始本能……拍摄过程中我没有任何乐趣。但我筹划得很愉快，嘻嘻……事实上，我认为《大白鲨》是一部喜剧。"

看着游泳者受到鲨鱼的威胁——从岸上、水下或在海面上下浮动的摄影机的角度来观察——将观众置于孩子般的、极度脆弱的状态。斯皮尔伯格在其对《大白鲨》的形容中暗示了这一策略："一部原始的尖叫电影。"他认为，这部电影之所以"触动了观众的神经，是因为它基本上是弗洛伊德式的。我们被教导要压抑自己的恐惧，表面伪装坚强。但是《大白鲨》使大家能够放心地在公共场合表达恐惧。弗洛伊德有个理论阐述了恐惧与胎儿时期的关系，因为人在某种程度上也是条小鲨鱼，他们知道如何在水中生存一段时间"。与此同时，斯皮尔伯格令影院座椅上的观众频繁地以安全的、替代的视角观看鲨鱼带来的威胁，激励观众沉浸于鲨鱼对人类猎物的敌意之中。"你会像支持'金刚'一样支持那条鲨鱼。"斯皮尔伯保证说。20世纪70年代中期，观众们渴望寻求新的暴力刺激，而这部电影在商业上取得的非凡成功，部分原因在于导演对自己"初始本能"的恣纵。可回想起来，这也给导演也带来了困扰。"《大白鲨》就像是我拿着电棍在控制观众，"他在1977年接受英国杂志《视与听》（*Sight and Sound*）的一次采访中承认，"我对自己在这部电影中所做的工作怀有极度复杂的情感，每拍两三部电影，我都会回头再看看这部片子，看看自己都做过些什么。我把这部片子又看了一遍，觉得这是我一生中看过的最简单的电影。这仅仅是在悬疑和恐怖中加入了必不可少的动作……如果我愿意，本可以把它拍成一部非常精妙的电影。"

《大白鲨》一个特别令人不安的方面是开场时性与暴力的混杂，一位性感的年轻女泳者（苏珊·巴克林尼饰）妖媚地在水中摆动着裸露的四肢，直到后来被鲨鱼撕碎（这个性感形象同时被用来宣传这本小说和这部电影）。就像20世纪70年代后期开始流行的杀人狂电影一样，这个场景似乎是在惩罚那个女人的性引诱：她下水勾引一位醉酒的年轻人和她一起裸泳，但这位年轻人软弱无力地躺在沙滩上，并未对她受到的攻击做出反应。在1978年的一篇文章《作为父权神话的〈大白鲨〉》中，简·E.卡普提认为，这个场景是"一种精心建构的潜意识的电影化强奸的形式"，鲨鱼象征狂暴的阳具。然而，卡普提的类比有些混乱，因为其余受到鲨鱼攻击的受害者都是男性，而且她认为鲨鱼也代表了"长牙齿的阴道（阴道对男性生殖器的阉割）"这一神话母题。然而，毫无疑问，"大白鲨"正在一些危险的心理水域中潜游。这种对女性的厌恶是《大白鲨》和其他美国电影所共有的一种态度，当时妇女解放运动正在威胁着传统的男性特权。电影剪辑师弗娜·菲尔兹承认，她"差点没有参与这部电影"，因为担心《大白鲨》会滥用性和暴力："史蒂文向我介绍了《大白鲨》，听起很糟糕，他唯一能向我保证的就是这部电影将会很有品位。"

一种更为普遍的性暗示是男性阳痿的主题，比如布罗迪警长一开始未能保护他的社区和自己的儿子免受鲨鱼攻击。布罗迪的软弱是斯皮尔伯格对有缺陷的父亲形象的典型关注。电影中最令人难忘的场景之一，是布罗迪坐在海滩上，眼睁睁看着小男孩被鲨鱼撕成碎片，斯皮尔伯格通过"《迷魂记》效果"（将镜头推进的同时再变焦将画面拉远）在视觉上传达出布罗迪无助的痛苦。在胡珀与昆特的帮助下，布罗迪在猎杀鲨鱼的过程中改变了脆弱的男性气质，这也是影片最后三分之一的主要情节。对卡普提来说，这不过是斯皮尔伯格"照例重述一个重要的父权神话"。但她对《大白鲨》的解读，并未将斯皮尔伯格在整部影片中对父权和大男子主义行为特征的明确批判纳入考虑。

德莱福斯扮演的胡珀是一位留着胡子、戴着眼镜、书呆子式的知识分子，比起使用蛮力，他更善于利用脑力（与技术）来捕猎鲨鱼，但在束手无策时，他还是鼓起勇气拿着毒标枪潜入水下的铁笼。这位古怪、刻薄的胡珀是一个斯皮尔伯格式的配角，用于衬托传统的英雄角色，即由肖饰演的那位带有傲慢的大男子主义、看上去像亚哈[1]似的昆特。宝琳·凯尔观察道："当三位主角在他们的小船上时，你会感觉罗伯特·肖，那个恶毒的老鲨鱼猎人，是如此有男性气质，以至于想把他们都给害死。他很有男人味，杀气很重……当肖将一个空啤酒罐捏扁时，德莱福斯也捏扁了一个泡沫杯来讽刺他。导演认同德莱福斯这个人物，将袒露上半身的英雄主义当成笑话，并在整部电影中将这种讽刺表现得淋漓尽致。"（捏扁聚苯乙烯泡沫杯的笑话源自一次闲聊，当时斯皮尔伯格、哥特列布和德莱福斯在波士顿一家酒店的房间里喝咖啡，他们试图说服这位不情愿的演员同意参演电影。）

对电影细致入微地刻画当代男性气质同等重要的是，斯皮尔伯格对布罗迪警长人性弱点的关注，他和导演本人一样，对水极度恐惧。斯皮尔伯格决定"让罗伊·施耐德饰演的阳刚之气十足、耀武扬威的男主角显得不那么完美……让他拥有一个普通人身上可能存在所有问题和缺点。让他拥有害怕与恐惧，并在电影中将这些害怕和恐惧都表现出来，而不是全部解决。因为你根本做不到，这也就是为什么人会花上一辈子时间增进自我了解。"

媒体使用"鲨鱼热"（Jawsmania）一词来形容公众对这部电影的反应，一波"鲨鱼热的流行病"给世界各地的游泳者造成了严重的恐慌，紧张情绪也在沙滩上蔓延开来。事实上，被任何种类鲨鱼攻击的可能性都微乎其微，更不用说大白鲨了。但是，鲨鱼袭击事件的罕见性并未缓解公众对鲨鱼的恐惧，这种恐惧总是在公众的想象中被唤醒，而《大白鲨》及其续集极大地加剧了这种恐惧。

斯皮尔伯格的大白鲨与《决斗》中的大卡车一样冷酷无情[2]。那辆卡车的疯狂是由那位始终没有露面的司机的非理性造成的，但与卡车不同的是，《大白鲨》中的鲨鱼天生具有破坏性，因此更加可怕。鲨鱼攻击人类是天性使然，而不是像斯皮尔伯格的异想天开——因为这只海洋生物"受到了神秘主义的轻微影响"。尽管它似乎具有超自然的破坏力，但电影中对大白鲨的描述是基于科学的，甚至带有一定程度的赞赏。正如德莱福斯扮演的马特·胡珀告诉市长的那样："我们现在面对的是一台完美的机器——一台吃人机器。这真是优胜劣汰的奇迹。这台机器所做的就是游泳、觅食与繁衍后代。"胡珀对大白鲨的崇敬近来得到了现实中科学家的响应，他们越来越多地将鲨鱼视为濒危物种。"鲨鱼

1　亚哈（Ahab），《圣经》中记载的北以色列王国的第八任君主。——译者注
2　鲨鱼死亡时，斯皮尔伯格使用了《决斗》中卡车下坠时垂死哀嚎的音效，也就是《黑湖妖谭》中史前巨怪的"侏罗纪时代的怒吼"。

热"的全球影响加剧了理查德·埃利斯与约翰·E.麦考斯克在其1991年出版的《大白鲨》（*Great White Shark*）中所称的"这个受到不合理诽谤和误解的生物的脆弱性……这是一种强大的、适应能力极强的远古物种，拒绝接受我们的了解与控制，也没有意识到人类想要消灭它的企图"。本奇利承认，他如今无法再用同样的方式写作《大白鲨》了，"因为从那时起，关于鲨鱼的所有信息都已发生了翻天覆地的变化。我不能像以前那样把鲨鱼描写成坏蛋。"

具有讽刺意味的是，斯皮尔伯格能成功营造出恐怖氛围，很大程度上归功于那条鲨鱼制造的麻烦。电影刚开拍时，环球影业向媒体公开了一系列故事板的照片，其中鲨鱼像杂技演员一样表演了许多并未在成片中出现的特技。但由于鲨鱼出了故障，导演只在其周围拍摄以暗示它的存在，而不是将其直接呈现："我认为真正可怕的恰恰是看不见这条鲨鱼。"结果，《大白鲨》从周六午后场的恐怖片变成了希区柯克式的惊悚片，也就是那种"你看见得越少却越感到恐惧"的惊悚片。罗伊·施耐德认为，从演员的角度来看，尽管那条不听使唤的鲨鱼"让所有人抓狂，但也是让电影变得更好的关键所在。演员们有了更多时间以互相了解，即兴发挥，形成一个团队……讽刺的是，这个导致电影拍摄停滞不前的大问题，反而成就了这部电影。"

出于需要，斯皮尔伯格在《大白鲨》中还采用了"纪录片风格"。"这部电影需要直接的摄影风格，"大卫·布朗在1975年曾指出，"……我们不希望采用维尔莫什·日格蒙德在《横冲直撞大逃亡》里那种巧妙和精确的摄影风格。这是不同的故事。"然而，日格蒙德表示，他拒绝了斯皮尔伯格让他担任《大白鲨》摄影师的邀请，因为他认为"这不过是个悬疑故事，我觉得自己帮不上什么忙"。

接下摄影任务的比尔·巴特勒回忆说，斯皮尔伯格起初坚持"不让我们手持摄影，而是把所有设备都固定在三脚架上。我告诉史蒂文·斯皮尔伯格：'你以前从来没有在水上拍过电影，是吗？你不知道如果你这么做，观众的晕海感会有多么严重。'而他要我证明给他看。我们只好拍了一些镜头，让他明白我们的意思。他很快就同意了这个想法。""这部电影的无名英雄之一"是迈克尔·查普曼，吉尔摩说。查普曼本身就是一位杰出的电影摄影师，他操控摄影机的手法既优雅又不唐突，"每个在海上拍摄的镜头，最后30分钟的每个镜头都是手持摄影。查普曼不得不用他的双腿支撑完成纵摇和横摇镜头。我不知道有多少次看到他在极其困难的条件下还坚持拍摄，拍出的样片和画面一点都没有抖动。斯皮尔伯格告诉《美国电影摄影师》杂志："《大白鲨》是史上最昂贵的手持拍摄的电影。"

斯皮尔伯格的挫败感集中体现在吉尔摩所说的原本是"电影最宏伟镜头"上，即"鲨鱼在弄沉小船和吃掉罗伯特·肖之前，从海里一跃而出跳到船上"。"我们拍了这个镜头，但效果令人失望，"吉尔摩记得，"这条鲨鱼本应以极大的力量跃出水面。但第一次拍摄并没达到理想效果。鲨鱼好像一只在水上冲浪的海豚，最后落在船上。我们权当第一次拍摄只是演练，第二次肯定会更好。可是不然。这条鲨鱼有点像个软弱无力的家伙，在水面上滑行，然后落在船上。"

"我去找鲍勃·马蒂，对他说：'鲍勃，这条鲨鱼看起来像坨狗屎。'他含糊地说：'我们的发动机没有足够的马力。'我仔细检查后发现，一年前他组装这个价值100万美元的玩意儿时，我们用来驱动它跳出水面的马达需要2.7万美元。可他在没有与任何人商量的情况下，买了个9000美元的。我说：'你是在告诉我，我们省下了1.8万美元，现在这部片子却拍不下去了吗？'鲍勃说：'抱歉。'我告诉斯皮尔伯格，'我们只能把手头拍到的东西先洗印出来，然后继续推进。他发火了。我告诉他：'史蒂文，不可能拍得比这更好了。'我比他更清楚。不然他可能会在玛莎葡萄园岛一直待到今天，效果也好不到哪儿去。我们利用剪辑完成了那个镜头，调整了角度，史蒂文不想破坏它的连续性。我母亲永远不会看出其中的区别，但我们所有电影人都希望能一镜到底。我想史蒂文会同意这是影片中唯一妥协的镜头。"

斯皮尔伯格的不愿妥协，不仅疏远了他与吉尔摩的关系，也使他在剧组中变得不受欢迎。"我很庆幸自己能活着离开玛莎葡萄园岛，"斯皮尔伯格回忆说，"鼓舞士气是我的责任，一定不能让大家被逼疯……剧组里有一半的人都令我感到害怕。他们把我当成善良版的布莱船长[1]，他们又没得坏血病什么的，我是不会让他们回家的。"据斯皮尔伯格所说，片场有传言说当电影在玛莎葡萄园岛完成时，剧组打算将他淹死："他们打算把我按进水里，同时设法逃脱谋杀罪。"而卡尔·哥特列布则对这一传言进行了更为善意的解释："史蒂文听说他们准备把他抛起来庆祝。"无论传言究竟如何，斯皮尔伯格早做好了预备措施，他在前一天晚上提前和巴特勒计划好了最后的拍摄，并秘密安排了一艘快艇在拍摄准备好时把他从片场接走。离开小岛后，早有一辆车在等着他，斯皮尔伯格大喊：

---

1 威廉·布莱（William Bligh），英国海军将领，根据他的真实经历改编了电影《叛舰喋血记》。——编者注

"我再也不回来了！"

"在去波士顿的路上，"哥特列布说，"面对广告牌、交通、高速公路、车流与行人这一系列'全新'的视觉刺激，史蒂文开始眨眼和抽搐。车离波士顿越近，他就越觉得疯狂。这就像从五个半月的迷幻体验中走出来一样，暂时无法适应。当天晚上，他在酒店的酒吧里与精力过剩的瑞克（理查德）·德莱福斯出尽了洋相，不停地大喊：'去他妈的，结束了！终于结束了，滚他妈个蛋！'（那是受了德莱福斯的影响，史蒂文本不会那么直言不讳。）

"为了赶第二天早上去洛杉矶的飞机，史蒂文在波士顿待了一晚。可他无法入睡，在床上直抽抽，感觉像是被电击了一样。严重的焦虑令他不堪重负，掌心出汗、心跳加速、呼吸困难甚至呕吐。好不容易睡着后，他梦到自己还在拍摄。玛莎葡萄园岛不断出现在他的梦中，入侵他的潜意识。在他离开这座岛后，这种情况持续了三个月。"

"我们回到环球后，没人喜欢我们，"乔·阿尔夫斯回忆说，"我们被人看不起，因为我们'这些家伙拍了这部愚蠢的鲨鱼电影'。"

但百折不挠的斯皮尔伯格仍继续在环球、米高梅的水池和卡塔琳娜岛的外景进行了为期三周的补拍。在玛莎葡萄园的整个拍摄过程中，弗娜·菲尔兹一直在剪辑这部电影，她骑着自行车往返外景地，在海上通过无线对讲机向斯皮尔伯格咨询，并参与晚间的剧本讨论。菲尔兹还与阿尔夫斯一同进行了一些补拍工作。喜欢跟年轻导演共事的菲尔兹，被这些小子们亲切地称为"剪辑师妈妈"。当岛上出现摩擦时，她还是一位"了不起的外交家"，比尔·吉尔摩说，"她会让人们相互亲吻并和好。她很有母性，史蒂文很喜欢她。对他来说，菲尔兹就像他的另一个母亲"。当他们离开小岛时，菲尔兹已经粗略剪辑了影片的前三分之二，一直到猎鲨行动那里。在数月艰苦的后期制作过程中，她一直密切参与斯皮尔伯格的创作决策，以及在她位于大华超级市场的家中的剪辑室里，对电影进行了微调和重构。

菲尔兹对《大白鲨》的大获成功到底有多少贡献，成了影片发行以来引发激烈争论的话题。好莱坞有传言称她"拯救"了这部电影。1995年《纽约时报》提出这个问题时，卡尔·哥特列布回应道："从我掌握的第一手资料看，这部电影并不需要拯救。当然我并不是否认弗娜·菲尔兹对《大白鲨》做出的突出贡献。"然而就在电影发行前不久，制片厂任命菲尔兹担任环球旗下所有影片的执行顾问，这一举动无疑默认了她在影片完成过程中所起的关键作用。次年，她成了故事片制作部门的副总裁。1975年玛丽·墨菲在《洛杉矶时报》上一篇介绍菲尔兹的文章中犀利地评论说，"一位有经验的电影剪辑师甚至可以决定一部影片的成功与否"。而其他人，包括斯皮尔伯格在内，都认为菲尔兹得到或抢走了太多本该属于导演的功劳——这种感觉在她因《大白鲨》获得奥斯卡奖，斯皮尔伯格却未获奖后变得更加强烈。菲尔兹圆滑地表示，斯皮尔伯格"提供了如此多的好镜头，这是剪辑师们梦寐以求的"，但她并没有用她那隐晦的发言阻止人们的猜测，"我因为《大白鲨》赢得了很多荣誉，无论对错"。

斯皮尔伯格的下一部电影《第三类接触》，本该由菲尔兹担任剪辑师与制片人或助理制片人，可据茱莉亚·菲利普斯说，"史蒂文开始憎恶她将《大白鲨》的功劳都揽到自己身上，让我把她弄出剧组"。保罗·施拉德撰写了《第三类接触》的剧本初稿却未获得编剧署名，因而与斯皮尔伯格发生了争执。保罗说，与《大白鲨》有联系的各位在采访中谈及自己对电影的贡献时，斯皮尔伯格"觉得他们都在密谋抢走他的功劳"。他似乎对自己曾经接受过他人帮助的事实感到生气，不管这些人是弗娜·菲尔兹、扎努克、布朗、彼得·本奇利、卡尔·哥特列布、迈克尔还是茱莉亚·菲利普斯。这是史蒂文自己的问题。

"菲尔兹并没有拯救这部电影，是史蒂文拯救了它，"扎努克评论说，"但弗娜·菲尔兹也做了很多。她真的很聪明。她确实重构了一些史蒂文本打算为制造喜剧效果而构建的场景，把这些场景变得很恐怖，还把一些史蒂文想要拍得很恐怖的场景变成喜剧场景。我不是说史蒂文没有参与其中，但重新剪辑这些镜头是她的主意。""弗娜的贡献非常了不起，"吉尔摩指出，"可她并没有去船上拍戏，没有参与片场激烈的战斗。史蒂文有非常敏锐的剪辑意识。最终，我们把电影拍出来了。如果电影拍不成，那史蒂文与弗娜再优秀也不值一提了。"

在与斯皮尔伯格合作《大白鲨》时，菲尔兹解释说，她试图"进入他的大脑，了解他的目标。史蒂文是个大度的人，一位成熟的年轻人，开放、不介意贡献，但清楚知道自己想要什么……片场有很多闲言碎语说《大白鲨》如果真能最终剪成一部电影，能被拍成电影，那将是一个奇迹，除非弗娜是个天才，不然这电影永远无法上映。事实并非如此，但没人真正知道哪些片段该被放在哪里，它们是如此混乱，因为这些片段是如此依赖于天气、特效以及那天的镜头是否能用……这些还需要配合水面和天空的景观，因此带来许多棘手的麻烦。但我们突然意识到，这部电影确实有可行性。我想通过剪辑实现一些我们没能拍出的场景，但它们的连续性看起来太糟糕了，但如果我们用动作场面转移一会儿观众的视线，我们就能成功。"

希德·谢恩伯格在环球影业的放映室里看完《大白鲨》的粗剪后，灯光亮起，这位
MCA总裁却没有任何反应。"希德，"大卫·布朗焦急地问，"你觉得怎么样？""还可
以。"谢恩伯格说。听到这样评价"就像只得到了半颗星"，布朗回忆说："我们可是拍
了159天！好吧，粗剪也许只是'还行'。因为还没有配上约翰·威廉姆斯的配乐，还没
有加上后来在米高梅的水池里拍摄的主要水下镜头，所以我们当时的反应就是：'快去把
电影余下的工作完成吧。'"

甚至参与这部影片制作的人都严重怀疑观众对它的评价。据乔·阿尔夫斯回忆："当
我看到电影片段时——剪辑、拼接的镜头——没有调色、没有音乐，鲨鱼在水中滑行时还
会发出滑稽的声音。你能听到水下传来的气动马达与软管发出的噪声，色彩跳跃得也很厉
害。我很担心人们会嘲笑那只鲨鱼。"当电影临近第一次预映时，阿尔夫斯担心公众会觉
得那只鲨鱼看起来很假、很荒谬，"我们死定了"。

约翰·威廉姆斯那著名的配乐——那颤动、惊心动魄、蕴含着原始的简洁和力量的四
音节主题旋律——暗示着那只看不见的鲨鱼正在逐步逼近，恐怖情绪在人心里不由自主地
滋生。威廉第姆斯一次向斯皮尔伯格演奏这一主题曲时，这位导演笑了起来。"哦，不，
这是认真的，"威廉姆斯坚持说，"我是认真的，这就是大白鲨。""一开始我觉得它太
原始了，"斯皮尔伯格承认，"我想为这条鲨鱼设计些更复杂的旋律，可后来约翰说：这
并不是《陋室红颜》那种文艺片……你拍的可是部爆米花电影。他说得完全正确。"

随着配乐的加入，机械鲨鱼有限的表演已经无关紧要了，就算那只鲨鱼在跃出海面吞
掉罗伯特·肖的高潮场景中，看起来还是像环球影城之旅中的表演。《大白鲨》"在加上
配乐之前就是一部很好的电影，"菲尔兹说，"但是配乐的确是锦上添花[1]。"

1975年3月26日，《大白鲨》在达拉斯大奖章剧院首次预映。广告中没有标题，只有
一张与原著平装版封面相同的鲨鱼威胁游泳者的图画。扎努克和布朗下午3点从酒店开车
去剧院。"那里排起了长队。"扎努克回忆说，"我们互相问对方，'这是怎么回事？'然

---

[1] 在另一部电影中，当摄影师艾伦·达维奥为一项技术难题发愁时，斯皮尔伯格告诉他："约翰·威廉
姆斯会在那里加入一些大提琴配乐，那时你就会看起来如天才摄影师一般。"

后才恍然大悟。"

内陆的得克萨斯人对这部电影报以响亮的尖叫声、欢呼声和掌声。不仅如此，他们在该笑的地方都笑了，而且没有嘲笑那只鲨鱼。观看《大白鲨》的需求如此之大，于是当晚不得不又加映了一场。制片人与斯皮尔伯格、谢恩伯格、吉尔摩、菲尔兹和威廉姆斯一起，在"登记酒店"的顶楼房间里喝香槟庆祝，直到凌晨4点。

"当我们听到第一声尖叫时，大卫和我推了推彼此——我们有戏了。"扎努克说道，"许多悲观的预言家曾表示，这部电影太糟糕了，不会成功。我们自己也有一些顾虑。我们已经习惯了鲨鱼片的失败。直到我们在剧院听到第一声尖叫，我们不知道那是惊吓的尖叫，是对影片失败的感慨，还是讥讽。消息很快传到了华尔街。"试映后的第二天早晨，布朗准备离开达拉斯时，接到了纽约股票经纪人的电话："他告诉我们做了两场预映，反响都非常好。还跟我说了观众席上预映策划者的评论，MCA/环球的股票涨了好几个点。"

3月28日，在加利福尼亚长滩的莱克伍德剧院举行的另一场预映，证实了这部电影的热烈反响。在这座斯皮尔伯格曾经上过大学的海滨城市，观众们纷纷起立为《大白鲨》鼓掌。其中一位观众在预映卡片上写道："这是一部伟大的电影，现在别想着使它锦上添花而画蛇添足了。"但他们确实使影片锦上添花。"有些情节我们不知道会成为大笑料。"菲尔兹说，"没人想到罗伊·施耐德在见到浮出水面的鲨鱼之后说'你需要一艘更大的船'会引发哄堂大笑。事实上，我们回去后反复测试提高了这里的音量。大家其实没能完全听清那句话，因为观众们仍然沉浸在尖叫后的喃喃自语中。我有那次预映现场的录影带，真的很不可思议，因为那些观众吓得从座位上跳了起来，还继续讲了整整一分钟。"

个更加实质性的变化是德莱福斯在检查一艘船的残骸时，发现一具被鲨鱼咬死的人类尸体的那个水下镜头。"我这部电影共有四处惊叫点，"斯皮尔伯格说，"我想也许能加到五处。"斯皮尔伯格做了一个假的人头，并利用从制片厂偷偷借来的摄影装备，在弗娜·菲尔兹家后院的游泳池里拍摄了新镜头：德莱福斯发现人头从船体的破洞里掉出来的那一刻。这段镜头被及时插在4月24日于好莱坞全景电影圆顶剧院举行的最后一场预映中，成为影片中两个最可怕的尖叫点之一，另一处是鲨鱼跳出水面扑向罗伊·施耐德的场景。

1975年6月20日，电影首映后的第14天，《大白鲨》开始盈利。上映64天后，也就是9月

5日，它超越了弗朗西斯·福特·科波拉的《教父》，成为当时电影史上最卖座的电影。

直到1977年11月，《大白鲨》的票房冠军才让位于乔治·卢卡斯的《星球大战》。斯皮尔伯格在好莱坞行业报纸上发布了一则广告：《星球大战》中的小机器人R2D2用鱼钩钩住了鲨鱼布鲁斯的上颌。斯皮尔伯格给卢卡斯写了一封信，以祝贺卢卡斯获得票房冠军。信中写道："好好享受吧。你的朋友，史蒂文。"随着票价的飞涨，其他影片，包括斯皮尔伯格的大片《E. T. 外星人》和《侏罗纪公园》在票房榜上都超越了《大白鲨》。但凭借4.58亿美元的全球票房总收入，《大白鲨》仍然是好莱坞历史上现象级的成功影片，考虑到这部影片艰辛的制作过程，它的成功就更加引人注目了[1]。

"这也是部电影！"环球于7月10日在《华尔街日报》上发表了一则广告提醒读者。那时，鲨鱼和其裸体女性猎物的形象已经变得无处不在。这则广告重印了几幅社论漫画，其中一张画中，鲨鱼利齿的形状好似锤子和镰刀，正在攻击山姆大叔[2]；另一幅漫画中鲨鱼代表中央情报局，正在攻击自由女神像。公众的狂热使鲨鱼"布鲁斯"登上了《时代》杂志的封面，在汉普顿还开了一家"大白鲨"迪斯科舞厅。冰淇淋摊开始出售"鲨鱼味""鲨鱼香草""鲨鱼草莓"等口味的冰淇淋。而一位极具幽默感的马里兰州企业家，还卖起了能绑在身上的塑料鲨鱼鳍。尽管环球影业没有完全准备好应对这些层出不穷的需求，但还是匆忙推出了各种各样的衍生产品，包括T恤衫、沙滩毛巾、充气鲨鱼以及用鲨鱼牙齿做成的首饰。动物权利保护人士设法阻止了环球影城纪念品商店出售装有真正鲨鱼胎儿标本的纪念瓶。在《大白鲨》上映前几个月，斯皮尔伯格曾向制片厂建议销售鲨鱼形状的巧克力，咬开后就会喷出樱桃汁。"我们可以把污渍清理掉的"，他说，但环球公司否决了这个提议。

环球影业为该片的首映前广告投入了180万美元，这在当时可不是一笔小数目，其中

1　当MCA的股价飞涨时，阿尔弗雷德·希区柯克正在环球拍摄他的最后一部电影《大巧局》。他很高兴收到关于《大白鲨》的票房表现及其对他持有的大量股票产生影响的日报。斯皮尔伯格10年前曾被赶出希区柯克的《冲破铁幕》的片场，但他仍然想见一见这位他认为堪称"大师"的人。因此《大白鲨》发行后，他偷偷溜进了《大巧局》的摄影棚。"希区柯克当时正背对着我看演员表演，"斯皮尔伯格回忆，"突然，他好像感觉到有人闯进来，像是背后长了眼睛似的。他不可能看见我，但是他侧过身对旁边的助理导演说了些什么。过了一会儿助理导演便过来对我说：'先生，这个片场不对外开放。'我被护送出了片场，这次经历真的很刺激。那是我与希区柯克最近距离的一次接触，我知道原来他脑袋后面也长了双眼睛。"

2　山姆大叔（Uncle Sam）：对美国（U. S.）的爱称。——编者注

包括70万美元的电视广告。然而，正如《新闻周刊》所言，《大白鲨》能够激发"潜藏在人类集体潜意识深处的原始恐惧"，这是再多的大吹大擂也解释不了的。该杂志还指出，这部电影大获成功的潜在政治原因，并援引了精神病学家阿尔弗雷德·梅塞尔的话，"这部电影暗喻了美国普通人在日常生活中所感受到的'无助和无力'——不过这一次，结局还算皆大欢喜"。菲德尔·卡斯特罗对《大白鲨》给出了马克思主义视角的解读，将其看作对贪婪资本家的控诉，这些资本家为了保护自己的财产而不惜牺牲他人的生命。"说得太好了！"斯皮尔伯格听到卡斯特罗的评论后惊呼，"《全民公敌》整部片子都在关注这个问题。"

针对这部电影的评论毁誉参半，斯皮尔伯格开始陷入了旋涡中央。

"《大白鲨》是一部艺术兼商业大片"，《每日综艺》的评论员阿特·墨菲称其为"一部将悬疑、紧张和恐怖完美结合的电影"。《时代》杂志的匿名封面故事将《大白鲨》描述为"一部技术复杂、制作精巧的电影，每一处冲击都会带来巨大的惊喜"。弗兰克·里奇在《纽约时报》上宣称："斯皮尔伯格有一种天赋，而这是当今大多数美国电影人所缺乏的：他真正懂得如何在银幕上讲述一个故事……这部电影很好地诠释了这位导演的天赋，在那些《大白鲨》中最令人恐惧的镜头中，我们甚至根本没有看到鲨鱼。"

但是威廉·S.佩奇特在《评论》（Commentary）中承认，他对"这种本质上带有操纵性的电影拍摄手法不太感兴趣，这种电影的唯一目的就是有组织地使观众受到惊吓。《大白鲨》实际上就是布莱希特所谓的现代艺术中'烹饪'元素的精髓所在，无论高雅还是低俗，都是为满足口腹之欲的饕餮者准备的一顿令人麻木的大餐"。莫莉·哈斯克尔不情愿地承认《大白鲨》是"一部像电脑一样精密运作的惊吓机器"，她告诉《村声》（The Village Voice）的读者，她并不觉得"因为被吓得从座位上跳起来，就有必要对这部影片大肆赞美……你会觉得自己像只小白鼠，正在接受电击治疗"。

当《大白鲨》打破票房纪录时，环球影业在《综艺》上刊登了一则长达8页的广告，引用了所有评论中最正面的数10条评论，并夸张地称《大白鲨》为"有史以来最受欢迎以及我们这个时代最受赞誉的电影"。希德·谢恩伯格在7月接受《洛杉矶时报》采访时说："我想第一个预测史蒂文会赢得今年的奥斯卡最佳导演奖。"但是斯皮尔伯格指出："在《大白鲨》上映的前12周，人们被它吓到了。但6个月后，他们说没有一部票房如此高的电影能拍得这么好。"

1976年2月，斯皮尔伯格愉快地把洛杉矶一家电视台的摄制人员领进他的办公室，记录下他在电视上观看奥斯卡提名时的反应。"《大白鲨》将获得11项提名，"他声称，"你将看到它横扫奥斯卡提名。我们非常有信心。"但是当最佳导演奖提名名单上的最后一个名字被念出来时，电视摄制组捕捉到了斯皮尔伯格的惊讶："啊，我没拿到！"他感慨着，紧握双拳支撑着脸颊。"我没被提名！我没有！我败给了费里尼[1]！"当《大白鲨》获得最佳影片提名时，刚刚那一记耳光又刺痛了他的脸。当被告知自己的电影还获得了最佳音乐、最佳剪辑、最佳音效奖提名时，斯皮尔伯格说："仅此而已吗？最佳剧本，我们没有——连最佳特效奖都没有吗？"稍微冷静下来后，他拿起自己的摄影机，以开玩笑的口吻录下自己的这番话："我现在很愤怒，因为我没能凭借《大白鲨》获得最佳导演奖提名。"他补充说，"这就叫作'商业的反作用'……如果一部电影赚了大钱，人们就会憎恶它。每个人都想做赢家，但没人真正喜欢赢家。"尽管《大白鲨》在3月29日的奥斯卡颁奖典礼上斩获3座奥斯卡奖杯，但最佳影片奖最终花落《飞越疯人院》，其导演米洛斯·福尔曼还同时获得了奥斯卡最佳导演奖。

理查德·扎努克后来评论说：斯皮尔伯格"犯了一个可怕的错误，让电视摄制组记录下自己观看奥斯卡宣读提名时的反应"。那次丢脸的经历显然教会了斯皮尔伯格，不要在诸如奥斯卡之类的敏感话题上，公开地表露自己的情感。他年轻时在采访者面前的直言不讳逐渐让位于更为谨慎的公开言论，正如他在几年后说道："我觉得自己的电影在奥斯卡看来太过于流行。"

然而，《大白鲨》对好莱坞及其商业运作方式产生了深远而持久的影响。其中最显著也最为肤浅的影响是：随之而来的《大白鲨》续集和数不胜数的山寨片，比如《杀人鲸》（*Orca*）、《大灰熊》（*Grizzly*）、《大鳄鱼》（*Alligator*）、《凶兽出笼》（*Day of the Animals*）、《食人族大屠杀》（*Eaten Alive*）、《恐怖触须》（*Tentacles*）、《巨浪白鲨》（*Great White*）、《死亡之喉》（*The Jaws of Death*）、《魔口毒牙》（*Jaws of Satan*）以及《食人鱼》（*Piranha*）。斯皮尔伯格认为低成本的恶搞片《食人鱼》"是最好的《大白鲨》山寨片"。该片导演乔·丹特后来得知环球"很不满《食人鱼》与《大白鲨2》（在1978年）同期上映的做法，他们打算对其发出警告。史蒂文看了之后说

1　费德里科·费里尼凭借《阿玛柯德》获得提名。其他被提名者包括罗伯特·奥特曼（《纳什维尔》）、米洛斯·福尔曼（《飞越疯人院》）、斯坦利·库布里克（《巴里·林登》）以及西德尼·吕美特（《热天午后》）。

'这片子还行，随他们去吧'"。

斯皮尔伯格最初并不想参与环球利用《大白鲨》的成功来进一步牟利。1975年10月，当他在旧金山电影节上做一个不太成熟的回顾展时，他告诉观众，"拍任何东西的续集都不过是种低级骗局"。他还说，环球影业"给了我执导续集的机会，但我甚至没有回复他们。我没有回电话，也没有回信，我什么都没有做"。尽管说了这些难听的话，他的态度在1977年6月却发生了改变，当时《大白鲨2》的导演约翰·汉考克在拍摄初期被炒了鱿鱼。环球影业将该片的导演一职交给了当时的故事片生产部副总裁弗娜·菲尔兹。由于斯皮尔伯格认为菲尔兹因《大白鲨》的成功而获得了太多的赞誉，也许正是她执导续集的前景让他重新考虑了自己的反对意见。

大卫·布朗回忆说，他与扎努克当时正在跟菲尔兹沟通，斯皮尔伯格（当时正在进行《第三类接触》的后期制作）"打电话给当时正在玛莎葡萄园岛的我和迪克，说他愿意尽其所能地给我们提供帮助。他愿意为这个项目效力。我们问：'你觉得你能来导吗？'他说：'让我想想。'这时我问弗娜：'你觉得把史蒂文找来怎么样？我们觉得应该叫上他，你觉得呢？'她说：'我非常同意。'史蒂文还给希德·谢恩伯格打了个电话……我们终于接到了史蒂文的另一个电话，他说他非常乐意加入。于是交谈就这么结束了。然而由于他受《第三类接触》的合同限制，他在一年内没法签下这个合同。此外，他还想对剧本进行彻底的修改。"

斯皮尔伯格给出了一个稍微不同的解释："我说过我会在7月的第4个周末努力寻找续集的解决方案，如果我能写出来，并且扎努克和布朗同意将制作推迟到1978年春天，我就拍。我花了3天的时间在打字机上，写了七八页大纲。我保留了德莱福斯与施耐德的角色。然后我终于对自己说：'不行，我做不到。'对我来说，续集真的成了一条鱼的故事。我给希德回了电话，告诉他我做不到……我拍续集的决定不能只为了拓展自己的视野，这也是公司的业务。"

据乔·阿尔夫斯所说，斯皮尔伯格打算推翻《大白鲨2》的现成剧本，并打算创作1945年美国印第安纳波利斯号军舰上水手遭到鲨鱼大规模袭击的事件，也就是罗伯特·肖在《大白鲨》中讲述的故事。与卡尔·哥特列布共同完成《大白鲨2》剧本的霍华德·塞克勒曾建议以印第安纳波利斯号事件[1]为基础进行创作，但被谢恩伯格否决

---

1 1991年的电视电影《虎鲨行动》（*Mission of the Shark*）的故事基础就是印第安纳波利斯事件。

了，他说："这不是我们想拍的主题。"不管斯皮尔伯格有没有说服谢恩伯格，事实证明，是导演对档期的要求起了决定性作用。"我们等不了那么久，"布朗解释道，"我们有演员和剧组在等着，还签了合同，发行时间也定了。"环球重新找到了菲尔兹，但美国导演工会不允许她导演这部电影，所以导演一职最终交给了让诺·什瓦茨。《大白鲨2》遇到了许多与第一部一样的制作问题，但它在1978年取得的商业成功促使环球又拍摄了两部更烂、更加没有意义的续集，《大白鲨3D》（1983，阿尔夫斯导演）与《大白鲨：复仇》（1987，约瑟夫·萨金特导演）。

　　《大白鲨》对好莱坞最深远的影响在于其引入了所谓的"大片心态"。在《大白鲨》之前，一部重要的电影同时在几百家影院上映的做法十分罕见。但环球影业一开始就打算这么做。"环球打算在1000多家影院同时进行闪电战式的公映，"斯皮尔伯格在电影上映一周后告诉《好莱坞报道》，"我不认为环球知道它手里握着的到底是什么。"但在长滩进行了第二次预映后，环球缩小了计划规模，打算先在409家影院上映，并开始"小心翼翼地对待这部电影"，斯皮尔伯格说。宣传与口碑远超同期上映的其他作品，使得《大白鲨》不仅像20世纪50年代的呼啦圈一样掀起了全国热潮，更使其成了一个全国性事件。结果，制片厂开始在越来越广的范围放映电影。最终，一部有潜力的大片同时在2000甚至3000块银幕上同期放映，并得到相应的巨额广告费支持，也没有什么稀奇。

　　这种大片心态促使好莱坞将资源集中在数量更少、投资更大的电影上。大多数影评人与历史学家都认为，在过去20年里，这一趋势对好莱坞电影的整体质量产生了严重影响。斯皮尔伯格和乔治·卢卡斯的电影在票房榜上占据了主导地位，但他们的口碑因此受损。在某种程度上，斯皮尔伯格和卢卡斯只是因为他们太过受欢迎而招致批评，因为在美国传统的艺术和娱乐的清教式二分法中，一位受欢迎的艺术家会自动被不公正地怀疑为伪艺术家。然而电影史学家彼得·比斯金德在1990年的一篇文章《大片：圣战奇兵》中提出了一些更为严肃的问题，这些问题在《大白鲨》之后一直困扰着斯皮尔伯格的职业生涯。比斯金德认为，斯皮尔伯格与卢卡斯凭借高科技，以及大受欢迎的"惊奇美学"，把"使整个文化倒退回幼稚阶段"……为了让60年代的观众变得幼稚，赋予70年代的观众更多力量，将观众重新塑造成孩子，卢卡斯与斯皮尔伯格不得不抹掉成熟的成人观影习惯……大片综合征可能始于1972年的《教父》，并在1975年《大白鲨》上映后得到了进一步的发展，但真正将其推向顶峰的是《星球大战》。一旦某些类型的电影可以获得比以往任何时候都要大得多的投资回报，电影公司自然想一次又一次地故技重施，不断拍摄续集，痴迷于制作商业风险极小的电影。大片的制作成本很高，而成本越高，票房就越有保障，但影片也越乏味。而那些规模小、风险大的创新项目则往往半途而废。"

《大白鲨》改变了斯皮尔伯格的个人命运。扎努克说，相比于其他导演，环球影业原本在合同中给予斯皮尔伯格的导演片酬可谓"非常微薄"，而且制片厂起初"拒绝给他任何分成"，但在电影上映之前，斯皮尔伯格得到了2.5%的净利润分成。斯皮尔伯格的经纪人盖伊·麦克埃尔韦恩还在1975年7月与环球影业重新调整了他的合同。新合同规定，在1981年前，斯皮尔伯格要为环球拍摄4部电影，并为他自己的安培林工作室拍摄两部电影，但合同中写明了他可以获得利润分成。

由于《大白鲨》的总收入中每个百分点都价值超过100万美元，斯皮尔伯格在28岁时就成了一位富翁。尽管他还无法与扎努克和布朗相提并论，他们得到了大约40%的收入分成。扎努克说他从《大白鲨》中获得的收入比他父亲达里尔一辈子在电影行业赚的钱都多。《第三类接触》的制片人迈克尔·菲利普斯说斯皮尔伯格"还是认为，相比于他对《大白鲨》做出的贡献，他所获得的2.5%的利润分成实在太少了"。

然而，对斯皮尔伯格来说，比赚钱更重要的是《大白鲨》为他带来的创作自由："这像是一张至少可以免费使用六七次的票。"这件事给他带来的立竿见影的效果，就是说服哥伦比亚影业在其财政极度堪忧的情况下继续追加《第三类接触》的预算。"在《大白鲨》之后，"菲利普斯回忆说，"资金的水龙头便打开了。"

斯皮尔伯格新的成功也给他带来了新的焦虑，他发现人们总是不停问他："你怎么才能超越《大白鲨》呢？"但是菲利普斯在1977年说道："史蒂文是个高尚的人。他唯一的变化是他现在更强人了，能更好地得到他想要的。他的价值观还 如从前。他本可以因为《大白鲨》的成功而忘乎所以，但《大白鲨》带来的所有不过是给他的人生增添了些许乐趣。有趣的是，他还在不断成熟。他的导演技巧日益精进。我认为随着他人生阅历的丰富，他的电影也将会变化。换句话说，他只会变得越来越好。"

◀ "童子军是我的起点。"史蒂文·斯皮尔伯格曾经这么说。那时，作为一名童子军，他开始在亚利桑那州的凤凰城制作故事短片。拍电影让他能够在"一个让自己感到更安全的地方——自己的摄影机前"表达自己的情感。在这张拍摄于1961年7月的照片上，他和童子军队友雷·钱哈尔、比尔·霍夫曼正在英格尔赛德小学外架起摄影机拍摄。当时他们的童子军小队正准备出发去参加一年一度的夏季露营旅行。

◀ 多年来，斯皮尔伯格一直声称自己出生于1947年12月18日，但他的出生证明显示，他的出生时间要早一年。

▶ 斯皮尔伯格童年时期的住宅，位于辛辛那提埃文代尔大区的列克星敦大道817号（照片拍摄于1994年）。20世纪40年代末，史蒂文和他的父母住在这套公寓里。当时社区里主要居住的都是犹太人。

273

▶ 史蒂文的父母，莉亚和阿诺德。他们对自己带到这个世界上的不寻常生物感到非常高兴，但也有些抓狂。"在他成长的过程中，我并不知道他是一个天才，"他的母亲后来承认，"坦白地说，我不知道他到底会成为什么样的人。"

◀ 1995年3月2日，斯皮尔伯格荣获美国电影学会颁发的终身成就奖时，他离异的父母再次聚在了一起。他在获奖感言中感谢了他们，他说："成长对我来说是令人沮丧的……但我感谢你们让我拥有这段经历。谢谢你们给我机会为自己的问题寻找答案，既没有让我惊慌失措，也没有把所有的答案直接灌输给我。"

▶ "每当我刚刚习惯一所学校、熟悉一个老师、交到一个最好的朋友，"史蒂文回忆说，"一块'房屋待售'的牌子就会插在家门口的草坪上……"就像1956年12月16日，在新泽西州哈敦镇水晶露台267号斯皮尔伯格家门前那样，那时他们全家正要搬去亚利桑那州。

◄ 史蒂文回忆说，他那"工作狂"爸爸偶尔会陪他去参加凤凰城附近的童子军露营，"我们成了最亲密的人"。照片拍摄于1958年11月，就在史蒂文12岁生日前不久。右边是比尔·霍夫曼。

▶ 1960年秋天，史蒂文手握着英格尔赛德294部队的火焰箭巡逻队队旗。在斯皮尔伯格心中，童子军就如同自己的"代理父亲"。

◄ 斯皮尔伯格的高中同学苏·罗珀在作为临时保姆照看他的妹妹们时，迷恋上了斯皮尔伯格，于是在史蒂文位于凤凰城家中的沙发上看电视时，画下了史蒂文深情的侧脸。（苏珊·罗珀·阿恩特，1963）

▶ 这张手工制作的卡片上印着斯皮尔伯格1960年的二战飞行题材电影《战斗机小队》。

◀ 当斯皮尔伯格在《无处可逃》（1959—1962）中重新诠释第二次世界大战时，他已经有了做另一个大卫·里恩的梦想，这部8毫米的史诗电影以北非为背景。照片中的战斗场景取景于驼峰山，这是史蒂文在凤凰城的家附近常用的外景地。

◀ 从1964年的《火光》中放大的一帧画面：亚利桑那州的山丘上出现了外星人的亮光。后来和斯皮尔伯格一起拍摄了《安培林》和《E. T. 外星人》等电影的电影摄影师艾伦·达维奥在谈到这部业余作品时说："电影的特效真的不可思议，那是他非常用心设计的。他用揉皱的铝箔纸和厨房桌子上的果冻碎做出的特效真是太神奇了。"

▶照片中，史蒂文蹲在自己的宝莱克斯8毫米摄影机后面，指导女演员卡罗尔·斯特罗姆。史蒂文的父亲也成了剧组成员，史蒂文还在家中的车库里拍摄了开场镜头，用他母亲的吉普车模拟了夜晚在沙漠中的行驶。

◀在凤凰城的最后几年，斯皮尔伯格已经成为了家乡的名人，亚利桑那州共和报还专门派摄影师拉尔夫到野外来报道他1963年拍摄的第一部故事片《火光》的制作过程。

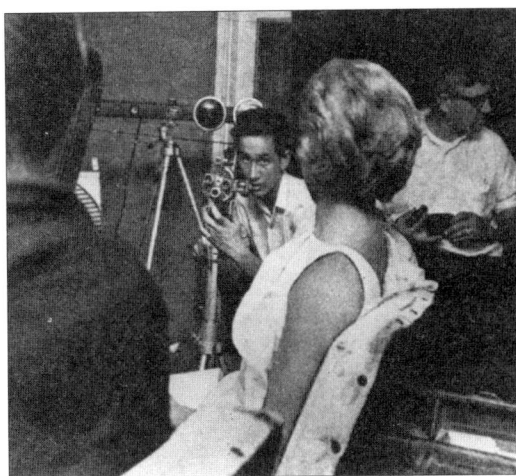

American Artist Productions
PRESENTS

World Première
OF THE MOTION PICTURE

FIRELIGHT

Phoenix Little Theatre
March 24, 1964
8:00 P.M.

◀《火光》在凤凰城首映时用油墨印刷的节目单。

▶ 斯皮尔伯格与摄影师塞尔日·艾涅雷对其自行车电影《随心逐流》的拍摄日程进行交谈。这部影片后来并未完成。因为斯皮尔伯格在环球影业看到的导演都打领带、穿毛衣，所以这位有抱负的年轻导演也这么穿。

◀ 斯皮尔伯格拍摄的第一部35毫米电影《安培林》（1968）是一部短片，旨在证明他能拍出一部看起来很专业的电影。那年7月，他开始在好莱坞的摄影棚拍摄这个苦乐参半的故事，情节关于一对搭便车的情侣。《安培林》是为斯皮尔伯格赢得了环球影业7年的导演合同。

▶ 《安培林》中的道路的尽头：这是斯皮尔伯格成熟视觉风格的铺垫，构图表现了帕梅拉·迈克米勒和理查德·莱文到达太平洋时对比鲜明的情绪。摄影师是艾伦·达维奥，他后来还参与了《E.T.外星人》和斯皮尔伯格其他影片的拍摄。

◀ 1968年12月18日，在斯皮尔伯格22岁生日那天，他穿着尼赫鲁夹克，在洛杉矶日落大道的一间放映厅举行了《安培林》的首映典礼。

◀1969年的亚特兰大电影节上，制片人丹尼斯·C.霍夫曼和斯皮尔伯格一起凭借《安培林》获奖。26年后，这对曾经的合伙人因合同中的特权条款互相将对方告上法庭。

◀琼·克劳馥被斯皮尔伯格的年轻吓了一跳，但是这位传奇明星在斯皮尔伯格的第一项专业任务—由罗德·瑟林编剧的电视电影《夜间画廊》中的《眼睛》（1969）那集里，仍然表现得很专业。

◀当年，希德·谢恩伯格聘请斯皮尔伯格作为环球影业的导演，从而开启了他的职业生涯，并带着父亲般的骄傲看着他的这位门生接受1995年美国电影学会终身成就奖。

▶ 斯皮尔伯格认为自己最好的电视连续剧作品是1971年《心理医生》中的《平杆完赛》这集，在这一集里，克鲁·古拉格饰演死于癌症的职业高尔夫球手，琼·达林饰演他悲痛欲绝的妻子。

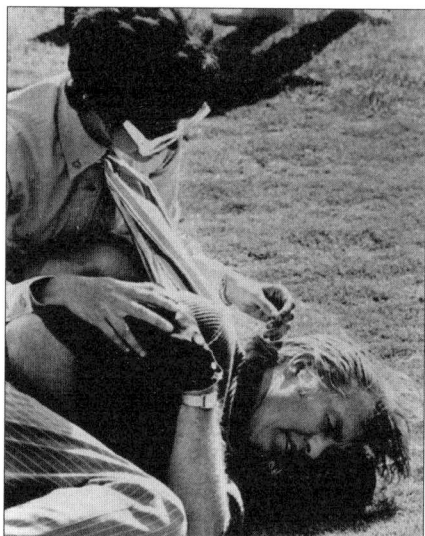

▶ 斯皮尔伯格导演、丹尼斯·韦弗主演的具有里程碑意义的电视电影《决斗》，使他一跃成为好莱坞电影人中的领军人物。"我知道这是一位前途光明的新导演，"《决斗》在美国国外的影院上映后，大卫·里恩说。

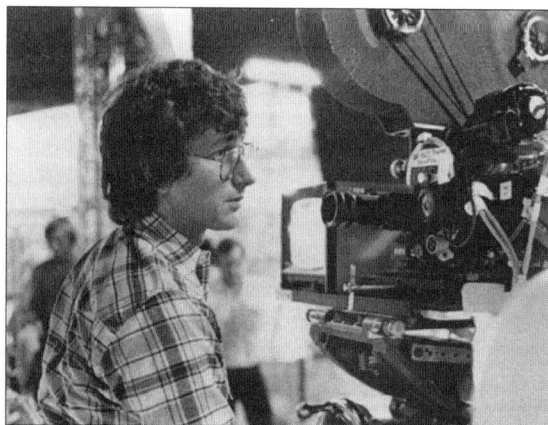

◀ 这位艺术家年轻时的肖像，大概拍摄于1976年。

◄ 斯皮尔伯格在美国影院上映的第一部故事片《横冲直撞大逃亡》（1974）被《纽约客》影评人宝琳·凯尔称赞为"电影史上最杰出的处女作之一"。在得克萨斯州，斯皮尔伯格与戈尔迪·霍恩、威廉·阿瑟顿和迈克尔·萨克斯共享轻松时刻。

◄ 电影中令人难忘的恐怖时刻——《大白鲨》（1975）的开场，苏珊·巴克林尼扮演一个裸泳者被一只看不见的鲨鱼袭击。

▶ 在玛莎葡萄园岛的拍摄过程中，他需要穿着潜水服来指导这位年轻的女替身演员。对斯皮尔伯格来说，这部影片的拍摄是一场痛苦的考验，他担心这会毁了他前途无量的事业。但最终《大白鲨》打破了所有票房纪录。

▶ 斯皮尔伯格在《大白鲨》中的两位主要合作者，和他在玛莎葡萄园岛的海滩上共事的剪辑师弗娜·菲尔兹；以及作曲家约翰·威廉姆斯，威廉姆斯的音乐已经与斯皮尔伯格的电影形象密不可分。

▶ 《第三类接触》（1977）是斯皮尔伯格梦寐以求的项目，他耗资1900万美元的翻拍版《火光》。在这部斯皮尔伯格的科幻巨作中，不明飞行物的着陆点是怀俄明州的魔鬼塔国家纪念区。

◀ 当被要求选出一个可以概括他作品的"主导影像"时，斯皮尔伯格选择了《第三类接触》中小男孩（卡里·加菲饰）打开卧室的房门看见不明飞行物发出"美丽但可怕的光芒"。"他那么小，那扇门又那么大，门外有那么多的希望和凶险。"

◀ 1989年，艾米·欧文和斯皮尔伯格在婚姻的最后几个月，出席金球奖的颁奖典礼。

▲ 斯皮尔伯格的姓氏意为"娱乐山"。他正趴在以沙漠为背景的微缩模型上为《夺宝奇兵1：法柜奇兵》（1981）设计某个镜头。

◄ 斯皮尔伯格正在排练《夺宝奇兵》系列的第一部《法柜奇兵》扣人心弦的开场，斯皮尔伯格向哈里森·福特解释了他为什么放弃演戏而选择导演的原因。

► 斯皮尔伯格能让孩子们出色表演的秘诀很简单，那就是平等地对待他们。在拍摄《E. T. 外星人》中埃利奥特看着他的外星朋友死去的场景之前，导演悄悄对亨利·托马斯说："如果是这种悲伤是快乐的，你会更加悲伤，你明白我的意思吗？如果你试图用与E. T.愉快地聊天来掩饰你的悲伤，你会觉得更加难过。"

◄ 拍摄《E. T. 外星人》让斯皮尔伯格对成为父亲产生了"深深的渴望"。因为在这部影片里，他指导了性格倔强的德鲁·巴里摩尔（饰演埃利奥特妹妹的格蒂）。

▶ 受童谣《奶牛跳过月亮》（*The Cow Jumped over the Moon*）的启发，这幅斯皮尔伯格在《E.T.外星人》中呈现的著名影像后来成为他的制片公司安培林娱乐的标志。

◀ 1982年7月23日，在《阴阳魔界：电影版》的拍摄过程中，资深演员维克·莫罗在洛杉矶北部的印度沙丘公园，抱着7岁的麦卡·丁·黎（左）和6岁的陈欣怡（右）艰难地渡河。片刻之后，三人被坠毁的直升机撞死。这段录像并不在影片中，但在导演约翰·兰迪斯和其他四名参与影片拍摄的导演的法庭审判中作为了证据。与兰迪斯合作拍摄这部电影的斯皮尔格没有被起诉。

◀ 在成为这位导演第二任妻子的5年前，凯特·卡普肖出演了《夺宝奇兵2：魔域奇兵》（1984）。

▶ 《紫色》是爱丽丝·沃克的小说，讲述了一名遭受虐待的非裔美国妇女的故事。斯皮尔伯格决定拍摄这部电影，这让许多观察者感到困惑，也激怒了一些人。但导演对情感坚强的西丽有着深深的个人认同。1985年，喜剧演员乌比·戈德堡饰演西丽，这是她第一次演电影，呈现了令人心碎的表演。

◀ 斯皮尔伯格根据J. G.巴拉德的小说《太阳帝国》（1987）改编的同名电影通过被关押在日本位于中国的战俘集中营的少年吉姆·格雷厄姆（克里斯蒂安·贝尔饰）的视角，审视了第二次世界大战。贝尔是斯皮尔伯格从儿童演员中挑选出来的最优秀的演员，照片中，他与斯皮尔伯格和约翰·马尔科维奇在西班牙的拍摄现场。

▲ 《太阳帝国》标志着斯皮尔伯格真正走向成熟，在倔强地庆祝纯真之死的同时，也通过影片的代言人吉姆·格雷厄姆哀悼童年的逝去。尽管吉姆对抓走他的日本人产生了认同，但对飞机的热爱也让他对袭击战俘营的美国飞行员怀有认同。

◀斯皮尔伯格与制片人弗兰克·马歇尔和监制乔治·卢卡斯正在拍摄《夺宝奇兵3：圣战奇兵》（1989），这两位是20世纪80年代斯皮尔伯格最重要的合作伙伴；最右边是英国电影摄影师道格拉斯·索坎比。

▶《侏罗纪公园》（曾一度）成为有史以来票房最高的电影，其中一个原因是斯皮尔伯格如此有效地利用了对儿童陷入险境的原始恐惧。影片中最壮观的场景是讨厌孩子的古生物学家格兰特（山姆·尼尔饰）被迫保护年幼的阿莉安娜·理查兹躲避狂暴霸王龙的攻击。

◀"那些对我所做的努力心存敬畏的影评人并不了解我。"1993年，斯皮尔伯格在拍摄完托马斯·肯尼利的《辛德勒的名单》后说，"我不得不讲这个故事。"连姆·尼森在片中饰演从大屠杀中救出1100名犹太人的德国实业家奥斯卡·辛德勒。斯皮尔伯格在波兰奥斯威辛死亡集中营外拍摄了这一场景。

◀ 在《辛德勒的名单》中，那个斯皮尔伯格的电影里反复出现的不负责任的父亲形象，逐渐担负起自己的责任。

▶ 作为大屠杀幸存者视觉历史基金会的创始人，斯皮尔伯格认为这件事是"自己做过的最重要的事"。在该基金会1996年的纪录片《大屠杀幸存者》（*Survivor of the Holocaust*）中，索尔·利伯在总结证词时说："我骗过了希特勒和他的追随者，这就是我得到的东西，一个可爱的家庭、我的妻子和孩子。这是我一生中最快乐的时刻，因为我把所有的东西都录了下来。也许我不会再那么疯狂了。"

◄ "我觉得我肩负着责任，"斯皮尔伯格在执导《侏罗纪公园》时表示，"我想在娱乐片和有社会意识的电影之间来回切换。"《辛德勒的名单》之后，他选择拍摄《侏罗纪公园》的续集《失落的世界》（1997）。

▶ 尽管看起来不太可能，但斯皮尔伯格成功地平衡了他作为制片厂主管不断增加的管理责任和作为导演一贯的高艺术水准。这张照片拍摄于1997年，大约是他为梦工厂执导的第一部电影《勇者无惧》上映时。梦工厂由他与杰弗里·卡岑伯格和大卫·格芬共同经营。

◄斯皮尔伯格正在给《勇者无惧》（1997）中饰演前总统约翰·昆西·亚当斯的安东尼·霍普金斯，以及饰演废奴主义者、前奴隶西奥多·乔德森的摩根·弗里曼讲戏。《勇者无惧》取材于真实历史事件，讲述了一个非常感人的故事：1841年，一些不太可能结盟的人共同解放了一群美国的非洲俘虏。遗憾的是，舆论界没有过多关注电影的主题，反而把焦点放在关于所谓剧本原始材料的法律纠纷上。

▲《勇者无惧》的这一幕中，约翰·昆西·亚当斯（霍普金斯饰）在倾听非洲俘虏桑克（杰曼·翰苏饰）通过一位翻译（切瓦特·埃加福特饰）解释他是如何从祖先那里汲取力量和智慧。亚当斯的父母，阿比盖尔和约翰·亚当斯的肖像在背景中若隐若现。

◄1997年夏天，在电影《拯救大兵瑞恩》（1998）的拍摄现场，斯皮尔伯格在爱尔兰的海滩上，给饰演美国陆军上尉约翰·米勒的汤姆·汉克斯讲戏。24分钟震撼人心的诺曼底登陆场面拍摄于1944年6月6日法国诺曼底的奥马哈海滩，这是斯皮尔伯格最伟大的电影成就之一。

►《拯救大兵瑞恩》中震撼的诺曼底登陆开场片段中，在抵达奥马哈海滩之前，美军在希金斯登陆艇上被德军机枪扫射。斯皮尔伯格和电影摄影师雅努什·卡明斯基都受到了罗伯特·卡帕关于诺曼底登陆的模糊照片的影响。

▲这些电影展示了梦工厂经常出现的精神分裂拍摄方式，严肃的剧情与厚脸皮的爆米花情节交替出现，面向最低端的普通观众。由艾伦·鲍尔编剧，萨姆·门德斯导演的《美国丽人》（1999）讲述了关于郊区焦虑的故事，一个中年男人（凯文·史派西）迷恋上了一个十几岁的妖艳女子（米娜·苏瓦里）。梦工厂凭借该片第一次获得奥斯卡最佳影片奖。

▲在罗德·拉里导演的《暗潮汹涌》（2000）中，琼·艾伦扮演一名美国参议员，被提名为副总统，但却因为一桩性丑闻和美国政治体系中的性别歧视而差点将自己的政治生涯断送。克林顿总统的弹劾危机后，斯皮尔伯格的公司买下了这部独立电影。

▶ 也许梦工厂制作的最与众不同的电影是由公司合伙人杰弗里·卡岑伯格主导的动画片《怪物史莱克》（2001，安德鲁·亚当森和维基·詹森导演），一部迷人且不敬的童话，讽刺了传统的迪士尼电影，引发了轰动的潮流，并随之产生了一系列续集。

◀《人工智能》（2001）虽然没有得到观众的充分赏识，但它是斯皮尔伯格的最杰出的作品之一，对人类意识的意义以及人类意识被复制的危险可能性进行了复杂的沉思。哈利·乔尔·奥斯门特饰演的机器人像匹诺曹一样想要成为一个真正的男孩，是斯皮尔伯格作品中另一场出色的儿童表演。

▲《人工智能》中可怕的机器屠宰场片段是库布里克自己的构思。库布里克去世后，斯皮尔伯格接手了这个项目。机器人，包括大卫（奥斯门特饰）和舞男乔（裘德·洛饰）（背景中最左），都被销毁以供野蛮的人类消遣。

▲ 斯皮尔伯格的科幻惊悚片《少数派报告》（2002）中的高潮时刻是汤姆·克鲁斯扮演的警察，在面对一名他认为绑架了他儿子的嫌疑人时，决定不开枪打死他，而是给他宣读了米兰达权利。《少数派报告》改编自菲利普·K.迪克的短篇小说，在"9·11"袭击以及布什政府由此对公民自由的打压之前就开始拍摄了，事实证明，它对"预防犯罪"调查措施的描述非常超前。

▶ 斯皮尔伯格在他2002年的喜剧《猫鼠游戏》中嵌入了许多自传式的弦外之音。莱昂纳多·迪卡普里奥饰演青年时期的骗子小弗兰克·阿巴内尔，汤姆·汉克斯饰演追捕他的FBI探员和代理父亲角色。影片借鉴了斯皮尔伯格作为好莱坞的鲁莽闯入者，其早期真实以及被神话的冒险行为，《猫鼠游戏》也直接处理了他最执迷的主题—婚姻和家庭的破裂。

◀ 青少年时期，斯皮尔伯格很少约会，但当他开始在好莱坞当导演时，突然发现自己对年轻女演员很有吸引力。在《猫鼠游戏》中，弗兰克·阿巴内尔扮演的航空公司飞行员也有类似的福利。

▶《幸福终点站》里，一位来访美国的游客维克多·纳沃斯基（汤姆·汉克斯饰）发现自己被困在了纽约的约翰·F.肯尼迪国际机场，在一些工人阶级朋友的帮助下找到了生存的方式。在美国似乎对新来者"国门紧闭"的时代，这部关于移民的寓言故事轻松而意味深长地重申了这个国家真正的包容精神。

◀在《世界之战》（2005）中，斯皮尔伯格让美国陷入了战乱的深渊。他对威尔斯关于外星人入侵的小说进行了改编，将美国人代入伊拉克人的位置，面临来自外国侵略者的"震慑和威吓"。在导演对后"9·11"环境最黑暗的隐喻中，汤姆·克鲁斯扮演一位努力保护孩子（贾斯汀·查特温和达科塔·范宁饰演）的工人阶级父亲。

▲ 斯皮尔伯格完全能预料到他的这部题材敏感的影片将会引发激烈争议。这部影片讲述了一群以色列暗杀队为1972年慕尼黑奥运会期间被杀害的运动员报仇。《慕尼黑》中训练有素的杀手小队（从左到右）由丹尼尔·克雷格、埃里克·巴纳、西亚兰·辛兹、马修·卡索维茨和汉斯·齐施勒饰演。媒体围绕着故意谋杀的道德标准和打击恐怖主义的代价进行了尖刻的辩论。

▲ 老朋友乔治·卢卡斯和史蒂文·斯皮尔伯格在《夺宝奇兵》系列的第四部《夺宝奇兵4：水晶头骨王国》（2008）中再次联手。在新墨西哥州的阿比丘，他们戴着沙漠帽拍摄了影片开场的汽车加速赛。

▲ 在《夺宝奇兵4：水晶头骨王国》中，印第安纳·琼斯（哈里森·福特饰）遇到了他从未谋面的儿子马特·威廉姆斯（希亚·拉博夫饰）。尽管印第安纳年事已高，但他还没有准备好金盆洗手，或者让儿子接班。

▶ 2007年，导演《夺宝奇兵4：水晶头骨王国》时，斯皮尔伯格手拿着他的取景器。

> "刷新人类的求知欲是件好事，"哲学家说，"太空旅行把我们又再次变成了孩子。"

——《火星纪事》，雷·布拉德伯里

与斯皮尔伯格成长过程中看的大多数科幻电影不同，《第三类接触》对人类与外星人的接触秉持一种善良的态度。在斯皮尔伯格的电影中，外星人不会携带激光枪，也不曾威胁要炸毁地球。它们不是长着尖角和触须、口吐火焰的生物，而是有着细长四肢、硕大头颅，害羞而面带幸福的微笑，好似孩童一般的形象。他们是传递善意的使者，通过炫目的灯光和音乐进行交流。人类以同样的精神接待了他们。斯皮尔伯格对行星接触的乐观看法，标志着他与20世纪50年代大多数以冷战仇外心理为特征的科幻电影的彻底背离。那个时候，对外星人的恐惧隐喻着美国对共产主义的恐惧。

这位在美国中部长大的犹太电影人一直将自己视为"外星人"，他的家庭仍保有移民前的根源，在《第三类接触》中，斯皮尔伯格更倾向于外来者的观点，只看到外星人的到访及其对人类的影响最积极和最具改造性的方面。斯皮尔伯格经常被指责将"郊区的和谐"浪漫化，然而《第三类接触》描绘了一幅沉闷、压抑的美国中部社区的残酷图景，正是在那里UFO第一次出现。市政电力修理工罗伊·尼尔瑞（理查德·德莱福斯饰）[1]渴望逃离印第安纳州的曼西市与周围的环境，并与"外星人"为伍。"罗伊的整个信仰体系被打破了，"斯皮尔伯格评论道，"……他必须经历这一切……我觉得你可以将其称之为'社会错位的觉醒'；如果没有这种文化冲击，他就不可能准备好、不能也不愿意踏上那艘飞船，离开我们已知的天文学范围。"

《第三类接触》与《辛德勒的名单》可以看成斯皮尔伯格迄今为止职业生涯轨迹的两个端点，既互相矛盾，又互相补充。《辛德勒的名单》是斯皮尔伯格与现实最有力的对质，描述了这个世界对待他们所认为的"异族"[2]是多么残忍，然而这部影片在面对残酷现实的同时，仍设法找到了仅存的一丝希望。《第三类接触》则是斯皮尔伯格最心驰神往的梦想，超越了世俗的现实，庆祝了有可能出现的宇宙大同，同时以最纯粹的方式呈现了导演所谓的"我的构思、我的希望和哲学"。

《第三类接触》的起源可以追溯到斯皮尔伯格小时候在凤凰城与父亲一起观看那场流星雨的奇妙经历，整个青少年时期，这部电影的构思都在他的脑海中酝酿，那时他吸收了大量科幻小说、电影和电视节目，并常在前院里用望远镜观察驼峰山沙漠的天空。

20世纪70年代，当斯皮尔伯格开始拍摄《第三类接触》时，他脑海中浮现出两段儿时的观影记忆。第一段是《幻想曲》中可怕的"荒山之夜"场景中的那座山，第二段则是另一部迪士尼电影《木偶奇遇记》中慰藉人心的记忆：由在影片中为小蟋蟀杰米尼配音的克里夫（昵称尤克里里·艾克）·爱德华兹演唱的歌曲《当你向星星许愿》（*When You Wish Upon a Star*）。"我的故事与这首歌创造的情绪息息相关，"斯皮尔伯格说，"那座山成了电影象征性的结尾空间，一切都围绕着它徐徐展开。"

1964年，他在为《第三类接触》的前身《火光》创作的剧本中，似乎在与外星绑架者会面到底应该害怕还是乐于接受的问题上犹豫不决。也许是由于斯皮尔伯格年轻时对自己

---

1 斯皮尔伯格一开始想让杰克·尼科尔森担当《第三类接触》的主角，但如果迁就尼科尔森的档期，影片要推迟两年才能开拍。"《第三类接触》剧本中的主角是个45岁的男人，"斯皮尔伯格说，"但是德莱福斯让我在这片子中给他安排个角色……理查德在拍摄《大白鲨》时总是听我说起《第三类接触》……他都快听我叨叨了将近155天《第三类接触》将是部多么好的片子。他贡献了不少主意，最后他说：'听着，傻瓜，在这片子里给我弄个角色！'"

2 异族，此处指《辛德勒的名单》犹太人，但这个词也可以表示"外星人"，是一个指涉《第三类接触》的双关语。——译者注

种族身份的矛盾心理，以及由此产生的更多地认同主流文化的倾向，使他无法完全接受自己内心的"外星人"。据制片人迈克尔·菲利普斯说，在《第三类接触》的拍摄初期，斯皮尔伯格在这个问题上似乎仍有些纠结："我认为自己最大的贡献是让史蒂文相信外星人可以是友好的。他当时并不确定这一点，戏剧性的是，光是看到两个物种见面的那种惊奇感就足以令人兴奋不已。我记得和他争论了很久，我说：'如果他们这么先进，他们根本就不屑于碾压我们。换作我们会这么做吗？如果我们在火星上发现了低等生命，我们会奴役他们还是帮助他们？'他深入并最终超越了这个问题，最后创作出饱满的故事。这就是为什么我认为《第三类接触》与《地球停转之日》很像。"然而历史学家小亚瑟·施莱辛格对《第三类接触》的盲目乐观提出了质疑："我们凭什么确信一个文明程度远先进于我们，甚至能将飞船开到地球上的外星物种不会像欧洲白人入侵者对待美洲大陆上的印第安人、非洲黑人与南太平洋原住民那样对待我们？……就让我们祈祷这部人道主义的、引人入胜又精彩绝伦的电影所梦想的未来是正确的吧。"

就像《火光》，《第三类接触》也是一部将众多科幻电影主题和原型兼收并蓄的集成型作品，但比《火光》更为复杂。它与少数几部打破冷战思维常规的电影最为相似，这些电影将外星人描绘成相对善良的形象，包括《地球停转之日》和《宇宙访客》。斯皮尔伯格最喜欢的科幻作家之一阿瑟·克拉克，也对这部作品影响颇深。克拉克1953年的小说《童年的终结》和短篇小说《哨兵》都讲述了外星人帮助地球人达到精神进化的更高境界的故事，也启发了斯坦利·库布里克1968年的经典电影《2001太空漫游》。更不为人知的是，斯皮尔伯格还借鉴了其他类型中他最为喜欢的电影。虽然他将关于被绑架儿童的情节提议归功于哈尔·巴伍德和马修·罗宾斯，但斯皮尔伯格显然也受到了约翰·福特的西部片《搜索者》中对同一主题的处理和一些视觉元素的启发。他在《第三类接触》的片场又将《搜索者》看了两遍。斯皮尔伯格还借鉴了弗兰克·卡普拉的《生活多美好》中表现家庭关系紧张的场景。他注意到了"将平凡人置于超凡情境之中"的主题（例如电影中设置的由弗朗索瓦·特吕弗饰演的UFO专家），使得《第三类接触》与卡普拉和希区柯克的作品形成了互文。

"在拍摄《第三类接触》时，史蒂文每天晚上都会看一两部电影，"摄影师维尔莫什·日格蒙德回忆道，"每天晚上他都在看电影，以此得到更多想法。他们将这些想法都用故事板记录下来，我们每天都要增加4幅草图。然后史蒂文又会去看电影，我们就得增加草图的数量——突然4张增加到5张，后来又变成6张。某天史蒂文向剧组抱怨说：'我们得拍快点。'经验丰富的老灯光主管厄尔·吉尔伯特说：'史蒂文，如果你每天晚上不去看那些该死的电影，我们就能按时完工了。'"

《第三类接触》将这些纯粹虚构的故事元素与二战后大量关于UFO目击事件的报道和民间传说融合在一起。现代的"飞碟"现象可以追溯到斯皮尔伯格的幼年时期，肯尼斯·阿诺德于1947年6月汇报自己在太平洋西北部上空看到了9个碟状发光体。外星人来访的可能性激发了一种极度恐慌和期待混合的复杂情绪，尤其对于那些出生于婴儿潮时期爱幻想的孩子们。

斯皮尔伯格十分渴望逃入超凡脱俗的梦幻世界。卡尔·荣格在其1959年出版的《飞碟：天空中所见事物的现代神话》一书中指出，人们对UFO的深信不疑源自一种"由集体的焦虑、危险或必要的精神需求引起的紧张情绪"。冷战和对核战争的集体焦虑在斯皮尔伯格的成长年代进一步刺激了这种紧张情绪。20世纪70年代初，人们对UFO的兴趣广泛复苏，而此时正值越南战争和水门事件给美国人的心灵造成了异常严重的"集体焦虑"，这两者也许并非巧合。斯皮尔伯格在1973年拍摄的《第三类接触》中提到了"UFO和水门事件"，表明他心中也认同这种联系的存在。他在青少年时期的家庭问题和在同龄人中寻求社会接纳的困难，也促使他幻想与外星人接触。另一位研究UFO现象的心理学家肯尼斯·林指出，当一个来自问题家庭的孩子学会如何"在对创伤的回应中解离（dissociate）"时，他"更有可能对另类现实变得敏感"。

虽然斯皮尔伯格谨慎地自称是这个话题上的"不可知论者"，事实上他对UFO的兴趣在成年之后才愈渐浓厚，这表明他相信这种现象的"精神诉求"仍然没有磨灭。他意识到并不只有自己才有这种诉求："我知道这部电影如果大受欢迎，并不是因为人们害怕这种现象，而是因为UFO对于许多不再相信任何事的人来说是一种诱人的选择。"在《第三类接触》的拍摄日记中，演员鲍勃·巴拉班报告说，1976年7月22日晚上，在亚拉巴马州的外景地，"有些人觉得他们在飞机库上方看到了一架UFO。当斯皮尔伯格和其他人冲到外面去看的时候，亮光已经消失了。"然而，斯皮尔伯格起初回忆说，他确信那天晚上自己第一次看到了UFO。"后来我发现那不过是一颗'回声工程'中的卫星，"他说，"我感到和以前一样沮丧。"

就在斯皮尔伯格拍完电影后不久，约翰·米利厄斯带他去了演员罗伯特·斯塔克位于加利福尼亚北部、靠近科卢萨的猎鸭小屋。几个月来，一直有报告说在附近的孤山中发现了UFO。据斯塔克回忆，斯皮尔伯格很想亲自一见。某天深夜，他们都在小屋里，米利厄斯说看到外面有UFO。斯皮尔伯格与米利厄斯熬了整晚，希望能再看见一次。斯塔克的农场的看门人比尔·达菲后来告诉他们，当天晚上有一道亮光划过天空，"照亮了65到70英亩的整个果园。它们悬浮在半空，掉下了锡纸一样的碎片"。达菲说，他立即跳上自己的车去追那些UFO，他说那些东西会发出洗衣机那样的"嘎啦嘎啦"声。"我做过研究，"斯皮尔伯格回应说，"那不是它们应该发出的声音。那声音应该是厚重的嗡嗡声。"为了继续寻找外星生命的迹象，斯皮尔伯格于1985年向美国行星学会捐赠了10万美元，使其巨道地外分析系统（简称META）得以使用哈勃望远镜扫描太空，搜索可能来自遥远文明的无线电信号。斯皮尔伯格抱着年幼的儿子麦克斯按下开关，然后说："我只是希望，有更多的信号飘浮在太空，而不仅是旧的《杰基·格里森秀》的重播。"

斯皮尔伯格拍摄《第三类接触》时的技术顾问是著名的UFO学家艾伦·海尼克博士。多年以来，海尼克一直是美国空军及其"不明飞行物蓝皮书计划"的科学顾问。作为专业天文学家，他最初被美国空军请去"筛除一些显而易见的天文现象——陨石、行星、闪烁的星星及其他可能导致收到飞碟报告增多的自然现象……多年来，我一直无法接受真正UFO现象可能真实存在的想法，宁愿认为这是基于恶作剧和误会的盲目狂热。我对UFO报告加以继续评估的同时，随着报告数量的增加及其统计意义的增强，我开始担心这个话题并不像某些人认为的只是一时狂热或风潮所致。"

作为UFO信徒们眼中的专业打假人士，海尼克后来承认："坦率地说，美国空军接到五角大楼的命令，要揭穿UFO的假面。"海尼克在20世纪60年代后期与空军分道扬镳，因为他"不能再违背自己的良心，不能把所有东西都当作是由'沼气'造成的"。后来，他在伊利诺伊州埃文斯顿市建立了UFO研究中心。在不明飞行物和外星接触的问题方面，他谨慎地保持着一种不可知论者的立场，即使不是一名真正的信徒。

在他1972年出版的《UFO经历：一次科学调查》一书中，海尼克创造了"近距离接触"（Close Encounters）一词，他将第一类近距离接触定义为"近距离看见报道中的UFO，但其没有与环境发生互动（除了对观察者造成的创伤）"，第二类近距离接触则是指"目击到对有生命及无生命物质产生的物理影响"，第三类近距离接触是指"在UFO里面或周围发现其'拥有者'的存在"。"那些报告这类接触的人，"他写道，"一点也不'特殊'，也不是宗教狂热分子。他们中更多是警察、商人、学校的老师，以及其他受人尊敬的公民"。

在《第三类接触》的最后一幕中，海尼克扮演了一位科学家，他说："尽管这部电影是虚构的，但它的大部分内容都是基于UFO之谜的大部分已知事实，当然，它保留了这种现象的特色之处。令我印象深刻的是，斯皮尔伯格当时顶着巨大的压力要去拍出《大白鲨》之后的另一部票房炸弹，而他的决定是拍一部有关UFO的电影。他是拿自己的名誉在冒险。"

尽管斯皮尔伯格第一次提出《第三类接触》的构思时，就明确地将人们对UFO的坚信不疑与民众对美国政治体系信任的丧失联系起来，但随着剧本的逐渐发展，其政治含义也逐渐淡化。这部电影只是对军方使用一个编造的封面报道（虚假的神经毒气泄漏事件），来疏散怀俄明州的一个地点，以便不明飞行物在此会合的做法进行了委婉批判。1978年，在解释他为何淡化军方的掩盖行动时，斯皮尔伯格告诉一位欧洲记者："我不想把它一棒子打死，因为在美国这已经是过去式了，我们经历过水门事件、中情局事件，人们已经觉得这些不值一提了。"

《第三类接触》是在极度保密的条件下拍摄的。斯皮尔伯格决心保留影片的惊喜感，担心在他完成漫长的拍摄和后期制作之前，这个故事被拍成山寨版小成本电视电影。影片大部分在亚拉巴马州莫比尔市的一间废弃美国政府飞机库中拍摄，那里的安全措施非常严格，甚至有一天斯皮尔伯格本人都被拒绝进入片场，因为他忘了带自己的塑料通行证。

这些秘密行动还包括对媒体报道的封锁，由此引发了一个奇怪的谣言。据巴拉班报道，有传言称该电影"是人类为了迎接真正UFO的着陆，而必须经历的一部分必要训练，而且由一家政府UFO机构秘密赞助"。事实上，美国航空航天局（NASA）与空军都拒绝与这部电影合作，担心它会引发公众对不明飞行物的恐慌，就像《大白鲨》曾引发人们对鲨鱼的恐慌一样。"当我听说政府反对这部电影时，我反而更加确信，"斯皮尔伯格说，"如果NASA愿意花时间给我写封长达20多页的信，我就知道一定是有事情发生。"

尽管导演本人不断辟谣，关于这部电影得到过秘密赞助的谣言在影片发行后依然流传了很长时间。除此之外，斯皮尔伯格发现自己于1982年拍摄的《E. T. 外星人》也被指控向公众灌输同样邪恶的阴谋。在UFO研究专家间还流传着一个故事：当斯皮尔伯格去白宫放映《E. T. 外星人》时，罗纳德·里根总统偷偷告诉这位电影人，"知道吗？这间屋子里只有不到6人知道事情的真相。"

斯皮尔伯格独自署名了《第三类接触》的剧本创作，虽然他并不是这部作品的唯一编剧。他承认保罗·施拉德参与了早期剧本的创作，却将施拉德的工作贬得一文不值，称之为"迄今为止正式递交给大制片厂或导演的剧本中最令人尴尬的之一……事实上，幸运的是，保罗偏离了自己的主题，那原本是个充满负罪感的故事，与UFO一点关系都没有"。

"我唯一的功劳就是，"施拉德说，"改变了史蒂文要把电影做成UFO版水门事件的想法。我觉得那应该是种精神层面上的接触，这个主意被保留了下来并得以发展。"在施拉德命名为《天国降临》的草稿中，在荒凉的乡村道路上，因接触UFO而被改变命运的主角，并不是电影中那个30来岁的、在印第安纳州打工的中产阶级下层平民英雄罗伊·尼尔瑞。最初的主角原定为一名45岁的空军军官，他的故事与海尼克博士惊人地相似，斯皮尔伯格与施拉德都声称是自己创造了这个角色[1]。

斯皮尔伯格说，他把主角改成了一个平民，"因为我觉得很难对任何穿制服的人产生认同……我最喜欢的一个主题就是对普通人的终极赞美……一个典型的家伙——在他身上什么都没有发生过。然后，突然之间，他遇到了一些不寻常的事情，他不得不彻底改变自己的生活来完成'不能战胜就尽力理解'的任务。这就是我在《第三类接触》中想要表达的主题"。

施拉德解释说，在自己完成草稿之后，他与斯皮尔伯格"产生了思想路线上的严重分歧，但这是一种有益的分歧，让我们双方都更加了解对方的意图。我的剧本集中于现代版圣保罗的故事，一个名叫保罗·范·欧文的家伙，他在政府的工作就是讥讽和揭露飞碟这玩意儿。但是有一天，与圣保罗的'大马士革之路'一样[2]，他与外星人有了一次接触。后来他去找政府，想要揭露整个事情，然而政府为他提供了无上限的资金，用于秘密接触外星人。所以他花了接下来的15年时间来做这件事。但他最终发现与外星人接触的关键并不在宇宙之中，而是埋藏在他的体内。

"史蒂文最终的成片中，唯一保留下来的是那个地点原型，长在他心里的那座山，以及结尾的部分内容。我做的只是创造了那个集李尔王与圣保罗为一身的角色，一个莎士比亚式的悲剧英雄，而史蒂文不喜欢这个人物。因此很显然，我们的合作只能够到此为止，所有的问题都归结于此。我说：'我拒绝将这样的主角送去外星，作为地球智慧的第一例

1　1977年发行的版本保留了该角色的删减版，某一幕中出现了这位由乔治·第桑佐扮演的空军军官（被称为本奇利少校，取自《大白鲨》的作者彼得·本奇利），负责误导一群UFO的目击证人。斯皮尔伯格在1980年的《第三类接触》特别版中删掉了这一幕。

2　保罗在那里遇到了耶稣向他显圣，之后就从一个迫害基督徒的人变成了一个传道者。——译者注

样本，他却梦想去外星开麦当劳的分店。'而史蒂文说：'我就是想将这样的人送去外星。'史蒂文对弗兰克·卡普拉式的普通人的痴迷，与我对救世主的宗教迷恋截然相反，我想要一个圣经式的人物将我们的消息传到外太空去，我想要创造一种再次布道。幸运的是，聪明的史蒂文知道我是个很难对付的家伙。他想要拍自己能接受的电影，这一点也无可指摘。"

1978年，当被《奇想电影》（*Cinefantastique*）杂志的记者唐·谢伊问及，除了施拉德以外是否还有其他人参与了剧本的创作时，斯皮尔伯格回答说："没有，只有我一个人。"然而，在那次采访快结束的时候，导演承认他在故事上得到了长期合作伙伴霍尔·巴伍德与马修·罗宾斯的帮助，他们在影片结尾还饰演了两名从飞船里出来的返航飞行员。为《第三类接触》做出过贡献的其他编剧还包括在施拉德离开后完成第二稿的约翰·希尔、大卫·吉莱尔，以及在影片开拍前不久与斯皮尔伯格一起在纽约的雪莉-尼德兰酒店中对剧本进行润色，后来还参与了莫比尔外景拍摄的电视喜剧编剧杰瑞·贝尔森。据茉莉亚·菲利普斯所说，哥伦比亚影业为"剧本一次接一次的秘密重写"支付了费用。

在筹备阶段，斯皮尔伯格跟插画家乔治·詹森就电影的概念工作进行了长达一年的交流讨论，内容主要关于视觉上的构思，乔治·詹森根据这些讨论画了数千幅场景图和色彩草图。斯皮尔伯格回忆说："我们一起构思了7组主要镜头——包括电影最后30分钟都是幻象的部分。"在拒绝了施拉德与希尔的剧本之后，斯皮尔伯格在他剪辑与宣传《大白鲨》期间完成了自己的剧本草稿。他觉得自己的剧本"结构很好，但有些角色简直令我抓狂……我发现写作是我做过的最困难的事情，比导演困难得多，因为它需要你集中精力，而我并不是一个专注的人……说白了就是，我不是个编剧，我也不喜欢写作。我更愿意合作，我需要聆听新的想法。"

然而斯皮尔伯格在自己代表作的"创作者"问题上有很强的占有欲，他希望在最后的演职人员表上简单地写上"由史蒂文·斯皮尔伯格编剧及导演"，好似与别人分享对故事或剧本的功劳都会削弱他在观众或自己眼中的创造性。他坚持独立署名剧本创作，可能不仅因为这个作品自身的强烈个人特质，更是因为害怕参与过这部影片的人抢走那些在他看起来更应该是归于自己的功劳，正如有关《大白鲨》的一系列事件中他认为自己遭遇到的一样。这种焦虑往往是导演的职业病，尤其是像他那种一举成名，突然发现自己权力急剧膨胀的年轻导演。斯皮尔伯格在1982年承认，《大白鲨》的成功起初"对我产生了非常负面的影响。我觉得那不过是侥幸……我开始相信那是场意外，当人们说它永远不会再发生时，我也是这么想的。他们说《大白鲨》的成功与其归结于我所付出的努力，不如说是因为占尽了天时地利。"对付这种不安全感的一种典型防御机制就是夸大自己真正的成就或功劳，最后声称自己无所不能。

茱莉亚·菲利普斯在《你再也不能在好莱坞吃午餐了》一书中写道，斯皮尔伯格"让我对每一位给剧本有贡献的编剧施压。当编剧工会坚持要进行仲裁时，我让施拉德和格雷迪（她为另一位编剧起的化名）放弃了他们的署名权"（拍摄《第三类接触》时与斯皮尔伯格闹翻的菲利普斯在1991年接受《洛杉矶》杂志的采访时，将斯皮尔伯格称为"编剧遇到的终极恶霸"）。施拉德回忆说："在史蒂文的要求下，我退出了关于剧本署名权的仲裁，但是我后来一直后悔这么做，因为这关系到我那2.5%的参与分成。所以我相当于放弃了好几百万美元，但事情就是这样。"

迈克尔·菲利普斯认为，斯皮尔伯格独立的编剧署名是恰当的："保罗·施拉德写的完全是另一部电影。保罗更为严肃地探索了由怀疑者到信徒的宗教转变。这对我们来说并不奇怪，因为一开始我们就谈到过这个想法，而且当时听起来还不错。但他写出来的剧本根本不是史蒂文·斯皮尔伯格的电影，也没有充满欢乐的、跌宕起伏的情节。《第三类接触》确实是史蒂文的剧本，这是他从童年时就开始构思的项目，他一直很想拍这部电影。尽管他得到了不少来自朋友与同事的帮助，但剧本的99.9%还是应该归功于史蒂文·斯皮尔伯格。其实保罗并没有要求署名的根据，除了作为第一稿编剧通常会从这种质疑中得到好处，但在这个案例中，既然史蒂文完全重写了剧本，我觉得将其提交仲裁是错误的。杰瑞·贝尔森虽然也做出了不小贡献并值得被感谢，但他并没有在任何意义上创作了那个故事。"

在经历拍摄《大白鲨》的阵痛时，斯皮尔伯格确信他再也不会拍更困难的电影了。但他发现《第三类接触》"要更难上一倍，同时成本也多出一倍"。

这是一个为期两年的考验，一方面要实现技术和艺术上令人难以置信的复杂构思，另一方面又要从财政拮据的哥伦比亚影业"骗"到更多的投资。"可怜的史蒂文与制片厂陷入了一场可怕的斗争，"摄影师维尔莫什·日格蒙德回忆说，"他并不习惯这样。他们闹得很不愉快。"有一次，当制片厂曾一度拒绝为某处震碎玻璃的特效支付数千美元，斯皮尔伯格只好自掏腰包。正如弗朗索瓦·特吕弗所观察到的那样，"面对会让大多数导演气馁的压倒性困难和无数的复杂难题，史蒂文·斯皮尔伯格表现出的毅力和勇气简直令人惊叹"。

对于一位承认自己是控制狂的导演来说，最困难的部分或许是在不知道道格拉斯·特朗布尔精心制作的视觉特效看起来如何的情况下进行拍摄，因为特效要在几个月后的后期制作中才会合成进影片。"《大白鲨》与《第三类接触》的区别在于，"斯皮尔伯格后来反思道，"《大白鲨》是一部物理特效电影，而《第三类接触》是一部光学特效电影。这意味在拍摄《大白鲨》时，我每周有6天要忙，从早8点到晚8点。而拍摄《第三类接触》时，我每周要熬7天通宵，从晚8点到早8点，以迁就实验室的倒班时间。但是我与制片厂之间、演员与剧本之间面临的问题还是和上次一模一样。"

"我看到史蒂文在拍摄《第三类接触》时显得更加沮丧，"艺术指导乔·阿尔夫斯说道，"与《大白鲨》不同，至少拍《大白鲨》时他处理的都是真实存在的道具。当你在水上，拍摄工作变得非常困难，你会说：'好吧，我们拍不了，因为鲨鱼罢工了。'这些都是真实存在的。你有具体的事情要烦恼。而《第三类接触》的拍摄则问题更大（因为其视觉效果），这对导演来说很困难——你不得不拥有足够的信心相信这种效果能够实现。所以片场气氛紧张。"

"如果我是史蒂文，我肯定会吓坏的，"特朗布尔这样说，"我非常感谢他有渡过难关的信心和耐心，而且镇定自若。拍摄过程中，我们一直要面对来自制片厂的巨大压力。"

20世纪70年代初，哥伦比亚曾濒临破产，积累超过2.2亿美元的银行债务。波士顿第一国家银行可以否决哥伦比亚旗下任何预算超过300万美元的电影。到了70年代中期，在哥伦比亚影业公司总裁兼首席执行官艾伦·希尔奇菲尔德与哥伦比亚制片厂总裁大卫·贝格尔曼的领导下，制片厂初步部分复苏。但在斯皮尔伯格开始拍摄这部商业风险极大的科幻电影时，这家电影公司的财政状况仍然不佳。

哥伦比亚超过半数的电影制作基金都来自避税的钱，这是一个帮助制片厂保持运作的短期策略，但必须与外部投资者分享电影租赁收入。1975年12月29日，《第三类接触》（那时片名已经确定）在加利福尼亚州帕姆代尔市的一座航空交通管制中心开拍，为了符合避税规定，只拍了两天便暂停了，直到来年的5月才恢复拍摄。预算的增加在制作过程中引发了一系列危机，在1977年后期制作的最后阶段，贝格尔曼因伪造和挪用公款而被停职（他后来被迫辞职），这一事件也成了在好莱坞闹得沸沸扬扬的财务丑闻，导致这种焦虑进一步加剧。尽管《第三类接触》总计1940万多美元制作成本中，来自外部投资者的资金高达700万美元[1]，但哥伦比亚影业将未来赌在这部电影身上的说法，并不是新闻媒体的夸张。就在电影开拍前不久，《综艺》通过计算得出《第三类接触》必须跻进电影史上最赚钱电影榜单的前18名，才能实现收支平衡。

"我是真的没想到会连续拍出两部票房炸弹，"斯皮尔伯格后来承认，"没人敢指望自己拍出轰动一时的大片，更别说两部了。我不是那种会到处吹嘘说《第三类接触》一定会大获成功的人，我只是对周围的人说'我希望哥伦比亚影业能从中赚钱'……（哥伦比亚影业的高管们）个个胆战心惊，不敢和我一样悲观——与我相比，他们的损失将大得多。我可以再去执导另一部电影，而他们可能会与哥伦比亚影业标志上举着火炬的女神一同跌落谷底。"

"要是我们事先知道这部电影要花费1900万美元，我们就不会拍了，因为我们根本没这么多钱。"负责监制《第三类接触》的哥伦比亚影业行政制片人约翰·维奇承认，"当时，哥伦比亚影业从未为一部电影下过如此大的血本。"

迈克尔·菲利普斯回忆，1973年秋天的一次会议上，他们把这个项目推荐给贝格尔曼："大卫问史蒂文：'这电影要花多少钱？'史蒂文说：'270万美元。'我和茱莉亚看着他，我们什么也没说——（但我们想），'他怎么敢冒失地说出那个数字？'我们刚出会议室便问他：'你刚才是怎么回事？'他说：'直觉告诉我那是我能说出的最高报价。'……后来由于迟迟无法开发出我们喜欢的剧本，拍摄被延期了，同时史蒂文也得到了执导《大白鲨》的机会。当他回来时，情况已经完全不同了。从制片厂的角度看，突然间他的筹码更大了，他被给予了完全的自由，可以随心所欲地发挥最好的想象力……对制片厂来说，他成了值得投资的对象，足以押上所有赌注，他们必须这么做。哥伦比亚正徘徊在破产的边缘，而现在他们手上有了一位好莱坞最受欢迎的导演，而且这部电影的题材简直为他量身定做，因此他们赌上了所有。"

斯皮尔伯格的愿望并没有一下子实现。拍摄《大白鲨》的噩梦还在他的脑海中挥之不去，斯皮尔伯格告诉制片人："我再也不想拍外景电影了。"他考虑在哥伦比亚与华纳兄弟共用的伯班克制片厂及其周边地区拍摄《第三类接触》，预算初步定为410万美元。随

---

1 包括英国娱乐集团百代唱片与时代公司，以及一群德国的避税投资人。这部电影最终的官方预算，在制作过程中由菲利普斯夫妇和哥伦比亚影业正式确认的成本为1594万2296美元。因为最终的花费超出预算345万8574美元，而制片人的合同要求额外列入一笔金额相同的罚金，因此最后的收支平衡金额是2285万9444美元。

着斯皮尔伯格的计划越来越宏大，关于玛莎葡萄园岛的记忆也渐渐淡去，他开始确信自己需要在好莱坞以外的地方完成大部分拍摄，但说服哥伦比亚影业并不容易。

在前期制作的早期，斯皮尔伯格派阿尔夫斯"去美国寻找一处完全只存在于我想象中的地方"，也就是被外星人选中在地球上着陆的那座山。"史蒂文去宣传《大白鲨》了，"阿尔夫斯说，"因此我向约翰·维奇做了汇报，他告诉我：'史蒂文想让你找到一座山。这可是部价值400万美元的电影，其中一天我们会在外景地拍摄，其余的时间在制片厂的露天片场中拍。'我说：'你确定吗？'我们一开始将《第三类接触》当作另一部小制作的科幻电影，就像我们最初将《大白鲨》当作一部小制作的恐怖片一样。我们无法把《第三类接触》视觉化——考虑到它的视觉效果及其规模。我记得约翰·维奇带我去了华纳兄弟的第15号和16号摄影棚，对我说：'我们要把大峡谷（箱形峡谷）的背景放在这儿。'我说：'这地方不够大。'他觉得或许我们还没有从《大白鲨》中清醒过来，于是说：'天哪，《凤宫劫美录》就是在这儿拍的！'"

1976年5月16日，主要拍摄工作正式开始之前，预算就已经一步一个台阶地涨到了550万、700万、900万与1150万美元，斯皮尔伯格不断说服哥伦比亚扩大电影规模的同时，制作成本也在不断攀升。"拍摄《第三类接触》时，我们一共开了6场杀青派对，"迈克尔·菲利普斯回忆说，"我们开了6次香槟。每次我们以为已经拍完了，他就会提出一个更好的想法，于是我们又得出去补拍点别的镜头。史蒂文总是能想出新点子，让片子变得更好。"

为了给斯皮尔伯格找座山，阿尔夫斯驾车在西部穿行了2700英里，最后找到怀俄明州吉列市附近的魔鬼塔国家纪念区。魔鬼塔是座雄伟的花岗岩地标，上下前后都布满了长长的参差不齐的锯齿，酷似纪念碑谷中最显著的标志之一独立上（名为Mitchell Butte），约翰·福特曾在纪念碑谷中拍摄过《搜索者》以及其他经典西部片。魔鬼塔的优势在于电影观众对它还不是那么熟悉，或许在茂密的森林中孤独地矗立着一座高峰会显得更加怪诞。"

阿尔夫斯与斯皮尔伯格一开始考虑在纪念碑谷建造箱形峡谷中的着陆点，可后来想到在一个偏远的户外地点拍摄特效电影，控制天气和灯光条件实在太困难了，便打消了这个念头。即便如此，斯皮尔伯格在亚拉巴马州莫比尔搭建了箱形峡谷的飞机库里拍摄时，也碰到了"可怕的"技术难题，这座大峡谷模型由阿尔夫斯建造，总花费70万美元。那个飞机库比一个橄榄球场还大，面积是好莱坞最大摄影棚的6倍，内部的潮湿环境有时会在拍摄时形成人造云和毛毛雨。在编排200个临时演员动作的同时，布景里还挂有几十个巨型灯具，大大拖延了拍摄进度，并导致开销超标。虽然这个场景只占片长的五分之一，但花费了全片将近一半的拍摄时间才得以完成。"那个布景，"斯皮尔伯格悲叹道，"成了这部电影中的'鲨鱼'。"

一开始精打细算的约翰·维奇最终成为斯皮尔伯格的坚实盟友，这位高管认为他们是"心甘情愿"地帮对方的忙。斯皮尔伯格说，维奇"对我们庞大后勤成本的理解"使得他"有时在哥伦比亚的其他高管眼里不太受欢迎"。已故的制片厂总裁大卫·贝格尔曼，虽然在一生悲剧性的自我毁灭式职业生涯中经历过许多失败，但也值得被授予最大的功劳，因为正是他让斯皮尔伯格拍出了自己构想中的电影。"大卫在拍摄《第三类接触》期间对我绝对支持，"斯皮尔伯格在1995年贝格尔曼自杀后说道，"当我需要制片厂帮忙的时候，他总是二话不说地给予帮助。我觉得我们彼此信任。"

哥伦比亚为电影做预算时遇到的问题，维奇说，在于无法提前评估特效的成本到底是多少，尤其是在剧本不断被重写的早期阶段："这不是任何人的错，因为我们只是在做尝试。从一开始，史蒂文就总想尽可能地增强电影特效，这很浪费时间。并不是说史蒂文是一个不专注的人，他有成本意识，但他希望一切都恰到好处。"但负责特效的道格拉斯·特朗布尔有着不同看法："早期阶段，当我和搭档理查德·尤里契奇做特效预算时，我们估计特效费用约为300万美元。这个消息很久以后才传到上层管理部门。我不知道他们对高层说了什么，但这个数字真的太吓人了。从来没有人听说过特效要花那么多钱，结果还真说对了——（最终成本）大约在320万到330万美元之间。

"我认为有很多人想逃避面对电影成本的现实。每个人都试图让自己相信，这部电影的成本会比最终更低。电影规模一步步扩大，不仅在特效方面，还有布景的规模和许多复杂的外景摄制问题。电影拍摄初期，没有人知道这部电影应该是什么样的，也没有人知道最终应该如何实现这个目标。"

放弃了拍摄《大白鲨》的机会后，摄影师维尔莫什·日格蒙德与斯皮尔伯格再度合作，他对自己与斯皮尔伯格在《横冲直撞大逃亡》中那样亲密的创意伙伴关系表示怀念。自从在《大白鲨》中战胜了不计其数的困难的技术挑战，"史蒂文已经变得无所不知，"日格蒙德觉得，"他总是告诉我该怎么做，而不是和我讨论。"但日格蒙德仍为能参与《第三类接触》的制作而感到兴奋，因为它"有一部不朽之作的味道。我们陷入了困境，不是因为任何人的失误，而是因为我们正在做以前从未有人做过的事情"。

然而，日格蒙德与监制茱莉亚·菲利普斯及哥伦比亚影业的冲突，差点害他在莫比尔外景拍摄中期被解雇。麻烦始于他说自己在拍摄前需要先对大型场景进行预打光，而不愿毫无准备地直接开拍。制片厂担心拍摄进度，因此没有腾出预打光的时间，当日格蒙德坚持要求至少花一天时间进行准备时，制片厂表示反对。最后双方达成妥协，由第二摄制组的摄影师史蒂文·波斯特花上一天时间来拍摄外景，而日格蒙德留下进行预打光工作。

"从那一刻起，这简直就是一场噩梦，"日格蒙德说，"制片厂给了我们很大压力，没人清楚我们到底需要多少灯光，我从来没有因为上面的压力就减少灯光的使用，我不做那些明知错误的事。道格拉斯·特朗布尔是我的坚实后盾，他一直说：'维尔莫什在做正确的事。我们的确需要大量的光，因为他必须使场景与特效相匹配。'大家都被那样的情况所困扰。史蒂文非常支持我，但他当时正在与制片厂还有茱莉亚·菲利普斯讨价还价，预算不断追加。可怜的茱莉亚·菲利普斯在她的书里将许多过错都归结到我的身上，结果我成了这许多事情的替罪羊。"

在拍摄进行的头两个月后，当紧张的制片厂高管与银行家开始出现在莫比尔时，菲利普斯想重新找个摄影师。但她写道："史蒂文拒绝炒掉维尔莫什，到目前为止，我们已经拍了太多的镜头，以至于必须继续仰仗他。"记得被"维尔莫什每个镜头都要捣鼓灯光"（对摄影师的一种奇怪抱怨）激怒的她写道："哪怕在一个糟糕的夜晚，我还是能看到某个正在拍摄中的场景。维尔莫什走进现场，对他的手下说我们需要'在这儿再调整一下'。"

"我猜她必须找只替罪羊，"日格蒙德回应说，"让制片厂炒掉我是最简单的解决办法。这件事发生之后，紧张气氛持续了好几天。他们给四五个人打了电话（包括约翰·A.阿隆佐和拉斯洛·科瓦奇）。这些人大多是我的朋友，而且他们都打电话来问我情况。我告诉他们我们的问题后，他们都说：'要是连你都拍不了，就没人能拍了。'当时唯一有可能接替我工作的人是厄内斯特·拉斯洛，他已经拍完了《神奇旅程》，他们都认为他可以胜任。但那是1976年，他正在蒙特利尔。厄内斯特·拉斯洛回电话说：'你们都疯了吗？我要去看奥运会呢。'"

在那之后，斯皮尔伯格继续让日格蒙德"做应该做的事"，导演的支持使《第三类接触》成了一次"非常有价值的"创作经历。但是当剧组从亚拉巴马回来后，附加的拍摄和补拍并没有找日格蒙德。"不幸的是，由于制片厂和茱莉亚·菲利普斯的缘故，史蒂文无法再雇用我了，"日格蒙德说，"他跟我说我会去拍那段印度的戏，并让我去接种'疫苗'。我后来发现去印度拍摄的人是道吉（道格拉斯）·斯洛科姆，这严重伤害了我的感情。"虽然日格蒙德说影片中约90%的镜头均出自他手，但大部分补充镜头都由威廉·A.弗雷克拍摄，尤其是电影开头那组在墨西哥沙漠里发现了二战时一队失踪中队的飞机的镜头。弗雷克、斯洛科姆、阿隆佐和科瓦奇都被显眼地署名为附加摄影指导[1]。菲利普斯在她的书中承认，她"做了权力范围内能做的一切，在署名问题上让全世界知道（日格蒙德）是如何祸害我们的"。

"我很高兴她如实描述了事情的经过，"日格蒙德评论道，"因为我总是为了他们抹去我的贡献而给他们署名这件事感到难过。我认为史蒂文并不会恶毒到去做这样的事，我觉得极有可能是制片厂和茱莉亚·菲利普斯做的，因为他们都很生我的气。这严重地损害到了我的贡献，以至于一些评论家写道'《第三类接触》是由维尔莫什·日格蒙德和其他伟大的摄影师拍摄的'，他们没有意识到我是唯一获得奥斯卡奖的人。这是一种辩解，但并不令人愉快。整件事让我非常痛苦，以至于在致谢词中我没有感谢'史蒂文·斯皮尔伯格和茱莉亚·菲利普斯，是他们给了我拍这部电影的机会'；我感谢了匈牙利的几位老师，感谢美国给了我新的生活。对我而言（不感谢导演和制片人）不太'政治正确'。我再也没有为史蒂文拍过电影。但从那以后，我们聊了很多，也见过很多次面。我仍然觉得他是最伟大的导演。"

在莫比尔的外景拍摄和一年的后期制作期间，持续的制作超期与预算超支让陷入困境的制片厂对所有电影人越来越不耐烦，尤其是对那位心力交瘁的监制。由于她吸食可卡因的问题（详细地记录在她1991年的回忆录中），茱莉亚·菲利普斯于1977年夏天，在电影的后期制作阶段被哥伦比亚影业强迫踢出了影片的制作。

她觉得"被唯一重要的几个伙伴背叛了：迈克尔、史蒂文、贝格尔曼"。她的前夫[2]强烈反对这一言论："没有任何阴谋要陷害她，那完全是胡说八道。她吸毒，但后来真的戒掉了。那时候她根本帮不上忙，反而阻碍了电影的完成。她的权力被剥夺了。那时她去了夏威夷，我们根本没有真正的交流。她那时已经有点神志不清了。她压力很大，因为那

---

1 弗兰克·斯坦利也参与了两天的电影拍摄，但并未获得署名。
2 菲利普斯夫妇于1974年离婚，但在她被开除之前，他俩仍然以伙伴的身份一起进行《第三类接触》的制片工作。

是一部备受瞩目的电影，而且预算还出了问题，媒体和所有人都反对它。但我不认为那就是她的问题所在，她是因为滥用药物才无法正常工作的。"

茱莉亚·菲利普斯在1991年的一次采访中声称，在《第三类接触》之前可卡因对她来说"从来都不是问题"："我是从开始和史蒂文一起工作之后才上瘾的。他是个完美主义者。"她在书中攻击斯皮尔伯格是"小混蛋……早熟的7岁儿童"，"带着幼稚的自我陶醉"。这本书出版时，斯皮尔伯格的一位发言人对媒体说导演正忙着拍摄《铁钩船长》，无暇针对《你再也不能在好莱坞吃午餐了》发表评论。直到今天，他也没有对此书发表任何公开评论。

《第三类接触》中的大部分特效都是在后期制作中加入的，因此演员不得不花大部分时间盯着头顶上的灯光看，尽力想象他们当时并没有真实看见的东西。"特效电影根本没法拍，"梅琳达·狄龙说，"……几个星期以来，我们只是坐在一块岩石上，变换姿势，假装看着着陆点和天空。史蒂文会对我们说：'有一道光从你身边经过。噢，那一束特别的灯光会经过你身边。'这是一次很棒的表演练习。"可弗朗索瓦·特吕弗对这段经历感到不安："我从来没有扮演角色的感觉，只是把我的躯壳借了出去。斯皮尔伯格给我看了他故事板的2000多份草图，因此我知道他想要的是一部大型的连环漫画，我手上那本专为表演购买的斯坦尼斯拉夫斯基的书，也可以放回我的手提箱了。"

理查德·德莱福斯"对他表演中的几个瞬间感到非常沮丧，"斯皮尔伯格回忆说，"因为他觉得如果让他看到了这些特效，他可能会做出不同的反应。"德莱福斯承认自己第一次看这部电影时感到很沮丧，因为"我不喜欢我的表演。我花了很长时间才重新找回自己决定拍这部电影的初衷……我参演不是因为这是一部斯皮尔伯格的电影，也不是因为只用对着空气表演，更不是因为那是个很棒的角色。我决定参演是因为我知道他们会在2030年时将这部电影拿去现代艺术博物馆展览……那么，这部电影可能是有史以来最重要的电影，我非常希望能参与其中。"

《第三类接触》中超过200个镜头使用了特效，有些镜头包含了多达18个不同的视觉元素。马修·尤里契奇的数10幅蒙版画使整个设计得以完成，其中印第安纳州和魔鬼塔的一些景观还采用了微缩户外布景。电影采用人造星星和云的形状来增强夜晚的景观效果，并使用动画来展示魔鬼塔上方出现北斗七星和一颗流星的场面。斯皮尔伯格委托进行了计算机生成图像（CGI）的测试，当时这项技术还处于萌芽阶段，他当时觉得这项技术的效果看起来不够逼真，而且成本高昂（17年后，斯皮尔伯格在《侏罗纪公园》中率先将实景拍摄与CGI技术结合起来）。

斯皮尔伯格承认自己"对光学与微缩特效一窍不通"，他面试了各类特效技术人员，但他觉得自己需要"一个有热情、能起推动作用的'荒野向导'，带我去以前没人去过的地方"。他找到了那个人：道格拉斯·特朗布尔，此人在帮助库布里克实现《2001太空漫游》中的视觉效果上发挥了关键作用。"如果特朗布尔没有接受这份工作，"斯皮尔伯格在1978年发表于《美国电影摄影师》上的文章中承认，"我可能仍在哥伦比亚的片场里想方设法地从稀薄的空气中造出人造云。"

在1971年制作了他的科幻电影长片处女作《宇宙静悄悄》后，特朗布尔拒绝再为其他导演制作电影特效。他当时正与自己的未来通用公司致力于研发一套创新性放映系统，并拒绝了乔治·卢卡斯《星球大战》的邀请。当时《星球大战》与《第三类接触》的制作正在同时进行。"我对《星球大战》并不反感，但我觉得自己对太空题材电影没什么兴趣，"特朗布尔回忆说，"当史蒂文来找我时，我正在想办法把65毫米的摄影机设备组装起来，以开发休斯坎（Showscan）系统，这也是我和史蒂文达成协议的一部分，把我需要的65毫米设备组装起来。我对《大白鲨》印象非常深刻，我想，跟这位导演合作应该很有趣，这也是个挑战极限的机会。"

在《第三类接触》的前三分之二中，特效的指导原则是将奇幻元素无缝融入平凡的美国中部环境。这将有助于让观众信服UFO是真实存在的，并让他们为影片后40分钟母舰着陆时狂想曲式甚至是先锋艺术式的奇观做好准备。斯皮尔伯格的UFO通过激活婴儿玩具、关闭曼西市市政照明网、震动铁道路口标志、点亮麦当劳广告牌等方式宣告他们的存在。操控那些人们熟知的景象与声音，使得影片中最夸张的幻景——云朵变成奇怪的形状与颜色，一束耀眼的橙色光束穿入一间农舍的门——看起来像是自然现象。

"我相信《第三类接触》的成功源于史蒂文能够赋予非凡事物以合理性的特殊天赋，"特吕弗写道，"如果你分析一下《第三类接触》，就会发现斯皮尔伯格精心地在拍摄日常生活的场景时赋予它们轻微的奇幻色彩，同时为了保持平衡，又将这些奇幻场景以最日常的方式呈现。"

使得所有的元素能够如此顺畅地融合在一起的，是创新的电子运动控制系统（Electronic Motion Control System）。这是一个数字电子系统，可以记录和编排摄影机的运动，当匹配的微缩效果与实景摄影合成时，这些影像就可以被复制下来。这个系统允许所有的视觉效果和谐地运动，提高了《第三类接触》中许多合成图像在观众潜意识中的可信度。"我们的计划是，"特朗布尔解释说，"即使UFO在后期制作中才会加上去，但在那些它们出现的实景镜头中必须包含由他们产生的明显光晕，并加以均匀的过度曝光、变换的阴影与正确的调色。"为了达到这个效果，数十名汗流浃背的灯光师每天要花12个小时在演员头顶上的栈桥和升降机上操控灯光，特吕弗一语双关地说："他（它）们动不起来……似乎永远都不可能拍完。"

这部影片中最壮观的特效"那艘母舰"，直到后期制作临近结束时才定下最终造型。斯皮尔伯格与阿尔夫斯最初将其设想为一个"超级巨大的"、遮蔽星宿的、下部开口处发出光芒的黑色物体。电影中当母舰掠过头顶时，投下的巨大阴影就是这一设计的保留。但考虑到斯皮尔伯格对童年主题的关注，把罗伊·尼尔瑞运送到子宫般极乐世界的巨大物体被称为"母舰"，并在其内部载满孩童般居民的设计则显得极为恰当。"我一开始的概念设计里，"特朗布尔说，"母舰的腹部——挂在底部的庞然大物——应该看起来像个有乳头的巨大乳房。"这一概念反映出人类渴望与UFO接触的心理学研究，该研究表明这种现象与对婴儿时期感知的回忆有关，尤其是对接近母亲乳房的那种（既恐惧又安慰的）感觉。

1977年2月，斯皮尔伯格来到印度进行外景拍摄（这是他第一次在美国以外的地方拍摄）时，他对母舰有了更进一步的想法。在6天的时间里，斯皮尔伯格不断往返于孟买郊外的一个村庄，经过一个被成千上万盏小灯照亮、里面布满管道、油管和人行通道的巨型炼油厂。回到洛杉矶后，斯皮尔伯格让插画家乔治·詹森根据这一描述画了一艘新的飞船。"就在那天晚上，"斯皮尔伯格回忆道，"我在穆赫兰大道上——有点飘忽——我把脑袋靠在引擎盖上，看到了圣费尔南多山谷里灯光的倒影。我就想，将孟买的炼油厂作为飞船的底部肯定棒极了。"将这两种元素结合起来就成了特朗布尔所说的"光之城……就像夜晚的曼哈顿的天际线一样"，这部电影中的飞船由拉尔夫·麦夸里设计，格雷格·因建造。拍摄完成后，斯皮尔伯格把母舰带回家留作纪念。

特朗布尔与库布里克在《2001太空漫游》的大结局中尝试过制造外星人，但实验证明这么做的成本太高，耗时太长。于是库布里克最终决定不去冒险，让外星人出现在银幕上，以免降低影片的可信度。那部影片中简略的表现手法符合库布里克对人类与外星人首次接触的超然与理性的看法。但对于更温情且更感性的斯皮尔伯格来说，展示人类与外星人之间的交流是必不可少的。"我也知道这可能是我在这部电影中做出的最危险的尝试，"他承认，"想要拍出令人相信的外星人是如此困难，以至于直到预映的3周前，导演称之为'帕克'的外星人头领的最后镜头才全部完成。"

"我做的第一件事就是去寻找完美的外星人，"斯皮尔伯格回忆说，"我有一个奇怪的想法，外星人不应该由穿着戏服的人来扮演。好莱坞很早以前就有人这么干过，于是我让人把一只黑猩猩带到拍摄现场。我们给黑猩猩穿上外星人的服装，给他穿上溜冰鞋，因为我不想让这只黑猩猩像猿类一样走路，我想让他从斜坡上平稳地滑下来。你可以想象一下这个实验……一只黑猩猩戴着大号橡胶头套、穿着一件轻薄的芭蕾舞服，脚上套着一双把轮子遮起来的超大号溜冰鞋。我们将黑猩猩放在斜坡上，一开始它当然摔倒了，并从斜坡上滑了下来……不断重复着查理·卓别林的经典坐跌……黑猩猩笑得很开心，好像自己很享受似的……有一次，黑猩猩将橡胶头套摘下来扔给了剧组成员，好像在以它的方式告诉我'换个方法吧'。"

因为那些声称遇到过外星人的人，通常把他们描述成身材矮小、四肢细长、脑袋硕大、长得像孩童般的生物，所以大部分外星人都由来自舞蹈班的6岁小女孩扮演，她们戴着超大号的头套与手套。但斯皮尔伯格觉得汤姆·伯曼的外星人设计完全"是一场灾难"。"他认为那些外星人看起来太吓人了，"伯曼回忆说，"他想让外星人看上去更温和、更友善。"伯曼修改了他的设计，斯皮尔伯格花了好几天时间拍摄外星人的场景，但其中大部分都没有出现在最终的成片中。"斯皮尔伯格总是不断推翻自己的想法，"伯曼的助理大卫·艾尔斯说，"但他胆子够大。他愿意尝试有助于电影拍摄的一切办法……有一次，摄影机机架在移动摄影车上，斯皮尔伯格推着它到处跑，在一群技术人员中进进出出，人们都吓得立马跳开——就像外星人的主观视角一样。他还让他们打开一罐可口可乐，汽水喷得到处都是。他有很多疯狂想法。"

剧本要求外星人"像在玩具厂里自由玩耍的孩子一样"，在一群科学家中间飞来飞去，用他们细长而柔软的手指好奇地抚弄德莱福斯、特吕弗、海尼克等人。从詹森的设计图来看，对于一部想要把外星人描绘成善良、优雅生物的电影来说，这样的场景可能太过怪异或可怕。但斯皮尔伯格最担心的是，此类扩展场景将外星人"刻画得近乎荒谬"，"可能会破坏我原本希望达到的可信度"。

"不幸的是，外星人看起来并不逼真，"日格蒙德说，"史蒂文告诉我，解决这个问题的唯一办法就是使他们过度曝光，这样我们就很难看清他们了。我使用了2.5档的过曝，可实验室将样片搞砸了，结果冲印出来的胶片上什么都没有——全是空白，一点东西都没有。茱莉亚·菲利普斯慌慌张张地跑来找我：'维尔莫什，你把事情搞砸了。我们得再拍一次。'他们撇下我独自去看样片，我感觉受到了侮辱。我说：'把样片给我看看。'我从洗印实验室的信息上发现他们搞错了冲印方法。我说：'让实验室降低8个点的曝光。'我们只得又等了24小时。第二天样片洗出来了，真是太完美了。史蒂文说：'太谢谢你了。'"

斯皮尔伯格回到好莱坞后，将注意力转向了"帕克"。它身体的整体形象由木偶师鲍伯·贝克打造，上半身和头部（用于特写镜头）由意大利工匠卡洛·拉姆巴迪制作。拉姆巴迪为重拍的《金刚》创造了面部表情丰富的机械木偶金刚而引起了斯皮尔伯格的注意。拉姆巴迪设计的帕克由8个人通过线缆操纵。斯皮尔伯格对这个生物非常满意。"他花了很多时间把玩它，"拉姆巴迪回忆说，"他特别喜欢它的笑容，在拍摄期间，他亲自操纵杠杆来控制玩偶的微笑。"整部影片情感的高潮，就是"帕克"与特吕弗互相微笑的时刻，也是斯皮尔伯格最具人性光辉的代表性镜头。"观众对外星人的反应很大程度上取决于特吕弗的反应，"特吕弗在片中的英文翻译扮演者鲍伯·巴拉班在日记中写道，"（斯皮尔伯格）想让特吕弗把外星人当成小孩子，他知道特吕弗有多喜欢小孩。"这位法国导演对拉姆巴迪的创造如此着迷，以至于每天来到片场看到帕克时，都会过去握着这位外星人的手说："你好！你好吗？（Bonjour！Ça va？）"

"当着特吕弗的面做导演，"斯皮尔伯格说，"就像是当着雷诺阿[1]的面画简笔画一样。"

特吕弗是斯皮尔伯格进入电影行业后最欣赏的导演之一。这位法国电影人对斯皮尔伯格作品的影响，或许比他童年时代仰慕的大师希区柯克和大卫·里恩更为持久和普遍。在加州大学长滩分校上学期间，斯皮尔伯格在艺术影院研究过许多特吕弗的电影，比如《射杀钢琴师》《朱尔与吉姆》和《偷吻》，从其中浪漫的抒情风格、震撼人心的画面，以及诙谐幽默与醇厚情感的优雅融合中汲取灵感。特吕弗在《日以作夜》中对电影拍摄集体过程的颂扬是让这部影片成为"所有特吕弗电影中让我最有亲切感的一部"，斯皮尔伯格回

---

1 此处指法国印象派大师皮埃尔-奥古斯特·雷诺阿（Pierre-Auguste Renoir），是后文提到的让·雷诺阿导演的父亲。——译者注

忆说，"……《日以作夜》让你了解特吕弗是什么。他就是电影。"斯皮尔伯格觉得，他们性情上最相近的是都很喜欢"与孩子或像孩子一样的成年人共事……弗朗索瓦·特吕弗的内心里仍然有个孩子。看到他在其电影《野孩子》和《日以作夜》中的表演，我看到了那个孩子……那正是我希望赋予克劳德·拉康姆（特吕弗在《第三类接触》中所扮演的角色）的精神。"

即便如此，斯皮尔伯格在联系他之前依然有所迟疑。"我不想听到特吕弗对我说不，"他解释说，"我不想让他觉得'我想让你当演员'是在侮辱他。"但是在考虑了热拉尔·德帕迪厄、菲利普·努瓦雷、让-路易·特兰蒂尼昂和利诺·文图拉等欧洲演员之后，斯皮尔伯格终于鼓起勇气拨通了特吕弗巴黎住宅的电话。

"史蒂文吸引了我，"特吕弗回忆道，"我了解他的作品。我对他很有信心。当他在法国打电话给我，说他特别为我写了这个角色时，我觉得他是在开玩笑。我猜他以为我会说英语。"

特吕弗反对说："我不是演员，我只会演我自己。"

"但这正是我想要的。"斯皮尔伯格向他保证。

看完剧本之后，特吕弗以75 000美元的片酬同意出演他称之为"一位法国学者（un savant français）"的角色，他对这个主题没有特别的兴趣。当被问及他是否相信UFO时，特吕弗回答说："我相信电影。"在其他场合，他宣称："当人们谈论UFO的时候，我并不关心。"况且"和我近距离接触的只有女人、孩子和书籍"。在他到达莫比尔之前，特吕弗没有向斯皮尔伯格承认自己想要参与《第三类接触》是别有用心的。他计划利用这段经历为一本名为《演员》（*The Actor*）的书做研究（后来他放弃了这个项目），同时他也利用片场的空余时间撰写了《痴男怨女》（*The Man Who Loved Women*）的剧本。

《第三类接触》片场无尽的等待激怒了特吕弗，他觉得自己失去了兴趣，迫不及待地想要回去拍摄自己的电影。在怀俄明拍摄期间的某天，他在女演员特瑞·加尔面前大声抱怨："他们刚刚用直升机拍的那场戏就花费了25万美元，有这钱我都能拍一部电影了，而且他们还拍了两遍！"但这段经历也帮助他理解了演员们在拍电影时为何"气氛会既充满火药味又亲密"。拍戏间隙服装、发型和化妆各部门的事无巨细的打扰和纵容，演员"又重新变得像婴儿一样听话"，他沉思着说，一个更让人清醒的发现是"每个人都背着导演说了许多坏话"。

特吕弗自己也并非完全没有说过导演的坏话。在他从莫比尔写给法国朋友的众多信件中，特吕弗写道："与每部电影中的演员一样，我发觉自己也会说：'他从来没有指导过我，没人告诉我应该怎么做。'事实上，这话也只说对了一半。不管怎么说，我觉得看另一位导演工作的样子很有乐趣，即使我们之间存在明显的差异（比如，他最喜欢的法国导演是罗贝尔·恩里科和克洛德·勒卢什），但还是能发现各种各样的共同点，或者说是共同的反应。无论在什么情况下，他都没有表现得自命不凡，也没有表现得像史上最成功电影（《大白鲨》）的导演一样，他很冷静（表面上如此），甚至非常平和，非常有耐心还很幽默，这部飞碟题材的电影对他来说意义重大，他儿时的梦想终于成真了。"

起初，斯皮尔伯格对特吕弗参演自己的电影感到"胆怯"。特吕弗安慰他道："我将会是你共事过的最省心的人，无论在演员里还是剧组里。我这名演员不会有自己的想法，我可以把你的想法表演出来。"特吕弗不仅说到做到，似乎还能看穿斯皮尔伯格的心思。有时，斯皮尔伯格故意不给特吕弗任何指示，比如克劳德·拉康姆用手语向帕克告别的那个崇高时刻，"他脸上的表情似乎在嘲笑这一刻的温情"，特吕弗的个性也让那个角色"比最初剧本上写的更加真切"，斯皮尔伯格承认，"他仍然是和平大使……也是个大男孩，狡黠却不乏热情"。

尽管特吕弗曾警告斯皮尔伯格，不能指望他"像一个专业演员那样被要求哭或笑"，但特吕弗发现自己"在拍摄过程中，有好几次都超越了自我。他指引我，使我走出自我。正因如此，我发现了作为一名演员的真正乐趣。我与其他演员一样，每个镜头拍完后，就马上转向导演看看他是否满意，而且每当我达到斯皮尔伯格的期望时，就会很满足。"

特吕弗温和的面相下潜藏着狡诈的、有时甚至是阴险的诡计。他最终以怒斥茱莉亚·菲利普斯的方式将自己的挫败感宣泄出来，他告诉《纽约时报》："这部电影一开始的预算只有1100万美元，而现在涨到了1500万美元，但这不是斯皮尔伯格的错，这是制片人茱莉亚·菲利普斯的问题。她并不称职，也不专业。你可以就这么写，她知道我是这么认为的。有时候她把事情搞得一团糟，我来到片场却一连5天都没事可做。"恼羞成怒的菲利普斯在自己的书中激动地说："我认识的所有已经去世的人里面，弗朗索瓦·特吕弗轻而易举地可以获得卑鄙小人奖。"斯皮尔伯格做了一次老好人，他给《纽约时报》写了一封信，表示自己不相信特吕弗竟会说出"如此刻薄的言论"。斯皮尔伯格似乎不合情理地解释说，这位经验丰富、久经世故的法国导演一定是对电影制作中特有的技术挑战一无所知，他还声称，"从来没有制片人会像茱莉亚·菲利普斯一样给我这么有建设性的和始终如一的支持，我知道哥伦比亚影业也会赞同我的说法"。可菲利普斯非但没有感激，反而抱怨说斯皮尔伯格的这封信远没自己希望的那么铿锵有力。

特吕弗在接受《纽约客》的一次采访时表示了某种悔意："让娜·莫罗[1]曾告诉我：'在每部电影中，你必须爱护每一个人，除了那个成为替罪羊的人。'我听从了让娜的建议，我让制片人茱莉亚·菲利普斯做了我的替罪羊。每当我发现自己不喜欢的东西，我都说这肯定是茱莉亚·菲利普斯的错。"

凭借《第三类接触》，斯皮尔伯格完成了一项非凡的壮举，即在好莱坞电影制片厂体系内，完成一部极具个人色彩的大制作影片。更了不起的是，他将自己的个人构想传达给了全世界的观众。"这可能是世界上最具合作性的艺术形式，"他在《美国电影摄影师》上发表的一篇赞美《第三类接触》剧组成员的文章中写道，"世界上根本没有'电影作者'，要是没有这些工作人员，根本没法拍出任何电影。"然而斯皮尔伯格依靠这些工作人员的才能实现了一个梦，一个当他还是凤凰城的小男孩时，被父亲半夜从床上叫醒去看流星雨时就在心中种下的梦。

那件事被斯皮尔伯格改编成罗伊·尼尔瑞第一次见到UFO后兴奋地叫醒家人，并为了分享他的外星接触经历而带家人们进行了一次（徒劳的）夜间寻碟的剧情。斯皮尔伯格对尼尔瑞的问题家庭的描述与自己儿时的经历相呼应。在《第三类接触》中，斯皮尔伯格非但没有像诋毁他的人经常指责的那样赞美郊区的和谐，反而对郊区生活持悲观态度，将其描绘成一个寂静的绝望之地，一个罗伊·尼尔瑞渴望逃离的变形的炼狱。罗伊缺乏想象力的妻子罗妮极力反对他对UFO的兴趣，认为他疯了。她对罗伊的不理解和抛弃（尽管这是这种情况下的合理反应），使得观众同情罗伊离家出走去外太空另谋新生的决定。一路上，罗伊与同样对UFO深信不疑的吉利安·盖勒（梅琳达·狄龙饰）组成了临时的新"家庭"。吉利安的小儿子巴里（卡里·加菲饰）被外星人绑架的这段痛苦经历使她成了斯皮尔伯格电影中被迫与孩子分开的母亲们的一员，这些母亲们从《横冲直撞大逃亡》中的鲁·琴·波普林开始，一直延续到《辛德勒的名单》中普拉绍夫强制劳动集中营里的囚

---

1 让娜·莫罗（Jeanne Moreau），法国著名女演员，代表作《通往绞刑架的电梯》。1991年荣获威尼斯影展终身成就奖，1997年获欧洲电影学院终身成就奖，凭借《如歌的行板》获得1960年的戛纳影后，在法国影坛的地位崇高。——译者注

犯。罗妮嘲讽地称自己的丈夫为"小蟋蟀吉米尼"，她是位不快乐的家庭主妇，她的情感和智力的地平线都被她那杂乱小屋的墙壁所框定。斯皮尔伯格对罗妮的刻画不仅出于情节需要，更是自己年轻时对母亲形象的憎恶的反映。在1990年的一部关于《第三类接触》幕后制作的纪录片中，斯皮尔伯格反思了自己对罗妮的塑造。他回忆起自己是在看到泰瑞尔的咖啡广告后才让她出演了这个角色："我那时说：'家庭主妇——能煮出好咖啡！'我当时很年轻，很天真，大男子主义……从某种程度上说，她在电影里是坏人。但实际上，她并不是真正的坏人，她只是试图保护自己的家庭，把家人从她所认为的德莱福斯陷入的疯狂状态中拯救出来，她只是不希望自己的家庭因此被毁。"

如果是一个情感上更成熟的斯皮尔伯格，可能会对罗妮有更多的同情，他对尼尔瑞混乱家庭弥漫着的原始痛苦的描写也可能会被削弱。由这位30岁单身电影人的"另一个自我"扮演的罗伊，是个童心未泯的男人，还没有准备好承担婚姻或父亲的责任，直到他象征性地回归到一种幼稚状态，将他的家人逼走——像一个蹒跚学步的孩子摆弄自己的破烂儿一般，在客厅里用泥巴堆出了一座山的模型——罗伊才找到逃离压抑环境的出路。当罗伊升入母舰子宫般的舱室，实现了他"对星星许愿"的迪士尼式的梦想时，也象征他重获了新生，就像《2001太空漫游》结尾的那位宇航员那样。在这些将罗伊视作兄弟和父亲的孩子般矮小的外星人的护送下，罗伊登上了飞船，按照斯皮尔伯格的描述，罗伊在这一刻"成长为真正的人，就像摆脱了绳子和木制关节的木偶，以及……他做出了人类历史上最重要的决定"。

通过罗伊·尼尔瑞，"彼得·潘综合征"上升到了宇宙维度。这部电影的一些批评者认为，斯皮尔伯格只是在美化一位不负责任的父亲对家庭的抛弃，称这部电影是"一首对道德退化、冷漠无情的赞歌"。史蒂芬·法伯在《新西部》中写道："如果平凡的世界有一定的吸引力，如果家庭对罗伊有强烈的情感羁绊，那么电影的结局会变得更加丰富，更有意义。"虽然这种说法本身很有道理——"我今天肯定拍不出《第三类接触》，"已经身为人父的斯皮尔伯格在1994年说，"因为我永远不会离开我的家人。"——这样的批评往往会降低电影世俗的意义，同时低估了斯皮尔伯格成功说服我们罗伊"异化"的合理性。法伯本人也指出，《第三类接触》改写了被文学评论家莱斯利·费德勒所定义的典型美国神话，即"载着梦想家的航班从泼妇身边逃走——飞入群山，超越时间，逃离家乡和小镇单调乏味的责任"。电影以相当强劲的情感张力，向人们传达出罗伊的中产阶级生活中存在主义式的悲凉感，以及他的家人无法理解的、对更美好和更充实的生活的精神追求。

为了给电影增添导演公开或隐秘的自传性色彩，外星人借助壮观的灯光和音乐表演进行交流，与弗朗索瓦·特吕弗"导演"下的人类进行回应的场景，以及罗伊和吉莉安对他们从人类社会"异化"的应对和妥协都转向了艺术表达。当特吕弗饰演的拉康姆见到尼尔瑞时，他问："尼尔瑞先生，您是艺术家还是画家？"在一组根据施拉德的原始剧本草稿改编的扩展镜头中，罗伊（在巴里的引导下）痴迷地雕刻出了一座由外星人植入他意识中的山峰模型（这座雕塑名为"娱乐山"，也就是斯皮尔伯格这个姓氏在德语中的意思）。吉莉安也得了强迫症似的画出了那个同样神秘形状的素描和画作，后来她和罗伊（通过电视）发现那地方就是位于魔鬼塔的着陆点。

罗伊所谓的"艺术"，在传统社会看来却是"疯狂"。斯皮尔伯格很清楚这个两难困境，因为他早期在亚利桑那州郊区的电影拍摄也被贴上过"疯子"和"街区里奇怪孩子"的标签。在德莱福斯的表演中，最感人的时刻是罗伊在家庭餐桌上用土豆泥雕刻出那座山时的情绪崩溃（"嗯，我想你已经注意到爸爸有点奇怪"）。当浑身都是泥巴的罗伊将他的大型艺术品堆在一起时，惊动了邻居，还差点在此过程中毁掉了自己的房子，他表现出一位疯子雕刻家的狂热和暴怒。这些黑色幽默的场景是如此令人不安，以至于许多观众和评论家都发自内心地不想看到主人公"发疯"，这也是主流美国电影中，塑造父亲形象或主角时的禁忌。面对这种负面反应，斯皮尔伯格做出了让步，在特别版中彻底删除了那些镜头。那个不幸的决定削弱了罗伊的经历给其造成的心理影响，默认了这样一个误解：罗伊对不明飞行物的痴迷仅仅是对社会责任的逃避，而不是压倒一切的精神诉求。

"我多次将理查德比作梵高，"斯皮尔伯格在1978年的一次采访中说，"当我为他在小屋里建造山峰模型的疯狂行为辩护时，好几次用梵高的疯狂作比。身为艺术家——尼尔瑞也是位艺术家——可能所有疯狂的人在某种程度上都是艺术家，即使他们没有外显的才能，但他们肯定有某种内在的东西能使自身的存在变得有价值。"

虽然艺术冲动被错误地等同于疯狂，但对斯皮尔伯格来说，它的真正来源是童年时期"天真的好奇心"，罗伊、拉康姆和小巴里·盖勒在不同层次的意识中代表了这种品质。由于缺乏导致成年人产生排外反应的文化条件，巴里将外星人（起初只有他能看见外星人）视作"朋友"，这些朋友们像彼得·潘一样召唤他去进行伟大的冒险。为了强调他们的亲切关系，斯皮尔伯格找了一位天使模样的小孩来饰演巴里，这孩子柔软、圆圆的大眼睛和幸福的微笑，让他看起来如同那些长得像鬼马精灵卡斯珀那般外星人的家人一样。

"我真的很想从孩子的视角出发。"斯皮尔伯格说，"尚未受过教育的纯真让一个人迈出了量子跳跃般的一步……如果你愿意，就可以登上飞船。有责任心的成年人却不太可能如此行事。"

在巴里发现外星人弄乱母亲厨房的奇妙场景中，斯皮尔伯格激发出这位未经训练的童星非常自然和动人的一系列表情。巴里穿着睡衣站在门口的阴影之中，脸上的表情在一个特写镜头中从最初的惊恐变成后来惊讶的开心，最后，几乎是万分喜悦。

斯皮尔伯格对孩子本能的亲和力表现在那一幕中他用来指导卡里·加菲的神奇手段上："我不得不在摄影机左边加一个硬纸板隔板，在摄影机右边再加上第二块隔板。在摄影机的左边，我让化妆师鲍勃·韦斯特莫兰德穿上大猩猩的服装——完整的面具、手套和毛茸茸的身体。在摄影机右边，我把自己打扮成一只复活节的兔子，戴上耳朵和鼻子，并在脸上画好胡须。加里·加菲事先并不知道自己会看到什么。他不知道自己会作何反应，他的任务是走进厨房，停在门前，然后享受这一刻……就在他走进厨房时，我打开第一块硬纸隔板，然后鲍勃·韦斯特莫兰德假扮的大猩猩出现了。卡里僵住了，就像一只被车前灯照到的鹿……我接着打开我那边的隔板，他朝我这边看过来，复活节兔子正对着他笑呢。他吓坏了。然后他开始对我微笑，但他还是很害怕那个东西。接着我对鲍勃说：'把你的头套摘下来。'鲍勃摘下了他的面具，当卡里看到大猩猩原来是早上给他化妆的家伙时，便笑了起来。尽管这不过是个玩笑，但他的反应是纯粹和诚实的[1]。"

斯皮尔伯格用"孩子的视角"来展示特朗布尔的那些光彩耀人、五颜六色的太空飞船（巴里称它们为"玩具！"），给予观众与那些声称自己与外星人有过近距离接触的人一样的惊奇感。即使你不相信UFO存在，也会和斯皮尔伯格一样，对与更高等生命相遇的可能性感到惊奇。斯皮尔伯格"向那些对任何事物都失去信仰的人提供了一个诱人的选择"，他用一个超越的神话，用现代世界的世俗语言表达了对后越战和后水门事件时代日益增长的犬儒主义的抨击。秉持着对有组织的宗教信仰的怀疑，斯皮尔伯格以对另类现实

1　斯皮尔伯格的神奇方法并非总是对卡里·加菲奏效。"有一次，我的天哪，这个小男孩累了，那时我们正在拍夜戏，"监制约翰·维奇回忆，"他对妈妈说：'我今晚不想演戏，我想睡觉。'史蒂文和我们所有人都对他说：'我们会给你任何你想要的玩具，你想要什么都行。''我什么都不想要。我只想回家，妈妈。'然后他真的回家睡觉去了，而我们损失了大约10万美元，因为那天要拍的是大场面，所有人员和母舰都准备好了。"

的高科技和准精神化的构思，表达了对社会和谐的希望。

"当前的世界形势是前所未有的，它唤起了人们对一场救赎的、超自然事件的渴望。"荣格在其1959年出版的关于飞碟的书中写道，"……我们的确已远远偏离了中世纪形而上学的确定性，但还不至于使我们的历史和心理背景完全失去形而上学的希望……这是我们时代的特征，与从前的表述相对，原型现在应该取自一个物体，一种技术化的建构，以避免对神话的人物化身的憎恶。任何看起来技术化的东西，都能毫不费力地为现代人所接受。太空旅行的可能性使得原本不受欢迎的形而上学的介入更容易被接受。"

斯皮尔伯格在《第三类接触》中的视觉风格，以人们惊奇地凝视着比生命更伟大的东西的镜头为特点，影像中充斥着他所谓的"'神之光'。这道光来自天空，或从飞船射出，或是从门口的过道穿堂而过"。这样的影像后来成为斯皮尔伯格电影的标志，他也用这种方式延续了祖父费韦尔曾经表达过的感受："你的作品何等奇妙。"

1977年初，距离《第三类接触》完成还有几个月时，乔治·卢卡斯在加州北部圣安塞尔莫的家中展示了《星球大战》的粗剪版（没有约翰·威廉姆斯激动人心的配乐）。观众包括20世纪福克斯的高管们、参与剧本创作的格洛丽亚·卡茨和威拉德·赫依克，还有卢卡斯的其他几位电影人朋友，其中包括布莱恩·德·帕尔马、约翰·米利厄斯、哈尔·巴伍德、马修·罗宾斯和斯皮尔伯格。

"这是福克斯的高管们第一次看到它，"卡茨回忆说，"没有任何特效，战斗场面也是用二战老电影代替的，放映结束后，现场一片沉默。乔治当时的妻子（玛西娅）突然哭了起来。我告诉她：'不要在这些制片厂的人面前哭。'她说：'这是《永恒的爱》（*At Long Last Love*）的科幻版。'布莱恩·德·帕尔马却说：'这是什么狗屎？'"

但当卢卡斯、斯皮尔伯格和编剧们在放映结束后驱车前往一家餐馆时，斯皮尔伯格高声说道："我喜欢它，我觉得这部电影能卖到一亿美元。"

卢卡斯比较悲观，他预测自己这部标新立异的科幻史诗巨作在票房上的表现也许和一般的迪士尼电影相近。当年5月《星球大战》公映时，卢卡斯逃到夏威夷群岛中的毛伊岛上以恢复后期剪辑过程中消耗的精力，同时逃避电影上映带来的焦虑。他邀请斯皮尔伯格来毛纳基亚酒店与他一同度假。这两位电影人在海滩上堆砌一座沙堡以祈求好运时，卢卡斯不得不离开去接一通从洛杉矶打来的电话。得知《星球大战》的电影票在美国的所有上映这部电影的影院中都已售罄，卢卡斯带着斯皮尔伯格所说的"狂喜的状态"回来了。

当他们继续雕塑沙堡时，卢卡斯问斯皮尔伯格在《第三类接触》之后想做什么。"我说我想做一部詹姆斯·邦德（007）电影，"斯皮尔伯格回忆说，"联艺在《横冲直撞大逃亡》之后找到我，并请我为他们拍一部电影，我说：'好的，把下一部007电影交给我就行了。'但是他们说不行，然后乔治说他有一部比007还棒的电影，名叫《法柜奇兵》，讲的是一位考古冒险家寻找约柜的故事。当他说这部电影会像老式系列片一样，主角会戴着软呢帽、拿着长鞭时，我完全被吸引住了。乔治问：'你感兴趣吗？'我说：'我想导演这片子。'然后他说：'是你的了。'"

《星球大战》的票房甚至超过了斯皮尔伯格的乐观预测，仅3个月就突破了一亿美元大关，最终总票房超过5亿。《星球大战》打破《大白鲨》的票房纪录后，斯皮尔伯格在商业媒体上慷慨地祝贺卢卡斯，但这并不是他的全部反应。"《星球大战》是我们的竞争对手。"《第三类接触》的制片人迈克尔·菲利普斯说，"对于他们的片子在我们的片子之前上映这一事实，史蒂文感到非常沮丧。"斯皮尔伯格不仅对自己的纪录被超越感到失望，更担心《星球大战》会偷走《第三类接触》的不少潜在票房。

哥伦比亚影业在10月19日和20日于达拉斯的奖章影院举行的《第三类接触》公开放映前的预映，加剧了他们的担忧。斯皮尔伯格觉得他还需要7周的后期制作才可能使这部电影赶在12月中旬发行，但是哥伦比亚要求在11月1日首映。压力之下，斯皮尔伯格将最初发行的版本视为"尚未完成，仍在改进的作品"。他留给预映观众们的一个决定是，当母舰与登船后的罗伊·尼尔瑞一起飞向天空时，他们是否希望在片尾演职人员表打出时听到蟋蟀杰米尼演唱的《当你向星星许愿》。在预映了有歌曲和没歌曲的两种版本后，斯皮尔伯格意识到这首歌似乎在暗示了"直到最后30分钟前的一切都是幻想，观众对此的反应是五五开。喜欢它的人也并没有那么喜欢，仅仅觉得还不错而已。不喜欢它的人则立场坚定"。"歌曲削弱了电影，"道格拉斯·特朗布尔觉得，"它太出戏了，而且过分参考其他的东西会让你脱离为电影所营造的情绪氛围。"尽管这首歌曾经激发了影片的创作灵感，最后斯皮尔伯格还是不情愿地删去了它。但他选用了约翰·威廉姆斯的配乐中两个乐器的演奏选段。早在1978年，他就发誓要在电影重新发行时把那首歌加回去（1980年的特别版里在播放片尾字幕时使用了纯器乐版）。达拉斯预映后，原定于洛杉矶的国际新闻发布会和东海岸的媒体预映会被推迟，斯皮尔伯格又将电影剪掉了7分半钟。

《纽约客》杂志的财经作家威廉·弗拉纳甘的一篇不成熟的评论，掀起了这些预映最具戏剧性的余波。弗拉纳甘向一个长得像他的人行贿25美元，让自己顺利通过检查预选观众驾照照片的保安，进入影院观看了电影。弗拉纳甘措辞尖刻的负面文章，于10月31号一炮打响，文中指出，因为《第三类接触》的即将发行，哥伦比亚影业的股价已经在过去几个月内从每股8美元上涨到每股17美元，但制片厂仍然似乎异常焦虑地选择将这部电影保密。"我能理解所有的焦虑，"弗拉纳甘写道，"在我看来，这部电影将是一个巨大的失败，它缺乏《星球大战》那样的炫目、魅力、智慧、想象力和广泛的观众吸引力。华尔街执意将它与《星球大战》比较，不顾编剧兼导演史蒂文·斯皮尔伯格在艺术上的异议。"

弗拉纳甘的这篇文章在华尔街引发了恐慌性的股票抛售，使得哥伦比亚影业发表声明，重申其"对史蒂文·斯皮尔伯格的坚定支持"，并抨击弗拉纳甘预设的偏见，"因为他并没有被允许观看影片，并且在没有被邀请的情况下于预映上观看了影片。事实上，没有任何一名媒体人员被邀请参加预映。"然而，《时代》杂志的弗兰克·里奇也设法在达拉斯观看了这部电影，并且于弗拉纳甘发表那篇严厉批评的文章的同时，发表了一篇热情洋溢的评论。里奇写道："尽管这部电影不一定会是票房炸弹——它缺乏过往那些票房冠军所共有的那种简单的效果——但它的成功一定足以让哥伦比亚的股东们感到高兴。"不过里奇没有提到时代集团也是这部电影的其中一个秘密投资方。哥伦比亚影业松了一口气，因此也没有批评《时代》周刊提前刊发了影评。里奇继续写道："更重要的是，《第三类接触》证明了斯皮尔伯格的名声并非偶然，如果一定需要什么证明的话。他的新电影比《大白鲨》更丰满、更有野心，而且这部电影对观众的影响比《星球大战》更为深远。"

这足以扭转股价的下跌，尽管《好莱坞报道》指出，"斯皮尔伯格因为太过关心大众对电影的反应，因此留在了酒店的房间内不愿参加首映礼（11月6日）"，此次首映礼在纽约的齐格菲尔德影院召开，邀请了媒体和金融分析师们。

自11月16日的首映以来，《第三类接触》轻松登上实时票房榜首，其全球总票房最终达到近2.7亿美元[1]。但斯皮尔伯格一直遗憾的是，他繁复的制作过程延迟迫使影片错过了

---

1 根据1994年《福布斯》杂志刊登的斯皮尔伯格简介，按《第三类接触》的合同规定，该片17.5%的利润归斯皮尔伯格所有，但他"最终只得到约500万美元"。斯皮尔伯格发现了好莱坞会计学的第一规律：即使是最热门的大作，在扣除日常经费、利息和分红后的"利润"也所剩无几。

原定的春季上映档期，从而使《星球大战》在票房上击败了《第三类接触》。尽管迈克尔·菲利普斯认为，《星球大战》重新唤起了沉寂已久的科幻类型电影的吸引力，可能帮助《第三类接触》获得了更多票房，但斯皮尔伯格不禁想到，如果他的电影能早点上映，可能会更受欢迎。不过，《第三类接触》证明了《大白鲨》的成功并非侥幸。在将哥伦比亚的收益推向新纪录的同时，《第三类接触》还以一种神奇的票房号召力肯定了斯皮尔伯格作为电影人在行业内的商业影响力。他和卢卡斯现在已经拥有了无限的权力来挑选他们电影的主题，并决定和制片厂的签约条款。他们前所未有的成功使他们更有信心在好莱坞体制内要求一定程度的独立，而这种独立只有极少的电影人曾得到过。

斯皮尔伯格因《第三类接触》第一次获得奥斯卡最佳导演奖提名，这是该片获得的8项提名之一。但是在学院全体会员难以捉摸的智慧看来，斯皮尔伯格的电影还不足以获得一个最佳影片的提名。理查德·德莱福斯参演的令人难以忘怀的喜剧电影《再见女郎》（他凭借此片获得了奥斯卡最佳男主角）取代了本该属于《第三类接触》的最佳影片提名，而二者均提名最佳导演奖。《第三类接触》最终获得两项奥斯卡奖：日格蒙德获得了最佳摄影奖，弗兰克·沃纳因为音效剪辑获得了特别成就奖。伍迪·艾伦的电影《安妮·霍尔》最终斩获最佳影片和最佳导演奖。斯皮尔伯格至少可以聊以自慰的是，他的电影输给了另一部现在已经成为当代经典的佳作。

影评人对斯皮尔伯格的评价从《大白鲨》开始分化，到《第三类接触》时更加趋于两极化。一些影评人嘲笑斯皮尔伯格拍出了一部"父母可以毫无羞耻地喜爱的儿童电影"——《纽约客》杂志的莫莉·哈斯凯尔在一篇题为"史上最蠢的故事"的影评里如此写道。对《第三类接触》反响良好的影评人则同意弗兰克·里奇所说的"这不仅是对童年梦想的颂扬，更是对帮助人们点燃这些梦想的电影的颂扬"。《新闻周刊》的杰克·克罗尔将斯皮尔伯格比作沃尔特·迪士尼，"他多变的天才、感伤的理想主义，以及对电影技术魔法的感觉，使他的电影成了技术乌托邦的典范"。但是克罗尔也理解斯皮尔伯格的阴暗面，指出罗伊·尼尔瑞在自己的小屋里造山的那个饱受非议的意象"是个疯狂、有趣又感人的场景……它似乎来自斯皮尔伯格内心深处的某些个人化的东西"。

几乎所有人都对斯皮尔伯格的"技术魔法"赞不绝口，但其中《洛杉矶时报》的查尔斯·查普林认为这种"穿插着剧情的魔幻场景"还是证实了人们的怀疑，即将斯皮尔伯格认定为"重视特效大于角色或人物关系"的导演。在同一张报纸上，雷·布莱德伯里将

《第三类接触》描述为"我们这个时代最重要的电影……因为这是一部宗教电影，在所有卓越的意义上，所有正确的意义上，即便那个词已经被用滥了……斯皮尔伯格拍出了一部可以在新德里、东京、柏林、莫斯科、约翰内斯堡、巴黎、伦敦、纽约、里约热内卢同一天上映，并引发所有人蜂拥而至观看的电影，因为这是第一次有人真正将我们全部视为同一种族"。

也许对《第三类接触》最恰当的评论来自伟大的电影人让·雷诺阿[1]。1978年3月，在从比弗利山庄寄给弗朗索瓦·特吕弗的信中，雷诺阿写道："我们终于看到了《第三类接触》，这是一部非常好的电影，我很遗憾这部电影没有在法国拍摄。这种类型的科普最适合儒勒·凡尔纳和梅里爱的同好们……你在里面的表演很精彩，因为你不那么'真实'。这并不只是一场奇异的冒险。电影的作者是一位诗人。在法国南部，人们通常会评价他有点'fada'。他让人想起了这个词在普罗旺斯的确切含义：'fada'的村子就是小精灵们居住的地方。"

不幸的是，斯皮尔伯格对他的杰作难以释怀。《第三类接触（特别版）》在1979年开拍，在他执导《一九四一》的19周片期中，利用周末时间完成。哥伦比亚给他200万美元来修订《第三类接触》，并拍摄一些他无法为原版拍摄的额外镜头，这是当时"受预算和拍摄日程限制，不得不做出的妥协……我已经看到过电影呈现在观众面前的样子。电影并非只是一个水泥变干的过程，我有相当奢侈的机会重新修饰这部作品"。

但是哥伦比亚要求的是极高的艺术价值。"我从来都没有真正想要展示母舰的内部，"斯皮尔伯格在1990年的《第三类接触》的幕后纪录片中承认，"但我以这个为借口获得了重新改进电影的资金。"迈克尔·巴特勒被招募进位于伯班克的影棚里新架设的片场内，拍摄尼尔瑞进入母舰的画面。罗伯特·斯沃斯负责给这一场景添加特效（道格拉斯·特朗布尔说他放弃了为特别版工作的机会，因为哥伦比亚影业不想付他工钱）。

尽管加长版的结尾是哥伦比亚对特别版进行广告宣传的核心卖点——"现在，前所未有的第一次，影迷可以和我们一同分享母舰内部的终极体验"——与这一幕之前的奇幻特效相比，当前的场景令人大失所望。尼尔瑞被卷入一个塑料外观的、看上去就像是凯悦酒

---

1 让·雷诺阿（Jean Renoir），法国导演、编剧、制片人、作家，他对景深镜头的运用形成了时空连续的拍摄风格，其导演的影片《大幻影》和《游戏规则》都是世界电影史上的不朽名作。——译者注

店大厅的空旷空间中，除此以外，什么也没发生。结尾阻止了观众对尼尔瑞命运的简单揣测，但也失去了电影本身大部分的惊奇和魔幻感。

这种商业上的妥协本身就是致命的失算，但斯皮尔伯格，正如他后来所说的，还"增加了一些格式塔心理学[1]的内容，剔除了一些媚俗的元素，重塑了这部影片"。他剪掉了长达16分钟的片段，增加了6分钟新拍摄的场景以及在原始版本中没有公开的7分钟的镜头。特别版反而比影院版的135分钟短了3分钟。斯皮尔伯格补充的"格式塔"包括一艘货船在百慕大三角失踪而后又在戈壁沙漠出现的场景（由艾伦·达维奥拍摄）。尽管这扩展了故事的地理范围，但这个场景完全多余，因为它和开场时飞机出现在墨西哥沙漠的作用相同。斯皮尔伯格认为电影故事的大部分核心内容与"媚俗"有关，包括罗伊和他家人的疏远，尤其是大段的造山镜头。作为部分补偿，斯皮尔伯格增加了一个令人痛心的场景：罗妮发现吓坏了的罗伊·尼尔瑞蜷缩在浴缸里，头上打开的淋浴冒着蒸汽。斯皮尔伯格没有将其使用在原始版中，因为他认为那"太有力了，简直像另一部电影。"但在1980年的版本中，斯皮尔伯格还剪掉了尼尔瑞和其他UFO目击者被撒谎的空军官员当众贬低的另一个关键场景。这些变动的连锁效应是罗伊个人故事的削弱，取而代之的是特效的增强。

1980年7月31日，这部电影的特别版在各大影院公映。特别版中的重大改动并非像有些人认为的加重了评论界对斯皮尔伯格的批评，反而获得了好评。（另一方面，公众的反应平淡无奇，一位观众甚至起诉了哥伦比亚影业，称虚假宣传让她几乎期待这是一部新电影。）从某种程度而言，影评人对电影改动的反应表达了对斯皮尔伯格听从他们关于如何淡化罗伊精神问题建议的满意。但也暗示了即使就"退化的版本"而言，《第三类接触》已经成为公认的经典，其导演也已经成为文化偶像。"这是电影史上的一个现象级事件，"亚瑟·奈特在《好莱坞报道》上宣称，"导演史蒂文·斯皮尔伯格把他1977年的有缺陷的杰作，通过明智的剪辑和几个场景的添加，变成了一部真正的杰作。"

斯皮尔伯格发行他的特别版时，没有参与其中的迈克尔·菲利普斯很有先见之明地提出了一个告诫："我只是希望它不会引领电影人'重制'自己电影的风潮，那样的话就简直太可怕了。一些电影人可能会在第一次发行时删掉几分钟，这样他们就可以在再版中重新加入这些素材，让人们再次花上5美元。"

这正是近些年来发生的事情。修改后的"导演剪辑版"过度频繁地发布，往往成为历

1　格式塔心理学，西方现代心理学主要学派之一，强调经验和行为的整体性。——编者注

史修正主义的无把握的实验，主要是为了自我满足，并从家庭录影带和光碟市场获得额外收益。不过，对经典电影的修复成了一种更为积极的趋向，例如斯皮尔伯格曾资助过《阿拉伯的劳伦斯》的修复工作。《第三类接触》引发的电影史的"变形"增加了人们对这些电影人留给后代的遗产的担忧。1980年，当哥伦比亚影业宣布"原始版"《第三类接触》将从市场"隐退"时，斯皮尔伯格公开表示反对，并坚称："在我来看，未来的一百年里都会有两个版本的《第三类接触》供观众欣赏。"今天发行的影片录像带是特别版，原始的版本有时以裁切画幅的方式在电视上播放，但只有1990年的标准激光碟片版才能以适当的宽银幕画幅比观看这部影片。斯皮尔伯格参与了电影的第三版（碟片版），其中增加的场景被作为花絮收录，似乎是心照不宣地默认他的原始剪辑版为真实版本。

宝琳·凯尔在1980年写道，她希望特别版不会取代原始版："我希望能听到真正相信外星人的罗伯茨·布罗索姆告诉人们，他看见过大脚怪和飞碟。这似乎不是一个很大的损失，但当你愉快地回忆起电影里的某件事，而随后发现它消失了，你会觉得自己的记忆好像被抢劫了。"

第十二章

康复

　　每个电影人的一生中，都会出现一部《一九四一》。我更多地把《一九四一》当成一次净化体验，能借此让你们忘记我在电影里创造的所有美好事物。

——史蒂文·斯皮尔伯格，1979年9月

　　"昨晚我遇见了令我真正心碎的人。"斯皮尔伯格告诉茉莉亚·菲利普斯，当时他们正在拍摄《第三类接触》。那人是艾米·欧文。

　　这位22岁的女演员有一头卷曲的棕发，大眼睛、高颧骨，美丽的外表下掩藏着炽烈而野心勃勃的天性。1976年她和斯皮尔伯格第一次见面时，刚从伦敦念完戏剧研究回到加州。艾米的父亲朱尔斯·欧文是电视制片人、导演，也是纽约林肯中心剧目轮演剧院的前艺术指导，母亲是女演员普莉西拉·波因特。艾米继承了父亲的俄罗斯-犹太血统与母亲的威尔士-切罗基血统，但从小接受基督教科学派[1]教育。她还是环球电视部监制理查德·欧文的侄女，理查德曾经和斯皮尔伯格合作过《游戏的名字》。艾米从小就混迹于旧金山和纽约的舞台，但当她随父母来到好莱坞后却感到有些疏离。"在旧金山时，洛杉矶

1　基督教科学派（The Christian Science），是基督教新教的一个边缘教派。该派因认为物质是虚幻的，疾病只能依靠调整精神来治疗。——译者注

对我们来说是一个肮脏的字眼。"她承认，"我从来没想过自己会出现在电视或电影中，我一直以为自己会成为一名艰苦奋斗的舞台剧演员。"

但在伦敦音乐与戏剧艺术学院完成了3年学业后，艾米意外地发现自己在好莱坞非常抢手。她一开始演了几个电视角色，之后参与了《星球大战》中莉亚公主的试镜。虽然输给了外貌与角色更匹配的凯丽·费雪，但艾米还是引起了导演德·帕尔马的注意，当时帕尔马正和卢卡斯一起主持试镜，为他的下一部电影寻找女演员。德·帕尔马让艾米得到了她的第一个电影角色：《魔女嘉莉》中性格甜美的高中女生苏·斯内尔。帕尔马"觉得艾米和史蒂文会喜欢对方"，于是让她去参加了《第三类接触》中理查德·德莱福斯妻子一角的试镜。

"那时我太年轻了，不太适合这个角色，试镜时史蒂文马上就这么说了，"3年后艾米回忆说，"我们只是坐着聊了一会儿。一个月后我再次见到了史蒂文。不管怎样，那次见面鼓励了我。如果他是那种一见到女演员就立马邀请她去约会的导演，直到今天我都会非常担心；事实上，我婚后还是想旁观他所有的试镜。"

他们的第二次见面是在拍摄《魔女嘉莉》期间，德·帕尔马安排的一个小型晚宴上。史蒂文让艾米想起了自己的父亲，那个"很棒的孩子气的男人，那个真正的工作狂——有着天生的、蠢蠢的幽默感"。她很快搬出了月桂谷的房子，住进了史蒂文的"时髦单身汉"公寓中。后来，正如罗伯特·马克威治[1]导演所形容的"冰冷外表下压抑着高度的性欲"，在接下来的4年里，艾米和斯皮尔伯格共度了一段充满激情和争吵的同居生活。

一同生活几个月之后，他们搬进了史蒂文在冷水峡谷新买的豪宅，就在比弗利山庄酒店附近。他们称其为"《大白鲨》成就的房子"，标志着斯皮尔伯格在社会阶层上的显著攀升。"史蒂文拥有了那栋非常大的房子，大概有八九千平方英尺，一定有这么大。"编剧鲍勃·盖尔回忆说，"那房子有五六间卧室，史蒂文觉得既自豪又尴尬。他要这么多房间做什么呢？他说：'你知道，我也考虑过这个问题。我可以把钱拿去投资，然后数着账本或单据上的每月进账，或者我可以买栋房子住进去。最后我选择了后者。'"

史蒂文、艾米和一位厨师、一条名叫埃尔默的西班牙猎犬一同分享着这所豪宅，里面

---

1 罗伯特·马克威治（Robert Markowitz），美国导演，主要代表作包括《塔斯克基飞行员》和《了不起的盖茨比》（2000）等。——译者注

还住着两只鹦鹉，以史蒂文童年时在亚利桑那州养的宠物"傻瓜一号"和"傻瓜二号"命名，外加一只不听管教的猴子。那条猎犬曾在《横冲直撞大逃亡》《大白鲨》《第三类接触》和《一九四一》中出镜，其中一只鹦鹉被训练到能发出《第三类接触》中5个音符的星际信号。

斯皮尔伯格在一张精心定制的桌子前工作，桌子上有内置电话、收音机、录音机，还有为了满足他日益增长的隐私意识而安装的安全电视监视器和碎纸机。这座有五年历史的房子里有一间豪华放映室，斯皮尔伯格、艾米和朋友们可以在这里观看从制片厂借来的35毫米胶片电影。他休息时还能在这儿听自己收藏的电影原声专辑、玩《太空入侵者》和其他最先进的电子游戏。

如果这些还不够他忙的，"几乎每个房间都有一台电视，而且总有一台是开着的，"盖尔说，"他和人谈话的时候，余光也一直在看着电视，看到一些东西时还会变得兴奋起来。他会做个笔记，比如'查查这个演员的名字，看看是谁导演了这条广告'。他边看边思考，然后把它们存档。"

艾米发现很难适应史蒂文那种精力过剩、过于亢奋的生活，以及随之而来的公众关注。她的职业生涯才刚刚起步，而史蒂文已经取得了非凡的成功，她自然觉得生活在他的阴影之下。在成长的过程中，她已经厌倦了被称为"朱尔斯·欧文的女儿"，讨厌人们觉得她每次获得角色都是靠父亲的关系。现在她又面临着同样的问题，甚至更加严重。"我不想被称为史蒂文的女朋友。"她早在1978年就告诉媒体。他们在一起的头4年里，并未合作过任何作品，部分原因是艾米想要确保自己获得的任何成功与他人无关。

起初，艾米被史蒂文的创造力所打动。她观看《第三类接触》时，感动得流下了眼泪，既因为影像的美丽，也因为"史蒂文·斯皮尔伯格灵魂的美丽，他揭示出我们谁也想象不到的事情"。但到了1979年，她对史蒂文的作品产生了更为复杂的情感。"我知道他是个了不起的电影人，"她说，"但他拍的那种电影不一定是我想参与的。"

德·帕尔马邀请艾米出演了另一部超现实主义恐怖电影《魔血》（*The Fury*），她还在罗伯特·马克威治执导的爱情故事《天涯一段情》（*Voices*）中饰演听障儿童的聋哑老师。《天涯一段情》并未获得商业上的成功，尽管艾米因此收获了不错的评价，但这些作品都没能赋予她所渴望的独立身份。她备受煎熬，因为"没有足够的安全感，一些人认为我的职业生涯全是依靠史蒂文"。而那时的史蒂文，还顽固抗拒着成长和作为丈夫与父亲的责任，这些都需要他努力去克服。

在这个人们谈论着电影制作和票房收入、讲究地位的工业世界中，艾米觉得自己被当成了"二等公民"。"我们的社交生活就是陪制片厂大佬出去吃晚餐。"她抱怨说，斯皮尔伯格拍摄《横冲直撞大逃亡》时认识的前女友，因为无法忍受他对电影的痴狂而最终回到得克萨斯。艾米也一样，很快便因为史蒂文一心只顾事业而感到失望。"史蒂文不太会处理一定程度的亲密关系。"与他长期合作的制片人凯瑟琳·肯尼迪说，"一旦他与人亲密到某个程度，这种关系就开始破裂，我认为史蒂文总是不善于表达自己的感受。他无法信任别人，这给他带来了一定程度的孤独感。但我也觉得，这是因为他有时只想独处，想躲进某个创造性的、静态的世界，而不是和真实的世界、真实的人打交道。"

在拍摄《第三类接触》时，史蒂文公开承认，自己除了"吃饭、拍电影、计划第二天的拍摄、睡觉和忘掉女人之外"，没时间做任何事情。那年夏天，艾米去莫比尔的外景地探班时，史蒂文向茱莉亚·菲利普斯吐露了心声："我真希望她没来。她哭个不停，而我一直想说：'你不明白吗？我在忙我的电影。'"

在《第三类接触》中获得个人顿悟后，斯皮尔伯格考虑过几个项目，包括与编剧杰弗里·费斯金为20世纪福克斯制作一部海盗电影。斯皮尔伯格将其描述为一部遵循"埃罗尔·弗林[1]老传统"的16世纪动作片，关于一个女人和两个同父异母兄弟的三角恋，兄弟俩一个是农民，另一个则是贵族。1976年环球影业的海盗电影《恃强凌弱》（*Swashbuckler*）遭遇滑铁卢后，他放弃了这个项目。

斯皮尔伯格还差一点就执导了一部关于黑人联盟棒球运动员的喜剧电影《宾果长途跋涉全明星&赛车之王》（*The Bingo Long Traveling All-Stars and Motor Kings*）。这部摩城—环球影业合作的电影，改编自1973年威廉·布拉什勒的小说，剧本由《横冲直撞大逃亡》的编剧哈尔·巴尔伍德和马修·罗宾斯操刀。原定导演马克·里德尔因为不满意当前的预算而弃拍。环球影业将斯皮尔伯格推荐给摩城，当时他正在进行《大白鲨》的后期制作。斯皮尔伯格对这个项目很感兴趣，但制片人罗伯·科恩解释说："问题在于离《大白鲨》的首映越来越近，史蒂文也越来越忙。我们打算一个月内就开拍，但有一大堆事情要做。我们不能推迟拍摄计划，因为和詹姆斯·厄尔·琼斯签的是违约就得赔款的合同，所以只

---

1 埃罗尔·弗林（Errol Flynn），澳大利亚演员、编剧、导演、歌手，所扮演的角色大都是惊险片和军事片中浪漫而勇敢的人物，其参演的影片包括《英烈传》《王子与贫儿》《侠盗罗宾汉》等。——译者注

好找其他导演。"接替斯皮尔伯格的是另一位前环球电视导演约翰·巴德汉姆。

斯皮尔伯格少年时期对《阴阳魔界》甚是痴迷，因此又对威廉·高德曼的小说《魔法》（*Magic*）产生了浓厚兴趣。这部小说讲述了一位腹语表演者被木偶控制的恐怖故事，让人想起《阴阳魔界》中1962年克里夫·罗伯森主演的《木偶惊魂》那一集，以及1945年英国惊悚片《死亡之夜》中迈克尔·雷德格拉夫演的那段戏。在联艺公司宣布理查德·阿滕伯勒执导《魔法》之前，斯皮尔伯格对此项目觊觎已久。"我曾和罗伯特·德尼罗谈过让他来演安东尼·霍普金斯弃演的那个角色，"斯皮尔伯格回忆说，"……我已经想好了那部电影该怎么拍，我觉得拍出来一定很不错。一年过去了，这部电影终于在影院上映（1978），我看了片子后觉得，当时要是我来导演这部电影，肯定拍得没有现在这么好。"

斯皮尔伯格还考虑过执导一部由雷金纳德·罗斯制片的电视直播剧《十二怒汉》（*Twelve Angry Men*），其中既有男演员也有女演员。《十二怒汉》原本是一出与陪审团有关的戏剧，斯皮尔伯格在萨拉托加高中的最后一年，参与了其改编的同名舞台剧。戏剧版于1954年首次在哥伦比亚广播公司的"第一演播室"系列节目中直播播出，并于1957年被导演西德尼·吕美特改编为电影《十二怒汉》。然而，斯皮尔伯格最后还是决定与两位以"社会责任"为座右铭的年轻喜剧作家合作。

1973年，南加州大学电影学院的某个班级到访环球影业，观看《横冲直撞大逃亡》发行前的试映。随后，学生电影人罗伯特·泽米吉斯邀请斯皮尔伯格观看他导演的黑色喜剧《荣誉战场》，影片讲述了一个刚出院的精神病人由于对美国社会日常暴力的耳濡目染而暴怒杀人的故事。"我的天哪，一个电影专业的学生在二十出头能拍出这样的电影！有警车，有暴乱，有一大堆疯狂的角色，还是在没有资金支持的情况下，这真是太了不起了……足以配得上埃尔默·伯恩斯坦[1]给《大逃亡》所作的配乐。"斯皮尔伯格后来说，"我看了那部电影后说：'这人真值得一看。'"

从南加州大学毕业后，泽米吉斯和他的编剧搭档鲍勃·盖尔为环球创作了电视剧本，并合作了两部未投入制作的故事片，其中一部名叫《坦克》。故事讲述了一群持不同政见

1　埃尔默·伯恩斯坦（Elmer Bernstein），美国电影作曲家、乐队指挥。第二次世界大战时曾在美国陆军航空部队广播站工作，后在联合国广播部制作音乐节目。50年代初进入美国电影界，曾为100多部电影作曲、配乐。——译者注

者为了抗议石油公司的所作所为，到国民警卫队军械库偷了一辆谢尔曼坦克，威胁要炸毁芝加哥的一栋大楼。《坦克》引起了编剧兼导演约翰·米利厄斯的兴趣，他回忆说，泽米吉斯和盖尔"到我在米高梅的办公室来找我，就像发疯的野人一般，胡话连篇"。

"伙计们，"米利厄斯粗声粗气地说，"这个剧本敏锐地意识到了社会的无责任感，我很欣赏。"

和蔼可亲的米利厄斯是个彻头彻尾的战争狂人，身材魁梧又爱吹牛，喜欢用自己的复古政治主张来挑战好莱坞的自由派，其立场甚至比约翰·韦恩[1]还要偏右。1975年，米利厄斯接受《每日综艺》本书作者采访时宣称："我只是非常痛恨自由主义者和所谓的文明人。"斯皮尔伯格曾将这篇文章的剪报寄到了米利厄斯的办公室，附在一块木板上，上面用猎刀插着一块血淋淋的生肉。

米利厄斯的A队制片公司（A-Team Productions）签了合同为米高梅制作电影。于是泽米吉斯和盖尔被雇来写一部名为《日本鬼子偷袭之夜》的二战影片。尽管日裔美国人的反对迫使米利厄斯暂时将电影名改为《日本人突袭之夜》，但剧本对战争初期洛杉矶居民歇斯底里的反日情绪进行了深刻嘲讽，几乎冒犯了所有人。斯皮尔伯格后来将片名改成了《旭日东升》（The Rising Sun），最后又改成了《一九四一》。

这两个鲍勃[2]开始每周四和斯皮尔伯格、米利厄斯一起，去洛杉矶北部纽哈尔路的橡树射击俱乐部玩。米利厄斯向斯皮尔伯格介绍了双向飞碟射击运动。这个男人之间的游戏，是米利厄斯和他那些爱好枪支的好莱坞朋友们联络感情的方式之一，"在电影圈里，有枪的人很多，有收藏者、猎手、体育射击爱好者，还有很多人买枪是为了自卫"。国家步枪协会发言人，同时也是米利厄斯的好朋友查尔顿·赫斯顿，在1995年的自传《射击场上》（In the Arena）中写道，"我甚至怀疑，电影人中的秘密枪支爱好者比深柜的同性恋者还要多。史蒂文·斯皮尔伯格拥有加州最好的枪支藏品之一，但从未提起，也从未在公开场合开过枪。你能想象好莱坞里最著名的电影人还要顾及自己的名声吗？"

斯皮尔伯格在亚利桑那州时从父亲那里学会了射击，现在仍是橡树射击俱乐部的常客。"他是很棒的射手，"俱乐部会员，同时也是世界级目标射击射手的罗伯特·斯塔克说，"他的反应力不错。飞碟射击是一项非常精细、高度复杂的运动，需要高度的专注

---

1 约翰·韦恩（John Wayne），美国演员，以饰演西部片和战争片中的硬汉而闻名。一生共出演181部影片，其参演作品《关山飞渡》蜚声世界影坛。——译者注

2 "两个鲍勃"意指罗伯特·泽米吉斯和鲍勃·盖尔，因为罗伯特的昵称也是鲍勃。——译者注

力。他得过很高的分数。"

橡树射击俱乐部的"男孩之夜"，少不了去途中一家名叫"汤米家"的汉堡店就餐。"史蒂文有一台便宜的超8摄影机，"米利厄斯回忆说，"我们在汤米家吃饭，身上沾着辣椒酱，在车上呕吐还模仿大脚怪。史蒂文把这些精彩影像都拍了下来。正是那些号叫的疯狂夜晚，催生了《一九四一》。"

这部电影后来被改编为漫画书，斯皮尔伯格在对这本书半开玩笑的介绍中写道："我一下就被剧本吸引住了，因为它十分通俗易懂，似乎是由两个家伙写的，他们对文学的涉猎只有经典漫画。我最初的直觉没有多少偏差：后来我了解到，两位编剧唯一的写作经验就是在公共建筑的墙壁上喷绘亵渎神灵和种族歧视的污言秽语。我在圣费尔南多谷一家当地的汉堡快餐店继续阅读他们的剧本初稿。里面的一些段子非常有趣，我笑得吐了出来。正是这种恶心的感觉让我有把它转化成电影影像的冲动。"

两位鲍勃在《第三类接触》的外景地莫比尔花了5个星期重写《一九四一》的剧本，随后返回洛杉矶，开始创作一部讽刺披头士狂热的剧本《一亲芳泽》，这是第一部斯皮尔伯格只参与制片不参与导演的电影。《一亲芳泽》讲述了6名新泽西少年在1964年2月赶赴纽约，去参加披头士在《艾德·苏利文秀》上疯狂的美国电视节目首秀。泽米吉斯和盖尔明目张胆地借鉴了《一夜狂欢》和《美国风情画》，同时巧妙地暗示出美国青少年对这几个长发利物浦人物迷恋中压抑的性狂热，从而疏解自己的怀旧情绪。

斯皮尔伯格和希德·谢恩伯格一起策划了这部电影，谢恩伯格同意让泽米吉斯在环球影业导演自己的处女作。1977年底，《一亲芳泽》在影棚内开拍，预算仅为160万美元，演员也大都是默默无闻的年轻人，披头士乐队的成员则由替身扮演。"我们拍摄时，史蒂文经常来片场探班，"盖尔说，"他会给鲍勃提建议，告诉他如何取景。比如史蒂文会说：'这么做你就可以把这些都拍到一个镜头里。'天哪，这真的很棒，因为这是史蒂文最在行的。他会悄悄给鲍勃提出建议，有时候鲍勃也会主动要求，'史蒂文，来帮帮我吧。'"

那些日子里，斯皮尔伯格没有像大亨一样行事，或者监督自己与其他导演共同的项目。"我自己关于制片的理论是，我选择制作的片子就是我本来想要导演的片子。"他在1980年说，"……有的电影会从你手中溜走，你不能什么都得到。但我认为自己可以做任何事，而且我愿意做任何尝试。"

《一亲芳泽》这部充满魅力和活力的电影，制片进展顺利，虽然票房不是很成功，但给了斯皮尔伯格一次满意的体验。他在检验自己作为制片人的同时，给予了另一位年轻导演突破自我的机会。斯皮尔伯格的首位导师查克·西尔福斯曾要求他在取得成功后，记得回馈电影行业，而斯皮尔伯格就是这么做的。

　　斯皮尔伯格原本打算从《一九四一》的前期制作中，抽出几个星期来完成一部名叫《放学后》的电影。这部低成本的儿童喜剧片同样由泽米吉斯和盖尔创作。项目的动力〔斯皮尔伯格有时也把这个理由用在《成长》（*Growing Up*）[1]上〕来自弗朗索瓦·特吕弗，他认为斯皮尔伯格真正的才华与传统的好莱坞智慧截然相反。特吕弗因其儿童题材的电影成名，包括《四百击》和《零用钱》，在参演《第三类接触》时，特吕弗就多次力劝斯皮尔伯格拍一部美国版的《零用钱》："你得拍一部关于孩子们的电影，必须停下这些所谓的大制作。这是你必须做的事！"

　　斯皮尔伯格召集了盖尔和泽米吉基，说道："我想让你们写一部我真正想拍的电影——关于孩子们。"

　　"很好，史蒂文，"他们回答，"具体有关什么呢？"

　　"关于孩子们，"斯皮尔伯格说，"就是这样。"

　　据盖尔回忆，这就是他们从斯皮尔伯格那里得到的全部指示。

　　1978年2月，《综艺》杂志在采访斯皮尔伯格后宣称，这部电影将是"斯皮尔伯格自己年轻时的故事"。事实上，泽米吉斯和盖尔的灵感也来源于自己的青春期。"泽米吉斯和我都是叛逆的人，当然青春期时我们更加叛逆，我们觉得这会让故事更有趣，它应该是R级[2]的，于是我们就这么写了。"盖尔说，"我们12岁时就像卡车司机一样满口脏话。很多孩子都这样，我们觉得这样才是对的。这部影片是典型的书呆子对抗运动健将的故事，而书呆子们有一辆装着炸弹的无线电遥控车。"斯皮尔伯格觉得他们的想法既有趣又很有煽动性。"我不想拍一部关于有酒窝或可爱小孩的电影，"他说，"……这是我的第一部复仇电影：我要报复我一直想报复的那二十几个坏蛋。"

　　环球影业的这部电影定于当年的5月开拍，预算只有150万美元，斯皮尔伯格计划启用

1　斯皮尔伯格曾打算拍摄的一部自传性电影。——译者注

2　R级，美国影片分级制度中的一级，属限制级，17岁以下必须由父母或者监护陪伴才能观看。该级别的影片包含暴力、吸毒、裸露等场面和大量脏话。——译者注

一批8~14岁的非知名演员，以半即兴的时髦方式拍摄，并让孩子们为剧本贡献自己的亲身经历。编剧们将《放学后》的场景设置在泽米吉斯位于芝加哥的家乡。但斯皮尔伯格将故事的发生地改到了自己的家乡凤凰城，那里安静得多。在正式开始前期工作前，斯皮尔伯格的剧本却写不下去了。"我想史蒂文有点不堪重负了。"盖尔说。在斯皮尔伯格邀请电影摄影师凯莱布·德夏奈尔加盟该片之后，转折点出现了。盖尔回忆说，德夏奈儿"读了剧本却并不喜欢，他说：'这太糟糕了。'史蒂文并没有真正关注《放学后》究竟要拍成什么，他真正想拍的关于孩子们的电影最后变成了《E.T. 外星人》。"

斯皮尔伯格解释了自己放弃更早的那部儿童电影的原因，他说："我还不够成熟，没法拍摄《成长》。"但是几年后他遗憾地承认："我想拍一部小电影，不是《安妮·霍尔》那样的，而是一部私密的电影，因为我还没遇到我的安妮·霍尔。他们说，任何人都可以拍一部小电影，而我们希望你拍大片。我真是太反复无常了，最终我还是同意去拍了大片。我继而有点自暴自弃地投入《一九四一》中，我并不关心我所讲的故事是有趣还是无聊，或者影片是不是太过夸张。……大约在拍摄的第145天，我意识到，是这部电影在导演我，而不是我在导演这部电影。"

"我们现在才意识到，没有一个头脑正常的人会接手我们的故事，"《一九四一》拍摄结束后，泽米吉斯说，"当然我们不是指史蒂文不正常。"至少从表面上看，斯皮尔伯格是20世纪70年代末好莱坞最理智的年轻电影人之一，甚至是最保守的。但他自己的一部分还是想融入那个时代"狂野与疯狂"的幽默当中，约翰·贝鲁什、丹·艾克罗伊德还有其他《周六夜现场》的那群家伙就是这种幽默的典型代表。"我必须说，在我美好、保守的生活以外，自己的一部分可能像米利厄斯以及这部电影的两位编剧一样疯狂。"1996年，斯皮尔伯格在关于《一九四一》幕后制作的纪录片中说道，"……我认为这部影片会是个破坏家具、打碎玻璃的好机会。这部电影的创作和导演过程就好像在参加一场撞车大赛。"

斯皮尔伯格一生都需要通过同化以寻求保护色，因此想要宣扬真正的无政府主义，导致《一九四一》成了他所认为的"完全的概念化灾难"。尽管斯皮尔伯格还没有放弃自制力，像贝鲁什等20世纪70年代演艺界其他年轻人那样自我毁灭地沉迷毒品，但他仍然感到不舒服，似乎与他那一代人格格不入。《时代》周刊恰如其分地将《一九四一》概括为"动物屋发动的战争"，一部庞大的、关于第二次世界大战的后现代主义闹剧。影片演员阵容强大，由贝鲁什和艾克罗伊德主演，概括性地讽刺了珍珠港事件一周后洛杉矶歇斯底里的反日情绪。斯皮尔伯格从约翰·兰迪斯1978年执导的《动物屋》中发掘了贝鲁什和蒂姆·马特森，而兰迪斯自己则在《一九四一》里出演了摩托车信使的小角色。片中低俗的性暗示和对社会讽刺的愚蠢尝试，正如《好莱坞报道》的罗恩·彭宁顿所说："让《动物屋》相形之下看上去好像一部高度复杂的喜剧[1]。"

风格和情感的冲突从开拍第一天就显而易见。"这不是一部斯皮尔伯格的电影，"导演一直问自己，"我到底在这儿干什么？"

泽米吉斯和盖尔在洛杉矶市中心的公共图书馆为《坦克》做前期研究时，偶然发现了鲜为人知的"洛杉矶大空袭"，以及引发空袭的一系列事件。"尽管《一九四一》改编自二战时南加州发生的真实事件，"盖尔在其由电影剧本改编的小说中写道，"很多情况下，为了突出戏剧性和娱乐效果，为了廉价的哗众取宠，甚至博取观众一笑，真相被篡改、被掩饰，直至被完全抛弃。"

事实是这样的：1942年2月22日晚上，一艘日本潜艇向圣巴巴拉以北12英里南加州海岸的油田发射了约20枚炮弹。炮弹几乎没有造成破坏，其中一枚击中了距海滩四分之一英里处的油井井架，另一枚未爆炸炮弹的雷管几天后炸伤了试图将其拆除的军官。这是自1812年战争以来，美国本土首次遭到外敌袭击。事发地附近的洛杉矶进入高度警戒状态。两天后，刚过凌晨3点，洛杉矶海岸线上空便发现身份不明的敌机，整座城市响起了持续长达45分钟的高射炮声。《洛杉矶时报》在2月25日的增刊中惊呼："洛杉矶遭遇了空袭！"

尽管尚不清楚是什么招致了最初的猛烈攻击——可能是一只飘错方向的气象热气球——洛杉矶居民还是陷入了极度恐慌。整座城市都流传着目击敌机的假消息，还有虚假报道声称4架敌机在城市上空被击落。当人们蜷缩在屋子里寻求庇护，或在漆黑的街道上抱头乱窜时，1440发防空炮弹的弹片如雨点般下落。一名男子被一枚炮弹炸伤，假想的"空袭"造成了灯火管制，有5人在此期间死于心脏病或交通事故。

《一九四一》的摄影师威廉·A.弗雷克，当时还是海岸警卫队运输船上的一位年轻信号员，在圣佩德罗港亲历了这一事件。在弗雷克看来，"一切都太突然了，我惊讶得合不拢嘴，我们简直不敢相信会发生这样的事。从圣佩德罗到马里布，这景象看上去就好像

---

1 兰迪斯让斯皮尔伯格在贝鲁什和艾克罗伊德联袂出演的疯狂喜剧《福禄双霸天》（*The Blues Brothers*，1980）中，饰演了一个令人讨厌的芝加哥官僚，之后他们两人的关系依然很好。

是7月4日（美国独立日）那般，我们没想到战争会发展到这一步。"

这一离奇事件，或许为对战时过度恐慌的破坏性讽刺和国内的种族主义焦虑提供了判断框架。人们很容易想象普莱斯顿·斯特奇斯[1]会怎么处理这个故事，他的战争喜剧《摩根河的奇迹》和《战时丈夫》曾犀利地嘲讽了普通美国民众隐蔽的易受伤害性。但社会讽刺，无论秉承多么滑稽可笑的精神，都不能太脱离现实而变成彻头彻尾的凭空捏造，那样会极大程度削弱讽刺力度。举一个《一九四一》中最糟糕的例子，好莱坞大道上空进行的空战加强了视觉冲击，却也削弱了电影的可信度。

编剧脱离了洛杉矶"空袭"的大部分社会语境，让电影的可信度成了问题，而正是这些语境才能突显此次事件的意义。米利厄斯幸灾乐祸地称为"政治不正确"的闹剧，削弱了片中角色对"日本鬼子"的极度恐惧。影片最关键的疏漏是没有提及对洛杉矶日裔美国居民的围捕，以及他们被驱逐到拘留营的事实，这个过程最早在炮击实际发生前的一周就已经开始。电影回溯了1941年11月13日的白天和黑夜，以加强珍珠港事件的迫近感。编剧们纯粹为了喜剧效果，将1943年洛杉矶的阻特装暴动[2]也融入影片中来，却几乎没有提及导致那场暴乱的反西班牙裔歧视。承认战时加州地区种族主义偏见的真实程度，会让该片对战时癔症的讽刺更加深刻，更加令人不安。

但是斯皮尔伯格也承认，"我对《一九四一》灵感匮乏"。他后来觉得，如果这部电影由泽米吉斯导演，可能会拍得更好，泽米吉斯对《一九四一》有自己独到的见解，觉得这部电影"非常黑暗，非常犬儒主义"。确实，如果由泽米吉斯来导演，电影的结局会在黑暗和犬儒主义的编年史上写下新的篇章：狂热的好战主义者沃利·斯蒂芬斯（博比·迪·西科饰）是"埃诺拉·盖号"[3]轰炸机上的投弹手，为了对输掉的劳军联合组织（简称USO）舞蹈比赛加以报复，向广岛投下原子弹。泽米吉斯遗憾地说，这样的结局

1　普莱斯顿·斯特奇斯（Preston Sturges），编剧、导演、演员，1940年凭借自导自编的《江湖异人传》荣获第13届奥斯卡最佳原著电影剧本金像奖，被认为是继刘别谦和卡普拉后又一社会喜剧片的卓越导演。——译者注

2　阻特装暴动（Zoot suit riots）是指1943年身穿阻特装的青少年与洛杉矶以及加利福尼亚的海军队员之间的冲突事件。在事件中，美国的海军队员殴打身穿阻特装的墨西哥裔青少年，引发了巨大的社会骚动。——译者注

3　埃诺拉·盖号轰炸机（Enola Gay）是隶属于二战期间美国空军第313飞行大队的B-29"超级堡垒"（Superfortress）轰炸机，于日本时间1945年8月6日上午8点15分，在日本城市广岛上空掷下"小男孩原子弹"，"埃诺拉·盖"的名字取自该机机长母亲的名字。——译者注

"对每个人来说都太过离谱，当时没人愿意听我的"。

编剧们不负责任地将众多历史事件混为一谈，破坏了约瑟夫·W. 史迪威少将（罗伯特·斯塔克饰）在好莱坞大道的电影院里观看迪士尼电影《小飞象》的难忘一幕。这个场景的灵感源自史迪威从华盛顿特区写给妻子的一封信，信中记录了他和副官1941年12月25日的活动轨迹："我们在一家餐馆吃了美味的圣诞晚餐，但是看了《小飞象》后，这种快乐逐渐消散。大象金字塔倒塌时，我差点从椅子上摔下来。我们一连从头到尾看了两遍《小飞象》。"

史迪威当时是第三军团的指挥官，驻扎在加利福尼亚的蒙特利，负责从圣路易斯奥比斯波以南到圣迭戈之间的加州海岸防线。去年12月，他曾在洛杉矶短暂逗留，尽管遇到了"奇怪的恐慌事件"，听到了一些"疯狂、滑稽与荒诞"的传言说危险迫在眉睫，但在此期间没有发生民众骚乱。现实中，除了这位将军观看《小飞象》的华盛顿影院外，也没有发生任何骚动。从孤立的角度来看，《一九四一》中史迪威泪眼汪汪地看着被囚禁的母象爱抚小象的场景，采用了一种奇异而迷人的表现手法，饱含着孩子般的柔软，唤起了战争时期娱乐带来的慰藉力量。但是，史迪威擅离职守这一不言而喻的暗示（毫无疑问是无意的）使得这个历史人物显得毫无意义，同时也削弱了斯塔克对该角色的美化，毕竟这是影片中为数不多神志正常的人物。

史迪威这个角色最早给了约翰·韦恩。他读了剧本，"花了一个小时试图劝我不要导演这片子，"斯皮尔伯格回忆，"你太让我惊讶了，"韦恩告诉他，"我原以为你作为美国人，会拍一部电影来纪念二战。这片子却是对那段记忆的亵渎。"另外一位保守派偶像演员查尔顿·赫斯顿，出于同样的原因放弃了这部电影。"我从来没有把《一九四一》看作一部反美电影，"斯皮尔伯格坚称，"如果本着幽默精神，时不时在自由女神像脸上扔个馅饼又有什么错呢？"

斯皮尔伯格还曾把这个角色推荐给了传奇B级片导演塞缪尔·富勒，富勒在二战时当过步兵。但是富勒拒绝了，因为觉得自己和史迪威长得一点也不像。最终，斯皮尔伯格让富勒出演叼着雪茄坐在指挥部里的南加州截击机指挥部指挥官，并开始在橡树射击俱乐部的朋友中进一步寻找史迪威的合适人选，然后发现罗伯特·斯塔克剪了军人头，戴上金丝眼镜化上淡妆后，竟然酷似"酸醋乔"[1]。

1　约瑟夫·史迪威由于言辞刻薄，个性直言不讳，被取绰号叫作"酸醋乔"（Vinegar Joe）。——译者注

当他们在洛杉矶市中心的影院拍摄史迪威观看《小飞象》的场景时，斯皮尔伯格问斯塔克是否需要眼药水来帮助自己拍哭戏。

"我记得《小飞象》，那是部伟大的电影。"斯塔克回答，"我观看《小飞象》时，不表演就能自然地流泪。"

"我想让这个场景为鲍勃而拍！"斯皮尔伯格喊道，"开始！"

"史蒂文确保我周围都有布景。"斯塔克回忆说，"他不会说：'好吧，你应该对什么什么做出反应……'我记得自己第一次演电影时和迪安娜·德宾搭档，那里有一块黑板，他们会指着黑板说：'她在那儿，她很漂亮！'但当我看着《小飞象》眼泪夺眶而出时，斯皮尔伯格直接用一台巨型摄影机和所有那些不可思议的设备拍摄着，但他没有被摄影机牵着走。史蒂文一遍就过！我简直不敢相信，他有着非凡的自信。我以前从来没有这样演过电影，没有保险也没有保护。我想：'这家伙知道自己想要什么。非常好！'"

斯塔克补充道："但如果你想知道真相，我其实从来没有完全理解剧本。这剧本真的很奇怪，非常怪。"

出于对《疯狂》杂志上"我们最想看的场景"的喜爱，斯皮尔伯格在《一九四一》中对二战经典电影的爱国狂热进行了不敬的即兴重演。在更深层的主题上，《一九四一》的剧本是对《第三类接触》疯狂又滑稽的倒置。《第三类接触》讽刺地描绘了一群心胸狭隘的美国百姓，克服了对外星人入侵和不明飞行物的恐惧，揭露出斯皮尔伯格迄今为止一直被掩盖的谩骂意识。

尽管斯皮尔伯格更愿意在《一九四一》发行时，愚蠢地将其描述成"对偏执的狂欢"，暗示出他在探索电影主题时的混乱意图。他一如既往地对外来者致以最为深切、最具颠覆性的同情。日裔美国人的缺席引人注目，而日本潜艇指挥官三田村（三船敏郎饰，曾出演《七武士》以及其他多部黑泽明经典电影的主角）被塑造成一位身份尊贵、声望显赫，却对军队荣誉认知狭隘的人（很庆幸斯皮尔伯格最终没有让约翰·贝鲁什扮演这个角色）。片中为数不多的真正搞笑的一场戏中，三田村正在寻找一种方法来"摧毁美国大陆上值得尊敬的东西"。一名下属问他："洛杉矶有什么值得摧毁的东西吗？"这位孩子气的航海家对此给出了明确建议："好莱坞！"

三田村决定炮轰好莱坞，以"打击美国人的斗志"，这让斯皮尔伯格有机会将洛杉矶盆地从圣塔莫尼卡码头到拉布雷亚沥青坑，破坏成垃圾场。纳萨尼尔·韦斯特在《蝗虫之日》（The Day of the Locust）中将"燃烧的洛杉矶"作为启示录，而斯皮尔伯格的肆意破坏与前者在精神上相去甚远。到了斯皮尔伯格这里，这种对毁灭幸灾乐祸的幻想完全沦为了纯粹孩子气的放纵。那些可爱的、肆意引起的骚乱，比如飞机坠毁、爆炸、对所有可用道具的大肆破坏，在电影中都显得十分愚蠢。这三个"丑角"[1]成了编剧们大部分幼稚幽默的灵感来源。据盖尔说，导演本人也是"丑角们的超级粉丝"。

斯皮尔伯格需要释放拍摄《第三类接触》的压力，于是在《一九四一》中设计了各种滑稽、出格的笑料，比如自我指涉的影片开场：一位裸泳的女子在雾蒙蒙的北加州海滨碰到一艘日本潜艇，正是在戏仿《大白鲨》的开场。斯皮尔伯格启用了《大白鲨》里遭到鲨鱼攻击的那位身材曼妙的年轻女子（苏珊·巴克林尼饰），并让约翰·威廉姆斯再次重复了那段预示噩兆的主题曲。虽然这一幕略显搞笑，但扯得太远，对斯皮尔伯格来说，向自己的电影致敬还为时过早。"我们还没有胆大妄为到提出那样的建议，"盖尔承认，"尽管我们已经很大胆[2]。"

斯皮尔伯格想要形成自我风格化的冲动，促使他尝试更为激进的概念。"在我的脑海中，"他说，"我一直认为《一九四一》是一部传统的好莱坞歌舞片，应该由威廉姆斯配乐，由大型乐队来演奏……只是在人生的那个阶段我还没勇气尝试歌舞片。"电影中让人激动的吉特巴舞[3]大赛被导演形容为：我想拍的一个片段……也是拍摄《一九四一》过程中最令我满意的经历。

开拍前3个月，斯皮尔伯格发誓："如果这部电影的成本超过1200万美元，我就不拍了。"当预算逐步超过这个数字时，泽米吉斯和盖尔将这句话写进了他们修改过的剧本草稿，斯皮尔伯格的誓言也秘密地出现在分发给剧组成员的搞笑T恤上。在长达247天的拍摄日程中，由工作人员自制的另一件T恤上则写满了他们的疲惫："《一九四一》永远……

1　对飞机坠毁、爆炸和破坏道具的拟人化比喻。——译者注

2　贝鲁什在沙漠加油站给飞机加油的场景暗示了《决斗》，拍摄地就在《决斗》的外景地阿瓜杜尔塞，正是在那里卡车袭击了丹尼斯·韦弗。《决斗》中饰演加油站老板的演员露西尔·本森在《一九四一》中仍饰演加油站老板。

3　吉特巴（Jitterbug），又叫水兵舞、拉手舞，原来是美国军舰上水兵跳的一种舞蹈，最早为两位男士对跳，后来随着美国海军的远征被传往世界各地，成为男女对跳的一种交谊舞。——译者注

永远……都拍不完……"

尽管《一九四一》最初由米利厄斯在米高梅的合同下开发，后来却罕见地由哥伦比亚影业和环球影业联合出品。"斯皮尔伯格不想在米高梅拍这部电影，"盖尔解释说，"他刚为哥伦比亚拍了《第三类接触》。史蒂文有个有趣的理论，如果你正在为某家制片厂制作电影，那么你的下一部影片也应该在同一家制片厂完成，那样他们就能全心全意地去宣传它。我们在开发《一九四一》时，米高梅由丹·梅尔尼克掌管，他一点也不喜欢这个剧本，他理解不了。在大卫·贝格尔曼离开后，梅尔尼克去了哥伦比亚影业，担任全球制片主管。我记得梅尔尼克说过：'我不理解这个剧本，我不认为它有趣。但我想，如果米利厄斯和斯皮尔伯格都说这会是一部好电影，那我们就拍。'所以这片子最后交由哥伦比亚影业。与此同时，希德·谢恩伯格也给史蒂文施加了巨大的压力，要求史蒂文为环球执导他的下一部电影：'你要再为我拍一部电影，史蒂文，这是你欠我的[1]。'"

两家制片厂共同承担了《一九四一》的所有成本，并共享了影片的收益。环球负责该片在美国和加拿大的发行，哥伦比亚负责海外发行。《一九四一》总成本为3150万美元，是当时为止制作成本最高的电影之一，比2600万美元的预算还多出500万美元，更是比最初的预算超出2000万美元。

尽管有监制约翰·米利厄斯和制片人巴兹·费特尚斯的把控，斯皮尔伯格承认《一九四一》还是"任性地、肆无忌惮地超出了预算和日程安排，这都是我的错……我们本来能节约1000万美元，因为情节从一条主线变成了七条次要情节线。但在那个时候，我就是想这样——拍摄宏大的场面，拥有至高无上的权力，成百上千的人听从我的指挥，数百万美元任由我支配，每一个人都对我说：'是，是，好'……那时我就是小将军"，当一个导演连续拍出两部热门影片后（两部都超出预算），没人愿意或者能够对他说"不"，接下来会发生什么？《一九四一》无疑是教科书般的案例。

哥伦比亚影业的制片总裁约翰·维奇是该片的直接主管，他告诉泽米吉斯和盖尔，自己会让斯皮尔伯格做任何他想做的事，因为斯皮尔伯格是个天才。尽管《第三类接触》在艺术和商业上的双重成功，验证了维奇对斯尔伯格创作直觉的信任，但正是这种纵容使原本构思不当的《一九四一》彻底失控，斯皮尔伯格糟糕的直觉得以为所欲为。"至少是跟斯皮尔伯格这样的导演合作，我们才想超出预算。"维奇说，"他不是因为不小心，或者

---

1 根据斯皮尔伯格1975年签的合同，直到那时为止，他还欠环球影业两部电影。

不顾成本和时间非要拍出某个理想场景而超支，史蒂文的终极目标是尽可能拍出最好的电影。"

那些超出斯皮尔伯格控制的因素加剧了影片的失控，比如贝鲁什和艾克罗伊德因为要去纽约参加《周六夜现场》，每周只能工作3天。滥用可卡因也是一个主要问题。根据鲍勃·伍德沃德的著作《迷醉：约翰·贝鲁什的短暂生命和匆匆时光》所述，这位演员大量吸食可卡因，常常使他很难记住台词，工作时会出现短暂的、不可预测的失控。有一次，贝鲁什迟到一个半小时才到片场，"吸毒过量，差点从车里滚到地上"。在该片的明星预告片中，斯皮尔伯格愤怒地教训贝鲁什："你可以这样对任何人，但不能这样对我。拿着35万美元（贝鲁什的片酬），你得给我准时出现。"斯皮尔伯格委派助理制片人珍妮特·希莉盯着贝鲁什，但是据伍德沃德说，"希莉没发现贝鲁什与其他演员和制片组成员的毒品用量有什么不同。她发现那时片场共有25个人吸食可卡因。"

斯皮尔伯格也许是《一九四一》剧组里最清醒的人之一，但在近18个月的拍摄周期中，他对"尽可能拍出最好电影"的追求近乎偏执，100多万英尺的胶卷从他的摄影机里倾泻而出。这次他没有大量使用光学效果来创造华而不实的幻象。"我足足等了半年才看到《第三类接触》的成片，所以这次我打算按前人拍电影的传统方式再拍一部电影。"斯皮尔伯格解释说，"……我受够了遮片和运动控制摄影机。这里的一切都按照大卫·格里菲斯的方式完成……我会让电影中的场景尽可能地实体化。"这个错误决定，导致大部分在棚内完成的场景因为原尺寸道具的呈现和精致微型布景的搭建而加大了额外开销。

其中有两个镜头，需要在伯班克摄影棚里拍摄一架全尺寸P-40战斗机以每小时60英里的速度坠毁，耗资近40万美元。街道的街景也装饰得像1941年圣诞节期间的好莱坞大道。骚乱场面的主镜头包含无数撞毁的车辆，身穿阻特装的特技替身演员，以及几百名身着时代装的临时演员，其中650人身穿军队制服。这些演员以米利厄斯向天鸣枪为信号，立马抱头鼠窜。在电影结尾，斯皮尔伯格斥资26万美元在海岸边建造了一座真实大小的房子，用7台摄影机捕捉这栋房子从海滨的山坡上滑入海中的镜头。

《第三类接触》的模型制作师格里高利·耶制作了这些极其精细的微缩模型，包括圣费尔南多谷的鸟瞰全景，发生空战的好莱坞大道峡谷，以及圣莫妮卡的海洋公园，在那里一架摩天轮被日军炮弹炸毁滚入了大海。虽然微缩模型的银幕呈现很棒，但仍然需要大量的雾化效果让这些模型看起来更为逼真，这意味着所有其他场景都必须同样匹配地使用烟雾。尽管摄影师威廉·A. 弗雷克[1]在包含微缩模型的场景中巧妙地营造出奇妙的氛围，但他在其他场景中的布光有时会失真和过度曝光。

从1978年10月23日起，电影开机后整整一个月都花在制作以摩天轮为主的微型布景上。主镜头在1979年5月16日完成，此后的几周一直在进行微缩模型的拍摄。"史蒂文非常喜欢他的微缩模型片段，在我看来，那应该是所有电影中拍过最棒的微缩模型。"盖尔说，"但是他使用了自己拍摄的所有空战镜头，在某种程度上，我觉得那几组镜头可以缩减三分之一。你见过几次飞机在大街上空上下盘旋？有时你只见树木不见森林，我想这就是《一九四一》中所呈现的。"

早在《一九四一》第一次公映前，斯皮尔伯格就对该片表现出明显的失望，"喜剧不是我的强项"，他在拍摄过程中承认。在剪辑这部电影时，他直言不讳地称其为"一出彻头彻尾的惨剧……我无法挽回《一九四一》整体概念上的灾难，我只能小修小补那些我认为能改进全片的地方。如果你已经无能为力，那你就会被漫画中所谓的'死亡沉默'所支配：你期待一场大笑，结果却只迎来沉默。"

1979年10月19日，在达拉斯的奖章影院，《一九四一》进行了第一场试映，也是在这里《大白鲨》和《第三类接触》的试映大获成功。首映从11月16日推迟到12月14日，在这段时间内，《一九四一》经历了《每日综艺》所谓的"手术"。"电影用潜艇浮出水面配合（《大白鲨》的）配乐开场时，观众们报以热烈掌声，非常入迷。"维奇回忆，"里奥·加菲（哥伦比亚影业董事会主席）当时就坐在我旁边。我们都觉得自己拍出了与众不同的东西。然后这种感觉慢慢消失。当放映结束时，我们知道这部电影还有些亟待解决的问题。观众们拍手叫好，但并不是你放完史蒂文的电影后所期待的那种雷鸣般的掌声。我认为观众的期望还是高于银幕上的呈现。"

试映结束后，希德·谢恩伯格在大厅里一把搂住斯皮尔伯格说："我觉得这部烂片里藏着部好电影，藏着部很好的电影，我们应该去找出它。""其他哥伦比亚和环球的高管们，"斯皮尔伯格回忆说，"甚至都不想和我说话。"这位导演当即愤怒地表示，那次试映给了自己一次深刻教训："我知道以后决不能邀请哥伦比亚和环球的高管还有营销人员参加试映，应该让他们留在家里观看电视上的《拉文和雪莉》（*Lavern and Shirley*）。我

1　弗雷克作为摄影师和视觉特效团队的一员，获得了两项奥斯卡提名，该片也获得了最佳音效奖提名。

自己会预先评价影片并做出改进。"

第二场试映在丹佛举行，"效果稍微好一点，"维奇说，"但还不算完美。"斯皮尔伯格和剪辑师迈克尔·卡恩最终带着118分钟的《一九四一》发行版走出了剪辑室，比在达拉斯的试映版缩减了17分钟。很多被剪掉的场景后来出现在影片的ABC电视扩展版和1996年由MCA环球家庭影院发行的146分钟激光碟片修复版里。尽管修复版没有影院版那么疯狂且更合乎逻辑，剪辑还是没能改变《一九四一》本质上的愚蠢理念。但盖尔的观点是正确的，他注意到导演在发行前的剪辑往往会为了壮观的场面而牺牲角色的发展："史蒂文被这部电影搞怕了。他有点不耐烦，懒得再花时间解决这些问题。拍摄《一九四一》时，每天都要熬到很晚，他对此心烦意乱。他开始剪掉大量对话，却没有意识到其中的一些素材多么重要。鲍比·迪·西科本来演的是中心人物，在片中的戏份却不够多。史蒂文想改进角色的负面形象，又害怕一些人老是挑他的毛病，所以很担心如何把这样的角色塑造成英雄。"

斯皮尔伯格知道，影评人和他的好莱坞同事们"都埋伏着，等着把我撕成碎片"。于是没有出席在好莱坞圆顶影院举行的要命的首映。相反，他带着艾米·欧文去了日本度假，在那里他不必面对第一波的毁灭性评论。比如查尔斯·查普林在《洛杉矶时报》上的《斯皮尔伯格的珍珠港》一文中将《一九四一》描述成"自上次大面积石油泄漏以来最大的浪费"。一向温和的查普林表现出罕见的愤怒："《一九四一》的特点就是永恒的犬儒主义，然而，并非出于深思熟虑后对世界愚蠢行为的蔑视，而是出于对拼接电影胶片以外任何事物的明显漠视和回避。影片提供了一种虚无主义，不是基于被压抑的愤怒，而是基于对价值观的傲慢漠视。"《洛杉矶先驱考察家报》的迈克尔·斯拉格以更为严厉的措辞称"这部电影将永远臭名昭著……《一九四一》不只是对某个特定种族、性别或时代的诋毁——它让战争和所有的人性对立。"

斯皮尔伯格后来抱怨说："就像那些评论家认为我是阿道夫·艾希曼。"[1]以任何一种评判标准来看，对这部电影的攻击都是言之有理的。但有些影评人的极端恶评只是出于幸灾乐祸，希望看到这位年少成名的导演得到应有的报应。"也许《一九四一》最终会迫使人们重新评判这个'神童'，"斯蒂芬·法伯在《新西部》（New West）上写道，在20世

---

1 阿道夫·艾希曼（Adolf Eichmann），负责在犹太人大屠杀中执行"最终方案"的德国纳粹高官。——译者注

纪70年代席卷好莱坞的"幼稚崇拜"中，"《一九四一》是迄今为止强加给公众的最骇人听闻的'青少年作品'。"斯皮尔伯格忍不住用了导演们最喜欢的借口，把责任推给编剧们。他告诉《纽约时报》："编剧抓住了我的软肋……我将用我的余生与这部电影划清界限。"就像之前他公开诋毁彼得·本奇利对《大白鲨》原始素材的贡献后所做的那样，斯皮尔伯格"走到我们中间，乞求我们的原谅"，盖尔回忆，"他要接受某个杂志的采访，说自己会把整部电影的失败归咎于我们，并（暗示）说'是这些编剧连哄带骗地让我导演了这部电影'"。

《一九四一》并未像其口碑所预示的那样票房扑街。凭借9000万美元的全球总票房，该片甚至实现了盈利。而且更多地受到其他国家观众的青睐，这些观众喜欢影片对美国沙文主义的嘲讽，这一反应让斯皮尔伯格有些不快。这部电影过度的浪费让整个好莱坞开始担心斯皮尔伯格的可靠性，影片在评论界对斯皮尔伯格声誉造成的损害，也将产生更为深远的影响。《一九四一》的失败让人们在回顾《第三类接触》的儿童视角和《大白鲨》的技术手法时心存阴影，那些对他早期电影的上述方面心存疑虑的影评人们纷纷谴责斯皮尔伯格，说他的感情被技术所束缚，对技术本身过于痴迷。

1977年，当乔治·卢卡斯第一次告诉斯皮尔伯格关于一位勇敢无畏却有点声名狼藉的考古学家寻找失落约柜的故事时，斯皮尔伯格被其中纯粹的乐趣深深吸引，他终有机会"在没有重武器装备的条件下拍一部007电影"。但1980年6月，当他开始拍摄《夺宝奇兵1：法柜奇兵》（后文简称《法柜奇兵》）时，斯皮尔伯格有了更紧迫的任务。"要弥补《一九四一》《第三类接触》和《大白鲨》的不足"，他必须证明自己"可以负责任地用相对合适的预算制作一部看起来比实际更贵的电影"。后来为安培林娱乐制作了3部电影的制片人迈克尔·芬尼尔回忆，斯皮尔伯格"惯于说他在《一九四一》后获得了重生"。

资深电影行业分析师A. D. 莫菲指出，斯皮尔伯格为保守且高度自律的制片人卢卡斯工作时，将《法柜奇兵》当作职业生涯"康复"的一种方式。1979年秋天《法柜奇兵》进入前期制作，卢卡斯因为《星球大战》攀上事业顶峰，并正在忙于续集《星球大战2：帝国反击战》。与卢卡斯和其制片公司卢卡斯影业的合作，让斯皮尔伯格缓解了好莱坞对《法柜奇兵》会变成另一部《一九四一》的担忧。尽管卢卡斯和斯皮尔伯格的作品在当时电影史票房榜前10名中占据4席，仍有几家电影制片厂拒绝参与他们的这部新片。问题在于这两位电影人要求这次共同的冒险达到斯皮尔伯格所设定的"前所未有的盈利标准"。

"我讨厌像个财迷那样说话，"斯皮尔伯格在1981年影片发行时说，"但当我们决定拍这部电影时，乔治来我家找我，他说：'我们来签一份好莱坞最好的协议吧，不要经纪人参与，只有你和我。'我们在信纸上将合同内容写来出，在桌上握手言定。然后我们将合同交给我们的经纪人，告诉他们：'这是我们想要的合同。现在，伙计们，去努力实现它吧。'"

卢卡斯和斯皮尔伯格的提案不是由他们的经纪人，而是由他们的律师汤姆·波洛克（后来成为环球影业的负责人），以及卢卡斯影业总裁查尔斯·韦伯和卢卡斯在《法柜奇兵》中的监制霍华德·卡赞金提交给制片厂。该提案敢于直戳好莱坞标准金融操作的几个敏感点。其中最主要的一点是，虽然预计发行商将为这部电影投入2000万美元的拍摄成本[1]，但不包括任何发行费和管理费用。而发行费和管理费用通常占到影片租赁毛收入（放映商拿走他们的份额后返还给制片厂的金额）的50%以上。除了大量的预付款，卢卡斯和斯皮尔伯格还想从发行商的毛收入中分得巨额利润，对于那个时代的导演，这是极为罕见的要求。虽然发行商能够在卢卡斯和斯皮尔伯格分得毛收入前，从租赁毛收入中收回《法柜奇兵》的全部拍摄成本，但卢卡斯影业最终将获得这部电影的全部所有权。

制片厂们不仅被这种厚颜无耻吓了一跳，还对这部电影的高昂成本表示怀疑。劳伦斯·卡斯丹的华丽剧本向Z级片[2]系列致敬，但构思宏大，更符合《星球大战》和《第三类接触》的宏伟幻想。"很多人看到开场出现的巨石时，都认为光这一幕就要耗资4000万美元。"派拉蒙当时的总裁迈克尔·D.埃斯内说。

鉴于这两位电影人过往的辉煌记录，当提案传播开来时，派拉蒙、华纳兄弟、哥伦比亚影业和迪士尼都表示出兴趣（之前在小艾伦·拉德领导下制作了《星球大战》的福克斯影业以及环球的内德·塔嫩都错过了《夺宝奇兵》）。哥伦比亚电影部总裁弗兰克·普赖斯迫切想和卢卡斯影业建立合作关系，"但是哥伦比亚没有强大的发行体系，"卡赞金说，"我们知道我们可以和某家制片厂达成协议，或者可以进行卖方融资，我们可以拍这

---

1 拍摄成本（Negative Cost）包括电影拍摄期间产生的费用、剧组工作人员的薪酬、文学作品等的电影改编版权费等。——译者注
2 Z级片在美国指独立制作的、超低成本的电影，其投资比所谓B级片还要低得多，针对小范围内的青少年市场。——译者注

部电影，只是不能发行，所以我们想和最好的发行商合作。"和派拉蒙的最终协议经历了一年争执不下的谈判。一些制片厂的人认为"迈克尔·埃斯内疯了"，卡赞金回忆，"巴里·迪勒（派拉蒙董事长兼首席执行官）认为他疯了。但他还是做到了。他们还从中捞了一大笔钱"。

派拉蒙坚持承担发行费和管理费，但据报道，这些费用只达到行业标准的一半左右，该制片厂还同意承担全部拍摄成本，并让卢卡斯影业管理这笔资金。派拉蒙本来希望独家垄断续集版权的完全所有权，但最终同意卢卡斯影业参与四部未来可能的续集拍摄[1]。斯皮尔伯格作为导演获得了100万美元片酬，还有相当大比例的毛收入分红。卢卡斯本人作为监制获得了100万美元，此外他的公司还获得了大部毛收入。同时，因为成功将电影开支控制在2000万美元的预算内，斯皮尔伯格和卢卡斯还得到了"非常可观"的奖金，卡赞金说："那本来是卢卡斯的奖金，但作为激励，他分了一半给史蒂文。卢卡斯说：'你把开支控制在预算内，奖金的一半就归你。'"

"我们在合同中规定，如果他们超出预算将受到严厉处罚，他们毫不犹豫地同意了。"埃斯内说，"我觉得，要么他们根本不在乎，要么就是已经想出了解决办法……你不能和这样的人订立标准合同……我们如果让他们钻了合同的空子，可能一年内有两到三次大家都会对我们如法炮制。"

尽管他们成功地达成了协议，斯皮尔伯格对这部电影并不完全感兴趣。由于花了太长时间洽谈合同细节，待到《法柜奇兵》项目筹备成型时，他已经对这部片子意兴阑珊，"想要转向更小、更个人化的项目"。"我和卢卡斯会去《一九四一》的片场探史蒂文的班，"卡赞金回忆，"我们会讨论《法柜奇兵》，当时我们还没有得到他将导演这部电影的坚定承诺。我们甚至已经开始寻找或是考虑其他导演，因为他迟迟没有答应。直到电影开拍前最后一刻，他才给了准话，当时我们说：'好了，伙计们，大约3周就要开始前期制作了，我们准备好了，是吗？'史蒂文喜欢这个项目，但他还有一大堆事情要做。"

"我们面临的其中一个挑战是史蒂文还欠环球一部电影，希德·谢恩伯格一直在提醒：'你不能拍《法柜奇兵》，你还欠我一部电影。'而且当时还有一桩关于《银河对决》的官司（20世纪福克斯影业在卢卡斯的怂恿下，控告环球的电视剧版权侵权，声称

1　截至1996年，只拍摄了两部续集，第3部尚在讨论中。卢卡斯影业还制作了电视电影《少年印第安纳琼斯大冒险》。

这部电视剧抄袭了《星球大战》），这让希德更加愤怒。环球影业最终放过了《法柜奇兵》：那不是斯皮尔伯格的电影，那是乔治·卢卡斯的电影。直到最后一分钟，希德才对斯皮尔伯格放手，他说：'好吧，你去拍吧。'"

"如果我能变成梦想中的人物，"卢卡斯曾说，"我就要变成印第安纳·琼斯。"印第安纳·琼斯这个角色完美结合了考古学家、雇佣兵和花花公子。是那种聪明的、书呆子气的孩子，看完周六午后场的冒险电视连续剧后，会创造出来的英雄化身。

卢卡斯和斯皮尔伯格在发现他们对20世纪三四十年代的电视连续剧怀有相同的怀旧情绪后，决定合作《法柜奇兵》。给他们带来灵感的电视剧包括《飞侠哥顿：征服宇宙》《海岸警卫队的唐·温斯洛》《黑鹰》和《突击队员科迪》。这些赤手空拳的冒险故事勾勒出善恶分明的世界，不间断的动作场面取代了拍给成年人看的电影中情感复杂的对白和矫揉造作的桥段。对于两位固守男孩子气行为和视角，但又不安地意识到自己不再是男孩的电影人来说，成年的责任让他们日益烦恼，而这种回归是对烦恼的诱人回应。

在20世纪70年代早期，卢卡斯就列出了4个故事大纲，均以一位"声名狼藉的考古学家"为主角。这位考古学家头戴20世纪30年代风格的软呢帽，手拿皮鞭，如同佐罗[1]和拉什·拉鲁[2]。这个角色的名字"印第安纳"取自卢卡斯妻子玛西亚的阿拉斯加雪橇犬。印第安纳还具有卢卡斯所说的"加里·格兰特[3]的那一面"，喜欢戴大礼帽，穿燕尾服，喜欢和性感的金发女郎悠闲地喝香槟。卢卡斯找到的第一位导演是同为旧金山湾区电影人的菲利普·考夫曼，他提议往故事中引入一个更沉重的主题，让印第安纳去找寻希伯来中失落的约柜，那个神圣的柜子里存放着十诫石板的残片。"找小时候在芝加哥拜访过一位老博士，他痴迷于失落约柜的传奇力量，"考夫曼回忆，"还有一些记载希特勒寻找神秘物品的书，希特勒相信这些东西会让他变得无所不能。"

印第安纳寻找带有超凡精神意义的传奇圣物，源于卢卡斯本人对神话和超自然现象

1　佐罗是美国动画片《佐罗》中的人物，一位蒙面的黑衣侠客，警恶惩奸，锄强扶弱。——译者注
2　拉什·拉鲁（Lash LaRue），美国演员，代表作品有《关山飞渡》《异国流亡》等。其在影片中的造型与印第安纳·琼斯很像。——译者注
3　加里·格兰特（Cary Grant），英国男演员。1942年凭借爱情片《断肠记》获得第14届奥斯卡最佳男主角奖提名，1970年获得第42届奥斯卡终身成就奖。——译者注

的强烈兴趣，这种兴趣也是《星球大战》传奇故事的核心。卢卡斯从小既是卫理公会教徒又是路德教徒，因此《法柜奇兵》中的犹太神秘主义元素可能与他无关。1974年，考夫曼放下《法柜奇兵》转而着手另一部电影。3年后，斯皮尔伯格对这个搁置的想法表示了兴趣，卢卡斯随即将考夫曼踢出了这个项目。考夫曼的律师们不顾卢卡斯最初的反对，坚持让自己的当事人与卢卡斯共享故事的创作署名权。

《法柜奇兵》绝不是对过去电视剧的简单模仿。"当乔治和我首次讨论这个项目时，"斯皮尔伯格回忆说，"我们坐在环球影业的放映室里看了《海岸警卫队的唐·温斯洛》，总共15集，感觉无聊死了。我已经说过了，是的，我会为乔治拍这个。但当时我情绪低落，走出放映室时我在想：'怎么才能摆脱这一切？'"

当他们离开放映室时，卢卡斯说："25年后，这些事早都烟消云散了。"

当时斯皮尔伯格的商业实用主义很快再度回归，"我怎么会对这么糟糕的电影如此痴迷呢？我对自己说：'天哪，如果连我都对这部片子这么感兴趣，岂不是更容易让孩子们对同样的东西感兴趣？他们只会比我更感兴趣。'"

环球影业在1977年底买下劳伦斯·卡斯丹的原创剧本《天南地北一线牵》，并将剧本交给斯皮尔伯格，当时卡斯丹正在洛杉矶的一家广告服务公司写电视广告。作为霍华德·霍克斯[1]电影的狂热粉丝，卡斯丹的《天南地北一线牵》就像《育婴奇谭》和《女友礼拜五》一样，秉承了霍克斯聪明、时髦、理智的浪漫喜剧精神。故事将一位邋遢的大城市报刊专栏作家和一位隐居的鸟类学家配对，在荒野中进行人物性格侧写。斯皮尔伯格说当时买下剧本是打算自己执导，但正如卡斯丹所说："史蒂文买下了一切，他拥有一切。他张口说的第一句话总是'我可能会导这部戏'。他和我就此谈了大约10分钟。"

斯皮尔伯格的兴趣引发了一场竞价战，最终剧本的售价被哄抬至25万美元。"其实他想让我写《法柜奇兵》，《天南地北一线牵》不过是个诱饵。"卡斯丹说，"我第一次见到史蒂文时，他还没买下剧本。当时他们在环球拍摄《一亲芳泽》，史蒂文正在片场到处闲逛。我们坐在马路牙子上，他说：'我真的很喜欢你的剧本。我不知道谁会来拍这部电影，但我想和你谈谈乔治·卢卡斯。他和我打算接一部冒险片，而你是最佳编剧人选。但

---

1 霍华德·霍克斯（Howard Hawks），美国电影导演，代表作包括《外星来客》《育婴奇谭》等，1974年被授予奥斯卡终身成就奖。——译者注

我要警告你，他很欣赏你，可能会邀请你写《美国风情画续集》，你可千万别答应他。'这些家伙现在急着找编剧——可两个月前我还只是个广告编剧！"

卡斯丹意识到，斯皮尔伯格和卢卡斯想要"把《法柜奇兵》写成为霍克斯量身定制的那种，设置一个女强人角色，塑造某种类型的英雄。这就是我得到这份工作的原因"。

《天南地北一线牵》的结果并不好。卡斯丹的剧本经过哈尔·巴伍德、马修·罗宾斯和杰克·罗森塔尔的修改，又经历了选角困难，以及斯皮尔伯格和环球影业制片总监内德·塔嫩之间剑拔弩张的争论后，制片厂拒绝让罗宾斯执导，仍然希望斯皮尔伯格能够亲自接手。但斯皮尔伯格放弃了这个项目，以10万美元和5%的利润分红出售了他的导演权。1981年影片发行时，斯皮尔伯格和男主角约翰·贝鲁什的经纪人伯尼·布里斯坦一起署名为监制。在英国导演迈克尔·艾普泰德闷闷不乐的导演下，贝鲁什和女主角布莱尔·布朗之间根本没能产生浪漫的化学反应。

1978年1月23—27日，卡斯丹、卢卡斯和斯皮尔伯格在《法柜奇兵》的故事会上碰面。他们每天都在卢卡斯的助手简·贝位于谢尔曼橡树区的家中进行9个小时的头脑风暴，并用录音记录下来，为卡斯丹接下来6个月的剧本初稿奠定了基础。

斯皮尔伯格和卢卡斯对一些他们期待的场景有着清晰的视觉构思。"我们想要巨石"，这是他们给卡斯丹的指示之一：在影片刺激的开场中，印第安纳逃离了一个布有陷阱的洞穴，斯皮尔伯格创造了令人难忘的男主角被巨石追赶的那幕。卢卡斯的愿望清单还包括一艘潜艇、一只会行希特勒举手礼的猴子，还有一位在尼泊尔酒吧里和印第安纳·琼斯打斗的女孩。故事会还讨论增加两组精心编排的镜头，一组是印第安纳在山间行驶的矿车上惊心动魄的追逐，另一组是印弟安纳带着一件珍贵文物从上海的宫殿逃出，从飞机上跳到充气救生筏上顺流而下。由于预算原因，这两组镜头最终在前期制作中被否决，经过改编后被用于1984年的续集《夺宝奇兵2：魔域奇兵》当中。

当卢卡斯和斯皮尔伯格专注于设计笑料和套路时，卡斯丹则强调要完善印第安纳的个性。这位作者在1981年说："我担心电影会变成一部直白的动作片，结果可能就是如此。"斯皮尔伯格承认卡斯丹"没有100%依据我们的故事大纲……卡斯丹基本上创造了所有角色，串联了整个故事，让简单的故事大纲变得血肉饱满、方向清晰"。

1978年8月，卡斯丹上交了他的第一稿，卢卡斯还没来得及读，就指派卡斯丹紧急重写《星球大战2：帝国反击战》。当卢卡斯终于有时间将注意力转向《法柜奇兵》的剧本时，他告诉卡斯丹："这样拍太贵，也太耗时了，回去把所有故事主线以外的情节都删掉。""我讨厌那样做，"这位编剧承认，"但我做完后才发现这样能使情节更紧凑，更能抓住人心。"斯皮尔伯格直到1979年12月从日本度假回来，才有时间和卡斯丹一起修订剧本。

斯皮尔伯格和艾米·欧文同居4年、订婚3个月后，决定去日本举行为期3周的蜜月婚礼。"4月我可能就会怀孕，"艾米告诉朋友们，"我们迫不及待想建立一个家庭。"旅途中到底发生了什么，双方均未透露，但就在旅行途中，他们的结婚计划暂时取消了。"我们还没有准备好。"这是艾米在公开场合的唯一说辞。

有传言说，那年早些时候，艾米在得克萨斯拍《忍冬玫瑰》，与电影中的恋人、一头灰发的乡村歌手威利·尼尔森有一段恋情。尽管她否认了这些谣言，但她说："当我在得克萨斯时，人们喜欢我只是因为我是我。他们比我在洛杉矶遇到的人更真诚，这对我很有吸引力。"为了在一个更私密的环境中探索自我身份，艾米搬到新墨西哥州的圣达菲，"和一个公众人物谈过恋爱后，我需要去发现自己的生活是怎样的。"

不管史蒂文是否仍觉得自己还没做好结婚的准备，他和艾米的分手都是一次创伤，是父母离婚后最糟糕的情感经历。但他承认，这是帮助自己步入情感成熟的必要一课。"生活最后也没有放过我，"他说，"多年来，我一直躲在摄影机后面以远离痛苦和恐惧，我忙于拍电影以逃避所有成长的痛苦。我迷失在电影的世界里。所以现在，在我三十出头之际，我经历了迟来的青春期，就像一个16岁的男孩那样痛苦。我没再长出青春痘真是个奇迹。关键是，我没能躲过痛苦，我不过将它推迟。"

艾米和斯皮尔伯格分手后，失去了《法柜奇兵》中印第安纳·琼斯的恋人玛丽昂·雷文伍德一角。艾米之前将爱情和工作划清界限的决心显然已经动摇，她说服史蒂文让她出演这个角色。和艾米分手后，斯皮尔伯格对卢卡斯说："让我来挑选扮演玛丽昂的演员吧。"这似乎是公平的，因为玛丽昂只会出现在《夺宝奇兵》三部曲的第一部中，而饰演印第安纳的演员由卢卡斯和斯皮尔伯格共同决定。在对众多印第安纳竞演者的试镜后，其中包括一些不知名的演员，他们初步决定将这个角色交给汤姆·塞利克，但汤姆当时由于要参演CBS电视台的电视连续剧《夏威夷神探》而没有档期。开拍前不到6周，斯皮尔伯格和卢卡斯在他们眼皮子底下发现了心仪的印第安纳——在《星球大战》里扮演冷酷又可爱的飞行员韩·索罗的哈里森·福特。

斯皮尔伯格一开始将玛丽昂的角色给了20世纪80年代的影片《都市牛郎》中的性感女主角德布拉·温格，其后，媒体也传出了她和斯皮尔伯格的浪漫绯闻[1]。但是温格也面临档期冲突，所以斯皮尔伯格转向了出演过《动物屋》的可爱女校友凯伦·艾伦。在斯皮尔伯格和卢卡斯的男孩幻想世界里，艾伦扮演的玛丽昂不像劳伦·白考尔[2]，倒更像是个超龄的假小子。正如影评人莫莉·哈斯凯尔所说，玛丽昂"缺乏生活经验，言辞强硬，喝酒能把男人喝倒，但既没有对危险的嗅觉，也没有妙计脱身。换句话说，她兼具两性的缺点，又缺乏两性的长处。"

斯皮尔伯格从那倒霉的日本之旅回来时"处于一种奇怪状态"。卡斯丹回忆："《一九四一》刚刚面世，我想他的个人生活肯定一团糟。他做了一些故事板，对于如何改进剧本也充满了想法。其中一些想法很棒，另一些在我看来很疯狂。他希望让那个戴单片眼镜的家伙[3]无论往哪里看，脑袋里都有一束光从他的眼中射出来。我觉得如果我们搞一个脑袋里有光的家伙，就破坏了故事中那种30年代电视剧的传统风格。

"我想，我当时感觉很糟。我一直在努力写剧本，以前从未有过这样的经历。我不喜欢重写，我不会为了别人的突发奇想而写作。我找到乔治并对他说：'你还是找别人来干这份工作吧。这些想法对我来说太疯狂了。这不是我们最开始想写的故事。'乔治告诉我：'在这个阶段，史蒂文总是会冒出很多想法，但等到开拍时，很多想法就被抛弃了。你等着瞧吧。'我把史蒂文的一些想法写进了剧本，还说服了他放弃了另一些。他们总是跟我开玩笑说：'哦，就算你不写，我们也要把这些拍进电影里。'他们在北非时给我发了一张照片，照片里史蒂文、凯伦·艾伦和哈里森·福特都坐在打字机前。"

最严重的分歧是福特这个角色。卢卡斯最初将印弟安纳定位成詹姆斯·邦德式的花花公子，利用考古探险来维持其奢侈的生活方式，但遭到斯皮尔伯格、卡斯丹和福特的反对。"我觉得，"卡斯丹说，"印第安纳·琼斯的双重身份（教授和冒险家）已经让这个

---

1 在拍摄《法柜奇兵》期间，斯皮尔伯格还和19岁的电视女演员瓦莱丽·贝尔蒂内利约过会，而后开启一段和华纳音乐集团31岁的星探凯丝琳·凯里的3年同居生活，凯丝琳曾远赴突尼斯的外景地陪伴斯皮尔伯格。斯皮尔伯格称凯丝琳"教会了我电影之外还有生活"。
2 劳伦·白考尔（Lauren Bacall），美国好莱坞老一代女演员，代表作包括《盖世枭雄》《愿嫁金龟婿》《东方快车谋杀案》等。——译者注
3 保罗·莱西扮演的极其残忍的纳粹分子托特，在影片中戴着金丝眼镜。

人物足够复杂，无需添加花花公子的设定。"在卢卡斯的坚持下，卡斯丹写了一幕琼斯身穿燕尾服和金发女郎在家中约会的情节。但是斯皮尔伯格成功地说服大家不要拍这个场景[1]。斯皮尔伯格想走另一个极端，他认为印第安纳很像约翰·休斯顿《碧血金沙》里的弗雷德·C.多布斯（亨弗莱·鲍嘉饰）。那是个无耻的流浪汉，导演于是建议将印第安纳塑造成生活糜烂的酒鬼。卢卡斯坚决反对这个想法，斯皮尔伯格最终还是将角色塑造得足够坚韧，和印第安纳乡绅的、学术的一面形成了有趣的对比。

"最初的想法，"卡斯丹说，"是先让印第安纳对自己从纯粹的考古学家堕落成盗墓贼更感痛苦。这是乔治的主意，乔治说寻找约柜的主角形象应该'有点阴暗'，在剧本初稿中阴暗的那面更为明显。史蒂文也很喜欢这个想法，但是随着剧本的多次修改，阴暗的那面渐渐消失，印第安纳变得越来越像动作片中的标准人物。

商业上的妥协无疑是人物形象不够立体的主要原因。卢卡斯和斯皮尔伯格想拍一部勇往直前、大胆无畏、在道德问题上毫不模棱两可的影片。但既然《法柜奇兵》不是20世纪30年代的电视剧，而是一部后现代主义的电影，那么至少应该带有一定复杂性。斯皮尔伯格声称，印第安纳"不是扁平的英雄，而是有着普通弱点的平凡人"。尽管福特勇敢地尝试通过印第安纳阴郁、厌世的行为，暗示出这些弱点，但印第安纳仍然是个未成型的角色，和过去电视剧中的任何硬汉英雄一样，是人为塑造的。

印第安纳的两面从来没有合成一个整体。作为一位热爱冒险和以身犯险的学者，印第安纳为达目的会不择手段。他抢夺第三世界的文化成果，像殖民时代的雇佣兵一样肆意杀戮原住民。然而，当代世界的观众还是被巧妙操纵了，对这个残酷无情的人物抱以认同，甚至将其奉为英雄。影片从犬儒主义的角度挖掘出纯粹的内心刺激感，却以半开玩笑的方式对印第安纳的暴力和贪婪一笔带过，来麻醉观众的道德感。斯皮尔伯格和福特为了缩短拍摄时间而在外景地临时凑合的笑料——印第安纳掏出手枪打倒挥舞着剑的阿拉伯人。"很受欢迎却让我苦恼，"卡斯丹说，"我认为这一幕在某种程度上太残忍，和电影的其余部分不搭。我从不喜欢拿杀人开玩笑。史蒂文比我更了解大众的口味。"

斯皮尔伯格似乎急于把印第安纳的暴行归咎于卢卡斯："《法柜奇兵》更符合乔治的

---

1 在《夺宝奇兵2：魔域奇兵》中，印第安纳花花公子的一面曾短暂地展现出来。影片的开场设定在上海的一家夜总会，身穿白色燕尾服的印第安纳与金发歌手凯特·卡普肖展开搭讪。

风格。这是我所有电影里（到那时为止）唯一有大量人死于暴力的一部。但是乔治的暴力是孩子式的暴力，只是为了制造恐怖的笑料………我对待这部电影的态度就像对待一桶奶油爆米花。"尽管承认"《法柜奇兵》的理念非常暴力"，但卢卡斯坚称，"这种处理并不令人反感。首先，我们又回归到好人战胜坏人的老套路上来。史蒂文在几个地方有点失控，但我们最后还是回到了主题。"

为了使影片中的暴力看起来更容易接受、更有娱乐效果，《法柜奇兵》从观众一眼就最讨厌的"坏人形象"中选择了几个。纳粹的形象完美契合这一要求，斯皮尔伯格甚至在《夺宝奇兵3：圣战奇兵》中再次将纳粹塑造为卡通人物。但是正如《纽约客》的大卫·登比在其对《法柜奇兵》的影评中所写的，斯皮尔伯格借用纳粹来"制造恶魔的刺激，拓展形象上乃至喜剧的可能性，并非表明他对纳粹主义有什么看法。在流行电影制作中，死亡和历史都无关紧要。只有刺激感最重要"。"夺宝奇兵"系列电影中的第三世界反派角色脱胎于对种族的刻板印象，是一种对老式冒险电影思维定式的盲目继承，而这些老电影诞生于殖民主义态度仍然盛行的保守时代。《法柜奇兵》里面有大量漫画式的阿拉伯和南美坏蛋，而后的《夺宝奇兵2：魔域奇兵》又用印度人和中国人来充当这位方下巴美国白人英雄的邪恶对手。

由于现代种族问题的敏感性，以及电影中经常出现的种族刻板印象引发的争议，"当你挑选反面角色后，就会遇到麻烦"，《夺宝奇兵2：魔域奇兵》的联合编剧威拉德·赫依克指出。卢卡斯建议将"夺宝奇兵"系列第三部故事线的其中一条设置在非洲。外景地已经考察过了，克里斯·哥伦布[1]写了一个剧本但被否了，据查尔斯·查普林在其关于卢卡斯的书中所写的，"无论卢卡斯还是斯皮尔伯格都对这个故事不满意"。"我知道他们不可能在非洲拍这部电影，"赫依克说，"如果那些当地人中的任何人被塑造得很愚蠢或很邪恶，对于电影来说又将是个大问题。他们不能这么做，所以最后又转头考虑纳粹。"

在对第三世界人物的描绘中，斯皮尔伯格和卢卡斯都落入了不加批判地模仿过时好莱坞惯例的陷阱。20世纪80年代的电影中还存在这种刻板形象，很难让人相信创作者们没有恶意。的确，这两位电影人对大众娱乐的盲目延续，构成了更为阴险的种族侮辱。在《法

1　哥伦布曾担任3部斯皮尔伯格制片电影的编剧：《小魔怪》（1984）、《七宝奇谋》（1985）和《少年福尔摩斯》（1985），后来他自己也成了导演，执导了《跷家的一夜》和《小鬼当家》等影片。

柜奇兵》中，原先不可信的美国文化统治第三世界原住民的幻想卷土重来，来自邪恶帝国的卡通恶棍形象也得以复兴，使得该片成了一部标志里根时代开端的完美电影。

斯皮尔伯格心甘情愿地放弃自己的独立性为卢卡斯工作，因此并未对《夺宝奇兵》投入过多情感。然而，出于与卢卡斯的相互尊重，斯皮尔伯格做出了一个务实的决定，即通过制作一部赤裸裸的商业娱乐片来证明自己能够在预算范围内导演电影。"我基本放手让斯皮尔伯格做他想做的。"卢卡斯说，"我非常关心导演提出的问题，因为我也当过导演。史蒂文听得进意见。我的意思是，我提了很多建议，有的被他采纳，有的没有……史蒂文拍电影前会做大量准备工作，他非常有条理。"

卢卡斯在16周的拍摄日程中有5周都忙于"解决问题"。尽管他在突尼斯的外景地导演了一些替补镜头，但其影响力并不明显，毫无疑问斯皮尔伯格才是指挥者。卢卡斯作为监制的主要工作都集中在前期和后期制作上。卢卡斯相信，只要精心准备，再加上过硬的剧本，斯皮尔伯格的超支倾向是可以控制的。"《一九四一》给他带来了很多负面报道，"卢卡斯说，"那些报道给他造成了很大的伤害，但他导演得很棒。"

卢卡斯可以对斯皮尔伯格说"不"，而斯皮尔伯格因为《一九四一》变得更为谦卑，学会了倾听。当他们出现分歧时，卢卡斯会说："好吧，这是你的电影，如果观众不喜欢，他们会怪到你头上。"于是斯皮尔伯格会选择让步，他会开玩笑说："好吧，但是我要告诉他们是你让我这么做的。"

卢卡斯还为斯皮尔伯格提供了一流的英国团队和后勤人员，其中许多人都曾参与《星球大战》和《星球大战：帝国反击战》的摄制。《法柜奇兵》的大部分镜头都是在卢卡斯之前拍过电影的取景地拍摄的，包括位于突尼斯的所谓"星战峡谷"和位于英格兰伯翰姆伍德的百代-埃尔斯特里摄影棚，其他取景地还包括法国、夏威夷，以及加州的长滩。伦敦地区之所以被选为电影拍摄基地，一是出于成本考虑，同时因为那里远离好莱坞，可以让工作人员对这个项目保密，当年斯皮尔伯格选择亚拉巴马州作为《第三类接触》的大本营也是出于同样的考虑。

斯皮尔伯格要求聘请弗兰克·马歇尔担任《法柜奇兵》的制片人。马歇尔在1974年通过弗娜·菲尔兹认识了斯皮尔伯格，当时他是彼得·博格丹诺维奇的助理制片人，擅长在满足导演需求的同时，尽量节省开支。马歇尔回忆斯皮尔伯格"正在寻找一个能保护他不受制片厂环境影响的人……站在他那边和他同心协力而不是和他对着干的人……他想要一个可以为电影节约成本、保持片场良好势头的制片人……而这正是我的行事方式"。

马歇尔未来的妻子凯瑟琳·肯尼迪曾在《法柜奇兵》中与斯皮尔伯格密切合作，肯尼迪和马歇尔后来成为斯皮尔伯格在整个20世纪80年代职业生涯中最为重要的合作伙伴。他们在那个时期担任了斯皮尔伯格大部分电影的制片人，并在1984年共同创立了安培林娱乐制片公司。

凯瑟琳·肯尼迪先前是圣迭戈的一名电视脱口秀节目制作人，后来作为约翰·米利厄斯的助手参与了《一九四一》的前期制作，并由此进入电影行业。3个星期后，她被要求帮助斯皮尔伯格整理电影的特效设计方案。到了导演家，她发现斯皮尔伯格："仅有的几张纸、信封背面、报纸上端的留白，甚至任何手边能弄到的东西上，全都是他记下的笔记、摄影机的镜头构思和随手画的图样。他说：'看看这些，你能理出个头绪吗？……我唯一想到的是，我不能在这儿工作，否则他会发现我不会打字。所以我把所有的东西都收起来，带回了办公室。我全身心投入其中，没日没夜地想，从头到尾把那些图样重新画了一遍，给他打了好几次电话，确认一些我不明白的事情。最后我做出了一些小册子，在他进来之前将册子堆在他桌上。

"他被惊呆了。我觉得自己的做法很正常，但不管出于什么原因，他以前从来没让别人这样帮他整理过东西。从那以后，他会给我安排一些琐碎的工作，这些都是他需要我细心处理的事。"在为《法柜奇兵》工作时，她"没想过拍完这部电影之后自己的下一步计划。当史蒂文请我去帮他制作他的下一部电影，也就是后来的《E. T. 外星人》时，我很震惊。这让我措手不及，但我想这是因为他对我办事很放心。他已经开始依赖我帮他做事，而这基本上就是制片人的职责。"

卢卡斯在《法柜奇兵》中的得力助手是监制霍华德·卡赞金[1]，他们在南加州大学电影学院时就互相认识。卡赞金有权严格控制电影预算和日程安排。"我工作的一部分就是对斯皮尔伯格说'不'，"他回忆说，"而我从来没有对史蒂文说过'不'。我尝试了很多方法让史蒂文对他自己说'不'。我会分析利弊，尤其是在资金问题上，然后让史蒂文主动拒绝。我想我偶尔也会说'不'，但我不喜欢这么做，我喜欢让史蒂文自己做决定。

1　卡赞金从环球影业的助理导演干起，同阿尔弗雷德·希区柯克、比利·怀德和罗伯特·怀斯等经验丰富的电影人合作过，也和斯皮尔伯格花过一天时间在制片厂筛选《横冲直撞大逃亡》的镜头，后来被提拔为卢卡斯的电影《美国风情画续集》（1979）的制片人。

"我们知道我们在做B级片，我们知道我们必须妥协。有时候可能需要拍两遍、三遍甚至四遍，但有些地方就是不行。史蒂文会说：'好了，这里就这样吧，我们继续。'我们会想其他办法来完成这个镜头，他在这方面做得非常好。《法柜奇兵》是史蒂文第一部没有超出预算的电影。我听史蒂文说，他所有的朋友们都在拍比他规模更小、预算更低、不超支的电影，而最后他们能挣到更多的钱。史蒂文很少有那样的机会，所以他决心按预算拍一部电影，这样他就能得到更多利润。史蒂文说：'如果我们多花一美元，我们在票房中就会少挣一美元。'"

《法柜奇兵》的故事板比斯皮尔伯格之前的任何一部电影都更加完整，因为有了四位插画家的助力。他最早计划大量使用精心设计的黑色电影阴影效果。"在最初两个月的准备工作中，我极度兴奋。然后我将这个想法完全抛弃，专注于故事本身。"斯皮尔伯格还在职业生涯中首次使用了特技组导演的服务，聘请了资深动作片导演迈克尔（米奇）·摩尔根。迈克尔耗时3周，根据斯皮尔伯格的故事板拍摄了卡车追逐场面。"史蒂文并不是总需要尽100%的努力，有时50%就够了。"卢卡斯说，"但我的理论是，像史蒂文这样有才华的导演，他的50%比大多数人倾尽全力完成得还要好。当他拼尽全力时，情况可能会失控。"

《法柜奇兵》原计划85天完成拍摄，但卢卡斯和斯皮尔伯格秘密约定要在73天内完成。卡赞金解释说，这样做是为了挑战"史蒂文能否在计划时间和预算内完成电影"，将制片厂的干扰降到最低。"有时候你不过超出了计划一天，你知道这个时间可以从其他地方弥补回来，但来自制片厂的压力实在太大了。卢卡斯可不想这样。卢卡斯已经成功地在没有制片厂参与的情况下拍过不少电影，这也是为什么《法柜奇兵》和《星球大战》都以欧洲为制作基地，因为这样可以远离制片厂的控制。斯皮尔伯格想要的远比前期准备时更多，但如果史蒂文想要什么东西，我们也可以想办法从别的地方找来。"

"我们设计了一架飞行翼，那是台充满未来感的飞行器，用来把约柜运送给希特勒。我对乔治说：'它太大了，我们造不了这东西，这要花掉100万美元，我们需要把它做得更小。我们得想想办法。'我已经和史蒂文谈过了，但他否定了我的意见。所以我去找了乔治，我永远不会忘记那一幕，乔治走进会议室（小声）说：'好的，看我的。'飞行翼模型就在那儿。他说：'哦，这是什么？'他拿起飞行翼模型，就像他根本不知道这是飞行翼一样。这模型有四个引擎，两侧各有两个。他说'好极了'——乔治总喜欢说短句子——'这很棒，看起来很厉害。'接着他将两扇机翼的末端折断，两边各拿掉一个引擎。他说：'如果只有这么大，我们能省多少钱？'"

仅仅这一个动作，他们就省下了25万美元。这部电影的成本刚好在预算的2040万美元之下（40万美元是作为哈里森·福特的片酬加上去的），拍摄日程也正是之前秘密商定的73天。

不管《法柜奇兵》多么生动有趣，斯皮尔伯格为"康复"所付出的代价却是一部没有灵魂、非个人化的电影。他重新树立起职业声望意味着在艺术上后退一步，这一后撤得到了好莱坞和公众的慷慨赞许。凭借3.63亿美元的全球总票房，《法柜奇兵》成了1981年的票房冠军，也是派拉蒙影业历史上票房最高的电影[1]。斯皮尔伯格凭借这部影片第二次提名奥斯卡最佳导演，而这部影片一共提名8项奥斯卡奖项。尽管斯皮尔伯格最后没有获奖，但这部电影荣获5项奥斯卡奖，均为技术类奖项。

斯皮尔伯格总担心商业上可能的失败，总想取悦最广大的观众，这在20世纪80年代的大部分时间里继续激励着他。他总是间歇性地涉足新兴的创作领域，随后又退回更安全、模仿性的东西。当这些公式化的努力获得了巨大的商业成功时，斯皮伯格发现自己越来越受困于满足观众的狭隘期望。其更有野心、更具争议的作品所受到的批评，也会反过来受到这些期望的影响。当他因错误的原因被表扬时，也不再争取去做正确的事。

许多影评人对斯皮尔伯格凭借《法柜奇兵》回归表示欣喜，这部电影提倡远离复杂，回归简单的老式好莱坞乐趣。"'将帽子抛向空中、将心提到嗓子眼儿'又重新出现在电影中"，《洛杉矶时报》的希拉·本森赞扬这部电影"毫不装腔作势"。但其成功所包含的内在暗示令一些影评人感到不安。罗伯特·阿萨希纳在《新领袖》（*The New Leader*）上写道："《法柜奇兵》甚少涉及社会整体，更多的还是关于好莱坞。而好莱坞近期似乎一直有一种错觉，认为当今的电影观众都是些目不识丁的青少年，分不清漫画书的好坏。更糟糕的是，也许现在的电影制作者并不比他们心目中最愚蠢的观众聪明多少。"

斯皮尔伯格感觉自己执导《法柜奇兵》时在"扮演一个角色"，"我是摄影机背后的印第安纳·琼斯。我觉得我没必要去拍一部杰作，不必每个镜头都要让大卫·里恩引以为

---

1 这个成绩最终被罗伯特·泽米吉斯1994年拍摄的《阿甘正传》超越。

傲。""这种忧郁的承认似乎揭示了他对摄影机的风险性的认识……他在《法柜奇兵》合作中展现出的雇用熟练工的一面",维多利亚·根格在《电影评论》(*Film Comment*)中写道,"印第安纳这个受雇于组织的冒险者角色有点像(导演的)自画像,带点虚荣,也有点自我厌恶……但如果《法柜奇兵》代表了他对这类题材的处理方法,那么现在只有奇迹能挽救他。"

开始拍摄《E. T. 外星人》和《鬼驱人》之前，我对凯西·肯尼迪说，那个夏天（1981年）会一劳永逸地告诉我，自己是否适合做一名父亲。事情会有两种结果：要么我会成为准父亲，要么就像W. C. 菲尔兹[1]那样度过一生。

——史蒂文·斯皮尔伯格，1982年

在英国的一间摄影棚里被几千条蛇包围，史蒂文·斯皮尔伯格对他正在拍摄的电影感到抑郁。《法柜奇兵》是一份机械的工作，几乎没有机会表达个人情感。"动作戏很精彩，"他后来说，"但是在拍摄这部电影时，我觉得已经无法找回当年成为电影人的初心，那就是讲述人本身以及人与人关系的故事。"远离家乡和女友凯丝琳·凯里，斯皮尔伯格感到孤寂，渴望逃进一个充满想象力的世界，在那里他可以抒发从童年起就一直支撑着自己的好奇心：

"我记得曾对自己说过：'我真的需要一个可以倾诉的朋友，一个可以给我全部答案的人。'就像陪伴你长大的玩具娃娃、泰迪熊或小熊维尼，我只是想要一个小小的声音在

1　W. C. 菲尔兹（W. C. Fields），美国喜剧演员，因嘲讽中产阶级小毛病的机智、刺耳的声音和球根状的鼻子而闻名，私下里是个酗酒、多疑的人，而且非常不喜欢孩子。代表作包括《大卫·科波菲尔》以及《爱丽丝梦游仙境》（1951）。——译者注

心里说说话。我开始炮制这个虚构的生物，它的形象部分来自那些在《第三类接触》中走出母舰90秒后又回到里面，再也没有出现的人。然后我想，如果我又回到了10岁，虽然我保持那种心态已经三四十年了。会不会那位朋友需要我，就像我需要他一样迫切呢？那不是一个美好的关于爱的故事吗？"

斯皮尔伯格是幸运的，他找到了能够让他幻想成真的人。梅丽莎·马西森是一位30岁的编剧，她唯一被人熟知的作品是对《黑神驹》剧本的重写。在拍摄《法柜奇兵》时，马西森陪伴在男友哈里森·福特身边，而斯皮尔伯格发现自己"一直在向梅丽莎倾诉心声"。斯皮尔伯格告诉她，自己想拍一部关于孤独的小男孩和他来自外星朋友的电影。后来他承认这个想法来自小时候的幻想。马西森说她对这个故事的兴趣"和科幻一点关系都没有，是那个亲切、温柔、感性、可爱的外星生物吸引了我。一想到这个生物要和一个来自破碎家庭的孩子建立友谊，我就很感动。"

《E. T. 外星人》是关于简单而又浪漫的星际友谊的美丽寓言，也是弗朗索瓦·特吕弗从1976年就一直力劝斯皮尔伯格拍摄的那部关于"儿童"的电影[1]。《E. T. 外星人》由斯皮尔伯格和凯瑟琳·肯尼迪[2]为环球影业制作，成本相对较低（约1000万美元），几乎不涉及《第三类接触》中外星人造访地球时繁复的视觉效果。然而，讽刺的是，正是这部他向自己和公众承诺的"小电影"，创下了电影史上美国国内票房收入的纪录[3]，直到被1997年重新发行的《星球大战》超越。该片发行的第一年，这部斯皮尔伯格精心伪装的情感自传，便打动了全球两亿多观众的心。

令人费解的是，《E. T. 外星人》并不源于斯皮尔伯格的迪士尼式幻想，而是源于他性格中的阴暗面。他的想法转变自约翰·塞尔斯写给他的剧本《夜空》（*Night Skies*），讲述了一群外星人威胁一家农户的故事。这11个外星人的首领是一个名叫"刀疤"的邪恶生物。"刀疤"这个名字取自约翰·福特《搜索者》中的科曼奇族恶棍。塞尔斯在剧本开头便写到，刀疤只不过用他瘦骨嶙峋的长手指碰一碰农场里的动物，就把它们全都杀死。刀疤的追随者中唯一善良的外星人名叫巴迪，最后和一个自闭症儿童成了朋友。当然，

---

1 当本书作者告诉特吕弗，斯皮尔伯格关于儿童的电影将以外星人为题材时，特吕弗放声大笑。

2 凯瑟琳·肯尼迪（Kathleen Kennedy），1953年出生于美国，好莱坞金牌电影制片人，卢卡斯电影公司首席执行官。代表作包括《E. T. 外星人》《侏罗纪公园》《第六感》等。——编者注

3 《E. T. 外星人》20世纪80年代累计的国内票房总额为3.99亿美元，未考虑通货膨胀影响。斯皮尔伯格1993年拍摄的《侏罗纪公园》打破了《E. T. 外星人》保持的7.01亿美元的全球票房纪录。

巴迪就是E. T. 的原型。斯皮尔伯格后来若有所思地说，在开发带有仇外主义的《夜空》时，"自己可能失去了理智"。在这个故事不断发展成为《E. T. 外星人》的同时，《火光》中邪恶的外星人也逐渐演变成《第三类接触》里友善的外星来客。

《E. T. 外星人》可以被解读为外来移民的寓言，但结局苦乐参半：未被同化的外星人因思乡情切濒临死亡，决定离开美国郊区，回到自己的家乡。斯皮尔伯格将《E. T. 外星人》视为"一个关于丑小鸭的故事，关于一个不属于这里的人、一个和其他人不一样的异类。因为E. T. 和其他人不一样，他被孤立，病得很重，差点死去。我一直觉得《E. T. 外星人》是只关于少数人的故事……代表着这个国家的每一名少数族裔"。作为细脖子上顶着大脑袋，长着大眼睛、大鼻子和招风耳的书呆子，小时候的斯皮尔伯格可以被看作E. T. 的人类表弟，斯皮尔伯格将E. T. 描述为"只有亲妈才会喜欢的生物"。

斯皮尔伯格相对客观地参与了《夜空》的制作，因为他只打算担任制片人，而这部耗资1000万美元的影片则成了漫画家罗恩·科布的导演处女作[1]。《夜空》于1980年4月在哥伦比亚影业开始前期制作，当时斯皮尔伯格正在英格兰筹备《法柜奇兵》。《一九四一》的惨败给好莱坞笼罩了挥之不去的焦虑，当时已经成为哥伦比亚影业全球制片部总裁的约翰·维奇，在接受《每日综艺》采访时直言不讳地指出"这不是史蒂文一个人的作品"，并发誓制片厂的高管们将在拍摄《夜空》时加强与史蒂文的合作。"我们和史蒂文就《夜空》开了一两次会。"维奇回忆，"史蒂文当时并不是很确定想拍那个特别的故事。我猜，随着他的深入考虑，加上梅丽莎也参与其中，他于是改变了想法，最后决定亲自执导。当我们拿到最终拍摄的剧本时，里面有那个小生物E. T. 。"

在向马西森介绍自己的新概念前，斯皮尔伯格问塞尔斯是否有兴趣尝试写份新的剧本初稿。这位小说家兼编剧，刚刚完成导演处女作《西卡柯七人的归来》，即将导演自己的另一部电影。总而言之，塞尔斯对写一部关于可爱外星人的电影没什么兴趣。"《夜空》的最后一幕中，"塞尔斯说，"善良的E. T. 被他的同伴们抛弃在地球。"（这一幕后来作为《E. T. 外星人》的开场。）塞尔斯并不追求大银幕上出现自己的名字，他认为自己剧本的作用"在于提供了起点，而不是辅助材料。我认为（马西森）完成得很好。"

梅丽莎·马西森和斯皮尔伯格的合作十分愉快，她也得到了《E. T. 外星人》的独立编剧署名。然而当梅丽莎于1989年赢得美国编剧工会（Writers Guild of America）的仲裁

---

1 罗恩·科布曾参与过几部电影的美术设计，包括《星球大战》和《第三类接触》（特别版）。

奖，并获得丰厚的电影衍生品销售分成时，关于这个外星人角色的第一次书面描述是否出现在她的剧本中，引发了一场公开争议。

仲裁人索尔·罗森塔尔发现，马西森在"卡洛·兰巴尔迪的人物模型完成之前，已经于前两版工作草案中详细描述了她的主要人物"[1]。环球影业认为斯皮尔伯格和塞尔斯在《夜空》中最先描述了这个角色，但是罗森塔尔得出的结论是，尽管在"早期的材料中也有类似的外星生物可供参考……塞尔斯的描述（一个嘴巴像鸟嘴、眼睛像蚱蜢的人物）证明E.T.不是从塞尔斯的剧本中抄袭而来的……马西森并不只写了E.T.的手指会发光，还对E.T.独特的双手和手指进行了详细描述。她不仅将E.T.的身高设定为3.5英尺，还为E.T.设计了短而弯曲的双腿、可伸缩的脖子、突出的肚子、细长的胳膊和一颗发光的心脏。她并不是简单地写道'E.T.的脸是圆的'，而是细致地描述了他大大的脑袋、温柔的面容、又大又圆的眼睛、身上皮革般的褶皱以及眉宇间的皱纹。"

斯皮尔伯格的律师布鲁斯·雷默，随后于一封发表在《每日综艺》上的信中写道："这个决定再怎么说也不足以证明，这部史上最成功电影中人物的诞生与塑造，及其核心概念，与斯皮尔伯格先生几乎或完全没有关系。马西森女士会毫无疑问地向你证实，斯皮尔伯格先生在剧本创作之前和写作过程中，都详细地向她表达了自己对E.T.的看法和概念[2]。"

现在回想起来似乎不可思议，哥伦比亚影业居然放弃了拍摄《E.T.外星人》的机会。

在对《E.T.和我》（当时马西森剧本的名字）进行了观众调查后，马文·安东诺夫斯基领导的哥伦比亚影业市场和调研部得出结论，认为这部电影的商业潜力有限。安东诺夫斯基认为《E.T.和我》将主要面向青少年观众。好莱坞的说法是，制片厂觉得这不过是"一部蹩脚的沃尔特·迪士尼式电影"。哥伦比亚影业总裁弗兰克·普赖斯认真考虑了这一建议，放弃了马西森的剧本，导致这个项目转而被环球影业接手。据报道，斯皮尔伯格对普赖斯的行为非常愤怒。这位主管后来跳槽到了环球影业，斯皮尔伯格此后与环球影

---

1 兰巴尔迪设计了《第三类接触》中的外星人帕克，并为《E.T.外星人》制作了两个极度灵活的电子动画模型，来完成片中90%涉及E.T.的镜头，剩余的镜头由侏儒身穿兰巴尔迪设计的E.T.服装扮演。兰巴尔迪在演职人员表中的署名非常简单："E.T.由卡洛·兰巴尔迪创造。"

2 马西森并没有公开对那封信做出回应，也没有回应本书的采访要求。

业的任何交易中，都不愿再与普赖斯打交道。

普赖斯公开将自己放弃《E. T. 外星人》的责任推给环球，声称这是环球影业履行了让斯皮尔伯格为他们再拍一部电影的协议。"我本可以让史蒂文去为环球导演一部电影，然后再回来拍《E. T. 外星人》。"普赖斯说，"但史蒂文希望下一部就拍《E. T. 外星人》。"希德·谢恩伯格否认了这一说法，他说："史蒂文没有义务按照合同或其他理由把这个项目交给我们。很简单，史蒂文给我们带来了剧本，说我们可以从哥伦比亚影业把这部电影弄过来。"

哥伦比亚影业在放弃《夜空》和《E. T. 外星人》之前已经投入了100万美元进行开发，维奇回忆："环球想和我们合作，我和希德·谢恩伯格也谈过，但是哥伦比亚影业出于某种原因不愿这么做。普赖斯只是简单解释说：'我不搞合拍片。'但我们保留了《E. T. 外星人》的一小部分利润（净利润的5%），我认为那一年我们通过这部电影赚的钱，比我们自己的任何一部电影都要多。"

在把《E. T. 外星人》交给谢恩伯格之前，斯皮尔伯格曾试图说服环球，让他拍一部与编剧加里·大卫·戈德伯格共同开发的歌舞片《胶片不停》（*Reel to Reel*）。《每日综艺》专栏作家阿米·阿凯尔德将《胶片不停》描述为"史蒂文·斯皮尔伯格的半自传体原创故事……关于一位年轻导演制作他的第一部电影——一部科幻歌舞片！"其中一个主要角色以谢恩伯格为原型。在伦敦拍摄《法柜奇兵》时，斯皮尔伯格和戈德伯格住在同一家酒店，一起为这部歌舞片写剧本。

"在欧洲拍摄《法柜奇兵》的那段时间里，"监制霍华德·卡赞金回忆，"史蒂文和我，有时还有凯西（凯瑟琳）·肯尼迪会一起骑车出去，或是一起骑车回到制片厂，当时史蒂文一直在说接下来他想导演的那部歌舞片《胶片不停》。有一次他飞回家给希德做报告展示这个项目，但谢恩伯格不想拍这部电影。希德否决了这部歌舞片后，史蒂文好像对他这么说：'好吧，我抓紧时间给你拍另一部小成本电影《E. T. 外星人》来完成我的任务。'我想，这就他导演《E. T. 外星人》的真正原因，不过是想履行为希德拍最后一部电影的协议[1]。"

---

1 斯皮尔伯格在1983年宣布《胶片不停》是哥伦比亚影业的项目，那时他只想做这部电影的制片人，将导演工作交给迈克尔·西米诺，这个奇怪的组合最终也未能成为现实。

斯皮尔伯格将《E. T. 外星人》形容为"一个非常个人化的故事……关于我父母的离婚，以及父母分开时我的感受"，有助于解释为什么这部影片能够引发广大观众的情感共鸣。

20世纪80年代初，离异和单亲家庭成了美国社会的常态。50年代理想的核心家庭模式，只存在于情景喜剧和迪士尼电影中。据《每日综艺》影评人阿尔特·墨菲当时的观察，《E. T. 外星人》之所以成功，而迪士尼电影失败的一个原因，是斯皮尔伯格愿意承认离婚的残酷现实，并且将其融入自己的幻想之中。另一方面，迪士尼那些误入歧途的高管，却试图复制他们的创始人在50年代制作的那类电影。在墨菲看来，他们没能理解的是，如果沃尔特·迪士尼本人还活着，他也会与时俱进。斯皮尔伯格和沃尔特·迪士尼都极具代表性，所以成了深受欢迎的艺术家，他们喜欢的东西都与当时社会的潜在潮流不谋而合。

作为一个来自离异家庭和失范郊区的孩子，斯皮尔伯格在成长中学会了不要把家庭生活理想化。但在家庭解体所遗留的情感空虚中，他不禁渴望能出现一个替代父亲的人物。成年后，他在一些有影响力的人身上找到了父亲或导师的影子，比如谢恩伯格和时代华纳的史蒂夫·罗斯。在斯皮尔伯格对《E. T. 外星人》的构思中，这种情感诉求占据了主导地位。"当我还是个孩子时，"他回忆说，"常常幻想有奇怪的生物潜伏在卧室的窗外，我真心希望他们能进入我的生活，然后像变魔术一般将我的生活点亮。"

埃利奥特的父亲在电影中一直缺席，因为当时父亲正和新女友在墨西哥度假。在一个苦乐参半的场景里，埃利奥特和弟弟迈克尔（罗伯特·麦克诺顿饰）悲伤地检查着父亲留在车库里的一件衬衫，试图回忆起父亲剃须后使用的洁肤液是什么品牌。和男孩们感情疏远的母亲（迪·沃莱斯饰）有太多烦心事，甚至在影片的大部分时间里，都没发现自己家里还住了个外星人。缺席的父亲，孩子气、脆弱又心不在焉的母亲，有些夸张地反映出斯皮尔伯格对父母的矛盾情感。聪明干瘪的E. T. 取代了埃利奥特心目中父亲的情感位置，而埃利奥特后来与E. T. 发生了感人的角色互换，保护着这个思乡的小生物，让他远离成人世界的危险。

作为对E. T. 的离开造成伤痛的补偿，斯皮尔伯格引入了另一个替代父亲的角色，由彼得·科约特扮演的政府科学家，他一开始看起来很有威胁，最终成为埃利奥特的盟友，并帮助E. T. 回到家乡。就像特吕弗在《第三类接触》中扮演的拉孔布一样，这位科学家也富同情心，因为仍保留着童年时期的情感。他这么谈及E. T. ："埃利奥特，他也来找我了。我从10岁起就一直期盼这一刻的到来。"在演职人员表中，这个角色被称为"钥匙"（Keys），因为在电影的前半部分，他几乎只有腰部以上出现在镜头中，从一组挂在他腰带上的钥匙才能推断他的身份。正如影评人安德鲁·萨里斯观察到的，斯皮尔伯格在影片最后用两个镜头，将目送飞船离开时的"钥匙"和埃利奥特的母亲联系在一起，巧妙地暗示出他们的浪漫配对。"通过视觉而非台词暗示这种关系，"萨里斯写道，"斯皮尔伯格确保只有孩子和弗洛伊德学说的拥护者，才能将潜在父亲形象胯部附近晃动的、暗示实情的'钥匙'和E. T.之间建立起关键联系，而E. T.自身代表着无处安置的阳具。"

和斯皮尔伯格电影中的其他孩子一样，埃利奥特的成熟超出了年龄。父母的离异迫使他表现得更像个成年人而不是孩子。埃利奥特对E. T.的保护源于"我生活中的情形"，斯皮尔伯格说，"父亲离开后，我从磨人精变成家庭的保护者……我必须成为家中的男主人。"

11岁的亨利·托马斯扮演了斯皮尔伯格青少年时期的另一个自我，严肃和克制的表演风格让这部电影不会过于做作或令人生厌。当托马斯试镜这个角色时，斯皮尔伯格就被这种特质吸引，但又担心"亨利太严肃，但当我向他介绍E. T.时，他突然大笑起来……在《E. T.外星人》中与亨利合作的最好方式不是做他的导演，而是做他的朋友。这很容易，因为我们都喜欢吃豆人（Pac-Man，一款流行的电子游戏）。"在拍摄期间，每天午休斯皮尔伯格和托马斯都会一起玩电子游戏。这就是导演所说的"凭直觉"指导孩子的案例，找到和孩子们的共同兴趣，并潜移默化地传达自己对这部电影的感受，就像E. T.和埃利奥特的心灵感应一样。斯皮尔伯格从不居高临下地对孩子们说话，而是平等地与孩子们打交道。他让孩子们把拍电影当成奇妙的游戏，把他当成队友。在托马斯的例子中，斯皮尔伯格与演员还有角色之间亲密的个人关系，使得表演不费吹灰之力就能直击人心。

"E. T.和埃利奥特之间的友情，从开始的寻找到抓住彼此，再到紧紧地相互依赖，就像我4岁到16岁（实际是2岁到17岁）之间经历的4次搬家，"斯皮尔伯格说，"我希望自己曾经有过最好的朋友……我对整个故事的想法是，如果埃利奥特没有父亲陪伴在身边，E. T.也没有走进埃利奥特的生活，埃利奥特就会走上一条黑暗的道路。E. T.填补了父亲和另一个女人远走墨西哥所留下的裂痕，也将父子关系转变成更为广博的东西。对我个人来说，这可能是《E. T.外星人》最重要的方面。我们要意识到埃利奥特在没有父亲的情况下，会走上一条非常叛逆的道路，这对理解这部电影至关重要。"

斯皮尔伯格对外太空的痴迷，再一次为其提供了诱人视觉隐喻，关于逃离难以忍受的家庭环境。但在《E.T.外星人》和《第三类接触》中，主人公以明显不同的方式来对待外星生物。尽管罗伊·尼尔瑞很想抛妻弃子、飞向太空，但埃利奥特最终不愿撇下家人与E.T.一同离去。因为埃利奥特不是那个渴望挣脱穷途末路的婚姻而不顾一切的中年男子，只是一个孩子，与母亲和兄妹有着强烈的情感纽带。《E.T.外星人》在承认父母离婚带来痛苦的同时，反映出斯皮尔伯格越来越意识到家庭责任的重要性。

在1996年一部关于《E.T.外星人》幕后制作的纪录片中，斯皮尔伯格回忆说："20世纪80年代初，我还没有孩子，突然之间，我成了一名父亲！每一天我都觉得自己像是德鲁（巴里摩尔）的父亲、亨利的父亲、罗伯特·麦克诺顿的父亲[1]，而且你知道，这种感觉很好。那时有三个孩子感觉真好，我现在也有了一个大家庭。"

斯皮尔伯格还将这一进展归功于自己在两性关系中探索出的敞开心扉。在拍完《E.T.外星人》后，他说自己"现在非常渴望成为一名父亲，我想凯丝琳·凯里和我会有孩子。我觉得在过去的三四年里，自己比以前更敞开自我。我允许自己受到伤害，以前我从不允许任何事情触碰自己……我已经开始处理与凯丝琳关系中的基本问题，也可以做出改变，我能够更开放地通过电影来表达自己的感受……如果是在5年前，我可能会因为别人对我的看法而感到尴尬，而不会去拍《E.T.外星人》。"

向这些感觉敞开心扉，意味着斯皮尔伯格再次直面曾经试图从生活中抹去的东西：失去所爱之人的可能性。当飞船准备起飞时，埃利奥特和E.T.进行了最后的交流，在这最感人的一幕里，斯皮尔伯格重温了内心深处对离别的感受。E.T.简单地说："走吧。"埃利奥特回答："留下。"有哪部电影里的对话能像这般简洁有力？外星人和小男孩紧紧相拥（小男孩的视线越过E.T.的肩膀望向母亲），双方最终意识到这两个选择中的任何一个都是不可能的。E.T.说出了那个他学会的代表痛苦的词："哎哟。"

"拍摄离别的场景时，"亨利·托马斯说，"我哭个不停，因为我每天都和E.T.一起工作，他对我来说是真实的。"埃利奥特看着宇宙飞船离开的特写镜头所蕴含的情感张力，就好像乔治·史蒂文斯[2]的经典电影《原野奇侠》的结尾——男孩喊着："肖恩，回来！"接着是男孩泪流满面的特写，默默目送自己的英雄永远从自己的生活中消失。影评

---

1 在《E.T.外星人》中，德鲁·巴里摩尔饰演埃利奥特的妹妹，托马斯·亨利饰演埃利奥特，罗伯特·麦克诺顿饰演埃利奥特的哥哥。——译者注

2 乔治·史蒂文斯（George Stevens），美国导演，凭借1951年的《郎心如铁》和1956年的《巨人传》两次荣获奥斯卡最佳导演奖。——译者注

人唐纳德·里奇将男孩的台词描述为"天真的痛苦呐喊。这个男孩在呼唤纯真的归来，但他永远也回不去了"。在《E. T. 外星人》和《原野奇侠》中，我们目睹了童年纯真的创伤性终结，但同时也见证了成熟的开始。

"这是我拍过的电影中，情感最复杂但技术最简单的，对自己来说也是一次新的尝试。"斯皮尔伯格说，"与《第三类接触》中母舰降落冲击力相当的，也许是《E. T. 外星人》中亨利·托马斯流出的那滴眼泪。这就是我用来代替复杂特效的东西。而且，能专注于人与人之间的感觉，这真是太好了。"

在斯皮尔伯格的电影生涯中，《E. T. 外星人》是第一部决定不使用故事板来拍摄的故事片，除了涉及特效的镜头以外。对于一个习惯事先精心策划的导演来说，这就相当于不受约束的创新。"我认为故事板可能会限制小孩子对某个场景的自发反应，"他解释说，"所以我故意没有画任何故事板，只是来到片场，每天就这么拍，让这部电影尽可能地贴近自己的情感和直觉。"

面对自己制定的紧张预算和65天的拍摄日程（最终延长4天完成），斯皮尔伯格决定再次抓住创新机会，聘请一名手脚麻利而且"有一点野心，从没拍过重要的电影长片，想凭大胆创新一举成名的摄影师"。不过在做出这个决定之前，他已经向两位著名摄影师发出了邀请，分别是《一九四一》的电影摄影师威廉·A.弗雷克和意大利电影摄影师维托里奥·斯托拉罗，后者因与贝纳尔多·贝托鲁奇的合作而出名，可惜两位当时都没有档期。他最终转向自己的老朋友、《安培林》的摄影师艾伦·达维奥。

经过一场旷日持久的官司，达维奥加入了摄影师工会。之后他为斯皮尔伯格拍摄了《第三类接触》（特别版）的一组镜头，并在电视电影领域取得了一定突破。斯皮尔伯格看了他在《饮酒过量的男孩》中的摄影后，"做了一件很少做的事。那天晚上，我毫不犹豫地拿起电话打给艾伦说：'你能帮我拍下一部长片吗？'电话那头是一阵相当长的沉默，艾伦问：'为什么找我？'我说：'我只是在电视上看到了一些打动我的东西，所以希望你能来拍这部电影。'"

达维奥精心布置的柔情灯光对这部电影的成功至关重要。就像摄影师本人说的："我记得从一开始读剧本时我就说过：'一定要非常真实。整个电影中的世界必须是绝对真实的，这样发生的魔幻场面才不会显得虚假，整个故事才不会是刻意的魔幻。魔幻才会显得不可思议。'"

《E. T. 外星人》的外景在南加州的北岭市、图洪加的郊区社区和北加州新月市附近的红树林，以及卡尔弗市的一所高中取景。但是电影的大部分镜头是1981年秋天在3个小型摄影棚中完成的，那里位于卡尔弗市的莱尔德国际电影制片厂。"史蒂文想要远离环球影业的片场，"达维奥解释说，"他想保密，他觉得如果不在大制片厂拍摄，可以提高保密性。"斯皮尔伯格害怕《E. T. 外星人》被电视电影剽窃，于是在拍摄过程中让该片顶着《一个男孩的生活》（*A Boy's Life*）的假片名。《E. T. 外星人》的相关人员，简单将《一个男孩的生活》描述为一部"关于当下南加州男孩生活方式和荒唐行为的喜剧"，故意与斯皮尔伯格先前宣布的项目《成长》相混淆。每个参与该电影的人都要签署保密协议，对影片守口如瓶。女主角迪·沃莱斯认为这种保密"几乎到了荒谬的地步"，她很害怕，甚至和自己的丈夫讨论这部电影都必须先得到允许。就连斯皮尔伯格的西班牙猎犬威利去往片场时，都要在项圈上佩戴带有照片的身份证明。

大部分外部场景的布景都由詹姆斯·D. 比塞尔设计，帮助斯皮尔伯格和达维奥把控并形成了《E. T. 外星人》中环境的风格化。影片中大量的烟雾效果和背光，如今已经成为斯皮尔伯格电影的标志。因为导演是在拍一部罕见的小规模电影，大部分情节发生在埃利奥特卧室衣柜的狭小空间里，那些限制"突然让我想到，虽然没办法请大量临时工来给画布上色，但我们有光线，有太阳，有可以使用的颜色纹理，（那么）就让光线赋予影片艺术价值吧"，斯皮尔伯格在1982年告诉《美国电影摄影师》，"我觉得作为导演，自己在《E. T. 外星人》中对光线的使用，比以往任何一部电影都更为慎重。"

导演给达维奥设置了无穷无尽的创作挑战。摄影师本人回忆说："有一次他告诉我：'艾伦，相比你因为太过冒险而把某个镜头搞砸，我更生气的是你因为太过保守而失败。比如有一次导演问道：'如果将人物脸部过度曝光5秒会有怎样的效果？'我不确定，但还是试了一下，并从头到尾都屏住了呼吸。那个场景是男孩们在车库中寻找制造通信器的物品。极端的对比产生了戏剧性的效果，这个场景被保留在了电影中。"

"史蒂文会提出两件看似相互矛盾的事物，并希望你努力将二者结合起来。比如，他想要E. T. 的皮肤闪闪发亮，但同时又希望他保持模糊感。还有一次，他说：'我不想在镜头中看到他的脸，但希望他能露出合适的部分。'这样的挑战造就了与众不同的摄影。"

达维奥的摄影魔术使观众相信兰巴尔迪创造的外星生物是真实的，而不是由塑料和橡胶制作的。"E. T. 不仅看起来很悲伤，而且悲伤中还透露着好奇。"斯皮尔伯格惊叹道，"这不是通过机械来控制E. T.，而是通过艾伦对光照的调整！"

"如果在E.T.身上加上哪怕一点点多余的灯光，尤其是在早期的场景里，那将是一场灾难。"达维奥补充说，"但如果少了一点光，一切也会前功尽弃。就像骑在刀刃上一样，左右为难。每个部门都承受着赶进度的压力！电视节目日程表般的压力，甚至工作强度超过了电视节目日程表，却还要努力追求影片不可思议的、特殊的魔幻品质。人们会说：'哦，E.T.——一定棒极了！'不，那简直是地狱！是如此伤脑筋！你没有时间重拍任何镜头，却还骑在刀刃上。"

"《E.T.外星人》的拍摄过程如此艰难，因为史蒂文跟环球打赌说他能将预算控制在1000万美元以内。在这个预算范围内完成《E.T.外星人》，能让斯皮尔伯格履行在1975年与环球签订的合同中，最后一部影片的拍摄任务。一开始，他们从未指望他能够达成目标。我想他们后来也感受到了，史蒂文在开拍后变得多么严肃。史蒂文会对我们说：'这不只是钱的问题，这关乎我的自由。但他们会在资金上控制我，让我为任何超支买单。否则我就得继续为他们工作，再拍几年烂片。'如果当时史蒂文超出了预算，噢，他就成了欠债佬！没准儿现在还在拍《大白鲨5》之类的片子呢。"

"我经常对学电影的学生们说：'有时候你做一些事，只因你愚昧至极，不知道那是天方夜谭。'但史蒂文最伟大的一点就在于，他不仅要求你做到最好，还要你挑战那些不可能的事。因为他鼓励你挑战自我，你才能从帽子里变出神奇的兔子。对于每个部门来说，这部电影就是天方夜谭。"

《E.T.外星人》于1982年6月11日上映，之后的几周，斯皮尔伯格每天分得的个人收益高达50万美元。那一年，他在几个新领域进行了投资，在房地产上花费了数百万美元，包括在长岛时髦的东汉普顿购入一片四平方英亩的土地，那里有迁移过去的建筑师查尔斯·格瓦斯梅[1]翻新的宾夕法尼亚18世纪90年代的荷兰谷仓，此谷仓还被淘气地称为"Quelle谷仓"；他还在洛杉矶豪华的贝莱尔区买了一小块地；以及曼哈顿西区的一套公寓。《E.T.外星人》上映的那周，"公民斯皮尔伯格"（媒体对他的称呼）在苏富比拍卖行以60500美元购得了《公民凯恩》中那架"玫瑰花蕾"雪橇，由巴尔沙原木制造，作为给自己的奖励。

---

1 查尔斯·格瓦斯梅（Charles Gwathmey），美国建筑师，以设计私人别墅著称，客户包括导演史蒂文·斯皮尔伯格、著名制片人大卫·格芬、卡通大王杰弗里·卡岑伯格等。——译者注

《E. T. 外星人》居高不下的票房打破了《星球大战》保持的票房纪录。斯皮尔伯格的这部电影在影院上映了整整一年，然后制片厂将其暂停放映两年。这部影片被誉为同《绿野仙踪》以及《生活多美好》同量级的经典作品，不是因为其票房收益，而是因为影片在年轻人和年长者当中都引发了强烈的情感共鸣。希德·谢恩伯格和卢·沃瑟曼飞往休斯敦与斯皮尔伯格一同参加了影片的首次试映。"《E. T. 外星人》的第一次放映——我从未有过这样的体验，"谢恩伯格在1988年一次采访中说，"任何其他电影都不可能带来这种感觉，我相信任何人看了这部电影后都会这么觉得。这真像一次宗教体验，就像人们看到上帝时的感觉。"

"灯亮了，史蒂文·斯皮尔伯格在啜泣。"

1982年5月，该片在戛纳电影节闭幕式上首映，影评人罗杰·伊伯特对影片赞不绝口："这不仅是一部好电影，还是一部罕见地让我们卸下心防，赢得我们真心的电影……当电影结束时，观众们全体起立，转向坐在楼座首排的斯皮尔伯格，大声欢呼以示赞美。这时，斯皮尔伯格也站了起来，脸上带着傻笑。"他觉得这段经历"非常让人脸红"。

并非所有对《E. T. 外星人》的评论都是正面的。心胸狭隘的保守主义者乔治·F. 威尔为《新闻周刊》撰写了一篇专栏文章，题为《好吧，我不爱你，E. T.》，他一本正经地宣称这部电影传播了有关儿童和科学的"破坏性"观念。但大多数影评人都同意迈克尔·斯拉戈的看法，他来自《滚石》杂志，认为斯皮尔伯格"证明了自己是拥有不可思议直觉力的个性艺术家，就好像太空时代的让·雷诺阿。看着这部充满活力的喜剧，无限动人的幻想，你会觉得斯皮尔伯格第一次以惊人的专业技术服务于最深挚的情感。"

《E. T. 外星人》给斯皮尔伯格带来了前所未有的国际声望和赞誉，却也带来了烦恼。他的人生故事在无数报纸和杂志上被颂扬、被神话，比如《时代》杂志对他的长篇赞美中以这样的话语开头："从前有一个叫史蒂文的小男孩，住在一个叫郊区的神话之地……"[1]斯皮尔伯格童年的许多熟人根本不知道他现在变成了什么样，直到《E. T. 外星人》上映的那个夏天，斯皮尔伯格发现自己变得家喻户晓，至少是在纽约和洛杉矶。"我经常遇到那些妈妈们，一见到我就把6岁孩子给我抱。"成功带来的另一个代价也令他焦头烂额，他不得不应对《E. T. 外星人》被控告抄袭另一部未拍的剧本，由著名印度导演

1　斯皮尔伯格原本应该出现在这一期的《时代》周刊封面上，但被福克兰群岛战争抢了风头。直到1985年他才首次登上《时代》周刊封面。

萨蒂亚吉特·雷伊创作的《外星人》。还有人称影片剽窃自1978年丽莎·利奇菲尔德导演的独幕剧《马尔代马来的洛基》，丽莎提起诉讼要求7.5亿美元的高额赔偿，但最终败诉。"那些你从未听说过的人，像蟑螂一样从门缝里爬出来起诉你。"斯皮尔伯格评论说。

1982年6月27日，斯皮尔伯格受邀在白宫为包括罗纳德·里根、南希·里根以及最高法院法官桑德拉·代·奥康诺在内的几位嘉宾放映《E. T. 外星人》。"南希·里根在影片结尾时潸然泪下，"斯皮尔伯格说，"而总统看起来就像个10岁的孩子。"9月17日，斯皮尔伯格向联合国工作人员放映了这部电影，联合国秘书长哈维尔·佩雷斯·德奎利亚尔亲自介绍了他，他还被授予联合国和平奖章。随后在12月9日，伦敦举行的皇家慈善首映式上，斯皮尔伯格被引见给英国女王伊丽莎白二世，《好莱坞报道》打趣说，"史蒂文·斯皮尔伯格说不定会被封为爵士呢"。

《E. T. 外星人》带来的光环甚至让斯皮尔伯格的母亲也成了名人。莉亚欣喜地出现在《今夜秀》上，和约翰尼·卡森[1]分享了儿子早熟的童年。E. T. 自己则登上了《滚石》的封面，封面中他手捧着《综艺》杂志正在阅读，杂志标题写着"拯救好莱坞的外星人"。1985年，《洛杉矶时报》刊登了一幅有关E. T. 的漫画，漫画中的E. T. 打扮得像颓废的好莱坞嬉皮士，小指上戴着闪闪发光的戒指，脖子上挂着吸毒勺和剃须刀片，斯皮尔伯格愤怒地以E. T. 的名义对此提出了抗议。

《E. T. 外星人》上映后的第二年，斯皮尔伯格的第一本传记出版了：英国作家托尼·克劳利所著的《史蒂文·斯皮尔伯格的故事：那个电影背后的男人》。汤姆·科林斯也撰写了儿童版的斯皮尔伯格传记《史蒂文·斯皮尔伯格：E. T. 的创造者》[2]。《E. T. 外星人》的营销闪电战也催生了一本由斯皮尔伯格推荐的《写给E. T. 的信件集》，以及著名科幻作家威廉·科兹文克[3]根据电影改编的小说《外星人E. T. 的地球历险记》，还有科兹文克为年轻读者写的《外星人E. T. 故事集》。上述科兹文克的两本书，每一本销量都

1　约翰尼·卡森（Johnny Carson），美国著名节目主持人，主持《今夜秀》30年之久。——编者注

2　自那时起，又有6部儿童版以及4部成人版斯皮尔伯格传记面世。4部成人版传记分别如下：菲利普·M.泰勒的《史蒂文·斯皮尔伯格：那个男人，他的电影和它们的意义》（1992）、弗兰克·萨内洛的《斯皮尔伯格：那个男人，他的电影和神话》（1996）、约翰·巴克斯特的《未经授权传记：史蒂文·斯皮尔伯格》（1996）、安德鲁·于勒的《史蒂文·斯皮尔伯格：人之父》（1996）。

3　威廉·科兹文克（William Kotzwinkle），美国作家，代表作包括《神秘海洋中的游泳者》《大象撞火车》等，曾两度获得美国国家杂志小说奖和世界科学幻想小说奖。——译者注

超过了100万册。

　　尽管科兹文克于1985年根据斯皮尔伯格的一个故事写了电影续集《E. T.：关于绿色星球的书》，导演却坚决抵制来自公众和业界要求拍续集的呼声，并认为续集"除了夺走原版的童贞外毫无意义"。但在1982年7月，斯皮尔伯格曾一度非常有兴趣与马西森共同创作题为《E. T. 外星人2：夜间恐惧》的故事大纲。在这个故事中，埃利奥特和朋友们被邪恶的外星人（或许是《夜空》中的外星难民）绑架了，必须联络E. T. 来营救他们。斯皮尔伯格还参与了环球影城令人兴奋的"E. T. 旅程"项目规划，该景点耗资4000万美元，于1991年开放，为电影结局提供了实景体验。体验开始前会播放一段对该景点的介绍，由斯皮尔伯格和E. T. 提前录好，观众们将骑上会飞的自行车被送往E. T. 的星球。

　　斯皮尔伯格最初表示，他不想让E. T. 的周边产品"充斥市场"，而希望所有产品都能按照电影的精神设计，但MCA和环球影业最终批准了200多款周边产品，试图抓住电影出人意料的票房表现，将收益最大化。MCA花了200多万美元来打击盗版周边商品，提起了200多起诉讼。其中，也许最令人吃惊的侵权产品是一盘名为"我和E. T. 做爱"的录像带。而授权产品的品位稍好，包括E. T. 玩偶、服装、冰淇淋、巧克力口味的麦片，甚至腿部印有E. T. 头像的女士内衣。好时公司同意斥资100万美元，将埃利奥特用来引诱E. T. 走出藏身之所的锐兹巧克力豆与《E. T. 外星人》进行联合营销，使其销售额增长了65%[1]。但是大多数公司卖的E. T. 周边产品没能像《星球大战》系列那样带来丰厚的市场收益。截至1982年，《星球大战》系列的周边产品销售额已达到惊人的15亿美元，而位于环球影城的"E. T. 地球中心"玩具店仅开业5周就不幸倒闭。

　　对影片《E. T. 外星人》明目张胆和毫无底线的商业利用，玷污了许多人对电影本身的印象。"斯皮尔伯格控制着影片的周边营销，将《E. T. 外星人》变成了玩具工厂，将这部电影踩蹦得面目全非。"迈克尔·文图拉在《洛杉矶周报》上评价道，"……贪婪地狼吞虎咽，他不停地贩卖、贩卖再贩卖，直到E. T. 这个名字再也无法召唤出奇妙的惊喜，让我们在巨大的黑暗影院里精神高涨。E. T. 与各种玩偶、保险杠贴纸、迈克尔·杰克逊的唱片、游戏和糖果棒联系在了一起，真是令人伤心……斯皮尔伯格似乎对他所创造的这些形象完全没有信仰。"

1　此事让另一家糖果制造厂商"玛氏"（Mars）大为尴尬。此前玛氏拒绝在电影里使用自家生产的M&M巧克力豆，认为E. T. 是丑陋的生物，会吓坏小朋友。

尽管如此，所有的商业行为都没能遮蔽E. T. 现象最引人注目的一面，影片成了被广泛接受的准宗教寓言。只在《第三类接触》中略微涉及的精神维度，被《E. T. 外星人》置于了最突出的位置，斯坦利·考夫曼在《新共和周刊》（ *The New Republic* ）上将其誉为"圣史蒂文带来的福音"。英语教授阿尔·米拉尔曾出版题为《E. T. ——你不仅是电影明星》的小册子，其中指出了斯皮尔伯格创造的生物和耶稣基督的相似之处，包括二者都是出现在棚屋里的神秘陌生人、都具有发光的心脏和创造奇迹的力量、都能够通过触摸治愈伤痛并进行精神指引，以及凡人当局的迫害、死亡后复活，与门徒告别后升上天堂等[1]。

　　1982年的圣诞节，环球影业进一步渲染了影片的宗教色彩，在广告中让E. T. 发亮的手指触碰孩子的手指，让人联想到米开朗基罗在西斯廷教堂绘制的壁画，画中上帝之手触碰了亚当之手。广告标语简单写着"和平"。斯皮尔伯格似乎对这种过度的宗教热忱感到有些尴尬，称自己并没有打算把《E. T. 外星人》作为精神寓言。但他承认："只有一次，我和梅丽莎看着对方说：'天哪，我们是不是涉及了棘手的问题？'当E. T. 穿着白色的医生大褂在自行车上被孩子们发现时，他的'纯洁之心'在闪闪发光。我们看着对方说：'这一幕可能会引发很多猜测。'我们已经意识到他的复活是某种形式的转世重生。但我是一个来自亚利桑那州凤凰城的犹太男孩。如果我对妈妈说：'妈妈，我拍了一部基督教寓言电影。'你觉得她会怎么说？她在洛杉矶的皮可和多希尼街可都开了犹太洁食餐厅啊。"

　　尽管在对E. T. 的早期概念中，斯皮尔伯格已经剔除了《夜空》里邪恶的天外来客形象。他将快乐建立在他人痛苦之上的病态心理，以及对肆意破坏的痴迷，仍然在其导演的恐怖片《鬼驱人》中表现得淋漓尽致。这部恐怖片讲述了鬼魂入侵加州郊区一座住宅的故事，这所住宅正好建在印第安墓地上。《鬼驱人》的制作日程与《E. T. 外星人》重叠，两部电影几乎在1982年夏天同时上映。

　　"《鬼驱人》是关于我所恐惧的，而《E. T. 外星人》是关于我所喜爱的。"当时购物中心相邻的影厅同时播放这两部不同的电影，斯皮尔伯格一边享受着展示双面创作个性的机会，一边解释说，"一部关于郊区恶魔，另一部关于郊区的好人……《鬼驱人》代表了我人性中比较阴暗的那面，是小时候把妹妹吓得半死的那个我。"

1　另一方面，电视布道者吉米·斯瓦格特在1985年谴责E. T. 是"来自地狱的野兽"，并指控斯皮尔伯格是"撒旦的代言人"。

斯皮尔伯格在《鬼驱人》上投入了不少精力，兼任制片人和编剧。在影片为期12周的拍摄日程内，只有3天不在片场，还经常顶替导演托布·胡珀发号施令。有关电影"真实作者"的身份问题被泄露给了媒体，并引发了一场激烈争论，争论的焦点围绕斯皮尔伯格是不是《鬼驱人》的实际导演。好莱坞普遍认为，斯皮尔伯格直接插手接管了这部电影，就像制片人霍华德·霍克斯当年在拍摄科幻/恐怖片《怪形：异世界来客》（1951）时，对最后署名为导演的克里斯蒂安·奈比所做的那样。

胡珀是个举止温和、留着大胡子的得克萨斯人，有着古怪的幽默感，擅长拍摄情节刺激的影片。他凭借1974年的低成本经典恐怖片《德州电锯杀人狂》引起了斯皮尔伯格的注意。斯皮尔伯格认为该片是"有史以来最惊心动魄的电影之一。从本质上说，《德州电锯杀人狂》始于让人反胃，终于震颤人心……我很喜欢。"当他建议胡珀与自己共同制作一部电影时，胡珀说他一直想拍个鬼故事。

到了1981年，斯皮尔伯格想出了一个故事，他认为这个故事可以作为他们创造性合作的基础。斯皮尔伯格拿到了故事原创的署名权，并与迈克尔·格雷斯及马克·维克托联合署名编剧，还将恐怖类型片元素与自身成长的郊区环境结合了起来——多山、蜿蜒的街道和千篇一律的住宅。《鬼驱人》对《第三类接触》进行了恶意扭曲，鬼魂角色的名字"Poltergeist"在德语意指"吵闹的鬼魂"。这些鬼魂绑架了一家住户的小女儿，而这家是姓弗里林的普通欧裔新教徒家庭[1]。"故事背景真的基于亚利桑那州斯科茨代尔郊区的社区，也就是我长大的地方。"斯皮尔伯格说，尽管他真正的家乡是邻近的凤凰城，"……在我的成长过程中，《鬼驱人》中的弗里林一家十分典型，我真的认识他们。"

《鬼驱人》是一场毫无灵魂的技术操练，只为了吓得观众魂飞魄散。这部故事片相当于小史蒂文对妹妹和邻居们搞的那些令人作呕的恶作剧。最恐怖的镜头是复仇的僵尸从弗里林家泥泞的后院泳池中不断冒出。《鬼驱人》也许是斯皮尔伯格的报复时间，他以虐待为乐，让那些自鸣得意的欧裔新教徒邻居去地狱走一遭。这部电影情节简单，大部分恐怖视觉效果（虽然偶尔有些粗糙）由乔治·卢卡斯的北加州工业光魔公司（Industrial Light & Magic）精心设计，例如史蒂夫和黛安·弗里林（分别由克雷格·T. 尼尔森和乔贝丝·威廉姆斯饰演）为了拯救他们天使般的小女儿卡罗尔·安妮（海瑟·奥鲁尔克饰）与鬼魂展开的殊死搏斗。将弗里林一家设定为典型的美国中产阶级家庭太过老套，因此

1　这个名字或许影射了华纳兄弟的卡通片导演弗里兹·弗里伦。

《鬼驱人》没能唤起广大观众对这个被围困家庭的同情。斯皮尔伯格所惯用的孩子与父母分离的主题，沦为了并无太多新意的情节装置[1]。

斯皮尔伯格和胡珀刚开始非常合拍。"我们坐在一起讨论电影，就像休伊和杜伊（唐老鸭的侄子们）一样，"胡珀说，"事情都是一半我来提议，另一半由他补充。"但没过多久，斯皮尔伯格就得出了清醒的结论："托布不适合负责这部电影。"

《鬼驱人》由米高梅影业（MGM）出品，而因《第三类接触》折戟的大卫·贝格尔曼当时正是米高梅的负责人。斯皮尔伯格决定兑现对大卫的承诺，以不超过950万美元预算的10%来交付这部影片。最终这部由斯皮尔伯格和弗兰克·马歇尔联合制片的电影，比原计划提前两天完成拍摄，1080万美元的成本还是超出了预算的12%。乔贝斯·威廉姆斯评价说，斯皮尔伯格"就像训练赛马一样督促我们……我认为，自拍摄《一九四一》以来，他就对时间和金钱有了敏锐意识。"

诸多实际问题使斯皮尔伯格无法亲自取代胡珀成为导演。《鬼驱人》在1981年5月开拍，当时《E. T. 外星人》的前期制作正如火如荼地进行，斯皮尔伯格每天都要把控大量技术和概念细节。《E. T. 外星人》的开拍比计划推迟了一个月，其原本计划在8月开拍，也就是《鬼驱人》拍摄完毕的那个月。即使斯皮尔伯格可以找到方法来调整日程安排，同时兼顾两部电影，但他与环球影业的合约禁止他在执导《E. T. 外星人》的同时导演另一部电影。此外，据美国导演工会规定，制片人禁止接替导演的工作。

"我想要拍《鬼驱人》的渴望，对我想聘请的任何导演来说都会是个难题，"斯皮尔伯格后来承认，"这个故事源自我的想象和经历，（部分）出自我的打字机。我不仅想做这部电影的制片人，我对这部片子有着更强烈的控制欲。我之前以为可以把《鬼驱人》简单地交给某个导演然后转身走开，结果我错了。"

对胡珀来说，被邀请执导《鬼驱人》是对其好莱坞声望的一次巨大提升，这是他第一

1　这个故事与1962年《阴阳魔界》中《走失的小女孩》（*Little Girl Lost*）那集惊人相似。《走失的小女孩》改编自编剧理查德·B.麦瑟森的亲身经历，讲述了一名6岁的小女孩在床下打滚，却误入另一维空间。"那是改编自我女儿的真实经历，"麦瑟森说，"她虽然没有进入四维空间，却哭了一整晚，我去了她所在的地方，却到处找不到她的踪影。她不在床上，也不在地上。她是摔下了床，然后在床下一直滚到墙壁。一开始，就算感觉到她在床下，我也碰不到她……惊吓过后，就像《决斗》一样，你开始构思一个故事。"麦瑟森提到，斯皮尔伯格在制作《鬼驱人》前曾找他要走了《走失的小女孩》的录影带。

次为大制片厂拍摄院线长片，也使他成为好莱坞最成功电影人的新宠。因此他同意斯皮尔伯格长时间待在片场，并将最后几个月的后期制作全权交给这位编剧兼制片人。"托布似乎接受了史蒂文对这部电影的插手，"制片主任丹尼斯·E.琼斯觉得，"但我确信他内心很受伤[1]。"开拍还不到一个月，《洛杉矶先驱考察家报》的杰夫·西尔弗曼就爆料说，好莱坞传言胡珀"不再是这部影片的真正导演"。胡珀对这桩八卦回应说，斯皮尔伯格"参与了影片的方方面面，其承担的职责与监制无异。只有在我提出特别要求时，他才待在片场。现在他来片场的次数也越来越少，因他要为8月开始执导的新电影做准备。"

其他人并不这么看。编剧鲍勃·盖尔曾两度在《鬼驱人》拍摄时探访米高梅的摄影棚，发现那是"令人不舒服的片场"，因为每当胡珀给电影摄影师马休·F.莱昂内蒂指示时，莱昂内蒂会越过他的肩膀看看斯皮尔伯格是点头还是摇头。编剧大卫·吉勒和斯皮尔伯格的经纪人盖伊·麦克埃尔韦恩，曾抽出一天在片中充当观看电视球赛直播的群众演员，这个场景来源于斯皮尔伯格在麦克埃尔韦恩家参加男人聚会的内部笑话。吉勒回忆说："我和我的同事沃尔特·希尔那时在街对面的剪辑室剪辑《九怒汉》，我从片场回来后说：'好吧，现在我知道监制在做什么了。之前我还一直好奇。原来他就是架好摄影机，告诉演员该怎么做，然后退回来，让导演喊——开始！'"

影片的广告把胡珀当作一个几乎毫无地位的人物，还把他的名字缩为小字，胡珀并未公开表示反对，广告语写道："史蒂文·斯皮尔伯格曾用《大白鲨》《第三类接触》和《法柜奇兵》令观众着迷、惊叹和恐惧。现在，他将带你进入一个充满邪恶力量、理性失效的世界……"但当胡珀看到预告片时，终于忍无可忍。在预告片中，"斯皮尔伯格制片"这一行字是"托布·胡珀电影作品"的两倍大，这违反了导演工会的规定。仲裁员爱德华·莫斯克认为预告片"贬低了导演的角色"，判给胡珀1.5万美元的受害赔偿金。莫斯克指出："身兼编剧和制片人的斯皮尔伯格和导演之间存在更广泛的争议，似乎加剧了目前预告片上演职人员的署名问题。"莫斯克不仅让米高梅重新制作在纽约和洛杉矶播放的预告片，还要求米高梅在3家商业出版物上刊登整版公告，向胡珀和美国导演工会致歉。但公告将署名问题界定为"无心之失"，并表示"本无意贬损胡珀作为该片导演的创造性贡献"。

斯皮尔伯格撤回了那言语含糊的公告，转而致信胡珀："很遗憾，有些媒体误解了你

---

1 胡珀没有回应本书的采访请求。

和我在《鬼驱人》制作过程中独特、新颖的合作关系。我欣赏你的大度，让作为制片人和编剧的我，极大程度地参与了影片创作。同时我想，你将《鬼驱人》导演得如此精彩，一定对自己获得的自由度感到满意。通过剧本，你一开始就接受了这部恐怖片的构思。而作为导演，你呈现出了优秀的作品。"

虽然米高梅和斯皮尔伯格的公开道歉，可能有助于安抚胡珀受伤的自尊心，但这场风波阻碍了胡珀的事业发展。即使这部电影的票房再成功，也难以在好莱坞对胡珀的未来产生任何积极影响。影评人一般将《鬼驱人》看作有效但缺乏灵感的类型片，他们非常清楚这究竟该归结于谁，宝琳·凯尔在《纽约客》上写道："无论演职人员表上怎么写，斯皮尔伯格无疑是《鬼驱人》的主导人，但这并不是很高的褒奖。"大卫·埃伦斯坦在《洛杉矶读者》（*L. A. Reader*）上评论说，如果胡珀能自由发挥，他将是"打破这种合家欢影片构思的理想人选"，但是斯皮尔伯格想让这部PG级[1]影片吸纳家庭观众，而埃伦斯坦批评"斯皮尔伯格只想玩玩恐怖，却不贯彻到底……即便不是作者论的支持者，你也可以看出，相比《德州电锯杀人狂》的'行凶者'，《鬼驱人》更该归咎于《第三类接触》的创作者斯皮尔伯格。"

尽管斯皮尔伯格坚持要在媒体面前邀功，一直强调"这部电影是我构思的……我才是这部电影的大卫·O. 塞尔兹尼克[2]"。但公众将他看作《鬼驱人》的影子导演让他感到有些不适。与此同时，用《滚石》杂志迈克尔·斯拉格的话来说，《E. T. 外星人》让他成了"好莱坞、美国、西方、地球、太阳系甚至银河系最成功的电影导演"。斯皮尔伯格对胡珀的所作所为，似乎是自大狂症状的某种早期表现，他告诉《洛杉矶时报》自己从这次经历中学到了一课："如果剧本是我写的，我就亲自导演。我不会再让别人经历托布所经历的，而对于自己在某一部电影中做出的贡献，我会更加坦诚。"

另一位小成本电影人乔·丹特的作品也受了到斯皮尔伯格的赏识。拍完《食人鱼》后，丹特导演了关于狼人的黑色喜剧《破胆三次》（1981）。斯皮尔伯格让该片女主角

1　PG级，美国电影协会（MPAA）制定的电影分级制度中的一级，指Parents Guide，父母辅导级。该级别的电影基本没有性爱、吸毒和裸体场面，即使有时间也很短，此外，恐怖和暴力场面不会超出适度的范围。——译者注

2　大卫·O. 塞尔兹尼克（David O. Selznick），好莱坞黄金时期的著名制片人，曾担任《乱世佳人》和《蝴蝶梦》的制片。——译者注

迪·沃莱斯参演了《E. T. 外星人》，还在自己的制片办公室的墙上挂了一张该电影的海报。几个月后，丹特和制片搭档迈克尔·芬内尔正在他们称为"蟑螂宫殿"的地方，位于好莱坞的一间小办公室里，艰难地讨论一些项目，史蒂文·斯皮尔伯格不请自来地寄来了一个剧本。

《小魔怪》是当时默默无闻的年轻编剧克里斯·哥伦布所著的恐怖故事。丹特收到剧本时想："这绝对是寄错地址了。我想，这太不可思议了，这家伙（斯皮尔伯格）根本不认识我！这件事发生在我身无分文的时候。《破胆三次》大受欢迎，但成功不属于我，我的事业似乎停滞不前。要不是史蒂文，我可能还得再拍27部低成本电影。我觉得他是真心想给导演们机会，他喜欢当导师，也喜欢有门生。"在被问到为何做出此举时，斯皮尔伯格于1986年回应："我当时立刻回忆起自己想当电影导演时，周围却没有人愿意给我机会的感觉……人们帮助别人时都会看到自己的影子。我无法否认，任何人都无法否认，帮助年轻人实现梦想有虚荣的成分在里面。而我的虚荣心是重新开始的机会，让自己融入年轻电影人的职业生涯，让自己重新体验第一次取得突破的感觉。"

尽管很高兴被斯皮尔伯格发掘，丹特还是对斯皮尔伯格"干涉《鬼驱人》导演的负面新闻"有所顾虑："我不清楚那件事有多少是真实的，但我内心深处的确怀有担忧：'我将做自己的电影还是别人的电影？'史蒂文对这些说辞非常敏感。史蒂文说：'我不会那样做，因为一旦那样做了，就没人想在我这儿工作了。'"

《小魔怪》讲述的是一群毛茸茸的小生物在卡普拉式的[1]小镇上横冲直撞的故事，被解读为丹特对斯皮尔伯格式疯狂的淘气戏仿，那些小生物就是"长了牙的E. T."。当被问及是否故意这样设计时，丹特回答说："是的，而且史蒂文完全配合。他一下子就听懂了那个笑话。"许多人对斯皮尔伯格将名字与一部关于邪恶小怪兽的电影挂钩而感到惊讶，但他的朋友们明白他私下和丹特一样，喜欢既欢乐、孩子气，又令人毛骨悚然的喜剧。《小魔怪》代表了"史蒂文想要做的事情，将他E. T. 性格的一面展露出来，只不过他不想亲自展示"。丹特说，"……斯皮尔伯格说过想做一些自己不亲自导演的影片，来展现自己性格中的不同面，这样就无须将一整年时间都花在这些片子上。但我认为他并没有完全做好准备来面对如此古怪的《小魔怪》。有一次，我和他坐在华纳兄弟的放映室

1　"卡普拉式的"（Capraesque）可被理解为"美式理想主义的"，源自人们对经典好莱坞时期著名导演之一弗兰克·卡普拉（Frank Capra）作品的形容，其代表作包括《一夜风流》《生活的美好》《浮生若梦》等，共获3届奥斯卡最佳导演奖。——译者注

里，他当时坐在我后面一排观看《小魔怪》，我看见他不断敲着自己的脑袋。"

斯皮尔伯格最初以为《小魔怪》是一部低成本电影，可以在制片厂体系外制作，"所以找上了我，"丹特说，"他真的想将它拍得既低级又污秽。"但不久之后，大家发现那些涉及精致玩偶的场景需要投入大量时间与金钱，因此《小魔怪》升级为华纳兄弟的主打作品，1984年上映时总成本为1100万美元。在克里斯·瓦拉斯忙于设计小魔怪形象的9个月里，丹特和芬内尔发现自己被纳入了斯皮尔伯格为华纳影业开发的另一个项目《阴阳魔界：电影版》，而且这个新项目更为紧迫。

当罗德·瑟林将《阴阳魔界》系列的版权打包卖出时——后来他后悔做出此决定，因为这个节目从未停止播放——他保留了这个系列的电影改编权。受到1945年英国多段式电影《死亡之夜》的启发，瑟林首先向制片厂的高管们提出制作《阴阳魔界》"三部曲"的想法，并由他来主持。他在计划中说，"三部曲"将"以不到100万美元的预算拍成黑白电影"。几个故事是独立且各异的，但背景线将它们串联到一起。有一段时间，瑟林还打算将《眼睛》包含其中。《眼睛》最终由斯皮尔伯格于1969年为《夜间画廊》的试播集导演。瑟林还试过别的方法，比如把《阴阳魔界》中最深入人心的《美好生活》（*It's a Good Life*，基于杰罗姆·比克斯比所写的故事，关于拥有邪恶力量的小男孩），拓展为长片长度的电影剧本。

但在1975年去世之前，瑟林仍没有找到合适人选来接手《阴阳魔界》电影版。直到几年后，华纳兄弟的总裁泰德·阿什利才重新拾起拍摄《阴阳魔界》电影的想法，并从瑟林的遗孀卡罗尔那里拿到了授权。在华纳兄弟对《阴阳魔界》电影版的尝试接连失败后，阿什利的继任者特里·塞梅尔向斯皮尔伯格提出了这个主意。塞梅尔一直想拉拢斯皮尔伯格与华纳建立长期非独家合作关系，就像斯皮尔伯格与环球影业的长期关系一样。斯皮尔伯格立即给予了热情回应，以致敬这部对他童年的想象力产生重大影响的电视剧。

斯皮尔伯格认为，大银幕上的《阴阳魔界》短片集不仅会吸引婴儿潮一代以及该系列的其他粉丝，而且也是与自己的朋友、《动物屋》及《福禄双霸天》桀骜不驯的导演约翰·兰迪斯合作的绝佳机会。1982年4月，斯皮尔伯格和兰迪斯达成协议共同制作《阴阳魔界：电影版》（各得毛利润的5%），将电影分为5个短片，两人各执导其中几部，总成本约1000万美元。兰迪斯计划为自己的两个片段撰写原创剧本（包括由丹·艾克罗伊德和阿尔伯特·布鲁克斯主演的简短序幕）。为了完成电影余下的剧本，斯皮尔伯格请来了

《决斗》的原著作者、《阴阳魔界》电视剧的主要编剧之一理查德·B. 麦瑟森。

麦瑟森为《阴阳魔界：电影版》写的剧本初稿改编自一个万圣节的故事，斯皮尔伯格曾计划为米高梅导演该故事。麦瑟森将这个故事描述为："一个恶霸欺负那些不给糖就捣蛋的孩子，从而招致了超自然世界的惩罚，那些生物——真正的怪物——开始追捕他。"最终，恶霸发现他的怪物面具无法从自己脸上取下。后来这部关于复仇的魔幻故事被搁置一边，斯皮尔伯格准备重拍1960年《阴阳魔界》电视节目中的《怪物在枫树街打斗》。这个故事讲述了居民们陷入偏执的恐惧，担心他们其中可能有伪装成人类的外星入侵者。瑟林关于偏见和仇外心理噩梦般的寓言，让斯皮尔伯格有机会从更严肃的角度，去挖掘自己在欧裔新教徒郊区长大时的感觉，那时他总被当成替罪羊且饱受排挤。

"我们的理念是将所有故事联系起来，"在兰迪斯之后加盟的乔·丹特解释说，"剧中角色在不同的短片中会反复出现，所以这看起来像是一整部电影，而非短片集。我认为导演们犯的其中一个错误是重新翻拍旧剧集。这些剧集大家都烂熟于心，而其情节依赖欧·亨利式意料之外的结局，每个人都能猜到故事情节将如何发展。但这就是他们的理念，接不接受随你的便。我的想法是根据短篇小说《美好生活》改编不同版本。我不想让观众一开始就知道这是翻拍自哪一集。"

丹特导演的那集堪称大制片厂发行过的最超现实的电影作品，也体现出他绝妙的风格化构思。小男孩（杰里米·利希特饰）"许愿"让那些自己不喜欢的人进入"卡通世界"，把他们变成卡通人物。小男孩掌管的是一幢歪斜的房子，让人联想到动画片《兔八哥》，而他家人的行为方式则像华纳兄弟的动画角色那样疯狂又愚蠢。"这部影片面世时，"丹特说，"人们总是对我说'你的电影是关于史蒂文的'，因为它关于一个总能得偿所愿的小孩。你可以这样理解，但那并非我的本意。"

第四位导演是偶然挑选出来的。澳大利亚导演乔治·米勒到访华纳兄弟，监督其未来主义科幻片《疯狂的麦克斯2》的美国发行，并顺便到访斯皮尔伯格的办公室，那里"他们正在开会讨论《阴阳魔界：电影版》。我记得史蒂文、凯西·肯尼迪和其他几个人也在场，他们邀请我坐下。在那之前，他们已计划拍摄3个故事（不包括序章），而现在他们想增加第4个。'你怎么不导演一部呢？'有人说。我不确定当时他们是不是选中了我"。米勒后来执导了由约翰·利特高主演的《两万英尺的噩梦》，改编自麦瑟森写的故事，讲述了某个神经质的男人自从某次看到怪物蹲在机翼上就更加恐惧飞行。虽然这是一部视觉叙事的力作，但米勒的短片过度聚焦于那个男人焦虑发作时的生理反应细节，抛弃了原本设想的怪物可能只存在于人精神错乱中的模糊暗示。

兰迪斯短片的主角是一个名叫比尔·康纳（维克·莫罗饰）的偏执狂，他惊恐地发现自己先后变成在法国德占区被纳粹迫害的德国犹太人、被三K党处以私刑的美国南部黑人，以及被美军挥枪扫射的越南人。特里·塞梅尔和另一位华纳兄弟的高管露西·费舍尔要求兰迪斯设法弥补这个角色的心胸狭隘（在影片中莫罗是个种族歧视者），于是兰迪斯补充了一个场景，讲述莫罗从炮火连天的村庄里救出两名越南儿童。兰迪斯认为自己的短片是"整部电影中唯一带有政治色彩和道德寓意的段落"，他的剧本也让人想起瑟林原版中的说教性和拙劣的讽刺。

1982年7月23日黎明前，《阴阳魔界：电影版》的制片助理小乔治·福尔西致电他的秘书唐娜·舒曼。"出事了，"他对她说，"事实上，发生了最可怕的事：维克和孩子们都死了。一架直升机砸在了他们身上。"

老牌演员维克·莫罗、6岁的陈欣怡，以及7岁的麦卡·丁·黎在凌晨2点20分当场死亡。当时正在拍摄越南村庄被轰炸的场面。这场可怕的事故发生在洛杉矶以北40英里、索格斯附近的印第安沙丘公园外景地，导致导演兰迪斯、福尔西以及另外3名工作人员：单元制片主任丹·阿林汉姆、特效协调员保罗·斯图尔特、直升机驾驶员多西·温格，被控过失杀人罪。兰迪斯、福尔西和阿林汉姆因危害儿童各自被指控两项过失杀人罪，而兰迪斯、斯图尔特和温格因片场的"重大疏忽"被指控另外3项过失杀人罪。

这是好莱坞历史上第一次有导演因片场死亡事故而受到刑事指控。如果罪名成立，兰迪斯可能面临最高6年的监禁，其他人则面临最高5年的监禁。1985年，兰迪斯、阿林汉姆和福尔西对非法雇用儿童的指控表示认罪，以换取撤销对其过失杀人罪的指控，并撤销对斯图尔特和温格的所有指控。但这份认罪协议被洛杉矶县地方检察官办公室驳回。1987年5月29日，经过漫长的、煎熬的、饱受争议的杀人罪审判，兰迪斯和同案被告们被宣判无罪。然而，1988年1月，美国导演工会的全国导演董事会谴责兰迪斯、阿林汉姆以及影片的首席助理导演埃里·科恩"违反了职业道德，有悖于自身责任，严重损害了美国导演工会的声誉"。

由于这两名非专业儿童演员皆为非法雇用，违反了儿童安全法，因此加州劳工委员会、州行业安全与卫生部门对华纳兄弟影业及被告处以罚款。3名受害者的家属通过对制片厂，以及对影片制作人（包括斯皮尔伯格）的民事诉讼，获得了数百万美元的和解金。

华纳还向被告方的律师支付了数百万美元的律师费。

这起事故给好莱坞的许多人敲响了警钟，尽管无法完全杜绝将演员和剧组成员置于危险境地的情况，但确实加强了行业的安全意识。然而这起事故对约翰·兰迪斯的职业生涯几乎没有造成任何影响，事故发生后，兰迪斯在电影和电视领域仍工作不断。与之形成鲜明对比的是《阴阳魔界：电影版》的摄影师史蒂芬·利德克尔，他在法庭上指证了兰迪斯，却发现自己被"贴上了麻烦制造者的标签"，从事电影26年后被列入了黑名单（转而从事房地产）。大多数业内人士不愿理会那些关于兰迪斯在《阴阳魔界：电影版》片场失责的指控，因为承认这些指控意味着改变好莱坞对这些"摇钱树"导演授予特权的基本态度。

飞机坠毁后，兰迪斯在凌晨给另一位制片人史蒂文·斯皮尔伯格打了电话。据兰迪斯说，斯皮尔伯格提出的第一个问题是："你有新闻发言人吗？"

尽管在危急关头有比公众形象更为重要的事，斯皮尔伯格还是立马对公众如何看待他参与了《阴阳魔界：电影版》表示关切。一些关于事故的早期新闻报道将《阴阳魔界：电影版》定义为斯皮尔伯格的电影，而无名小卒兰迪斯的名字则在报道中不太显眼。《E.T.外星人》公映仅6周，印第安沙丘公园就发生了如此骇人听闻的事故，可能使斯皮尔伯格在此前作品中树立的正面形象瞬间崩塌。一旦他对死者负有任何责任——尤其是那两个孩子——他的声誉将受到难以挽回的损害，毕竟他所制作的温馨家庭电影常以儿童为主角。如果他被查出涉嫌非法雇用那两名儿童演员，则将不再被允许在自己的电影中使用儿童演员。

"那段时间史蒂文非常情绪化，"丹特回忆说，"那次事故对史蒂文影响很大。他觉得自己被出卖了。他搞不懂究竟发生了什么，他突然间成了众矢之的。我想他非常痛恨那种感觉。"

1982年11月5日，电影中驾驶特效卡车的司机卡尔·皮特曼告诉美国国家运输安全委员会（简称NTSB）以及洛杉矶县警局，自己在事故发生当晚的拍摄现场看到了斯皮尔伯格。皮特曼在宣誓证词中说，事故发生后，自己护送兰迪斯和死去孩子的父母上车时，"斯皮尔伯格先生要一辆车，我给他找来了一辆——他又要去接电话，我当时很生气，然后我先走开了，让他一个人接电话"。当被调查员问及为何对斯皮尔伯格"很生气"时，皮特曼回答："他对发生的一切太冷漠了……事实上，我根本不想给他车，我想把车留在那里，以防万一有人需要用车——当时那种情况下，没人知道到底有多少人受伤。"
然而，在NTSB采访的另外31位参与该片制作的人员中，无一人看到斯皮尔伯格当时在片场。兰迪斯称皮特曼的证词"很荒谬"。皮特曼后来承认，自己可能把监制弗兰克·马歇尔错认成了斯皮尔伯格。尽管如此，NTSB还是决定向斯皮尔伯格发出书面质询，询问他是否掌握事故相关线索。结果，斯皮尔伯格只得就此发表声明，原文如下：

"应你的要求回答，我从未在事故发生当晚或任何时间去过位于印第安沙丘的《阴阳魔界：电影版》片场。

"本人声明上述所言均真实无欺，1982年12月1日，加利福尼亚，洛杉矶。"

在长达5年的调查和10个月的审讯期间，没有任何证据直接证明斯皮尔伯格与此事故相关的犯罪行为有任何联系。尽管《阴阳魔界：电影版》确实由斯皮尔伯格与兰迪斯联合制片，但斯皮尔伯格本人从未接到任何政府机构关于此次事故的质询，没有被传唤出庭，甚至不必在这起事故引发的民事诉讼中作证。对于警察局为何无需斯皮尔伯格作证，负责调查本案的警长汤姆·巴德解释说："没有线索表明斯皮尔伯格知道任何有关非法雇用这些儿童的事。"

斯皮尔伯格能够与此案撇清关系，以及在公众场合对这起事故近乎完全的沉默，足以让一些人心生疑虑。"NTSB是否听从了华盛顿的命令，以保护好莱坞的某个权势人物？"史蒂芬·法伯和马克·格林在其1988年出版的《无法容忍的行为：艺术、自我，以及"阴阳魔界"案》一书中写道："当得知史蒂文·斯皮尔伯格成功避免了安全委员会的质询时，这样的谣言就传开了。"

事实上，由于斯皮尔伯格最亲密的手下，包括他的得力助手弗兰克·马歇尔都参与了非法雇用儿童演员，此类质疑才久久不能平息。1985年，兰迪斯的辩护律师哈兰德·布劳恩公开要求地方检察官办公室，调查斯皮尔伯格是否与非法雇用儿童有关，尽管当时已超过诉讼时效。布劳恩指责地方检察官办公室对于坠机事故的调查结果"刻意隐瞒"，并在1985年11月20日致信首席副检察官吉尔伯特·加西提，指出斯皮尔伯格"仅凭一封声称自己于案发当晚不在现场的信，就躲过了调查。斯皮尔伯格是否根本早就知道并授意了当晚将发生的一切，也并非没有可能，但这一点从来就没被质疑。"

"试问有哪位主要证人可以通过一纸信件就免于质询？贵单位从未问过斯皮尔伯格任何关于事故或非法雇用儿童的问题。你们声称斯皮尔伯格'没空出面'，这完全是隐瞒。"

布劳恩随后声称："如果弗兰克·马歇尔参与了斯皮尔伯格的电影，并非法雇用了意外死亡的孩子们，而斯皮尔伯格对此毫不知情的话，他应该立即解雇马歇尔。很明显，马歇尔和凯瑟琳·肯尼迪（斯皮尔伯格导演短片的制片助理）早就告诉了斯皮尔伯格。"兰迪斯的制片助理兼共同被告福尔西也坚持说："除非斯皮尔伯格或他的手下早就知情，否则我们不会雇用儿童来拍斯皮尔伯格的电影。我的意思是，如果他们不知情而被陷害就太可怕了。弗兰克同意做这件事，所以我觉得我才认为这样可行，这也确实是他的责任。"

复杂的选角工作在事故发生前5周就开始了，当时兰迪斯和福尔西向选角导演迈克·芬顿和玛西·里洛夫描述了涉及孩子们的场景。里洛夫曾参与《E. T. 外星人》和《鬼驱人》的工作，她告诉电影人们，加州劳工法不允许儿童工作到深夜。她还说那个准备拍摄的场景"听起来有点危险"。因为孩子们在影片中没有台词，芬顿告诉兰迪斯和福尔西："那他们就是临时演员，我们公司不能雇临时演员。""你们这些家伙见鬼去吧，"兰迪斯没好气地回答，"我们不需要你们，我们自己到街上找去。"里洛夫随后又向马歇尔重申了她的反对意见，而马歇尔跟她说："我会仔细看看法律规定。"

据福尔西说，肯尼迪在马歇尔的要求下，给州劳工委员会打了电话询问是否可以特许儿童在夜间工作，她被告知那么小的孩子不准工作到很晚。因此，兰迪斯在法庭上承认："我们决定违法。我们错误地决定违反劳动法……我考虑过，我们也讨论过，我们要尊重的不是法律条文，而是法律精神。同样，我们会向孩子的父母解释这种技术违规，向他们解释我们将如何操作，也就是在儿童们工作时没有老师在片场。"那些家长"将充当监护人和孩子们一起待在片场……弗兰克和乔治自请去找合适的人选"。

事故发生的3天前，马歇尔的会计师邦恩·拉德福德，当时邦恩的小公地点位丁斯皮尔伯格的办公室之外，问华纳的资深制片主任詹姆斯·亨德林，是否可以在电影临时演员工会提供的演员名单之外，雇用儿童临时演员。亨德林说，雇用任何儿童演员，无论是不是通过工会，都需要劳工委员会的工作许可。在与马歇尔商议后，拉德福德告诉亨德林他们最终决定不雇用任何儿童演员。

那两名没有表演经验的儿童，是通过福尔西的制片秘书唐娜·舒曼的丈夫、精神病学家哈罗德·舒曼博士招募的。付给孩子父母的钱来自制片的备用现金，由福尔西开支票，马歇尔和亨德林共同签发。亨德林后来说，他曾怀疑过这笔钱到底被用去干吗，但他的上司爱德华·莫里要求他在支票上签字，理由是不能拒绝给制片人备用现金。兑现这张支票的是拉德福德（斯皮尔伯格的长期助手，现在仍在为他工作）。兰迪斯的助手卡洛琳·爱普斯坦从斯皮尔伯格的办公室拿走了一个装有20张100美元的密封信封，并将其交给福尔西，用于向孩子们的父母支付费用。

孩子们的家长作证说，并没有人告诉他们法律要求孩子需要获得工作许可，而且他们也并不知道拍摄现场有多么危险。尽管如此，被告律师还是试图将事故的部分责任推到家长身上，因为是家长同意让孩子们参与危险场景的拍摄。斯皮尔伯格的律师提交了一份简短的法律陈述，以回应陈欣怡的父母对斯皮尔伯格及其他人提起的非正常死亡诉讼，全文如下：

"斯皮尔伯格清楚并相信，且随后宣称，在案发当时和现场，原告方（陈和黎两名孩子的家长）并没有小心看顾孩子，来防止他们或死者遭受伤害，因此，此事故中产生的伤害应该归结于原告方的疏忽或相对疏忽。"

在回应这名6岁受害者的父母提起的诉讼时，华纳兄弟更为极端，其辩称几近麻木不仁："如果原告遭受或承受了任何损失、损伤或伤害……如果当时有任何危险，死者陈欣怡应该事先就知情。"

找出谁该为非法雇用儿童负责的过程十分曲折，尽管付给家长的钱经手了斯皮尔伯格的办公室，尽管他最亲密的几位助手参与了雇用行为，但没有证据表明斯皮尔伯格直接参与了这些过程。因此法伯和格林提出的关键问题依旧疑云密布：作为电影制片人之一，"斯皮伯格当真不知道自己的手下打算违反童工法吗？不管斯皮尔伯格是故意对非法雇用儿童的行为视而不见，还是因为太忙而没能及时了解情况，两种做法对他而言都不是明智选择。"

《洛杉矶时报》在1985年报道，该案的首席检察官加里·凯塞尔曼称："调查人员试图质询马歇尔和斯皮尔伯格，但没能成功。因为大陪审团审议期间，他们两个要么联系不上，要么不在美国。"由于马歇尔一再躲避，调查受到了阻碍，警长汤姆·巴德一直想问他关于雇佣过程的相关事宜，以及作为事故目击者对当时所见的描述。在案件调查的大部分时间里，马歇尔都待在国外制作斯皮尔伯格执导的下一部影片《夺宝奇兵2：魔域奇兵》和安培林娱乐出品的《谁陷害了兔子罗杰》。审判期间，马歇尔和斯皮尔伯格还在中国、西班牙和英国拍摄了《太阳帝国》。

1986年6月，巴德警长前往伦敦，要求马歇尔在圣詹姆斯俱乐部接受传票，当时马歇尔正在那里进行《谁陷害了兔子罗杰》的前期准备。当美国大使馆的一名工作人员到俱乐部给他发传票时，马歇尔说上午不接待来访者，但当天晚些时候可以见他。此后不到半小时，马歇尔便离开了俱乐部，乘坐斯皮尔伯格的电影公司安培林娱乐的私人飞机前往巴黎。

直到1990年接受《洛杉矶时报》的采访时，马歇尔才对"阴阳魔界事故"公开发表评论。他说，那次事故"对于每个人来说都很可怕。但陪审团最终认定那是个意外"。他还说事故发生后自己在洛杉矶待了两年，"没人来找过我"。在那之后自己便在国外拍电影，因此"很难联系到"，"除了那些已经披露的信息，我真的没有什么要补充的[1]"。"马歇尔对"阴阳魔界案"调查的推诿并不违法，"法伯和格林写道，"但是，正如（警局的警长）汤姆·巴德所说：'他没有完全履行公民责任。'弗兰克·马歇尔和史蒂文·斯皮尔伯格的行为印证了犬儒主义者长期以来的怀疑，也印证了'阴阳魔界案件'审判试图反驳的观点：好莱坞的某些人可能确实凌驾于法律之上。"

兰迪斯等人的刑事案件被判无罪令许多人大跌眼镜。在媒体的事后分析中，检察官莉亚·珀温·达格斯蒂诺被拎出来严厉批评。盖伊·杰尔维在《美国律师》（The American Lawyer）上发表了分析该案件的长篇文章，题为《阴阳魔界的失败》，副标题为"洛杉矶检察官办公室以及检察官莉亚·达格斯蒂诺如何打输针对约翰·兰迪斯的官司"。许多旁观者认为达格斯蒂诺在法庭上浮夸、粗暴无礼的行事风格，比如她喜欢向记者发表挑衅性言论等，都是不利因素。她被指控在本案上操之过急，传唤了太多证人，混淆了基本指控的影响，并且表现得好像是在起诉谋杀案，而非过失杀人案。地方检察官办公室的失职在于杰尔维所说的"关键决定……即没有指控被告所犯的那项无可辩驳的罪行：非法雇用儿童"。陪审员劳蕾塔·哈德森评论说："我仍然认为，以后也会认为，那些浑蛋应该进监狱，早就应该进去了，但不是因为他们被指控的罪名。"

判决后不久，达格斯蒂诺说："回想案发现场，凌晨2点20分，片场突发紧急状况造成3人死亡。被害人头上24英尺就是直升机，飞机的主旋翼叶片总长度44英尺，比整个法庭还长4英尺，加上巨型炸药在150到200英尺的空中爆炸。有谁能告诉我这种行为不算过

1　本书作者在20世纪70年代早期曾与马歇尔一同参与过奥逊·威尔斯的未完成电影《风的另一边》，并由此相识。1995年10月，本书作者在一次电影放映会上偶遇马歇尔，并要求就其与斯皮尔伯格的关系进行采访，马歇尔同意接受采访。但在接下来的几个月里，本书作者多次尝试约见马歇尔及其妻子，以及他们的制片伙伴凯瑟琳·肯尼迪，却被告知他们决定不接受采访。

失？就算我活到1000岁，我也不会接受这种推诿。"

最终，引爆炸药的特效师詹姆斯·卡莫迈尔的证词，可能决定了案件的审判结果。在被给予豁免权的情况下，卡莫迈尔作证说，案发当时，自己正戴着一顶焊工帽在越南村庄场景的拍摄现场，自己没有抬头看那架低空飞行的直升机，就在直升机下方引爆了炸药。爆炸产生的碎片从片场飞出，向直升机的飞行路线发射了一个火球。根据对事故原因的分析，碎片或火球都可能导致直升机坠毁。这一证词为事故提出了不同解释。

卡莫迈尔被授予豁免权的证词令他成了方便的替罪羊，让兰迪斯可以把直升机的失事归咎于他。剧组成员的证词声称兰迪斯完全不顾片场安全，陪审团却不为所动。剧组成员曾指证兰迪斯在事故发生前开玩笑说："我们可能会失去这架直升机。"并在拍摄过程中用喇叭对着直升机驾驶员大喊："低点！低点！再低点！"

兰迪斯认为陪审团宣判他无罪的过程就像电影一样戏剧化，他对媒体说，这"就像弗兰克·卡普拉的电影"。但他更严肃地补充说，坠机"改变了与之相关的每个人的生活。但没有欺骗，没有谎言，也没有辩驳能够改变三人在此次可怕事故中丧生的事实。"

尽管在《阴阳魔界：电影版》的后期制作中，斯皮尔伯格偶尔需要与兰迪斯交换意见，但随着时间推移，他对兰迪斯愈发疏远。

1995年12月，兰迪斯在洛杉矶地区一家光盘店为自己的电影拷贝签名时，本书作者拿着录音机找到他，希望他能接受本书采访。兰迪斯关于斯皮尔伯格所能说的是："我已经很多年没和史蒂文说过话了。"他气愤地拒绝回答有关《阴阳魔界：电影版》的任何问题。

1983年4月，斯皮尔伯格在接受《洛杉矶时报》戴尔·波洛克的采访时，罕见地就这起事故发表了公开声明："这是我电影职业生涯中最有意思的一年，"斯皮尔伯格回忆说，"这一年，大喜和大悲交织在一起，《E. T. 外星人》的巨大成功，以及《阴阳魔界》的惨痛悲剧。这一年也让我更加成熟，这次事故给参与这部作品的150人都蒙上了阴影，我们的灵魂深处仍深感不安。每个人都深受此事的影响。"

斯皮尔伯格深刻总结了此次事故的教训，虽然没有提到兰迪斯的名字，但似乎对曾经的这位朋友兼同事提出了尖锐批评：

"电影是幻想，是银幕上交织的光与影。没有哪部电影值得为之牺牲人命。我认为，现在人们比以往任何时候都更敢于反对制片人和导演的过分要求。如果哪个环节不够安全，每位演员和剧组成员都有权力和责任站出来喊：'停！'"

事故发生后，斯皮尔伯格对制作自己的那部分短片失去了兴趣。"他的心已经不在那上面了。"他的第一助理导演帕特里克·凯霍说。事实上，斯皮尔伯格试图放弃整个项目，但华纳兄弟的律师们担心取消整部电影会被视为承认罪行，因此坚持要求他履行合同。

在这种情况下，乔·丹特感到"拍摄的进展有些奇怪"，他是事故发生后第一位开始继续拍摄的导演。"事故发生后，大家都很少来片场了。这是乔治·米勒和我第一次为制片厂拍电影，我们被给予了极大的自主权。我很惊讶他们竟然决定继续拍下去。"丹特记得曾为了把自己的那部分尽可能拍好而焦虑万分，因为他知道未来会有"许多人评价这部影片。这不是《辛德勒的名单》，不值得有人为此献出生命。没有影片值得以生命为代价。"

1982年9月28日，丹特的《美好生活》开拍，随后是米勒的《两万英尺的噩梦》和斯皮尔伯格导演的那部分（丹特后来为其拍摄了新的结局，呼应了兰迪斯的序幕）。斯皮尔伯格此前计划拍摄的电影《怪物在枫树街打斗》，需要获得许可才能允许一位知名童星在夜间进行户外工作，以出演涉及特效的恐怖场景。后来斯皮尔伯格将其从电视连续剧改编为更简单的故事《踢罐子》（*Kick the Can*），虽然保留了涉及孩子们的夜间场景，但大部分场景都拍摄于白天正常工作时间，且在摄影棚内。

小时候斯皮尔伯格住在新泽西州哈敦镇的水晶露台，他常玩一种名叫"踢罐子"的简单游戏，只需要一个易拉罐和一些想象力。他将乔治·克莱顿·约翰逊缥缈、甜美的天真幻想加以改造，讲述了一群老人通过流动的"奇迹工作者"布鲁姆先生返老还童的故事，布鲁姆先生由导演口中的"黑人E. T."[1]斯卡特曼·克罗索斯扮演。在布鲁姆先生用神奇的踢罐子游戏将他们变成孩子后，桑尼维尔老人院的老人们除了一人之外都决定重回老年，因为他们太珍视成年的记忆和积累的智慧，无法重新开始。在原著基础上添加的这一段原创故事，反映了斯皮尔伯格对童年的复杂观点并非简单的怀旧，而是承认未满足的心愿，追求可能根本不存在的纯真状态。布鲁姆先生向老人们轻轻点破，"年轻的心态"无需年轻的身体。唯一拒绝返老还童的是一个彼得·潘一样的角色，他像自己的电影偶像小

---

1 斯皮尔伯格为《踢罐子》请到了《E. T. 外星人》的原著作家梅丽莎·马西森和电影摄影师艾伦·达维奥，在约翰逊和理查德·麦瑟森完成初稿的改写后，马西森以约什·罗甘为笔名署名编剧。

道格拉斯·范朋克[1]一样生活在幻想之中。斯皮尔伯格内心的一部分无法放弃逃避现实的幻想，这是继承自他的父亲，而他的父亲从小就是范朋克的崇拜者。

《踢罐子》于1982年感恩节后的第2天开拍，6天就完成了拍摄。"他似乎只是走个过场。"斯皮尔伯格的秘书凯西·斯威策说。虽然影片拍摄方式过于古怪，削弱了潜在情感，但《踢罐子》代表着斯皮尔伯格在成熟的路上又向前迈进了一步。在去年夏天一系列事件的影响下，斯皮尔伯格拍了这部苦乐参半的影片，关于告别童年并接受成熟的到来。

1983年6月24日，坠机事故收到了起诉书，《阴阳魔界：电影版》也在同一天上映，但其票房成绩并不惨淡，全球总票房为4200万美元。甚至得到了一些好评，主要是米勒和丹特的短片，但也得到了部分尖酸刻薄的批评。

"如果制片方重新发行原节目，也许会省下不少钱，还能挽救好几条人命。"文森特·坎比在《纽约时报》上写道。《时代》及《新闻周刊》的影评者们对兰迪斯缺乏美感的短片和片场事故进行了指责。"甚至连直升机的镜头都仁慈地减掉了。"《时代》的理查德·科利斯认为，"这故事根本不值得拍，更别说为之献出生命了。"《新闻周刊》的大卫·安森认为兰迪斯那部分"低劣的质量和说教的语气让发生的悲剧更加可憎"。

斯皮尔伯格的贡献似乎是无伤大雅的，却招致了恶意攻击。其中最极端的攻击来自《村声》的J.霍伯曼："用病理学的术语来说……兰迪斯被本片的太上皇史蒂文·斯皮尔伯格抢了风头。斯皮尔伯格翻拍自1961年《阴阳魔界》的《踢罐子》真是可悲的自我戏仿，激荡起愤怒的音乐洪流……斯皮尔伯格已经成了糖果王国的米达斯国王——从外星怪物到高龄老人，他触及的一切都腻得令人作呕。"

出于对《阴阳魔界：电影版》引发的一系列事件的反感，以及对《E. T. 外星人》大获成功的反冲，美国电影艺术与科学学院再次在奥斯卡奖评选中冷落了斯皮尔伯格。尽管斯皮尔伯格凭借《E. T. 外星人》提名最佳导演，还是输给了《甘地传》的导演

---

1 小道格拉斯·范朋克（Douglas Fairbanks Jr.），美国演员，父亲是电影明星道格拉斯·范朋克。1937年，小道格拉斯以影片《赞达的囚徒》一炮走红，并在二战时成为反纳粹斗士，后来又在美国海军部队服役，其妻子是琼·克劳馥。——译者注

理查德·阿滕伯勒[1]。阿滕伯勒的获胜并不令人意外，因为他之前就获得了被视为奥斯卡预评选的美国导演工会奖。

在美国导演工会的颁奖晚宴上，阿滕伯勒"走上领奖台之前，特意拥抱了我"，斯皮尔伯格在1994年回忆道，"那个举动对我意义非凡，现在也是一样。"阿滕伯勒解释说："我认为《E. T. 外星人》才是更打动人心、更精彩、更富有创意的电影，相形之下，《甘地传》落入了大卫·里恩模式的概念和范围中，却比不上大卫的影像手法……当时史蒂文和我坐在大厅内的两头，当颁奖词诵读完毕，随后主持人宣布获奖者的名字时，我简直不敢相信，别人用胳膊肘顶我，我才反应过来。我从桌边站起来，那是下意识的表演反应。我没有直接走上领奖台，而是走向斯皮尔伯格。他也站了起来，于是我拥抱他说：'这不公平，这奖应该是你的。'然后我才上台领了奖。"

尽管斯皮尔伯格认为阿滕伯格的举动是"奥斯卡的荣耀"，他在颁奖典礼前几个小时却说："我的经历让我明白，应该获得奥斯卡奖的人不一定都能获奖……如果学院决定哪天授予我奥斯卡奖，我很乐意接受。但我觉得自己真正在意的影片应该不会获奖。《E. T. 外星人》是我最喜欢的电影，尽管不是我作品中最出色的那部。我导的最好的电影是《第三类接触》。"

斯皮尔伯格在《阴阳魔界：电影版》之后的下一部电影，讲述了一名12岁的亚洲男孩参与村庄营救失踪儿童的行动，也许这只是巧合。充斥于《夺宝奇兵2：魔域奇兵》中的恐怖影像——被奴役的印度儿童、被邪教仪式活活烧死的人、将人的心脏从胸腔挖出，也许并非导演内心躁动的反映。或许影片将被"催眠"的印第安纳·琼斯塑造成邪恶父亲那噩梦般的片段，只是情节设计。又或许《魔域奇兵》不过是斯皮尔伯格所说的"加了黄油的爆米花冒险电影"。

但阴阳魔界事故才发生不久，影片中异常可怕和令人不安的影像容易让人猜想，斯皮尔伯格在经历了那段自己形容的"打心里难过"的事件后，回归电影长片时潜意识里到底发生了什么。他在故事中添加了"小鬼头"这个角色作为哈里森·福特的伙伴，由中国—越南混血儿童演员关继威饰演。"我想在这部影片中安排一名儿童，"导演解释说，

1　《E. T. 外星人》获得了4项奥斯卡奖——最佳配乐、最佳音效、最佳视觉效果、最佳音效剪辑，以及最佳导演之外的4项提名——最佳影片提名、最佳剧本提名、最佳摄影提名，最佳剪辑提名。

"……我想让印第安纳发自内心地完成这个使命。"

这部电影的编剧格洛丽亚·卡茨和威拉德·赫伊克说，他们在乔治·卢卡斯位于北加州的家中花了5天时间，与斯皮尔伯格和卢卡斯一同梳理故事线，那时并没有觉得斯皮尔伯格情绪低落。卡茨认为，影片中斯皮尔伯格的个人偏好都是"无意识的"。除了从老剧本中回收没用过的创意，例如《法柜奇兵》剧本中的跳出飞机、矿山追逐和卢卡斯未拍成的电影《幕后杀手》中的开场配乐，《夺宝奇兵2：魔域奇兵》还大量借鉴了老电影。某次故事会上有人提出了绑架儿童的情节："这个村庄有什么奇怪之处呢？没有孩子。就像影片《魔童村》一样。"几位编剧把《魔域奇兵》的阴暗情节归咎于斯皮尔伯格和卢卡斯，因为他们想在《魔域奇兵》中做一些与阳光下的英勇事迹"截然不同的事"。

"我担心拍得跟上一部差不多，我只想拍得更好，不想白费力气。"斯皮尔伯格说，"我必须让这部影片足够特别，这样才值得拍，但是又要和上一部足够相似，才能吸引同一批观众，我必须创造性地满足自己的要求。"

"夺宝奇兵"系列的第二部由卢卡斯署名"故事原创"，原本的名字是《印第安纳琼斯与死亡之殿》，随后才改成《夺宝奇兵2：魔域奇兵》，听起来不那么"阴暗"。"史蒂文想做一部非常黑暗的电影，"赫伊克回忆说，"而这部就是他的噩梦之作。"但在公开场合，斯皮尔伯格将此归结于他的制片人："乔治·卢卡斯带着这个故事来找我时，故事只关于黑魔法、巫术和末日神殿，而我的工作和挑战是尽量加入喜剧元素来平衡这部印第安纳·琼斯传奇的阴暗面。"

但在《魔域奇兵》中，哪怕喜剧元素也无疑是一场噩梦，包括影片前段印第安纳、小鬼头和印第安纳的金发女朋友威莉·斯科特（凯特·卡普肖饰演）从无人驾驶的飞机跳到橡皮艇上，以及威莉身上爬满了虫子的恶心镜头，还有被端上"眼球汤"和"毒蛇惊喜"的恶心晚餐。卡茨认为这部影片："是男孩的冒险时间。我们不认为这是真实的，而是将其视为一种搞笑。我们坐在一起开心想着可能吃到的最恶心的食物——猴脑。"观众就像被小斯皮尔伯格欺负的妹妹们，观看影片时也处于无助、受欺负的境地。尽管这样的场景让观众感到不适，他们仍会咯咯直笑，当噩梦般的考验结束时才如释重负。这也是斯皮尔伯格带给观众的奇怪"乐趣"。如果电影中的影像是一扇通向电影人内心的窗户，那么1983年斯皮尔伯格的内心充满了（用他本人的话说）"火炬、阴影和红色岩浆……许多怪异、恐怖、令人毛骨悚然的夜间意象……我总试图把自己的恐怖和幻想加到影片中"。

如果真如斯皮尔伯格所说，那么《魔域奇兵》可以称得上一部非个人化的个人电影。

影片采用了老练又机械的方式，来挖掘斯皮尔伯格的潜意识，只是表面化地、轻描淡写地处理素材，避免有意识地揭示素材背后的含义。这就是斯皮尔伯格的"主题公园模式"，仅仅将情节作为跳板，来进行一场安全、享受的惊险之旅，没有真正的危险或情感参与。影片炫目华丽的开场将背景设置在上海一家夜总会，凯特·卡普肖用中文演唱科尔·波特的《万事成空》（*Anything Goes*），这一幕为了向巴斯比·伯克利[1]致敬。此后，影片很快沦为华丽而庸俗的哗众取宠，除了引起反感外，无法激起共鸣。在涉及斯皮尔伯格的个人执念时，只是将这些执念琐碎化。只需要从电影化技巧的角度，将《魔域奇兵》中对儿童的残暴奴役与《辛德勒的名单》中强制劳动集中营的场景相对比，就能高下立判。

"我对《魔域奇兵》一点也不满意，"斯皮尔伯格1989年说，"那部影片太黑暗，太地下，太可怕了，比《鬼驱人》更甚。我没有在《魔域奇兵》中掺杂一丝一毫的个人情感。"

在开拍之前就发生了一件不愉快的事，斯皮尔伯格和卢卡斯被禁止在印度拍摄外景。卡茨回忆说，印度政府官员认为故事情节冒犯了他们，"认为那是种族歧视"。《魔域奇兵》里以血腥仪式为乐的典型印度坏蛋，远远超过了《法柜奇兵》中漫不经心的种族主义，盲目向《古庙战笳声》以及好莱坞文化帝国主义例子中最糟糕的一面致敬。结果，大部分的外景不得不在斯里兰卡取景，村庄、寺庙和土著首领宫殿的布景则使用了亚光画和微缩模型，其他外景地包括澳门的岛屿、香港、北加州、亚利桑那、爱达荷以及佛罗里达，但80%的场景都在位于伦敦的百代–埃尔斯特里（EMI-Elstree）摄影棚里完成。

《魔域奇兵》的主要拍摄工作开始于1983年4月，结束于9月，比原计划延迟了1周，因为哈里森·福特中途要回美国治疗之前背部受过的伤。尽管预算增加使得这部续集最终耗资2800万美元，几乎比第一部高出800万美元，斯皮尔伯格仍为自己的节俭和巧妙的拍摄手法而自豪。剧组在卢卡斯的工业光魔公司拍摄了一组正在移动的车内镜头，这是追车片段中的一部分，背景设置在中国，结果发现第二摄制组此前在香港拍摄的背景板角度不对。助理导演路易斯·B.瑞斯回忆说，斯皮尔伯格"想出了小时候拍电影用过的点子（拍摄《火光》时）。那次他把圣诞树上的彩灯挂在晾衣绳上，让它们在背景中穿过。这

1　巴斯比·伯克利（Busby Berkeley），美国电影史上最著名的歌舞编导之一。——译者注

就是所谓的'穷办法'。我们于是在工业光魔公司制作了一个管状的金属旋转餐盘，把车放在餐盘面前。再把硬纸板中间镂空作为窗户，将背景中的啤酒广告牌改造成中国风的，然后转动旋转餐盘，让餐盘上的灯在窗户背后旋转。外景制片主任迪克·瓦内转过头对我说：'有没有点在人家车库里拍电影的感觉？'"

阴阳魔界坠机事故在斯皮尔伯格脑海里挥之不去，在《魔域奇兵》中也有大量动作镜头需要儿童演员参与，因此在条件可控的摄影棚内拍摄大部分场景，他才能对安全问题更加放心。某次，斯皮尔伯格在接受《美国电影摄影师》的采访时，谈到了地下矿井的追逐戏，他强调其中的危险感和速度感是自己通过各种电影特效营造出来的。"实际上我们，"他说，"在摄影棚内搭了一架过山车。这确实奏效了。这样很安全，它是电动的，你可以乘坐它。"有些镜头需要矿车的微缩模型，里面放入玩偶作为演员的替身。"电影是没有约束的梦想，"斯皮尔伯格回忆说，"但如果太过昂贵，无法保证安全，或者需要花上10年来达成目标，你就必须后退一步，让你的梦想做出妥协。"

当《魔域奇兵》在内部放映时，编剧格洛丽亚·卡茨回忆说，里面的暴力场面把"每个人都吓呆了"。威拉德·赫伊克补充说："大家都在说：'史蒂文，把这段剪掉吧。'现在删改有点来不及了。因此只调整了暴力强度。"

自从1968年美国电影协会设立电影分级制度以来，围绕协会对待电影中的暴力，尤其是大制片厂出品影片中暴力的宽容，一直存在争议。PG级别的《大白鲨》和《鬼驱人》经常被当作太过暴力、不适合儿童观看的影片范例。"我不拍R级电影！我只拍PG级电影！"1982年5月，斯皮尔伯格声明说。同时他成功向美国电影协会分级与评级上诉委员会提出个人请求，要求推翻最初给《鬼驱人》评定的R级。尽管美国电影协会反对改变其评价体系，但业内越来越多的人支持在PG级电影（建议儿童在父母的陪伴下观看）及R级电影（17岁以下的儿童必须在父母或者成年监护人的陪同下才能观看）之间再设一个中间等级。

"长期以来，我和其他许多电影人以及电影制片厂的高管们一直呼吁增设第5等级，"斯皮尔伯格于1984年更温和地说，"但我们没有能力让这项决议被通过……在这个国家里，为了保护孩子，票房上的任何损失都是值得的。"《魔域奇兵》和《小魔怪》同时被评为PG级，这两部电影都成了暴力影像的讨论的焦点，尤其因为它们商业上的成功。在另一波负面报道中，斯皮尔伯格遭到了媒体严厉的人身攻击。

批评《小魔怪》的声音部分由于广告宣传的误导，让观众错以为该片是另一部《E. T. 外星人》那样美好的儿童科幻片。《小魔怪》中最臭名昭著的一幕是一位家庭主妇用搅拌机绞碎小魔怪，接着用微波炉将它们炸成碎片。乔·丹特记得曾收到一些"尖酸刻薄的"信件，写信人"非常担心有人会把自己的弟弟或者贵宾犬放进微波炉。我觉得人们没那么蠢，也没有类似的事件发生"。但在电影上映之前，斯皮尔伯格说服导演删减了一些人类攻击小魔怪的血腥场面，并告诉丹特："我不觉得小魔怪们坏到要遭受这样的惩罚。"

斯皮尔伯格还公开承认，在观看《魔域奇兵》里的酷刑和活人献祭的漫长片段中，他想用手蒙住十岁孩子的眼睛。《人物》杂志的影评人拉尔夫·诺瓦克谴责《魔域奇兵》"令人震惊地辜负了观众对斯皮尔伯格和卢卡斯身为家庭娱乐片制作者的信任。那些说'本片可能不适宜儿童观看'的广告是骗人的，"诺瓦克抱怨道，"家长们根本就不该让孩子看这种给人造成精神创伤的电影，这简直是通过电影来虐待儿童。影片中福特还被要求扇了关（继威）的耳光，并虐待卡普肖。这部电影里没有英雄，只有两个恶魔，他们的名字叫斯皮尔伯格和卢卡斯。"

另一方面可以认为，13岁左右的青少年应该是《魔域奇兵》中古怪暴力和血腥场面的天然观众，就像20世纪50年代时这么大的孩子沉迷于恐怖漫画一样，而这些漫画也崇尚暴行和愤怒。斯皮尔伯格经常被错误地指责过于乐观地看待生活，其实他与恐惧从小的斗争才深深影响了他的作品。当噩梦般的影像出现在虚构的情境中时，孩子们是否会受到精神创伤？还是说他们能从这些恐怖影像中找到一种宣泄方式来克服自己的恐惧，就像对待童话中可怕的暴力那样？上述观点遭到儿童心理学家的强烈反对。

1976年，布鲁诺·贝特尔海姆出版了关于儿童童话心理暗示作用的著作《魔法的使用》（*The Uses of Enchantment*）。他在书中指出："主流文化希望假装人类的阴暗面不存在，尤其是在涉及儿童的时候……（而且）当今家长们普遍相信孩子应该远离最困扰他们的东西：比如那些无形的、无名的焦虑，那些混乱的、愤怒的甚至暴力的幻想。许多家长认为，只有清醒的现实，或者愉悦的、美梦成真的影像才应该呈现给孩子们，只能向孩子揭示事物美好的那面。但这种片面的东西也会让孩子们的思维变得片面，而现实生活也不都是阳光普照。"

《魔域奇兵》和《小魔怪》引发的争论很快导致美国电影协会设立了PG-13评级，该评级提醒家长们"影片的部分内容可能不适合13岁以下的儿童观看"。这个等级的设立帮助电影人避免了之前由于PG级和R级之间缺乏中间级而导致的生硬剪辑，同时有助于好莱坞缓解外界要求对银幕上的性与暴力加强审查的压力。

对斯皮尔伯格个人来说，拍摄《魔域奇兵》也许是一次释放自我。尽管他付出了代价，因为如此恐怖的电影而招致一片谴责，但这确实帮他摆脱了《阴阳魔界：电影版》带来的现实噩梦。

如同斯皮尔伯格作品中其他不负责任的父亲角色，《魔域奇兵》中的印第安纳·琼斯必须克服成年后的弱点，接受人格上的净化考验，才能承担作为父亲的责任。印第安纳在活人祭祀仪式上被强迫喝了人血，而进入嗜血状态，在解救失踪的孩子们之前，他必须从这种状态中解脱出来。"在成年人残忍暴力的驱使下，印第安纳被非亲生的儿子（小鬼头）唤回了童年的纯真。"影评人亨利·希汉在《电影评论》上写道，对印第安纳来说，最重要的是"他抛弃了腐坏的成人世界，再次肯定了自己本质上的童真。影片甚至以印第安纳和威莉的一个镜头结尾，威莉似乎很高兴成为'母亲'，被一群快乐的孩子们包围。"

37岁时，史蒂文·斯皮尔伯格终于准备好成为父亲。

第十四章
成年人的真相

在有麦克斯之前，我拍的是关于孩子们的电影；现在我也有了孩子，应该就会开始拍关于成年人的电影了。

——史蒂文·斯皮尔伯格，1985年

当被问到喜欢为自己的电影挑选什么样的女演员时，斯皮尔伯格曾说："或许我一直在寻找非犹太姑娘（Shiksa）的终极版[1]。"当凯特·卡普肖走进斯皮尔伯格的办公室，参加《魔域奇兵》的试镜时，他终于找到了那个"她"。凯特精致的模特外形、优雅的体态，以及中西部人率真的性格令他一见倾心。她就像另一个版本的朱莉·克里斯蒂[2]，吃玉米长大，完全美国化，看起来更天真。虽然不是天生金发，但凯特愿意将棕色卷发染成金色，以符合斯皮尔伯格心目中的非犹太女主角形象。当把她的试镜录像带送给《魔域奇兵》的编剧格洛丽亚·卡茨和威拉德·赫伊克看时，斯皮尔伯格说："我真的很喜欢凯特。你们能向乔治为她美言几句吗？"

1　原文为意第绪语Shiksa，在《意第绪语的欢乐》（*The Joys of Yiddish*）中，里奥·罗斯滕对Shiksa的定义是："一个非犹太女人，非常年轻……发音为SHIK-seh，和'pick the'押韵。"

2　朱莉·克里斯蒂（Julie Christie），英国女演员，出生于印度，凭借《亲爱的》（*Darling*，1965）中的表演赢得了1965年的奥斯卡最佳女主角奖。——译者注斯皮尔伯格当时可能还没有发现他未来妻子无邪外表下隐藏的心机："《E.T. 外星人》上映时，我读了一篇关于他的文章。"凯特在1996年回忆说，"我当时就对他有好感。"凯特去试镜时，"对得到那个角色并没有那么感兴趣。当时我仍怀有年轻时想当一名艺术家的梦想，只接那些梅丽尔·斯特里普[1]会演的电影。我无法想象她会去演《法柜奇兵》的续集。"因此，凯特把全部注意力都放在了斯皮尔伯格身上。

进入斯皮尔伯格在华纳兄弟的办公室时，她被要求坐到斯皮尔伯格对面，她侧身走过他身旁并开始施展魅力。"从我第一次见到他的那一刻起，"凯特回忆说，"我就感觉他是个可爱又害羞的男人，估计那时他在想：'我为什么要到这里来试镜？'我喜欢男人的那种羞怯和谦逊。"她小心翼翼，不像大多数年轻女演员那样滔滔不绝地谈论他的电影。在她离开时，斯皮尔伯格告诉她："谢谢你没和我聊《E.T. 外星人》。"下次见面时，他邀请凯特一起玩电子游戏，明确地表达了对她的爱意。

凯特一见到斯皮尔伯格"便立马使出浑身解数"。"我回到家后说：'觉得自己遇到大麻烦了。'"尽管她没有掩饰曾费尽心思想嫁给斯皮尔伯格的事实，但卡普肖把自己对斯皮尔伯格的爱慕描述为一种本能，掺杂着几分母性，"吸引我的是他的气味。就像刚出生的婴儿，好像他是我的孩子一样。他们说，如果蒙住一位母亲的眼睛，在她面前摆20个孩子，她仍能够通过气味辨认出自己的孩子。那种感觉就像那样。"

1953年，凯特·卡普肖（本名凯西·苏·内尔）出生于得克萨斯州沃斯堡市，在弗洛里森特的圣路易斯郊区长大，父亲是航空公司运营经理，母亲是美容师。她们全家都是卫理公会派[2]教徒，典型的美国中产阶级家庭。"我父母是第一代离开农场的人，"她于1984年说，"我看起来很像欧裔新教徒，但我想要自己的外形更具民族特色。我想成为犹太知识分子，也想做一名演员，尽管我不知道怎样学习成为一名演员。'我在密苏里能做什么呢？'我问自己……教师是一个被社会广泛认可、受人尊敬的职业，所以我去当了老师。"她在密苏里大学获得了学习障碍研究的硕士学位后，去密苏里乡下的一所学校任教两年，但是"我对这份工作并不满意。那是别人认为我该做的事，而不是我想做的事"。

---

1 梅丽尔·斯特里普（Meryl Streep），美国女演员、歌手、制片人，曾多次提名并获得奥斯卡最佳女主角。代表作《苏菲的抉择》《穿普拉达的女王》。——编者注
2 卫理公会派是新教派别之一，由约翰·卫斯理创立，忠于传统信经教义，认为得救既凭借神恩，亦取决于个人自由选择。——译者注

凯特嫁给了大学时代的恋人，后来当上了高中校长的罗伯特·卡普肖。1977年，他们生下女儿杰西卡。罗伯特陪凯特去了纽约，这样更便于她追求成为一名职业演员的梦想，但这段婚姻很快成为她野心的牺牲品。她一边做模特、拍电视广告、演肥皂剧，一边抚养女儿长大。凯特在1982年的电影《花花大丈夫》（*A Little Sex*）中扮演花花公子蒂姆·马瑟森的女友，这是她的银幕首秀，由此也得以参演另一部由阿尔米安·伯恩斯坦编剧兼导演的电影《风城》（*Windy City*，1984），该片最后票房惨淡。卡普肖在出演《魔域奇兵》时还和伯恩斯坦一起生活在洛杉矶。

她在斯皮尔伯格的电影中扮演了沉闷的威莉·斯科特一角，用凯特自己的话来说，"那个角色是个只会尖叫的金发蠢女人"。作为深受宠爱的俱乐部歌手，威莉在开场时穿着性感的红色连衣裙，看起来闪耀迷人，然而被卷入印第安纳的冒险后，她变得衣衫褴褛、满腹牢骚。斯皮尔伯格根据自己青春期时的喜好，让印第安纳的女友经受了身体上的考验，这对凯特来说是一次艰难的表演经历。凯特勉强答应让虫子在身上爬来爬去，但不愿意和一条14英尺长的大蟒蛇一起洗澡。"那些天我一直在尖叫，精疲力竭，"她承认，"演好威莉·斯科特并不难，这个角色总是在抱怨，因为天气实在太热了，虫子让人恶心，大象让人讨厌。"看到斯皮尔伯格如此热衷于折磨、嘲笑，乃至羞辱她饰演的角色，人们不禁要问他是否想表达青春期的少年站在校花面前时，那种矛盾与不安的感觉。在他人生中如此脆弱的时刻，美艳又主动的非犹太女孩对斯皮尔伯格的吸引让他在感情上蠢蠢欲动，并在青少年式的戏弄和敌意中探索出独特的表达形式。

影片中明目张胆的性别歧视剥夺了卡普肖身上假小子般的勇敢，那种凯伦·阿兰[1]可以在《法柜奇兵》中展现的勇敢。影评者们并没有指责编剧和导演创造及塑造了这个角色，而是无情地批评了卡普肖对这个角色的诠释。吉内·西斯克尔评价这个角色"是满腹牢骚的蠢货……当我们看到威莉悬挂在岩浆上方的时候，老实讲，我们真希望她掉下去算了"。卡普肖为媒体的恶意攻击感到难过，于是缩短了电影宣传的行程："我被口诛笔伐，最后他们却叫我放轻松，可能吗？我不过在一部B级片上浪费生命。这只是个冒险故事，是爆米花电影，是周六下午去看的那种影片[2]。"

---

1 凯伦·阿兰（Karen Allen），1951年出生于美国伊利诺伊州南部农村，美国女演员。曾在《夺宝奇兵》（1981）中扮演角色玛丽昂·雷文伍德。——译者注

2 此后她再没演过斯皮尔伯格的电影，直到1995年乔瑟琳·穆尔豪斯导演、斯皮尔伯格制片的《恋爱编织梦》。

凯特一开始"理解不了史蒂文",因为她不是电影迷。"你懂的,他总是用电影相关的专业语言说话。他会说:'记得《一夜风流》里面的那个场景吧——就是克劳黛·考尔白[1]做了什么什么的那一幕?这就是我想要的。'然后我会说:'史蒂文,我没看过那部电影。'他会抱怨:'凯特,我要怎么和你沟通啊?'"尽管如此,凯特还是觉得和他一起工作很愉快,她后来说:"我在看史蒂文导演电影时就爱上他了。"

然而他们早期的关系,不过比凯特所说的"调情"再深入一点点而已。她想让这种关系更加认真,但斯皮尔伯格没有回应她的感受,这让她很痛苦:"我觉得他是那种必须得到自己想要一切的男人。如果对他来说,我不过是另一种口味的冰淇淋呢?我知道一旦自己决定和他在一起,他就不会那么认真对待我的感情了。我觉得他跟艾米还没有结束,而且我知道那段感情里谁是输家。"

在得知斯皮尔伯格要来印度为《魔域奇兵》考察外景地时,艾米正在印度参演有线电视迷你剧《异国情天》,在其中扮演印度公主。当斯皮尔伯格所乘的飞机在机场着陆时,她特意前去接机,给他营造重逢的惊喜。"我们隔着跑道看到了对方,"她回忆说,"当我们重逢时,我就明白了。"斯皮尔伯格的记忆则与此有些出入:"她眼里洋溢着满满的爱意,而我眼里是愤怒和怨恨。但我们又一次相爱了。"

1979年与史蒂文分手后,艾米在纽约的舞台上找到了职业方向,她在《莫扎特传》(Amadeus)及《心碎之家》(Heartbreak House)等舞台剧中都有精彩表演,还凭借在芭芭拉·史翠珊1983年的歌舞片《燕特尔》(Yentl,根据艾萨克·巴舍维斯·辛格的作品改编)里饰演的配角哈达丝,获得了奥斯卡最佳女配角提名。在剧中,哈达丝是一名温柔的女性,最后嫁给史翠珊女扮男装的燕特尔为妻。虽然艾米的父亲是犹太人,但她在基督教科学派母亲的抚养下长大,所以史翠珊给她找来犹太教的书让她学习,以便更好地扮演传统的犹太妻子。

史翠珊本人也曾在20世纪80年代初与斯皮尔伯格传过绯闻。1979年史翠珊"曾向斯皮尔伯格推荐过《燕特尔》",艾米回忆说。在《燕特尔》剪辑时,史翠珊给他看了一些剪辑好的片段。他告诉史翠珊:"一帧都不要改。"但是当听到媒体说斯皮尔伯格给了她关

---

1 克劳黛·考尔白(Claudette Colbert),出生于法国巴黎,无声电影时期的著名演员,曾获得第七届奥斯卡最佳女主角奖,代表作包括《一夜风流》《埃及艳后》等。——译者注

于剪辑的建议时，史翠珊生气地说道："这就好像在说这个女人或这个女演员，没有男人的帮助就拍不了这部电影……你知道我多么反感这种言论吗？我讨厌这种话，就像他们抢走了我的电影一样！"看完成片后，斯皮尔伯格对史翠珊说："这是自《公民凯恩》以来最伟大的导演处女作。"

艾米的履历中有备受赞誉的电影表演和舞台演出经历，职业前景一片光明。渐渐地，她平息了心中的愤懑，不再是"斯皮尔伯格身边小鸟依人的女朋友，我也能展翅高飞"。这种自信让她不再执着于事业，并在与斯皮尔伯格好友关系的基础上，重新建立了一段浪漫情感。他和艾米的感情很坚固，足以战胜他们痛苦的分手，以及二人在分手后与他人的感情生活。斯皮尔伯格也开始对艾米的作品表现出更大的兴趣，经常去东部看她的舞台演出。

凯特·卡普肖在《魔域奇兵》中亮相后，又参演了由威拉德·赫伊克执导、格洛丽亚·卡茨制片的喜剧《兵来将挡》。"史蒂文和凯特大吵了一架，"卡茨回忆说，"他们互不理睬。而艾米重新回到了史蒂文的身边。"当时凯特在录音棚为《兵来将挡》配音，而史蒂文在旁边的操作台上进行《魔域奇兵》的混音。赫伊克告诉凯特，史蒂文就在旁边，凯特回答说："我懒得理他，他太不成熟了。"

1984年9月10日，艾米和史蒂文共进烛光晚餐以庆祝自己31岁的生日。就在当晚，艾米怀孕了。"这个宝宝，"她说，"是我和史蒂文期盼已久的。"

史蒂文为成为准父亲而高兴，甚至会因为艾米独自选购孕妇装没有叫上自己而生气。当艾米告诉史蒂文在医生办公室里第一次听到宝宝的心跳时，史蒂文坚持把她带回医生那里，让自己也听一听。"等孩子出生，"艾米半开玩笑地说，"就有人和史蒂文分享玩具了。"为了离新家更近，他甚至开始减少工作时间。但艾米和史蒂文都觉得孩子出生之前没有结婚的必要。"在心里我们早就是夫妻了，"艾米说，"现在考虑婚礼似乎是多余的。"然而史蒂文确实签署了一份协议，正式享有作为父亲的权利并承担责任。

"这是我生命中第一次，"史蒂文对艾米说，"对另一个人做出承诺。"但他承认这个承诺并不容易，"我喜欢把现实生活戏剧化……我想要导演现实、导演某个场景，我会说：'在你该待的地方待好。我会处理好的，但你别动。'当我对电影做出承诺时，感觉就像……婚姻。我希望在现实生活中也是如此。"

史蒂文和艾米于1985年11月27日在新墨西哥州圣达菲的法院举行了一场私人婚礼，

法官托马斯·A.东内利主持了公证。那时他们的儿子麦克斯已经5个月大了。"我们就像弗兰克·卡普拉电影里的人物一样，由一位明智的老法官来做证婚人。"史蒂文说。他在洗泡泡浴时向艾米求婚，麦克斯正在地板上爬着，艾米脸上还有泡沫。"一点也不浪漫……我知道她会答应，因为她都向我求过七八次婚了。"

1984年，斯皮尔伯格和弗兰克·马歇尔以及凯瑟琳·肯尼迪创立了安培林娱乐，他从华纳兄弟的办公室搬出，迁入了奢华的新总部大楼，位于环球影业露天片场的僻静角落。环球还花了350万美元为斯皮尔伯格建造了一座圣达菲风格的土砖办公楼，后来又在马路对面增设了一栋后期制作大楼。希德·谢恩伯格安排这些都是为了留住斯皮尔伯格。"我们几乎对斯皮尔伯格有求必应。"谢恩伯格说。谢恩伯格此前向斯皮尔伯格提议，买下已故的阿尔弗雷德·希区柯克的平房，那房子面积适中，但斯皮尔伯格以"会遭天谴"为由拒绝了。斯皮尔伯格甚至不必与环球影业签署独家制作协议，就能得到环球特别馈赠的办公大楼。他决定不受任何一家制片厂的约束，并与华纳兄弟及其董事长史蒂夫·罗斯保持频繁的业务往来，而他把罗斯视为自己的第二个父亲。

斯皮尔伯格的总部被官方称为"477号平房"，尽管入口处醒目地挂着安培林娱乐的新标志——《E. T. 外星人》中，小男孩骑着自行车飞过月亮的剪影。这栋综合大楼设有一间共有45个座位的放映室、两间剪辑室、一间游戏室，还有配备专业厨师的厨房、一间健身房、一个室外水疗中心、几个花园，以及一个立着迷你"大白鲨"雕塑的许愿池。斯皮尔伯格用他最喜欢的电影海报、诺曼·洛克威尔[1]的画、印第安地毯、挂毯和陶器来装饰办公室。这种西南部风格让斯皮尔伯格可以把这里当成"家乡以外的家"，让他回想起自己在亚利桑那州的童年生活。对艾米来说，这里也让她想起自己的家乡新墨西哥州。好莱坞的戏谑者们很快将这个避世之所比作斯皮尔伯格的"塔可贝尔"[2]。

编剧理查德·克里斯蒂安·麦瑟森[3]1987年曾与一位编剧好友参观过这座高科技、戒备森严的安培林综合大楼。那次奇怪的经历他还记忆犹新。他们和斯皮尔伯格在花园里

---

1 诺曼·洛克威尔（Norman Rockwell），美国插画家，最知名的系列作品包括《四大自由》与《三人自画像》等。——译者注

2 塔可贝尔（Taco Bell），美国很受欢迎的墨西哥快餐店。——译者注

3 《决斗》的作者理查德·B.麦瑟森的儿子。

边散步边讨论电影和电视项目，"每隔一段时间，从石头或树上就会传来声音：'史蒂文，你两点半约的人到了。'显然是石头中间的麦克风在说话，因为你会听到有声音说：'史蒂文，你需要什么吗？'史蒂文会问我们：'伙计们，想吃冰棒吗？'然后他会对着空气讲：'给我们拿3根沙士口味的冰棒来。'毋庸置疑，整个地方都根据史蒂文的行动轨迹设计了配套服务"。

史蒂文和艾米在1985年初从歌手鲍比·温顿[1]那里买下了富丽堂皇的太平洋帕利塞德地产。那栋豪宅坐落于孤峰，俯瞰马里布，与威尔·罗杰斯州立公园[2]相邻，也按照西南部风格进行了重新装修。"房子的重新装修和翻拍电影唯一的区别就是，我得自己掏钱。"斯皮尔伯格打趣说，"这所房子的历史，本能地吸引了我，我最在意的是大卫·塞尔兹尼克拍摄《乱世佳人》时，正好住在这儿[3]。"改造后的房子具有独特的斯皮尔伯格风格，包括"霍比特人的房间"——一间带有可伸缩式电视及蘑菇形壁炉和窗户的家庭房。"霍比特人是我个人成长过程中重要的神话故事，"斯皮尔伯格说，"我想要一间电视房，并在里面度过大部分时间。我要有那种霍比特人的感觉。"

随着近年来漂泊生活的安定，斯皮尔伯格很乐意做一个宅男，夸耀自己的非好莱坞式好男人形象："我不住在法国的里维埃拉，没有7个女人在我晒日光浴时围着喂我东西吃。我晚上回家看电视直到睡着，第二天早上醒了就去上班，对于这点我很自豪。"

麦克斯·塞缪尔·斯皮尔伯格于1985年6月13日在圣莫妮卡医院出生，父亲兴高采烈地将麦克斯称为"我最好的作品"。孩子的中间名是为了纪念史蒂文的祖父而取。艾米说他们给孩子取名为"麦克斯"没有特殊原因，这个名字在20世纪80年代婴儿潮一代的父母中间很流行。但这名字倒让人想起（如果不是有意提醒的话）斯皮尔伯格的亲戚麦克斯·切斯，阿诺德·斯皮尔伯格的第一台电影摄影机就是由他赠送的。

怀孕期间，艾米在布莱克·爱德华兹的闹剧《双喜临门》中饰演被达德利·摩尔搞

1　鲍比·温顿（Bobby Vinton），美国歌手，在20世纪六七十年代红极一时，代表作包括《孤独先生》（*Mr. Lonely*）等。——译者注

2　威尔·罗杰斯（Will Rogers），美国幽默作家，在20世纪20—30年代由于揭露政治黑暗而广受美国人民爱戴。罗杰斯在阿拉斯加的一场坠机事故中遇难，他家的旧址已经成为博物馆，作为威尔·罗杰斯州立公园（Will Rogers State Park）的一部分。——译者注

3　现在这所房子仍然归斯皮尔伯格所有，这里曾经的主人包括加里·格兰特、芭芭拉·哈顿和小道格拉斯·范朋克。

大肚子的两名孕妇之一。艾米临近预产期时，斯皮尔伯格即将开拍《紫色》，改编自爱丽丝·沃克的同名小说。因此他将先在环球影业的摄影棚进行拍摄，之后再前往北卡罗来纳州门罗附近的外景地。"我们要先等麦克斯出生，"影片的摄影师艾伦·达维奥回忆说，"同时我们也想感谢麦克斯，他按时出生了，谢天谢地。"麦克斯出生的时刻非常巧合，那天是6月12日，斯皮尔伯格正在拍分娩的场景，艾米"打电话给片场找史蒂文，让接电话的人告诉他我要生了。他立马搁下了那个戏剧化的分娩镜头，跑来接电话，我非常平静地告诉他：'亲爱的，现在过来执导我生孩子吧。'"

影片中婴儿的哭声就是麦克斯的声音，他的父亲斯皮尔伯格在某天晚上给他洗澡时录了音。

一位白人男性导演为什么要拍《紫色》这种电影？世界上那么多人，为什么偏偏是斯皮尔伯格拍了《紫色》？

沃克的这部激进女性主义小说，讲述了20世纪初南方腹地一名黑人女性的生活。当斯皮尔伯格决定将这部小说拍成电影时，许多人都产生了这样的疑问。少年时期的女主角西丽·约翰逊由黛丝瑞塔·杰克逊扮演，成年时期则由乌比·戈德堡饰演。这是乌比的银幕首秀。影片中的女主角惨遭十几年的虐待，先是被继父强奸，后来又被她称呼为"先生"的暴力沙文主义丈夫家暴。尽管《新闻周刊》的影评人大卫·安森很尊重"斯皮尔伯格对角色的塑造"，但他最初认为导演和这种题材"简直太不搭了，就像在看安东尼奥尼导演007系列电影一样……我有一种迷惑的感觉，好像自己在看一部关于乱伦的迪士尼电影"。

许多人认为斯皮尔伯格把《紫色》拍成电影的目的在于，通过精心策划和犬儒主义的方式来赢得奥斯卡。毫无疑问，他对人们将自己的作品定性为"青少年逃避主义"感到烦躁，希望通过这部根据普利策奖获奖小说改编的"成人题材"电影，获得更多尊重，尝试通常会打动奥斯卡评委的题材。这位导演坦率地说，他想"挑战自我，突破斯皮尔伯格电影的刻板印象。不是为了证明什么，也不是为了炫耀，只是为了发挥自己其他方面的能力"。阴阳魔界案的阴影挥之不去，这段时间该案件一直占据新闻头条，也让斯皮尔伯格渴得到好莱坞圈内的更多尊重。

但他的批评者认为，获得奥斯卡是促使斯皮尔伯格将《紫色》拍成电影的全部动机，这带有深刻的讽刺意味。这种观点假定一名白人导演不会对黑人角色的有关故事感兴趣。

对《洛杉矶先驱考察者报》的彼得·雷纳来说，《紫色》"表面上讲的是20世纪上半叶南方一位贫穷黑人女性[1]的苦难生活，实质上本片是依据奥斯卡奖评选标准量身打造"。《时代》周刊的理查德·科利斯嘲笑道："对好莱坞的老一辈精英来说，斯皮尔伯格根本不值得尊重，因为他从未得过奥斯卡。所以表演者史蒂文带着他的第一部'值得尊敬的'电影来了。"好莱坞一些爱开玩笑的人把这部电影喻为斯皮尔伯格对第三世界的亲密接触[2]。

斯皮尔伯格习惯对自己的犹太血统和遭遇反犹主义的经历保持沉默，直到导演《辛德勒的名单》后他才公开、坦诚地讨论这一话题。因此，很少有人意识到他在沃克笔下这位遭受虐待的女主角身上，寄托了多少个人情感。"以后会有人写一本斯皮尔伯格心理传记，指出这部电影对他的特殊意义。"J. 霍伯曼在《乡音》上这篇以负面批评为主的评论中写道。霍伯曼认为斯皮尔伯格决定导演《紫色》，源于其对"修复破碎家庭"的长期忧虑，以及对"非绝对母权"的庆祝，并推测这部电影是"斯皮尔伯格针对《魔域奇兵》中太过猖獗的白人男性至上论，所做出的致歉"。

西丽决定在种族主义和性别歧视的双重压力下坚强生活，令斯皮尔伯格感同身受，触动了他心中从未愈合的秘密伤口。"斯皮尔伯格和我们分享了他的痛苦，"《紫色》的制片人之一、黑人作曲家昆西·琼斯说，"他很在意这一点……希望能与偏见斗争到底。"种族偏见使斯皮尔伯格高三时的生活沦为"人间地狱"，因此他对民权运动表现出了浓厚兴趣。他本能地与另一个受压迫的民族团结在一起，就像那时许多其他犹太人支持民权运动一样，这也证实了斯皮尔伯格20世纪60年代的偶像兰尼·布鲁斯的话："黑人都是犹太人。"斯皮尔伯格在儿子出生时接受了自己的犹太血统，而儿子出生时他正在拍摄西丽分娩的那场戏，加强了他对西丽这个人物的情感认同。

一些对《紫色》进行报道的记者质疑斯皮尔伯格的真诚，声称他此前的作品没有对美国黑人透露出太多兴趣。但《紫色》并非斯皮尔伯格第一次讲述以黑人为主角的故事，尽

1　这是对整个故事的本质误解。影片的摄影师艾伦·达维奥在1991年的一次采访中强调："爱丽丝·沃克在书中对先生和他的家庭、房子等做了详细描述，他可不是一个没钱的黑人，而是来自富裕中上阶级的黑人地主家庭。光从房子就能明显看出这一点：装修、餐具、亚麻制品。家里的人都在亚特兰大购物。爱丽丝对此描述得非常详细，她自己也说：'我不希望这点被误解。这家人非常富有，很有钱。'剧组拍摄时也遵从了原著，而史蒂文受到个人攻击是因为他'没有描绘贫穷'。"

2　原文为"Close Encounters With the Third World"，这一说法是对斯皮尔伯格的电影《第三类接触》（*Close Encounters of the Third Kind*）开了个文字玩笑。——译者注

管之前的两部作品都不是什么大作。在1970年《夜间画廊》中的《让我大笑》（*Make Me Laugh*）这集里，斯皮尔伯格让戈德弗雷·坎布里吉饰演了郁郁寡欢的夜总会喜剧演员，而在《阴阳魔界：电影版》中的短片《踢罐子》里，他又让斯卡特曼·克罗瑟斯饰演了一位年迈的奇迹制造者。爱丽丝·沃克在看完《E. T. 外星人》之后也说："影片一开始，我就认出了E. T. 是有色物种。"

凯瑟琳·肯尼迪让斯皮尔伯格注意到了《紫色》，并告诉他："这是你可能会喜欢的书。"斯皮尔伯格曾向少数几个人提起过自己少年时期在萨拉托加受到的欺凌，肯尼迪是其中之一。她认为《紫色》会引发他的情感共鸣，不管表面上看起来有多么不可能。"你知道，这是关于黑人的故事，"她告诉斯皮尔伯格，"但这不应该给你造成困扰，因为你是犹太人。本质上你们在成长经历和血统传承上有相似之处。"肯尼迪也明白他渴望拓展自己的艺术视野。"我一直相信，在某个时刻他有信心尝试其他新鲜题材，"她在1993年回忆说，"所以我向他推荐了《紫色》。读完后他说：'我害怕将它拍成电影，但正是因为如此，我很喜欢这个故事。'"

这个项目属于华纳兄弟影业，尽管斯皮尔伯格后来同意打着安培林娱乐的旗号参与影片的制作，但还是犹豫了很长时间。"我真的不确定我会导演这部电影，一段时间后，剧本的第二稿才投入开发。我很高兴能转型，此前我担任制片的都是周六的日场儿童电影，包括1985年上映的《七宝奇谋》《回到未来》和《少年福尔摩斯》……我非常高兴能与《紫色》的编剧门诺·迈伊杰斯坐在一起，花上大把时间探讨成年人的真相。敲定了某些事后，我便回去换上防水靴，跳到《七宝奇谋》片场5英尺深的水里去，帮导演迪克（理查德）·唐纳拍几个补充镜头。"在拍摄《紫色》的外景时，斯皮尔伯格解释了为什么迟迟才决定导演这部电影，主要因为自己习惯于制作"大片，关于视觉大场面的电影。我不知道现在是否该拍摄有关内心的电影了"，他指着自己的胸口说。

他犹豫的另一个原因是已经预料到了媒体对他参与这个项目的反应。"我不知道自己适不适合当本片的导演，"他对昆西·琼斯说，"你不想找个黑人来导演这部片子吗？"琼斯回答道："你不是火星人，但你也拍成了《E. T. 外星人》，不是吗？"

在影片开拍以前，斯皮尔伯格必须通过爱丽丝·沃克的面试。这是他11年来第一次在一份工作中处于被面试者的位置。

原著作者爱丽丝曾对好莱坞翻拍其书信体小说心存疑虑，因为小说中使用了大量那个时期南部黑人英语的习语。好莱坞历史上拍摄黑人题材的影片数量较少，本书大胆的风格、激进的女性主义议题，以及对乱伦、家庭暴力和女同性恋问题的直白处理，对于任何电影人来说都是雷区。她对琼斯的敬仰缓和了她的不安，但当斯皮尔伯格被提议为导演时，开始她甚至没有认出这个名字。然而她后来想起自己曾经看过《横冲直撞大逃亡》的片段，他的"激情澎湃与小心谨慎"，让她意识到他应该会喜欢《紫色》。

1984年2月20日，斯皮尔伯格和琼斯一同到访爱丽丝位于旧金山的家中，爱丽丝接待了他们并在日记中写道："昆西此前在我面前说了太多斯皮尔伯格的好话，搞得我都有点害怕和他见面。但我也就担心了一会儿，他进屋坐下，立马直截了当地向我表明他仔细读过我的书，还发表了非常睿智的评论。"斯皮尔伯格"绝对把握了本书的精髓、感觉和精神"，让她放心地把这个项目交给了他。

沃克感觉到，尽管斯皮尔伯格享誉世界，但仍然是少数族裔。她发现他的敏感能够让他体会另一个种族和另一种性别的情感。导演对自己童年痛苦的感受仍然记忆犹新，因此毫不费力就可以对西丽被继父和暴虐丈夫折磨的痛苦感同身受。"我觉得爱丽丝·沃克的著作跟狄更斯的作品不相上下。"斯皮尔伯格表示，他还在影片中让西丽读了狄更斯的《雾都孤儿》。作为在破碎家庭长大的孩子，斯皮尔伯格对西丽被迫与她的妹妹和两个孩子分开的痛苦，怀有本能的同情。对于斯皮尔伯格来说，他太过清楚被坏人虐待是什么滋味，因此也很容易与索菲娅（奥普拉·温弗瑞饰）这个坚强黑人女性产生共鸣。索菲娅拒绝屈从白人种族主义权威而失去了自己的孩子。或许因为与父亲情感上的疏离，斯皮尔伯格还重点突出了蓝调歌手夏戈·艾弗里（玛格丽特·艾弗里饰）与父亲的不睦，夏戈的父亲是一位清教徒式的浸信会传教士。正如苏珊·德沃金在《女士》（*Ms.*）杂志上关于这部电影的评论中所写的，沃克所"看到的，这些女人的伤心欲绝和不屈的精神，对斯皮尔伯格来说并不陌生"。

另一方面，与沃克相比，斯皮尔伯格更难深入"先生"（丹尼·格洛弗饰演）的内心世界。"先生"是冷酷父权的化身，他在银幕上的扁平形象引发了大规模抗议。斯皮尔伯格对恃强凌弱者发自内心的厌恶，让他很难理解一个人是怎么变成这样的，尤其是一个来自完全不同社会背景的人。当"先生"最终获得自我救赎时，斯皮尔伯格对这个角色的同情和宽恕远远不及小说作者，这个角色本是原著作者以祖父为原型塑造的。斯皮尔伯格不自觉地与这位悔过的"先生"保持距离，并按照原书的后半段所述，让他失去了伴侣西丽的陪伴，成为孤独、可悲的人物。

讽刺的是，这位白人男性导演对沃克小说的改编，反而从一种更偏向女性主义的角度来看待西丽和先生之间的关系。但是原著作者一针见血地指出，那些对"先生"这个人物的塑造表示强烈反感的人们，通常表现出选择性的愤怒："在《紫色》的原著小说出版和拍成电影后，某位影评人不仅对书中妇女和儿童的苦难没有任何同情，还将我和斯皮尔伯格称为骗子，因为《紫色》表明黑人男性有时会家暴。"

沃克对其著作翻拍的电影进行了很多干涉。她是选角顾问，并在合同里加入条款规定至少一半的剧组成员必须是"女性、黑人或第三世界国家的公民"。她用祖父家里的照片说明"先生"的家应该是什么样子，还说服了艺术指导J.迈克尔·里瓦，20世纪初并不是所有南方黑人都生活困难。里瓦承认如果"要公正地评价这部电影，我必须正视自己的偏见"。沃克还亲自写了剧本，但最终还是用了门诺·迈伊杰斯写的剧本。门诺是一位荷兰移民，此前因一部关于儿童十字军的剧本《狮心王理查》（*Lionheart*）得到了斯皮尔伯格的赏识[1]。《紫色》摄制期间，原著作者大部分时间都在片场，与迈伊杰斯和演员们亲密合作，以确保对白听起来有当时的味道并忠实于原著的精神。

斯皮尔伯格对于种族问题的理解深度，也曾让沃克感到焦虑不安。某天"斯皮尔伯格表示《乱世佳人》是'有史以来最伟大的电影'，并说他最喜欢的角色是天真的黑奴普丽西（由巴特弗莱·麦昆饰演）……他说了这番话后，我好几晚都辗转反侧。因为我在想，如何在他导演我们的电影时告诉他《乱世佳人》对我来说是多么可怕的噩梦"。斯皮尔伯格对某些黑人历史的天真理解，在另一次双方的深刻误解中展露无遗。一次前期制作会议上，斯皮尔伯格正和同事们讨论如何在影片中加入"友情客串"（在哈珀的妻子索菲娅离开他时，导演亲自为威拉德·普饰演的哈珀配上凄凉的吹口哨声）。随后斯皮尔伯格出于真心的好意，询问原著作者是否能抱着他刚出生的儿子麦克斯在电影中出镜。

"我对你的问题感到难过，我当然不会出镜。"沃克在1989年给斯皮尔伯格的信中说，"这涉及历史问题，我不可能出镜。黑人女子抱着白人婴儿是美国南部悠久的历史传统。发生这种误会，我很遗憾。但我也被你的提议所感动，毕竟你的意识里没有这段历史。"

---

1 沃克不同意斯皮尔伯格让梅丽莎·马西森担任编剧，觉得和梅丽莎没有"化学反应"。在原著作者自己改编的剧本中，西丽对夏戈·艾弗里的性欲比电影中描述的还要直白。她在自己所著的《第二次踏进同样的河流：向困难致敬》（1996）中记录了自己参与影片《紫色》的经历，并将上述内容收录其中。

开拍的第一天，斯皮尔伯格安排的场景是夏戈·艾弗里在哈珀吵闹的"避难所"夜总会为西丽演唱小夜曲。这也是乌比·戈德堡第一次参演电影，她羞涩而又欣喜的表情，代表着她所饰演角色的感官觉醒。

摄影师艾伦·达维奥对这段场景的描述是："这个身材娇小、内心忐忑的女人，已经10多年没有走出过她的农场，现在她走进夜总会，这个'避难所'，打开一个信教女人的未知世界。她戴着服装设计师阿吉·罗杰斯量身定制的时尚旧帽子，在'避难所'里羞涩地打量着周围的一切。"桌上忽明忽暗的一束光，似乎是煤油灯发出的光芒，温柔地勾勒出西丽的脸庞，"在这个镜头里，我们第一次发现了乌比·戈德堡眼睛的魔力，"达维奥回忆说，"这就是那种美妙的瞬间，拍电影时你突然发现一些特别的事情正在发生。你感觉银幕里的角色活了过来，并知道影片接下来将如何进行。"

"史蒂文选择以'避难所'作为影片开场可能出于逻辑上的原因，但简直是真正的天才之举。我认为他心里明白，很多事情会在这个场景中发生碰撞。这是明智的决定，为电影的各个方面奠定了基调。"

在《紫色》中，戈德堡被斯皮尔伯格激发出了超凡的演技，在斯皮尔伯格的众多影片中，鲜有角色能与之相较。也许只有在《辛德勒的名单》中扮演伊查克·斯特恩的本·金斯利[1]，才能用形体和语言表现出同等程度的丰富与复杂。如果说金斯利扮演的斯特恩，本来就聪明又机灵，那么西丽这个角色则是在我们眼前，一点一点、逐字逐句、用一颦一笑塑造起来的。她从那个看似天真单纯的无助女孩，逐渐掌握了自我保护的生存技能，这一切最终赋予她超然的力量和智慧。

戈德堡以她备受赞誉的独角戏引起了斯皮尔伯格的注意，她在自己的独角戏中扮演了几个与众不同的角色。就像《紫色》其他的许多女性读者一样，这位喜剧女演员（她的真名是卡琳·约翰逊）读过小说后，也对这本书产生了个人情感共鸣。她写信给爱丽丝·沃克，希望能得到索菲娅这个角色，并补充说，如果有必要她甚至愿意"扮演一个威尼斯盲人"。沃克在旧金山看了她的演出，并向斯皮尔伯格推荐她饰演西丽。

斯皮尔伯格问戈德堡是否愿意在他和"几个朋友"面前表演她的戏剧。她惊讶地发现斯皮尔伯格的放映室挤满了人，包括沃克、昆西·琼斯、迈克尔·杰克逊和莱昂内尔·里奇。她

---

1 本·金斯利（Ben Kingsley），英国影视演员。曾凭借《甘地》中的甘地一角，获得了第40届金球奖和第55届奥斯卡最佳男主角奖。其他代表作包括《巴格西》《性感野兽》《钢铁侠3》。——译者注

厚着脸皮在表演中加入了"别人让我不要演的部分"：一段对《E. T. 外星人》的恶搞——E. T. 最后在奥克兰监狱里嗑药。据戈德堡所说，尽管《洛杉矶时报》上E. T. 挂着吸毒专用勺的形象让斯皮尔伯格勃然大怒，但他"很喜欢"她在私下里表演的这个段子。斯皮尔伯格邀请她扮演西丽，但她更想演索菲娅，她觉得这个人物"更有灵魂，更有爱心……然后我发现史蒂文·斯皮尔伯格坐在那里拼命劝我，就像是在说：'醒醒吧，笨蛋。快答应。'"

在排练期间，斯皮尔伯格觉得戈德堡"与其他演员的互动不是很好。她被丹尼·格洛弗的专业和奥普拉·温弗瑞的应变能力吓到了。我很担心她，因为她难以融入其他演员。之后有一次在片场，她终于向我求助了，她说：'听着，你得帮帮我，我根本就不知道自己在干什么！'那种表演才是发自她的内心。"

斯皮尔伯格耐心地教她电影表演的基本知识，从人物的内在情感入手，让摄影机观察人物的思想变化，而不是像在舞台上那样表演。"这个镜头后面有100万人在注视着你，"斯皮尔伯格告诉她，"他们可以看到你的一举一动。"

"斯皮尔伯格给了我所有的信念，"戈德堡回忆说，"另外，我们会用行话沟通，因为他和我一样都是电影迷。比如他会说：'好了，乌比，等门像《杀死一只知更鸟》里面那样打开后，你就像布·拉德利那样做。'或者他会说：'你知道印第安纳·琼斯最后找到那个女孩的那场戏吧？他当时那种如释重负的心情？我就想要那种感觉。'……当我和丹尼·格洛弗演那场痛苦万分的对手戏时，他会说：'好了，到《煤气灯下》时间了。'然后我就会大笑起来。"

当地电视台脱口秀节目《早安芝加哥》的主持人奥普拉·温弗瑞，也在《紫色》中呈现了精彩的银幕首秀。索菲娅这个角色让她被全国的观众所熟知，很快她就成了电视超级明星。此前，昆西·琼斯访问芝加哥时，在下榻酒店的电视上看到了温弗瑞，立即就联想到了那个身形壮实、直言不讳、桀骜不驯又自尊心很强的索菲娅，于是将她推荐给斯皮尔伯格，随后她就被选入剧组。

温弗瑞不仅因为第一次演电影而感到"害怕"，还被导演吓到了。第一天要拍哭戏，她却哭不出来。她当时想："我要被载入史册了，我竟然在斯皮尔伯格导演的电影里哭不出来。"斯皮尔伯格"没有生气，只是说改天再拍这个镜头。我离开片场后哭了一下午，因为我在他的戏里哭不出来"。在资深演员阿道夫·凯撒（在影片中饰演丹尼·格洛弗的父亲）的指点下，她终于在适当的时候哭了出来。但在此后的工作中，温弗瑞仍然被持续的不安全感包围。她在拍摄期间的日记里，这么形容斯皮尔伯格："我知道他讨厌我，我知道他一定很后悔让我这个非职业演员来演这部电影。如果我的表现没有尽快好转，他可能会让我离开，也许我们已经拍得太多了。天啊，为什么我以前没去上过表演课？"当她批评索菲娅和丈夫哈珀的一场打斗戏"太像低俗闹剧"时，导演告诉她："你分析得太多了，不能再让你看每日样片了。"但导演最终从电影中删掉了这一段，温弗瑞觉得自己是正确的。斯皮尔伯格承认，起初对温弗瑞没有表演经验感到"有点失望"，但随着拍摄的进行，他对她的演技愈发认可，并增加了她的戏份。

影片的最后一幕是温弗瑞饰演的索菲娅在与西丽共进晚餐时再度觉醒，在北卡罗来纳州的外景地拍摄。这场戏对角色本身和演员来说都是情感上的顿悟，对于西丽来说也是重要的转折点，她终于把对先生压抑已久的愤怒发泄出来。拍摄这场戏时，斯皮尔伯格的惯用手法也有了明显变化。

"那是场很难拍的戏，"艾伦·达维奥回忆说，"我们在北卡罗来纳州一所真正的房子里拍，而不是在摄影棚里，那里真是热极了！房间里全是烟，很多人挤在里面。本来场景设置并不复杂，但当有那么多人参与其中时，每当你想做一丁点儿改变，一大堆东西都要随之变化。而斯皮尔伯格想知道每个变化，他照着书中的描述布置场景。他要对比不同大小的形象、不同的外观，要检查每一个你能看到的角度。我跟他开玩笑说：'这真是乔治·史蒂文斯式的全覆盖。'这对他来说绝非寻常，大多数时候，你知道，他对自己想要做什么一清二楚。他通常不会在一场戏中拍太多镜头，但这场戏例外。因为要展示奥普拉所扮演角色的茫然，以及她所有的痛苦和获得治愈的过程。"

温弗瑞回忆说，斯皮尔伯格鼓励她对这场戏的大部分台词即兴发挥："比如我坐在椅子上摇晃时，对乌比说：'我想要感谢你，西丽小姐，谢谢你为我做的一切。'然后索菲娅开始哭泣，也就是我要开始哭。当史蒂文喊'卡'的时候，我抬头就看到了他，他给了我一个大大的拥抱……乌比站起来说道：'我的妹妹今天成为演员了！'"

《紫色》是"我第二次没有用故事板画出整部电影的完整分镜"，斯皮尔伯格说，"第一次是《E. T. 外星人》，因为那是一次情感之旅。我觉得《紫色》更是一次情感之旅，我想在电影制作的每一天都给自己创造惊喜[1]。我担心故事板会把我禁锢在一些固有

1　只有在非洲拍的场景完全按照故事板。其中一部分是斯皮尔伯格在加利福尼亚州纽荷尔的一个村庄里拍摄的，其余都是由制片人兼第二摄制组导演弗兰克·马歇尔在肯尼亚的外景地拍摄。

想法内，一旦演员们聚在一起用心表演，之前的想法就都不再重要了……艾伦·达维奥和我对每个人都很温和。拍摄《E. T. 外星人》时，我们一直在大喊大叫，但这一次我们温和多了。我在拍电影的时候从来没有这么放松过。"

爱丽丝·沃克一直记得当时"每天在片场都能感受到爱……究竟是什么让这个犹太男孩认为他可以导演一部有关黑人的影片？影评人们想弄明白。那么，那到底是怎么回事？这也是我想知道的。我想可能是因为爱，因为勇气。我想这可能是世界上最美妙的事情：史蒂文变得有人情味了。"

这部斯皮尔伯格的真心之作遭到了一些影评人的敌意回应，他们不仅攻击这部电影，还对斯皮尔伯格进行恶毒的人身攻击，他对此感到沮丧。当然，这部影片的大部分评论都比较积极，有33位影评人将其选入1995年十佳影片名单中，公众的反响也很好。1985年12月18日，斯皮尔伯格39岁生日当天，《紫色》上映，全球票房高达1.427亿美元，而其制作成本仅为1500万美元。但影片票房的成功反而加剧了那些批评者对斯皮尔伯格的蔑视。负面评论留下了持久的刺痛，某些黑人社区的愤怒也久久未能平息。

"这部影片的极度不真实，证明了斯皮尔伯格觉得黑人比外星人更难想象，同时说明他已经江郎才尽了，他怎么努力都无法做出一部真诚的电影。"《洛杉矶周刊》的约翰·波沃斯写道。斯皮尔伯格的"郊区背景在影片中随处可见"，《华盛顿邮报》的丽塔·坎普利评论说，她嘲笑导演把佐治亚的乡村描绘成一片田园天堂，让桃乐丝·盖尔[1]的堪萨斯农场看起来像个贫民窟。还有些影评人将《紫色》与其他影片相较，比如《阿莫斯与安迪秀》、迪士尼的《南方之歌》、米高梅的全黑人歌舞片《月宫宝盒》，甚至大卫·格里菲斯献给三K党的赞歌，那部臭名昭著的《一个国家的诞生》。

《芝加哥论坛报》上，吉恩·西斯科这样的好评，几乎被混乱的争吵淹没。西斯科称影片"既深入人心又勇敢无畏"，他写道："书中的情节在电影中都得到了充分体现，没有任何弱化，而《紫色》的电影版有着一种甜美且振奋人心的基调。这位导演曾用橡胶做的外星人E. T. 触及了我们的内心，这次用有血有肉的角色触及了更深层的情感……《紫色》在获得如潮好评的同时，也同样冒着风险。具体来说，影片在反对黑人男性对待黑人

1　桃乐丝·盖尔（Dorothy Gale）是影片《绿野仙踪》的主人公，在影片中随叔叔、婶婶住在美国堪萨斯州中部的农场。——译者注

女性的方式上采取了令人难以置信的强硬立场。"

这种强硬立场引发了许多人对影片的愤怒抵制，尽管沃克和其他女性主义者也指责斯皮尔伯格淡化了小说中的女同性恋主题。甚至在电影开拍之前，斯皮尔伯格导演这部电影的消息就引起了一些美国黑人的反对。"这些无聊的人之前抱怨在电影里从没见过黑人面孔，"乌比·戈德堡在拍摄期间回应说，"一旦有一部有黑人演员参演的电影，而里面的黑人既没有唱歌也没有跳舞，他们又会开始抱怨……我想对这些人说，麻烦你们冷静冷静，好好看看这个男人拍的电影。"

最响亮的反对声来自一个自称"反对剥削黑人联盟"的洛杉矶组织，该组织有20名成员，他们对这部电影的持续抨击为媒体报道奠定了基调（起到同样作用的，还有全美有色人种协会好莱坞分会以及类似的抗议活动）。该联盟成员科瓦兹·盖格尔斥责《紫色》将黑人男性描绘成"绝对的野蛮人"，并以"极端负面的方式"刻画所有黑人，"这使黑人男性、黑人儿童以及黑人家庭蒙羞"。

诋毁者们的强词夺理将这部影片歪曲得面目全非。斯皮尔伯格本人最容易被指摘的过错，是对黑人男性形象的塑造过于扁平化。尽管爱丽丝·沃克经常因为反男性而备受攻击，但她的所作所为比起斯皮尔伯格对先生的刻画来说，还是更能从内心深处宽恕自己。斯皮尔伯格的黑人男性角色几乎都被定义为强奸犯（西丽的"爸爸"）、暴力的家长（"先生"的父亲及夏戈的父亲）、玩弄女性的施虐者（"先生"），或惧内的丑角（哈珀）。这些角色的名字很少出现在银幕上，突出了他们的原型意义，但电影的批评者们将其视为种族成见。

沃克在1986年用以下论断为自己和斯皮尔伯格辩解："这本小说或这部电影，本来旨在迫使我们直面男人（或者某种程度上也包括女人）对女性或儿童的压迫，却让黑人男性借此机会引发了世人的关注。这种关注，不是因为他们正在努力摆脱欺负女人及儿童的欲望或倾向，而是因为他们试图通过这类揭露其负面形象的电影来表明，他们自己才是受欺压的群体。"不过沃克还是试图纠正《紫色》对黑人男性的描述，她按照反对者的逻辑解释了这些黑人男性的行为："在小说和影片中（在影片中更为直观，因为你可以看到有色人种是什么样子），很明显先生的父亲是有白人血统的，所以先生才继承了父亲破旧的种植园和房屋，而这些财产原本属于他的白人奴隶主祖父。先生从父亲那里学会了如何对待妇女和儿童，那他父亲又是向谁学来这些的呢？从老主人身上，也就是先生的奴隶主祖父……"

一些对于南方重建时期历史和社会比较了解的读者，可能会将这些细节代入对影片的解读，但斯皮尔伯格和编剧门诺·迈伊杰斯都没有对这些细节进行戏剧化处理，也没有向观众解释它们。人们之所以觉得斯皮尔伯格怀有种族成见，可能是因为他对电影中的男性权威人物没能理解透彻，而且他对这部电影的社会历史背景了解不足。

如果导演能更加细致地根据角色身处的时代和地域来安排角色的处境，就能让那些不了解角色的白人观众更容易理解，这些角色为何能生活在看似不合理却舒适甚至奢侈的环境中。而这种解释是否有必要，就另当别论了。"我知道我要对《紫色》负责，"斯皮尔伯格说，"但是我不想按照某些人希望的那样将小说改编为电影……我认为有些人觉得《紫色》应该拍成《汤姆叔叔的小屋》那样，那是错误的。讽刺的是，这些人的想法反而让他们看起来更有种族成见，正是他们中的一些人却将这项罪名强加在我们身上。"

"每当剧本或影片中有白人角色时，"温弗瑞指出，"他们都不希望白人代表这个种族的历史或文化。我们也没有试图描绘黑人的历史。这只是一个女人的故事，仅此而已。"另一方面，夏戈的扮演者玛格丽特·艾弗里说："我很能理解黑人的反应。这是继《儿子离家时》之后多年来第一部（主要的）黑人影片，黑人群体非常渴望能有这样一部影片。一旦有了，他们便希望这部片子能代表他们，但没有一部电影能做到这一点。"

西丽与夏戈之间饱受争议的亲热戏也是这部电影最感人的场景之一。当夏戈温柔地亲吻西丽时，娇羞又情不自禁的西丽在影片中第一次绽放了灿烂的笑容，为自己的突破禁忌而满足：这就像静止相片上的花朵绽开一样。斯皮尔伯格将这一幕处理得很精细，没有把重点放在偷窥性爱的身体细节，而是放在爱本身转化的力量。然而这一幕也成为本片饱受批评的焦点，一些批评来自黑人男性，他们觉得自己受到了威胁，同时女性主义者认为男导演太过胆小，不敢进一步深入探讨西丽作为女同性恋者的其他维度。影片省略了这两个女人搬往孟菲斯后，同性关系的发展，一些影评人认为这削弱了西丽反抗先生的动机，似乎她所遭受的精神奴役还不足以提供强烈的动机。

沃克曾自豪地宣称自己是双性恋，并对影片中"没有表现夏戈和西丽的性爱和肉欲关系"感到遗憾，"……就连简单地加上'那个吻'，都是我不断坚持和门诺、史蒂文还有昆西沟通的结果，而且那一幕拍得非常纯洁，一笔带过。后来昆西·琼斯给我发来一些他所收到信件的复本，我才得知有许多黑人坚决反对西丽和夏戈之间发生任何性行为。"

斯皮尔伯格承认他"淡化了涉及女同性恋的场景"，并解释说："我只想用几个亲吻镜头表现她们的亲密关系，超出这些会让我感到不适。书中对这部分情节的描写十分唯美，夏戈甚至拿起镜子照了西丽的私处。但这样的场景在银幕上至少要放大150倍，我就是做不到。马丁·斯科塞斯可以，但我不行。"他坚持说用接吻场景来暗示她们的关系是出于"艺术的决定"："除了上帝和妹妹，没有人爱过西丽。而现在西丽通过一个充满爱的人，成为一个真正的人。我不认为非常露骨的性爱场面能更好地传达这一点。"

对斯皮尔伯格最为苛刻的影评人们可能会发现，归根结底其创作风格最令人反感之处就是表达了内心深处的情感，而且让这种情感毫无遮拦地显露出来。斯皮尔喜欢用视觉完全表达出一切浪漫，不符合当代电影批评的后现代主义标准。这也许可以解释为什么普通观众常常在观看《紫色》这样的电影时泪流满面，而影评人对任何强烈的情感表露都深恶痛绝。因为他们认为导演在"操纵"观众的情感，他们经常用"操纵"这个词来贬损斯皮尔伯格。

但正如美国黑人影评人阿尔蒙德·怀特在1994年所观察到的那样："斯皮尔伯格首先尝试利用好莱坞的整套虚构机制，来创作一部关于美国黑人的爱情故事，并始终遵循白人都坚持的女性主义政治潮流，这种潮流将爱丽丝·沃克的小说视为一部现代作品。《紫色》是美国主流电影中，表现20世纪80年代对美国黑人和好莱坞历史文化符号及其能指最成功的例子，也是表现斯皮尔伯格复杂性的典型影片。"

然而，美国电影艺术与科学学院给了《紫色》一记最响亮的耳光。1986年2月5日奥斯卡提名公布时，这部影片共提名11项大奖，包括最佳影片提名、最佳女主角提名，以及两项最佳女配角提名（艾弗里和温弗瑞）。尽管斯皮尔伯格以制片人之一的身份获得了提名，但很明显，他没有提名最佳导演。

华纳兄弟影业罕见地发布了公告，恭喜获得提名的人员，并补充说："同时，公司感到震惊和沮丧，因为影片最主要的创作者之一史蒂文·斯皮尔伯格并没有得到认可。"此前只发生过一次类似事件，当时新人导演山姆·伍德凭借1942年的影片《扬基的骄傲》获得了11项奥斯卡提名，而他本人被学院过分冷落。《每日综艺》的资深专栏作家阿米·阿切德在提名公布的第二天表示，针对近期奥斯卡对斯皮尔伯格的怠慢，"接受采访的所有被提名者都感到震惊、意外、惊讶且失望"。伦敦《星期日泰晤士报》的乔治·佩里猜测，由于斯皮尔伯格空前的成功，嫉妒他的好莱坞同事们相信"他一定掌握了一些普通人所不具备的知识。他们不明白他是怎么做到的，只能恬不知耻地模仿他的作品，假装对他的成就漠不关心，公然不把奥斯卡奖颁发给他"。还有人认为，围绕这部影片的争议，以及认为斯皮尔伯格导演此片只为迎合奥斯卡的言论，让斯皮尔伯格没能提名最佳导演。尚未平息的阴阳魔界案或许也对斯皮尔伯格产生了负面影响。

学院迅速就此事做出了回应，并指出根据奥斯卡奖提名规则，不是所有人员都要投票选择最佳导演的提名人选，而是负责评选最佳导演奖的分组评委，也就是只有231人的精英小组来投票决定最佳导演提名名单，正是这些人忽视了斯皮尔伯格。这个分组中的一员，自筹资金的精品电影人亨利·贾格洛姆说："我认识的导演们都不认为这部影片很优秀。它就像一部感性的动画片，就好像沃尔特·迪士尼决定执导《愤怒的葡萄》一样。斯皮尔伯格的初衷是好的，但他应该明白，导演们就该执导他们所熟悉的题材。"然而投票给斯皮尔伯格的资深导演理查德·布鲁克斯说："我很遗憾他没有获得提名，他是当今世界上最杰出的导演。我想当你到达那种高度时，一定会发现有人落井下石。"

美国导演工会是个基础更为广泛的组织，拥有包括助理导演及制片主任在内的8000名投票成员。该组织随后授予斯皮尔伯格最佳导演奖。在过去的40年里，美国导演工会的最佳导演奖得主中，仅有两位没有获得奥斯卡最佳导演。"我真是不知说什么好，"斯皮尔伯格在3月8日领奖时说，"如果有人愿意上来帮我说点什么，谢天谢地，我会爱死他的。"后台采访时，媒体要求斯皮尔伯格就此次奥斯卡事件发表评论，他说："我是个电影人，不是个怨妇……当然了，任何人都会因为被排除在当之无愧的提名之外而深感受伤，但我没感到痛苦或愤怒。我收到了那么多来信，得到了那么多人的支持，我觉得自己就像《生活多美好》结尾的吉米·斯图尔特。"（直到1996年，斯皮尔伯格在奥普拉·温弗瑞的电视脱口秀节目中才承认没有提名奥斯卡最佳导演让他"非常生气"。）

奥斯卡主席罗伯特·怀斯称"媒体的过分渲染"让"学院的公正性"受到质疑，他们更是雪上加霜地没有让《紫色》获得任何一项被提名的奖项。温弗瑞说，"当晚（3月24日颁奖典礼），我不能装作对《紫色》没有获得任何奖项毫不在意。我很生气，也很震惊"。但现在回想起来，她认为"如果《紫色》只获了一两项奖，还不如什么都别得。这让我对整个奥斯卡产生了很多看法，倒不是说我现在不屑于获奖。获奖的感觉当然很好，但现在这种意义毕竟和当时不一样了，《紫色》被完全排除在奖项之外，让我觉得奥斯卡和我想的不一样。"

奥斯卡颁奖典礼结束后不久，斯皮尔伯格前往以色列参与《侏儒怪》的外景拍摄，该片由艾米的哥哥大卫·欧文导演，艾米在其中扮演一个角色。在接受以色列一家报纸的采访时，斯皮尔伯格将自己受到奥斯卡冷落的原因归结为电影的票房成功，然后他补充道："等我60岁时，好莱坞会宽恕我。我不知道会因为什么宽恕我，但他们一定会的。"

第十五章
"一场可怕的大冒险"

如果他能掌握生活的窍门，他的呐喊也许会变成"活着才是一场可怕的大冒险"，但他永远也掌握不了。

——詹姆斯·M.巴里，《彼得·潘》作者

1985年，麦克斯出生的前一周，斯皮尔伯格发誓："这个孩子将会改变我的一生……我想做一个平凡的父亲，我想在交通拥堵的高峰期开车回家，这意味着我必须在5：30前离开办公室。随着儿子的出生，我的一切都将改变。"父亲的身份确实给他的生活带来了深刻变化。"史蒂文是个好爸爸，有时我甚至都无法将他赶回去继续工作。"艾米在麦克斯1岁的时候说，"他将每周的工作时间减少到4天，生怕错过家里的任何事情，甚至还亲自为孩子换尿布，之前他可是发誓绝对不做这种事的，他还会起夜照顾孩子。"

这些习惯一直延续至今。斯皮尔伯格曾在1994年说："有了孩子后，我也成熟了许多，因为我的孩子希望父亲在他们面前像个大人。正因为他们是孩子，从某种意义上说，他们让我成了一个大人，这可能是我自己永远也无法做到的。"身为人父加深了斯皮尔伯格对拍电影的理解，教会他像个成年人一样承担生活的各种责任。但是他从男孩蜕变为男人的最后一步并不顺利，也不轻松。

创办安培林娱乐后，斯皮尔伯格同时也为其他导演担任制片人，加重了他的工作负担。从1984到1990年，他开始逐渐减少制片工作，但是他的名字仍然作为制片人或监制出现在19部故事片中，数量远远多于他自己执导的电影。在同一时期，他为环球电视部和美国全国广播公司制作了构思宏大但反响平平的科幻/幻想电视连续剧《惊异传奇》（*Amazing Stories*，1985—1987），并开始为华纳兄弟打造另一部长期电视动画连续剧《迷你乐一通》[1]。

早在20世纪70年代，斯皮尔伯格已经开始筹划成立自己的好莱坞电影制片公司，"他曾说自己想做沃尔特·迪士尼做过的事，但是他想面对的受众涵盖所有年龄阶层"。华纳兄弟的总裁特里·塞梅尔记得，在《E. T. 外星人》之后，迪士尼和其他三家大制片厂曾邀请斯皮尔伯格参与制片厂的运营，但被斯皮尔伯格拒绝。他更愿意去做当时《华尔街日报》所谓的"一个人的娱乐集团"。"麦克斯出生后，"他解释说，"当年的雄心壮志已荡然无存。此刻我面临着一个重要抉择。我意识到，要么我可以选择成为第二个沃尔特·迪士尼，但同时我会变成一个不称职的父亲；要么我可以将迪士尼之梦抛之脑后，努力做个好父亲。"

斯皮尔伯格通过安培林娱乐，自己包揽大量工作，是否为明智之举？褒贬不一。承担制片工作除了会占用他作为导演的时间，由他制片的作品也常常呈现出参差不齐的艺术品位和不稳定的商业收益。1994年，斯皮尔伯格与杰弗里·卡岑伯格和大卫·格芬创立了成熟的制片厂梦工厂（DreamWorks SKG），而他们在其中合作得如何，以及这次冒险将给他的导演生涯带来什么影响，仍有待观察。

《每日综艺》的阿尔特·墨菲在20世纪80年代早期就曾告诫斯皮尔伯格，将没有亲自执导的电影挂上自己的名字，可能会让公众感到困惑并损害自己的声誉。当时很多非专业人士都不了解制片人和导演的职责区别，所以会误以为斯皮尔伯格在与他有关的作品中都承担了同样的分工，无论是烂片《七宝奇谋》（1985）、《金钱陷阱》（1986）、《魔岛仙踪》（1990）以及《摩登原始人》（1994），还是经典巨作《第三类接触》《E. T. 外星人》和《辛德勒的名单》，同时人们也想搞明白为什么同一个导演的作品质量会如此参差不齐。但总的来说，正如公众所想的，墨菲可怕的预言似乎没有成为现实。公众的直觉和

---

1 除了获得现象级成功的《急诊室的故事》，以及他为孩子们制作的动画连续剧，包括精致滑稽的《狂欢三宝》之外，斯皮尔伯格担任电视制片人的作品都让人失望，黄金时间段播出的《深海巡弋》《绝地大探索》和《冠军》也都乏善可陈。

鉴别能力比好莱坞预想的更强，也更宽容。斯皮尔伯格作为制片人或监制所产出的平庸作品，以及那些彻头彻尾的烂片，并没有对其作为导演的票房号召力造成明显的负面影响。当然，一些优秀的影片也常常冠上斯皮尔伯格的大名，例如罗伯特·泽米吉斯的《回到未来》（1985）和《谁陷害了兔子罗杰》（1988）等有助于提升其形象的作品。而像加里·大卫·古德伯格的《吾爱吾父》（1989）、乔瑟琳·穆尔豪斯的《恋爱编制梦》（1995）以及唐·布鲁斯的动画电影《美国鼠谭》这些由安培林出品，低调的小制作影片不仅提升了斯皮尔伯格的知名度，并使公众更容易接受他冒险尝试更具挑战性的情感题材。

　　然而，毫无疑问的是，20世纪80年代，当斯皮尔伯格开始导演更多"给成人看的"电影时，他担任制片人的作品在评论界对其声誉带来了负面影响。影评人将斯皮尔伯格定位为过分煽情的电影人，尽管近年来越来越多的证据表明事实并非如此，但"史蒂文·斯皮尔伯格出品"的标语确实出现在多部电影的开场，诸如《少年福尔摩斯》（1985）、《大脚哈利》（1987）、《小淘气》（1994）和《鬼马小精灵》（1994）这类毫无新意的流水线作品，使得"合家欢电影"成了粗制滥造的代名词。斯皮尔伯格的许多电影都面向青少年或13岁左右的青少年。而他的徒弟们都妄图无耻地模仿老师的风格，发现几乎不可能复制斯皮尔伯格在视觉表现和情感传达上的高超技巧。尽管《少年福尔摩斯》是导演巴里·莱文森突破典型公式化的早期尝试，但这部影片仍沦为斯皮尔伯格华丽特效大片的衍生物，以至于被某位影评人戏称为《印第安纳·福尔摩斯与七宝魔宫》。"在过去，当一位导演的成功作品被剽窃，他一定会对此感到非常生气，因为他明白自己的作品会因此贬值。"宝琳·凯尔在《纽约客》上写道，"而斯皮尔伯格却情愿做《少年福尔摩斯》的'出品人'……斯皮尔伯格曾说过，他'与这部电影几乎没有任何关系'，除了在特效方面提过一些建议，这是没有理由怀疑的。可是难道他连剧本都没看过吗？"

　　不幸的是，斯皮尔伯格那些平庸的电影还带来了其他副作用，这些电影粗鲁的推销方式，使人们觉得斯皮尔伯格不仅是极具商业头脑的电影人，而且还贪得无厌。不然他为什么要浪费时间和精力来制作《摩登原始人》这样乏味又无趣的喜剧呢？斯皮尔伯格故意将自己在银幕的字幕错打成"史蒂文·斯皮尔摇滚出品"（Steven Spielrock Presents），或许是想以开玩笑的方式来表达他对布莱恩·莱温特[1]导演作品的不屑，但是像他这样的富

1　布莱恩·莱温特（Brian Levant），美国导演、制片人，导演作品包括《无敌当家》《雪地狂奔》
　　等。——译者注

豪，难道还需要通过这样一部片子来挣钱吗？又或者，正如拍摄《法柜奇兵》时，凯尔在谈到乔治·卢卡斯时所写的那样，斯皮尔伯格是否仍然"沉迷于童年的扯淡"，以至于无法抑制在大银幕上复制这些纯粹的垃圾片的冲动？

作为监制，斯皮尔伯格的动力很大程度上来自这样一个事实：他就是"纯粹喜欢电影，想拍他自己愿意去看的电影，不到一年时间就能拍完的电影"，已经为安培林制作了3部电影的迈克尔·芬内尔说。斯皮尔伯格旺盛的精力让他在为这么多作品制片的同时，还能专注于自己的个人项目。他在安培林的搭档弗兰克·马歇尔，曾与妻子凯瑟琳·肯尼迪一起担任安培林娱乐多部电影监制，曾这样形容斯皮尔伯格："每隔13秒，他就能想出新点子。我得弄清楚这些突发奇想是不是认真的。如果他想做什么事，我得想办法在有限的预算内帮他实现。史蒂文从不考虑和钱有关的问题。"

但这种形象多少有些虚构成分，斯皮尔伯格的公关团队借此来转移消费者的注意力，让他们忽略一个事实，即希德·谢恩伯格对《华尔街日报》所说的："史蒂文是一位优秀的商人，正如他是一位优秀的导演。"斯皮尔伯格在整个好莱坞是出了名的爱讨价还价，其对象从技术人员到演员，再到制片厂老板，当然这一行为也引起了一些怨恨。近年来，他执导一部电影的条件是分享发行商电影票房总利润的50%（相比之下，即使是大明星也只能拿到5%~15%的利润分红，只有极少数人能获得比例更高的分红）。即便电影版权归安培林娱乐或旗下子公司所有或共有，制片厂也要为斯皮尔伯格的电影提供全部制作资金。"史蒂文让制片厂替他承担风险，而他则只负责赚钱。"国际创意管理公司的董事长杰弗里·伯格说[1]。

20世纪80年代初斯皮尔伯格完成了对环球影业的剩余义务，之后便小心翼翼地避免被任何一家制片厂束缚。甚至他亲自创办的梦工厂，也允许他在其他地方从事导演工作。多年来，斯皮尔伯格一直安坐在环球影业舒适的总部里，他也被允许在好莱坞里自由开展项目，但他主要与环球和华纳兄弟这两家制片厂合作。

1　斯皮尔伯格少年时曾与偶像约翰·福特在一次访谈中进行了交谈，福特向这位紧张的年轻人展示了自己的美国西部版画收藏："当你懂得是什么造就了一幅伟大的西部画作后，你就能成为一位伟大的西部片导演。"福特以一个简单的建议结束了这次的短暂会面："还有，永远不要花自己的钱来拍电影。现在你可以走了。"这条建议一直影响着斯皮尔伯格的职业生涯，直到梦工厂成立。但在他与福特见面前，这句话对他来说毫无意义，因为斯皮尔伯格已经用他父母的钱拍了《火光》。

斯皮尔伯格与华纳兄弟之间的合作，源于他与已故的时代华纳董事长史蒂夫·罗斯生前结下的亲密友谊。在斯皮尔伯格眼里，罗斯是自己依赖的业界导师中最具传奇色彩也最具争议的一位。20世纪80年代，斯皮尔伯格受到这段友情的影响，越来越想成为电影大亨。如果说他在接受罗斯慷慨馈赠的同时，也吸收了罗斯的海盗精神，那也不足为奇。

从1981年他们的第一次见面直到1992年罗斯去世，罗斯都在小心经营与斯皮尔伯格的个人关系，并悉心维系这位好友和时代华纳的关系，与斯皮尔伯格的合作已成为华纳公司取得成功和稳定运营的关键因素。传记作家康妮·布鲁克曾写道，罗斯"下定决心设法瓦解环球影业和斯皮尔伯格的合作关系，让其成为华纳兄弟的合作伙伴。对华纳兄弟来说，斯皮尔伯格在任何时候都是一笔诱人的资产，而20世纪80年代早期只是华纳出手前的蛰伏期而已。"

"我曾经多次想象一位首席执行官（CEO）应该是什么样子，因为我以前从来都没见过。见到他们后，其实和我想的差不多。在我心里，他们看上去就像J. C. 潘尼[1]。"斯皮尔伯格回忆说，"突然间，这个电影界前辈出现在我的朋友圈里。我们很快便发现彼此的共同点：我最喜欢的电影都是在1932到1952年间拍摄的，而这些电影也是他最喜欢的。我非常怀念史蒂夫，他极具银幕感召力，就像暮年的加里·格兰特[2]，或是沃尔特·皮金[3]，他有自成一派的传统风格。他如此耀眼，就像一块磁铁，让人不由自主地被他吸引。在阿卡普尔科，他能带给所有人快乐。"

作为斯皮尔伯格最好的朋友、理想化的父亲形象以及商业上的导师，罗斯开始向斯皮尔伯格传授好莱坞大亨的生活细节。华纳兄弟总裁特里·塞梅尔回忆起介绍他俩认识的情景时说，斯皮尔伯格"当时不过是个30岁出头的年轻人，没有任何商业头脑。后来斯皮尔伯格认识了史蒂夫，这个比他年长得多、如此迷人的男人。史蒂夫·罗斯对我们知之甚少的东西很感兴趣——艺术、飞机、房产。"罗斯用奢华的礼物来讨好斯皮尔伯格，有一次甚至调用了公司的飞机把斯皮尔伯格养的宠物狗们从加利福尼亚空运到纽约。罗斯竟然还

---

1 此处应指代杰西潘尼（J. C. Penney）公司的创始人詹姆斯·潘尼。杰西潘尼公司是美国最大的零售商，在美国50个州以及波多黎各、墨西哥、智利等地经营1230多家商店。——译者注

2 加里·格兰特（Cary Grant），英国演员，代表作包括《西北偏北》和《谜中谜》等，1970年获得第42届奥斯卡终身成就奖。——译者注

3 沃尔特·皮金（Walter Pidgeon），加拿大演员，代表作包括《居里夫人》和《忠勇之家》等，曾两次被提名为奥斯卡最佳男主角，并在好莱坞星光大道拥有一颗专属星形徽章。——译者注

要求斯皮尔伯格来东汉普顿与他做邻居，几乎在斯皮尔伯格还没反应过来时，罗斯就已经买下了那里的房产。

斯皮尔伯格和罗斯之间的关系，促使他在罗斯任职期间，为华纳拍摄了11部故事片，包括《紫色》和《太阳帝国》，以及电视连续剧《迷你乐一通》和《狂欢三宝》（后者直到罗斯去世后才公开播放）。斯皮尔伯格还同意将自己的名字和才华用于更短期的项目，用以帮助罗斯的公司。这位首席执行官的夫人考特妮·塞尔·罗斯，在1984年制作了关于艺术家的系列电视纪录片《天才之击》，斯皮尔伯格免费执导了由达斯汀·霍夫曼主持的导语部分。而斯皮尔伯格本人也是电视特别节目《永志不忘，华纳兄弟》（*Here's Looking at You, Warner Bros.*，1991）[1]的主持人之一。1990年，哥伦比亚影业搬出了被华纳独家收购的伯班克制片厂，罗斯想为此举办一场"传统的庆祝活动"，并指定斯皮尔伯格为该活动的执行制作人。这场古怪又奢靡的聚会邀请了超级社会名流参加，总计花费300万美元。客人们乘坐有轨电车缓缓穿过制片厂时，制片厂的街道上正进行着精彩绝伦的音乐表演，随后他们将来到由摄影棚改造的、模仿电影《卡萨布兰卡》里的美式里克咖啡馆。在这里，增加了泳装美人跳入泳池的节目，向来访者致以巴斯比·伯克利[2]式的敬意。

罗斯罕见地以优厚的电影合同和股票期权，来回报斯皮尔伯格提供的专业支持，其他股东对这种特殊待遇也没有抱怨。有段时间斯皮尔伯格就下榻在华纳公司位于阿卡普尔科市的别墅，罗斯曾解释过这样安排的潜在好处："你看，斯皮尔伯格乘坐公司的飞机飞往那栋别墅，半夜从噩梦中惊醒便无法再入睡。第二天一早起床便写出了《七宝奇谋》[3]的剧本，这部电影对我们来说可是价值数千万美元啊。"

或许对罗斯来说更重要的是，在华纳通信公司和后来的时代华纳动荡不安的时期，斯皮尔伯格将自己的权力和声誉交给了他。在1987年的华纳通信公司股东大会上，斯皮尔伯格说："我在自己的岗位上很有安全感，得到的回报太过于丰厚，不会再被各种新交易、

---

1 "Here's Looking at You"也是由华纳兄弟影业出品的爱情电影《卡萨布兰卡》中的一句经典台词。——译者注

2 巴斯比·伯克利（Busby Berkeley），美国电影史上最著名的舞蹈指导之一，曾荣获3次奥斯卡最佳编舞奖提名。执导了几乎所有华纳兄弟在1933—1937年拍摄的优秀歌舞片中出色的舞蹈段落。——译者注

3 《七宝奇谋》由安培林娱乐出品，斯皮尔伯格担任监制同时署名"故事原创"，而克里斯·哥伦布则署名"编剧"。

福利或承诺所诱惑。我已经安定下来，只为MCA和华纳通信公司这两家公司工作。"他说自己之所以这么做是基于对希德（希德尼）·J. 谢恩伯格和史蒂夫·J. 罗斯这两个人的敬意和钦佩。

对于斯皮尔伯格身为制片人的每一部电影，他的参与程度都不尽相同，例如他实际上接手了《鬼驱人》的导演工作，后来又作为监制与他尊重的优秀导演罗伯特·泽米吉斯、乔·丹特、唐·布鲁斯、马丁·斯科塞斯以及克林特·伊斯特伍德合作。在上述导演执导的电影中，斯皮尔伯格很大程度上将自己视为导演的拥护者，保护他们不受制片厂的干扰。泽米吉斯称斯皮尔伯格是《回到未来》的完美监制，他说："斯皮尔伯格做的最重要的事情，就是为大家创造了舒适的电影创作氛围。我曾听斯皮尔伯格说：'这是你的电影，但如果你需要我，我就在这里随时待命。'他非常尊重导演的构思。他让你按照自己的想法来拍电影。"

在与其他电影人合作时，斯皮尔伯格拒绝承担太过重要的任务，甚至连普通的任务都不愿意承担，这种态度让他成为一个不爱插手的监制，但有时更强硬的做法反而更加明智。"在安培林工作最糟糕的地方，"理查德·本杰明在导演《金钱陷阱》时说，"就是有一天，我终将离开那里，回到现实世界。"这部电影的编剧兼制片人大卫·吉勒觉得，斯皮尔伯格作为监制最大的优点就是"他有最终决定权，他无需询问任何人的意见。但如果你能说服他，他就会把决定权交到你的手里。"

制作《回到未来》时，斯皮尔伯格的大众直觉使他能够与传统的好莱坞智慧相抗衡。这部影片最终成了除斯皮尔伯格亲自执导的影片外，安培林制作的最卖座影片，美国本土票房高达2.11亿美元。但是好莱坞的其他人都拒绝了泽米吉斯和盖尔的剧本，这些人认为有关时间旅行的电影永远不会大卖。"史蒂文是唯一一个说'我想拍这个故事'的人，"泽米吉斯回忆，"我说：'史蒂文，如果我再和你拍一部票房惨淡的电影，就再也没法在这行混了。'他说：'你可能是对的吧。'这些年我一直过得很艰难，因为我拍了两部由他担任监制的电影：《一亲芳泽》和1980年的黑色喜剧《尔虞我诈》，这两部电影的商业效益都不太好。好莱坞流言四起：根本没有人愿意请鲍勃·泽米吉斯来拍电影，除非史蒂文·斯皮尔伯格是监制。"脱离斯皮尔伯格的公司后，泽米吉斯执导了一部热门电影《绿宝石》，然后他又带着《回到未来》的剧本找到斯皮尔伯格。斯皮尔伯格最终和环球影业的希德·谢恩伯格签署了《回到未来》的拍摄协议。

在电影开拍后5个星期，剧组决定将演员埃里克·斯托尔兹换成迈克尔·J. 福克斯，斯皮尔伯格也参与了这一痛苦的决定，导致已经拍摄的价值400万美元的镜头作废，并严重影响了斯托尔兹的演艺生涯，但这也成为影片票房大卖的关键因素。"我们只能采取激进做法，因为这不是闹着玩的。"当心急如焚的导演将斯托尔兹表演的片段给斯皮尔伯格看了以后，斯皮尔伯格这样说，他还责怪自己没有早点表达出保留意见，"我本来觉得这是鲍勃的电影，应该由他说了算，所以一开始我什么都没管。"

"我想给你讲个精彩的故事，关于斯皮尔伯格如何得到《回到未来》的执行制片经费（据报道称高达2000万美元）。"盖尔补充说，"希德·谢恩伯格一定不会承认这个故事，因为他肯定早就忘记了，但这是一个真实的故事。希德·谢恩伯格不喜欢《回到未来》这个片名，环球影业的其他高管都认为这个名字很棒，史蒂文和我们也喜欢。可是谢恩伯格很坚持，他认为《回到未来》是个糟糕的名字，他说：'这个名字一点都不时髦，像《捉鬼敢死队》这样的名字才时髦呢。'于是他给我们留了条语音备忘录说：'我给这部电影拟了个新的片名：《冥王星来客》。'以下是我对剧本的一些建议，以及在电影中参考这些建议的具体做法：

"电影中有这样一幕，那辆德劳瑞恩汽车[1]停在车库中时，那个孩子有一本漫画书，书名为《来自冥王星的太空僵尸》。谢恩伯格说：'将这本书的名字改成《冥王星来客》'，还让那个孩子说：'看，这是冥王星来客。'另外，在马蒂恐吓乔治·麦克弗莱的那一幕，马蒂说：'我叫达斯·维德，我是来自祝融星的天外来客。'将他的话改成他是冥王星来客。'我们都说：'他对片名这事太较真了。史蒂文，我们该怎么办呢？我们可不想给这部电影换名字。'史蒂文说：'好的，我知道该怎么办了。于是史蒂文回复了希德一条留言，那条留言的内容大概是这么说的：'亲爱的希德，谢谢你的留言提出了这样的建议。真是太幽默了，我们看了后都忍不住大笑。继续给我们留言吧。'史蒂文说：'谢恩伯格一定很尴尬，不好意思告诉我们他是真的想改名字。我们也再也不会听到他提出类似的建议了。'后来，还真是如斯皮尔伯格说的那样[2]。"

斯皮尔伯格承认，在与众多导演合作的过程中，他"发现并不是所有人都像鲍勃·泽米吉斯一样"，因此，他在1992年说："过去10年里，制片是我最没有成就感的一方

---

1 电影《回到未来》中有一辆穿越时空的德劳瑞恩汽车。德劳瑞恩汽车公司（DeLorean Motor Company）是美国一家富有神秘色彩的汽车公司，只生产过德劳瑞恩DMC-12这一个型号的汽车。——译者注
2 谢恩伯格没有回应本书的采访请求。

面。"正因如此，从90年代开始，斯皮尔伯格便逐步减少了制片人的工作，还因为他终于意识到有太多烂片都挂着他的名字。此外，弗兰克·马歇尔和凯瑟琳·肯尼迪也开始变得蠢蠢欲动，甚至还想创办他们自己独立的公司。马歇尔也开始涉足导演领域，先是替斯皮尔伯格负责第二摄制组的工作，然后在1990年为安培林导演了自己的处女作，恐怖喜剧片《小魔星》。

1987年，美国电影艺术与科学学院授予斯皮尔伯格"欧文·G. 撒尔伯格纪念奖"[1]，此项荣誉是用以表彰"一贯制作高质量电影且富有创造力的制片人"。这一奖项通常被认为是奥斯卡对从前轻视斯皮尔伯格作品的致歉，而并没有认真衡量他作为制片人制作的那些参差不齐的作品[2]，斯皮尔伯格更愿意鼓励徒弟们模仿自己的作品，而不是表达他们个人的构思。他甚至没有像B级片之王罗杰·科曼那样，在徒弟中哪怕培养出一半的一流人才。斯皮尔伯格或许只培养出了罗伯特·泽米吉斯这么一位天才创作型电影人，另外乔·丹特也算是一位一流的电影导演，但他的大多数弟子默默无闻。难道斯皮尔伯格害怕创造真正的竞争者？安培林娱乐偶然与几位大导演合作拍摄了一些制作精良的杰作，例如马丁·斯科塞斯的《恐怖角》（1991）、彼得·博格丹诺维奇的《大人别出声》（1992），以及克林特·伊斯特伍德的《廊桥遗梦》（1995），却都不是那些导演的代表作。其实，包括《恐怖角》和《廊桥遗梦》在内，这些安培林娱乐出品的电影，都是斯皮尔伯格之前认真考虑过亲自执导的项目，但最终他对这些项目失去了兴趣。

还有一次，斯皮尔伯格偶然出手帮助了某位作品给了自己灵感的传奇导演。1990年，他和乔治·卢卡斯从华纳兄弟那里，为日本大师黑泽明执导的电影《梦》获得了资金和发行支持。但1985年，当快走到生命尽头的奥逊·威尔斯邀请斯皮尔伯格和艾米·欧文，在西好莱坞的小酒馆共进午餐时，却没能得到这样的支持。威尔斯希望斯皮尔伯格能够赞助他停滞已久的项目《大厦将倾》。在这部电影中，欧文同意扮演威尔斯的第一任妻子。而就在几个月前，斯皮尔伯格花费60500美元买下了电影《公民凯恩》中的"玫瑰花蕾"雪橇，将其作为"电影质量的象征。当你看到'玫瑰花蕾'，就不会想到源源不断的收入、拍不完的续集和不断的翻拍。这激励着我们这一代人制作最好的电影"。斯皮尔伯格并未

1　欧文·撒尔伯格纪念奖（Irving G. Thalberg Memorial）以米高梅传奇制片人欧文·撒尔伯格的名字命名，与奥斯卡奖不同，该奖项不是每年都评，而且奖座是撒尔伯格的头像。——译者注

2　斯皮尔伯格在获奖感言中说："我在拼命忍住，不去引用两年前莎莉·菲尔德的致辞。"（莎莉·菲尔德1985年获奥斯卡影后时说："我不能否认你们喜欢我，现在，你们真的很喜欢我！"）

给威尔斯的《大厦将倾》提供帮助，却把午餐的大部分时间用来询问有关《公民凯恩》的问题。

"为什么我就不能导演一集《惊异传奇》？"后来威尔斯[1]疑惑说，"其他所有人都在拍《惊异传奇》。"

《惊异传奇》承载着斯皮尔伯格"很多灵光一现却无法被搬上银幕的创意。如果我不想个办法把它们拍出来，它们就会在我的脑海中游荡，让我的生活不得安宁"。

"这个男人是故事灵感的源泉，"《惊异传奇》第二季的剧本编审彼得·Z. 奥尔顿说，"当我第一次加入这个节目，他们给了我整整一活页本的故事创意。当我读完四分之一时，才意识到这些都来自斯皮尔伯格。我拿到的那本笔记本大约有3英寸厚。人们让我描述史蒂文时，我会说：'他就是那种让人觉得肯定是喝了4杯咖啡的人，那就是他。'工作就是他的乐趣所在。哪怕做无酵饼[2]，他都可以从早上七点一直做到晚上九十点。他说的话，有10%到15%都是无稽之谈，有50%能够发人深省，还有20%是极其精彩的发言。如果你等得足够久，就一定会等到他的奇思妙想。"

1985年秋天，伴随着大力宣传和极大的期待，NBC电视台高调推出的《惊异传奇》被吹捧为《阴阳魔界》和《希区柯克悬念故事集》的结合体，融合了斯皮尔伯格的视觉创意。这部斯皮尔伯格的选集剧，集合了品质不一的奇幻故事和他无厘头的怪想法，就像他之前冒险尝试的大多数电视作品一样，很快被人们评价为制作成本昂贵、令人尴尬且无趣的节目。1994年，斯皮尔伯格终于以精彩纷呈的医疗剧集《急诊室的故事》收获一片好评。

考虑到《惊异传奇》并不是很吸引观众，奥尔顿提出了这样的理论："人们看电视时，期待的是贯穿始终的角色。那些成功选集剧的秘诀就是具有一定的连贯性。它们都有同一个主持人，沃尔特·迪士尼或罗德·瑟林，这些主持人会主持每一期节目的开场，当时也讨论过让史蒂文·斯皮尔伯格主持《惊异传奇》，但被他本人否决。他觉得：'我可不想每次出门都被人团团围住。'他更愿意做幕后英雄，更喜欢用作品本身来说明一切。"斯皮尔伯格还否决了电视台最初建议将这档节目起名为《史蒂文·斯皮尔伯格的神

1　威尔斯为某家出版社写的评论曾淘气地提到"他买的那块雪橇是假的"，这可能让斯皮尔伯格很不高兴。
2　犹太人在逾越节时吃的食物。——译者注

奇故事》，他说："我不想让我的名字给这档节目带来虚假的连续性。"现在的他可能早已没有了这样的顾虑，因为这些年来，他已经越来越习惯在公共场合露面并宣传自己的作品。

《惊异传奇》并没有像片名那样名实相符。这个片名源于引发阿诺德·斯皮尔伯格童年对科幻小说兴趣的纸浆杂志。"我四五岁时，常常坐在父亲的膝盖上听他讲故事，我喜欢那些故事。"史蒂文说。但是电视评论家很快就抓住了这个片名大做文章，并以此作为攻击斯皮尔伯格的有力武器。《华盛顿邮报》的汤姆·沙尔斯针对第一期节目评论道："我听到美国人问，那有什么神奇的？确实，在斯皮尔伯格最优秀的故事片中自然焕发的奇妙感，在这档过于平淡、过分做作的连续剧中几乎荡然无存。讽刺的是，这些故事本身（大部分都是斯皮尔伯格自己写的）成了《惊异传奇》中最薄弱的元素。即便如此，还是很难摆脱评论家们的怀疑，他们直接并彻底地否定了这部剧集，暴露出他们是如此渴望看到这位狂妄自大、少年得志、腰缠万贯的导演脸上露出失望的表情。"

更不幸的是，第一集便是不受欢迎的《幽灵火车》。这是部由斯皮尔伯格导演、艾伦·达维奥摄影的小短片，怪异而悲惨。灵感来源于斯皮尔伯格的童年记忆，以及他对祖父费韦尔的怀念。斯皮尔伯格还在新泽西州时，每晚都会听到附近的火车呼啸而过，却总是不见其踪影。《幽灵火车》（弗兰克·迪斯编剧）讲述了看似孤僻的老人（罗伯茨·布洛瑟姆饰演）温柔地让孙子（鲁卡斯·哈斯）相信，自己必须登上古老的特快列车以赶赴与死神的约会。

"其实这第一集故事最令人惊奇的就是，该集由斯皮尔伯格导演。"《纽约客》杂志的大卫·布卢姆这样写道。节目首播几个星期后，拉斯维加斯《洛杉矶读者》（*L. A. Reader*）的电视节目评论员迈克尔·卡普兰批评说，《惊异传奇》证明了"穿上新衣的皇帝其实是赤身裸体的"。卡普兰声称斯皮尔伯格"浪费了一个千载难逢的好机会，即利用电视全面展现个人的艺术构思并重塑这一商业媒介"。

斯皮尔伯格自己就是这部电视连续剧的最大劲敌，以公认的高调傲慢的宣传方式助长了媒体的敌对情绪。斯皮尔伯格延续了自己的惯用伎俩，拒绝了几乎所有媒体人员的采访，除了两位来自《时代》周刊准备以他为封面故事的记者，他甚至拒绝了让美国全国广播公司（NBC）为电视记者和评论员预播《惊异传奇》的要求，声称这样做会削弱这部剧集带给观众们的惊喜。后来电视台让他相信这些做法犯下了严重错误。

这种保密导致理查德·特纳在1986年8月2日的《电视指南》（*TV Guide*）杂志上对

斯皮尔伯格进行了全面攻击，这也许是有史以来针对斯皮尔伯格个人最尖锐的负面文章。《电视指南》是当时美国发行量最大的杂志，而作为其好莱坞分社社长的特纳，将斯皮尔伯格描述成了一个专制、偏执、与下属和媒体打交道时极其吝啬的电影人，斯皮尔伯格作为"好莱坞圈内位高权重的人物"，威逼电视台的高管们同意他的要求。"斯皮尔伯格总是小心翼翼地维护自己的公众形象。"特纳写道，"关于他的报道几乎都是正面的，这并非巧合而是有意为之。"特纳指出，实际上和他一起工作的人都"很害怕。怕谁？史蒂文·斯皮尔伯格吗？是那位表面善良的大魔头？那个将柔情幻想传输给万千观众的可爱小精灵？只是害怕吗？简直是恐惧到了极点"。希德·谢恩伯格告诉《洛杉矶时报》，他把特纳的文章反复阅读了好几遍，因为"一开始我简直不敢相信我读到的内容……这篇文章用'贪婪、冷酷、自私'这样的字眼来形容斯皮尔伯格。但那绝不是我所认识的史蒂文·斯皮尔伯格，毕竟我都认识他十七八年了。"

斯皮尔伯格和美国全国广播公司令人瞩目的合约引发了好莱坞的不满，尤其是在NBC娱乐部总裁布兰登·塔蒂科夫将斯皮尔伯格描述成"800磅的大猩猩"之后。甚至在《惊异传奇》未播出试播集的情况下，斯皮尔伯格就被提供了一份两年的保障合约，不管该电视剧的收视率如何，电视台都会确保完整播出44集。而且全权委托斯皮尔伯格负责该剧的创作，只要符合电视台的标准和操作标准就行，其实这些要求对他来说相当宽松。每半小时节目的平均预算为100万美元，相当于当时电视剧平均预算的两倍。而NBC又为每一集节目增加了75万美元预算，由环球影业补足差额。

参与导演《惊异传奇》的都是斯皮尔伯格的门生，比如乔·丹特、菲尔·乔安诺、凯文·雷诺兹还有莱丝莉·琳卡·格拉特。宽裕的预算和拍摄日程吸引了斯科塞斯、伊斯特伍德、泽米吉斯和厄文·克什纳等知名故事片导演。在执导《幽灵列车》时，斯皮尔伯格邀请了他的偶像大卫·里恩参观拍摄现场。著名的完美主义者里恩忍不住给斯皮尔伯格提了个建议："你觉不觉得，如果开始的两个镜头里残骸掉落的速度再快一些，下一个镜头岂不更加精彩？""当然！"斯皮尔伯格说。然后他对着特效工作人员喊道，"扔残骸的时候再快一点！"接着斯皮尔伯格问里恩："你不想来执导一集吗？"

"亲爱的孩子，"里恩反问道，"你给每个导演多少天时间？"

"6到8天。"斯皮尔伯格说。

"哦，天哪，"里恩说，"如果你在6或8后面加个0，我就考虑考虑。"

《惊异传奇》的导演大部分都是故事片导演，但最终还是超出了计划好的预算和拍摄日程。这部电视剧"制作精良，简直是太完美了"，丹特觉得，"但由于每一集都过于精湛，反而削弱了整体的连续性"。斯皮尔伯格导演的另外一集是一部情节简单的二战奇幻片，名为《使命》（*The Mission*），时长要求是1个小时，而第一次剪辑多出了8分钟。

故事情节的无厘头和精良制作之间的反差，成为反复出现的问题。奥顿说，《惊异传奇》的特定模式是在戏剧性场景中添加"一点魔法"，然后再"让它往贴近现实的方向发展"。只有在极少数情况下，这种"魔法"才会起作用，比如让人印象深刻的，根据斯皮尔伯格妹妹安妮的剧本改编的恐怖故事《假如》，该集由琼·达林执导。这一集体现了其他大多数《惊异传奇》故事所缺乏的东西——充满力量的情感氛围，以坚定的信念和最少的炫技，呈现出令人满意的幻想。故事讲述的了一个从小缺乏父母关爱的小男孩，希望投胎到一个善良陌生女性的腹中重获新生。《假如》就像《E. T. 外星人》一样触动人心，将关于童年苦楚的精致寓言呈现在观众面前，充满了新鲜感和原创性，没有模仿史蒂文·斯皮尔伯格的痕迹。在其他《神奇故事》的剧本中，"史蒂文会提出故事创意，而编剧们老担心偏离史蒂文的想法，"丹特觉得，"他们的想法不过是史蒂文创意的衍生品。"宝琳·凯尔斥责斯皮尔伯格鼓励别人模仿自己的作品导致了"文化的低幼化"，并对《惊异传奇》讽刺地评论道，"除了斯皮尔伯格，我想不到有哪位导演这么早就开始向自己的作品致敬。"

这部电视剧的第一季以35分的灾难性评价收官。该电视剧的制作人之一大卫·E. 沃格尔说："斯皮尔伯格先生推崇的宏大视觉效果在电视上起不了作用。"比如《幽灵列车》中，火车头冲进郊区农舍客厅的那个场面。塔蒂科夫觉得这部电视剧非常幼稚，于是斯皮尔伯格发誓会在第二季中将"愚蠢因素最小化"，但后来事实证明，节目的收视率仍在不断降低。

斯皮尔伯格的《使命》是"愚蠢因素"的完美典范。导演用精心设计的、令人眼花缭乱的拍摄手法，呈现了炸弹坠落的爆炸场面，但故事有着非常荒谬的高潮[1]。一名被困在飞机下面塑料炮筒里的年轻机组成员（凯西·马斯克饰），给飞机画上了神奇的漫画轮子，最终轮子变成了真的，让飞机安全着陆。《惊异传奇》的故事顾问理查德·B. 麦瑟森"应该对斯皮尔伯格更真诚一点，而不是耍小聪明。我告诉过他，他们把所有的预算都花在了《使命》上，难道强大的演员阵容最后竟然都是为了这个'在飞机下画轮子'的家

1　门诺·迈伊杰斯根据斯皮尔伯格的原创故事《往返航程》（*Round Trip*）改编了这集电视剧本。

伙？《阴阳魔界》里的故事都很有有趣，可是在《惊异传奇》中，这些故事既不有趣也没有代入感。"

"史蒂文始终无法确定这部电视剧到底该是何种类型。是恐怖还是奇幻？"编剧兼故事顾问鲍勃·盖尔说，"每个月，史蒂文都会改变主意，改变大家的工作方向。电视剧可不是导演一个人说了算。史蒂文将这些导演都召集起来制作这部剧集虽然是件好事，但是这些剧本实在太烂了。他应该花更多时间找世界上最好的编剧来写剧本，然后再去考虑导演的事。"

斯皮尔伯格在1987年的奥斯卡颁奖典礼上接受撒尔伯格奖时的致辞中也表达出类似的情绪："我人生的大部分时间都坐在黑暗中看电影。电影就是我生命中的文学。欧文·撒尔伯格那一代的文学是书籍和戏剧，他们读名人名言。而在我们与科技结合的浪漫情怀中，在我们探索电影和视频所有可能性的兴奋之中，我想我们已经失去了一些东西，而现在我们必须找回。我相信，现在我们将要用我们的语言来重温我们的浪漫。和所有那些为推崇影像而牺牲文字的人一样，我难辞其咎……能获得这个为了纪念这位伟人的奖项，我深感荣幸。因为它让我明白，作为一名艺术家，我还有很大的提升空间，只有这样，我才有资格与在我之前获奖的前辈们并肩而立。"

20世纪80年代中期，斯皮尔伯格曾试图为大卫·里恩制作一部故事片。在蛰伏14年后，大卫·里恩带着《印度之行》重返导演之路。里恩当时正在考虑拍摄J. G. 巴拉德[1]的《太阳帝国》，这本1984年的纪实小说讲述了作者童年时期一段难忘可怕的经历：二战期间，作者居住于上海的英租界内，后来又在没有父母陪同的情况下被关押在日本集中营。斯皮尔伯格最初同意担任里恩导演的《太阳帝国》的制片人，而小说的电影版权归属华纳兄弟影业[2]。

但这位上了年纪的导演，对在中国的外景拍摄和小说困难的改编工作感到气馁。"我在上面花了将近一年时间，"里恩对传记作者凯文·布朗洛说，"最后我还是放弃了。因

1　詹姆斯·格雷厄姆·巴拉德（James Graham Ballard），1930年出生于中国上海，珍珠港事变后，被日军羁押在龙华集中营。是英国20世纪60年代新浪潮派科幻小说代表作家，有"科幻小说之王"的美誉。代表作《撞车》《淹没的世界》《暴行展示》。——译者注

2　《太阳帝国》最初定下由哈罗德·贝克尔导演，华纳兄弟前任制片厂总裁罗伯特·夏皮罗制片，而夏皮罗最后做了监制。

为我觉得，这就像一本日记。尽管它写得非常精彩，非常有趣，但它对我来说不是一部电影，它没有戏剧的架构，最后我放弃了……然而史蒂文问我：'你介意由我来导演这部电影吗？'我说：'当然不介意。'后来他真的导演了这部影片，我得说一点我的感受，我对他拍电影的想法。"（后来斯皮尔伯格同意担任影片《诺斯特罗莫》（*Nostromo*）的制片人。这部影片改编自约瑟夫·康拉德[1]的同名小说，计划由里恩导演，华纳兄弟影业出品。但在1987年2月，斯皮尔伯格交给里恩一份详细的备忘录，建议对克里斯托弗·汉普顿的剧本做出改动，这让里恩大发雷霆。"他以为他是谁？"里恩向汉普顿挥动着备忘录问道。汉普顿回答说："他觉得他是制片人，而且他确实是。"斯皮尔伯格后来便退出了这个项目。汉普顿说："因为他能够预料到和大卫之间会有矛盾产生。他想避免这种情况发生。"直到1991年去世前，里恩都一直在筹备《诺斯特罗莫》。）

在1987年的电影版《太阳帝国》中，斯皮尔伯格将里恩史诗般的庄严与痛苦成长过程的主题结合在一起，而后者是他想要集中表现的。"在斯皮尔伯格看来，《E. T. 外星人》中，由亨利·托马斯扮演的孩子与《太阳帝国》中的孩子一样，都有自己的影子"。鲍勃·盖尔注意到，"在制作《太阳帝国》时，由于自己的成功和生活方式，史蒂文已经与日常生活隔绝了。斯皮尔伯格就像是象牙塔中的孩子，就像《太阳帝国》中那个被囚禁的孩子一样，与世隔绝。他更能与那个孩子产生共情（由13岁的克里斯蒂安·贝尔精彩出演），那个孩子更像他，甚至比《E. T. 外星人》中的那个更像。"

"从我读到（巴拉德）这部小说的那一刻起，我就发自内心地想要亲自将它拍成电影。"斯皮尔伯格承认，"我从没看到过这样的故事中采用成人的设定，哪怕在《雾都孤儿》中，主角也是一个孩子，他透过成人的双眼来看待当时的世界，与那些身体里住着孩子的成年人恰恰相反，这颠覆了我的感觉，而《太阳帝国》则成了我的信条。之后我很快发现，导演这部电影和我迈入40岁的门槛（1986年12月）几乎同时发生，这并非巧合。那时我决定拍一部表现成人主题和成人价值观的电影，尽管是通过我青春期以来都未曾变过的腔调。"

冒险进入里恩的领域，抑或说从他手里接下这个项目，斯皮尔伯格进一步诠释了艺术

1　约瑟夫·康拉德（Joseph Conrad），英国作家，曾航行世界各地，有20余年的海上生涯，最擅长写海洋冒险小说，有"海洋小说大师"之称。代表作《黑暗的心》《水仙号上的黑水手》。——译者注

的男性气质[1]。学生时代，他最喜欢的电影是里恩的《桂河大桥》，那部电影的故事同样发生在日本的集中营中。他对第二次世界大战的痴迷也是受父亲经历的影响，他父亲曾在中缅印战区担任B-25战机无线电通信员。就像J. G.巴拉德小说中的代言人吉姆·格雷厄姆一样，年幼的斯皮尔伯格对飞机也产生了兴趣。"我想这是一种迷恋。"斯皮尔伯格在1991年这么说，"我觉得对我的电影进行精神分析很有趣，我同意这个观点，因为我是有意识地喜欢飞行，而且在我所有的电影中都有飞行。但我害怕在现实生活中坐飞机，我想这正是有趣的矛盾之处。"

对于斯皮尔伯格和吉姆而言，飞行象征着逃跑的可能性和危险，吉姆与战前的自我和社会越来越疏离，这反映在他对驻扎于某处营地附近机场的日本飞行员的英雄崇拜上。"我认为日本人真的对中国人非常残忍，所以我对他们并没有特别同情。"巴拉德回忆，"但小男孩们总喜欢尽可能地找到他们的英雄。有一点是毫无疑问的，日本人真的非常勇敢。他们对于自己的国家，怀有复杂的爱国主义和忠诚。吉姆不断地对自己的身份进行设想，一开始他觉得自己是日本人，但后来当美国人驾驶着他们的野马战斗机和B-29轰炸机呼啸而过时，他又被美国人深深吸引住了。"

世界末日般的战争背景，以及影片高潮处吉姆看到投向长崎的原子弹轰然坠落时发出的白色光芒，令斯皮尔伯格使用了强有力的视觉隐喻。"将这个男孩童真的消逝和整个世界童真的消弭进行了并置，"他在影片上映时说，"我不认为我拍了一部黑暗的电影。但是这种黑暗程度，已经是我能允许的最大限度了，这对我来说是不可抗拒的。"也许这个关于"童真之死"的故事，暗示出斯皮尔伯格还在努力走出阴阳魔界直升机坠毁事故的阴影，同时也在努力克服自己作为丈夫和父亲所面临的更多令人不安的"成年人的真相"。斯皮尔伯格接下来考虑拍摄的另一部电影和《太阳帝国》一样，饱含着相同的情感焦虑，这部电影也讲述了二战中那些家庭分崩离析的故事。

《辛德勒的名单》改编自托马斯·肯尼利关于大屠杀的同名小说，讲述了一个正义

1　同样在1987年，斯皮尔伯格说服了哥伦比亚影业支持罗伯特·A.哈里斯和吉姆·佩滕对里恩受损的作品《阿拉伯的劳伦斯》进行修复，并最终在1989年修复成功。这个项目既体现了斯皮尔伯格投身电影保护的热情，也体现了他作为电影人的道德责任感。斯皮尔伯格和马丁·斯科塞斯、乔治·卢卡斯，以及其他的一些电影人都在努力倡导电影人的道德感。就像斯皮尔伯格在1988年说的那样："道德责任感是至关重要的，可以保护后代们免遭贪婪大财团对这些永恒珍宝的亵渎。"

的非犹太人奥斯卡·辛德勒拯救犹太人的故事，故事版权在1982年小说出版后不久就被环球影业买下。希德·谢恩伯格和其他好莱坞人士一样非常了解斯皮尔伯格的心思，认为这部小说对斯皮尔伯格而言是极具挑战性的题材，无论是其作为一个男人还是一位艺术家。斯皮尔伯格对此深表同意。但是在接下来的10年里，斯皮尔伯格都在纠结自己是否能够驾驭这个"难度极大的主题"，正如他在1989年一次采访中说道："一部有关大屠杀的故事片，会被放到显微镜下好好研究，从《塔木德》[1]学者到泰德·科佩尔[2]都会对它仔细审视。所有细节必须是准确的，必须是公正的，不能有丝毫娱乐。但当你真正开始拍这部片子时，很难做到不违反其中任何一条或所有这些自我强加的规则。所以这部片子才被搁置了这么多年。"

如果一开始没有听到吉姆·格雷厄姆讲的那个有关"童真之死"的故事，斯皮尔伯格就不可能拍出这部关于大屠杀的电影。《太阳帝国》中遭到战争破坏而陷入混乱的上海街道，和《辛德勒的名单》中波兰克拉科夫犹太人区有着诸多视觉相似之处，给观众的心灵带来了巨大冲击。两部电影的主要情节都发生在集中营里，但《辛德勒的名单》更加令人不安，因为它不仅包括了发生在普瓦舒夫集中营的故事，还涉及奥斯维辛集中营里的事情。《太阳帝国》中，吉姆被迫与母亲分离，并在上海拥挤的街道上丢失了心爱的玩具飞机，令人感到十分悲伤。而在《辛德勒的名单》中，许多犹太母亲疯狂地追在卡车后面，尖叫着、哭喊着，毫无预料地眼睁睁看着自己的孩子被带往奥斯维辛集中营，这种痛苦更是惨烈百倍。

斯皮尔伯格承认，自己家庭破裂所带来的童年创伤尚未愈合，这反映在他对吉姆遭遇的强烈体认上。吉姆被迫与父母分离，独自在一个陌生而又充满敌意的环境中长大。上海的背景设定，对斯皮尔伯格个人来说也有重要意义，但他没有就此公开讨论。他父亲那边的一些亲属，谢奇克家族，在逃离祖国俄罗斯的迫害后迁往上海。和许多俄国犹太人一样，他们首先在中国北部找到了一个暂时的避难所，后来又居住在上海的英租界，那里的犹太人社区在战争中幸存了下来。反犹主义在《太阳帝国》中只是一笔带过，吉姆透过车窗瞥见一些戴着纳粹臂章的人在上海街头追捕几个孩子。在这两部电影中，战前的短暂和平被轴心国的军国主义暴力粉碎的画面蕴含着相关的情感。

1　《塔木德》（ *The Talmud* ）是犹太律法、思想和传统的集大成之作，分为公元3世纪中叶在巴勒斯坦编纂的耶路撒冷版和6世纪改订、增补后的巴比伦版。——译者注

2　泰德·科佩尔（Ted Koppel），美国犹太裔记者，曾长期主持ABC电视台《夜线》节目；被认为是美国电视史上最杰出的严肃采访者之一。——译者注

生存和失去是《太阳帝国》和《辛德勒的名单》中共同的主要主题。而且两部电影的主人公都利用自己的过人天赋，同时扮演伟人和骗子，利用战时的腐败，最终骗过敌人。《太阳帝国》的主人公是一个青春期的男孩，因此斯皮尔伯格更容易使用熟悉的情感叙述策略，涉足这个危险的主题地带。直到他开始认真对待自己的犹太传统，他才得以从更成熟且更具历史性的视角来处理战争的痛苦。

作为一名以梦幻般的科幻小说成名的作家，也是斯皮尔伯格童年的偶像，巴拉德将他童年时在中国的奇异经历进行再度重构，这幅想象出的图景既是特定时间和地点的真实写照，又再现了一个近乎超现实的疯狂世界。由于更倾向于透过梦境和电影影像来观察这个世界，斯皮尔伯格特别适合透过巴拉德的幻想视角来拍摄电影。

斯皮尔伯格和电影摄影师艾伦·达维奥以及艺术指导诺曼·雷诺兹合作，呈现出1941年的上海，美轮美奂，被无处不在的危险和噩梦般的焦虑深深笼罩。达维奥的作品，可以与里恩及其电影摄影师弗雷迪·扬的最佳作品相媲美[1]。达维奥如诗如画、纹理丰富的影像，以及在充满异国风情的外景地对光线微妙变化的敏锐直觉，使《太阳帝国》成为一场视觉盛宴。除了雅努什·卡明斯基在《辛德勒的名单》中的黑白摄影外，没有任何斯皮尔伯格电影的摄影能超越《太阳帝国》。

想要在1987年3月的前3个星期开拍上海外景，就要提前精心筹备，这些工作包括肯尼迪和马歇尔与中国官方长达1年的沟通。"这部电影准备得非常充分，可以算是我这一生最顺利的作品之一。"达维奥回忆说。当时中国正积极引进美国电影技术，这部斥资3000万美元、由华纳兄弟影业与安培林娱乐联合出品的影片，是好莱坞第一部在中国广泛取景的电影。20世纪40年代以来，上海的大多数地标建筑几乎都没有改变，唯一要做的主要改变是安装带有繁体字的招牌，以及使用烟幕来遮挡部分现代建筑。当地政府也还史无前例地为斯皮尔伯格封闭了7个街区的城市主干道，并提供了数千名临时演员。

在上海准备外景拍摄的第一天，助理导演大卫·汤布林"安排了群众演员的所有动作和一切活动，我负责安排车辆通行和保障道路畅通。我画出草图，吩咐每一个人该怎么做。就在这时，突然有5000人涌进了街道。我简直要疯了。我对史蒂文说："'哦，天

1　有一天在英格兰，斯皮尔伯格正在一个废弃的煤气厂里拍摄，那里曾被用作片中的第一个羁留营。"那个男孩当时正在以《雾都孤儿》的方式表演，走上前来想再要点吃的。那真是太巧了，"助理导演大卫·汤布林回忆说，"因为那天大卫·里恩来探班了。我开玩笑说：'我们正在重拍《雾都孤儿》呢。'"

哪！全都错了！'他说：'看起来还不错。'于是我说：'准备机器，开拍。'他对这一切的效果很满意，我可不想同那5000人争辩。他对于这种事情总是得心应手。他一点都不死板。不管现场是何状况，他总能想办法让拍摄继续进行。"

"我认为《太阳帝国》开头的那一小时，不失以往的水准，堪称大师级杰作。"对巴拉德的小说进行改编的剧作家汤姆·斯托帕德说[1]，"斯皮尔伯格所有的作品中，我最喜欢的一部就是《辛德勒的名单》，但《太阳帝国》足以与之媲美。上海街头的场景太令人惊叹了。各个镜头衔接在一起的方式，斯皮尔伯格、我和J. G. 巴拉德三人工作的平衡，简直是完美无缺。"

斯托帕德和斯皮尔伯格共同解决的主要问题，包括如何对故事的后半部分进行重点叙述，以及如何处理巴拉德所说的，吉姆在龙华战俘集中营所接受的"无情教育"。"这本书就像是一块巨大的画布，前景中设置了许多人物。"斯托帕德观察到，"如果把所有这些都拍下来，最后影片可能长达四到五小时。而原著作者和编剧的观念是截然相反的，因此你得做出选择，但导演才是最终做出决定的人。在集中营那部分，小说集中表现吉姆和他人之间几段错综复杂的关系，虽然这几段关系并不是同等重要，但拍摄时你无法将所有关系都呈现出来。对于史蒂文来说，他最感兴趣的是吉姆和贝希的关系。"

吉姆的代理父亲贝希由约翰·马尔科维奇扮演。除了偶尔显露出仁慈的善意外，贝希也教会了吉姆残酷的生存之道。正如巴拉德所说："吉姆在成长过程中本可以避免遇上贝希这样的人，但战争的到来改变了一切。"吉姆的亲生父亲（鲁珀特·弗雷泽饰）是一位养尊处优的傻瓜商人，他无视让自己"带着家人逃离上海"的警告。他从儿子的生活中消失，直到战争结束才重新回到儿子身边。而那时，吉姆已经成长为一个眼窝凹陷、野蛮粗暴的小个子男人了，甚至已经记不清父母的模样。尽管吉姆将贝希犬儒的实用主义赞许为生存的必要工具，但他最终还是厌恶地拒绝了这位人生导师。他意识到，为了不让自己的精神随着儿时的幻想一起消亡，他必须超越达尔文主义的丑陋。

贝希被给予了大量戏份，但仍然是个有点模糊的角色。书中暗示了他和密友弗兰克（乔·潘托利亚诺饰）在性取向上的模糊，而且他们对于吉姆的兴趣也涉及性方面的内

1　当斯托帕德写第一版剧本初稿时，当时指定的导演是哈罗德·贝克尔。后来，斯皮尔伯格邀请门诺·迈伊杰斯来重写剧本，但未给门诺署名，最后投入拍摄的剧本还是请回了斯托帕德来操刀。

容，但这些在电影中基本没有体现。这或许是因为这部电影后半部分的故事基本发生在集中营里[1]，采用相对传统的叙述方式并略显苍白；或许还应该归咎于小说本身，其中最明显的一处是当吉姆作为一个与世隔绝的人物，试图应对令人眩晕的社会混乱时，他的心理状态被唤醒，但当吉姆与其他人物进行戏剧化互动时，这种状态就不那么明显了。电影试图将注意力从吉姆身上转移，逐渐聚焦于贝希身上。除了几处描述吉姆在战争最后阶段经历的充满诗意、感人至深的场景，《太阳帝国》更像是一部典型的集中营电影。其中最令人难忘的场景，莫过于吉姆在黄昏之时以歌声对即将离开的日本神风敢死队致敬，以及美军轰炸机对毗邻集中营的飞机场进行毁灭性打击时，吉姆歇斯底里的欢呼。

斯托帕德认为，影片的前半部分更好，因为它"剧情紧凑，更易理解，有更大的空间让斯皮尔伯格发挥自己的构思。前半部分的影像说服力很强，紧密地串联在一起，没有很多明显的戏剧性事件。例如，有这样一个场景：一个佣人从冰箱中取出了某样东西，但是男孩对他十分无礼。我在阅读小说的时候并没有太关注这个情节，但是史蒂文总是知道该如何处理这样的细节。电影中，佣人在后来扇了男孩一耳光，这两件事、两个时刻，是相互呼应的。那个男孩并不是真心想表现出野蛮无礼，他只是在表达殖民主义，表现出当时的社会风气。

安德鲁·萨里斯在《村声》上的影评中这样写道："克里斯蒂安·贝尔所扮演的吉姆是我在大银幕上见过最令人惊叹的儿童表演，甚至超越了让-皮埃奥·利奥德在《四百击》中扮演的安托万·杜瓦内尔。"莱斯·梅菲尔德的纪录片《中国历险》（*The China Odyssey*）记录了这部电影的制作过程。在这部纪录片中，斯皮尔伯格以精明干练又极具亲和力的方式指导这位年轻的英国演员，表现得更像是朋友或兄长，而不是大人物。他还买了遥控赛车，这样他就可以和贝尔在午休的时候一起玩。在贝尔眼中，这位导演"就像另一个孩子"。在拍摄中的某一时刻，为了哄贝尔表现出惊讶张大嘴巴的表情，斯皮尔伯格孩子气地建议贝尔将这种行为看成"动作明星的招牌酷炫动作"。但他一定会确保他的小演员理解这些场景背后的深层含义。在指导贝尔表演吉姆与母亲分离的那一幕时，斯皮尔伯格说："我想让你手里拿着这架玩具飞机，因为你现在必须在妈妈和这架掉在地上的飞机之间做出选择，最后你选择了飞机。你放开妈妈的手去捡飞机，结果你的妈妈却被人

1　剧组在西班牙特雷布赫纳附近搭建了集中营的场景。

带走了。"

在拍摄战争结束时吉姆将自己破旧的手提箱扔进茫茫大海的这一幕之前，导演对着贝尔，像是自言自语一样，说出了自己痛苦的成长历程："我猜，你可能会觉得你的生活是如此简单。曾经你的一切似乎都装在这个小小的手提箱里。当然光凭里面的东西并不足以衡量你是个怎么样的人。但只要一想到这个箱子里装的是你的过去，是不是也很有趣呢？"拍完这个场景时，斯皮尔伯格告诉"这个年轻的他"："这是故事中唯一催泪的地方。因为这是他童年的最后一天。从那一天起，他就要进入成人的世界。在他的余生里，他再也不会和从前一样。"

关于《太阳帝国》的评论有些两极分化。当萨里斯"被一种我以为早就不存在的方式所撼动和感动"时，他的同事J. 霍伯曼谴责斯皮尔伯格"无耻地以儿童为中心，简直将《悲哀与怜悯》（ *The Sorrow and the Pity* ）拍成了《雾都孤儿》"。对于《新闻周刊》的大卫·安森曾说的"斯皮尔伯格的第一次冒险设定在地狱"，许多影评人似乎无言以对。"走出电影院的时候你会自问：'这片子讲了什么？'"《纽约客》的宝琳·凯尔写道，并称这部电影"庄严"却又"盲目炫技"。

甚至一些赞扬这部影片的人也觉得不舒服，因为在他们试图处理斯皮尔伯格电影的成熟过程时，受困于一堆过时的陈词滥调。"影片中有太多高潮迭起的精彩时刻了。斯皮尔伯格大肆渲染了他想要创造的情感，而不是仅仅让这些情感从他得到的精彩故事中浮现。"《纽约客》杂志的大卫·丹比认为，"……但这是多么惊人的视觉想象啊！《太阳帝国》是一部剧情紧凑的伟大电影，看完后让人感觉疲累并且心情沉重。"希拉·本森原本期待《E. T. 外星人》的创作者这次能有所创新，却在《洛杉矶时报》上抱怨道："没有一个角色能让我心潮澎湃。他们要么是道德观念低下的罪犯，要么是严重营养不良的可怜人……毫无疑问，吉姆是大制作电影中占据中心地位却最不多愁善感的年轻男主角，没有被周围的恐怖环境塑造为一个更有爱心、更令人钦佩、更有人情味的人，而是成了一个更圆滑、更狡诈的小骗子。"

这样的抱怨对于一个曾因对童年假定的多愁善感而遭到许多影评家嘲笑的电影制作者而言，一定是奇怪的。斯皮尔伯格最近试图超越他所熟悉的"郊区环境"。然而那些追捧《紫色》的人，发出了更加肆无忌惮的冷嘲热讽："我希望史蒂文·斯皮尔伯格的《太阳帝国》能赢得该死的奥斯卡奖，这样他就能继续回归那些为我们带来真实和持久欢乐的电影。"彼得·雷纳在《洛杉矶先驱考察者报》上写道。

因为淡化巴拉德在集中营里患病和挨饿的细节，并将日本守卫的惨无人道降到最小程度，斯皮尔伯格受到了攻击。这部电影"以地狱般的集中营作为成长故事的背景，"凯尔说，"……斯皮尔伯格似乎将一切都变得那么美好，而且，和《紫色》一样，原始材料中的一些东西绝对不会那么美好。"这样的评论恰恰暴露出人们误解了斯皮尔伯格和巴拉德复杂的童年视点。"对于集中营的记忆，我肯定不会用快乐来形容，但也没觉得那么悲惨，"巴拉德解释说，"我当时还很小。如果你把四五百个孩子放在一起，他们无论在什么情况下都会玩得很开心……我也知道父母关于集中营的记忆肯定比我的要残酷得多。因为他们当然了解真实情况。父母总是宁愿自己挨饿，也要喂饱孩子。但我觉得，日本人确实喜欢孩子，对孩子们也很友好。守卫们根本就没有虐待儿童……我就那样完全沉浸于童年的魔力之中，同时也被童年的魔力所拯救。"

但是《太阳帝国》的票房表现让人大失所望，全球票房仅为6670万美元，比《一九四一》还要低得多。斯皮尔伯格说他知道"拍摄一部带有个人色彩的电影，很可能不会广泛吸引观众"，但他安慰自己说："我也有权利在商业上失败一次。"

《太阳帝国》获得了6项奥斯卡提名，都是技术类奖项，但无一获奖，没有被提名为最佳影片，斯皮尔伯格也没有被提名为最佳导演。艾伦·达维奥公开抱怨道："我无法事后批评奥斯卡。我得到了提名但斯皮尔伯格没有，对此我深感遗憾……是他的构思将这一切组织到一起。如果史蒂文没有拍这些电影，我们也不会在这里。"乔治·卢卡斯清楚斯皮尔伯格对影评人的看法，当时斯皮尔伯格正与卢卡斯一起筹划"夺宝奇兵"系列的续集。卢卡斯想要以小时候的印第安纳作为开场，但斯皮尔伯格最先表示反对。因为正如卢卡斯所说，"《太阳帝国》招致的批评使斯皮尔伯格大受打击。他说：'以后我再也不拍有关孩子的电影了。'"

斯皮尔伯格承认，他在拍摄《夺宝奇兵3：圣战奇兵》（1989）时"有意退步"。如果广大影评人和大部分公众不希望看到他成熟，或者对他的努力成长嗤之以鼻，那么他就会停止与这些人抗争。在接下来的几年里，他一直在寻找庇护，从这一不平衡的创作时期可以看出，他当时正沉迷于各种形式的电影和个人的回归之中，很希望与观众们重新建立联系。

在拍摄《夺宝奇兵3：圣战奇兵》《直到永远》（1989）和《铁钩船长》（1991）

时，斯皮尔伯格似乎暂时放弃了讨好评论界和奥斯卡奖评委会。作为一名受欢迎的艺术家，他不禁开始为自己的未来担忧。他知道电影观众有多么反复无常，维持高度商业效益产生的焦虑使他回到逃避现实的主题——刺激的冒险、鬼故事、海盗电影，从过去的作品中回收经过检验的素材。

但是那些电影还包含另一个维度。在试图拓展视野的同时所遭受的打击迫使斯皮尔伯格转向自己的内心，既是为了自我保护，也是为了在商业游戏中得到个人补偿。那三部电影以一种更隐蔽的方式审视了他艺术个性的源泉，以传统的类型片框架处理了他最珍视的内心执念。他没有再次选择如《紫色》和《太阳帝国》那样的冒险题材，而是倾向于采用传统类型片来表达自己独特的风格和感受，就像他所崇拜的好莱坞黄金时代的那些制片厂导演们。通过将日益个人化的创作伪装成娱乐的流行作品，斯皮尔伯格进行了创造性的实验，这将引领他在通往《辛德勒的名单》的道路上大步前进。

在20世纪80年代后半叶，斯皮尔伯格的私人生活发生了重大变化：成为父亲，结婚，最终离婚。因而在《圣战奇兵》《直到永远》和《铁钩船长》中，最有趣而且不同寻常的主题元素往往围绕着有问题的父子关系或是类似父子的关系而展开。斯皮尔伯格个人的晚熟，迫使他开始审视成年及其在自己生活中的意义，无论是作为父母失败婚姻中的儿子，还是作为自己失败婚姻中的父亲。他似乎重蹈了父母婚姻的覆辙，这一事实让他反思自己对父亲的谴责态度，同时让他更深刻地认识到身为工作狂而付出的惨痛代价。

事业与家庭的冲突是婴儿潮一代心理问题的核心，在这三部电影中占了很大比重，此外，斯皮尔伯格对像他一样饱受"彼得·潘综合征"折磨的男性角色的考验也越来越苛刻。霍伯曼（曾写过《太阳帝国》的影评）曾讽刺地认为，在美学上不尽如人意的赤裸裸的自传体电影《铁钩船长》中，斯皮尔伯格的"彼得恐慌""成了导演的明确主题。彼得·潘最终占据了斯皮尔伯格电影的中心舞台，只是这个角色不再是那个永远长不大的叛逆小男孩，取而代之的是一个戴着成年男人面具的男孩，一个完全失败的丈夫和父亲。

在这些过渡期电影中，斯皮尔伯格对影片中主人公恐惧症的深度介入，让这些角色看起来就像电影中的罗夏墨迹测试（Rorschach Inkblots）对象[1]。1987年左右，斯皮尔伯格接

---

1 罗夏墨迹测试由瑞士精神病学家赫尔曼·罗夏（Hermann Rorschach）创立，通过向被试者呈现标准化的由墨渍偶然形成的模样刺激图版，让被试者说出由此所联想到的东西，然后将这些反应用符号进行分类记录，进而对被试者的人格特征进行诊断。——译者注

受了心理治疗，这是他自青春期以来第一次接受心理治疗。"我所有朋友都去看过心理医生，我想说不定我也能通过治疗更了解自己。于是我就接受了长达一年的心理治疗。"他说，"但是我并不觉得治疗的发现是结论性的。关于自己，我所了解的一切我早就已经知道了，或者我早已猜到了。"在《铁钩船长》上映后不久，有报道称斯皮尔伯格曾私下与心理学家约翰·布拉德肖秘密会面。布拉德肖强调不和谐的家庭关系会产生不良影响，而且还建议斯皮尔伯格尽早找回自己"内心的那个小孩"。这使得布拉德肖成了专门帮助好莱坞明星克服中年危机的心理专家。斯皮尔伯格还征求了布拉德肖对《铁钩船长》剧本的意见，并邀请这位心理学家到过几次片场，布拉德肖的女儿也在这部影片中出镜。

对于斯皮尔伯格来说，拍电影而非正式的心理治疗，才是解决个人问题的首选方法。他可能在《夺宝奇兵3：圣战奇兵》中粗略地、在《直到永远》里困惑地、在《铁钩船长》里笨拙地分享了自己的心理学发现，但对于那些对细微差别保持警觉的观众来说，这些电影很吸引人，因为它们透露了很多关于作者的信息。

为了完成对乔治·卢卡斯承诺拍完夺宝奇兵三部曲的义务，斯皮尔伯格只好放弃了《雨人》。1987年，他曾与达斯汀·霍夫曼、汤姆·克鲁斯和编剧罗纳德·巴斯共事了几个月，开发《雨人》。这是一部关于一位自闭症天才和他那表面正常但（用斯皮尔伯格的话来说）"情感自闭"的弟弟之间互补关系的电影。

直到《夺宝奇兵3：圣战奇兵》开始前期制作时，斯皮尔伯格对《雨人》的剧本还是不太满意。《夺宝奇兵3：圣战奇兵》计划于1988年5月开机，以确保这部电影在1989年美国阵亡将士纪念日的周末上映。最后巴瑞·莱文森接手了《雨人》的导演工作，该片最终斩获奥斯卡最佳影片奖、最佳导演奖和最佳男主角奖（达斯汀·霍夫曼），以及最佳编剧奖（巴斯和原著作者巴里·莫罗）。"遗憾的是，参与这部电影早期筹备的人却不能得到应有的殊荣。"巴斯说，"斯皮尔伯格真的做了很多。"虽然斯皮尔伯格还是会忍不住嫉妒《雨人》获得奥斯卡奖，但他不是唯一一个发觉这部电影"在感情上离我真的很远。我看更枯燥的电影时也会忍不住掉眼泪……没能亲自导演《雨人》让我挺郁闷，主要还是因为自从我看过《毕业生》之后，就一直很想和达斯汀·霍夫曼合作。"

卢卡斯最初建议将"夺宝奇兵"系列电影的第三部拍成"鬼屋电影"。他手中确实有这样一本剧本，是《绿宝石》的编剧黛安·托马斯在1985年车祸去世前所作。但是卢卡斯说："史蒂文已经拍了《鬼驱人》，他不想再拍类似的电影了。"由于担心被指控为种族歧视，斯皮尔伯格和卢卡斯一致拒绝了克里斯·哥伦布委托他们拍摄的一部有关非洲猴王（半人半猴）的剧本。他们选择了最安全的那条路，最终决定重新使用《夺宝奇兵1：法柜奇兵》中卡通化的纳粹坏蛋。门诺·迈伊杰斯的剧本初稿写的是印第安纳寻找圣杯的故事，这个情节由卢卡斯提出，但斯皮尔伯格对此提出了质疑。

斯皮尔伯格记得曾告诉过卢卡斯，自己会拍一部关于圣杯的电影，"但我希望这部电影也关于一对父子。我想让印第安纳的父亲也被包括其中，我想要找到这位父亲"。在影片中，印第安纳的父亲亨利·琼斯博士，是一位研究中世纪文学的教授，信守维多利亚时代那种更为严苛的是非准则。儿子印第安纳对珍宝的兴趣源于贪婪和求知欲，与儿子不同，老琼斯对寻找圣杯怀有一种微妙的宗教痴狂。"我想在这部电影中让印第安纳追寻他的父亲，分享父亲的梦想，"斯皮尔伯格说，"在寻找梦想的过程中，他们重新发现了彼此。"

编剧杰弗里·鲍姆对于故事情节的发展给出了另一种解释。那时斯皮尔伯格正忙于拍摄《太阳帝国》，撰写终稿的鲍姆[1]大部分时间都和卢卡斯一起工作。鲍姆坚称，这个父与子故事"来源于乔治·卢卡斯。我认为也许乔治有恋父情结，我认为史蒂文并没有将自己的观点强加于这个故事。史蒂文知道这是乔治的电影，而且对此没有意见。这些电影对斯皮尔伯格而言，就如约翰·福特过去常说的，不过是'一份工作'"。在迈伊杰斯所写的《夺宝奇兵3：圣战奇兵》的早期草稿中，"父亲是一种麦高芬（MacGuffin）[2]，"鲍姆回忆说："直到电影的最后一刻，他们才找到了父亲。我对乔治说：'在电影的最后才找到父亲根本没有道理。为什么不能在故事发展的中途就找到父亲呢？'考虑到这是该系列的第三部电影，你不能以找到目标物品作为电影的结尾，虽然前两部都是这样结束的。所以我想，何不让他们丢开目标物品'圣杯'，而将他们两个的关系作为重点呢？这是对印第安纳自身身份的挖掘。印第安纳后来也渐渐觉得父亲比寻找圣杯更重要。"

"夺宝奇兵"系列电影都是由一连串扣人心弦的动作场面开场。鲍姆解释说，这些动作场面的基本功能是"向我们传递关于印第安纳·琼斯的新信息"。而对于《夺宝奇兵3：圣战奇兵》，卢卡斯建议："我们何不了解一下印第安纳的童年？"第三部的故事从

1　鲍姆获得了单独署名为编剧，他和卢卡斯以及迈依杰斯共同署名故事原创。

2　一个电影用语，指可以推动剧情发展的物品、人物或目标，源于阿尔弗雷德·希区柯克的电影。当故事的情节发展以后，麦高芬的重要性也会随之减弱。电影中著名的"麦高芬"包括《惊魂记》中杀人的老妇人、《法柜奇兵》中的法柜等。——译者注

1912年开始，瑞凡·菲尼克斯饰演的少年印第安纳和他的童子军一同踏上了前往纪念碑谷的旅程。除了在疾驰的马戏团火车上大胆奇怪的壮举，年轻的印第安纳还得到了他标志性的软呢帽和鞭子，以及他对考古的热情。

尽管斯皮尔伯格非常怀念自己作为童子军的成长岁月，"乔治觉得史蒂文不会这么拍，"鲍姆回忆，"史蒂文觉得，'我一直在拍关于儿童的电影，我拍了《太阳帝国》还有《E.T.外星人》，然后史蒂文向他的妻子（艾米）、他的朋友们还有他的一些商业伙伴们征询意见，就像竞选者询问选民的意见那样，然后才宣布自己会加入上述情节。我想史蒂文是被马戏团火车这个主意吸引了。他也很幽默，想出了不同的笑料。史蒂文擅长在细节上打动人。他能从既有的东西中得到灵感，将这些东西变得更有趣，更激动人心，但他一定要等到一切都准备就绪，才会往里添加自己的调料。他很明确自己想要什么，也不会像大多数人那样，'一旦不能插手某事，就会有种说不出的不安'。如果他赞许你所做的事情，就会将他的享受表现出来。能够让他满意是一件多么令人高兴的事啊。他一点也不犬儒主义，也从不厌倦。他的反应就像一个腿上放着一盒爆米花的孩子。"

和其他导演常常遇到的情况一样，斯皮尔伯格可能对那些编剧的贡献感到兴奋，以至于他开始认为自己也至少想出了其中的一些点子。一旦他抓住了父子关系，他会根据自己的情感需求将父子关系塑造得更具竞争性。卢卡斯觉得印第安纳的父亲是位无能的老绅士，"就是约翰·豪斯曼[1]那类人"。而斯皮尔伯格理想中印第安纳父亲的形象应该类似于肖恩·康纳利[2]。从某种意义上说，这位粗犷性感的苏格兰演员已经成了印第安纳·琼斯的父亲，因为斯皮尔伯格和卢卡斯希望《夺宝奇兵》系列能与康纳利的007系列电影相媲美（甚至超越007系列）。影片中康纳利处处和儿子较劲，颐指气使，称儿子为"二世"。康纳利认为老琼斯"性格古怪，以自我为中心，而且相当自私。他没有《星期六晚邮报》中的那种父亲心态。他对孩子的需求漠不关心"。有一次印第安纳抱怨小时候"父亲从来不和他谈心"，但他的父亲反驳说，"你刚开始变得有趣的时候，就离开了我。"

影片中最令人难忘的是一幕由演员们即兴发挥的喜剧对手戏。这一幕中，印第安纳

---

1 约翰·豪斯曼（John Houseman），美国演员，还从事过编剧、导演与制片等，曾凭借《力争上游》获得第46届奥斯卡最佳男配角奖。——译者注

2 肖恩·康纳利（Sean Connery），英国演员、制片人。1962年，因在第一部"007"电影《007之诺博士》（*Dr. No*）中饰演詹姆斯·邦德而成名；2005年，被美国电影学院授予终身成就奖。——译者注

震惊地发现了自己的父亲与艾尔莎（艾莉森·杜迪饰演）有染，这位身材婀娜的金发美女后来被证实是一名纳粹间谍。"男人们都会拜倒在她的石榴裙下，我也一样。"老琼斯博士坚持说，他的儿子回应道："我就曾是她的情人。"对于安排印第安纳父子和同一个女人发生关系，斯皮尔伯格不得不克服自己所受的良心谴责，因为这个女人明显是弗洛伊德式母亲的替身（在这部电影中更为黑暗的一处转折中，甚至还暗示了狡猾的艾尔莎还同阿道夫·希特勒上过床）。当康纳利得知导演担心女性观众对此情节的反应而删掉了他与艾尔莎的性关系时，他坚持要把这一情节重新写进剧本。"我不希望孩子的父亲像个懦夫，"康纳利说，康纳利表现出一副高人一等的银幕英雄的态度，补充说，"且不说印第安纳·琼斯的穿着没有詹姆斯·邦德那么讲究，他们之间最主要的区别在对待性的态度上。印第安纳同女人交往时非常害羞。在《夺宝奇兵》的第一部中，当看到女学生的眼皮上写着'我爱你'时，他就已经惊慌失措了。而詹姆斯·邦德会把这样的女学生留下来过夜，第二天与她们共进早餐。"

《夺宝奇兵3：圣战奇兵》算是流行影片中比较讲究的，充满了电影技巧的纯粹乐趣，并令人欣慰地摆脱了破坏前两部电影的种族主义暗示。《夺宝奇兵3：圣战奇兵》由派拉蒙影业于1989年5月24日上映，根据当时公开的票房记录，这部电影的全球总票房为4.947亿美元，而制作成本仅为4400万美元，该片成了斯皮尔伯格自《E. T. 外星人》以来最卖座的影片，好评如潮。本书的作者也在《每日综艺》上对电影版改编赞不绝口。

然而，还是有一些影评人觉得这部电影不合口味，尤其是它混合了关于纳粹的卡通式玩笑（比如影片中印第安纳咆哮说："纳粹！我最讨厌这些家伙了！"），这些玩笑还同现实中的真实事件结合在了一起，比如一次希特勒历史上真的亲自参加过聚会上的焚书活动（电影中的焚书活动上，希特勒亲自给印第安纳签名）。"焚书是史蒂文的主意。"鲍姆说，"当时我想，这一定是《辛德勒的名单》的热身。只是我还想不出《辛德勒的名单》到底会拍成什么样子。"

凭借精湛的技术，还有父与子之间碰撞出的火花，《夺宝奇兵3：圣战奇兵》成了带给众人欢乐的云雀，成了全家人的假日郊游。这部电影倾注了导演从前两部电影之中萃取出来的情感。同时，也是对某种没有灵魂的动作电影制作的告别，在野心的范围内尽可能地推进（即使斯皮尔伯格仍然不时怀旧地说要拍《夺宝奇兵》系列的第四部）。"我从《夺宝奇兵》系列电影中学到的电影技巧比我从《E. T. 外星人》或《大白鲨》中学到的还要多。"《夺宝奇兵3：圣战奇兵》上映时，斯皮尔伯格这么说，"现在我觉得自己好像已经从'悬念的大学'毕业了。"

1989年4月24日，斯皮尔伯格和艾米·欧文宣布结束为期3年半的婚姻。"无论多么困难，我们都是本着相互关心的精神做出这一决定，"他们说，"……我们的友谊仍会长存，我们还是好朋友和工作上的合作伙伴。"

他们同意共同抚养儿子麦克斯，他们在洛杉矶和纽约的住宅都相距不远，以便共同承担抚养孩子的责任。艾米也得到了一大笔赡养费，虽然这一数额从未对外正式公开，还是有报道称，她大概得到了丈夫净资产的一半财产。1987年，斯皮尔伯格首次登上福布斯美国前400富豪榜，当时他的净资产估值"超过2.25亿美元"。根据媒体估计，艾米的"金色降落伞"[1]估值在9300万至1.125亿美元之间。

事业上的矛盾是两个人离婚的主要原因，在他们宣布离婚的前几个月，这类谣言就在媒体上传播开来。"我是以朱尔斯·欧文女儿的身份开启职业生涯的，"艾米在1989年说，"我不想再以斯皮尔伯格的妻子或麦克斯的母亲来作为自己职业生涯的终结。"编剧兼导演马修·罗宾斯回忆说："到他们家去并不是一件开心的事，空气中总是弥漫着紧张气氛。他们总在晚饭桌上争吵，斯皮尔伯格总在谈论他的事业，他对她的朋友、她的演员工作也不感兴趣，他让人很不舒服。斯皮尔伯格一直想让自己的孩子生活在完美的婚姻和家庭中，比如一家人围着餐桌上的诺曼·洛克威尔火鸡[2]低头祈祷。而艾米虽然光彩照人、聪明伶俐、有天赋，而且很漂亮，但也很有棱角、很犀利、很好强，两个人总是互不相让。"

在他们离婚前的最后几个月，史蒂文大部分时间都在伦敦和西班牙拍摄《夺宝奇兵3：圣战奇兵》，而艾米正在纽约舞台上演出阿索尔·富加德的《通往麦加之路》。他们之前约定错开工作时间，如果有一个人正在工作，那么另一人就不会接通告，这样两人就不会分开。为了陪史蒂文拍摄《太阳帝国》，艾米放弃了一部电影的邀请，带着麦克斯来到了西班牙，度过了一段"孤独而又苦闷"的时光。随后，艾米参演由琼·米克林·西尔弗

1　"金色降落伞"（Golden Parachute）在西方国家主要应用在收购兼并中对被解雇高层管理人员的补偿，这里主要用来比喻艾米与史蒂文离婚后获得的巨额赡养费。——译者注

2　1941年，美国画家诺曼·洛克威尔（Norman Rockwell）应罗斯福总统号召，为《星期六晚邮报》3月刊封面创作了一幅名为《无乏匮之虞》（*Freedom from Want*）的插画。画中表现了一家典型的美国人围聚在晚餐桌前吃火鸡，该作品极具代表性，成为美国人们心目中最理想的感恩节大餐画面之一。——译者注

导演的影片《挡不住的来电》（1988）时，史蒂文也相伴左右。然而在艾米同意参演富加德的戏剧时，史蒂文也不想错过拍摄《夺宝奇兵3：圣战奇兵》的机会。但是只要一有时间，两人就会搭乘飞机飞越大洋去探望对方。但久而久之，他们就发现长此以往这样"并不可行，"艾米说："一切都太煎熬了……在麦克斯出生之前，我可以这么做。但是现在，一切都不同了。"

离婚5年后，艾米承认，和斯皮尔伯格在一起的那段时间里，作为好莱坞最有影响力的电影人的妻子，她从未摆脱这种"身份丧失"："在与史蒂文的婚姻中，我感觉自己像是政治家的妻子。有些事情是别人期望我做的，但不是我想做的。我们之间的一个问题就是我太过于诚实和直接，而我要为此付出代价。尽管后来我表现得很好，但也付出了代价。"很明显，这段婚姻让她觉得不自在的部分原因，是他们复杂、疯狂且奢侈的生活方式。作为一个女人，她理想中的幸福生活是位于圣达菲的土砖房中相对朴素的那种生活。艾米一直都未能习惯在他们的4个住所之间来回奔波：太平洋的帕利塞德别墅和东汉普顿的房子、马里布的海滨别墅（1988年7月毁于一场火灾，随后又重建），还有曼哈顿的川普大楼的公寓。"这不是我想要的生活方式，"她抱怨道，"我们被家里的佣人，还有网球场和花园包围……我这一生最不想做的就是房子的'女主人'。"

为了陪伴丈夫和孩子而放弃工作还不算她最大的委屈。"这很令人沮丧，"她承认，"但更重要的是麦克斯和我们在一起，我们是快乐的一家三口……除非是很特别的工作，不然我们不会接。"更让她烦恼的是嫁给了斯皮尔伯格让她在好莱坞成了"不可触及"的人物。"我心里很清楚，我的工作都是通过自己的努力得到的，从没有靠过史蒂文，"她在1988年说，"我知道，我也不可能靠史蒂文找到工作。有些导演太自负了，他们不希望史蒂文的人出现在他们的影片中。我也了解一些情况，本来我是可以得到某个角色，但是他们担心因为我是斯皮尔伯格的妻子，斯皮尔伯格会把更多的注意力放在他们身上。"

至少有一次，艾米对于不能在安培林娱乐出品的电影中出演某个角色而感到失望。当乔·丹特为准备拍摄1987年的《惊异大奇航》时，他总是找不到宇航员丹尼斯·奎德女友一角的满意人选。"当时的情况非常尴尬，"丹特说，"因为艾米·欧文想要演这个角色，但史蒂文不让我请艾米·欧文来演，这可能引发他们家庭内部的矛盾。我也认为艾米·欧文不适合这个角色，因为这个角色应该是位个性强硬的记者，而且我也不想和她进行繁琐的面试。可是当我们提到其他女演员人选时，史蒂文都会否决。最后，快要拍到这个角色的镜头了，华纳兄弟的高管露西·费舍尔向我们推荐了梅格·瑞恩。当时我们都觉得她很合适，但艾米知道后很不高兴。她给我写了一封信，信上说：'我不是史蒂文·斯皮尔伯格的太太，我只是一名演员。'"当被问及不让艾米出演这个角色，是不是因为害怕与她相处不好时，丹特承认，"不想在片场出现这种情况。"

结果，在与斯皮尔伯格结婚期间，艾米为安培林娱乐参演的为数不多的角色包括为《谁陷害了兔子罗杰》中的卡通人物兔子杰西卡的歌声配音和其他一些无关紧要的配角（艾米和自己的母亲普里西拉·珀伊特一起），还有在斯皮尔伯格导演的《惊异传奇》中的《幽灵列车》那集里客串火车上的一名乘客。与斯皮尔伯格离婚后，她还在《美国鼠谭2：西部历险记》（1991）中为一个卡通人物配音。

尽管她还在舞台上继续担纲重要角色，比如在阿瑟·米勒的戏剧《碎玻璃》（*Broken Glass*）中饰演一名被纳粹主义者追杀的布鲁克林犹太女人，但自从与斯皮尔伯格离婚后，她也只在电影中偶尔客串。"我觉得做史蒂文·斯皮尔伯格的妻子真很痛苦，作为史蒂文·斯皮尔伯格的前妻也很痛苦。"她在1994年说，"有一阵子很尴尬，我也说不上为什么。我只是觉得我毫无存在感……我本来打算和史蒂文一起合作一部电影，但我觉得这对他来说很尴尬。我们之间的友谊对于我们两人来说都非常珍贵，这么做可能会让我们的关系变得更紧张。"但是她还是参与了布鲁诺·巴列托执导的几部电影，这位来自巴西的电影人后来成了艾米的下一任伴侣。艾米1989年3月在参演他的《武力展示》（*A Show of Force*）时与他相识，恰好在她宣布离婚前不久[1]。

在他们宣布离婚的几个月前，媒体经常报道凯特·卡普肖和斯皮尔伯格的绯闻，但斯皮尔伯格的发言人始终否认这两人间存在任何浪漫关系。然而，史蒂文和艾米之间的婚姻问题也一直被否认，直到他们的婚姻破裂。其实1989年6月底史蒂文邀请凯特参加《夺宝奇兵3：圣战奇兵》的预映之前，他们两人一直都保持着地下情。他们也并没有刻意隐瞒两人之间的关系。史蒂文原以为艾米不会发现，但艾米还是在《国家询问报》（*National Enquirer*）上看到了斯皮尔伯格和卡普肖约会的消息。

在等待史蒂文离婚的日子里，凯特将精力都放在了照顾非裔美国新生儿提奥身上。之后她同斯皮尔伯格共同领养了这个孩子。1990年5月14日，凯特和斯皮尔伯格有了女儿，也是他们的第一个孩子，名叫萨莎。皈依了犹太教后，1991年10月12日，凯特和史蒂文在东汉普顿的乡间别墅举行了传统的犹太婚礼。观礼帐篷里坐满了来自好莱坞的朋友们，包

1　艾米和布鲁诺的儿子在1990年出生，取名为加布里埃尔。

括史蒂夫·罗斯、芭芭拉·史翠珊、理查德·德莱福斯、哈里森·福特、达斯汀·霍夫曼以及罗宾·威廉姆斯。

斯皮尔伯格在1994年回忆说，他一生中最低潮的两个时期分别是父母离婚的时候和与艾米离婚的时候。但他一直对离婚之类的话题保持警惕。"我从未（对媒体）提起过我和艾米的私生活，"他在1989年说，"但她提起过。"斯皮尔伯格表达自己情感的方式是拍摄关于它们的电影。

《直到永远》可以被理解成一部关于斯尔伯格接受失去的电影。影片的主角改编自1943年的电影《祖儿小子》，其实就是斯皮尔伯格自己在银幕上的化身，由理查德·德莱福斯饰演，这名粗心的飞行员在一次飞行中丧命，却又被送回地球帮助他之前的妻子兼飞行员同事（霍莉·亨特饰）去追求与另一个男人的幸福生活。在拍摄《直到永远》时，斯皮尔伯格正在努力接受现实生活中所面对的失去：妻子的离去、父母的衰老、童年的渐行渐远，以及在面对自己的丈夫和父亲身份时，作为离婚男人所面临的不可避免的挫败感。

斯皮尔伯格对这个故事的兴趣，可以追溯到父母婚姻即将瓦解的时候。在凤凰城时，他第一次在电视上看到了《祖儿小子》。后来他提到这是"一个触动我灵魂的故事……在《小鹿斑比》之后，这是第二部惹哭我的电影"。《祖儿小子》由多尔顿特朗博编剧，维克多·弗莱明[1]导演，米高梅电影公司的明星斯宾塞·屈塞在这部影片中饰演一名二战时期的飞行员。他在战斗中牺牲，但灵魂回到家中安慰悲伤的遗孀（艾琳·邓恩饰），并且告诉她爱上另一个男人（凡·约翰逊饰）并没有错。斯皮尔伯格年轻时对飞机的痴迷，似乎总与他对父亲的情感有关，他需要相信：尽管会有分离和失去，生活还是会继续。"我不明白我为什么会哭，"他说，"但真的忍不住眼泪。屈塞在电影中的角色很无奈，他没有办法改变任何事情，就像是一件摆在那儿的家具，只能眼睁睁看着一切发生，却什么也做不了。那时我还是个孩子，我很沮丧，也许我在这部电影中看到了父母的影子。而且我当时一直都没有女朋友，所以对这部影片感触极深。"

重拍童年最珍爱的电影之一，犯下了斯皮尔伯格在商业上最罕见的一个错误：《直到永远》的全球票房只有令人失望的7710万美元。斯皮尔伯格对这部电影掺杂了过多的个人

1　维克多·弗莱明（Victor Fleming），美国导演，最著名的两部影片是《绿野仙踪》和《乱世佳人》。——译者注

情感，因此没考虑到它并不迎合当代观众的胃口。他似乎也并不明白，《祖儿小子》之所以在1943年广受欢迎是因为其战争背景和能引发观众共鸣的牺牲精神。当时全国都是悲伤的家庭和战争寡妇，渴望获得情感上的鼓舞。而1989年的观众选择看《直到永远》这样的电影只会出于好奇，这也无可厚非。将背景设置在二战时期也不能解决问题，但斯皮尔伯格决定将故事背景移到现代，讲述蒙塔纳的飞行员扑灭森林大火的故事，影片的社会背景使该片中自我牺牲的幻想在1943年显得有意义并为大众所接受。影片使用了二战时的老式飞机，20世纪40年代的俚语："娃娃脸"（Dollface）、"傻大个"（You Big Lug）、"勇气"（Moxie）、"你要完蛋了"（Your number is up），以及复古的浪漫场景，来强调这部电影的混合性，反而显得导演过分拘泥于12岁孩子气的心境。从壮观的飞行场景，到对浪漫窥淫癖的强调，再到对代理父亲的执着，《直到永远》成了斯皮尔伯格惯用主题和心理难题的大杂烩。

1974年，当他发现理查德·德莱福斯和他一样喜欢《祖儿小子》时，他的脑海已经形成了这个项目的雏形。尽管在斯皮尔伯格心中，德莱福斯等同于他们那个年代的斯宾塞·屈塞，他还是犹豫要不要将这个角色交给自己的"另一个自我"。德莱福斯相对于这个思想混乱的飞行员角色来说，似乎就显得过于理智了。导演也考虑过保罗·纽曼和罗伯特·雷德福等年龄更大、更传统的浪漫派明星，选黛布拉·温格为女主角（斯皮尔伯格的旧爱），或者选哈里森·福特饰演另一位吃力不讨好的飞行员的方案。

1980年，米高梅首次公布这个计划，片名仍为《祖儿小子》。斯皮尔伯格委托编剧们写了十几版剧本[1]，可开机时间一拖再拖。这使得《直到永远》成了某项永远不会有什么进展的计划。"在众多早期的剧本草稿中，理查德脱颖而出，"斯皮尔伯格回忆说，"他能抓住事物的本质。他总是那么闪耀。我猜我大概真的很擅长设计谜题，比如各种花招或把戏。我想这大概就是我不想拍这部电影的原因……我们把所有能做的特效都写进了电影……我总是开始不了，但我想都是因为我还没有准备好……如果早在1980年就开始拍这部电影的话，我想它会更像一部喜剧。因为我会把一切深层的情感隐藏起来。"

如何隐藏内心深处的情感是斯皮尔伯格的"另一个自我"所面临的问题之一。德莱福斯扮演的皮特·桑迪奇无法承认自己对女友多琳达（亨特饰）的爱，直到他发现自己

---

1 杰里·贝尔森和黛安·托马斯也是其中的两名编剧，罗纳德·巴斯负责撰写用于拍摄的剧本，但贝尔森完成了最终版剧本并单独署名为编剧。

早已死去。他重返人间带有双重目的：一是作为毫无经验的青年飞行员泰德·贝克（布拉德·约翰逊饰）的守护天使，二是对多琳达的单相思选择放手。皮特原来的守护天使是一个名叫哈普的快乐灵魂。哈普这个名字也许暗指亨利·阿诺德将军，二战时的美国空军司令，斯皮尔伯格的父亲当年曾在他的麾下服役。《夺宝奇兵3：圣战奇兵》中扮演父亲角色的肖恩·康纳利无法出演哈普。斯皮尔伯格还破例为奥黛丽·赫本安排了试镜，因为他觉得奥黛丽·赫本"更有与生俱来的母性特征"。

奇幻的框架为影片中的三角关系增加了一丝辛酸之感，导演用20世纪40年代浪漫喜剧的诙谐语调来处理这段三角恋情，同时奇幻元素也凸显了被奉为斯皮尔伯格第一部"成人爱情故事"中奇特的"无性"特质。最感人、最真挚的浪漫场景，取决于观众意识到这对恋人无法触碰对方。多琳达伴随歌曲《烟雾弥漫你的眼》（*Smoke Gets in Your Eyes*）的独舞，其实由皮特的鬼魂伴舞，只是她无法看到他的魂魄。当多琳达穿着皮特生前送她的那件白色紧身吊带舞裙，在客厅中旋转时，斯皮尔伯格用优雅而且温柔的镜头调度充分表达出失落和追忆之情[1]。

但是对于一些（或许是对于大多数）当时的观众来说，《直到永远》中的不求回报的恋情似乎更令人厌烦。对于斯皮尔伯格的批评者而言，这部老套的、不涉及性的影片毫无疑问是斯皮尔伯格发展受阻的另一大象征，进一步证明了他不会，或者说是不可能长大。当多琳达穿着她令人眼前一亮的白色舞裙，第一次出现在满屋滑稽又令人肃然起敬的飞行员和机械修理工面前时，"这是斯皮尔伯格作为一个男孩在漫长的职业生涯中，最纯洁的无性时刻，"大卫·丹比在《纽约客》杂志上写道，"这也让我意识到，在斯皮尔伯格的电影中，性在多大程度上只限于梦想和理想。"

诚然，斯皮尔伯格尚未在银幕上全方位探索成人性爱。但他在这方面也有过偶尔尝试，比如《紫色》中女同性恋的性爱场景，但往往是害羞和试探性的。在《直到永远》中，导演对浪漫场景的处理常常被过于幼稚的基调所破坏，片中人物不时发出紧张的傻笑，看起来就像因扮演成年人而尴尬的高中生。将《直到永远》中霍莉·亨特少女般的歇斯底里和《祖儿小子》中艾琳·邓恩娴静女性的优雅相比，就能看出斯皮尔伯格在处理成熟女性性征时的不足。

---

1 斯皮尔伯格巧妙地运用了杰罗姆·柯恩可爱的老民谣作为两个消防员出现时的音乐，导演原本想使用欧文·柏林那首动人心弦的音乐《永远》（*Always*），但被拒绝。在与斯皮尔伯格的一次电话交谈中，94岁高龄的柏林说，自己"计划在未来使用这首歌"。

斯皮尔伯格更擅长处理男性的焦虑，比如皮特对多琳达的占有欲，皮特对情感承诺的缺乏、对多琳达事业的不安，还有看到她被泰德追求时自讨苦吃的嫉妒。导演把泰德塑造成一个卡通化的笨汉来平衡剧情，也许是因为如果将皮特和他的竞争对手安排得势均力敌会显得太有威胁性。最终，皮特意识到，他所爱的女人能否幸福，取决于他自己是否愿意接受她爱上别的男人。皮特放手的过程也是他情感成熟的过程。

如果斯皮尔伯格没有经历过第一次分手和离婚的痛苦，他不可能在自己内心发现这些感觉。皮特学着用父亲的方式对待泰德，似乎反映了斯皮尔伯格对现实生活中自己的新角色"父亲"的喜爱。斯皮尔伯格通过为皮特示范如何扮演泰德的职业导师，与斯皮尔伯格在现实中喜欢扮演年轻导演的"导师"相呼应。

由米凯尔·萨洛门担任摄影师的《直到永远》中包含了一些斯皮尔伯格最令人陶醉的影像。空中拍摄的灭火场景（部分拍摄于1988年黄石公园的大火）的视觉效果远比《祖儿小子》在摄影棚中拍摄的场面要壮观得多。但《直到永远》的瑕疵之处正在于精湛的拍摄技巧和对相对肤浅的浪漫关系之间的矛盾。

广大观众都期待着斯皮尔伯格拍出一部艺术巅峰之作，一部他对"彼得·潘综合征"的明确声明，但《铁钩船长》表现出这位中年导演对于彼得·潘、对于迷失的男孩、对于它们所代表的童年无政府主义精神的极度厌烦。这个故事中更加阴郁的一面激起了电影创作者的激情，在这一部分中，彼得·班宁（罗宾·威廉姆斯饰）就是长大了的彼得·潘，面对年幼儿子杰克（查理·科斯莫饰）的怨恨情绪，感人地接受了自己作为父亲的失败。但除此之外，《铁钩船长》也是一头笨重的白象（White Elephant）[1]，在海盗村里和梦幻岛上，被冗长、乏味、混乱的闹剧所折磨。

也许斯皮尔伯格只是等待了太久才开始着手制作自己的彼得·潘电影。或许从另一方面来说，他一直都在制作这样一部电影。即使斯皮尔伯格28年前拍的第一部业余故事片，也要感谢彼得·潘，小仙子们在那部电影中不过是以火光的形式飞来飞去。亨利·希安是少数将《铁钩船长》视为斯皮尔伯格主要作品的影评人之一，他在《电影评论》中说这部电影"将斯皮尔伯格前十五年里的科幻电影作品中随意散落的不同主题线索、视觉效果和

---

1 在印度、泰国、缅甸等国，白象被视为神圣不可侵犯的动物，不可使其劳作，很多贵族为饲养一头白象而倾家荡产。后来"白象"代指昂贵而无用之物或是华而不实之物。——译者注

类型人物整合在一起，形成丰富、连贯的整体。但是，尽管《铁钩船长》能让斯皮尔伯格的学生们得到关于老师工作和生活方面的启发，但大体而言，这部电影在概念上要比实际拍摄上"丰富"和"连贯"得多。

20世纪80年代早期，斯皮尔伯格先后为迪士尼和派拉蒙尝试过将《彼得·潘》改编为真人版。他曾考虑让迈克尔·杰克逊担任主角（出演能歌善舞的彼得·潘），还邀请达斯汀·霍夫曼出演铁钩船长。"当麦克斯出生时，我就决定不拍《彼得·潘》了，"斯皮尔伯格在1990年解释道，"我当时觉得拍这部电影不合时宜。那时我有了第一个孩子，我不想去伦敦拍电影，因为我不想看着七个孩子在蓝幕前在钢丝上荡来荡去，我只想待在家里做一个真正的父亲，而不是代理父亲。"

斯皮尔伯格转向了新的问题和成年人更关心的问题。正如他在《太阳帝国》中所表现出的那样，他不再满足于对童年纯真的珍视，而是开始关注纯真的消逝和成年无可避免的来临。与此同时，他也曾短暂考虑过执导由他的妹妹安妮（和加里·罗斯一同）撰写的剧本《长大》，这部剧本讲述了一个12岁少年突然发现自己变成了一个大人，而且还成了著名玩具设计师的故事。1988年，潘妮·马歇尔执导了这部电影，而这个由汤姆·汉克斯扮演的男孩与斯皮尔伯格本人有着诸多相似之处。事实上，《长大》可以被看作是妹妹对哥哥的生活和事业充满深情的讽刺。但是拍摄这部电影的意义何在呢？斯皮尔伯格在现实生活中已经经历了这样的故事，现在他需要摆脱这一切[1]。

确切地说，《铁钩船长》只是小男孩的幻想。1982年，编剧吉姆·V. 哈特3岁的儿子杰克向全家展示了一幅画。"我们问杰克，你画的是什么？"哈特回忆说，"他说那是一条正在吃铁钩船长的鳄鱼，但是鳄鱼并没有真的吃掉船长，船长最后逃走了。碰巧的是，我多年来一直都在尝试解析彼得·潘，但我又不甘愿只是重拍。所以我当时立马说：'哇，铁钩船长没有死，是鳄鱼死了，我们都被愚弄了。'4年后，我们全家一起吃晚饭时，杰克问：'爸爸，彼得·潘长大了吗？'当时我的第一反应是：'没有啊，当然没有。'然后杰克说：'如果他真的长大了会怎么样呢？'这个问题让我豁然开朗。我意识到彼得·潘确实长大了，我们这些婴儿潮一代的人现在已经40多岁了。我以华尔街的几个朋友为原型创作了铁钩船长的角色，不同的是，那些华尔街的海盗们穿着三件套西装，坐

---

1 在解释退出这个项目的理由时，斯皮尔伯格觉得妹妹安妮"已经在我的阴影下太久了……我开始考虑，如果由我来导演这部电影，人们就不会对安妮的贡献加以肯定"。后来安妮和罗斯提名了奥斯卡最佳剧本奖。

着豪华轿车。"

1989年，日本电子产品巨头索尼收购哥伦比亚/三星电影公司[1]时，哈特和三星的导演尼克·卡斯特尔正在开发《铁钩船长》。次年，索尼聘请了迈克·麦达沃伊来管理三星。曾担任过斯皮尔伯格第一任经纪人的麦达沃伊将哈特的剧本了交给斯皮尔伯格，斯皮尔伯格也很快答应执导这部电影。而曾为斯皮尔伯格的《惊异传奇》工作过的卡斯特尔被踢出了《铁钩船长》剧组，卡斯特尔得到了50万美元的和解金并和哈特一同署名为故事原创。斯皮尔伯格因此受到媒体的批评，有些人认为这是斯皮尔伯格对另一位不太知名导演玩弄权术，但是麦达沃伊说："他本来不想赶走另一位导演，但我对他说：'我已经这么做了。'因为达斯汀和罗宾不想和卡斯特尔一起共事。"

从哈特饰演的工作狂主角，雅皮士套利者彼得·班宁身上，斯皮尔伯格明显看到了自己的影子，"班宁代表了今天那些为未来打拼的工作狂，对待家人只有每天简单的问好和再见。这一代人一心追逐事业，我也是其中的一员，我发现自己一次又一次陷入了彼得·班宁的境地，工作过度而忽视家庭。我也知道自己对工作太投入，没有足够的时间来陪伴家人。通过制作这部电影，我汲取了很多教训。"

然而，哈特发现自己的位置被其他编剧取代了，包括玛莉亚·斯科奇·马尔默和女演员兼编剧凯丽·费雪。"我喜欢吉姆·哈特的剧本。"斯皮尔伯格说，"但是，我觉得他并没有塑造出铁钩船长的人物形象，达斯汀也没有。玛莉亚弥补了这一缺陷。"马尔默和哈特共同享有编剧署名，但是替小仙女（朱莉娅·罗伯茨饰）重写了幽默对白的费雪没有获得署名。"史蒂文将编剧当油漆工一样使唤，"哈特抱怨说，"他喜欢让这个编剧负责写这一块，那个编剧负责写那一块。还有人曾经开玩笑说，在好莱坞只要谁有斯皮尔伯格的传真号码，就一定在为他写剧本。"

许多关于《铁钩船长》的报道都与长大了的彼得·潘的故事没什么关系。这部影片宏大的制作规模，使其成为20世纪90年代好莱坞电影成本过剩的典型代表，例如本片在卡尔弗镇索尼片场的9个摄影棚里都搭建了豪华布景。尽管斯皮尔伯格像往常一样禁止大部分媒体参观片场，1991年2月19日这部电影开拍后，好莱坞名人聚集于这个小镇，小镇一下子成了著名旅游景点，直到夏天拍摄完成时，游客才略微减少。

1　此处的三星影业指Tri-Star电影公司。Tri-Star本是一家小电影公司，从20世纪末开始，一直与哥伦比亚影业合作，后来索尼收购了哥伦比亚和三星，组成了哥伦比亚/三星电影公司（Columbia-TriStar）。——译者注

斯皮尔伯格、霍夫曼和威廉姆斯三人在美国创新艺人经纪公司（简称CAA）的协调下达成协议，不从这部电影中获取任何薪酬，而是按照协议要求，从所有市场中分享发行总收入的40%。他们将从影片最初的5000万美元的影院租金中分得2000万美元，此后三星公司享有接下来7000万美元影片租金的全部；如果影片租金超过1.2亿美元，三人将继续分得收入。麦达沃伊当时指出，如果斯皮尔伯格和这两位明星"选择领取常规薪酬，他们得到的将远不止5000万美元的40%，肯定多得多。我认为那样才对每个人都公平。"麦达沃伊的解释并没有阻断在好莱坞流传的荒谬夸张流言，流言称这部电影必须获得高达3～5亿美元的票房才能实现盈利。

1991年12月，《铁钩船长》上映，票房低于预期。许多人都将这一事件当成爆炸性新闻。制片的各方面成本估计在6000万～8000万美元之间，远远超出最初4800万美元的预算。于是这部电影被认为是索尼在好莱坞肆意挥霍的习惯下最浪费无度的项目之一。但事实上，麦达沃伊说："索尼靠那部电影赚了很多钱，影片在海外的票房表现较好，而且仅在美国国内的票房收入就已经非常可观（该片的全球总票房为2.88亿美元）。这部电影的录像带也卖得很好。不管怎样，电影制片厂都获得了4000万到5000万美元的收益。"至于斯皮尔伯格、霍夫曼和威廉姆斯，"也大赚了一笔，"麦达沃伊说，"参与影片的其他人也是如此。"

麦达沃伊指出，《铁钩船长》也是索尼精心策划用以挑衅好莱坞的一种方式，好像在说："注意！这家电影制片厂已经开张了，并且打算拍大片。"不幸的是，这种态度似乎影响了片场的每一个人，包括斯皮尔伯格。虽然他试图沿袭自从在《夺宝奇兵1：法柜奇兵》中"康复"以来的节俭拍片方式，但最终还是沉迷于电影制作的宏大规模[1]，并回归到拍摄《一九四一》时的放纵。《铁钩船长》超出了原本预计的76天拍摄日程整整40天。造成进度缓慢的人员中还有臭名昭著的完美主义者达斯汀·霍夫曼、身心俱疲的朱莉娅·罗伯茨、一些业余的儿童演员、精心制作的特效，以及需要数百名临时演员和特技人员的宏大场面。但斯皮尔伯格说："一切都是我的错……除了我之外，没有人能让这部片子超出预算。我现在的拍摄进度比平时更慢……不知什么原因，这部电影就像是脱缰的野马，我被它远远甩在了后面……每天我来到片场，都在想，是不是已经失控了？"

---

1 《铁钩船长》由安培林娱乐出品，凯瑟琳·肯尼迪、弗兰克·马歇尔和杰拉尔德·R.莫伦（安培林的制片主任，当时也以制片人的身份参与了《铁钩船长》的制作）共同制片。

《村声》的影评人乔治亚·布朗调侃道，《铁钩船长》"赢得了有史以来以最奢侈、最浪费、最豪华的方式歌颂简单快乐和基本价值观的大奖"。温馨动人的场景，尤其是那些围绕彼得·潘和儿子关系的场景，比那些壮观的视觉场面更精彩，精彩到让人不禁怀疑电影的其余部分是另一位导演拍的。海盗村那些花哨却死气沉沉的场景，还有过于华美却毫无意义、杂乱无章的艺术指导[1]，构架草率的梦幻岛系列镜头，还有包括那个迷失自我的朋克男孩在内的勉强的幽默，正如《纽约客》的影评人特伦斯·拉弗蒂所评论的那样："史蒂文·斯皮尔伯格对自己的艺术和观众的态度极其倦怠。在这个版本的彼得·潘中，想象力似乎成了他的负担，成了可怕的、灾难性的强制义务。"

斯皮尔伯格并不希望观众们觉得，彼得·潘将自己沉浸在无所顾忌的童年行为中，就能从他贪婪又固执的行为中解脱出来。在导演含糊的想法里，彼得·潘"挽救了自己的过去，挽救了自己童年时期的记忆，并与这位自己最好的朋友'童年'共度余生，童年永远不会离他而去。"但电影看上去在叙述相反的事。在回归家庭、做一个受尊敬的人之前，彼得·潘要通过这最后一次极大的努力，一劳永逸地将自己的幼稚倾向从他的思想体系中永久剔除。想要从铁钩船长手中救回自己的孩子，他就必须放弃"永远做一个无忧无虑小男孩"的愿望。"我不能留下来玩耍了。"彼得悲伤地告诉那些迷失的男孩们，尽管他从梦幻岛带走了一种新意识，即玩耍在日常生活中的重要性，以及对生活会因为只专注于满足贪欲和野心而变得徒劳无益的清醒认识。

彼得和儿子之间的矛盾关系，呼应了现实中斯皮尔伯格和父亲的关系，也是这部电影的情感核心。作为一个由奶奶温迪（玛吉·史密斯饰）抚养长大的孤儿，彼得说："我知道我为什么会长大，因为我想成为一个父亲。"但是作为父亲和丈夫，他又非常失败，所以只能"沉迷于追求成功"，而（正如铁钩船长所说的）忽视了自己的家庭。当女儿在学校表演《彼得·潘》时，他正在忙于处理自己的业务电话；当儿子参加的少年棒球联合会进行比赛时，他只派了一个助手去给比赛录像。他事后向儿子承诺以后一定会去观看儿子的比赛，还不忘附加一句："我一定说到做到。"他的儿子苦涩地回应道："是啊，垃圾一样的承诺。"杰克几乎没能抑制住自己对父亲的敌意。尽管如此，他饱受摧残的柔软心灵中仍保留着对父亲的爱。最终当他的父亲誓死抵抗奸诈而又憎恶儿童的铁钩船长时，他终

1　此片由迪恩·康迪担任摄影师，诺尔曼·加伍德担任艺术指导，斯皮尔伯格看了约翰·纳皮尔在音乐剧《猫》中的工作后，便聘请这位舞台设计师担任电影的"视觉顾问"。斯皮尔伯格的安培林动画（Amblimation）曾花了好几年时间进行《猫》的电影版开发。

于表达出了对父亲的情感。

铁钩船长对杰克和玛吉（安玻·斯科特饰）兄妹俩的绑架，算是斯皮尔伯格电影中的最后一次"儿童绑架案"。绑架了这两个孩子后，铁钩船长向他们发表了一场演讲，演讲主题是"为什么父母会讨厌自己的孩子"，来说服他们背弃对家庭的忠诚。铁钩船长的论点有理有据，一针见血。"杰克和玛吉离开了家，因为彼得希望他们离开，"亨利·希恩在《电影评论》上写道，"铁钩船长不过是彼得被压抑的隐秘欲望的代言人，因此他是彼得·潘的镜像人物。当彼得第一次直面铁钩船长并试图营救自己的孩子时，却被那个大胡子海盗嘲笑。影片并未明确交代彼得失败的原因，部分原因是生理上的缺陷（具有讽刺意味的恐高症），但也有部分由于缺乏勇气和救人的欲望。"电影中最感人的场景之一，是彼得·潘的妻子莫伊拉（卡罗琳·古道尔饰）责备彼得说："你的孩子们爱你，他们想和你一起玩。你认为你还能和他们一起玩多久？很快杰克可能就不想让你参与他的游戏了。我们只有这特殊的几年时间能够陪孩子们玩耍，而他们也希望我们能陪在他们身边。再过几年，你就会追在孩子们屁股后面，乞求能分得他们的一点点关注。时间不等人，彼得，我们只有这短短的几年。机会转瞬即逝，你要赶紧抓住。"

这是彼得·班宁在《铁钩船长》中学到的一课，哪怕在被自己对成功的痴迷拽向另一个方向的时候，斯皮尔伯格也会将这条教训铭记在心。在学会承担父亲责任的同时，斯皮尔伯格也学会了承担作为一名艺术家应当承担的更大责任。

"那么，"温迪奶奶告诉彼得，"你的冒险结束了。"

"哦，不，"彼得回答，"生活，生活本身就将是一场可怕的大冒险！"

我曾对他说:"你是谁?我几乎快不认识你了。"史蒂文的各个方面都在不断地成长。

——莉亚·阿德勒,1994年

1993年,斯皮尔伯格前往波兰拍摄《辛德勒的名单》。"我个人的生活、成长经历、我的犹太身份,还有祖父母给我讲的关于大屠杀的故事,都再次扑面而来。犹太生活又重新涌入我的内心,我经常大哭",斯皮尔伯格在拍摄《辛德勒的名单》时所感受到的痛苦,也直接反映在了影片中。当观众沉浸在他对大屠杀的重现中时,很容易理解为什么导演在波兰的外景地会感到"持续的恶心"和"终日的惴惴不安"。因为斯皮尔伯格不仅担负着见证自己民族历史这一压倒性的责任,还要担负最终与自己和解的个人重担。《辛德勒的名单》成了斯皮尔伯格人生的转折点。经历了10多年的犹豫和逃避之后,斯皮尔伯格拍出了这部电影。这是一种宣泄,最终把他从作为人和作为艺术家的双重身份中解放出来,将他性格中的这两重独特身份合二为一,让他重新做回自己。

斯皮尔伯格能够忍受在波兰日复一日的痛苦拍摄并完成这个项目,是因为有家人做他坚强的后盾。在开始这段"从耻辱到荣耀的历程"之前,斯皮尔伯格"必须先建立一个家庭,我必须弄清我在这个世界上的归宿。"他的第二任妻子凯特和他们的5个孩子陪他一同前往波兰[1]。他的父母和拉比也经常来外景地探班。《犹太边疆》的影评人莫迪凯·纽曼将这部电影称为"斯皮尔伯格的成人礼电影，其作品步入情感成熟的标志之作"。

当斯皮尔伯格终于凭借《辛德勒的名单》赢得了期盼已久的奥斯卡最佳导演奖时，他感谢妻子凯特"去年冬天在波兰的克拉科夫陪了我整整92天，让我熬过了不堪忍受的那段时光"。他对媒体说，如果没有家人陪伴在侧，他早就疯掉了。"……那是我的孩子们第一次看到我哭。我一回到家就忍不住要哭，不是为任何人感到抱歉，而是因为那痛苦实在是锥心刺骨。"他说，每隔几周，"罗宾·威廉姆斯[2]就会打电话给我，给我讲漫画里的搞笑故事，想把我逗笑。"

即便是涉及这样的深度，斯皮尔伯格也从未偏离自己更熟悉的定位：迎合大众口味的商业电影人。他在波兰时给家人租了间小旅馆，每周有3个晚上他会回到那里，打开旅馆前院的卫星电视，并投入《侏罗纪公园》的制作。1993年3月1日，《辛德勒的名单》开始拍摄，而在此之前仅仅3个月，《侏罗纪公园》就完成了主要的拍摄工作。

由于《辛德勒的名单》必须在冬季拍摄，斯皮尔伯格便将那部恐龙电影的大部分后期制作交给了乔治·卢卡斯，但也为自己保留了对电脑合成的恐龙和影片音轨的最终决定权。高科技的通信方式和电脑技术，使他能够看到加利福尼亚北部工业光魔公司不断改进的特效画面。以及与他的好友们进行远程交流，比如特效师丹尼斯·穆伦和制片人凯瑟琳·肯尼迪（她与杰拉尔德·R. 莫伦共同承担制片工作）等。每晚远程会面后，作曲家约翰·威廉姆斯都会将配乐传输过去，供斯皮尔伯格在大型扬声器中播放。所有这些交流信息都会从加利福尼亚传送到波兰后再传回，以防被人剽窃。

斯皮尔伯格的那种精神分裂与"文化错位"，在同时拍摄这两部电影的过程中体现了出来，这是"一种不同寻常的环境，也是我自己造成的。我不后悔，比方说我花了两个小时在《侏罗纪公园》上，肯定要花一点时间才能重新回到《辛德勒的名单》。"在他职业生涯的关键转折点，这两部重要的作品完美地诠释了其艺术个性的二元性。在斯皮尔伯格漫长的电影生涯中，他始终徘徊在艺术家和娱乐家的两极身份之间，在1993年那几

1　包括他和艾米·欧文的儿子麦克斯、他和凯特·卡普肖的两个孩子萨沙和索耶尔（儿子，生于1992年）、他和凯特的养子西奥，以及凯特和前夫十几岁的女儿杰西卡（担任本片的制片助理）。1996年，史蒂文和凯特又为他们的家庭生下一个女儿德丝特丽·艾林，并领养了一个女儿米凯拉。

2　罗宾·麦罗林·威廉姆斯（Robin McLaurim Williams），美国喜剧电影导演、演员。代表作《大力水手》《加普的世界观》《早安，越南！》。——译者注

个月里尤为明显，使他成了伟大的流行艺术家。尽管他天性中纯粹取悦大众的一面似乎较为突出，但他作为电影人的优势，就像狄更斯写小说的优势一样，仍能从这种二元性中凸显。从《辛德勒的名单》的恐惧中解脱，和幻想中的恐龙一起玩耍，可能也帮助他逃离了在大屠杀真实发生的地方重现大屠杀的绝望。"一流智力的检验标准是，"F. 斯科特·菲茨杰拉德曾经写道，"你能否同时在头脑中持有两种相反的观点，但仍能保持行动能力。"

对于环球影业而言，拍摄一部关于大屠杀的3小时黑白电影是一个高风险的商业提案。虽然此前好莱坞已经拍过好几部关于大屠杀的电影[1]，但还从来没有一家大制片厂如此固执地将这一主题以残忍的现实主义手法呈现。"我曾非常肯定地向制片厂表示他们会血本无归，"斯皮尔伯格回忆说，"我告诉他们，这部电影需要投资2200万美元，而且他们不能干涉我的拍摄，因为他们从中看不出任何信息。我当时是多么悲观啊，因为当时大家都以为这本质上是一部关于种族仇恨的电影。很高兴我错了。"

斯皮尔伯格不想赚取他所谓的"血汗钱"，并提出放弃所有薪酬，直到环球影业收回其制作成本后，才接受低于正常百分比的电影租赁总额分红。他从这部电影（最终取得了巨大的票房成功）中赚到的所有钱，都将通过他的正义人基金会捐给犹太人组织，以及一些历史项目，比如华盛顿特区的美国犹太人大屠杀纪念馆和斯皮尔伯格自己的非营利性大屠杀幸存者视觉历史基金会（Survivors of the Shoah Visual History Foundation）。

"除了我，没有任何人能让制片厂同意这个项目。"斯皮尔伯格说，"……我从不吹嘘自己的成就。但当时我说，好吧，感谢上帝，让我强壮得如同900磅的大猩猩，这样我才有能力让这个项目落地……一名不愿意透露姓名的制片厂高管说：'我们为什么不将这部电影的收益捐给大屠杀纪念馆呢？那样会让你快乐吗？'当时我一听到这话就马上充满了干劲。"斯皮尔伯格觉得，那是某种"讯息"，"让我下定决心马上拍摄这部电影"。

MCA的总裁希德·谢恩伯格同意斯皮尔伯格拍摄这部电影，但有一个条件：他必须先完成《侏罗纪公园》。斯皮尔伯格承认，"希德很清楚，一旦我开始导演《辛德勒的名

1　其中最著名的包括《安妮日记》《纽伦堡的审判》《典当商》《苏菲的抉择》以及1978年美国全国广播公司（NBC）出品的电视迷你剧《大屠杀》。

单》，便无暇顾及《侏罗纪公园》了。"

20世纪80年代末，斯皮尔伯格买下了迈克尔·克莱顿的一部剧本，剧本取材于迈克尔年轻时作为哈佛大学医学院的实习生，在马萨诸塞州总医院的急诊室实习的经历。而这部《急诊室的故事》最终成了斯皮尔伯格第一部在黄金时段热播的电视剧。"有一天（1989年10月），我们在办公室讨论有关剧本内容的调整。"斯皮尔伯格回忆说，"我碰巧问他，除了这个剧本，他手头还有没有别的事情。他说他刚刚完成一本关于恐龙的书，名叫《侏罗纪公园》，正在由出版商校对。我说：'你知道，我一直对恐龙很着迷，很想看看这本书。'于是他塞给我一份经过校对的样稿副本。我读完后第二天就给他打了电话，我说：'我敢肯定，这本书必将引发一场激烈的竞标战。'"

"但迈克尔表示，他并没有兴趣参加竞标战。他只想把这本书给那些愿意将其拍成电影的人。于是我说：'我想拍这部电影。'他问我：'你想做制片人还是亲自导演？'我回答：'都想。'然后他说：'如果你向我保证你会亲自执导这部电影，我就把这本书交给你。'但是后来创新艺人经纪公司（简称CAA，克莱顿和斯皮尔伯格都由这家公司代理）得到了那本书的电影改编权，当然，他们更倾向于举办一场竞标，尽管当时迈克尔已经私下里答应将这本书交给我。不久之后，这本书就被送往好莱坞的大小制片厂，立刻引起了激烈的竞标。"

这部小说堪称低俗小说的大杂烩，有悖于科学的推测。克莱顿小说的出发点是提取保存在琥珀中的史前恐龙DNA来克隆恐龙。故事讲述了疯狂的主题公园经理约翰·哈蒙德，鲁莽地在哥斯达黎加海岸的偏远小岛克隆出了恐龙，结果恐龙们最终失控，摧毁了公园和约翰自己。《侏罗纪公园》借鉴了克莱顿1973年的电影《西部世界》中的部分元素。《西部世界》是一部科幻惊悚片，围绕主题公园里凶残的机器人枪手展开。而《侏罗纪公园》更大程度上受到了阿瑟·柯南·道尔1912年的小说《失落的世界》（*The Lost World*）的启发。克莱顿甚至借用了《失落的世界》这一标题来为侏罗纪系列电影的第二部《侏罗纪公园2：失落的世界》（*The Lost World: Jurassic Park*）命名。这部续集由斯皮尔伯格在1996—1997年导演。

道尔小说中的主人公是来自英国的探险家查林杰教授，他发现了有大量恐龙和猿人居住的南美洲高原是一片脱离"自然规律"的史前世界。道尔的《迷失的世界》自由混杂了几个地质年代的生物，就像是克莱顿笔下的小岛一般，这片地区的大部分居民（以霸王龙为主）大多源于白垩纪，而非侏罗纪时期。1925年，《迷失的世界》被改编为无声电影，这部小说同样也是伊尔温·艾伦1960年的电影《迷失的世界》的灵感来源。在观看伊尔温的这部电影时，年轻的斯皮尔伯格用他极具传染性的呕吐恶作剧吓走了凤凰城的某位观众。克莱顿承认自己受到了道尔作品的启发，并评论说："我们都是失败的医生，我们发现讲故事比治疗更令人愉悦。有时候我觉得，我这一辈子都在用不同的方式改写柯南·道尔的作品。"

在《侏罗纪公园》中，克莱顿设定的人类角色都是性格单一的扁平人物，而且他的恐龙动作场面远不如斯皮尔伯格的电影中那么精彩刺激。但作者将伪科学式的幻想与老式怪兽电影的怪诞结合在一起，就像为斯皮尔伯格的艺术天赋量身定做一般。正如导演所说："我可以大言不惭地说，我真的只是想拍一部《大白鲨》的续集。只是这次的故事发生在陆地上[1]。"

小说的电影改编权以150万美元的价格售出，不接受议价，外加可观的票房收入分成。1900年5月，在3天时间里，克莱顿权衡了华纳兄弟（导演蒂姆·伯顿）、哥伦比亚/三星影业（导演理查德·唐纳）、20世纪福克斯（导演乔·丹特），以及环球影业（导演斯皮尔伯格）这四家公司的出价，在一天内同四位导演进行了电话交谈后，克莱顿选定了斯皮尔伯格，环球影业又为购买剧本追加了50万美元。"我知道这部电影会很难拍，"克莱顿说，"但毫无疑问，史蒂文是处理这类电影最有经验而且最成功的导演。他真的很擅长运用技术，而不是被技术所掌控。"

斯皮尔伯格委托曾参与《铁钩船长》的玛利亚·斯科奇·马尔默，以及罗伯特·泽米吉斯的黑色喜剧《飞越长生》的编剧大卫·凯普一起重写剧本，尝试丰富克莱顿笔下的人物形象，却没有成功。最后只有克莱顿和凯普获得了《侏罗纪公园》的编剧署名。马尔默说她的主要贡献是让艾莉·萨特勒博士（劳拉·邓恩饰）和孩子们，莱克斯（艾莉安娜·理查兹饰）和蒂姆（约瑟夫·马泽洛饰）更加自信。相较于克莱顿的剧本，凯普修改后的剧本中至关重要的变化是增加了主人公艾伦·格兰特博士（山姆·尼尔饰），这个角色对孩子们有一种根深蒂固的敌意，因此为整部电影增添了小说所不具备的戏剧张力（克莱顿剧本中的格兰特"喜欢孩子。这群如此热衷于恐龙的孩子们，怎么

---

1 斯皮尔伯格此前已经成功制作了一部恐龙电影，唐·布鲁斯的动画《小脚板走天涯》（1988）。《侏罗纪公园》摄制完成后不到6个月，安培林娱乐出品了一部轻松愉快的动画片《我们回来了：恐龙的故事》，这部动画片专门拍给那些斯皮尔伯格认为不适合观看《侏罗纪公园》的孩子。

能不招人喜欢呢。")

甚至在第一稿剧本写出来之前，斯皮尔伯格就已经偏离了正常的制作流程，忙着和艺术指导里克·卡特以及其他几位插画家一起，把他最喜欢的小说片段画成故事板。"我们基本上设置好了场景的内容，"卡特解释说，"一旦斯皮尔伯格知道那是什么样的场景——这非常重要，需要清楚所有细节——他的脑海中就会出现一个放映机，将所有画面过一遍。他会听取别人的意见，并深入讨论。他会非常详细地画出这些有趣的框架，如果你能看懂，就会发现他画得非常详尽。"1992年春天，凯普受邀改写剧本时发现故事板"非常有用。就像把电影的大部分场景都交给你一样，让你能在影片中四处走动，感受这部片子将会拍成什么样。"

斯皮尔伯格缜密的计划使复杂的制作工作进行得有条不紊。"从一开始，我就担心自己掌控不了《侏罗纪公园》这样的电影。"他说，"因为《一九四一》《大白鲨》和《铁钩船长》的摄制都有些失控，进度被大大拖延。这次我绝不会再让这种情况发生。大部分镜头我一遍就过，在我的上一部片子里，也许一个镜头都要重拍至少四五遍……为了能按照预算和计划日程完成这部电影，所有人都快被我逼疯了。"

根据官方数据，这部电影的最终成本约为6000万美元，但《福布斯》杂志后来估计该片的实际拍摄成本（包括2000万美元的利息和日常费用），总计9500万美元。1992年8月24日，主要的拍摄工作在夏威夷的考艾岛正式开始，并于11月30日在好莱坞完成，比预先计划的82天拍摄日程提前了12天。即使9月11日，袭击考艾岛的飓风"伊尼基"（Iniki）也几乎没对影片的拍摄造成影响，而那天是为期3周的外景拍摄计划中的最后一天。斯皮尔伯格和剧组成员，在考艾岛威斯汀酒店的舞厅里安全度过了此次风暴，四天后，拍摄工作在环球影业的片场继续进行。飓风来袭的那天恰巧是女演员阿莉安娜·理查兹的13岁生日。她回忆说："暴风雨砸塌了屋顶的一部分，幸好没有人受伤。史蒂文·斯皮尔伯格还给所有孩子讲了鬼故事，我们都听得很入迷，所以我反而过了一个相当不错的生日。"

好奇心是斯皮尔伯格创作《侏罗纪公园》的部分原因，并提升了《侏罗纪公园》的想象力高度，远远超出了克莱顿原作中克隆远古恐龙基因的平淡设想。古生物学家史蒂芬·杰·古尔德批评这部电影企图将复活恐龙作为前提，相当于"在不可能的事情上加上不可能的事"。但斯皮尔伯格和他的特效魔法师逼真地重现了这些早已灭绝的生物，的确

"令人叹为观止"，古尔德写道："一些知识分子通常无视这些特效技术，更有甚者，轻蔑地鄙视特效为'仅仅是机械'的行为。我觉得这种目光短浅的狭隘主义真是令人无法容忍。没有什么比生物体的形体构造和行为更为复杂……因此，运用技术来制作出精确逼真的动物，成了人类创造力面临的最大挑战之一。"

随着计算机成像技术（CGI）在《侏罗纪公园》中的广泛应用，传统的由诸如雷·哈利豪森[1]和金刚原版设计者威利斯·奥布莱恩等特效大师开发的定格动画微缩技术开始显得过时，由乔治·卢卡斯的工业光魔公司完善的高级动格动画技术（Go Motion）也不免黯然失色。从斯皮尔伯格监制的一部作品《少年福尔摩斯》中，可以窥见计算机成像的一个早期应用案例。在这部作品中，工业光魔公司和皮克斯（当时卢卡斯影业的电脑制图部门）[2]用电脑动画绘制了一位骑士从彩色玻璃窗一跃而出的场景。1990年6月，当斯皮尔伯格开始着手《侏罗纪公园》的前期制作时，他还没意识到自己可以把计算机成像推进到什么程度，使他的恐龙电影"一切都呈现出最逼真的效果……我曾幻想过有一天人们能用计算机成像制作出三维的、实景的真人角色，但是我没想到这一天会这么快到来。"

斯皮尔伯格最初还是寄希望于《大白鲨》以来取得长足发展的机械怪物制造技术，因此首先考虑聘请环球主题公园金刚景点的设计师鲍勃·格尔，来建造比例真实、可以走动的机器恐龙。但因为格尔制造的生物能力有限，斯皮尔伯格很快转向生物设计师斯坦·温斯顿。温斯顿开始尝试制造大型的电子恐龙。这些恐龙使用机械化的支撑结构，与鲍勃·马蒂为《大白鲨》制造的鲨鱼没有本质不同，但在技术上更为先进。斯皮尔伯格随后计划采用菲尔·蒂佩特设计的动格微缩动画和一小部分工业光魔制作的电脑动画，来辅助温斯顿制造的电子恐龙。当特效总监丹尼斯·穆伦告诉斯皮尔伯格，他的动画师可以利用计算机成像绘制真实大小的恐龙时，斯皮尔伯格回应道，"那请证明给我看"。

"接着，"斯皮尔伯格很惊讶，"他走出去并证明给我看……我永远不会忘记丹尼斯完成第一次测试的时刻。除了观看国家地理纪录片之外，我从未见过如此流畅的动作。但当时我并不敢打电话给蒂佩特，说：'嘿，菲尔，我们想把你将要在这部电影中负责的部分——制作出历史上100个前所未有的最佳动格动画镜头，换成计算机成像。'我当时没

1　雷·哈利豪森（RayHarryhausen），美国电影界特效先驱、定格动画大师，曾参与《巨猩乔扬》《深海怪物》《飞碟入侵地球》《神秘岛》等共20多部影片的特效制作，其中《巨猩乔扬》的特效还获得了当时属于特别奖的奥斯卡最佳特效奖。——译者注

2　后来卢卡斯把它卖给了乔布斯，皮克斯逐渐发展为今天的动画巨头。——编者注

有勇气这么做，因为这种技术还不能令我完全信服，直到我在计算机成像测试中看到了一只在室外最差日照条件下有血有肉的恐龙。"

"当我看到那个场景，以及菲尔和我一起第一次看到那个场景时，我们就好像在电视屏幕上看到了我们的未来。如此真实，我简直都不敢相信自己的眼睛，这又一次让我大吃一惊。当我转向菲尔，菲尔也正在看着我，然后他对我说：'我觉得像我这样的生物就要灭绝了。'后来在电影里，我在马尔科姆（杰夫·戈德布拉姆饰）和格兰特的对话中引用了菲尔的这句话。"（当他们来到侏罗纪公园，格兰特说："我们要失业了呢。"马尔科姆回答："你是说灭绝吗？"）蒂佩特仍是斯皮尔伯格所谓的"CGI恐龙的导演"[1]。它们在影片中的出场时间仅为6分30秒，但是，斯皮尔伯格认为霸王龙是"我们的明星"，从更多角度衬托出了人类角色的渺小。它们只占据了电影6分半钟的时间，但正如斯皮尔伯格所说，霸王龙成了"我们的明星，在很多方面使人类演员相形见绌"。霸王龙对孩子们发起攻击的片段，混合了计算机成像和电子动画，给斯皮尔伯格留下了深刻的印象，因此他改动了结局（原计划是两只迅猛龙之间的小规模战斗），用计算机成像技术让他所谓的"明星"引爆高潮。

为了更好地利用新工具，斯皮尔伯格参加了计算机技术的速成班，正好是他父亲的专业。他曾拒绝踏入父亲的专业领域，这种矛盾心理在电影中也有所反映。"我讨厌电脑。"是格兰特博士的第一句台词，而且电影中的反派是公园里腐败的电脑技术总监丹尼斯·内德里（韦恩·奈特饰），他暂时关闭了超载的系统，最终造成了灾难性后果。正如理查德·克利斯在《时代》杂志上的评论："对斯皮尔伯格来说，没有哪部电影比这部电影更个人化……一部以过程为主体的电影，一部探讨在微芯片时代制造娱乐的所有复杂性的电影。这部电影（像斯皮尔伯格一样）热衷技术，却又（同斯皮尔伯格一般）害怕被技术所左右。"

克莱顿和斯皮尔伯格第一次见面讨论小说的改编时，原以为他们可能会从制作恐龙的技术挑战切入。但是斯皮尔伯格说："我们来谈谈关于角色的问题吧。"

"然后，"克莱顿回忆说，"我正在匆匆写着，他却已经详细地向我介绍了故事中的

---

1 蒂佩特、穆伦、温斯顿，以及特殊恐龙特效制作师迈克尔·兰蒂耶里获得了奥斯卡最佳视觉效果奖，《侏罗纪公园》还获得了最佳音响和最佳音效剪辑奖。

每个角色，勾勒出他们的外形，描述了他们的动机、希望与恐惧、怪癖及缺点。关于对话、姿势和服装的想法层出不穷。他说得非常快，就这样讲了一个小时。

"最后，他将话题转向了恐龙，但他像讨论角色一样讨论这些庞然大物。例如，霸王龙的力量和缺陷、迅猛龙的速度和危险性、病恹恹的三角龙。而且，他还将具体的视觉感受列了出来：呼出的气体使玻璃窗蒙上了一层雾；脚在泥地里走，发出咯吱咯吱的声响；皮肤下肌肉的运动；强光下的瞳孔收缩。他在考虑如何表现恐龙的重量、速度、威胁和意图。他还提到，一只霸王龙以每小时60英里的速度追逐一辆汽车的场景。"

"最后，我终于忍不住了。'史蒂文，'我说，'这些你打算怎么拍出来呢？

"他耸了耸肩，做了一个不屑的手势，表示这并不重要，因为这不是我们需要讨论的问题。"（当然，因为当时他也没有答案。）

"我说：'但是这些特效——

"'特效嘛，'他说，'肯定非常精彩，就像观众们觉得影片中的角色也十分精彩一样。'"

小说和电影最明显的不同之处在于斯皮尔伯格将哈蒙德变成了一个更能引起共鸣的人物。导演承认自己非常认可哈蒙德身上偏执的痴迷[1]。斯皮尔伯格还让另一位电影导演（理查德·阿滕伯勒）饰演这位苏格兰经理，以强调他对这一角色的喜爱。

斯皮尔伯格还承认，他自身与这个角色有着共同的"阴暗面"，那就是对工作不遗余力的投入，有时甚至以牺牲家庭责任为代价。在斯皮尔伯格的众多影片中，父亲（或祖父）都是不负责任的角色，哈蒙德对繁殖恐龙欣喜若狂，因此没时间停下来考虑后果，甚至把自己的孙子和孙女当成旅游公园中的豚鼠，将他们暴露在致命的危险中。但是哈蒙德本质上还是善良的，在影片中，他像母亲一般对刚刚破壳而出的小恐龙呵护有加，因此使他的行为看起来与其说是邪恶，不如说是误入歧途。其实将孩子们置于危险之中不过是他的无心之失，他根本没预料到究竟会发生什么，当他终于意识到了危险，一切已无可挽回，只能依靠格兰特来拯救大家了。

"这部电影将儿童与死亡联系在一起产生出的力量完全来自斯皮尔伯格对此的痴

1　1996年带有自反性嘲讽意味的景点"侏罗纪公园之旅"在好莱坞环球影城开放。斯皮尔伯担任该项目的顾问。

迷。"亨利·希恩在《视与听》杂志上写道，"……电影中最可怕的两个场景都是围绕孩子展开的，当时孩子们都处于濒临死亡的险境，先后遭受霸王龙和迅猛龙的攻击。但这些遭遇也为格兰特博士的儿童谋杀幻想画上了句号。"格兰特在电影中第一次露面时正在残忍地戏弄一个小男孩，并幻想迅猛龙会将他撕成碎片。蒂姆和莱克斯带着崇敬之情迎接这位著名的古生物学家，格兰特竟以怒目相视回应，还希望他们从眼前消失。就差那么一点，他就可以如愿以偿了。"当孩子们无助地躲藏在抛锚的车里，看着窗外的霸王龙发动猛烈的袭击，此时（格兰特）一动不动地坐在自己的车中，煎熬着度过漫长的时刻，恐惧地看着自己曾经强行压抑住的谋杀幻想在眼前上演。"希恩说，"当格兰特终于下定决心，纵身跃起去解救孩子们时，才为自己的邪恶念头做出了一点补偿。当然，电影还没有结束，直到他遇到完全相同的危险。那场迅猛龙的袭击，和格兰特在影片开场描述的场景一模一样……令人吃惊的是，这部电影正是厚颜无耻地围绕着这样一个难以言说的愿望展开。如此说来，有些人指责《侏罗纪公园》'缺乏故事性''人物个性不鲜明'，多少显得过于偏颇。"

斯皮尔伯格决定将哈蒙德的动机从无情的贪婪，转变为对奇观孩子般的迷恋。正如影评人彼得·沃伦所说，这有助于解释为什么这个角色"能够毫发无损地逃脱危险，大概是因为在某些方面，这个角色太过接近斯皮尔伯格自己。"孩子们从暴虐的恐龙袭击中逃脱，格兰特也逐渐接受了自己作为成年保护者的责任。这些磨难解决了希恩所形容的斯皮尔伯格"一直在父亲这个角色到底是拯救者还是破坏者上摇摆不定"，在最后一个场景中，格兰特抱着熟睡的孩子们，乘坐直升机逃离了侏罗纪公园。他同艾莉·萨特勒博士无声对视，终于习惯了当父亲的感觉。

斯皮尔伯格对恐龙的刻画，如同他在《大白鲨》中对鲨鱼的刻画一样，包含了同等的迷恋和恐惧。导演的这种矛盾心理通过鼓励观众欣赏恐龙甚至认同恐龙（就像格兰特做的那样）来加强悬念感，同时也将观众们代入人类猎物的恐惧。由此产生的复杂基调形成了希区柯克电影中惯用的，那种令人不安又相互矛盾的"吸引力/排斥力"。斯皮尔伯格一生对恐龙的痴迷可能源于内心深处迷恋不负责任的父母所产生的焦虑。克莱顿的理论是："孩子们喜欢恐龙，因为这些庞然大物象征着不可控制的权威，也象征着父母，既让人迷恋又让人害怕。孩子们喜欢恐龙，就像爱自己的父母一样。"

有评论说斯皮尔伯格没能将《侏罗纪公园》里的人物塑造得像恐龙一样立体，这样的批评也不无道理。澳大利亚演员山姆·尼尔成功塑造出忧郁的格兰特，但这个角色的衣品不怎么时尚。而劳拉·邓恩和斯特勒博士一样惹人讨厌，她咧开的大嘴，再加上糊涂的个性，削弱了她作为古植物学家的可信度。斯皮尔伯格想要赶在计划日程之前杀青，因此可能降低了对于演员一贯严格的演技要求。甚至连演员们（包括杰夫·戈德布卢姆饰演的时髦数学家伊恩·马尔科姆）逃命时的台词都缺乏感情，还含糊不清。斯皮尔伯格宁愿把预算花在特效上，也不愿花在演员身上[1]。但导演极具创意地突显两个孩子和阿滕伯勒的亲密关系，也暗示出尼尔和邓恩扮演的角色未能充分调动导演的情感。

"《侏罗纪公园》是一部优秀的娱乐片，充满了刺激，但不能像伟大的电影那样引起观众的共鸣。"《华尔街日报》的朱莉·萨拉蒙这样评论，同时也抱怨道，"恐龙看起来活灵活现，但人物看起来那么虚假。"除了像亨利·希恩这样的少数例外，大多数影评人往往对导演专注于父爱主题的作品漠不关心，甚至怀有敌意。《新闻周刊》的大卫·安森反驳道："可以预见，格兰特必须拯救哈蒙德淘气的孙子和孙女，以免他们成为恐龙的盘中餐，这时，格兰特对孩子的厌恶情绪就会发生转变。"《村声》的乔治亚·布朗也评论说：这部电影"对心灵脆弱的人来说实在是太可怕了。令人惊讶的是，导演把书中两个可爱的儿童主角塑造得很粗糙。继《铁钩船长》中令人作呕的迷失男孩后，许多人会欣赏这种新的冷血表演"。

"什么是犬儒？"奥斯卡·王尔德问，"那就是他知道一切的价格，却不知道其价值。"这样的评论也适用于《侏罗纪公园》的票房。这部电影的票房是如此惊人，以至于他们威胁要把实际的电影降为一个脚注。

自1995年6月10日上映以来，《侏罗纪公园》仅仅用了不到四个月就打破了《E. T. 外星人》之前创造的7.01亿美元的票房纪录，最终以院线13亿全球总票房收场（在国内市场上，《E. T. 外星人》仍以3.998亿美元票房领先于《侏罗纪公园》的3.571亿美元票房）。《侏罗纪公园》几乎霸占了国外影院的银幕，因此在法国电影人当中引发了激烈的抗议，他们要求政府在好莱坞大片的猛烈冲击下保护本土电影。斯皮尔伯格在《侏罗纪公园》收益中所占的份额也成了热点，据《福布斯》报道："在这部电影盈亏平衡之前，斯皮尔伯格大概可以获得总收益20%的'毛分红'。电影一旦开始盈利，斯皮尔伯格就可以获得

1　在决定正式雇用尼尔之前，斯皮尔伯格也考虑过请其他明星出演，比如威廉·赫特（拒绝了这个角色），还有库尔特·拉塞尔和理查德·德莱福斯（身价太高）。

50%的利润分红……斯皮尔伯格将从《侏罗纪公园》中获得超过2.5亿美元的收入……目前为止，他可以算是从单部电影或娱乐节目中获得收益最多的个人。"

相当讽刺的是，当媒体都在大肆赞颂这部电影的商业成功时，斯图尔特·卡拉万斯在《国家》（*The Nation*）杂志上抨击说："关我什么事？这些钱有一分流入了我的银行账户吗？但也许我没抓住重点。从那些新闻报道的基调中，我可以说《侏罗纪公园》的成功也是我的成功。就像在冬季赠礼的季节，我会把我的7.5美元分到下周的票房总额里，来分享共同的好运。引用一句广告语：'成为电影史的一部分吧！'看着票房越来越高，美国人民会多么高兴啊！"

然而当人们更加关注斯皮尔伯格的银行账户而不是他的电影时，斯皮尔伯格又一次因为成功而被污名化，这让他表明了自己的真实想法："我担心观众们会记住我，是因为我的电影赚了多少钱，而不是电影本身。到底人们会记住金牌，还是赢得金牌的那场比赛呢？"

于是，《辛德勒的名单》诞生了。

"这将是一个伟大的故事，"斯皮尔伯格说，"难道不是吗？"

希德·谢恩伯格曾寄给斯皮尔伯格一篇《纽约时报》的书评，关于托马斯·肯尼利所著的一本"非虚构小说"，这部小说的主人公正是奥斯卡·辛德勒。这名纳粹企业家为了将他的犹太工人从大屠杀中拯救出来而倾家荡产。"我被这本书吸引是因为这个角色本身的矛盾性，"斯皮尔伯格回忆说，"这不是关于犹太人拯救犹太人的故事，或者来自瑞典或者瑞士的中立国人士拯救犹太人的故事。这是关于纳粹向犹太人伸出援手的故事……一个像他这样的人，怎么会突然愿意不惜一切财产去拯救这些犹太人的生命呢？"

1982年，斯皮尔伯格还没有承诺会导演《辛德勒的名单》，但是他对这部电影表现出了足够的兴趣。于是环球影业在那年秋天，为了他买下了此书的电影改编权。第二年春天，斯皮尔伯格第一次与大屠杀幸存者利奥波德（保罗）·佩吉见面。佩吉是波兰人，本名利奥波德·普费弗伯格，是被辛德勒救下的1100名犹太人之一。这些幸存者称自己为"辛德勒的犹太人"。"波德克"·普费弗伯格在成为普拉佐集中营的营长之前，在克拉科夫为辛德勒经营黑市。那时波德克的司令官是党卫军中尉阿蒙·戈特。辛德勒贿赂戈特，让普费弗伯格和妻子米拉，还有其他的"辛德勒犹太人"在其位于克拉科夫郊外的德国搪瓷厂工作。1944年，该工厂被勒令解散，辛德勒从戈斯手上买下了这些工人，并在自己的家乡捷克斯洛伐克的布吕恩利兹建造了另一个假冒的军工厂作为避难所。

普费弗伯格在战后赶赴美国，将见证辛德勒不可思议的英雄主义视作自己一生的使命。在获得奥斯卡最佳导演奖之后，斯皮尔伯格第一个感谢的人就是普费弗伯格："如果没有那位名叫波德克·普费弗伯格的幸存者，这一切都不可能发生，也不可能开始……他将奥斯卡·辛德勒的故事带给我们所有人。这样一个默默无闻的人，却给我们所有人的生活中带来了奥斯卡·辛德勒般的希望和愿景。"波德克·普费弗伯格带着详细的档案和丰富的照片，不知疲倦地向人们讲述这个故事，与此同时，他还号召他的"辛德勒犹太人"同伴们一起来资助曾经救助过他们的英雄，因为辛德勒在战后几乎濒临破产。1963年，普费弗伯格尝试与米高梅合作拍摄有关辛德勒的电影，但最后没有拍成。但在此之前，他们还是为辛德勒本人募得3.75万美元。

1980年10月的一天，托马斯·肯尼利参加完意大利的某个电影节，返回澳大利亚的途中在贝弗利山庄短暂休整，同时也为他最新的小说《同谋》（*Confederates*）举办签售会。他想要买一个公文包，于是走进一家箱包店并开始同店主攀谈起来，而这位店主就是波德克·普费弗伯格。"在谈话过程中，他发现我是一名小说家，"肯尼利回忆说，"……他告诉我，他有本世纪最好的故事。"

"我被一个高大英俊的纳粹分子救了，他的名字叫作奥斯卡·辛德勒。"普费弗伯格解释说，"我是从格罗斯-罗森集中营（一座位于波兰的集中营）获救的，而我的妻子米拉等人是从奥斯维辛集中营中被救出来的。在我眼中，奥斯卡就是耶稣基督。尽管他是耶稣基督，却不是什么圣人。他酗酒，操纵黑市，生活一团糟。"

肯尼利被"辛德勒先生不同寻常的美德"和普费弗伯格关于大屠杀中的官僚主义与工业方面的档案所深深吸引。但是，普费弗伯格回忆说："肯尼利说自己并不是写这本小说的最佳人选。二战爆发时，他只有3岁。作为天主教徒，他对大屠杀知之甚少，而且对犹太人所遭受的苦难也不甚了解。我一听到这话就很生气，我对他说：'这才是他应该写这本书的3个原因。'"这是一种敏锐的洞察力，因为肯尼利兼收并蓄的作品具有作者所称的"对种族和不同种族与文化之间的联系的关注"。肯尼利将这种关注归结于一个事实，实际上他自己也是从一个"声名狼藉的爱尔兰罪犯"变成最先意识到澳大利亚原住民遭受不公平待遇的人。就像辛德勒一样，肯尼利曾经也是一个天主教徒。"我从前一直对天主教徒的道德参与非常感兴趣，"作者强调，"当你成为一个离经叛道的天主教徒后，要做的第一件事就是施恩惠给尽可能多的男人和女人们，然后开始一番事业。对我来说，辛德勒就是一个典型的堕落天主教徒。"

由普费弗伯格作为联络人和说客，肯尼利走访了好几个国家，采访了将近50名"辛德勒的犹太人"，以确保《辛德勒的名单》的准确性。"这也许是本小说，"他说，"但绝不是虚构的。"他之所以会以小说的形式来诠释这个故事，是因为他认为"辛德勒的自相矛盾正是这本小说所需要的。矛盾是让小说家兴奋的东西。自始至终的英勇，没有光影交杂的矛盾那么有吸引力"。谈到电影的时候，他说："原著作者对电影改编最大的担忧是电影是否保留了小说中模棱两可的地方，这些内容是真实存在的。但我必须说，这种模棱两可最为引人入胜。"

"拜托了，你什么时候才能开始拍摄呢？"1983年，波德克·普费弗伯格第一次和斯皮尔伯格见面就提出了这个问题。

"10年之后。"斯皮尔伯格回答。

最终，他履行了那个诺言。斯皮尔伯格早已预料到，要鼓起勇气拍摄《辛德勒的名单》是多么困难。在他犹豫不决的10年里，这个项目"让我感到内疚"，他说，因为普费弗伯格不断提醒我，他已经活不了多久[1]。斯皮尔伯格不断将这个承诺延期。表面上是因为他找不到可用的剧本（先是肯尼利的剧本，然后是科特·路德特克的），但主要是因为他在感情上还未准备好"面对身为一个电影人的责任……在我强烈的娱乐欲望中，我不断地将这个项目推迟"。在外部压力与内在压力的双重压迫下，他突然觉得自己在艺术上"成长"了许多。1987年，斯皮尔伯格愤怒地告诉《华尔街日报》："我认为某些人很想看我拍出一部揭露人性阴暗面的电影，当观众们看完电影回到自己的轿车中仍然心情复杂，而且并不会感觉更好。如果那些影评人还想在我的电影中感受更多的痛苦，他们只需要给我200万美元就好，这些钱足够拍一部有关痛苦的电影，我真的会拍的。我不会要求华纳或者环球来资助我的痛苦。"

斯皮尔伯格也曾试图将《辛德勒的名单》转手给其他导演，其中一位就是罗曼·波兰斯基[2]。波兰斯基小时候曾被限制在克拉科夫的犹太人区，1943年3月13日，他穿越了封

---

1 普费弗伯格幸运地活到了为这部电影担任顾问的时候，他在银幕上的形象由乔纳森·萨加尔饰演。

2 罗曼·波兰斯基（Roman Polanski），1933年8月18日出生于法国巴黎，毕业于罗兹电影学院，波兰犹太裔法国导演、编剧、制作人。曾获得第16届柏林国际电影节主竞赛单元金熊奖、第75届奥斯卡金像奖最佳导演奖。代表作《水中刀》《影子写手》《唐人街》《雾都孤儿》。——译者注

锁线的铁网逃了出来，就在那天犹太人区被纳粹彻底清理。战争结束前，波兰斯基都在东躲西藏。他的父亲也活了下来，但母亲在奥斯维辛集中营死于毒气。斯皮尔伯格多次拜访波兰斯基，希望他执导《辛德勒的名单》，但是波兰斯基不想再让童年时期的悲惨经历重演。1988年，斯皮尔伯格提出为马丁·斯科塞斯制作这部电影，当时马丁·斯科塞斯刚刚收到由斯蒂文·泽里安创作的一部新剧本。在放弃了《辛德勒的名单》的艺术控制权后，斯皮尔伯格再次改变主意。斯皮尔本来计划翻拍1962年的惊悚片《恐怖角》，但后来将这部可能更容易获得商业成功的影片给了斯科塞斯，换回了《辛德勒的名单》，而斯科塞斯在1992年为安培林执导了《恐怖角》。

另一位想要拍摄肯尼利小说的电影人是传奇导演比利·怀尔德。怀尔德是一名出生于奥地利的犹太人，1933年希特勒上台时他逃离柏林。怀尔德希望以《辛德勒的名单》作为自己职业生涯的终结之作，以"纪念我那些被送往奥斯维辛集中营的家人"。"他对这部电影的热忱，也迫使我深深审视了自己的内心。"斯皮尔伯格承认，"在某种程度上，他考验了我的决心。"看完斯皮尔伯格导演的《辛德勒的名单》后，怀尔德大度地给斯皮尔伯格写了一封以示赞赏的长信："没有人比你更适合导演这部电影，这部电影真是太完美了！"

国际事件也促使了斯皮尔伯格采取行动，"当时美国有线电视新闻网（CNN）每天都在报道针对波斯尼亚穆斯林的暴行，那些行为就像纳粹死亡集中营里发生的一样，甚至出现了'种族清洗'这个可怕的词语，简直就是'最终解决方案'的翻版。我当时想：我的天哪，这种人间惨剧又发生了……更可怕的是，电视和纸媒却给大屠杀的否认者提供了大量报道，那些人声称大屠杀从未发生，否认600万人的死亡，只为了掩盖某种真相。"在拍摄《铁钩船长》时，斯皮尔伯格本来选中了"史蒂夫·泽里安的剧本。我把这剧本放着一年没读过了，然后快速翻阅了一下。接着我突然对快要睡着的凯特说：'我的下一部电影想拍《辛德勒的名单》。'"

在说服自己拍摄奥斯卡·辛德勒故事的过程中，斯皮尔伯格对这位无私的企业家产生了强烈的认同感，因为他的工人也称他为"总监先生"（Herr Direktor，德语）[1]。和辛德勒一样，斯皮尔伯格多年来也在商业成功和社会责任，个人利益以及造福人类的矛盾

1　德语Direktor即英语Director，也有"导演"的意思，这里是一个双关语。——译者注

之中挣扎。那个曾经告诉希德·谢恩伯格，自己在做"史蒂文·斯皮尔伯格生意"的人，将他的主人公描述成正在做"奥斯卡·辛德勒的生意"。和辛德勒一样，斯皮尔伯格也是一个被驱使着随波逐流，在他人的认可中寻求成功的人，直到获得声望的代价变得过高。

斯皮尔伯格招致了一些批评，因为这部大屠杀电影的主角不仅不是犹太人，还曾经是一个彻头彻尾的纳粹。用肯尼利的话说，辛德勒代表了"一个想象中的人物：一个善良的德国人。不知怎么就像善良的妓女一样受欢迎。"辛德勒在电影中的第一个镜头是在克拉科夫的一个酒吧里，在去讨好纳粹军官之前，他正在往西装翻领上别纳粹十字。有证据表明，辛德勒加入纳粹党更多是出于犬儒的机会主义而并非意识形态认同。当然，如果电影中承认他曾是德国情报机构（阿勃维尔）的特工，后来在战争中作为帮助犹太人地下组织的双面间谍的话，可能会为这个人物增加另一层复杂性。

对一些观察者而言，在大屠杀的背景下赞扬关于"善良德国人"的记忆，即使是如此受人尊重的并自我救赎的人，也是不恰当的。犹太拉比埃里·赫克特认为，辛德勒被位于耶路撒冷的犹太人大屠杀纪念馆授予"正义的非犹太人"称号"令人难以置信，几乎是亵渎神明"。"在我的生命中，"这位拉比写道，"我不明白是什么促使史蒂文·斯皮尔伯格拍摄《辛德勒的名单》，来美化一位从波兰犹太人身上获利的现代罗宾汉[1]。"即使是片尾在辛德勒的坟墓上放了一块石头的那位"辛德勒的犹太人"丹卡·德莱斯纳·辛德尔博士，也表达了对于将辛德勒塑造成英雄的不满："我们的命是他救的，但我不会因为这个德国人对我们所做的事而赞美他。因为这根本不成正比。"颇具影响力的大屠杀故事《鼠族》（*Maus*）的创作者、漫画家阿特·斯皮格曼，甚至声称因为《辛德勒的名单》以一位非犹太人商人作为主角，所以这部"电影根本无关犹太人，甚至也无关大屠杀。犹太人让人不舒服。这是关于克林顿的，关于资本主义好的一面——有人性的资本主义"[2]。

---

1 罗宾汉（Robin Hood），英国民间传说中的英雄人物，人称汉丁顿伯爵。武艺出众、机智勇敢，仇视官吏和教士，是一位劫富济贫、行侠仗义的绿林英雄。——译者注
2 斯皮格尔曼承认了自己的"斯皮尔伯格问题"，他觉得斯皮尔伯格1986年的动画电影《美国鼠谭》中也用老鼠代表犹太人的形象，用猫代表他们的敌人，是"对《鼠族》的严重剽窃"。

斯皮尔伯格并没有拍一部以安妮·弗兰克[1]这样的纳粹主义受害者或拉乌尔·瓦伦堡[2]这样的纳粹主义英勇反对者为中心的电影，而是选择了挖掘敌人的思想。斯皮尔伯格终其一生都在与种族同化和种族偏见作斗争，这使他像种族歧视的幸存者和受害者那样，成了非犹太人的敏锐观察者，并对"他者"的阴暗面产生了关注。"我们对纳粹主义既着迷又恐惧，"斯皮尔伯格在完成《辛德勒的名单》后评论说，"我想，正是那种恐惧让我们渴望对纳粹主义有更多的了解。"在专注于表现这个非典型的纳粹分子从加害者逐渐转变为救助者的过程中，斯皮尔伯格对无法无天的恶魔阿蒙·戈特（拉尔夫·费因斯饰）也进行了深入刻画。这个恶魔被肯尼利描述为"奥斯卡·辛德勒的邪恶兄弟……如果奥斯卡受到某种欲望驱使，可能也会变成戈特那样丧心病狂的刽子手。"

也许《辛德勒的名单》最让人惊讶的部分就是斯皮尔伯格对戈特扭曲心灵的敏锐洞察，甚至挖掘出戈特心中潜藏的一丝人性。斯皮尔伯格并不满足于将戈特塑造成一个形象单一的恶魔，而是更令人不安地，将这位纳粹对其犹太女仆海伦·赫希（艾姆贝丝·戴维兹饰）既迷恋又暴虐的复杂情感表现了出来。戈特情不自禁地被这个美丽的女人所吸引，并告诉她，我"多想在你孤单的时候伸手触碰你，我想知道那是一种怎样的感觉。我是说，这样做又有什么关系？我意识到，你不是一个严格意义上的人。"戈特无法处理这种禁忌之情，于是开始将她当作"犹太婊子"施以虐待。斯皮尔伯格之前的作品很少能如此深刻地挖掘法西斯主义的内涵，但他一生对恐怖本质的熟稔，无疑有助于他理解戈特这种虐待狂的变态心理。

在辛德勒代表犹太人与纳粹进行口是心非的危险交涉中，斯皮尔伯格看到了一种与自己渴望融入欧裔新教徒心理相符的挑衅意味。他也学会了掩饰自己的真实感情，以便操纵和哄骗那些本来会对他和他的民族怀有敌意的人。斯皮尔伯格用一种强烈的表演技巧，或者说，是如辛德勒所称的"展示"（The Presentation）来操控这个游戏。其中一个恰当的例子就是斯皮尔伯格与那个出现在他少年时期一部电影中的那个反犹主义恶霸的关系，就像斯皮尔伯格对《耶路撒冷邮报》所说的那样，那个恶霸"从未成为我真正的朋友。在某种程度上，我可以通过做辛德勒所做的事情来减轻对他的仇恨，那就是引

---

1 安妮·弗兰克（Anne Frank），生于德国法兰克福的犹太女孩，其在二战期间用日记本记录下的《安妮日记》，成了纳粹德国迫害犹太人的著名见证。——译者注

2 拉乌尔·瓦伦堡（Raoul Wallenberg），瑞典建筑师、商人、外交官。在1944年7—12月间，瓦伦堡以瑞典驻布达佩斯特使的身份，给犹太人发放保护护照，从而拯救了数万犹太人。——译者注

诱他成为我的同谋者……辛德勒与敌人周旋，得到了他想要的东西。我发现二者之间真的有关系。"

斯皮尔伯格决定赌上自己作为电影人的声誉去见证大屠杀，需要极大的勇气。他知道自己冒着被嘲笑的风险，甚至有可能招致人身攻击。他偏离了自己的公众形象，并担心自己的形象会影响观众对这部电影的反应。在他看来，他的勇气来自辛德勒的勇气：辛德勒为了使犹太人逃脱大屠杀而置自己的生命和财产于不顾。当然，斯皮尔伯格和电影主角相同的道德选择，使他们分担了共同的使命感。尽管斯皮尔伯格认为自己更像辛德勒善良的犹太会计师伊扎克·斯特恩（本·金斯利饰），但斯皮尔伯格说："我更想做奥斯卡·辛德勒。"

《辛德勒的名单》中出现了两条献词，第一条写道："纪念死于大屠杀的600多万犹太人"。第二条则不太引人注意，因为它出现在片尾的演职人员表之后："献给史蒂夫·罗斯"。

虽然有些人认为用一部大屠杀题材的电影来纪念时代华纳影业已故的董事长（在电影开拍前不久去世）并不合适，斯皮尔伯格却认为罗斯是电影中辛德勒人物塑造的灵感来源。为了帮助爱尔兰演员连姆·尼森准确诠释出辛德勒的派头，斯皮尔伯格给尼森展示了自己家庭电影中英俊、开朗的罗斯，罗斯的个性中也混合着流氓的商业行为和慷慨大方。"我总是告诉史蒂夫，如果他再年轻15岁，我就选他演辛德勒。"斯皮尔伯格说，"……在我遇到史蒂夫之后，我从一个守财奴变成了一个慈善家，因为我认识了他，就是他让我明白了这一点。"受到"（罗斯）从私人慈善事业中获得快乐"的启发，斯皮尔伯格也开始效仿他的导师，"我以自己的名义捐了几栋大楼，因为那也是一种募捐方式。但我所做的慈善事业中80%都是匿名的。我从中得到了很多快乐，这是史蒂夫·罗斯为我打开的一扇心门。"

斯皮尔伯格对罗斯怀有深挚的情感，甚至觉得罗斯就像乔治·贝里。乔治·贝里是罗斯最喜欢的电影《生活多美好》中一位无私的房产借贷公司主管，由詹姆斯·斯图尔特扮演。当罗斯因癌症快要去世时，斯皮尔伯格拍了一部根据卡普拉经典电影改编的短片，展示了如果罗斯从未来到这个世界，这个世界将会如何。"我在夏威夷拍《侏罗纪公园》时就产生了拍这部短片的想法，"斯皮尔伯格说，"我们让（华纳兄弟的高管）鲍勃·达利和特里·塞梅尔扮成流浪汉，在垃圾箱里找吃的。克林特·伊斯特伍德也不再是传奇，而只是一个特技演员、一个临时演员（不小心被制片人乔尔·西尔弗开枪误杀）。昆西·琼斯扮演天使克拉伦斯，切维·切斯扮演上帝，而我被关在精神病院，全身裹着紧身衣，只有手指可以动。我当时在剃须泡沫中拼装E. T.的脸部，却不知道自己想要表达什么。我说：'快出来了……快出来了……他是个6英尺3英寸高的外星人！'"

根据传记作家康妮·布鲁克的记载，关于罗斯比较客观的真实情况是："他那非凡的慷慨很大程度上基于公司的资助；他的忠诚，很多情况下，仅取决于对方是否还对他有用；以及由于好胜心驱使，无论事情大小，他总倾向于优先考虑自己的利益。罗斯并没有像其认为的灵魂伴侣乔治·贝里那样为了他人的利益牺牲自己，真正的罗斯恰恰与斯皮尔伯格形容的相反。"

斯皮尔伯格被英雄崇拜蒙蔽了双眼，看不到这位电影大亨身上那些不那么优良的品质，甚至使自己的判断力受到质疑。斯皮尔伯格选择这样一位有争议的人物作为榜样说明了什么？从最宽容的角度来看，他效仿了史蒂夫·罗斯的优点，原谅了他的缺点。同样，斯皮尔伯格也看到了奥斯卡·辛德勒的慷慨大度，这些弥补了辛德勒的过失和罪恶。的确，可以这么说，只有这样的人才能成功利用他的纳粹朋友们达到如此善意的目的。"我们不得不接受辛德勒的本来面目，""辛德勒的犹太人"的其中一位，以色列最高法院法官摩西·贝耶斯基说，"因为如果辛德勒不是原本的他，那些普通人都将不会效仿他的做法。"

1993年的冬末春初，在拍摄《辛德勒的名单》紧张且忙碌的3个月里，用摄影师雅努什·卡明斯基的话来说，斯皮尔伯格一直在"用心工作"。在波兰拍摄外景时，斯皮尔伯格将拍摄前的准备降到最低，往往当天到了片场才知道如何拍摄某个场景，斯皮尔伯格沉浸于这种体验，控制好情绪，赋予了影片惊人的即时性。斯皮尔伯格将作为娱乐者和技术大师的所有天赋投入这部电影中，为了给观众营造亲临历史现场的感觉。

《辛德勒的名单》因为坚持实地拍摄而获益良多，取景地包括克拉科夫的街头、辛德勒的工厂和公寓楼，以及城市党卫军总部和监狱、奥斯维辛集中营的大门和铁轨。世界犹太人大会担心电影被拍成"好莱坞式大屠杀"，拒绝让斯皮尔伯格进入大门拍摄。这些场地在战后都发生了变化，最终普瓦舒夫集中营在艺术指导艾伦·斯塔斯基的设计下，于原址附近的露天矿坑重建而成。在原址上进行场景重现，增强了庄严的仪式感。首次前往波兰勘查外景地时，斯皮尔伯格"触摸历史，将手放在有600年历史的砖墙上，接着退后一步，低头看看自己的脚，清楚自己所站立的地方。身为一个犹太人，在50年前我不可能站在这里，这是我人生中意义深远的时刻。"

斯皮尔伯格的主导原则是让每个场景、每个环境、每一组角色都唤醒他身上最原始、最直接的感情。这并不是他第一次在没有故事板的保障下直接工作，但这次他有着更强烈的情感需求。在某种意义上，他希望这个故事自行讲述。带着深深的人道主义，与其说他是导演，不如说他更像个"记者"："我没法告诉你们，我在《辛德勒的名单》中拍摄的镜头，或者我为什么要把摄影机放在某处。我重新创造了那些事件，然后我像任何目击者或受害者一样经历了它们。这不像一部电影。"斯皮尔伯格决定放弃审美程式化的自觉过程，这使他能够利用潜意识中特有的个人和集体的混合情感。在1994年1月接受洛杉矶影评人协会授予的最佳影片奖时，斯皮尔伯格说："从外景地回来后，没有人能缓过神来，我看了由大卫·詹姆斯拍摄的剧照。有些照片里展示出摄影机背后的剧组成员，我却完全想不起拍过这些影像。我知道我们在拍电影，前面有摄影机，但我几乎一点都记不得这部电影的拍摄过程。"

"我们希望人们15年后再观看这部电影时，感受不出它拍摄于哪个年代。"卡明斯基说。斯皮尔伯格雇用这位年轻的波兰流亡者作为摄影师，既因为卡明斯基能说一口流利的波兰语，又因为他有快速拍摄低成本故事片和电视电影的经验，他此前的作品包括安培林1993年的电视电影《燃烧的土地》。这是一部未售出的系列片中的试播集，以美国内战为题材。卡明斯基觉得《辛德勒的名单》"就像在50年前拍电影那样，没有灯光，没有移动摄影车，没有三脚架。那我要怎么拍呢？很自然，大部分镜头都采用了手持摄影，还有很大一部分镜头要将摄影机放在地面上拍摄，但摄影机不是水平的……不完美的摄影机运动或低对比度图像会显得更加真实。这些元素都是为了加强影片的感情色彩。"

电影中大约40%的镜头都是手持摄影，给观众一种原始的、纪录片的感觉。快速及无意识的摇移镜头、突然及不和谐的人群运动，本能地给人一种无处不在的恐惧和方向迷失感。斯皮尔伯格所谓的"激烈的紧迫感"，是受到了预算的影响，相对有限的预算只能支撑72天的拍摄日程。"大部分的场景都只拍了两到三遍，而且拍得很快，"斯皮尔伯格对一位来访的记者说，"我认为这使得电影呈现出一种服务于主题的自发性优势。"他将电影拍成黑白片的决定（除了少数风格化的诗意镜头和时间设定于现代的尾声），是赋予这部电影纪录片感觉的关键因素。环球影业的总裁汤姆·波洛克曾恳求斯皮尔伯格保留一份彩色负片，以便向家庭录像带市场发行彩色版，但斯皮尔伯格认为黑白影像至关重要，因为大多数大屠杀的纪录片片段都是黑白的，而且"我不想不小心或下意识地美化事件"，这或许也是因为《紫色》那繁复而又浪漫的视觉风格招致了批评。

卡明斯基将《辛德勒的名单》复杂的视觉质地准确地描述为"德国表现主义和意大利新现实主义的结合"，而斯皮尔伯格对这个视觉策略的说法予以否定。在影像风格上，"摆脱了吊臂，摆脱了斯坦尼康，摆脱了变焦镜头，摆脱了一切对我来说可能是安全的东西。"

在电影《辛德勒的名单》中，斯皮尔伯格用意味深长的简洁和直接的视觉叙事，展现了他对电影制作技艺的完美掌握。当表现一群犹太妇女在奥斯维辛的浴室里担心被毒气毒死的恐惧感受时，观众几乎不会注意到移动摄影机的微妙运用和可怕的灯光效果，因为情感效果已经压倒了一切。当一群母亲歇斯底里地追赶着卡车，而那些卡车正载着她们毫无戒心的孩子开往奥斯维辛时，观众们并没有意识到摄影机是从孩子们挣脱母亲张开的双臂的角度拍摄的。犹太人区大清扫也许是迄今为止斯皮尔伯格职业生涯中最伟大的导演片段。16分钟的片段运用了大胆的灯光效果对比、震惊剪辑[1]以及纳粹追捕受害者时如同穿梭于迷宫中的动作编排。但这一片段以令人眼花缭乱的现场感展现了活生生的噩梦，所有这些都与一个微小而至关重要的焦点相冲突：奥斯卡·辛德勒痛苦的特写镜头，他骑在马背上，从附近的山坡上无助地看着这一切。辛德勒的表情是故事的戏剧性转折点，标志着他从"辛德勒犹太人"的剥削者变成了他们的保护者。

本·金斯利生动地描述了犹太人大清洗的拍摄过程："当他们开始用手持摄影和推轨运镜进行拍摄时，镜头都很长，我们不断受到冲击。一场接一场的恐惧蔓延开来，直到电喇叭中传出'卡'这个词。尸体、鲜血、空气中弥漫的炸药味，人们仍在街上跑着，直到被助理导演叫停。但这就像纳粹党卫军的回声。史蒂文想用镜头呈现真相，每当他这么做时就感到无比刺激。他好像在说，'让他们看看这些吧，让他们看看吧。'"

斯皮尔伯格在制作《辛德勒的名单》时的感受常常让他感到惊讶和震惊。他最艰难的经历之一是拍摄"检查身体"的片段。在那个片段中，年迈的犹太人被迫在纳粹医生面前赤裸着身体跑圈，以供医生挑选进入奥斯维辛集中营。"站在现场对我来说太难了，"导演说，"我看不下去这些场面，我不得不把目光移开，我无法看……我们都看不下去。我对其中一个很难拍的镜头的焦点员说：'你觉得你对上焦了吗？'他说：'我不知道，我没

1　震惊剪辑（shock cut），将两个完全不同的场景并置，以使观众震惊。——译者注

有看。'"

　　斯皮尔伯格回忆说，他在前期制作时第一次参观奥斯维辛集中营的时候，他"以为自己会号啕大哭，而我压根儿就没哭。我一点也不难过，我被激怒了，极度愤慨。这是我没有料到的反应。这种燃烧的愤怒充斥着整部电影，避免了影片屈从于多愁善感的诱惑。"虽然对于斯皮尔伯格的电影来说，"愤怒"是一个陌生的情感领域，但对于斯皮尔伯格本人而言，这并不是一种全新的感觉。他在萨拉托加高中时的朋友吉恩·沃德·史密斯，曾对斯皮尔伯格少年时期"表现出的真实但似乎无法言表的愤怒和厌恶"感到惊讶：直到后来他才意识到，这是斯皮尔伯格受到反犹太恶霸欺凌的结果。正如斯皮尔伯格所承认的，当他导演《辛德勒的名单》时，那些关于他少年时代"人间地狱"般的记忆又涌上了心头。但他从未忘记，在大屠杀的现实面前，他自己的经历和想象是多么苍白无力。

　　鉴于主题的性质，对大屠杀的任何具体或抽象的再现都不可能公正地纪念受害者。与此相关的每一部电影、每一本书、每一座纪念碑都会引起人们对它是否适合这个主题的强烈关注。甚至有一种学派认为，大屠杀的邪恶是如此独特，其终极意义是如此难以理解，甚至连试图描述这一事件都是错误的。正如西奥多·阿多诺[1]所说："在奥斯维辛之后，写诗是野蛮的。"

　　《辛德勒的名单》受到了大多数影评人的热烈赞扬。"就像所有伟大的作品一样，这部作品也让人觉得既不可能又无法避免……"特伦斯·拉弗蒂在《纽约客》上写道，"它是迄今为止最好的、关于大屠杀最完整的剧情片（非纪录片）。自默片时代以来，很少有美国电影能在叙事大胆、视觉无畏和情感直白方面达到这样的水平。"

　　"这部电影会让你心碎，但它确实值得你流泪。"《新闻周刊》的大卫·安森在一篇关于这部电影及其导演的封面故事中写道，"……直面奥斯维辛集中营的恐怖，孩子们藏在屋外的化粪池里躲避追捕的惨状，斯皮尔伯格从未失去勇气……斯皮尔伯格作为电影人的本性已经发生了改变，他已经为自己找到了一种新的语言，同时又不失他与生俱来的流畅性和讲故事的天赋，他已经找到了一种风格和深沉的情感，这将使他的粉丝和那些认为他注定会永远处于青春期的批评者感到震惊。"

1　西奥多·阿多诺（Theodor Wiesengrund Adorno），德国哲学家、社会学家、音乐理论家，法兰克福学派第一代的主要代表人物，社会批判理论的理论奠基者。——译者注

"斯皮尔伯格先生已经改变了人们对他本人，还有大屠杀的看法。"珍妮特·马斯林在《纽约时报》上表示。

"就好像他第一次明白为什么上帝赋予他如此非凡的技艺，"《纽约》杂志的大卫·丹比写道，"我从未想过自己会被一部电影震撼成这样。"

但是，这部电影同样引起了少数影评者的强烈反对，他们认为，由于种种原因，这部电影没有充分反映大屠杀。有些反对意见近乎无聊，比如西蒙·洛维什在英国电影杂志《视与听》上发表的一篇文章嘲笑其为"大屠杀主题公园"，欧洲评论者在评论美国大屠杀博物馆时有时会使用这个词。其他人则提出了一些更基本的问题。法国电影人克洛德·朗兹曼批评《辛德勒的名单》过度强调获救的犹太人，而没有关注死去的600万犹太同胞。他曾用长达9个小时，且没有任何一帧历史画面的简朴纪录片《浩劫》（*Shoah*）探索了人们关于大屠杀的记忆。"这部讲述辛德勒故事的电影混淆了历史，"朗兹曼说，"这部电影只是为了解释每件事都有两面，即使纳粹分子中也有好人，其他人中也有坏人，诸如此类。这不是一种反人性的犯罪，而是一种人性的犯罪。"

斯皮尔伯格罕见地回应了对这部电影的批评，他指责朗兹曼想成为"大屠杀权威档案的唯一发言人。让我感到惊讶的是，在揭露真相的过程中可能会伤害到别人。"在拍摄《辛德勒的名单》之前，斯皮尔伯格看了好几遍《浩劫》，这也影响了他对纳粹大屠杀官僚机构冷静、纪实的描述。但他想要更进一步，探索隐藏在"人性的犯罪"和"反人性的犯罪"背后人性的维度。作为一个受欢迎的电影人，斯皮尔伯格想要影响更大范围内的观众，而远不止朗兹曼所能影响的精英阶层，通过再现事件和戏剧化亲历者的思维过程，来激发观众的情感是至关重要的。任何一部电影都不应该抹杀或遮蔽另一部，正因为大屠杀是现代史上如此重要的事件，任何试图规定或限制其美学处理的尝试都是误导性的。艺术家出于任何原因而回避大屠杀的题材，都是在鼓励遗忘历史。在评判任何关于大屠杀戏剧性处理的问题中，埃利·威塞尔[1]说到了点子上："怎样才能讲出一个不可讲述却又非讲不可的故事呢？"

大多的争论，都是些批评性的陈词滥调，围绕着斯皮尔伯格的艺术个性，对他进行人

1　埃利·威塞尔（Elie Wiesel），1986年诺贝尔和平奖得主，美籍犹太人作家和政治活动家。威塞尔生于罗马尼亚的犹太人聚集区，16岁时和家人一起被送到了波兰的奥斯维辛集中营，于1945年重获自由。他的著作被称为"大屠杀活教材"，其中最著名的包括《一个犹太人在今天》《耶路撒冷的乞丐》等。——译者注

身攻击，嘲弄地质疑他的智慧和判断力，认为他不能胜任手头的重大任务。但该片的批评者们同时也提出了一些有挑战性的论据。不管人们是否赞同他们的评论，这些公开的争论让人们注意到斯皮尔伯格在《辛德勒的名单》中想要表达什么，以及他是如何实现的。在威塞尔关于大屠杀的回忆录《夜》（*Night*）中，他回忆父亲观察到"每个问题都有一种力量，而这种力量并不在答案中"。斯皮尔伯格的电影中提出的那些无法回答的问题，以及那些批评者提出的问题，都证明了这部电影对全世界观众非凡的情感影响力。

《辛德勒的名单》的全球总票房达到了3.212亿美元（其中2.251亿美元来自美国和加拿大以外的地区），远超票房预期[1]。该片成了公众意识中有关大屠杀的重大事件，出乎意料地将斯皮尔伯格提升到了其他电影人从未达到的高度。美国、以色列、德国、奥地利、波兰、法国和其他国家的领导人都出席了特别放映会，并与斯皮尔伯格进行了公开或私下的会面，将他视作一位到访外交官，肩负着与种族仇恨作斗争的使命。斯皮尔伯格带着雄辩的口才和谦逊的态度接受了这个角色。这部电影甚至得到了总统比尔·克林顿在电视上的支持（斯皮尔伯格一直是克林顿的著名支持者）。克林顿在华盛顿参加了《辛德勒的名单》的预映后对他的国民们说："我恳请你们每个人都去看看这部电影……你会看到一幅又一幅痛苦的肖像，那是没有希望和没有愤怒的人与仍有希望和仍有愤怒的人之间的差异。"

位于华盛顿特区的美国大屠杀纪念馆让参观者沉浸在真实景象、声音和文物中，得到一种三维的沉浸感。纪念馆开放仅8个月后，《辛德勒的名单》也提供了相似的情感体验。总的来说，作为对20世纪最令人震惊的历史事件的教育和纪念的补充，博物馆和电影使公众更广泛地意识到大屠杀研究的紧迫性，及其与当代生活的关联。

斯皮尔伯格在拍摄《辛德勒的名单》的过程中回归了自己的根，也将自己矛盾地从文化和自我定位的限制中解放了出来。在面对大屠杀时，他从根本上重新定义了自己的公众形象，让大多数（尽管不是全部）质疑他的人感到困惑，他们认为他只是一个轻浮的娱乐者、一个无关紧要的娱乐家、一个无法处理严肃主题的孩子气的男人。但他们的重新评价也是一把双刃剑。《不可磨灭的阴影：电影和大屠杀》的作者安妮特·因斯多夫，在《村声》上评论道："我们很多人都以为他会简单地把《侏罗纪公园》中的技术应用到大屠杀中，但令我们惊喜的是，他已经超越了那个油腔滑调、自我感觉良好的形象。"正如阿尔蒙德·怀特在《电影评论》上对斯皮尔伯格事业的质疑："这个执导了过去20年来好莱坞

1　在大多数美国州长的赞助下，环球影业还为300多万名学生提供了免费的教育放映。

最杰出、最诚挚娱乐电影的导演，能够坦然地接受否定他毕生事业的这种赞美吗？"

这种轻蔑态度在三家影评人协会自相矛盾的投票中表现得最为明显，三家协会分别是洛杉矶影评人协会、纽约影评人协会和美国国家评论协会，它们都将《辛德勒的名单》选为1993年的最佳电影，却没有给导演斯皮尔伯格颁发荣誉[1]。言下之意是，这部电影在某种程度上是自己在导演自己，或者就像斯科特·罗森伯格在《旧金山观察家报》中所说，这个主题让斯皮尔伯格"抑制住了将自己的情感烙印在电影上的冲动，这是一种自我克制，更像一个制片人的行为而不是导演。"

在斯皮尔伯格第二次获得美国导演工会奖之后，美国电影艺术与科学学院授予他奥斯卡最佳导演奖，这部电影还获得了包括最佳影片奖在内的其他6项奥斯卡奖[2]。在奥斯卡颁奖礼的后台，斯皮尔伯格忍不住讽刺了一句："如果这次我没获奖，我也可以应对，因为在过去的12年里，我一直在练习如何应对这种情况。"但他又说，"今晚是美妙的荣耀时刻。如果我没得到最佳导演奖，我可能会崩溃。"

虽然许多影评人提出了这样或那样的问题："这部电影怎么一点也不像史蒂文·斯皮尔伯格的其他电影？"更具启发性的问题是："这部电影如何深刻地体现了史蒂文·斯皮尔伯格的特点？"

肯尼利发现，"奥斯卡的孩子们"在战后对奥斯卡提供经济援助，从"辛德勒犹太人"变成了辛德勒的"再造父母"。而在影片中，辛德勒是一个有着严重缺陷的父亲形象，最终承担起了对1100名犹太人的"家庭"责任，这一形象是斯皮尔伯格电影的核心。将要吞没他"孩子们"的社会剧变，揭示出这个未必真实却鼓舞人心的"拯救者"身上潜藏的人性。在斯皮尔伯格的职业生涯中，父母的责任问题一直困扰着他。《辛德勒的名单》将他的关注点从核心家庭的破裂，拓展到二战期间欧洲社会的崩溃和犹太家庭生活的毁灭。

辛德勒的犹太人们被剥夺了自由，被纳粹置于无助、被动的境地，他们的处境类似

---

1 本书作者在洛杉矶影评人协会的投票中弃权。美国国家影评人协会则与众不同地提名斯皮尔伯格为最佳导演。

2 和斯皮尔伯格一同获得奥斯卡最佳影片奖的是该片的制片人杰拉尔德·R. 莫伦和布兰科·拉斯蒂格。拉斯蒂格是克罗地亚人，童年时曾被关押在奥斯维辛集中营，在多部欧洲制片的作品中承担过不同的工作。

遭受虐待的儿童。他们随时会受到阿蒙·戈特和其党卫军同伙的任意惩罚，甚至处死。最令人不寒而栗的一幕是，戈特在晨尿之前，站在阳台随意射杀普拉佐集中营里的犹太人，就像是为了消遣一般（"哦，天哪，阿蒙！"他的情妇哀号着，在阿蒙扫射时用枕头蒙着自己的头，"阿蒙，你真是个该死的孩子！"）。辛德勒开始照顾"他的"犹太人，保护他们免受纳粹的剥削，但那些犹太人仍被当作"儿童"，尽管辛德勒试图在这种情况下尽可能地恢复战前的社会结构，让家庭团聚，并让其中一名拉比在工厂内主持安息日仪式。"因为你所做的一切，他们才能繁衍生息。"斯特恩这样对辛德勒说。这一事实在电影结尾有所体现，辛德勒现实生活中的"家庭"得以重聚，辛德勒的工人和他们的家人列队站在辛德勒位于耶路撒冷拉丁墓地的坟墓前。他们在墓碑上放了一些纪念石，这时电影的字幕写道："如今，波兰仅存不到4000名犹太人，而辛德勒犹太人的后代有6000多人。"

一些影评人指责斯皮尔伯格没有花更多的时间来完善单个辛德勒犹太人的角色。该片最激烈的反对者之一菲利普·古雷维奇在《评论》上抱怨说，该片"几乎完全以德国人的视角来描述纳粹对波兰犹太人的屠杀。除了伊扎克·斯特恩……很少有犹太角色能从众多受害者中凸显出来。当犹太人以个体身份出现时，摄影机却在以《国家地理》式民族志纪录片的超然眼光审视他们。"更令人难以置信的是，古雷维奇接着指责斯皮尔伯格雇佣的都是"从臭名昭著的反犹太纳粹报纸《冲锋报》上漫画式的犹太人"。来自纽约的露丝·金读过这篇影评后认为这种指控"真的让人气愤"，她对此回应说："这部电影展示了丑陋、平凡而美丽的犹太人。这就是我们的样子。"

事实上，除了斯特恩和海伦·赫希（戈特的女仆）这两个电影的中心人物，斯皮尔伯格还在整个故事中谨慎地追溯了其他辛德勒犹太人的命运。但他们大多出现在简短的片段或人群中的面孔中，因为导演有意不去对大多数犹太人物的个人故事多着笔墨。而电视迷你剧《大屠杀》则集中表现了一个犹太家庭，这是一种鼓励观众认同剧中人物的设置，但使这部电视剧的情感基调变得和肥皂剧一样放纵。斯皮尔伯格想要避免这种狭隘、情节剧化的焦点。相反，他以残酷、直接的戏剧语言展示了纳粹是如何系统化地剥夺犹太人的个性，剥夺他们的财产和自由，剪掉他们的头发，给他们穿上条纹制服，把他们的名字简化成数字。《辛德勒的名单》中第一个展示犹太人形象的场景是这么拍的：当一列满载犹太人的火车驶离克拉科夫车站，斯皮尔伯格将摄影机转向旁边的仓库，里面堆满了行李箱、贵重物品、家庭照片和血迹斑斑的镶金牙齿。斯皮尔伯格说，这"并不是只关于8个克拉科夫幸存犹太人的故事，而是下意识的决定，代表了600万死去的犹太人和几万名幸存下来的犹太人，这些角色的面孔和气息贯穿着整个故事。"

正是当辛德勒意外地开始将他的犹太工人视为个体时，他对战争的看法才开始改变。第一个触动他的事件是年迈的独臂机械师洛温斯坦（亨利克·比斯塔饰）在午餐时打断辛德勒，感谢辛德勒将他划为"对战争有用的人"。这个分类挽救了他的性命，因为纳粹会杀掉那些"无用"的人。"愿上帝保佑您，先生。"洛温斯坦恳切地告诉他，"您是位好人。"辛德勒意识到自己并不是这样的好人，羞愧得没有了食欲，愤怒地要求斯特恩"不要再这样说我了"。在电影中，斯特恩是辛德勒良心的化身，他安排了这次见面，作为他向辛德勒天性中善良的天使们发出的众多谨慎而微妙的呼吁之一。正如斯皮尔伯格所指出的，斯特恩是故事中的"无名英雄"，以超人的毅力控制自己情绪的同时，巧妙地操控着辛德勒。本·金斯利精彩的表演，饱含着内敛的同情和幸存者的黑色幽默，诠释了肯尼利所说的"无限的冷静"，这个角色从来不会说错一个词，因为他身上都担负着成百上千条性命。斯特恩希望传达给辛德勒的无声信息，正是斯皮尔伯格在跟金斯利讲戏时反复强调的，导演的话很简单："做个正人君子。"

那个独臂老人闯入了辛德勒舒适的生活，不久之后被残忍地公开处决了，直到那时，辛德勒此前一直忽略的道德问题才变得清晰起来。有些影评者抱怨说，斯皮尔伯格没有讲清楚为什么辛德勒会改变性情。但是人们能从银幕上清楚看出辛德勒不断增长的同情心和怜悯心，这种深刻的转变，因为没有用语言的形式表达而更加有力。辛德勒带着无声的恐惧目睹了清洗犹太区的高潮时刻，达到了情感效果，部分原因是他（和观众）已经对此做好了准备，因为他早些时候保护了洛温斯坦和其他不断升级的纳粹暴行的受害者，包括具有象征意义不可处死的拉比莱瓦托夫（埃兹拉·达冈饰），莱瓦托夫奇迹般地躲过了戈特的多次枪击。

虽然辛德勒的善良并非"不可理解"，这里面有一种神秘感，无法轻易解释。斯皮尔伯格称赞编剧斯蒂文·泽里安使这部电影的主题聚焦："泽里安有很强的个人观点。他用'玫瑰花蕾'理论来解释辛德勒的所作所为……即使拍了一部关于他一生的电影，我仍然不是很了解他。我想，我有点像《公民凯恩》中的新闻记者一样结束了自己的经历，我写不出编辑想要的故事。每天都令人沮丧。"

1　"玫瑰花蕾"是《公民凯恩》中凯恩的临终遗言，为了调查这个词的含义，片中记者进行了多次走访，最终得出的结论是"玫瑰花蕾什么也不是"。——编者注

纪念一位拯救者强调了个体责任的重要性，同时戳破了德国人无力反抗纳粹暴政的事实。"我憎恨纳粹的残暴、虐待和疯狂，"辛德勒在战后对他的英雄行为这样解释，"我无法眼睁睁看着人们被残害。我只是做了我能做的、我必须做的、我的良心告诉自己要做的事情。就是这样，真的，仅此而已。"但是一个人到底为什么弃恶从善，在某种程度上，始终无法从精神上解释。1993年，有人问波德克·费弗伯格觉得辛德勒为什么要救他，他回答说："谁在乎！我才不在乎他这么做的原因。反正他救了1100个人。"斯皮尔伯格没有让连姆·尼森饰演的辛德勒明确阐明角色的动机，这非常明智。

"制片厂当然希望我把一切都讲清楚，"斯皮尔伯格说，"很多人都跟我争论说我们需要好莱坞式的精神发泄，辛德勒应该跪倒在地说：'是的，我知道自己在做什么，我现在必须这么做！'然后勇往直前。那是我最不愿意看到的……我不确定他在战争期间是否真的有这种感觉。对他来说，在采取行动之后，再定义自己的行动会容易得多。我还觉得，如果我为他编造一个理由，那就太戏剧化了。这种理由甚至对于成天坐在沙发上看电视的美国观众来说都太过简单，尽管他们要求对复杂的问题给出简单的答案。我觉得仅仅因为我在现实生活中找不到理由，就去编造一些理由，这对辛德勒的善行是一种伤害。"

甚至一些欣赏这部电影的人，也对辛德勒向他的工人告别时的崩溃感到不满，认为这一幕陷入了影片一直避免的多愁善感。但作为一名流行艺术家，斯皮尔伯格的直觉让他意识到角色和观众都需要一种情感宣泄，释放在3个小时的电影中被强行压抑的集体团结与失落的情绪。辛德勒得到了一枚金戒指，上面有他的工人们篆刻的《塔木德》中的名言："拯救一人，即拯救世界。"辛德勒深感内疚，他向斯特恩坦白说："我本可以救出更多的人，我本可以的。"检查了剩余的财物后，辛德勒吞吞吐吐地承认，卖掉他的车可以再救十个人，他的黄金纳粹十字徽章"还能多救两个人，至少一个人。还能再救一个的，一个。一个更多的人。因为这个，一个人死了。我本来可以再救一个人，但我没有。"

辛德勒令人惋惜的连祷提醒着观众，无论他和其他人设法拯救了多少人，仍有数百万人丧生。斯皮尔伯格承认，幸存者任何形式的庆贺，都会笼罩在庞大死去亡魂的阴影之下。在电影中的关键之处，他以视觉手法强调了复杂性，比如，当辛德勒的犹太人活着走出淋浴房时，其他犹太人正排着长队进入毒气室。大卫·汤姆森在《电影评论》中写道："当那些获救的人去赶火车时，摄影机（或他们的眼睛）并没有避开那些相对不幸的人。"这正是斯皮尔伯格用他的摄影机所做的，当辛德勒的犹太人正匆忙去赶火车时，也展示了另一群到达奥斯维辛集中营的受害者。辛德勒和斯特恩在草拟救人的名单时，观众痛苦地意识到，辛德勒在结束选择时，也不可避免地决定了他人的生死。当辛德勒从奥斯维辛赎回他的犹太人时，集中营指挥官想用"来自另一列火车的300名匈牙利犹太人"引起他的兴趣，辛德勒拒绝拯救其他犹太人，选择了自己的犹太人，他这时就是上帝，将其他犹太人判了死刑。这便是故事中可怕的道德悖论，斯皮尔伯格毫不避讳地承认了这些无法解决的困境。这与多愁善感正好相反。当辛德勒谦卑地承认"我做得还不够"时，他不仅以一个美德中掺杂着人性弱点的富人身份发言，他还代表了抛弃犹太人的整个世界。

尽管电影强调了拯救和幸存，但并不仅是提供了一些批评者指责的简单且抚慰人心的"大团圆结局"。"这是关于犹太人在二战时活下来的电影，"J. 霍伯曼在《村声》上说，"这个选择关乎生命，那名纳粹分子是个好人，人性是光明灿烂的。这完全是颠倒是非。"这种对《辛德勒的名单》的可笑讽刺，不仅表明了利用大众娱乐媒体来传达大屠杀的复杂性有多么困难，也表明了一些自成一派的美国知识精英对斯皮尔伯格艺术性的顽固抵制。

菲利普·古雷维奇对这部电影的猛烈抨击引起了《评论》杂志的一位读者乌里·D. 赫舍的反对，这位拉比是洛杉矶希伯来联合大学犹太宗教学院的教授，他写道："我在大屠杀中失去了那么多亲人，也许这就是为什么，我发现这部电影如此吸引我，如此鼓舞人心。这是一部完美的电影吗？一部关于大屠杀的完美电影应该是什么样？对我来说，这部电影痛苦地表现了人类同情心和人道主义的激情光辉，这就够了。"

大屠杀的一位幸存者，来自纽约西亨普斯特德的诺伯特·弗里德曼，在给《评论》的来信中说："无论影评人怎么说，无论公众是何反应，对我们这些幸存者而言，只有一种反应，就像通常另一名幸存者在结束公开作证后时才会得到的反应，那就是无声的亲密行为——欣赏和热情地拥抱史蒂文·斯皮尔伯格。"

拉比阿尔伯特·刘易斯，斯皮尔伯格儿时就读于新泽西希伯来学校的老师，把《辛德勒的名单》视作"史蒂文给他的母亲、他的民族甚至也是给他自己的礼物。现在他是一个完整的人，此前很长一段时间里，他与他的民族疏离。从某种意义上说，他在与自己搏斗，他理智地挣扎着，这有点像《圣经》中雅各与天使搏斗的故事。最后他豁然开朗。"

当斯皮尔伯格迎来50岁生日的里程碑（1996年12月18日）时，他并没有被巨大的成功压得喘不过气来。许多事业不太成功的人，都因为他人不断增长的期望而崩溃，而斯皮尔伯格，在早上来到片场之前仍然会咬指甲和呕吐，也不由自主地感受到要超越自己的"骇人"压力，他只能做斯皮尔伯格。但在作为一名专业电影人的28年工作生涯中，到目前为止，他一直保持着内心的平衡，因此不曾失去勇气。他似乎对自己的复杂和矛盾并不在意（即使别人都很在意）。

对一些观察者而言，斯皮尔伯格导演生涯所面临的抉择一目了然：要么继续拍像《辛德勒的名单》这样内涵深刻的电影，要么回去拍"夺宝奇兵"的续集或更多关于恐龙的电影。尽管《辛德勒的名单》拓宽了斯皮尔伯格的职业道路，但他不会突然变成另一个人。在《侏罗纪公园》主要摄制工作的最后一天，斯皮尔伯格说："我觉得我肩负责任，我想在娱乐为主和具有社会意识的电影间不断转换。"斯皮尔伯格休息了很长一段时间，才从拍摄这两部电影的身心疲惫中恢复过来，重新回到导演岗位，并证实了他所说的那句话。《辛德勒的名单》之后，斯皮尔伯格选择拍摄的下一部故事片是《侏罗纪公园》的续集《侏罗纪公园2：失落的世界》[1]。

回归纯粹的娱乐是保持他创作平衡的方式。美国清教徒遗产的顽固传统将艺术和娱乐对立起来，但对斯皮尔伯格来说，娱乐自己与娱乐观众几乎是并进的。拍摄《一九四一》期间，斯皮尔伯格的高中好友查克·凯斯前往长滩飞机场拜访他，斯皮尔伯格打量着身穿军装的演员和仿二战时的飞机，像孩子一般笑着说："知道吗？他们付钱雇我来做这个。"《辛德勒的名单》证明了，至少在斯皮尔伯格这样伟大的流行艺术家身上，艺术性和流行度不必相互排斥。

"你揭示了历史上最黑暗的一幕，"一位采访者问他，"还能回去拍摄阳光、乐观的电影吗？

"当然可以，"他笑着回答，"因为我有乐观开朗的天性。但我不认为这两者是相互排斥的。"

《每日综艺》的头版宣布斯皮尔伯格计划中断一年的导演工作，这在好莱坞引起轩然大波，实际上，斯皮尔伯格直到3年后才再度执导。而那3年是最忙碌的时段，他的大部分活动

1　在此期间，斯皮尔伯格还为1996年的光盘游戏《史蒂文·斯皮尔伯格的导演椅》(*Steven Spielberg's Director's Chair*)执导了几个场景。斯皮尔伯格导演的有关死囚（由电影人昆汀·塔伦蒂诺饰演）和其女友（詹尼佛·安妮斯顿饰演）的镜头，是一个互动节目的一部分，在这个节目中，斯皮尔伯格带领观众们了解制作电影所涉及的不同步骤和各项选择。监制罗杰·霍兹伯格执导了斯皮尔伯格亲自现身的场景。

在幕后进行，其中有两个雄心勃勃的项目，证明了他的兴趣多么广泛。1994年，他创办了自己的新制片厂梦工厂和大屠杀幸存者视觉历史基金会。该基金会是一个全球项目，用录像带记录大屠杀幸存者和救援人员的证词。他把这个关于大屠杀的项目形容为"我做过最重要的工作……当人们问我：'《辛德勒的名单》后你都在干什么呢？'这就是我的下一个项目……我愿意将余生都奉献给大屠杀的取证工作，只要有幸存者愿意做受访者。"

这个非营利性项目从斯皮尔伯格在《辛德勒的名单》的收益中拿出600万美元作为启动资金，头3年的运作资金预算为6000万美元，还从卢·瓦瑟曼基金会、MCA/环球影业、时代华纳和NBC等机构获得了额外的捐赠。斯皮尔伯格创立的正义人基金会曾宣布在初创的7～10年内，向各种组织捐赠约4000万美元，斯皮尔伯格的捐款就是其中的一部分。该基金会的其他捐款包括：为美国大屠杀博物馆提供300万美元的长期资助，向纽约犹太遗产博物馆捐赠100万美元，向美国耶鲁大学福特诺夫大屠杀证词视频档案馆捐赠50万美元，向犹太教堂2000（Synagogue 2000，一个为21世纪的犹太教堂开发创新模式的团体）捐赠30万美元。斯皮尔伯格还为比尔·莫耶斯的关于《创世纪》的系列公共电视节目、乔恩·布莱尔的奥斯卡获奖纪录片《安妮·弗兰克记得》（Anne Frank Remembered）和伊丽莎白·斯瓦多关于种族主义和反犹主义的电影《仇恨之壶》（The Hating Pot）提供资金支持。

斯皮尔伯格介绍说，这个有关大屠杀项目的诞生，"是因为在《辛德勒的名单》制作时和发行后，都有幸存者来找我并对我说：'我有故事要讲，你愿意听我的故事吗？'一开始我想，你是想让我把你的故事也拍成电影吗？但其实他们的意思是：'你愿意记录我的证词吗？在我去世之前，我能对某个人，比如拿着摄影机的你，说出我所经历的一切，这样我的子孙和我的朋友就会知道这些故事，我死后还能留下些让世界记住的事情。'找我的人非常多，最后我迟钝的大脑突然反应过来了，我觉得这不就是我制作《辛德勒的名单》的原因吗……这也是我开展这个项目的原因。"

这个大规模的口述和视觉历史项目的目标是在头3年记录多达5万名幸存者的证词。项目开始时，来自十几个国家的志愿采访者（其中许多是幸存者本人）和摄制组已经从大约30万幸存的大屠杀幸存者中获取证词。因为大多数幸存者都已经七八十岁了，大屠杀基金会代表着斯皮尔伯格所说的"与时间赛跑……的拯救任务。我们在拯救历史。"这些录制的证词被编入索引，与家庭照片和历史电影胶片片段整合在一起，以数字化的形式保存了下来。副本将被保存在五大主要的资源库：以色列的大屠杀纪念馆、福特诺夫大屠杀证词视频档案馆、美国大屠杀纪念博物馆、犹太遗产博物馆的大屠杀生者纪念碑以及洛杉矶的西蒙·维森塔尔中心，最终还会以在线网络、光盘教育节目、书籍和纪录片等形式广泛传播[1]。

即使是斯皮尔伯格如此善意的事业，也难以免于争议。1996年1月，《村声》用了8页的篇幅对关于《辛德勒的名单》进行大力批判的圆桌会议进行了报道，刊登了一篇由亚当·沙茨和阿丽莎·夸特执笔的文章，指责斯皮尔伯格用他的大屠杀项目宣传"流行的碑铭主义"："《辛德勒的名单》如此痴迷于刻画一位仁慈的德国企业家，几乎没有对他所拯救的犹太人进行本色描绘。史蒂文·斯皮尔伯格许诺给每位大屠杀的幸存者在网络空间上留下永久的位置，而这个项目就像影片奇怪的补充续集。"

沙茨和夸特认为，其他档案馆并没有得到斯皮尔伯格那么充裕的资金和广泛宣传，同时还提出了《辛德勒的名单》所引发的美学和道德问题。他们质疑斯皮尔伯格利用光盘作为教学工具让人们"虚拟地穿越集中营"，并写道："影评人怀疑把历史课做得更像是街机游戏，会不会导致学生将大屠杀当作是病态的刺激游戏？"斯皮尔伯格鼓励大屠杀幸存者说完证词后，将家人带到摄影机前，他以这种方式庆祝"因为他们活了下来，这个民族一代又一代的人得以在地球上繁衍不息"。这种做法被研究大屠杀的学者劳伦斯·兰格批评为"一种被操纵的场景"，兰格指出，很多经历过大屠杀的幸存者很难在战后恢复正常的生活，他争论说："让家人出现在摄影机前给人留下的印象是，人们能够从大屠杀中恢复过来。这是个好莱坞式的炒作。"

虽然这些顾虑是合理的，但斯皮尔伯格或任何其他大屠杀记录者，都会不可避免地在这个故事上留下自己的情感印记。斯皮尔伯格对奥斯卡·辛德勒的持续认同，让他把自己视作最后一段未被记录的大屠杀历史的"拯救者"。就像《村声》上文章的作者所主张的，这个目标是"值得赞扬的，也是自我膨胀的"，但无论如何，斯皮尔伯格还是有理由也有道德义务去尝试实现它。该片的监制之一凯伦·库舍尔说，斯皮尔伯格"几乎得到了辛德勒在电影结束时那种顿悟，当时他说：'不，不，我都想要。我不只想拍辛德勒拯救的幸存者，我还想拍每个人的故事。'"

当斯皮尔伯格和他在梦工厂的合伙人举行新闻发布会，宣布他们的电影、电视、音

1　第一部此类纪录片是《大屠杀幸存者》（*The survivor of The Holocaust*），获得了艾美奖，1996年于有线电视上播放前，曾在电影节进行了放映。

乐、互动视频和消费品公司诞生时，斯皮尔伯格无意中称其为"我们的新王国"。他开了个玩笑以掩饰自己的傲慢，补充说："也许会是个王国，伯利兹[1]还在出售吗？"

梦工厂是自20世纪福克斯1935年成立以来第一家规划如此大规模的好莱坞制片厂。如果一切按照斯皮尔伯格的设想进行，梦工厂很可能会是"比我们所有人都长寿的公司"。斯皮尔伯格和合伙人带着重构电影制片厂概念的宏伟计划，希望引领停滞不前、资金过度膨胀、创意破产的电影业大步跨入新纪元。梦工厂将斯皮尔伯格的创新意识和打破技术限制的勇气，与杰弗里·卡岑伯格精明的执行能力和大卫·格芬的企业家才干相结合。在他们的事例中，好莱坞关于不要让疯子们管理精神病院的老警告毫无意义。因为卡岑伯格曾为迪士尼动画创造了新的票房纪录，格芬的唱片公司让他成了亿万富翁，斯皮尔伯格也积累了相当多的财富。

当他们在1994年10月12日宣布展开合作时，制片厂的地点还未确定，甚至还没有名字，尽管媒体在卡岑伯格的鼓动下，奉承地将这家制片厂称为"梦之队"。事实上，在新闻发布会上没有讨论具体的计划，这在好莱坞引发了一些质疑。

这三位合作伙伴一拍即合。卡岑伯格8月24日被迫辞去沃尔特·迪士尼制片厂董事长一职时，已经是斯皮尔伯格"潜水连锁餐厅"的合作伙伴了，他问斯皮尔伯格："您觉得从零开始办个制片厂怎么样？"尽管斯皮尔伯格对离开老东家MCA感到焦虑，仍欣然接受了这个提议。这三位合伙人在出席白宫为俄罗斯总统鲍里斯·叶利钦举行的国宴之后，于9月29日凌晨在华盛顿特区进行了决定性的讨论。"我们穿着燕尾服谈论着新的制片厂，"斯皮尔伯格回忆说，"就在我们对面，叶利钦和比尔·克林顿正谈着裁减核武器。"在宣布合作之前的那个周末，三人才匆忙起草了初步的法律文件。

"我们本应花上15年来建立这家制片厂，"斯皮尔伯格沉思道，"然而，我们试图在几年内做成这件事。初期的策划会议过后，我就开始思考，如果从一部电影着手应该会容易得多。先拍一部电影，看看效果如何，如果效果不错，再接着制作第二部。我晚上睡觉前一直在想，这样做才是保守的、稳妥的方式。"

斯皮尔伯格似乎对自己的大胆感到困惑，他告诉媒体，他在创建梦工厂时打破了两条长期坚守的个人原则："多年来，我一直像信奉宗教般坚持不把自己的钱投资到娱乐

---

1 伯利兹（Belize），是中美洲唯一以英语为官方语言的国家。16世纪初成为西班牙殖民地。1981年9月21日正式独立，为英联邦成员国。——译者注

业……但现在我想不出比这更好的地方来投资我们自己的未来。"回忆起自己成功的事业，以及与希德·谢恩伯格和史蒂夫·罗斯的私人关系，斯皮尔伯格指出，"这在10年前是不可想象的，因为我喜欢上面有老板……我需要他们。但我成熟了，开始抚育孩子，有了一个大家庭，我有5个孩子。我觉得我已经准备好做自己生意的管理者，至少是共同的管理者。"

有人猜测，这三人真正的目的是接管MCA，以支持卢·沃瑟曼和谢恩伯格，当时沃瑟曼和谢恩伯格正与公司的日本老板松下集团周旋。有报道称，梦工厂的合伙人在宣布成立自己的新制片厂之前，曾向沃瑟曼和希恩伯格寻求过支持，并得到了他们的认可，使这个猜测更真实可信。1995年4月施格兰接管了MCA，因此三人的收购计划未能实现。MCA随后与梦工厂达成了一项为期10年的协议，负责梦工厂的电影在北美以外地区的发行。82岁的沃瑟曼成了MCA的名誉主席，而谢恩伯格则离开MCA成立了自己的电影制作公司——泡沫工厂。

正如乔治·卢卡斯观察到的那样，梦工厂没有依赖于传统的好莱坞体系，而是自己规划国内发行业务，"有机会打造全新的发行体系，或许比旧的体系有巨大改进"。MCA对梦工厂影片的海外发行仅将韩国排除在外，梦工厂在韩国的版权由韩国的同一世界媒体公司（One World Media Corp）保留，该公司为梦工厂投资了3亿美元，仅次于微软联合创始人保罗·艾伦投资的5亿美元。斯皮尔伯格、卡岑伯格和格芬各自出资3330万美元收购了他们私人控股公司67%的股份，其余33%的股份由外部投资者瓜分。梦工厂还获得了化学银行（Chemical Bank）10亿美元的贷款承诺。尽管斯皮尔伯格、卡岑伯格和格芬只是小股东，但他们利用个人影响力，保留了对公司的控制权，成了（用斯皮尔伯格的话说）"我们自己梦想的主人"。

但在好莱坞，没有什么比建立一家持续发展的制片厂更困难了，而电影行业中创意合作关系反复无常的历史为人们的怀疑提供了充分的理由。最初，梦工厂的发展十分顺利，支配着这家庞大企业所需的巨额的启动成本，包括实体设施的建设、创造性人才的招揽以及持续制作计划的制订。但经过两年多的筹划，梦工厂仍没有一个固定的地址。

合伙人们希望将他们的制片厂建在洛杉矶的普莱亚维斯塔地区，在占地1087英亩的霍华德·休斯飞机制造厂旧址上，从前是霍华德·休斯的飞机制造厂，休斯曾在那里造出了他的巨型木制飞机——传奇的云杉鹅（Spruce Goose）。斯皮尔伯格非常赞同这一选址，因为他一直有意执导与沃伦·比蒂主演的类似《公民凯恩》这样关于休斯的传记电影，而休斯也是一位飞机迷和电影制片人[1]。脑海中萦绕着沃尔特·迪士尼式的未来愿景，斯皮尔伯格和他的合作伙伴们计划打造占地100英亩的高科技田园环境，其中包括一个人工湖。该设施是一个大型房地产开发项目的一部分，该项目还将包括一个住宅社区、一间酒店，以及零售和办公空间。但到了1996年秋天，由于开发商的财务问题和一些环保人士的反对，普莱亚维斯塔的项目已经搁浅。环保人士主要担心项目会对巴罗纳湿地造成不良影响（尽管其中一些湿地在开发计划中会得到保护）。本书截稿时，该项目的建设地点仍未确定，也不知道梦工厂是否会为其制片设施另寻地点[2]。梦工厂已经开始在其他地方制作电影和电视节目，其制作的第一部故事片《末日戒备》计划于1997年发行，但作为一家制片厂，仍然是一个未完全实现的梦想。

另外一个关键问题是，这三个合作伙伴是否愿意为这家电影制片厂长期合作，是否愿意忍受不可避免的挫折，是否愿意花费大量的时间和精力。媒体认为，对于这样一项长期的商业冒险，斯皮尔伯格的前景堪忧。他同时还在继续自己的导演工作，以及像大屠杀项目样的创造性慈善活动，这不禁让人们怀疑，斯皮尔伯格会不会有一天发现做电影大亨实在太让人分心。他保留为其他公司执导电影这个事实（譬如为环球拍摄《侏罗纪公园》续集），也为他对梦工厂的承诺招来了质疑。"素材在哪儿我就去哪儿。"他坚持说。然而，对于那些欣赏他导演作品的人来说，最令人不安的问题是：当代好莱坞最伟大的导演为何要在执导电影之外花时间来经营一家制片厂？

也许在完成《辛德勒的名单》后，斯皮尔伯格意识到，现在的他需要的是完全不同的创造性挑战。规划自己的电影制片厂是一个好的选择，使他能够从容地决定在职业生涯的后半段要成为什么样的电影人。1995年，当CNN的记者拉里·金暗示说斯皮尔伯格永远都无法超越《辛德勒的名单》时，斯皮尔伯格平静地回答说："如果无法超越，我也很高兴。"或许在达到了哪怕一生仅有一次的个人成就和艺术成就之后，莱斯利·布兰奇曾经写过关于导演乔治·库克的评价在斯皮尔伯格身上也完全适用："他没有，或者已经没有了破坏性的野心。这使得他完全自由，他完全清楚自己是谁、自己的身份的是什么，他不

<hr />

1　1990年，斯皮尔伯格帮助博·戈德曼创作了这部未曾拍摄的电影剧本，讲述休斯的故事："这个男人一生都是好莱坞隐秘的存在，他短暂的一生活出了几辈子，或者说三四辈子的人生……是什么把他逼到与世隔绝的地方？是什么驱使他躲进拉下窗帘的房间？这是个非常有趣的话题。"
2　梦工厂还曾宣布计划在格兰岱尔市建造一个占地12英亩的地中海风格的动画综合体。

嫉妒，也不会被竞争吞噬。"

斯皮尔伯格创立梦工厂时面临的少数几个限制之一来自他的妻子。凯特在20世纪90年代初表现得野心勃勃，不断在各种项目中发展自己的演艺抱负，包括出演失败的电视情景喜剧《阴燃的欲望》、托尼·比尔的电视电影《邻居》和安培林的故事片《恋爱编织梦》。斯皮尔伯格对她重燃的事业兴趣并不高兴。"有天晚上，我们在电视上看《夺宝奇兵2：魔域奇兵》，"凯特在1994年上半年说，"我转过头问史蒂文：'这部电影后我的职业生涯是怎么了？'他说：'你不应该老想着自己的事业，你应该和我在一起。'"

然而，在创办梦工厂时，他知道自己需要妻子的祝福，就像需要卢·瓦泽曼的祝福一样。考虑到杰弗里·卡岑伯格的不良工作习惯，凯特为丈夫定下了规矩："我爱杰弗里，但我从不想让你变得跟杰弗里一样，我不想让你陷入那种工作狂的状态。"也许是受到了上一段失败婚姻的教训，斯皮尔伯格向妻子保证不会再犯同样的错误。当被问到，他如何能在运作有关大屠杀的慈善项目和执导电影的同时创办一家新的制片厂时，他乐观地回答："我生命中所有重要的事情都完成了……不知怎么的，这些都没有打搅我的生活，我仍然能够6点回家，周末也还在家里。这真是奇迹。"

当他着手打造自己的私人电影制作产业时，斯皮尔伯格正在实现他毕生的另一个梦想。他的朋友、女演员琼·达林回忆说："史蒂文年轻时最想要的就是建立自己的制片厂，这样他就可以直接走进摄影棚去拍电影了。"这个被疏远、焦虑不安的男孩转向电影制作，想要找到让"自己感觉更安全的地方——我的摄影机前"，现在他已经把自己的避难所变成了一个王国。如果《辛德勒的名单》中的承诺已经兑现，现在他应该用智慧和责任感来管理它。阿尔伯特·刘易斯拉比发现，电影制作给了史蒂文"力量或者勇气去成为他自己……一个躲在幕后的机会，比如躲在摄影机后，同时也没有脱离外面的世界。"当史蒂文学会使用摄影机的那一刻，他就已经"成了一个正人君子"。

第十七章

是大亨，也是导演

事实证明，要将他们新成立的多媒体公司梦工厂从梦想变为现实，远比史蒂文·斯皮尔伯格和他的合伙人想象中困难得多。斯皮尔伯格于1994年提出的，建立"一个由创意和有创意的人驱动之地"的宏大愿景，那个21世纪的新式制片厂，那个包含各种形式动态影像的高科技、尖端"大本营"，却遇到了电影界最顽固的障碍。斯皮尔伯格、杰弗里·卡岑伯格和大卫·格芬发现，他们几乎无法完全独立于好莱坞体系之外。尽管在接下来的几年里，斯皮尔伯格在电影大亨的责任与电影导演主要职责间挣扎时，他仍然设法保持了很大程度的电影制作自主权。

运营一家制片厂的无数问题，以及身为亿万富翁名流越来越复杂的生活，是否影响了他作为导演的工作质量？如果是这样的话，矛盾的是，这种影响似乎在很大程度上是积极的。斯皮尔伯格喜欢同时处理多项任务，尽管这会让大多数人晕头转向，但他认为这对保持自己的创造力是至关重要的。"他是个工作狂，喜欢同时进行很多工作。"格芬这样评价他。"我一生都在同时处理多项事务，"2009年，斯皮尔伯格在接受《综艺》杂志采访时表示，"我认为，过去的经验表明，我可以执导一部电影，同时也能与合作伙伴一起监督一系列复杂的开发和制作。"他补充说，身为7个孩子的父亲，忙碌的家庭生活"塑造了我的职业道德，促使我排好优先事项，这是最好的锻炼"。还有一次，他说："我干这行够久了，已经熟知怎样才能把工作做得最好。当我只专注于一个项目而忽略其他事情时，往往会失去客观性……我会爱上自己拍摄的每一个场景，会把不是很好的事物想得很美妙。"他对付自己偏执特质的办法是阅读其他项目的剧本，协助同事完成他们的电影和电视节目。经营一家制片厂也许是多任务工作的一种极端形式，很少有其他电影人尝试过这样做，即使伟大的恩斯特·刘别谦[1]在20世纪30年代也无法做到，但斯皮尔伯格把这件让大多数人手忙脚乱的事情做得很好。

为了专心建设梦工厂，他中断了3年的导演生涯，这也是他一生中最繁忙的时期，但这个新任务也让他焦虑，分散了他作为电影人的主要精力。1997年，在经历了些许坎坷之后，他展现出了一股新的创作力，并在接下来的10年乃至更长的时间里一直保持着这种创作力。作为导演，他再次迎来了职业生涯中最富创造力、最多样和最冒险的时期，不断开辟新的艺术领域。在这一过程中，他拍摄了一系列不同类型的电影，以反映和审视2001年9月11日恐怖袭击的创伤性后遗症，以及乔治·W. 布什和迪克·切尼政府对公民自由的压制。

这些直接或间接地反映当代问题的电影包括《少数派报告》《幸福终点站》《世界之战》和《慕尼黑》。没有任何一位美国主流艺术家，能以如此持久和野心的手法处理本世纪头10年的重大事件。在这些电影以及诸如《勇者无惧》和《人工智能》等被不公正中伤的作品中，斯皮尔伯格一次次将自己的声誉置于危险境地，他冒着艺术风险，不顾意料之中的攻击，制作出了高度个人化、饱含激情的电影。他在2002年说："现在我正处于一生中的实验性阶段，正在尝试挑战自我的事情。在我挑战自己的同时，我也在挑战观众。现在我正往各个方向尝试，只为找到自我，想在50多岁时发现自我。所以我觉得《人工智能》和《少数派报告》这样的电影对我来说有点实验性。"

斯皮尔伯格愿意拿自己的名誉冒险，这体现了他对于自己的作品的自信；冒着票房失败的风险去拍他坚信的电影，这标志着他过去渴望被人接受的欲望在很大程度上已经减弱，因为他已经取得了世界范围内的世俗成功。在他五六十岁时，他的精力依旧惊人地旺盛，他多面发展并且保持高产，有意赶上好莱坞黄金时代的电影人，比如约翰·福特、维克多·弗莱明和迈克尔·柯蒂兹[2]。

1995年，当斯皮尔伯格获得美国电影学会终身成就奖时，他回忆起当年参加第一届美

1　恩斯特·刘别谦（Ernst Lubitsch），德国演员、导演、编剧，对有声时代早期的歌舞片有奠基之功。代表作《牡蛎公主》《少奶奶的扇子》《天堂可待》。——译者注

2　迈克尔·柯蒂兹（Michael Curtiz），匈牙利导演，一生共拍摄了169部电影。代表作《蜡像馆的秘密》《胜利之歌》《卡萨布兰卡》。——译者注

国电影学会终身成就奖的颁奖典礼时的情况，当时约翰·福特获奖，"他是一位作品总计超过130部电影的艺术家……我必须打起精神来参加。"到了2003年，一度对斯皮尔伯格颇有微词的影评人已经掉转风头，《纽约时报》的A. O. 斯科特写道，他"早就经历了辉煌的学徒期和早熟的成功，成了好莱坞的资深电影人，更重要的是，他还保护了美国电影的崇高愿景和悠久传统。"

从1997年到2010年，作为导演，斯皮尔伯格是如何在参与了数以百计的电影和电视节目的制片或执行工作的同时，完成他自己雄心勃勃作品的呢？他又是如何帮助梦工厂度过一些灾难性的财务危机的呢？

梦工厂花了3年时间才推出了第一部电影。这个缓慢的速度引起了好莱坞内外对这家新企业存活能力的质疑。《末日戒备》的独特之处在于只有该片启用了女导演（米密·莱德），这部电影讲述的是解除俄罗斯武器威胁的故事，不算太有新意，无非是一部好莱坞任何其他制片厂都能拍出的动作惊悚片。这部电影的首映也并不顺利。1997年9月23日，在去往好莱坞中国剧院的路上，斯皮尔伯格和妻子凯特·卡普肖乘坐的林肯轿车在西好莱坞与另一辆汽车相撞。

斯皮尔伯格后来告诉《洛杉矶时报》的记者比尔·希金斯："我们被撞出了十字路口，汽车旋转了90度，安全气囊都弹出来了，车玻璃都碎了，车内都是安全气囊爆开的酸味，车喇叭也按不动了，我才不会把这个烂场景拍进我的电影。"斯皮尔伯格由于肩部受伤被送往医院。那年晚些时候，他终于成功地参加了梦工厂影片《勇者无惧》的首映礼，斯皮尔伯格开玩笑说："上次我想来参加《末日戒备》的首映，结果路上出车祸了。所以这次我们系上了安全带，而且开得非常慢。"

这家制片厂建立初始就许下宏伟承诺。媒体和公众热切地接受了梦工厂创始人关于打造全能制片厂的愿景，创始人也是三位冒险家：全面发展的明星导演斯皮尔伯格，曾用《侏罗纪公园》中的壮观场面令观众们惊叹不已，同年又以《辛德勒的名单》中令人震颤的题材触动了全世界的良知；精力充沛、富有远见的制片厂执行官卡岑伯格，擅长制作喧闹的当代动画电影，远远超越了迪士尼式的老套路；还有一个性急而精明的音乐制作人格芬，他靠在主流唱片公司的游戏中击败他们而发家致富。梦工厂的三位合作伙伴，有着自由的政治观点和对社会事业的慷慨支持，似乎也做好了准备，要制作出比一般的好莱坞电影更严肃的影片。而他们以创新的方式拓展技术边界的能力，使他们宣称创建一家与其他竞争者不同的制片厂非常可信，他们会在墨守成规的娱乐行业所有领域，积极地应用最新的电子技术工具。

梦工厂初创阶段带来的兴奋感，让人忘记停下来思考，要从零开始建立一家新的制片厂，与好莱坞老牌大厂及其功能完备的制作和发行体系相抗衡，几乎是无法克服的困难，尤其是在那个制作和销售成本飙升的时代。梦工厂将门槛设得更高，宣称自己不打算按常规方式经营业务。斯皮尔伯格在1997年说："我们不会随波逐流。每家大制片厂每年都要拍一些连自己都不想拍的电影，只为与隔壁的同行竞争。我们拍摄的电影和电视剧，首先要吸引我们自己，而不是随大流，或受上市公司的信托义务的强迫。"1999年，当这家新公司仍为在市场上站稳脚跟而苦苦挣扎时，制片主管劳里·麦克唐纳宣布："我们不想让那些从一开始就对公司另眼相看的人失望，我们想坚守我们的初衷。"

梦工厂最开始建立的基石是它的核心理念，也就是斯皮尔伯格"发自内心地希望"能够"建立一个心灵港湾，在这里，怀有相同梦想的人们聚集在一起，在庇护下做他们最擅长的事情。"

在洛杉矶西部的普莱亚·维斯塔地区建造制片厂园区的计划，遭到了环保组织的反对，与土地开发商的财务协议也没有谈妥。这块土地曾经属于霍华德·休斯。环保人士不友善地将聚光灯对准了这样一个事实：制片厂的建造计划威胁到了这座城市仅存的主要湿地之一。尽管梦工厂试图向公众保证巴罗纳的一些湿地会得到保护，但将《E.T.外星人》制作者视为青蛙敌人的宣传还是起到了很大的负面作用。对于市政府给这三位富有的合伙人减税的批评，也影响了公众对该项目的支持。洛杉矶非主流报纸《新时代》的一位作者谴责斯皮尔伯格是个"卑鄙的骗子"，并抨击好莱坞其他自由主义者以及自由派政客们，因为他们不愿意批评斯皮尔伯格。几个月过去了，就像这块土地的原主人休斯造出的那台承载过度的野心却无法飞行的庞然大物"云杉鹅"一样，梦工厂同样举步维艰。在普莱亚·维斯塔地区打造综合体的宏大计划，不仅体现在制片厂设施的设计上，而且体现在将娱乐工厂作为未来媒介之城的精心构想上，在美学上与现代商业和住宅发展紧密相连。

最终，当项目开发商在筹集必要资金方面遇到严重困难时，已经同意支付2000万美元购买土地的梦工厂合作伙伴被要求拿出更多自己的钱来进行建设，但在各自财务专家的建议下，他们犹豫了。1999年这个项目被放弃时，斯皮尔伯格回忆说，"我想哭，这个项目无法实现是多么多么悲哀的事情。我真的很想，比杰弗里和大卫更想，建造一个家园，真正拥有一个活动大本营。"

但即使是斯皮尔伯格也没有足够的决心实现这个梦想。当年，十几岁的斯皮尔伯格遇到约翰·福特时，这位经验丰富的导演就告诫他不要拿自己的钱投资电影。尽管斯皮尔伯格已经违反了这一建议，将自己的部分资产投入了梦工厂的建设，他也不愿意冒太大的险来建造这个他期望中的"大本营"。2009年底，据《福布斯》杂志估计，斯皮尔伯格的净资产为30亿美元，在全球富豪榜上排名第205位；2010年，他的资产估值与上年持平，但排名滑落至第316位。据格芬所说，斯皮尔伯格积累了那么多财富正因为他在投资上很保守："他持有巨额的债券投资组合，这说明他不愿意冒险。"他大约80%的资产都是现金或其他流动资产。"钱对我来说不太重要。"斯皮尔伯格在1999年说。格芬对此评价道："和大部分非常成功、具有高度创造力的人一样，他喜欢别人付给他大笔钱。但我也不会说这是他的兴趣所在。"

启动自己制片厂的设想，被慢慢削弱到了一个更易于执行的维度。梦工厂从一个大型电影制片厂转变为一家精品电影制作公司，虽然不同寻常地备受期待，但与其他追名逐利的企业并无本质不同，在规模大大缩小但仍占主导地位的好莱坞制片厂体系的阴影下运营着。

斯皮尔伯格从一开始就对这家企业的规模表示怀疑，觉得他们本可以慢慢地，一次只拍一部电影，"我入睡前总想着我们应该更保守，行事更谨慎"。这些评论是在梦工厂发起后5个月他对《时代》杂志所说的。他还担心自己从真正的职业上分心，似乎有些后悔了。1997年他的一位同事告诉《时代》："你可以看出，他对自己陷入的商业困境感到沮丧。他总是恳求地说：'我只是个电影导演！'他当然还拥有更多身份，无论他自己怎么想，他还是制片厂老板、流行偶像、父亲、导师，以及一位重要的电影大亨。"这些年里，格芬和卡岑伯格比斯皮尔伯格承担了更多公司运营的责任，斯皮尔伯格把大部分功劳都归功于格芬，甚至在2008年说："杰弗里和我就像孩子一样。"

许多好莱坞观察家也会问斯皮尔伯格问自己的那个问题：他是否更适合做导演，而不是电影大亨？作为一个初创企业，梦工厂的野心是否太大？在电影制作成本膨胀到无法控制的情况下，从零开始创建一个新制片厂对任何人来说都太具挑战性，即使是史蒂文·斯皮尔伯格。

是不是梦工厂的三位合伙人分身乏术？他们（尤其是斯皮尔伯格）是不是对制片厂日常的运作投入不足？他们的想法是否太过传统而不能真正挑战固有体制？他们的想法是不

是过于传统，根本没有真正挑战到这个系统？接下来10年内和以后发生的事情无法为这些问题提供确切答案，但这些不断提出的问题表明，即使是这三位才华横溢、声名显赫的好莱坞玩家也面临着巨大困扰。

创办自己的制片厂之后，斯皮尔伯格执导的第一部电影《侏罗纪公园2：失落的世界》（1997）却是为另一家公司（环球）拍摄的，这对好莱坞的观察者们来说是一个警告信号。斯皮尔伯格与梦工厂的协议使他可以有偿为其他公司提供服务，结果他三分之二的电影都是为其他公司制作的，这给了他更多的自由，但削弱了他与合作伙伴的合作价值，并剥夺了梦工厂可能的重要收入来源。

注意力的转移，可能是斯皮尔伯格对其宏大的制片厂计划缺乏后续行动力的原因。他还留着自己的旧公司安培林娱乐，作为私人避难所，这是另一个对冲风险的例子。对他个人来说这可能是合理的策略，但业界和公众因此更认为他没有完全履行对梦工厂的承诺。即使卡岑伯格也承认，斯皮尔伯格对梦工厂以外的责任"比我们所有人预期的都更繁重"。《侏罗纪公园2：失落的世界》是斯皮尔伯格1993年执导的恐龙主题票房大片《侏罗纪公园》的续集，《侏罗纪公园》曾是电影史上最卖座的电影，直到1997年其票房纪录才被詹姆斯·卡梅隆执导的《泰坦尼克号》打破（卡梅隆最终在2009年以《阿凡达》打破了自己的纪录）。斯皮尔伯格说，他看了看自己的日志，发现"自己安排的每一次会议都与拍电影无关。那时我意识到，我最擅长的是我的合伙人希望我做的事：导演。"于是他同意拍《侏罗纪公园2：失落的世界》。

但斯皮尔伯格拍摄这部恐龙电影续集的动机十分现实，不管质量如何，都能保证大卖。斯皮尔伯格也想要掌控这部续集，因为他对环球影业制作的《大白鲨》的俗气续集嗤之以鼻。他一直不愿执导自己拍摄的《大白鲨》续集，而且拒绝拍摄《E.T.外星人》的续集，担心会贬低原作的价值。1989年，在安培林的科幻喜剧《回到未来2》中，导演罗伯特·泽米吉斯和监制斯皮尔伯格讽刺了这些项目背后的犬儒主义，某个场景展示了2015年剧院入口处张贴着由麦克斯·斯皮尔伯格（斯皮尔伯格和艾米·欧文的大儿子）导演的《大白鲨19》的海报。其他导演利用《侏罗纪公园》牟利的想法令斯皮尔伯格深为厌恶。但他自己的占有欲也令人遗憾，尽管《侏罗纪公园2：失落的世界》的全球票房达到了6.14亿美元，帮助宣传了环球影城的主题乐园"侏罗纪公园"，但他本人似乎也对这部公式化的电影感到厌倦。

同格雷厄姆·格林一样，斯皮尔伯格经常在"娱乐电影"和更严肃的电影之间徘徊，比如1997年，他在《侏罗纪公园2：失落的世界》之后拍摄了历史片《勇者无惧》，讲述了1841年非洲俘虏起义和美国最高法院最后释放他们的故事。这种艺术灵活性是斯皮尔伯格的长处，有些时候他的娱乐性更强。但那一年不是这样，《侏罗纪公园2：失落的世界》出发点就是错误的，这部粗劣的作品完全失去了当初那种发现快乐的感觉。CGI（电脑合成图像）的奇迹使斯皮尔伯格和他的公司能够在银幕上重现恐龙的形象，很快成了常规。尽管《侏罗纪公园2：失落的世界》里的生物比《侏罗纪公园》里的更灵活、更生动，但其效果似乎是可以预见的，也没有对观众带来新的刺激，尤其再加上几乎没有悬念或与角色无关的故事情节。《侏罗纪公园2：失落的世界》可能是斯皮尔伯格导演生涯中最糟糕的一部电影，是他在凭借《辛德勒的名单》获得首座奥斯卡奖后重返影坛的一步臭棋。在拍摄过程中，斯皮尔伯格就已经意识到这是一种多么令人沮丧的颓败，他说："我痛打了自己……对自己越来越不耐烦……这让我很想拍一部'有声'电影，因为有时候我觉得只是在拍一部带着咆哮的无声电影……我发现自己在说：'就这样了吗？我不甘心。'"

　　迈克尔·克莱顿为《失落的世界》创作的这部阴郁的原著小说，甚至无耻地剽窃了阿瑟·柯南·道尔1912年同名小说中的标题，否则整个冒险故事可能就不存在了。克莱顿的小说缺乏《侏罗纪公园》中那种伪科学推测的娱乐性，对人物的刻画也更贫乏。展示主题公园新地点"恐龙繁殖地"的噱头，似乎是一个明显的骗局，只为了蹭第一部小说和电影的热度，而没有好好开发。在一些冗长但有趣的说明性场景中，杰夫·戈德布拉姆饰演的数学家伊恩·马尔科姆博士对欺骗表示了愤怒，并试图阻挠将将恐龙带往美国大陆的疯狂计划，影片的情节也发生了转折，并最终演变成一系列机械的、嘈杂的暴力场面，只有追逐和混乱。戈德布卢姆对公园里的讽刺和尖刻的言论，反映了斯皮尔伯格自己对这些素材不加掩饰的轻蔑，这一点主要体现在影片单调的节奏、平凡的元素、黑暗和肮脏的照明风格，和斯皮尔伯格一反常态对演员的随意指导，比如朱利安·摩尔滔滔不绝地讲着枯燥的科学语句，就像在读电话簿上的内容一样。

　　这部乏味的剧本出自大卫·凯普之手，斯皮尔伯格不那么理性的电影都会找大卫编剧（凯普还参与了《侏罗纪公园》《世界之战》和《夺宝奇兵4：水晶头骨王国》的剧本写作）。2008年，导演给了他一个模棱两可的赞美："当大卫有了原创的想法时，你甚至可以闻到他电脑里爆米花的味道。"凯普在《失落的世界》中客串了一名配角，在圣地亚哥一家音像店外被一只狂暴的恐龙袭击（他的角色在字幕中被称为"不幸的混蛋"）。这段半开玩笑的片段离开了单调的丛林，斯皮尔伯格的创意就活跃了起来，拿在郊区玩耍的恐龙搞笑。他还用上了一个日本游客被这个类似哥斯拉的怪物追逐的段子，为了影片的日本发行，他还添加了一个特写镜头：其中一名游客惊呼道："我来美国就是为了躲避这个！"

《失落的世界》包含了一个全新的元素，讽刺的是这个元素招致了一些批评。马尔科姆有一个青春期的黑人女儿凯利（凡妮莎·李·切斯特饰），凯利只是以他女儿的身份出现，没有做进一步的解释。有些影评人甚至抱怨这种描写非传统现代家庭关系时，不带感情的方式"令人钦佩"；每当斯皮尔伯格处理黑人角色时，这种批评就会出现，这似乎更多地反映了影评人的偏见，而不是导演对社会局外人的真正同情。当凯莉开始向马尔科姆抱怨他太忙、太自私，无法履行作为父亲的责任——这个斯皮尔伯格式的家庭主题，成了他在所有场合都要下意识地拿出来的剧情装置。但父女之间也有真情流露的时刻。当他们在岛上遇到了危险，马尔科姆向吓坏了的女儿保证："我向你保证，我一会儿就回来。"她回答说："但你从来没有信守诺言。"斯皮尔伯格给了她的脸一个大特写，让人感到一阵揪心的颤抖，在这部无关紧要的电影中，瞬间刺中了真相。

梦工厂推出的第二部电影《勇者无惧》（1997）获得了褒贬不一的评价，也是斯皮尔伯格职业生涯中票房最不成功的电影之一。"在《勇者无惧》上映第二周的周末时，我接到了亲戚们打来的电话，因为影片差劲的票房表现而安慰我，"斯皮尔伯格悲伤地回忆说。"……我说：'嘿，你看过这部电影了吗？''哦，没有。'"这部电影对南北战争前美国的种族问题和废奴主义进行了尖锐的审视，但在媒体上引起的反响似乎没有那么强烈，甚至还不如一场由一位非裔美国小说家提起诉讼所引发的争议更人，她声称影片盗用了她的小说。斯派克·李[1]和其他人谴责斯皮尔伯格在处理这一被美国历史学家和电影人在很大程度上忽略的历史事件时的厚颜无耻。影评人和观众似乎都急于从影片对奴隶制和围绕它的道德问题毫不留情的审视中撤退；而正是这起诉讼让他们摆脱了纠结于真实故事的困境，同时也为斯皮尔伯格的反对者提供了抨击他无病呻吟的机会。斯皮尔伯格说："比起《勇者无惧》的内容，人们更感兴趣的是那场诉讼。"《紫色》的原著小说作者

1　斯派克·李（Spike Lee），美国电影制作人、导演、编剧、演员，代表作包括《丛林热》《悬疑犯》《四个小女孩》《25小时》等。——译者注

爱丽丝·沃克当年从人们对《紫色》的批评中察觉出的潜台词（"这个犹太男孩为什么认为他能执导一部关于黑人的电影？"），彻底覆盖了对《勇者无惧》的接受。尽管有这些烦心事，《勇者无惧》仍是一部经久不衰的电影，是斯皮尔伯格最洋洋洒洒、最感人的作品之一。

青春期时，斯皮尔伯格对民权事业充满感情，这让他一生都忠于民权事业，也让他和妻子凯特·卡普肖收养了两个非裔美国孩子西奥和米凯拉。在拍摄《勇者无惧》的过程中，他说："这部电影是为我的黑人孩子和白人孩子而拍。他们都需要知道这个故事。"斯皮尔伯格其他以黑人为主角的作品包括《夜间画廊》电视连续剧中的《让我大笑》部分，以及《阴阳魔界：电影版》中的《踢罐子》部分。同时，他为命名不当的CBS电视台特别节目《美国新千年》拍摄了关于美国历史的纪录片《未完成的旅途》，作为1999年12月31日在林肯纪念堂的多媒体现场演出的一部分，他也启用了很多非裔美国艺术家，比如奥西·戴维斯、鲁比·迪伊和玛雅·安杰洛担任演出的解说员。新片中还有一大段讲述了民权运动（以及斯皮尔伯格痴迷的二战、流行文化、航空和太空飞行等）。在《失落的世界》中，给杰夫·戈德布拉姆设置一个黑人女儿进一步证明了斯皮尔伯格的身体力行。他对各种"异类"的长期认同反映了他个性中不可分割的一部分，将奴隶们运到美国的"阿米斯塔德号"（La Amistad）在他先前的《第三类接触》和《一九一四》等影片中都出现过。《紫色》和《勇者无惧》受到的抨击，并没有使斯皮尔伯格放弃对种族主题的探索，也没有使他放弃对其他可能具有煽动性的社会议题的钻研，这是斯皮尔伯格的巨大贡献。

编舞和制片人黛比·艾伦是一位非裔美国人，她在1994年向斯皮尔伯格提出了拍摄《勇者无惧》的想法，因为她认为《辛德勒的名单》证明了斯皮尔伯格对这个项目的青睐。被俘虏的首领辛克的故事，让斯皮尔伯格想到了美国黑人运动家唐纳德·德弗里兹，他在20世纪70年代以这个化名担任共生解放军[1]首领。斯皮尔伯格承认，他从来没听过这个关于非洲人从中间通道（Middle Passage）的奴隶船上活下来，在反抗他们的西班牙捕捉者之前，把"阿米斯塔德号"驶向了康涅狄格州海岸线的故事。这件事在当年成了废奴运动中的轰动事件。"真的吗？"斯皮尔伯格问艾伦，"这件事是历史上真实发生的吗？"她必须劝斯皮尔伯格克服面临强烈抵制的焦虑，就像他拍摄《紫色》面临的那样。

1　共生解放军 Symbionese Liberation Army（SLA），美国自封的左翼激进组织，在1973年由唐纳德·德弗里兹（Donald DeFreeze）创立。——译者注

"史蒂文，那是过去，这是现在，"她告诉他，"我认为现在人们看待事情的方式已有所改变。"从那时起，"史蒂文就非常投入，热情满怀。"她回忆说，"从一开始，我们就意见一致。"斯皮尔伯格说，当她告诉他这个故事时，"我立刻想到，只要能对我儿子西奥说：'看，这是关于你的故事。'我就会感到非常自豪。"

艾伦在1997年电影开拍前，告诉本书作者，她于1978年在她的母校霍华德大学无意中看到这个故事，当时她发现了一本约翰·阿尔弗雷德·威廉姆斯和查尔斯 F. 哈里斯编辑的论文集《阿米斯塔德1号》。她说她在1984年获得了威廉·A. 欧文斯1953年的小说《黑人暴动：阿米斯特德号帆船上的起义》的改编权，决定将其改编为电影（在影片的结尾字幕中，这部小说被列为"主要的参考资料来源"），但在《辛德勒的名单》让她相信斯皮尔伯格是实现这个项目的最佳人选之前，她曾遭到多次拒绝。

然而，小说家芭芭拉·蔡斯−里布已于1988年通过她在双日出版社的编辑杰奎琳·肯尼迪·奥纳西斯向梦工厂提交了1989年的历史小说《狮子的回声》（*Echo of Lions*）。梦工厂没有通过这个项目，当蔡斯−里布后来得知它要拍一部以这个主题为题材的电影时，她提出了反对，并要求支付片酬和在演职员表中提及她。在与梦工厂的和解谈判失败后，1997年10月里布又提起了价值1000万美元的版权侵权诉讼。蔡斯−里布向媒体表示："我绝对觉得我的知识产权被绑架了。因此，我的成果被剽窃了，尽管是智力上的，而不是物质上的。现在不是19世纪，美国不再是种植园。"梦工厂的辩护律师伯特伦·菲尔茨回应说："蔡斯−里布小姐表现得好像这一段美国史只归她所有，就像在说我们再也不能写关于乔治·华盛顿的故事。"

《狮子的回声》确实包含了许多与电影相似的元素，但梦工厂的律师认为，当两部作品涉及同一历史题材时，相似性是不可避免的。这部电影的戏剧性场景、人物和对话都与小说大相径庭。但从影片中的黑人废奴主义印刷工（监管梦工厂指出这个角色的原型是位黑人废奴主义牧师，当红巨星摩根·弗里曼在该片中饰演这位印刷工），到电影开头一名奴隶从阿米斯塔德号甲板上拔出一根钉子撬开铁链上的锁等关键细节，都与蔡斯−里布虚构的故事相吻合。此外，蔡斯−里布还声称，电影署名的编剧大卫·弗兰佐尼曾与达斯汀·霍夫曼的公司合作开发电影版《狮子的回声》，弗兰佐尼也承认读过她的小说，但是弗兰佐尼否认曾参与剧本开发的事。（斯皮尔伯格邀请达斯汀·霍夫曼饰演曾在美国最高法院为阿米斯塔德号的奴隶们做过辩护的美国前总统约翰·昆西·亚当斯，但霍夫曼的档期有冲突；安东尼·霍普金斯最后获得了这个角色。）

经过一场漫长而尖刻的媒体审判，期间梦工厂的律师反诉蔡斯-里布抄袭了欧文斯的《黑人暴动》，蔡斯-里布申请禁止电影发行的禁令也未被批准，小说家与梦工厂于1998年2月终于达成了协议（没有关于财务决定的报道）。她发表了一篇免除梦工厂责任的声明："经由我的律师们审阅过梦工厂的档案和其他文件及证据后，我和我的律师得出的结论是，斯皮尔伯格和梦工厂没有做任何不恰当的事情，因此我要求我的律师以及时和友好的方式结束这件事。我认为《勇者无惧》是一部了不起的作品，我为斯皮尔伯格有勇气拍出它而鼓掌。"

但那时斯皮尔伯格的名声已经受损，因为很多作家似乎认定了他有罪。这个案子如果进行审判，结果会怎样还有待推测。当美国州地方法院法官奥黛丽·柯林斯拒绝了禁令的申请时，她说："在早期阶段，法庭还不能断定原告（蔡斯-里布）一定能胜诉。尽管如此……法庭认为，原告对她的版权侵权索赔提出了严肃的问题。"

这一悬而未决的争论是否会否定《勇者无惧》的美学价值，取决于个人的判断。《公民凯恩》也曾经被诉侵权，当时陪审团意见不一，雷电华电影公司（Radio Keith Orpheum，简称：RKO）选择庭外和解。这个被遗忘已久的小插曲，并没有损害这部电影及其导演奥逊·威尔斯的声誉。但是，蔡斯-里布对斯皮尔伯格诚信度的攻击，迎合了某些人的想法。他们一直对这位受欢迎的电影人对历史题材的间歇性尝试保持怀疑。就连《辛德勒的名单》和2005年的《慕尼黑》（讲述以色列对其运动员在1972年慕尼黑奥运会遭到大屠杀的报复），也让斯皮尔伯格受到了质疑。

《勇者无惧》基本尊重了历史事实，令人信服地戏剧化了法庭上的争斗，如同在《辛德勒的名单》中表现的大屠杀一样，集中表现了"中间通道"的残酷。但《勇者无惧》在表现戏剧冲突时更加随性。最后的剧本是由《辛德勒的名单》的编剧斯蒂文·泽里安所写，他大幅改进了对白，丰富了戏剧文本。梦工厂想将他和弗兰佐尼一起写入演职员表，但经过美国编剧协会的仲裁，泽里安的名字被排除在外。黑奴们的首席律师罗杰·鲍德温在现实中是个杰出的中年男人，未来的康涅狄格州州长，而不是电影中马修·麦康纳饰演的那个邋遢骗子，从真实人物到角色的改编是为了让他更贴近当代的观众，同时也加强了斯皮尔伯格本人对这一角色的认同感。电影对白人废奴主义者严厉的刻画似乎有些片面，电影中美国最高法院的9位成员中有7位是南方奴隶主，并不符合史实，令人难以接受。事实上，1841年最高法院的5名成员都是北方人，其中有一位是阿米斯塔德号案的唯一一持反对意见者。影片中亚当斯在法庭上11分钟的陈词，巧妙地浓缩了现实中他在两天内长达

8个小时的发言。

批评影片更多地关注白人角色而非黑奴的说法并不准确，因为辛克（由非洲演员兼模特杰曼·翰苏出色地饰演）和其他非洲人角色，分配到了很长的银幕时间，以他们的母语门德语进行表演，一直占据剧情发展的中心。在一段加长的镜头中，辛克从牢房里向愤怒的亚当斯传达了一些精明的法律建议，而辛克与亚当斯在这位前总统位于马萨诸塞州的家中会面（这是艺术化创作，因为两人从未见过面）则是这部电影的戏剧中心。辛克说他将会召唤他的祖先与他一起上法庭，"他们必须来，因为此刻，我是他们存在的全部原因"，斯皮尔伯格缓慢的推拉镜头对准沉默的、沉思的亚当斯向前推动，非常感人，辛克认为自己作为伟人失败的儿子，意识到自己真正的历史使命，这是他的第二次机会，通过这些非洲奴隶来塑造历史。当辛克问亚当斯他用什么陈词说服了法庭时，亚当斯回答："你的话。"摩根·弗里曼饰演的西奥多·乔德森深入参与了奴隶的辩护工作。尽管一些影评人抱怨这个角色的刻画还不够充分，但当亚当斯称赞弗里曼是从奴隶制中崛起的英雄时，他们忽略了表现弗里曼骄傲之情的无声的特写镜头。乔德森在挑战亚当斯时的犹豫，在时代背景下是现实的，但他最终还是那样做了，不仅激怒了这位前总统，又让他感到羞愧，促使其采取行动。这种对黑人角色在那个时代控制自己命运的展示如果再直接点，就会与历史语境相悖，但泽里安最终的剧本微妙地展示了他们对历史的参与与影响。

这些斯皮尔伯格式的"异类"改变了那些周围人的人生，就像《第三类接触》中外星人给普通美国人的生活带来了飞跃一样。斯皮尔伯格作品的典型特征是关注局外人的积极影响，以及他们为被接纳而进行的斗争，这在《勇者无惧》的许多场景中都有体现，这些场景展示了他们是如何让他们的律师更关注他们的人权，而不仅关注案件中的财产问题；激励法官违抗腐败的总统命令；并激发出这位性情乖戾的前总统最好的一面。这位前总统对废奴主义的同情在过去没有充分表达出来，现在却已成为他毕生的使命。电影持续关注着交流的问题，这是斯皮尔伯格作品的另一个重要主题。不同于《第三类接触》让外星访客与地球人沟通的音乐，在《勇者无惧》中，只有当那些偏狭的美国同情者们不嫌麻烦地学习的语言时，阿米斯塔德号上来自另一个大陆的访客才得以与他们之间建立起一种人类的联系。转折从他们雇用了一位门德语翻译柯维（切瓦特·埃加福特饰）开始，这位曾经的奴隶最终与这些自由人一起回到了非洲。在这部有声电影中，语言的重要性体现在其西班牙语片名上，片名意思是"友谊"，同时也双关暗指"友谊之船"。通过共享语言，律师们和废奴主义者们能够将非洲人作为有着各自历史的个体与自身产生联系，并注意到亚当斯提出的那个紧迫问题："他们的故事是什么？"一旦开始讲述他们的故事，《勇者无惧》便更大程度上围绕着辛克和他的同伴们创造的叙事动力而展开。

在辛克向亚当斯解释了求助于祖先的重要性之后，这位老人在法庭上的总结，是霍普金斯在电影史上最精彩的发言之一，也是电影的核心主题。亚当斯对他的父亲、前总统约翰·亚当斯[1]的影射，以及父亲与其他开国元勋遗留问题的调和，在斯皮尔伯格的作品中具有双重意义。在那一刻，亚当斯正讲到关键时刻，镜头推向了约翰·亚当斯，超越了直接的文本，代表了斯皮尔伯格与自己的父亲，以及他作品中充满缺陷的父亲形象的和解。亚当斯被他父亲和其他国父的半身像和画像所环绕，这些人在《独立宣言》中提出的理想在实践中被妥协。"我们一直拒绝向你们寻求指导，"他对这些国父们说道，"也许我们害怕这样做，因为这样做大约就等于承认，我们如此尊重的独立，并不完全属于我们自己。也许我们担心向你求助会被认为是软弱，但我们终于明白，事实并非如此。我们现在明白了，理解是我们的本能，我们也需要理解，我们的过去造就了我们的现在。"

摄影机的显著移动、表演的严肃性以及斯皮尔伯格作品的中心思想，造就了他职业生涯的高潮时刻。这位电影人执着的、贯穿整个职业生涯的主题是与有缺陷的父亲形象作斗争，象征性地在两代人相互接受的这一刻戛然而止。亚当斯开始接受自己之前的不足，接受他所代表的不完美但强大的传统。这个私人的问题被置于国家的大家庭和内战即将爆发的背景下。亚当斯甚至接受了这种悲剧性的可能（"如果这意味着内战，那就让它来吧"）来维护联邦统一和全国大家庭："如果战争真的发生了，但愿它是美国革命的最后一场战役。"这个场景中唯一的缺陷是斯皮尔伯格选用了约翰·威廉姆斯平淡而无味的配乐。这首被认为是威廉姆斯最好的作品之一的配乐，大量融合了非洲风格，却对霍普金斯的台词造成了不必要的干扰。不相信只用语言也能够表现场景，是斯皮尔伯格有时会掉进的陷阱。

饱受争议困扰的《勇者无惧》相对来说是一部在商业上惨败的影片，美国国内的总票房仅为4400万美元（制作成本为4100万美元），并且与奥斯卡奖擦肩而过，获得了4项提名却没有获奖。但斯皮尔伯格的下一部影片，由梦工厂和派拉蒙联合出品的《拯救大兵瑞恩》

1　约翰·亚当斯是美国第二任总统，其长子约翰·昆西·亚当斯是美国第六任总统。——译者注

（1998）出人意料地成了票房热门，制作成本为6500万美元，全球总票房高达4.79亿美元，为他赢得了第2个奥斯卡奖。斯皮尔伯格曾担心，这部二战电影开头表现的诺曼底登陆，情节过于紧张和震撼，可能会让大多数观众不堪忍受，就像他对奴隶制的再现一样。《拯救大兵瑞恩》的大受欢迎让他"大吃一惊"，这证明了他想"让人们真实感受战争现实"的想法没错，就像他在《辛德勒的名单》中所做的那样。他说，在《拯救大兵瑞恩》中，"我要求观众有一种生理上的体验，这样他们就能在某种程度上体验到那些战争中的人们所经历的一切，尽管这种要求有些过分。"观众的反应证明了他对于自己使命的严肃态度。通过如此生动地唤醒普通美国人的牺牲精神和英雄主义，《拯救大兵瑞恩》抓住了当年全国性与父亲和解的时代风潮，同年汤姆·布罗考[1]的《美国最伟大的一代》歌颂了经历大萧条和参与反法西斯战争的美国人，成为极具影响力的畅销书籍。

"《拯救大兵瑞恩》是我为父亲而创作的，"斯皮尔伯格说，"在我的成长过程中，他是那个让我满脑子都是战争故事的人……当我第一次读到这个剧本时，我说：'爸爸会喜欢这部电影的。'"阿诺德·斯皮尔伯格曾是美国陆军空军在中国-缅甸-印度战区的无线电操作员。当宣布史蒂文成为奥斯卡奖得主时，他亲吻了妻子，拥抱了多年来公开不和的父亲。他们之前在史蒂文职业选择上的冲突，在儿子的记忆中被夸大了，史蒂文忽略了父亲对他早期电影制作的积极鼓励，但这些冲突，终于在史蒂文向他父亲那一代退伍军人致敬的电影中被埋葬。《拯救大兵瑞恩》是斯皮尔伯格与父亲和解的产物，这种和解此前在《勇者无惧》中达到高潮。"我可以说我真的想要这个吗？"斯皮尔伯格在拿着奥斯卡小金人的时候对台下的观众们说。他接着说，"爸爸，你是最棒的。谢谢你让我明白回首往事和尊重过去是一种荣耀。我非常爱你，这部电影献给你。"具有讽刺意味的是，尽管阿诺德表达了对这部电影的感激之情，但他也抱怨这部电影与亚洲战场无关。所以最终史蒂文开始策划一部名为《太平洋战争》的有线电视迷你剧。他与《拯救大兵瑞恩》的主演汤姆·汉克斯已投保费担任这部迷你剧的监制。两人曾合作制作过2001年的二战迷你剧《兄弟连》，同样以欧洲战争为背景。

20世纪90年代末，史蒂文与父亲的和解是他生活和工作中的重大进展。1999年，《生活》杂志以《史蒂文·斯皮尔伯格与父亲：弥合15年的裂痕》为封面故事，记录了此事。

1　汤姆·布罗考（Tom Brokaw），美国新闻主播。20多年来他一直担任美国全国广播公司（NBC）晚间新闻节目的主持人，是NBC保证收视率的一张王牌，曾获得过新闻报道的各项大奖。——译者注

史蒂文回忆起他是如何责怪他忙碌的父亲，因为他在家里长期缺席，尤其是在他们住在亚利桑那州期间；但他也意识到父亲努力陪伴他去参加童子军露营活动，"坑你是我童年最快乐的记忆"。但是他的父母离婚后，他将自己的愤怒发泄到父亲身上（尽管当时他更怪他的母亲），他说："我们之间本就有距离，而当父亲再婚，我们更加疏远了，我不喜欢他娶的那个人。"史蒂文不再给父亲打电话，开始在其他男人身上"寻找父亲的影子"，比如他在时代华纳公司的"代理父亲"史蒂文·J.罗斯。"在我心里，我爱我的爸爸。但怨恨会形成层层隔阂，我只是觉得逃避这些问题让我更舒服。"

最后，当他母亲告诉他："你知道，这并不全是你父亲的错，这也是我的错。"史蒂文说，当她解释发生的一切时（离婚后不久，她嫁给了史蒂文家的老朋友伯尼·阿德勒），"我转过头来，意识到我怪错了人。就在那时，我开始想办法找回父亲对我的爱，将父亲拉回我身边。"史蒂文开始公开承认，事实上，父亲对他成为一名艺术家做出了很大的贡献。阿诺德很快又成了儿子生活中的常客，不仅是家庭聚会上的常客，还作为电脑专家，从史蒂文的大屠杀幸存者视觉历史基金会建会伊始就向儿子提供帮助，该基金会位于环球影业的地段，距离史蒂文位于西南风格的安培林娱乐综合体只有几分钟路程。（该基金会的档案和资源在2006年被转移到南加州大学，通过南加州大学视觉历史和教育研究所公开了近5.2万段幸存者和其他证人的证词录像。多年来，斯皮尔伯格向慈善事业捐赠了数百万美元，其中包括其他教育团体、电影基金会、西好莱坞的西达塞奈医疗中心，以及他帮助成立的重症儿童支持机构——星光灿烂儿童基金会。）

阿诺德·斯皮尔伯格和他的儿子在凤凰城合作拍摄了两部二战电影，《战斗机小队》（1960）和40分钟长的《无处可逃》（1962）。后者是一部以北非为背景的动作片，讲述了在混乱中搜救一名被困在德国后方的美军士兵的故事，并对近距离战斗进行了细致刻画，之后的《拯救大兵瑞恩》才得以如此震撼人心。两部电影都是彩色影片，而阿诺德影响了是否将《拯救大兵瑞恩》拍摄成彩色片的关键审美决定。当阿诺德问史蒂文为什么把《辛德勒的名单》拍成黑白影片时，史蒂文说因为他也只能通过黑白的档案片段了解大屠杀。阿诺德回答说："那时我还活着，我参加了第二次世界大战，我的经历是完整的，鲜活的，血淋淋的。"这使得史蒂文决定用曾计划在《辛德勒名单》中使用的低饱和度色彩来拍摄《拯救大兵瑞恩》。他模仿了约翰·福特为美国海军纪录片《中途岛战役》和乔治·史蒂文斯在欧洲给部队拍摄黑白录像时的个人战争记录（史蒂文斯的非官方片段是由他的儿子小乔治·史蒂文斯在1994年收集的，制成了名为《乔治·史蒂文斯：从诺曼底登陆到柏林》的纪录片）中16毫米战斗镜头的颗粒感和柔和色彩。

斯皮尔伯格也受到了罗伯特·卡帕为《生活》杂志拍摄的那张著名的诺曼底登陆照片的影响。在卡帕拍摄的照片中，士兵们突袭奥马哈海滩时，所有东西都在摇晃，都在逐渐模糊，这给了斯皮尔伯格24分钟诺曼底登陆震撼场景所追求的感觉和视觉效果。不过斯皮尔伯格显然没有意识到，卡帕照片中的极度震颤效果是伦敦实验室的一名技术人员给其照片过度加热而意外造成的。而这个失误导致大部分照片被毁，剩下的也被损坏。斯皮尔伯格把那些没有被彻底损毁的照片"挂在我的家里和办公室的布告栏上，我一直盯着这些照片并告诉我的团队，我想重现所有这些照片上的感觉。"当士兵们在炮火下冲上海滩时，斯皮尔伯格和摄影师雅努什·卡明斯基的手持摄影机猛烈摇晃，效果非常好。去饱和度的色彩，让人们想起美国政府摄影师拍摄恐怖袭击时熟悉的照片和新闻报纪录片的单色效果。

"就像拍《辛德勒的名单》，我完全没用故事板，"斯皮尔伯格谈起《拯救大兵瑞恩》中连续拍摄的诺曼底登陆场景时说，"……我只是觉得按常规流程拍摄并不是很自然，与之相对，我尝试化身一名战地摄影师，凭直觉去思考，置身于这些挣扎着安全上岸的士兵间，我应该在什么机位……我在即兴创作，就像真的在战争中即兴拍摄一样。"

由于奥马哈海滩禁止实地拍摄电影，同时法国政府也无法提供斯皮尔伯格想要的税收减免，所以斯皮尔伯格在爱尔兰韦克斯福德郡巴利尼斯克的卡拉克鲁海滩重现了诺曼底登陆场景，与职业演员一起出演的是750名爱尔兰国防部队成员，其中一些曾参加过梅尔·吉布森的《勇敢的心》的拍摄。在外景地进行了11周的准备后，这个段落在1999年6月和7月进行拍摄，耗时15天，耗资1200万美元。斯皮尔伯格跟随着汉克斯饰演的角色约翰·米勒上尉，在米勒和其士兵受到德军机关枪扫射时，沿着海滩艰难地缓慢前行。那些士兵被子弹击中、被火焚烧的骇人细节，爆炸后正要从希金斯小船上下来的士兵被炸掉脑袋的恐怖景象。安东尼·莱恩在《纽约客》上称这一场景"这是我们能想象到的最真实和最混乱的地狱景象……就像高速运动的博斯[1]的画作一样。"超过1000具人造尸体和大约20名真正的截肢者被用来重现斯皮尔伯格所说的"大屠杀，这是一次彻底的混乱：从远征军到侦察部队，再到未击中大部分主要目标的狂轰滥炸。考虑到这些，我不想美化这些镜头，所以我尽可能地保持场景的真实。"

1　希罗尼穆斯·博斯（Hieronymus Bosch），荷兰著名画家。——译者注

斯皮尔伯格决定从船上到滩头紧跟米勒上尉，使得观众能够以这个典型的美国兵的视角，直观地感受到他的恐惧以及顽强的毅力，尤其体现在他的听力因爆炸而受损，挣扎着重新找回自己的方向时，音轨被主观地扭曲了。这一串镜头中持续不断的冲击是电影史上最伟大的动作导演片段之一，其力量如此强大，使得影片的其余部分显得后劲不足，从而造成了叙事问题。斯皮尔伯格可能无意识地复制了其"夺宝奇兵"系列电影的标准化结构，总是模仿旧系列，以另一部电影的高潮作为开始。在拍摄了诺曼底登陆后，他担心影片后面的部分无法"超越"这个开场，就像他在拍摄《法柜奇兵》开场时那样。"当时我不太清楚诺曼底登陆的场景会拍成什么样，因为我是连续地拍完整部电影。"没用故事板，加上大量的即兴创作。他的担心是对的，在印第安纳·琼斯的那场冒险中，这样的装置不过充当笑料，而在这部片子中，精彩的开场让人们对影片的其余部分深深失望。

未在演职员表中署名的弗兰克·达拉邦特等人对罗伯特·罗达特执笔的剧本进行了润色，而斯皮尔伯格和其他几位编剧和导演也在此基础上进行了多次即兴创作。在诺曼底登陆日之后，这部电影变成了一部相对传统的二战电影，影片设置了标准的多种族角色。斯皮尔伯格确实试图对半个多世纪以来电影制作中熟悉的一些陈词滥调进行改编。一名犹太人士兵（亚当·戈德堡饰）被一名德国人近距离杀害，一名懦弱的美国士兵厄本（杰瑞米·戴维斯饰）却没有站出来拯救犹太士兵。似乎是故意安排的一个大屠杀的缩影。斯皮尔伯格说，影片中他最认同的角色就是厄本。令人吃惊地揭露了自己的弱点，也反映了这位导演深深的自我怀疑。汤姆·汉克斯以精湛的演技升华了影片。他在片中饰演一名教师，由于担心回家后妻子无法接受自己在战争中的所作所为，所以在战争中试图保留一些表面上的风度。同时作为一名指挥官，一面维持着温和的军纪，一面努力地控制脆弱的神经，这样他的士兵就不会发现他实际上有多脆弱。

单独的战斗场景被导演得清晰又简洁，但在诺曼底登陆镜头营造的幻觉、几乎是前卫的新鲜感之后，这些战斗场面的熟悉感却令人失望。影片的高潮部分，在满目疮痍的法国小镇上，寡不敌众的小队巧妙地打败了一支德军坦克队。虽然这一过程经过精心设计且以激动人心的方式展示出来，但似乎违背了影片最初将战争视为非人狂热的初衷，而鼓励观众公正地看待对敌人血淋淋的屠杀。此前的段落中，斯皮尔伯格展示了美国士兵是如何无情地屠杀了一群投降了的德国士兵，这似乎是对战争片惯例一种振奋人心的背离，然而到了影片结尾《拯救大兵瑞恩》也并没能避免陷入这类电影团结一心取得胜利的……中。（他和汉克斯的迷你剧《兄弟连》的剧本更贴近士兵们的日常生活，还巧妙地避免了那损害了《拯救大兵瑞恩》的情节剧手法。）

　　《拯救大兵瑞恩》中的许多情节都很老套，这反映出其基本的虚假前提。米勒和他的手下被派去营救二等兵詹姆斯·瑞恩（马特·达蒙饰），因为这位士兵的三个兄弟刚刚在战争中牺牲，当他们的母亲听到这个消息时，她在爱荷华州的农舍里悲伤地瘫倒在地。这一情节装置在电影中被多方面地描述为一项有关怜悯的任务（乔治·C.马歇尔将军向比克斯比夫人朗读亚伯拉罕·林肯的信件，哈威·普雷斯内尔将马歇尔将军演绎得如同蜡像一般）和一个公关噱头（米勒和他的手下对此更多的是嘲讽），并引出了一个人为的道德问题：值得为救一个人将其他人的生命置于不顾吗？这似乎偏离了战争的真正问题。这一情节装置可能会让人想起《辛德勒的名单》中引用《塔木德》中的一句台词——"拯救一人，即拯救世界。"但在《拯救大兵瑞恩》中，这一设定被廉价化了，更不用说在美国参与第二次世界大战的实际历史上，并没有此类救援的直接先例。

　　瑞恩的爱尔兰名字暗指沙利文五兄弟[1]，他们于1942年11月的船只失事中阵亡，那次事故之后，美国政府禁止亲生兄弟在同一部队中服役。但历史学家斯蒂芬·安布罗斯（电影顾问之一）在1992年出版的《兄弟连》一书中介绍了罗达特在《拯救大兵瑞恩》中改编的事件。6月中旬在法国服役的美国陆军中士弗雷德里克（弗里茨）·尼兰德得知他的弟弟罗伯特在诺曼底登陆日阵亡的消息。弗里茨搭便车去看望附近一个排的另一个兄弟普雷斯顿，得知普雷斯顿也在6月7日牺牲了。后来有报道称，他的第三个兄弟爱德华被推测死在了中缅印战区（尽管他最终还活着），他们的母亲在同一天收到了3封来自美国陆军部的电报，通知她儿子们的死讯。尼兰德很快被一位随军牧师找到，并被安全遣送回家，尽管他反对说："不，我要和我的战友在一起。"牧师告诉他："好吧，你可以向艾森豪威尔将军或总统提出请求，但现在你得回家了。"

　　在瑞恩身上发生的所有故事，包括6人（米勒本人在内）为了帮助瑞恩回家而牺牲生命，都是电影编剧的原创。事实上，这只是好莱坞的"高概念"，很难像电影期望的那样让我们神经紧张。电影的结尾是一名上了年纪的老兵（哈里森·扬饰）在诺曼底美军公墓的崩溃的情景，斯皮尔伯格说这一幕来自他于1972年在法国宣传《决斗》造访诺曼底时偶然目睹的情景，导演和表演呈现出笨拙的伤感，加强了这一幕的间离性而不是令人感动。

1　珍珠港事件后，沙利文兄弟5人一起报名加入美国海军并在巡洋舰"朱诺号"上服役，在瓜岛战役中全部遇难。——译者注

斯皮尔伯格甚至欺骗观众，让他们以为这个老人就是米勒上尉（通过给米勒的眼睛配上与之匹配的大特写镜头），但最后我们知道这个老人实际上是詹姆斯·瑞恩（马特·达蒙老年的样子）。在一部声称要代表历史的影片中，对观众隐瞒，而且诉诸这种视觉把戏，并大肆渲染主要的戏剧手法，这种表现历史的手段实际上对电影更具破坏性。在我们目睹了这一切之后，老瑞恩急切地想从家人那里得到安慰，证明他是个好人，这似乎是毫无道理的。这进一步表明，《拯救大兵瑞恩》对观众的情感影响并不深刻。

这部电影的虚构和矛盾之处有助于解释它受到的各种批评，其中大部分都有一定的道理。尽管大多数主流影评人都对这部电影赞不绝口，称其为反战宣言（《纽约时报》的珍妮特·马斯林称赞它"令人恐惧但真实地叙述了故事"……斯皮尔伯格用旋风般的力量恢复了这战争类型电影的激情和意义，似乎对这一类型进行了彻底的重新想象"，而大卫·安森在《新闻周刊》上写道："当你从斯皮尔伯格的熔炉中走出来时，世界看起来不太一样。"）斯皮尔伯格的批评者们则指责这是狂热爱国主义的宣传。文森特·坎比在《纽约时报》上说："随着《拯救大兵瑞恩》的上映，战争又成了一件好事。"约翰·霍吉金斯在《流行电影和电视杂志》上把《拯救大兵瑞恩》与其他20世纪90年代的电影放在一起比较："我看到了一个机会，可以一劳永逸地消除自越南战争以来一直在恶化的疑虑和恐惧，让这位美国士兵回到他应有的位置，成为英雄的象征。"弗兰克·P.托马苏洛在文集《我们所知的电影终结：20世纪90年代的美国电影》中的一篇文章里写道：斯皮尔伯格的作品"是当代电影界美国例外主义和耀武扬威的主要传播载体之一"。

乔纳森·罗森鲍姆在《芝加哥读者报》上写了一篇尖刻的评论，将《拯救大兵瑞恩》与梦工厂出品的一部关于战争玩具的讽刺电影——乔·丹特的《晶兵总动员》进行了对比。罗森鲍姆调侃斯皮尔伯格是个"有良心的小贩"，并认为丹特就是他的良心："不像《玩具总动员》和所谓的成人电影《拯救大兵瑞恩》中被假定为真实的暴行，《晶兵总动员》中玩具的残缺不全总是具有参考意义，让我们想起我们在其他电影中看到的角色的残缺不全。这明显囊括了那种被高度认可的狂热爱国主义'历史课'的伪善，例如《拯救大兵瑞恩》中血淋淋的大屠杀，其目的在于兜售电影票，并对其他战争电影进行道德教化（尽管在他们自己的时代，被纠正的电影常常以同样的合理化和复杂的动机来提高暴力场面的比例）……《晶兵总动员》的可取之处就是不说这种废话，使得战争电影的概念本身看起来非常滑稽。"

虽然指责斯皮尔伯格只是试图使战争"变成好事"有些过分，诺曼底登陆部分的震撼性影响无法轻易撼动，但诺曼底登陆之后的情节的确有些让人失望，影片的意识形态混乱是其自作自受的硬伤。一般而言，这种问题一般从剧本开始，具体到这部影片，责任应该由编剧罗达特承担，但斯皮尔伯格和汤姆·汉克斯也要承担责任，因为主创成员主要来自他们的经纪公司CAA，太过于玩弄商业技巧，而不在乎影片历史基础的真实性。

斯皮尔伯格在处理自己对战争的矛盾态度时遇到的麻烦，也可以解释为什么他在1998年买下了斯科特·伯格的《林德伯格》的版权（未公开）后，没有拍摄这部获得普利策奖的传记。林德伯格的有些事迹吸引着斯皮尔伯格，斯皮尔伯格对林德伯格飞行的英雄气概有着孩子气的迷恋，他对这个项目产生兴趣的同时，也对他孤立主义者、纳粹同情者和反犹主义者的立场感到震惊。尽管如此，斯皮尔伯格发誓要对这个复杂的话题采取"坚定"的态度，他说："这从根本上困扰着我，我不想赞美一个反犹分子，除非我能理解他为什么会有那种感觉。"但在委托保罗·阿塔纳西奥和门诺·迈依杰斯改编剧本后，斯皮尔伯格就搁置了这个项目。《纽约观察家报》的作家罗恩·罗森鲍姆曾公开向斯皮尔伯格提出挑战，要求他将菲利普·罗斯2004年的小说《反美阴谋》，一个关于林德伯格在1940年成为总统的"假设"故事改编成电影。斯皮尔伯格难以接受如此令人焦虑的题材，这显示出他历史视角的局限性。

《拯救大兵瑞恩》中矛盾的意识形态，可能是它吸引那些反战人士的部分原因。这部电影给斯皮尔伯格带来了铺天盖地的喝彩，但并没有斩获奥斯卡最佳影片奖。在梦工厂和米拉麦克斯公司激烈的竞争之后，最终，《莎翁情史》获得了奥斯卡最佳影片奖。2000年，斯皮尔伯格获得美国导演工会终身成就奖，英国电影电视艺术学院洛杉矶分院授了他斯坦利·库布里克奖，表彰他在电影界的卓越成就。他的知名度远远超出了电影界的范围，就像《辛德勒的名单》使斯皮尔伯格成为反对大屠杀的国际代言人一样，《拯救大兵瑞恩》让他成为二战老兵的支持者，甚至某种程度上成为世界政治家，这些角色对于一个电影人来说是极不寻常的。1999年，他获得了国防部杰出公共服务奖章，因为这部电影促进了"民众对军队为国家安全和民族性格所做贡献的理解"。陆军、海军和史密森学会（Smithsonian Institution）都为他颁发了奖项，比尔·克林顿总统也在1999年授予他国家人文奖章（National Humanities Medal）。同年，斯皮尔伯格和汉克斯一起赞助了位于新奥尔良的国家诺曼底登陆日博物馆，该博物馆由斯蒂芬·安布罗斯创办，后来更名为国家二战博物馆。

包括《拯救大兵瑞恩》在内的斯皮尔伯格的多部电影在英国频繁放映，2001年，英国女王伊丽莎白二世授予斯皮尔伯格爵级司令勋章[1]，也准许他在名字后面使用"KBE"（爵级司令）称号，而不是"史蒂文爵士"，因为他并不是英国公民。在华盛顿的一个仪式上接受这项荣誉时，他说："这是我们所有童年幻想的来源，礼貌、文明、荣誉。"1998年，斯皮尔伯格因其作品对纳粹大屠杀的审视而获得德意志联邦共和国骑士指挥官十字勋章。2004年，法国政府授予他荣誉军团骑士徽章。尽管斯皮尔伯格优雅地扮演了身为公众人物的角色，并利用他的基金会来增进各个国家和少数族群之间的宽容，但来自政府的荣誉和二战老兵的支持渐渐掩盖了《拯救大兵瑞恩》中黑暗的一面，加剧了学院派电影研究中对斯皮尔伯格的敌意以及公众吹捧之间的分裂。

1　大英帝国勋章中的第二等：爵级司令勋章（Knight/Dame Commander），男性简称KBE，女性简称DBE。——译者注

20世纪90年代末和21世纪初，斯皮尔伯格最有影响力的公众活动并不是被授予爵士称号和其作品所收获的荣誉，而是他对于民主党候选人，尤其是对总统比尔·克林顿和巴拉克·奥巴马的政治支持。斯皮尔伯格与克林顿成了朋友，并且经常邀请克林顿到他太平洋帕利塞德斯区的豪宅做客，克林顿也邀请斯皮尔伯格去白宫做客，而且梦工厂就是在合作者们一同参加白宫为俄罗斯总统叶利钦举行的晚宴时构想出来的。克林顿曾出席《勇者无惧》在华盛顿的首映并邀请斯皮尔伯格制作《未完成的旅途》。在林肯纪念堂的现场多媒体演出中，克林顿还宣读了林肯的第二次就职演说。尽管斯皮尔伯格对克林顿处理莫妮卡·莱温斯基丑闻的方式表示失望，但在克林顿面临弹劾危机时，他还是忠诚地站在克林顿这边。

"道德不仅是由性丑闻来定义的。"1999年，斯皮尔伯格在接受《纽约时报》杂志采访时表示，"他没把这件事告诉我们中的任何人，这伤害了我，也伤害了他的朋友们。但我永远也不会问他这件事是否真的发生过，所以他也没有必要对我撒谎。每当我们在一起时，我们都会谈论家庭和各种各样的事情，但是我们从不谈论那只房间里的大象[1]。"

公共记录显示，从1997年到2009年，斯皮尔伯格资助了多位政治候选人共计470 100美

---

1 房间里的大象（An elephant in the room），英语习语，比喻一个明显的问题或没人愿意讨论的风险。——译者注

元，而凯特·卡普肖则资助了190 200美元。斯皮尔伯格资助的唯一一位共和党候选人是宾夕法尼亚州的参议员阿伦·斯佩克特（3000美元），他后来成了民主党人（从斯皮尔伯格那里又得到了2400美元的资助）。但斯皮尔伯格、卡岑伯格和电视制片人哈伊姆·萨班在2006年联合支持了共和党加州州长阿诺德·施瓦辛格连任。2009年，斯皮尔伯格、卡岑伯格和格芬都支持民主党议员杰里·布朗[1]竞选州长。斯皮尔伯格的最大政治资助给了民主党全国委员会和民主党国会竞选委员会。

2008年，他和妻子还向反对8号议案的运动捐赠了10万美元，8号议案在加州禁止了同性婚姻。史蒂文和凯特表示，反同性恋的歧视"在加州宪法或其他任何宪法中都已无立足之地"。7年前，尽管他是美国童子军的终身支持者（该组织曾对他早期的一些电影制作给予支持），他还是辞去了国家顾问委员会的职务，以抗议该组织对同性恋的禁令。他说："在过去的几年里，看到美国童子军积极、公开地参与歧视同性恋的活动，我感到非常难过。真耻辱。我曾以为童子军代表平等的机会。"

在2008年美国总统初选期间，斯皮尔伯格为了对冲风险，给巴拉克·奥巴马、希拉里·克林顿、约翰·爱德华兹[2]和比尔·理查德森[3]每人捐赠了2300美元，他和梦工厂的合伙人们还为奥巴马举办了两场重要的竞选筹款活动。但斯皮尔伯格在被克林顿夫妇游说后，对奥巴马的支持有所动摇，从2007年6月开始支持希拉里·克林顿。但最后斯皮尔伯格还是选择公开支持奥巴马，在2004年奥巴马首次参与美国参议院竞选时，斯皮尔伯格就对其提供了支持。2008年10月，他又为奥巴马参与总统竞选捐款3.08万美元（其中的2.85万美元捐给了民主党全国委员会旗下的某个政治行动委员会，以支持奥巴马的主要活动）。梦工厂合作伙伴的支持，在影响好莱坞自由团体从支持克林顿转向支持奥巴马上发挥了重要作用。斯皮尔伯格述为2008年的民主党大会导演了一部公式化的、非个人化的纪录短片《永恒的召唤》（*A Timeless Call*），向退伍军人致敬。

奥巴马赠送给史蒂文和凯特4张2009年就职典礼的贵宾旁听席票作为答谢。一位电视

1　杰里·布朗（Jerry Brown），美国政治家，两任加州州长。1975—1983年曾担任加州州长，其间政绩卓著。2011—2019年再次任职加州州长。——编者注

2　约翰尼·爱德华兹（John Edwards），美国民主党前参议员（1999—2005），2004年民主党美国副总统选举候选人，在角逐2008年美国总统选举民主党候选人提名期间宣布退出总统竞选。——译者注

3　比尔·理查德森（BillRichardson），美国重要的政治人物，曾在前克林顿总统任内，任职美国驻联合国大使与能源部长。后任新墨西哥州州长。——译者注

记者在看台上采访斯皮尔伯格是什么激发了他对奥巴马的支持，斯皮尔伯格回答："奥巴马很年轻，他对这个国家怀有极度的乐观和勇气，最重要的是，他有很棒的想法。他是个脑袋里满是想法的总统。你看，我并不希望他成为第二位林肯……但是这不仅是总统选举，这真是新的开始。我的两个孩子在这里，因为我想要他们见证历史，这就是我们所有人今天正在做的事。"

奥巴马成为总统的4个月后，在洛杉矶出席了由梦工厂合伙人赞助的贝弗利山庄筹款活动。他对大家说："如果没有你们，我们不会在白宫里。"

在《拯救大兵瑞恩》上映的前夜，斯皮尔伯格说："我回家很早，过着正常的生活。我正在履行对妻子的承诺。"然而，不管近年来他如何努力想要过上正常人的生活，与日俱增的名人地位一直阻碍着他。

在爱尔兰的海滩上拍摄诺曼底登陆场景时，斯皮尔伯格接到了一个恐吓电话，让他对现实生活中的暴力感到恐惧。他在洛杉矶的律师布鲁斯·拉默告知他，一名意图伤害斯皮尔伯格及其家人的男子，在斯皮尔伯格位于太平洋帕利塞兹区的房子外被捕，而这名男子刚刚刑满释放。这位名叫乔纳森·诺曼的男子和他对斯皮尔伯格疯狂的痴迷，就是这位电影人日益成名带来的最令人不安的负面影响。斯皮尔伯格称之为"我的家庭为我的成功所付出的最惨痛的代价"。这也解释了为什么多年来，出于自我保护，斯皮尔伯格越来越远离日常生活。正如与斯皮尔伯格合作过《一九四一》的编剧鲍勃·盖尔所说："当他在1987年拍摄《太阳帝国》时，由于他的成功和他的生活方式，史蒂文与日常生活隔绝了。"盖尔提到，在斯皮尔伯格闻名于世之前，他是《E. T. 外星人》中的小男孩，喜欢体验和冒险的人，但渐渐地，他变成了《太阳帝国》里的那个少年，被关在战俘营中，孤独地站在高处俯瞰世界。

31岁的乔纳森·诺曼是位有抱负的编剧，住在洛杉矶，曾向梦工厂申请过工作。1997年7月11日，他第三次试图非法进入斯皮尔伯格的家中，当时身上带着一把刀，以及刀片、胶带和手铐，因此被捕。他租来的车，很像卡普肖的那辆路虎，车内发现了《E. T. 外星人》的录影带、《侏罗纪公园》的标志，还有恐龙的画像和斯皮尔伯格的照片。他带着一份当日计划，里面夹杂着杂志上关于斯皮尔伯格的文章，斯皮尔伯格妻子和母亲的信息，和他7个孩子的姓名列表（这个细节绝对让斯皮尔伯格不寒而栗）。诺曼声称自己是斯皮尔伯格的养子，警局表示，他携带的物品是"强奸套件"的一部分，准备用来捆绑卡普肖和斯皮尔伯格，而且诺曼计划让斯皮尔伯格的妻子看着自己强奸她的丈夫。

"在我的一生当中，从未发生过类似的事件。"斯皮尔伯格在诺曼的庭审中作证，"我的第一反应是不相信。我有很多粉丝，有人想要我签名，也有人要给我看他们的剧本，但从未有人说过要伤害我和我的家人……我变得惶恐不安，不敢把这件事告诉妻子。"斯皮尔伯格对他的住宅附近，以及当时在伦敦的孩子们加强了安全措施。他解释说在诺曼7月15日再次被逮捕前，他非常担心自己的安全："当时我在拍摄一部战争电影，我们有1000名士兵，使用真枪实弹的爱尔兰士兵，当时我非常担心，觉得他有可能已经来到爱尔兰，身穿美国制服，弄到了装有子弹的枪支，预谋一场国际事件。

"如果乔纳森·诺曼真的碰上我，我从心底相信我可能会被强奸、致残或杀害。同样的事情也可能发生在我的妻子或孩子身上……我非常担心这个人从监狱出来后可能会再次找上我。这件事情已经成为我的心理困扰……这些想法一直挥之不去。"

1998年6月，诺曼因跟踪罪被判处25年监禁。然而，他并不是最后一个潜入斯皮尔伯格生活的跟踪者。2002年，斯皮尔伯格申请了对46岁的戴安娜·路易莎·纳波利斯的限制令，她曾经是一名社工，并声称斯皮尔伯格在她的大脑中植入了精神控制装置。同年，一位名叫克里斯托弗·理查德·哈恩的30岁演员因为擅闯斯皮尔伯格的办公室而被捕，判处两个月的监禁，并被勒令在3年内远离斯皮尔伯格和他的家人。在另一起离奇的案件中，一位名叫阿努什尔万·D.法赫兰的27岁伊朗移民将自己的名字改成了乔纳森·泰勒·斯皮尔伯格，并假装是斯皮尔伯格在弗吉尼亚州天主教中学的侄子。在学校官员联系了梦工厂后，斯皮尔伯格的安全顾问通知了警方，而这个冒名顶替者以伪造罪在2000年被判两年缓刑。

甚至在这些事件发生之前，斯皮尔伯格已经雇了私人保镖，近年来保护的力度也越来越来越大。他再也不会邀请《建筑文摘》走进他家中拍摄跨页的宣传照片了。他对隐私的关注几乎到了患上恐惧症的程度，这种情绪甚至延伸到了和他一起工作的人身上。为他的电视节目工作的动画师被告知不要向他索要签名；一名在梦工厂实习的学生被告知，如果在走廊里遇到斯皮尔伯格，不能和他打招呼。据报道，一些雇员也被要求签署保密协议。自称为"控制狂"的斯皮尔伯格，小心翼翼地控制着自己的个人宣传，监督自己电影的DVD花絮中关于影片制作的纪实报道（大部分通过制片主任劳伦特·布泽罗），从不接受关于自己生活或工作的未经授权的图书项目的采访。他仍然频繁地接受媒体采访，但比年轻时谨慎多了。20世纪90年代末，他开始抽雪茄（"这让我看起来像约翰·福特，对吧？"），但禁止媒体发布他抽烟的照片。他为自己日益上移的发际线而烦恼（这也是他60多岁仍然戴棒球帽的原因之一），在他因《辛德勒的名单》而获得奥斯卡奖的当晚，他让化妆师给他秃头的地方涂上了颜色。但后来在晚会上他的妆花了，因为他总喜欢拍头和摸脸，直到凯特提醒他："你看起来像阿尔·乔尔森[1]！"

尽管担心名声和形象，斯皮尔伯格还是努力维持着表面"正常"的生活，与妻子和7个孩子住在太平洋帕利塞德的山顶别墅里。其中包括斯皮尔伯格的继女，女演员杰西卡·卡普肖，她后来嫁给了克里斯托弗·加维根，并在2007年生下了儿子卢克·加维根，让斯皮尔伯格当上了外公。史蒂文通常会准时下班回家吃晚饭，就像他在创建梦工厂时向凯特承诺的那样。每周有3天都会轮到他开车送孩子们上学。晚上，他会坐在家庭娱乐室的沙发上，读剧本、看电影，或趴在地板上和孩子们玩耍，卡普肖将这间娱乐室称为"史蒂文中心"。他们最喜欢的家庭活动之一就是讲故事，史蒂文会带领孩子们润色共同的故事，他通过这种方式帮助孩子们分享感受，发展艺术才能。他还鼓励孩子们用家里的摄影机制作自己的电影。

"对我的孩子们来说，我不是什么名人，"斯皮尔伯格在1999年说，"我只是个父亲。我和孩子们在一起的时间越长，就越轻松。"大卫·格芬指出："不同年龄段的7个孩子让史蒂文葆有年轻和活力。他同孩子们一起看电影、玩游戏，这使他依然保持孩提时的童真。"但是，在经历了这么多年的"发育停滞"，后来解决了一些关于父亲角色根深蒂固的矛盾之后，斯皮尔伯格已经愉快地适应了小家庭和业务上"大家庭"中的家长角色。"他现在是个成熟的大人了，"他的父亲在1997年说，"最大的原因就是他的家人。凯特是个聪明可爱的女人。她下定决心要得到他，这是她聪明的地方。她对待他的方式表现出她的爱意。"

卡普肖似乎很满足于自己作为这个充满活力的大家庭的总管角色（斯皮尔伯格一家也经常在他们位于纽约东汉普顿的乡村别墅居住）。但在1998年，她曾罕见地公开评论过自己的婚姻，她暗示与斯皮尔伯格的关系在涉及自己的事业时有点紧张："我认为他应该允许我追求自己的事业，而并不是通过他想要的那种方式来控制我。"在1999年，梦工厂赞助了卡普肖出演并参与制片的一部电影《情书》（*The Love Letter*）。这部不温不火的浪

1　阿尔·乔尔森（Al Jolson），美国歌唱家、表演家，20世纪初期百老汇舞台和后来银幕上最著名的歌星和演员之一，有较为严重的秃头问题。——译者注

漫喜剧由于她缺乏情感的表演，票房惨淡。之后除了几个不重要的电视角色，卡普肖的事业一直停滞不前。

斯皮尔伯格在处理大多数人会遇到的日常生活问题时超然冷静的态度，也许可以从一句评论中看出，当时他正接受2004年的电影《幸福终点站》的DVD版花絮的采访。《幸福终点站》是一部卡夫卡式的喜剧，汤姆·汉克斯扮演的东欧人被困在纽约的约翰·F. 肯尼迪国际机场数周。演员和剧组工作人员被要求讲述他们最糟糕的机场恐怖经历，除了斯皮尔伯格，每个人都有这样的故事。尽管他那长长的恐惧症清单中仍然包括对飞行的恐惧，但他说："我不记得我有过关于机场的恐怖经历，我从来没有被扣留在机场，从未被调到经济舱，从来没有被盘问过，从来没有被搜查过，除了现在用探测器进行的常规搜查之外。我从未在机场有过争吵，除了唯一一次争吵是受到狗仔队和记者的骚扰。所以我很幸运。"乘坐头等舱，被安置在贵宾休息室，很可能会使一个电影制片人变得自视清高，但这些并没有影响斯皮尔伯格对汉克斯扮演的维克多产生共情，他"对维克多的故事感到一种直接的关联……这个流离失所的人在寻找生活。"在这部影片中，导演丝毫没有忘记如何处理日常生活中的种种挣扎。

曾与斯皮尔伯格合作过《辛德勒的名单》和之后所有斯皮尔伯格作品的摄影师雅努什·卡明斯基在2009年说："斯皮尔伯格不是怪咖，他很全面，像他这样的人很容易失去一些东西。我很尊重他维持'半正常'的生活，这对任何电影人来说都非常重要。不能脱离现实感。"斯皮尔伯格对家庭生活和职业生活的平衡，以好莱坞的标准来看是非常成功的。《慕尼黑》的编剧托尼·库什纳指出，尽管斯皮尔伯格在工作上"不知疲倦，但内心充满了轻松的平静，而不是狂躁的能量。他对自己的工作感到由衷的快乐，我认为这是难能可贵的。"

当年斯皮尔伯格与他的合作伙伴在创立梦工厂时所做的主要规定，就是该公司每年制作的电影不能超过9部。斯皮尔伯格认为这样会使工作更易于管理，不会影响他作为导演的主要角色，也不会影响他的家庭生活。虽然这个限制使梦工厂无法成为大制片厂，但其实在最初几年，梦工厂也确实很难找到足够多的好项目来填满其有限的制作计划。但很快，公司扩大了年度计划，标准明显下调（动画片除外），这为那些更低俗的电影敞开了大门。

梦工厂早期的影片类型混杂，包括老套的动作惊悚片《末日戒备》、乏善可陈的灾难片《天地大冲撞》、做作的恐怖翻拍片《鬼入侵》（过分依赖特效而丢失了原版维尔·鲁东[1]式的微妙细节，莉莉·泰勒的精彩表演多少弥补了这一点），以及展示斯坦·温斯顿电子动画魔法的花哨家庭喜剧片——令人生厌的滑稽闹剧《捕鼠记》、关于会说话鹦鹉的可爱故事《鹦鹉爱说笑》、搞笑但过于冗长的科幻片《惊爆银河系》。《末日戒备》之中，乔治·克鲁尼与妮可·基德曼联手将纽约从核恐怖袭击中拯救出来，对于这家新公司来说，这次不祥的初次亮相，向外界传出了一条不幸的消息，那就是尽管梦工厂进行了自我夸大的宣传，却仍然未能打破好莱坞制片厂固有的类型片模式。梦工厂聘请女性导演执导《天地大冲撞》与《末日戒备》来表明新姿态，但米密·莱德的无能削弱了这种姿态，也没能给这两部电影增添任何特色。在《末日戒备》中，她模仿了自己之前在梦工厂的电视剧作品《急诊室的故事》中的工作，不出所料地大量采用斯坦尼康拍摄边走边说台词的场景，同时让基德曼扮演的聪颖的核专家在故事的大部分时间里，被克鲁尼扮演的趾高气扬、充满男子主义的军官搅得心烦意乱。

在梦工厂的早期原创影片中，具有挑衅意味的反战讽刺电影《晶兵总动员》脱颖而出，虽然它在票房表演和媒体口碑上都不及《拯救大兵瑞恩》。滑稽的《蚁哥正传》集合了杰弗里·卡岑伯格动画部门的贡献，以及由伍迪·艾伦配音的一只神经质但具有反叛精神的工蚁，这只蚂蚁像摩西一样联合起他的子民。而另一部宏伟壮丽、激动人心的《圣经》史诗，有关摩西本人的故事《埃及王子》，也有不错的票房，美国国内票房达到1.01亿美元，全球总票房高达2.28亿美元，但依然没能对迪士尼动画造成威胁。

在经历了不稳定和不确定的开端后，梦工厂在1999年凭借《美国丽人》实现了真正的突破，跻身好莱坞的主要制片厂之列。这部由艾伦·鲍尔编剧的作品，对郊区焦虑的透彻审视，超越了斯皮尔伯格自己对美国中产阶级焦虑感和空虚感的批评，描绘了一个因物质至上和不受压抑的性欲而从内部腐烂的社会。这是一部具有先见之明的影片，预见了当时的社会将很快陷入道德混乱。《美国丽人》由英国戏剧导演萨姆·门德斯与电影摄影大师康德拉·L.霍尔以具有反讽意味的慵懒和优雅风格拍摄。该片票房大卖，并于2000年赢得了包括最佳影片奖在内的五项奥斯卡大奖。《纽约时报》的头条写道："奥斯卡的胜利终于为梦工厂拨开乌云。"而《综艺》杂志也宣称，"好莱坞终于注意到梦工厂的到来"。

---

1 维尔·鲁东（Val Lewton），20世纪40年代美国著名的B级恐怖片制片人，为雷电华公司制作了11部电影，他的电影通常投资很少并且有个骇人听闻的片名。——译者注

次年，雷德利·斯科特的《角斗士》让梦工厂再次重磅回归冷兵器与罗马鞋的年代，在次年斩获一座小金人。这家羽翼未丰的电影公司在奥斯卡上连续的亮眼表现，颠覆了人们对其过去平庸表现的印象，同时也提升了其在业界的地位。2002年，梦工厂参与的另一部电影，由朗·霍华德执导的《美丽心灵》，讲述了冷战期间有关一名数学家不同寻常的故事，获得了奥斯卡最佳影片奖，但这部电影的美国国内发行由环球影业负责。

2000年，梦工厂凭借《哈啦上路》与《拜见岳父大人》等广受欢迎又令人捧腹的喜剧片获得了巨大票房成功，但对伍迪·艾伦的投资只换来一部他较差的影片《业余小偷》。罗伯特·雷德福优雅并引人入胜的高尔夫球主题电影《重返荣耀》创下了票房神话，却因为查理兹·塞隆拙劣演绎的南方美女和斯派克·李所谓的"神奇又神秘的黑鬼"主题而被人诟病。同年，梦工厂的动画电影《勇闯黄金城》却在票房上惨不忍睹。卡梅伦·克劳以摇滚界为背景的自传体喜剧《几近成名》和罗德·拉里的女性主义政治片《暗潮汹涌》获得了评论界的认可，但未能广泛吸引观众。罗伯特·泽米吉斯的力作《荒岛余生》则成为大热的影片，汤姆·汉克斯在片中饰演一个在荒岛上求生的男人。但梦工厂只有该片的海外发行权。

美国导演巴瑞·莱文森对20世纪70年代贝尔法斯特政治进行不落俗套辛辣讽刺的影片《发力无边》，短暂的上映后就被梦工厂草率地从影院中下映。该片沮丧的制片人杰罗姆·奥康纳起诉了梦工厂，并指控斯皮尔伯格为了自己的爵位和与英国的电影制作关系而迎合英国。奥康纳声称梦工厂在莱文森拒绝对影片做出删减后，迫于英国政府的"政治压力"，在美国"扼杀"了这部电影。梦工厂称这起诉讼"明显荒唐可笑"，并继续在美国发行该片的DVD版本。

尽管梦工厂屡次斩获奥斯卡最佳影片奖，并在商业上也屡创佳绩，但由于试图迎合各种口味的折中主义，其作为制片厂的特性仍然模糊不清。随着时间的推移，梦工厂不稳定的总体战绩和发展滞后的艺术追求变得越来越明显，梦工厂逐渐沦落到制作粗俗和种族主义低俗喜剧。比如艾迪·墨菲的《诺比特》，以及迈克尔·贝的《变形金刚》系列等愚蠢的动作电影。梦工厂在艺术上的野心并不高，引发出一个问题：如果梦工厂的大多数电影在质量上与其他制片厂没有明显差别，为什么斯皮尔伯格会抽出拍电影的时间来经营一家电影制片厂？从20世纪70年代起，斯皮尔伯格就一直是一名制片人，他偶尔也会嗜好品位低劣的电影。在某种程度上，他似乎醉心于拍摄这些低俗的影片，这让他得以涉足那些他永远不会以导演身份参与的电影。这些电影是他繁重电影制作责任的一种解脱，同时也表明他似乎仍然"沉溺于童年的扯淡"（正如宝琳·凯尔注意到乔治·卢卡斯与斯皮尔伯格在《夺宝奇兵》系列中吸收了很多老电视连续剧的桥段）。

但是，斯皮尔伯格愿意通过为梦工厂制作这些平庸的作品，更多出于务实的商业原因，是为了迎合观众的低级趣味。这是他为了在好莱坞体系中获得更大的自由而付出的一部分代价。"有一天我意识到自己一直在为别人工作，"他在1997年说，"在我独立制作电影的同时，这些电影被版权所有人控制，也就是被提供资金的制片厂所控制。我有车，有房，有家庭，但除此之外，一无所有。我总是为别人工作，我不属于我所建立职业生涯的那片土地。"

虽然经营一家电影公司似乎是将精力投向了错误的方向，但最终，这表现了斯皮尔伯格掌控自己艺术命运的决心。在2001年，他就精准定位了自己矛盾的处境，他形容自己"在好莱坞主流体系中独立工作"。而作为电影界的大亨也使斯皮尔伯格重新掌握了作为导演的绝对话语权："我至少可以拥有让《拯救大兵瑞恩》这样的电影变得硬汉的权利，而不是听着某电影制片厂的老板说：'你们得像其他二战电影一样，将其冲淡并过滤，也许这样我们还能够盈利。'最起码我能自己做出那个决定。就算我把《拯救大兵瑞恩》拍得太过粗糙，搬起石头砸了自己的脚，至少也是我自己做出的选择。"正如丹尼尔·M.基梅尔在其2006年出版的《梦之队：梦工厂的兴衰——新好莱坞的教训》一书中所言，这家口味多元化的公司也"为他的电影提供了一种降低风险的手段"。制作能取悦更多观众的影片，有助于平衡《勇者无惧》或《人工智能》可能带来的票房压力。斯皮尔伯格一般通过与其他公司合作拍摄他执导的电影和梦工厂的其他项目，来降低风险。

将安培林/梦工厂的总部集中在环球影城的同一块场地（斯皮尔伯格称之为他的"发源地"），同时为其他公司工作，是斯皮尔伯格的策略，他不想像早年时与环球电视台签订的合约那样被人垄断和操纵。尽管他在好莱坞有着无与伦比的影响力，但想要自立门户是另一回事。他与合作伙伴必须适度缩小他们最初建立全方位制片厂的宏大梦想，减少在电视上的精力投入（除了偶尔制作的迷你剧，例如《兄弟连》和科幻题材电视剧《飓风营救》），还出售了他们的互动媒体部门，专注于故事片。这项决定是对有限资源的优化配置，但也使他们更容易受到变化莫测市场的影响。

最终使梦工厂在艺术上从竞争中脱颖而出的是2001年5月上映的动画电影《怪物史

莱克》。这部风格独特的童话故事的主人公是中世纪王国里得了相思病的食人怪物（麦克·梅尔斯配音），这部影片的票房大卖，全球总票房高达4.55亿美元。《怪物史莱克》代表了卡岑伯格对迪士尼的宣战，也证明了他有能力对抗迪士尼之前在动画电影领域的垄断。这部电影致使一系列利润丰厚的续集接连出现，《怪物史莱克2》的受欢迎程度甚至超过了第一部，全球票房达到惊人的8.8亿美元，超越了迪士尼1994年出品的《狮子王》，成为有史以来最成功的动画电影。

卡岑伯格在《怪物史莱克》的故事情节中加入了一系列对迪士尼尖刻的嘲弄，让这部新系列动画的胜利格外甜蜜。电影开场就是怪物把一本故事书扔进马桶的插科打诨，充满了嘲弄迪斯尼童话故事的趣味。而最有趣的莫过于法尔奎德领主的城堡看起来非常像迪士尼乐园中的标志建筑睡美人城堡，还有门票销售点并对外来人群进行严格控制，这名傲慢统治者的外在形象和卡岑伯格在迪士尼的劲敌迈克尔·艾斯纳几乎一模一样。丽扎·施瓦茨鲍姆在《娱乐周刊》上评价《怪物史莱克》是"一次宫廷政变，是反抗的呐喊，标志着梦工厂的成熟，象征着这家后起之秀制片厂引领潮流的技术与肆无忌惮的反叛。"

在接下来的几年里，梦工厂在真人电影领域的收入起伏不定，勉强收支平衡。新公司中发展最繁荣、风格最独特的是动画部门，斯皮尔伯格几乎没有直接参与其中。精力充沛的卡岑伯格全心全意地投入创作，向世人展现了电影制片厂的主管如何把个人风格注入到公司的产品中。而斯皮尔伯格并未完全投入真人电影的管理，他同监制沃尔特·帕克斯与劳里·麦克唐纳合作监制的许多平庸作品也让梦工厂的整体生存能力成了问题。

1999年，斯坦利·库布里克去世，美国导演公会召集好莱坞中的成员为其举行了追悼仪式。斯皮尔伯格回忆起他和这位隐居导演之间长久的友谊。大多数观众并不知晓他们之间的关系，出于对库布里克隐私的尊重，斯皮尔伯格此前从未公开谈论过他们之间的友谊。

他们于1979年在英格兰伯翰姆伍德的索恩-百代电影制片厂相识，当时斯皮尔伯格正在那里检查他计划用于拍摄《夺宝奇兵1：法柜奇兵》的录音台，库布里克也在那里为自己的电影《闪灵》搭建布景。据斯皮尔伯格回忆："那里有个邋遢的小个子男人，留着浓密的胡子，穿着不合身的裤子，毛衣至少大了两个尺码，趿着家里的拖鞋在附近乱跑。"他手里拿着小小的潜望式取景器，这是他刚刚发明的东西。他走到我跟前，对我说：

'嘿，你想看看我搭建的场景吗？'这就是斯坦利。他看过我的电影，所以知道我是谁，但我们没有正式握手。他立马把取景器递给我，让我往里看，并告诉他的取景角度。他还用硬纸板剪出了一些小型的人物模型，然后他说，'我就是这么规划镜头的。'之后他邀请我第二天晚上去他家吃饭。"

在接下来的20年里，他们只见过11次面，而且都是在库布里克位于英国乡下僻静的家中，但他们有过多次电话交谈（库布里克经常给斯皮尔伯格打接听方付费的电话）。在电话交谈中，这位年长的导演向斯皮尔伯格询问技术信息，还就电影制作的各个方面交换想法。库布里克想要讨论其他人的电影，以及为什么有些电影能够取得票房成功（斯皮尔伯格会说："斯坦利，我不知道为什么有些电影成功而有的不能。"）。库布里克总喜欢开斯皮尔伯格的玩笑，他们也会谈论孩子和私人生活的其他方面。但多年来，库布里克从不和斯皮尔伯格谈论自己的电影项目。"这是一条单行道，"斯皮尔伯格承认，"我会告诉斯坦利我在做什么，而他永远不会告诉我他在做什么。斯坦利是个精明的调查员，他会把你所有他认为有吸引力的知识都榨干。"库布里克对于如何在拍摄期间避免公众舆论很有心得，根据斯皮尔伯格的回忆，库布里克曾告诉他："永远不要明确地陈述电影主题或电影意义，因为那样该主题会变成唯一被记住的主题。在这一点上我听他的！"这些年来，库布里成为斯皮尔伯格的另一位代理父亲，"他是我服务过的最棒的导师"。在美国导演工会为库布里克举行的悼念仪式上，斯皮尔伯格还打趣地说库布里克甚至让他在卧室里安装一台传真机，以便他们在休息时间秘密交流，而最后凯特实在不愿意和《奇爱博士》的制作人分享他们的私人时间，所以拒绝了这一请求。

1985年的一天，斯皮尔伯格很惊讶，库布里克会拿他的电影计划向自己征求意见。库布里克一直在开发一部有关未来世界的电影，这个世界的人掌握了人工智能工具，造出了机器人孩子和奴仆来满足人们的生理与情感需求。这个项目根据布里安·阿尔迪斯1969年的短篇小说《玩转整个夏天的超级玩具》（*SuperToys Last All Summer Long*）改编，"从1982年就开始筹备了"。而后，在与阿尔迪斯共同创作剧本的尝试失败后，库布里克与伊恩·沃森合作开发了90页的脚本，并与漫画家克里斯·贝克（又名方格利亚）合作开发了1500张场景插图。其他与库布里克合作的剧作家包括鲍勃·肖、阿瑟·C. 克拉克，还有萨拉·梅特兰。库布里克在影片中融合了卡罗·克洛迪1883年的著作《木偶奇遇记》中的元素，把科幻电影改编为现代童话，使阿尔迪斯非常失望（很明显斯皮尔伯格的《第三类接触》也参考了《木偶奇遇记》，《第三类接触》借用了迪士尼的经典动画

《木偶奇遇记》中的插曲《当你向星星许愿》，《E. T. 外星人》中，《木偶奇遇记》的影响也随处可见）。童话故事中，木偶制作师让一名寻找真爱的木偶男孩活了过来，而代表母亲形象的蓝仙女（迪士尼电影版中科洛迪小镇上那名蓝绿色头发的仙女）将这名木偶男孩变成了真正的男孩。而与之相对的是，在《人工智能》中，机器人小男孩对母亲过度依恋，令人感到残酷和心碎。在与库布里克初次交谈后，阿尔迪斯在他的原始故事副本上写道："我知道斯坦利·库布里克总想着匹诺曹。他想把大卫变成一个真正的男孩！这怎么可能？！"作者后来意识到，"这个小男孩无法取悦母亲，打动了斯坦利的心"，也道出了斯皮尔伯格的心声。萨拉·梅特兰说，库布里克"从来没有把这部电影叫作《人工智能》，他总是称其为《匹诺曹》。"

但在20世纪90年代初，库布里克发现自己深受电影技术限制的困扰，当时把一个机器人男孩搬上银幕十分困难。他一度考虑邀请《侏罗纪公园》里的约瑟夫·梅泽罗加入团队，但他意识到，在他一贯缓慢的拍摄过程中，也许童星会长大太多，而难以保持人物形象的连续性。库布里克的妹夫该片的监制简·哈兰说，库布里克甚至以他的侄子为原型打造了一个现实大小的机械小男孩，但那个实验就是"一场灾难"。《侏罗纪公园》中运用CGI动画将恐龙变得栩栩如生，使库布里克相信他也能用相同方式创造一个机器人小男孩形象。他与丹尼斯·穆伦和其他曾在乔治·卢卡斯的工业光魔公司特效部门为斯皮尔伯格电影工作的技术人员进行了头脑风暴。但是，1994年，库布里克亲自约见斯皮尔伯格，建议由斯皮尔伯格执导这部电影，而自己担任制片。库布里克对斯皮尔伯格说："你处理这种题材要比我敏锐多了。"

这句话含糊其辞，既有褒奖，也有批评。库布里克的作品常因冷漠和厌世而受到批评，他是否认为斯皮尔伯格是一个更温暖、对人性更宽容的电影人？或者他认为斯皮尔伯格的多愁善感是这部作品所需要的，是库布里克个人品位和气质所没有的维度？在评价斯皮尔伯格从库布里克那里接手的杰作《人工智能》时，这些问题同样难以厘清。而答案则建立在两位艺术家的对立，以及这种对立如何促使这部非凡电影中不同元素的融合。但是这种对斯皮尔伯格不利的批判性讨论，往往建立在简单的假设之上，模糊了两位电影人之间互补的特性。正如斯皮尔伯格所说："人们总装作了解斯坦利·库布里克，装作了解我，实际上他们大多数人都不了解我们中的任何一个。最好笑的是人们认为《人工智能》中属于斯坦利的创意其实都是我的，而《人工智能》中被指责太过甜腻、柔情、感性的部分都是斯坦利的意思。"

2009年，哈兰和简·M.斯特拉瑟斯编辑了一本关于这部电影漫长开发过程的书，这本书主要留待电影上映时让斯皮尔伯格来描述自己的优势。哈兰在书中的评论为斯皮尔伯格和库布里克双方的合作提供了一个不同视角："'库布里克会怎么评价斯皮尔伯格的版本？'他会为此感到骄傲的。对于一部需要吸引广大家庭观众的昂贵电影来说，斯坦利的版本太黑暗、太犬儒了。史蒂文有能力在不改变实质内容的情况下让基调更加明亮。"然而，正如书中所展示的贝克的许多概念图以及来自库布里克及其编剧们的笔记，这部电影的大部分内容都直接来源于库布里克的计划，而斯皮尔伯格版本的基调也并不轻松。太过黑暗的《人工智能》对广大的家庭观众几乎没有吸引力。

库布里克最终让步于实际问题而将导演的任务交给斯皮尔伯格，根据哈兰所说："库布里克知道史蒂文对于此类故事有着与生俱来的天赋，只需要很短的时间就能完成拍摄，因此，史蒂文可以在电影中启用真人小男孩。"库布里克曾提出与斯皮尔伯格共同指导此片，斯皮尔伯格认真考虑过这一建议，但他在给哈兰的书作序时写道："虽然我很荣幸，但我仍鼓励库布里克亲自执导《人工智能》，哪怕他希望更保守。我们共同为这部电影做了好几年准备工作，一直在探讨究竟该由谁来执导。"

斯皮尔伯格最后"退缩了"，表面上是因为他觉得创造未来世界太困难了，但更有可能是因为这名自称"控制狂"的导演害怕和导师直接合作。这个项目一直处于搁置状态，直到库布里克去世后，哈兰和库布里克的遗孀克里斯蒂安找到华纳兄弟影业，提出让斯皮尔伯格执导该片。这一次斯皮尔伯格同意了。虽然库布里克缺席的情况下，斯皮尔伯格可以更自由地发挥，但斯皮尔伯格承认自己仍"无法抑制地敬仰库布里克"，遵循了库布里克的戏剧手法和视觉方案，尽可能地忠实于库布里克的设想，"我觉得我像是在被一个幽灵指引着！"

斯皮尔伯格与年长导演的关系有时会反映出俄狄浦斯式的对抗（在他与大卫·里恩和奥逊·威尔斯的关系中有所体现），但他在《人工智能》中的工作并未被"影响的焦虑"所困扰。相反，这部电影罕见地融合了两大导演的观点，与此同时，据影评人乔纳森·罗森鲍姆所说，更是一部"斯皮尔伯格深刻的个人作品"，正如斯皮尔伯格所说，这种矛盾的根源在于，他与库布里克关注着彼此都感兴趣的领域，而这些领域一直被广泛误解。

其实斯皮尔伯格并非像他的批评者所说的那般多愁善感。事实上，比如在《太阳帝国》中，斯皮尔伯格描绘了一名走失的男孩在战争时期锻炼出的生存技能，充分表明斯皮尔伯格的作品涉及的是真实情感而不是多愁善感，立意远高于大多数当代导演，对于生活中最痛苦的各个方面，他从不回避。《辛德勒的名单》之后，在他的作品中，对人类在悲惨环境中历经苦难的主题越来越突显。或许也因为他不再那么在意讨好观众，他后来的作品，比如《少数派报告》与《世界之战》，都表现出了冷淡的风格，类似库布里克对人类弱点的清晰而尖锐的冷眼旁观。

《人工智能》中异常忧郁的情绪，可能受到了斯皮尔伯格2000年2月在电影的前期制作中遭遇的健康危机的影响，这种忧郁情绪让观众非常吃惊，并直接导致了许多观众对影片的抵触。一次常规体检发现了斯皮尔伯格的肾脏"出了毛病"，他在洛杉矶的西达赛奈医疗中心被泌尿肿瘤学专家斯图尔特·霍尔顿医生摘除了肾脏。到现在为止也没人知道他到底得了什么病（斯皮尔伯格和他的医生都不愿说明他的肾脏是否已经癌变），但对53岁的斯皮尔伯格来说，这是首要严重的问题。与死神擦肩而过的经历必然会影响艺术家的作品。斯皮尔伯格已经到了《夺宝奇兵4：水晶骷髅王国》中主持牧师所说的年纪——"生命已经停止给予我们东西，并开始慢慢夺走它们了"。

毫无疑问，库布里克看待人性的眼光比大多数伟大的电影人都要严苛，但如果仅仅把他看作一个厌世者，还是过于简单化了，而且严重误导了观众。事实上，他是一个隐蔽的人道主义者，他对人性弱点的悲观、讽刺和愤怒掩盖了他对人性的热爱。他对人类缺陷的批判源于对我们无法发挥自身精神潜力深深的失望。在《奇爱博士》中，那个拿核毁灭开玩笑的人不是在庆祝人性的泯灭，而是在哀悼人类的自我毁灭倾向。库布里克在那部电影和其他电影中的黑色幽默，源于犹太人为了战胜恐惧而笑对恐惧的传统。库布里克在其一战主题电影《光荣之路》中，运用黑色喜剧元素讲述了三个将被处决的倒霉军方替罪羊的故事，以及军队律师试图将他们从残忍的军方司法体系中拯救出来的徒劳尝试，掩盖了那部影片对人类不公正的愤怒。库布里克在《2001太空漫游》中展示了机器在智力和情感上都比人类优越，以此挑战人类愿景的误区和局限。而在影片的结尾，其在空间与时间中的跃进预示着宇航员死亡并演化成为超然的新形态，变成了星际婴儿。这可以被看作是所有电影中最有希望的结局之一，虽然正如我们所知，在转化为更高的意识形态之前，它仍预示着人类的末日。这个结局在人工智能中得到了强烈的回应。

"在设想比人类更智能的计算机时，一个令人着迷的问题出现了，"库布里克观察到，"那就是在什么程度上机器智能应该得到与生物智能同等的关爱……你可能会忍不住问自己，在哪些方面生物智能比机器智能更加神圣，而你想要盲目恭维生物智能恐怕也没那么容易。"

在《人工智能》备受讽刺但精彩绝伦的结尾中，机器人男孩大卫（由海利·乔·奥斯蒙精彩出演）幻想着和"妈妈"莫妮卡（弗朗西斯·奥康纳饰演）度过最后一天，并找到了他一直试图从妈妈那里得到的爱。这个结局，和《2001太空漫游》的结局一样有着同样复杂的基调，结合了愿望的实现和毁灭，都存在于幻想的维度之中。而在《人工智能》的结局，纽约被全球变暖引起的洪水淹没，预示着人类的灭亡。部分观众对这一结局表示恼怒，毫无疑问，因为影片体现了对人类未来的悲观看法，而很多观众都认为这样的结尾是多愁善感并没有必要的，但它恰恰是电影所叙述的核心。怀有敌意的观众要么从根本上误解了结局中更黑暗的讽刺，要么是对他们所感受到的感到恐惧。正如库布里克在为此片写下的笔记中所记录的那样，"大卫想成为一个真正的男孩，这是不可能的，可他成功地把莫妮卡变成了一个机器人。"

斯皮尔伯格理解库布里克作品和性格中隐藏的人文主义冲动："这展现了斯坦利不为人知的一面，非常情绪化和孤独的那一面。"任何认为这个结局伤感而幸福的观众都必须给出合理的解释。因为这件事仅仅发生在想象中，此外，再次见到母亲，为了感受那短暂幸福时刻付出的代价是牺牲母子二人的性命。而这段情节引出了影片中心矛盾，即影片的最终结论：这个机器人男孩才真正承载着人类的情感，冷酷无情的反倒是他的父母和他遇见的其他人类。人工智能机器人小孩是最后幸存的人类代表（或者更确切地说，是人类的使者），这样的讽刺既感人又令人心寒。

"影片最后的20分钟完全是斯坦利的主意，"斯皮尔伯格说，"影片一开始的35到40分钟，也就是在家里发生的故事，完全都是按照斯坦利的剧本拍摄的（由于库布里克并没有为《人工智能》写出剧本，显然斯皮尔伯格指的是沃森的脚本），这就是斯坦利的构思。"

尽管斯皮尔伯格想尽可能忠于另一个人的视角，但《人工智能》还是体现出斯皮尔伯格个人最深切的关注与痴迷。斯皮尔伯格出乎意料地亲自根据沃森的银幕故事创作剧本（斯皮尔伯格上一部独自署名编剧的电影是《第三类接触》，尽管该电影的剧本也是合作完成的）。斯皮尔伯格对库布里克的忠诚有些夸张，以此表明他对人们不愿意承认他具有同样黑暗和成熟的情感感到失望。他评论道："事实上，《人工智能》中最温馨的部分才是斯坦利的主张，而不是我。"这种评论是标榜同样艺术主张的另一种方式，尽管斯皮尔伯格用这种方式来形容电影的开头和结尾有些奇怪，因为影片在这两处将"温馨"的场景处理得恰到好处。依照库布里克的构思和这位已故电影人为该电影设计的大部分视觉和戏剧效果，不是斯皮尔伯格的谦逊行为，而是在引导自己感受并表达出内心深处对人类局限性的悲伤与愤怒。《人工智能》是表现父母的忽视最令人痛苦的电影之一。斯皮尔伯格喜欢塑造不负责任的父母角色，因而设计了莫妮卡将孩子遗弃在森林中令人断肠的一幕，仿佛她丢弃的是一条不再喜欢的狗，这一场面令观众无比痛心，让人想起迪士尼动画《小鹿斑比》中，母鹿在白雪覆盖的草地上死去那恐怖的童话场景。因此，观众会因为震惊和愤怒而不敢去看这部电影。

随着斯皮尔伯格与父亲的和解以及《拯救大兵瑞恩》的拍摄，不负责任的父亲主题在斯皮尔伯格的作品中逐渐淡化。《人工智能》最强烈地回归了他之前对不负责任母亲形象的强调。这一形象在斯皮尔伯格非常黑暗的早期作品《横冲直撞大逃亡》中令人印象深刻，又在包括《第三类接触》《太阳帝国》等其他作品中再次出现。但值得注意的是，《人工智能》中的父亲一角（山姆·罗巴兹饰演）甚至更加无情，正是他想要报废那麻烦的机器人男孩，才导致这位母亲不顾一切地想要保住男孩的生命，代价是让男孩在充满敌意的世界里自生自灭。也许是斯皮尔伯格对自己的父母有了新的认识，明白了父母的离婚双方都有责任，才将自己对父母的责怪表现在了《人工智能》当中。

斯皮尔伯格称："电影中最黑暗的部分都是由我设计的，包括机器屠宰场和其他黑暗的一切。这就是为什么库布里克一开始就想让我来导演这部电影。"尽管如此，此前曾帮助库布里克构想《人工智能》并且和斯皮尔伯格在这部电影上有过合作的克里斯·贝克坦言："屠宰场的设计从最初我与斯坦利的构想到最终在银幕上的呈现，并没有太大的变化。"（贝克的图稿证明了这一说法的准确性。）斯皮尔伯格夸大了自己在机器屠宰场构思过程中的角色，又一次暴露了他的自我认识和针对影评人的防御姿态。但斯皮尔伯格的感性的一面也在机器屠宰场的部分得到了体现。机器屠宰场是对未来大屠杀的隐喻，其中"器官"（orgas，人类）通过暴力杀死不需要的"机械"（mechas，机器人）自娱自乐。这种对人类腐败的展现令人震惊，将撞车比赛的概念[1]上升到了种族灭绝的层面。同

---

1 参赛者各自驾驶旧车互撞，最后一辆未被撞毁的车获胜，这里指人类将废旧机器人随意摧毁。——编者注

样是犹太人的库布里克在构思《人工智能》时就想到了大屠杀，并一直在计划拍摄一部有关大屠杀的电影《雅利安报告》（*Aryan Papers*），但当他看到斯皮尔伯格在《辛德勒的名单》中对这一主题的出色处理后，库布里克放弃了自己的计划（据报道称放弃的原因还因为大屠杀主题让他极度抑郁）。但在机器屠宰场的段落里，我们可以看到斯皮尔伯格是如何生动地运用他的天赋来刻画人类的残暴。在《辛德勒的名单》重现了战争和大屠杀的恐怖之后，斯皮尔伯格以类似的方式来表现《人工智能》的科幻背景下，机器人在人类手中所经历的情感和身体上的暴行。

如果库布里克执导这部电影，其中一个元素会有很大的不同，那就是机器舞男乔（裘德·洛饰），这个"善良的机器人"后来成了大卫的保护者。斯皮尔伯格将库布里克和沃特森所设计的那个更冷酷、更性感的舞男乔转变成了慈祥的父亲和保护者。而这一改动影响了胭脂城的段落，库布里克和贝克认为，在他们设计的视觉形象中，这是赤裸裸的淫乱。考虑到审查制度，影片将这段不宜播出的部分做了调整，而且，毫无疑问，因为斯皮尔伯格对色情一贯的试探性态度，胭脂城看起来像是有伤风化的奥兹城，而不是未来主义的索多玛和蛾摩拉[1]。《人工智能》里机器人男孩的良知体现在他那只会走路的泰迪熊身上，与《木偶奇遇记》中的蟋蟀吉米尼相对应。（"泰迪熊是斯坦利的主意。"斯皮尔伯格说。）库布里克承认自己一直没能构思出影片中间部分的基调，即机器舞男乔和泰迪熊陪伴大卫寻访蓝仙女的过程。斯皮尔伯格更为温情地塑造了机器舞男乔，为陷在阴郁之中的观众带来了些许安慰，并进一步以另一个机器人的形式为观众展现了残留的些许人性。人类创造这个机器人是为了享乐，却给了他一颗传说中金子般的心，裘德·洛优雅的表演让人想起弗雷德·阿斯泰尔[2]，他跳出了老套形象的窠臼，尝试超越角色的堕落，赢得了观众不俗的评价。

如果说想象机器人比人类拥有更高级的情感是感性的，那也是库布里克和斯皮尔伯格希望通过《人工智能》给观众带来的挑战。这部影片让我们思考："人类是什么？为什么我们认为自己比其他生物优越？我们应该对人工智能持什么态度？人工智能究竟是恩赐还是诅咒？"机器人男孩的制造者是霍比教授（威廉·赫特饰）。霍比这个名字是斯皮尔伯格为

1　索多玛（Sodom）和蛾摩拉（Gomorrah）是摩押平原五城中的两个，因耽溺男色而淫乱、不忌讳同性性行为，最后都被耶和华下令毁灭。——译者注

2　弗雷德·阿斯泰尔（Fred Astaire），美国电影演员、舞蹈家、舞台剧演员。演出生涯长达76年，共参与31部歌舞剧的演出。——译者注

对库布里克本人致敬开的圈内玩笑，因为库布里克称自己的制片公司为霍比电影公司（库布里克原计划将这个角色取名为尼科尔斯教授）。霍比教授本是一位弗兰肯斯坦博士那样鲁莽的科学怪人，但他以自己死去的儿子为原型制造的机器人男孩成了人类情感最后的遗存。作为一名电影人，斯皮尔伯格在娱乐和启迪观众的几十年里累积了前所未有的影响力，并最大限度地发挥了这一影响力。2001年夏天，他要求《人工智能》的观众通过影片去思考人类自我毁灭的问题，并谴责影片中人类无情地虐待自己创造的生物的行为。斯皮尔伯格整个职业生涯中对成人残忍对待儿童和家庭失调的担忧在《人工智能》扩大为对整个世界的担忧。他拍出的画面并不美好，但也不算完全绝望。理查德·施克尔2007年的纪录片《斯皮尔伯格论斯皮尔伯格》（*Spielberg on Spielberg*）中，斯皮尔伯格说他的目的是"质问前来观看《人工智能》的观众，人类有知觉的行为和玩偶的行为有什么区别？你的道德判断倾向于哪一方？如何看待那些外表和行为举止都和我们一样的生物？我认为很多人被这个问题激怒了。"

即使观众不是特别欣赏或完全理解，《人工智能》得到的评价总体上还是恭敬的，但票房在上映的第二个周末大幅下滑，这是口碑不佳的信号。尽管这部制作成本约为1亿美元的电影在全球获得了2.359亿美元的票房（其中美国国内票房仅有7860万美元），人们普遍认为它很失败。大部分内容抽象的宣传活动配上电影标题，让人想起《E. T. 外星人》，可能在很大程度上误导了观众，让他们以为《人工智能》会是斯皮尔伯格又一部以儿童为主角的暖心电影。《人工智能》在日本上映时，经过重新设计的广告宣传展示了更多来自真实电影的场景，平面广告的人物剧照也取代了机器人男孩的画像，帮助电影获得了更高的海外票房，也对年轻观众更具吸引力。然而《人工智能》属于打破观众期待的电影类别，因此注定不会立刻取悦观众。这部影片不仅是史蒂文·斯皮尔伯格的电影，也属于斯坦利·库布里克，而库布里克的大多数电影在上映之时都票房遇冷，只有当观众逐渐理解这些电影并接受其开创性之后，这些影片才会被奉为经典。不幸的是，时至今日，《人工智能》还是没有被观众所理解，但这部电影仍将是斯皮尔伯格最伟大、最不朽的经典之作。

自《辛德勒的名单》以来，斯皮尔伯格作品中的黑暗倾向越来越明显，这种情绪在《拯救大兵瑞恩》中持续，在《人工智能》中加以深化，2001年9月11日，纽约、华盛顿、宾夕法尼亚州发生恐怖袭击事件后，这种阴郁呈现出新的紧迫感，因为这位导演在接下来的几年里要处理的是美国国内令人胆寒的新氛围。《人工智能》首映后仅仅两个半月，便发生了"9·11"事件，片中正好有镜头描绘了被毁坏的纽约天际线，世贸中心的双子塔从海面探出头来。"9·11"事件过后，公众和行业内部都向影片的制作者施压，要求剪掉影片中有关双子塔的镜头。然而斯皮尔伯格令人钦佩地拒绝参与这些虚假的爱国主义把戏，并在后续发行的家庭录像带版本中保留了双子塔的镜头。在其2005年的电影《慕尼黑》片尾，仍然展示了双子塔，这一做法明确地象征着他对这场灾难给世界政治以及美国人生活方式带来影响的关注。

第十九章

黑暗中的光明

"我几乎认不出这个国家了。""9·11"事件后，斯皮尔伯格电影中的一个角色哀叹道。这句台词出自斯皮尔伯格比较轻松的电影中的一部《夺宝奇兵4：水晶头骨王国》。即使在"娱乐片"中，斯皮尔伯格也以尖锐而深入的笔触讲述了乔治·W. 布什-迪克·切尼时代的国家创伤和压抑的政治气候。对美国的袭击以及随后对美国公民自由的袭击在一部又一部电影中得到了隐喻性的（有时更为明显的）反映，斯皮尔伯格质疑他的国家在新世纪会变成什么样子，呼吁国民牢记并实践美国从前的理想。斯皮尔伯格在《辛德勒的名单》中扮演的政治艺术家的角色，以及与之相伴的非凡的公共责任，将斯皮尔伯格推上了这个位置。国家有难时，他没有逃避，而是选择了满腔热血的自我奉献。

无论是《少数派报告》里对预防性拘留政策的审视，还是《世界之战》中"国土"被入侵的恐怖场景，再到《慕尼黑》中对暗杀恐怖分子的道德质疑，都是"9·11"事件后斯皮尔伯格作品逐渐黑暗化的明显例子。汤姆·汉克斯主演的温和喜剧《幸福终点站》同样是对以上问题的有力回应，该片通过卡夫卡式的黑色幽默批判性地审视了"美国对新来移民大门紧闭"这一前提。在小布什时代，斯皮尔伯格的其他作品在结尾表现出的希望都有所保留，但《幸福终点站》让他成功地重申自己从小到大所遵循的兼容并蓄的信条，歌颂了约翰·F. 肯尼迪所谓的"移民之邦"。

任何满足于功成名就或享受中年生活的电影人都不可能有勇气和雄心来迎接斯皮尔伯格在"9·11"之后作品带来的挑战。1998年未来主义惊悚片《少数派报告》（该片于2001年恐怖袭击事件发生之前拍摄，2002年上映）已经进入了前期筹备阶段，体现了这种先见之明。斯皮尔伯格不顾自己的声望，拍摄了一系列电影，大胆地向美国同胞和全世界的观众诉说他们所处的急剧变化中的政治和社会环境。他也意识到那段尝试对一些观众来说有多么艰难："你无法相信，大街上有多少人会走到我面前，几乎一字不差地重复《星尘往事》（*Stardust Memories*）中火星人对伍迪·艾伦说的台词：'你知道，我们喜欢你早期那些更具娱乐性的电影。'"尽管一些观众有抵触情绪，斯皮尔伯格仍成功地吸引了大批观众，来欣赏他对这些令人不安的主题富有挑战性的探索，也证明了他作为一位受欢迎艺术家的广度和深度。这一时期，他偶尔会在政治立场上摇摆不定，但其大量作品的影响力和意义足以成为对该时期文化动荡的有力评论。

那段时期美国电影产业主要处于逃避现实的轻浮状态。当时的观众往往会逃避成人题材（包括大多数不常见的伊拉克和阿富汗战争电影），电影制片厂也盲目地迎合青少年的口味，斯皮尔伯格的梦工厂的备选片单里大多数也是这样的影片。

21世纪，斯皮尔伯格的大亨身份和艺术家身份之间的关系变得越来越分裂，强化了这样一种观点，即这位日渐衰老的电影人有意识地利用他向来粗放式的商业公司，将自己的个人冒险带入越来越危险的艺术领域。如果诸如《拜见岳父大人》《王牌播音员》《戴帽子的猫》等梦工厂的电影似乎与该制片厂出品的《少数派报告》和《慕尼黑》存在于不同的宇宙，但后两部影片正是斯皮尔伯格在这一时期为了追求更高层次的艺术自由，心甘情愿付出的代价，尽管有时这一过程会困难重重。

"我看着我的孩子们成长的世界和它的阴暗面时，就拍不出关于世界阴暗面的搞笑电影了。"斯皮尔伯格在2005年拍摄完《慕尼黑》后反思道，"随着自己的老去，我感受到电影制作作为一种强大的工具所需要肩负的责任，现在我想讲述一些真正有意义的故事。另一方面，为大量观众提供好的娱乐作品也是很好的选择。我经常并且自愿地根据大众的要求制作电影。娱乐电影和艺术电影是有区别的，但两者都很有吸引力，我两者都想拍。"

当斯皮尔伯格准备将菲利普·K.迪克1956年的短篇小说《少数派报告》改编成电影时，斯皮尔伯格就知道他的主要的任务之一是创造一个可信的未来世界。所以在1999年，他在加州的威尼斯待了3天，邀请来自不同领域的专家组成智囊团，进行头脑风暴为影片提供创意。影片的故事背景设定于2054年的华盛顿特区，而不是原著中的纽约市，这一改动丰富了影片的政治维度。《时代》周刊的影评人理查德·科利斯将这部电影的视觉风格描述为"未来与复古的结合"，融合了当代世界的元素（比如华盛顿纪念碑和知名商业品牌）以及未来元素（比如多点触控屏幕界面、自动化的高架高速公路、喷气飞行背包、警方的微型监控无人机、互动报纸、个性化的电子广告）。其中一些发明在电影上映不久后就真正现实了。提高电影的当代性，使影片的主题看起来并非那么遥远。

《少数派报告》除了处理特区边缘地带的暗娼罪犯之外，并没有像雷德利·斯科特在其1982年著名的未来主义黑色电影《银翼杀手》（基于迪克的一本小说）中那样营造肮脏的反乌托邦世界。《少数派报告》的视觉风格反而依靠的是对极权主义未来冷漠的、表现主义的描绘。雅努什·卡明斯基的摄影和亚历克斯·麦克道尔[1]的艺术指导主要运用了蓝色和其他单色色调来营造一种利用没有流血、泯灭人性的理论方法来解决罪与罚问题的氛围。与斯皮尔伯格在《第三类接触》中对未来主义充满希望的观点不同，尽管电影《少数派报告》的结局没有迪克在原著中的描写那么令人绝望，斯皮尔伯格更成熟的构思大多缺乏温暖和安慰（影片感伤的结尾似乎是一种事后不和谐的断章取义，被《石板书》（Slate）杂志的影评人大卫·埃德尔斯坦形容为"缺乏勇气的……人道主义的含糊宣言"）。

这部由斯科特·弗兰克和乔恩·科恩改编的电影围绕着"预防犯罪"的问题展开。"预防犯罪"指的是社会预测其公民何时会犯下谋杀罪的能力（利用基因突变的"先知"），这样就产生了在公民犯罪前逮捕他们的政策。汤姆·克鲁斯扮演的警长约翰·安德顿领导着整个预防犯罪部，但是当他发现自己成了被怀疑的目标，不得不为洗脱罪名而逃亡。斯皮尔伯格让安德顿这个角色比原著中更年轻、更活跃，并加入了家庭创伤，以激发安德顿对执法的狂热，也引发了他随后的道德危机（安德顿的儿子被绑架，并被认为已经死亡，而这一重创导致他的婚姻破裂）。这位警察局长通过操纵自己的多点触屏界面创造出犯罪进行时的照片，就像导演在脑海中构思一系列视觉影像那样挥舞自己的手臂，体现了斯皮尔伯格和安德顿之间更深层的情感认同。克鲁斯的表演，虽然在情感表达上范围有限，但也极具戏剧张力，成功把观众代入他痛苦的心理状态中，同时仍留有余地允许观众批判性地审视他的行为。斯皮尔伯格和他的编剧们为安德顿设置了一名心理导师伯吉斯（马克斯·冯·叙多夫饰）来衬托安德顿。伯吉斯是预防犯罪系统的创造者，威严又疯

1　亚历克斯·麦克道尔（Alex McDowell），英国著名的艺术指导，曾凭借在电影《少数派报告》赢得了2002年圣地亚哥影评人协会最佳影片设计奖，并于2004年，凭借电影《幸福终点站》获得最佳艺术指导奖。——译者注

狂，是有缺陷的斯皮尔伯格式父亲形象，影射了布什的第一任首席检察官约翰·阿什克罗夫特。冯·赛多将自己伯格曼式的厚重感带到了影片中。

影片将预防犯罪政策描述为实验性的、具有争议的，简化了迪克迷宫般具有讽刺意味的曲折情节，将探索重点更紧密地集中在自由意志的本质以及为了权宜之计而放弃公民自由上。早在2000年布什上台并在2001年颁布《美国爱国者法案》之前，斯皮尔伯格就开始计划用电影对这些问题进行探索。《美国爱国者法案》对美国传统宪法权利进行了全面的限制，表明这位自由主义电影人敏锐地关注着潜在的哲学问题，并且在一个公民自由日益受到侵犯的时代，关注着现实。这位导演的个人隐私曾遭到跟踪狂乔纳森·诺曼等人的侵犯。有人说斯皮尔伯格之所以被这部短篇小说吸引，是因为"科技被越来越多地用于探查我们不可被侵犯的家庭、生活和思想。这个概念我感到担忧，我曾想过将这些主题糅合成一个老式的谋杀之谜。"《少数派报告》的高潮部分非常感人，安德顿与他认为杀了自己儿子的人正面交锋，但安德顿最终拒绝手刃仇人，而是对这名凶手声明其有保持沉默的权利[1]。在这部电影上映的2002年，这一对法治的简单致敬，成了对布什和阿什克罗夫特的警察国家政策以及他们破坏宪法的有力谴责。之后的影片当中，克鲁斯想手刃的那名男子并非真正的罪犯，这一场景是对布什当局的质问，因为当时政府决定将未经指控的外国囚犯关押在关塔那摩监狱或其他地方，即使无法证明他们有罪，这些外国战俘仍被宣称是未来可能会犯罪的危险分子。

出乎意料的是，这部从2001年3月开拍、"9·11"事件后上映的电影与当时的时局具有高度关联性，显然给斯皮尔伯格敲响了警钟。风云变幻的政治气候使他对当局政府提出了比拍摄时预期更为大胆的批评。似乎为了预防在"9·11"事件带来的焦虑情绪下，这部影片所倡导的公民自由可能遭到强烈反对，斯皮尔伯格在2002年6月电影首映前不久在《纽约时报》上发表了一篇令人震惊的声明："现在，人们愿意放弃很多自由的权利来获得安全感。他们愿意给予联邦调查局和中央情报局深入调查的权力，就像乔治·W.布什经常说的那样，铲除那些对我们的生活方式构成威胁的个体。在这件事上，我支持总统。为了防止"9·11"事件再次发生，我愿意放弃一些个人自由。但问题是，界限在哪里？你愿意放弃多少自由？这就是这部电影的主题。"斯皮尔伯格这种恐慌式的出尔反尔让我

1　原文为米兰达权利（Miranda Rights），又称米兰达警告（Miranda Warning），是美国刑事诉讼中犯罪嫌疑人保持沉默的权利。——译者注

们想起本杰明·富兰克林的那句话："那些为了一时安全而放弃基本自由的人，不配享有安全和自由。"

在《少数派报告》的首映式上，斯皮尔伯格接受采访时说："为了得到政府的保护，我们放弃了一些自由。"但任何试图对这句模棱两可的陈述给予肯定的人都对他接下来补充的评论感到失望。"这种说法在"9·11"之前才能让人信服。"斯皮尔伯格在2003年1月说，"举国上下一片恐慌之际，突然之间，阿什克罗夫特为了更好地保护我们的国家而暂时剥夺了公民的个人自由时，美国公民自由联盟（ACLU）和其他组织开始担心我们的隐私权会受到侵犯。我只是希望在不久的将来，当这场危机完全过去，我们能重获开国元老们向我们保证的隐私权。"在2002年6月的一次采访中，斯皮尔伯格更加清楚地表明了自己的右倾立场："我并不主张现在就收回中央情报局与联邦调查局深入调查的权力，我认为现在是战争时期，他们需要像林肯在1862年暂停《人身保护令》时那样做。在战争时期，这样的事是必需的。我现在担心的是，当我们终于度过了危机，到达我们现在所处的阶段，动荡基本平息，政府会收回监控权吗，抑或他们会宣布这是他们的新标准？就好像说：'嘿，你们都这么过了5年了，对不起，伙计们，从现在开始，以后都要这样了。'我希望这样的事情不会发生。若这样的事情发生，那将是非常可悲的。如果这件事持续下去，我们就得回到大学校园里，举起反对的标语。"

斯皮尔伯格在艺术信念上没有足够的勇气。与那个时期的许多自由派民主党人一样，他甚至公开支持布什对伊拉克采取先发制人的打击。在罗马举行的宣传《少数派报告》的新闻发布会上，他说："如果布什像我相信的那样，掌握了有关萨达姆·侯赛因正在制造大规模杀伤性武器的可靠信息，我就无法不支持布什政府的政策。"他还说，这些政策必须是"可靠的，有现实依据的"。到了2005年，斯皮尔伯格终于恢复了理智，对德国《明镜》杂志说："我批评伊拉克战争，批评对公民自由的限制。我批判这场战争是因为我爱我的祖国。"

正如D. H. 劳伦斯曾经所说："永远不要相信艺术家以及他们讲述的故事，影评人的正确职责是将故事从创作它的艺术家手中拯救出来。"尽管斯皮尔伯格也对自己的这部作品感到担忧，尽管观众在观看《少数派报告》时会被高速追逐的场景和精心制作的特技分散注意力，电影的大受欢迎表明斯皮尔伯格可以在将观众带入一段严肃道德之旅的同时，通过对类型惯例的巧妙运用，加上引人入胜的视觉图像、顽皮有趣的黑色幽默来愉悦观众。在《少数派报告》和随后的电影中，斯皮尔伯格处理了美国价值观面临的威胁，他认为这种威胁主要来自受到创伤的社会，这个社会开始怀疑自己的立国原则。

斯皮尔伯格忙碌的导演工作日程安排他在2002年拍摄了两部电影（另一部是喜剧《猫鼠游戏》），而他与20世纪福克斯公司在《少数派报告》上的合作让他对公司的忠诚再次被分裂，20世纪福克斯公司获得了该片在美国本土与其他国家的发行权。斯皮尔伯格通常不为自己导演的电影收取预付的导演费用，而选择从票房收入中获得大额分红（一般是20%）。他和克鲁斯从《少数派报告》中赚取至少7000万美元，相比之下，梦工厂与20世纪福斯每家分到的利润还不足2000万美元。

梦工厂在21世纪初的表现相当平庸，步履蹒跚。其出品的票房烂片包括由作家H. G. 威尔斯的曾孙西蒙·威尔斯执导的枯燥乏味、毫无看点的《时光机器》，以及伍迪·艾伦个人风格化但被低估的闹剧《好莱坞式结局》；还有克里斯·洛克执导的拙劣的、只是偶有笑料的喜剧片《乌龙元首》，一部以第一位黑人总统奥巴马为原型的胡闹作品。只有萨姆·门德斯导演的严肃类型片，以20世纪30年代黑帮为题材的电影《毁灭之路》在票房上还算成功。梦工厂对后现代风格的戏仿已成为其特色之一，该制片厂的许多电影在玩笑中经常引用斯皮尔伯格自己的作品。到了2003年，梦工厂迎来了斯皮尔伯格所承认的"低谷的一年"。就连动画部门，在《怪物史莱克》大获成功后不久，也在2002—2003年受到《小马王》以及《辛巴达：七海传奇》的拖累陷入了低迷。据动画部门报告，仅2003年一年亏损便高达1.89亿美元。而接下来的一年里，动画部门被拆分出来成为上市公司，由卡岑伯格掌管。这次分家，意味着需要提高动画电影制作成本并且保障了该部门不会受到真人电影表现的影响，但也进一步削弱了梦工厂在行业中的整体影响力，特别是斯皮尔伯格　直和梦工厂动画保持着距离，据说是因为他如果要为梦工厂动画公司执导电影，就要向其透露自己的片酬细节。但不知疲倦的卡岑伯格很快将带领这家新动画公司进入更加繁荣的时期，这要归功于该公司逐步收购了计算机动画领域的领头羊太平洋数字影像公司。这次收购让梦工厂动画公司在加州北部的红木市拥有了第二家制片厂。尽管《怪物史莱克2》（2004）成为有史以来最成功的动画电影，但梦工厂的真人电影部分仍不能达到预期，出品了缺乏创意的《王牌播音员》《欧洲性旅行》《复制娇妻》《雷蒙·斯尼奇的不幸历险》以及无聊恶搞的愚蠢"喜剧"《拜见岳父大人2》。该片是对《拜见岳父大人》的拙劣模仿，是达斯汀·霍夫曼、芭芭拉·史翠珊和布莱斯·丹纳演艺生涯的至低点，也是罗伯特·德·尼罗又一次令人失望的亮相。瓦迪姆·佩尔曼的《尘雾家园》是梦工厂另一次雄心勃勃的尝试，改编自安德烈·杜布斯三世的小说，关于一场加州房屋所有权的搏命争夺，在某些时刻是引人入胜的，却不幸受到詹妮弗·康纳利沉闷呆板演技的影响，而本·金斯利在片中以歌剧的严肃风格塑造了一名在劫难逃的伊朗退伍士兵。

2004年，梦工厂成立10周年之际，面临着不可避免的命运，开始了将自己出售给大型电影制片厂的谈判。这一步标志着合伙人们意识到，面对好莱坞的现代经济现实，独立经营是举步维艰的，巨额的生产和营销成本迟早会拖垮梦工厂。梦工厂放弃了最初的多元化发展计划，转而专注于真人电影，使得它在市场的潮起潮落中越来越不堪一击，只是一年的不景气就能使它面临严重风险。丹尼尔·M.金梅尔在其有关梦工厂的书中略微夸大了2004年的情况，"梦工厂的故事结束了……一个失败的梦"。但梦工厂并没有就此消失，它缩小了规模，成了一家大型电影制片厂的子公司，可以获得企业融资，并使它更加远离了变幻莫测的商业市场。这是一次不幸的失败，但并不是斯皮尔伯格独立梦想的彻底破灭。毕竟，独立在好莱坞一直是一个相对的概念，除非你是查理·卓别林，有能力也愿意完全担负自己的制片厂。"我们眼高手低，"2004年，大卫·格芬在接受《纽约时报》采访时承认，"已经做了我们能做的。我们实行了一些后来被证明不是好点子的计划。在这10年里，世界发生了翻天覆地的变化。"

斯皮尔伯格准备将梦工厂出售给他的老东家环球影业，而环球影业早就参与了梦工厂影片的海外和DVD发行。但他受到了环球影业的新东家通用电气的公开羞辱，通用电气似乎对收购梦工厂没有强烈的意愿。随后梦工厂再次遭遇重创，部分原因是迈克尔·贝导演的斥资1.3亿美元的未来主义惊悚片《逃出克隆岛》国内票房表现疲软（讽刺的是，该片是迈克尔·贝最值得一看的影片之一，这部相对克制、感人的反乌托邦追逐惊悚片，在海外市场表现不俗）。通用电气要求斯皮尔伯格将14亿美元的要价降低2亿美元，此举得罪了当时的谈判代表格芬。梦工厂于是错误地向维亚康姆的子公司派拉蒙寻求帮助。他们在2005年12月达成协议，并于次年2月完成协议签署，派拉蒙支付给梦工厂16亿美元（包括承担债务）。梦工厂的三位创始人每人从这次公司出售中获利1.75亿美元，而他们最初的投资仅为3330万美元。2006年，派拉蒙以9亿美元的价格将梦工厂的真人电影片库出售给以投资者乔治·索罗斯为首的团体，从而收回了部分收购成本，但保留了其全球发行权。而梦工厂与派拉蒙的协议中允许斯皮尔伯格及其合作伙伴在协议签订3年后离开梦工厂。

2005年12月，斯皮尔伯格发表了一份声明承认："我很遗憾，经过长时间的谈判和多次妥协，我们无法与环球影业的母公司通用电气达成一致。"就在斯皮尔伯格同意出售梦工厂几个小时后，《洛杉矶时报》的作者雷切尔·阿布拉莫维茨与他会面，讨论他的新片《慕尼黑》，发现他"无精打采，几乎蜷缩着靠在抱枕上，靠窗眺望太平洋。他头发花白，脸色苍白，举止静默。他开口说话时，似乎很疲倦，好似灵魂被掏空了，在片场那种标志性的踌躇满志和兴奋也一并消失了。"次年2月，斯皮尔伯格表示梦工厂将继续与环球影业保持紧密合作，因为"环球影业是我的起点，正因为如此，我无法拒绝和环球合作"。在斯皮尔伯格、梦工厂与派拉蒙建立合作关系时，这样的声明并不吉利。由于斯皮尔伯格一直想保持自由，随心所欲地选择合作项目，所以他并未与派拉蒙签订独家协议。在为梦工厂寻找新东家的艰难谈判之后，斯皮尔伯格很快对与派拉蒙的合作感到后悔和失望，这似乎是不可避免的。

斯皮尔伯格经常在轻率地尝试后，将一些作品交给其他导演执导。但他用了很长的时间考虑是否要为梦工厂导演由阿瑟·高顿小说改编的《艺伎回忆录》。他从1997年就开始考虑，直到2004年才把这个项目交给罗伯特·马歇尔，后者于2004年导演了这部电影。如果斯皮尔伯格真的拍摄了这部有关日本农家女被卖到艺伎屋并在第二次世界大战中幸存下来的故事，这部电影大概会呼应《紫色》和《太阳帝国》，但他似乎觉得这个故事偏离了他想要研究美国社会问题的浓厚兴趣。他的合作伙伴对这个项目也兴趣不大，所以他计划用1000万美元的预算来拍摄："没有人想拍这部电影，即使是和我一起拍。"斯皮尔伯格遗憾地说。最终上映的成片过于注重画面上的美感，故事情节过于拖沓也有些失实。这部影片的大部分场景是在加州拍摄，三位女主角分别是中国人和马来西亚人，引发了一些争议。生硬的英语对白使电影听起来像是配音的外国片，影响了表演的质量，显示出斯皮尔伯格最初计划用日语拍摄的明智性。

当马歇尔筹备《艺伎回忆录》的拍摄时，斯皮尔伯格将注意力转向了《幸福终点站》。这是他从另一位导演拉斯·霍尔斯道姆手中接手的梦工厂的项目，该片于2004年夏天上映。2002年的《猫鼠游戏》和《幸福终点站》让斯皮尔伯格得以度过他所谓的相对轻松、富有创意的"假期"，远离《人工智能》带来的情感痛苦和《少数派报告》的暴力画面。然而，这两部喜剧都蕴含令人不安的元素，《幸福终点站》直接反映了当代社会的焦虑，这与斯皮尔伯格曾说的"一旦我看到社会的阴暗面，就不能拍出关于阴暗面的搞笑电影"相矛盾。

斯皮尔伯格在2000年曾有过为梦工厂执导《拜见岳父大人》的想法，但凯特说服他放弃了这部电影（"她说我没有足够的幽默感来驾驭这部电影"）。《一九四一》的失败以后，他一直避免执导喜剧，担心他的批评者是对的，担心自己的喜剧品味太过夸张，尽管他严肃题材电影中的幽默元素能证明他也能恰当地利用他的幽默天分。2001年，斯皮尔伯格有了短暂的窗口期，并做出了一个"冲动的决定"，承诺执导《猫鼠游戏》，这是一个有关年轻骗子的故事。小弗兰克·W. 阿巴内尔，一名无能纽约商人的儿子，在自己1980年出版的畅销回忆录（与斯坦·雷丁合著）中记录了他的诈骗和冒名顶替行为，回忆录的可靠性同样令人怀疑。阿巴内尔声称，他在十几岁或更大的时候，曾冒充过飞行员、医生、检察官和大学教师，同时通过伪造支票养活自己。

斯皮尔伯格被这个草率而牵强附会的故事吸引，部分原因是他把这个故事和自己年轻时的冒险经历联系在了一起，17岁的他经常厚颜无耻地在环球影业的片场徘徊，而在短短几年之内，他就已经导演了琼·克劳馥参演的电视剧，还指挥着年龄是他3倍的不友善的剧组成员。回想起自己的"伪装"经历时，斯皮尔伯格说："我穿西装打领带，变身为一个16岁半的高管……这让我能够理解这孩子的内心，我对他的经历感同身受。"

毫无疑问，斯皮尔伯格在这个主题上找到了共鸣，特别是他在处理阿巴内尔混乱的家庭情况时让杰夫·内桑森在剧本中加强了这一元素。而有趣的是，导演对阿巴内尔欺骗的认同本身就是对媒体和公众的一种欺骗。斯皮尔伯格曾多次声称，他当年骗过门卫，在一间闲置办公室里伪装成电影人，"闯入"了环球影业。这本书1997年的版本中揭穿了这一谎言。事实是，环球影业图书管理员查克·西尔福斯给了斯皮尔伯格一份工作，让斯皮尔伯格作为剪辑部的无薪助理文员，并让斯皮尔伯格与自己和采购员朱莉·雷蒙德共用一间办公室。在为《猫鼠游戏》宣传接受采访时，斯皮尔伯格故意略去了这件事，也隐瞒了他与西尔福斯的首次见面是通过家人介绍的事实。无论斯皮尔伯格编造的"崛起神话"多么可疑，显然比真相对公众更具吸引力，很多人现在都还相信那个关于斯皮尔伯格如何起步的虚构故事。或许他们赞同弗兰克·卡普拉的《消失的地平线》中洛德·盖恩斯福特对罗伯特·康威在香格里拉历险的评价："我相信，是因为我想相信。"

当斯皮尔伯格2006年被授予肯尼迪中心荣誉奖时，汤姆·汉克斯用一个故事逗乐了现场的贵宾："几十年前，一名年轻人出现在了传说中的环球影业门前，穿着廉价西装，提着空无一物的道具手提箱，希望潜入好莱坞最伟大的魔法殿堂。"汉克斯继续讲述了斯皮尔伯格如何虚张声势地进入片场、利用闲置的办公室，还在摄影棚中混了两个半月。

这个故事也给出了另一个自相矛盾的版本，说斯皮尔伯格在参观环球影业的途中跳下有轨电车，并在环球影业待了两星期。当《华盛顿邮报》的撰稿人艾米·阿吉特辛格和罗克珊·罗伯茨质疑这些说法时，CBS电视节目的制作人小乔治·史蒂文斯反问他们的研究人员："说真的，你们是刚进演艺圈吗？他就不能在自己的故事中加入一些创造性吗？是的，我可以想象……也许我们应该把这当作史蒂文·斯皮尔伯格不断衍生的传奇的一部分。"《华盛顿邮报》援引了本书的修正版描述，并引用了电影史学家道格拉斯·戈梅里对于这一版斯皮尔伯格崛起传奇的评价："这比起在体系中闯出一片天地的人更有吸引力。故事流传得越久远，就越发传奇。我敢肯定，现在连斯皮尔伯格自己都相信了。"

无论是斯皮尔伯格自己本身就相信这些故事，还是他仍在有意识地通过复述故事来欺骗媒体，但这都是他怀旧的方式，仍残存着些许焦虑，带着阿巴内尔的大胆，闯入了他本不属于的领域。虽然有着活泼的风格、爵士乐的配乐、明亮柔和的色调，但电影版《猫鼠游戏》仍有着黑暗的底色。影片将弗兰克（莱昂纳多·迪卡普里奥饰）塑造成一个拼命试图建构其他身份来逃离自己绝望成长背景的青年，同时弗兰克又希望让他陷入困境的父亲（克里斯托弗·沃肯饰）和感情疏远的母亲（娜塔莉·贝伊饰）对他另眼相看。在一名律师让弗兰克在父母之间做出选择后，斯皮尔伯格运用跳格剪接从弗兰克沿着街道逃跑的镜头直接切到弗兰克现在的新生活，这是对弗兰克的创伤强有力的视觉隐喻。弗兰克精心设计的骗局，包括他伪造的支票，都是艺术品，是被他欺骗的人崇拜的物品，这也是对迫害他父亲的金融体系的报复。

斯皮尔伯格妙趣横生地展现了一个迷人的行骗高手是如何游走于这个世界（最后他的纸牌屋轰然倒塌，他本人也被关进了地狱般的法国监狱，看起来就像是《悲惨世界》中的冉·阿让）。《猫鼠游戏》同时也是对心理学家保琳·克兰斯和苏珊·义姆斯1978年提出的"冒名顶替综合征"[1]的进一步研究。正如我在《弗兰克·卡普拉：成功的灾难》这本传记中提到的，还有另一位导演可能也经受过同样的痛苦，因为"许多成功人士都有共同的恐惧，都担心自己的成功实际上以欺诈为基础。另一名研究此现象的心理学家琼·哈维表示，此类患者'还有一种强迫性的恐惧，担心一些失败会暴露他们的秘密，揭穿他们

---

1 冒名顶替综合征（Impostor syndrome），又称自我能力否定倾向，是保琳（Pauline R. Clance）和苏珊娜（Suzanne A. Imes）在1978年发现并命名的，是指个体按照客观标准评价为已经获得了成功或取得成就，但是其本人却认为这是不可能的，他们没有能力取得成功，感觉是在欺骗他人，并且害怕被他人发现此欺骗行为的一种现象。——译者注

的骗子本质，让他们蒙羞。很多知名人士尽管能力很强，却一直遭受这种感觉的折磨'。在这样的人身上，'每次成功要么是依靠运气，要么是巨大努力的结果，他们逐渐丧失自信，而陷入自我怀疑模式当中'，而每次成功实际上加剧了这种欺骗的感觉。"

《猫鼠游戏》挑衅地暗示出斯皮尔伯格内心深处的焦虑。他经常谈到这些焦虑是他创作的源泉。然而这些焦虑可能部分源于他作为一个"冒名顶替者"的感觉，以及他对破裂的家庭与社会背景仍未和解的情感。正如哈维所指出的："当人们认为自己已经超越了自己的根基，可能会在他们心中激起对分离的深切焦虑，不知不觉中，他们把成功等同于对家庭忠诚的背叛。"一些心理学家将冒名顶替综合征倾向归因于尚待解决的俄狄浦斯情结。《猫鼠游戏》中，父亲与儿子分别充满挑逗地与性感的法国母亲一起，随着朱迪·加兰的歌曲跳舞，更加突显了这种情结。哈维解释说，受到冒名顶替综合征困扰的人们是"有意识地害怕失败，并将这种恐惧隐藏心中。但潜意识里，他们也害怕成功。"与在事业成功重压下崩溃的卡普拉不同，斯皮尔伯格在这方面做得很好（卡普拉在20世纪70年代与斯皮尔伯格的一次会面中，问这位年轻导演的第一个问题是："除了成功，还有什么事情困扰着你？"），然而斯皮尔伯格焦虑情绪丝毫未减，甚至在他60多岁之后，仍然呈现在他的作品中。

2002年5月31日，斯皮尔伯格做出了一个惊人的决定：回到加利福尼亚州立大学长滩分校做一些独立研究项目，来完成他曾经未完成的大学学业。1969年他从大学辍学去追求他的电影事业，而这回他想要弥补对父母的"背叛"。"多年来，我一直想完成这件事，"他说，"以此感谢父母给了我接受教育和职业发展的机会，同时也为了给我的家人和世界各地的年轻人提个醒，让他们明白实现大学教育目标的重要性。但是我希望他们能够比我更快完成大学学业。"他55岁的时候拿到电影和电子艺术学士学位（他称之为"我最长的后期制作日程表"），是对自己青年时代迷茫和"欺诈"的一种救赎，证明如果他当时愿意的话，本可以走社会认可的道路，同时也为自己的孩子树立父亲的榜样。这种心态在《夺宝奇兵4：水晶头骨王国》中幽默地反映了出来。其中印第安纳带上了他的儿子马特，责问他从大学辍学的事。斯皮尔伯格提交了《辛德勒的名单》来代替了毕业所要求的12分钟电影项目。他在黑人历史课上提交的作业是《勇者无惧》，还为自然科学课写了一篇关于加利福尼亚海岸的学期论文。他的教授唐纳德·J.雷什说："这篇论文比大多数学生写得都长，写得很好，没有语法错误。"

在影片《猫鼠游戏》中，斯皮尔伯格艺术化地隐喻了他叛逆的青年时代，让我们了解到他内心深处的一些恐惧，这些恐惧他只能通过艺术来充分表达，但却在面对媒体的采访中欺骗性地"解释"这些恐惧。电影导演们有虚构和润色故事的专业癖好，他们往往倾向于创造关于自己生活的寓言故事，以给公众留下深刻印象，为自己的传奇增光添彩。他们"创造的神话"往往包含欺骗的成分。斯皮尔伯格选择这部影片作为他迄今为止最具自传性的电影，有点令人惊讶，他发现了自己身上的这些欺骗特征，并将这些特征直接与他人生故事中的元素联系起来。在导演生涯中，他最痴迷于挖掘自己的人生故事，比如父母离异带来的创伤，以及他在公开声明中更坦率谈及的离婚问题。

在美国导演工会的一次活动中，当斯皮尔伯格和马丁·斯科塞斯讨论到《猫鼠游戏》时，斯皮尔伯格说："我想，在我执导的所有电影中，这是我第一次直面离婚带来的种种后果。"与《E. T. 外星人》相比，弗兰克的故事更真实地反映了斯皮尔伯格自己经历的家庭创伤。斯皮尔伯格说："这是这个故事吸引我的主要原因。其实我曾经也和弗兰克做过一样的事……随着年龄的增长，我就会越来越多地回想起早期的记忆，因此下定决心拍这部电影。此时需要一些非常弗洛伊德式的东西才能让我说：'好吧，这个故事很有趣，我最好能坚持读到50页之后！'"

斯皮尔伯格着重表现了弗兰克对他游手好闲的父亲痛苦的依恋，以及他对于母亲的极度不满，母亲和第二任丈夫（詹姆斯·布罗林饰）生了另一个孩子，象征性地拒绝接纳他，反映出导演自己的弗洛伊德式创伤。斯皮尔伯格回忆说，父母离异后，他离开萨拉托加前往洛杉矶，"我就像弗兰克·阿巴内尔那样选择逃离"。弗兰克最终被代理父亲的角色，联邦调查局探员卡尔·汉拉蒂（汤姆·汉克斯饰）所救赎。这个角色很大程度上是专门为影片所虚构的。将《猫鼠游戏》更加置于斯皮尔伯格个人和艺术执念的中心，故事时间（20世纪60年代）和人物的年龄阶段的设置（主角的青年时代）也都和斯皮尔伯格经历并开始学习治愈家庭创伤的时代与年龄相符。正如艾伦·万内曼2003年在网络杂志《明亮之光》（*Bright Lights*）上发表的一篇文章中所指出的样，这个艺术家兼骗子的故事也可以被视作关于美籍犹太人身份的隐喻。他指出，这部电影"根植于欧裔新教徒的腹地"，并且有一个反复出现的主题，那就是弗兰克被排除在圣诞庆祝之外。

这反映了弗兰克尝试不同社会身份以获得美国主流社会的接纳。就像少数族裔经常被迫所做的那样（这种模式将这部电影与拉尔夫·艾里森关于非裔美国人身份的伟大小说《看不见的人》联系了起来）。斯皮尔伯格的家庭创伤凌驾于阿巴内尔的人生故事之上。没有背叛丈夫的宝拉·阿巴内尔后来接到了一位绅士的来电。她的经历也让人想起斯皮尔伯格的母亲——最后嫁给斯皮尔伯格家老朋友伯尼·阿德勒的莉亚·斯皮尔伯格。"他是父亲缺席时，永远陪伴她身边的家庭密友。最后他和母亲结婚了。好吧，对此我无话可说。对于史蒂文也是样，但他从未忘记。"万内曼写道。斯皮尔伯格还"为我们描绘了一幅感人的画面，一对父子有着真挚的亲情，但一直找不到合适的词来表达……但是书里没有这些内容……斯皮尔伯格为我们提供他的梦境。在梦境中，他克服了对父亲的疏离感。"弗兰克最终被法国警方抓获，当时"又是一年平安夜，这已经是影片中第4次出现平安夜了，人们都聚集在教堂里做晚祷。斯皮尔伯格向我们展现了永恒的法国，壮观美丽、有着饱经沧桑的石头建筑、挂满了闪烁灯光的教堂，配乐中是唱诗班天使般的歌声。太完美了，真的，非常完美。当然，除非你是犹太人，在这种情况下他们会把你交给盖世太保。"

在卡尔·汉拉蒂不知疲倦的保护下（在这个转折中，汉拉蒂就像卡普拉《生活多美好》中善良的贾维和守护天使），弗兰克终于改邪归正，为联邦调查局工作，帮助抓捕伪造支票的人。这个具有讽刺意味的转折有一种令人作呕的感觉，因为弗兰克为了使自己远离犯罪本能，用自己的手艺把其他人送进了监狱。斯皮尔伯格至少在意识层面上赞同这个解决方案。在为DVD版录制的采访中，他说在拍摄过程中，他仔细听从了联邦调查局技术顾问的建议，所以他和汉克斯不会做出"令联邦调查局难堪"的行为。但是敏锐的艺术直觉将他引向了一种相反的视觉暗示。影片中他把FBI办公室拍得像一座因循守旧的监狱，里面挤满了身穿褐色制服式服装的工作人员。弗兰克则在栅栏后面，一间囚室一样的办公室里，整个布景笼罩在冰冷而悲哀的光线中。在自己的毕业典礼上，终于完成了大学教育的斯皮尔伯格就像片中联邦调查局的特工弗兰克一样，被六名保镖包围，在警察车队的护送下离开现场。就像弗兰克一样，他被自己的成功困住了。

对于这部急于证实自己是多么轻松愉快的喜剧来说，《猫鼠游戏》是关于纯真崩坏的黑暗道德寓言，作为一部隐蔽的自传，对主角的刻画却冷酷而超然。尽管故事背景设置在过去，以苦乐参半的方式展现了那段美国人生活中拥有更多信任感、更少安全意识的时代（"这是我们所有人都怀念的"，斯皮尔伯格说），但就像所有讲述过去时代的影片一样，影片也与自身被拍摄的时间有关。《猫鼠游戏》可以被看作对布什时代美国的间接隐喻：入不敷出，沉迷于欺诈和犯罪，道貌岸然，却面临代价惨重的道德清算。

《幸福终点站》"再次体现了我对自己在20世纪90年代到21世纪头10年电影作品中的

黑暗面的反应"，斯皮尔伯格说。在《猫鼠游戏》之后，斯皮尔伯格并没有回到过去的严峻主题，他"想做些让我笑，也能让其他人笑的电影。这是我们都需要微笑的时代。"不过，《幸福终点站》是斯皮尔伯格对当代美国集权主义最直接、最尖锐的审视。这部卡夫卡式的喜剧讲述了一名无辜的外国人被美国国土安全部的非理性限制困在机场的故事。但它的阳光乐观主义一直被当时压抑的现实笼罩着。尽管《幸福终点站》最终重申了美国的包容精神，正是这种精神让斯皮尔伯格的祖父母等外来者移民美国，但这种阳光乐观主义无时无刻不被当时压抑的现实所笼罩。英国影评人菲利普·弗伦奇恰当地将这部电影描述为"弗拉克·卡普拉"版的《审判》[1]。

就像弗兰克·阿巴内尔和其他许多斯皮尔伯格影片的主角一样，汤姆·汉克斯扮演的维克多·纳沃斯基也是一个局外人，一个在需要他来改善的社会中努力寻求被接纳的人；就像外星人E.T.一样，也非常想回家。维克多被困在约翰·F.肯尼迪国际机场，因为他的祖国，影片中虚构的克拉科日亚，在他出发前往纽约后发生了政变。官僚体制阻碍了维克多获得签证，所以他在充满讽刺意味的外观华丽且灯火通明的航站楼里等了好几个星期，学习如何适应新环境并掌握新语言。片中有一段让人联想到卡普拉的经济大萧条时代喜剧的情节：一群多种族机场工作人员团结起来支持维克多，帮助他与狂热的官僚主义但也并非完全不通情理的国土安全部官员（斯坦利·图奇饰）周旋，而当维克多终于得以离开机场进入城市时，这位官员假装视而不见。斯皮尔伯格的导演巧妙地平衡了喜剧和戏剧的微妙交集，使故事的民粹主义主题真正温暖人心。尽管偶尔会有纰漏，比如维克多和由凯瑟琳·泽塔–琼斯笨拙地饰演的神经质空姐之间甜腻的爱情故事。尽管这位空姐有缺点，但仍是梦中情人类型的美人。让这段爱情看上去太像传统好莱坞式如愿以偿的经典套路。尽管这也可能源自斯皮尔伯格自己（已实现）的幻想：一个书呆子，通过自己的才华和人格力量，赢得了迷人女演员的青睐。

剧本由萨沙·杰瓦西和杰夫·内桑森根据安德鲁·尼科尔和杰瓦西的原著故事改编，灵感来自一名男子在1998—2006年间被困在巴黎戴高乐机场的离奇故事。伊朗难民穆罕·卡里米·纳瑟里的护照和难民证件被盗后，最初被迫住在航站楼。过了一段时间，他拒绝离开，还出版了一本自传，并成为一系列纪录片和1993年法国故事片《从天而降》的主题。据报道，梦工厂向纳瑟里支付了25万美元来购买他的故事，但在《幸福终点站》的

1　《审判》是著名作家弗兰茨·卡夫卡创作的长篇小说。——译者注

演职员表或宣传材料里，包括梦工厂关于影片制作过程的纪录片中，都对他只字未提。斯皮尔伯格的一位发言人对《纽约时报》表示，纳瑟里先生的故事是《幸福终点站》最初故事大纲的灵感来源，但这部电影不是他的故事。如果《幸福终点站》的主角是中东难民而不是来自东欧的游客，那么它可能是对当代政治现实更加尖锐的讽刺。维克多的国籍给这部影片蒙上了一层复古色彩，有种回到"9·11"发生之前的感觉（影片中的某个片段里，在电视屏幕上看到的卡科日亚战斗场面实际上来自1989年的罗马尼亚革命）。电影将维克多塑造成一个可爱的、没有威胁性的局外人，弱化了他所代表的对于美国权威的挑战，让影片显得安全保守。

但是没有人想要汉克斯对他精湛滑稽的表演做出任何改变，他在偌大、陌生环境中应对突如其来复杂生活的生理和心理反应都得到了令人满意的诠释。亚历克斯·麦克道尔在迷宫般的航站楼内部（一套搭建于加利福尼亚州棕榈谷机场飞机库的可供操控的场景，该飞机库以前曾正式用于制造飞机）精湛的表演强化了斯皮尔伯格在维克多应对窘境时加入的卓别林式幽默。维克多与客观物体和建筑物的互动，让人想起《摩登时代》中流浪汉乱入工厂那种不协调的感觉。一些影评人反对《幸福终点站》在专营店内大量使用真实的品牌名称，其实是没有注意到这里环境营造的真实性。维克多被围困在现代美国生活的缩影中，而那个世界充斥的都是同质化的商业公司。按照公认的移民传统（尽管维克多不打算留在美国），他证明了自己对新环境的强大适应力，巧妙地找到了填饱肚子的方法，作为一名艺术家靠画壁画谋生，甚至搭建了私人的生活空间。他尝试学习英语的桥段荒谬且异常滑稽（J. 霍伯曼写道，这部电影渴望成为"贝克特[1]精简版的练习"），但这些片段也表现出他如何迅速且令人信服地融入新环境。与《E. T. 外星人》《第三类接触》《紫色》《勇者无惧》等其他斯皮尔伯格的电影一样，《幸福终点站》很大程度上围绕着"交流"这一主题，而这是斯皮尔伯格最关心的人文主义问题。维克多与他那群美国工人阶级朋友（包括几名非裔美国人、一名拉丁美洲人和一名来自印度的长者）的关系，体现了该国民族多样性的强大力量。尽管这部影片的平民主义一面受到了一些怀有敌意的影评人的嘲笑，但它直指影片的核心，即在一个沙文主义和少数族裔成为替罪羊的时代，重新强调美国多元文化价值观的重要性。

1　萨缪尔·贝克特（Samuel Beckett），爱尔兰著名作家、评论家和剧作家，诺贝尔文学奖获得者（1969）。他以创作荒诞派戏剧闻名。代表作品包括《等待戈多》《马洛伊》《马洛纳正在死去》等。——译者注

维克多可能是一个无国可归的人，至少暂时是这样，但斯皮尔伯格自己也可能在这段时间里多次有这种感觉，因为他所热爱的国家已经莫名其妙地被卷入充满敌意的环境。揭露维克多来美国的原因，也重新肯定了斯皮尔伯格最看重的美国文化。维克多已故的父亲收集了著名爵士艺术家的签名。而这些艺术家曾出现在阿特·凯恩著名的《时尚先生》杂志上名为"哈勒姆1958"（这也是1994年的纪录片《哈勒姆美好的一天》的主题）的照片中[1]。维克多的目标是找到最后一名给父亲签过名且尚在人世的爵士乐者，萨克斯管演奏家本尼·戈尔森，他发现75岁的戈尔森仍在纽约的一家酒店演奏。毫无疑问，正如英国影评人菲利普·弗伦奇提出的怀疑，电影"对美国文化的高度奉承"，这种"孝顺的象征性行为"承认了美国文化的精华主要体现在少数族裔的影响力上。维克多对爵士乐的致敬也代表了另一种斯皮尔伯格对父辈传统的致敬，非裔美国人戈尔森则充当了文化上的代理父亲。《幸福终点站》怀旧地（并带着谨慎的希望）回顾了美国过去的时光，这种时光正如国土安全部官方宣称的那样已经"终结了"。

某天当步行在宁静的英国乡村小路上时，弗兰克·威尔斯对他的弟弟H. G. 威尔斯说："假设有一些来自另一个星球的人突然从天而降，并在这里着陆。"威尔斯立即想到，如果这种灾难真的发生了，英国人将会陷入和殖民地人民差不多的境地，"也许我们一直在谈论的是欧洲人发现了塔斯马尼亚岛，但对于塔斯马尼亚人而言，这是非常可怕的灾难！"这段对话促使威尔斯在1898年完成了小说《星际战争》。在这本小说中，来自火星的入侵者，践踏了平静的英国乡村和伦敦的大部分地区，最终被地球上常见的细菌消灭。

"在我们过于严厉地评判（火星人）之前，"他在书中写道，"我们必须记住，我们自己的物种对地球造成了多么残酷和彻底的破坏，不仅是对动物，比如那些已经灭绝的野牛和渡渡鸟，而且是对低等种族。塔斯马尼亚人，在欧洲移民者发动的一场种族灭绝中，仅仅50年的时间里就被彻底灭绝了。如果火星人以同样的态度发起战争，我们会成为怜悯的传道者而去抱怨吗？"

尽管威尔斯自己的观点被殖民主义对"劣等种族"的态度所影响，但他对地球人被

1　阿特·凯恩（Art Kane），在1958年为《时尚先生》杂志拍摄了一张纽约所有顶级爵士音乐家的合影。这张照片中，爵士音乐家们都站在纽约第125街车站附近的一处褐石屋前。纪录片《哈勒姆美好的一天》汇集了对照片中许多音乐家的采访。——译者注

外星入侵者包围的构思被证明是一个能引发艺术家共鸣的隐喻。这些艺术家们试图告诉他们的观众一个民族被侵略将是什么样子的。在拉响第二次世界大战警报的慕尼黑危机发生时，奥逊·威尔斯导演了他在1938年哥伦比亚广播公司那部臭名昭著的广播节目，根据威尔斯小说改编将故事发生的地点搬到了新泽西[1]。威尔斯和作家霍华德·科赫将这部小说改编成快节奏的新闻广播形式，引起了大批美国民众的恐慌（斯皮尔伯格购买了威尔斯在广播中使用的原始剧本，为了和《公民凯恩》中的雪橇相配）。1953年派拉蒙影业出品的《世界大战》也以美国为背景，由乔治·帕尔制片，拜伦·哈斯金执导，是典型的冷战电影之一，反映出人们对苏联核武器的普遍恐惧。斯皮尔伯格2005年为派拉蒙、梦工厂和安培林娱乐执导的电影《世界之战》，拓展了美国人对于1812年战争国土首次被入侵以来的恐惧。与威尔斯原版故事的说教概念类似，斯皮尔伯格的电影也将美国人和其他观众置于伊拉克人民的弱势地位。伊拉克在该片上映的两年前就被美国入侵，这是美国对"9·11"事件的错误报复行为。当外星人对地球发起袭击时，雷切尔·费里尔（达科塔·范宁饰）问她的父亲雷（汤姆·克鲁斯饰）："他们是不是恐怖分子？"正如A. O. 斯科特在其《纽约时报》上的影评中所写的，这是一部"折磨神经的末日电影"。雷"也许太恐慌了而没有诚实地回答：'嗯，算是吧，亲爱的。从某种隐喻的意义上来讲，是的。'"

《世界之战》是斯皮尔伯格对于当代人间地狱般的想象。就像威尔斯的广播节目，还有《人工智能》，电影的故事背景也设置在新泽西州，斯皮尔伯格在那里度过了他的部分青春时光。汤姆·克鲁斯扮演了一名离异的工人阶级父亲，是一名码头装卸工人和起重机操作员，他的三角起重机类似于外星人埋在地下的三脚飞行器。而在影片开场不久，外星人的三脚飞行器就从地下冒了出来，而不是像小说中那样从天而降。在接下来的影片中，雷和他的小女儿一起逃亡，在一系列极端暴力的场面中，他们和美国同胞们一起逃离入侵者。《世界之战》是一幅社会崩溃的可怕图景，显示出即使拥有先进的技术，社会仍然十分脆弱。随着暴行的不断升级，这部电影升级成为满是无助、残忍和群众暴动的图景。斯皮尔伯格作品中必不可少的有缺陷的父亲形象极力维系破碎家庭的情节又再次出现（这个家庭还一度包括一位叛逆的青春期儿子），这引发了一个道德问题：一个普通人，为了保

1　1938年10月30日，美国哥伦比亚广播公司（CBS）在《水星剧场广播》栏目上演了根据赫伯特·乔治·威尔斯（H. G. Wells）小说《星际战争》改编的广播剧，由23岁的奥逊·威尔斯导演。当时的一些听众以为这是真实的新闻播报，很大一部分美国人都陷入了恐慌。

护自己的所爱会做出什么样的事情？而雷为了保护女儿被迫杀人，又为这个熟悉的斯皮尔伯格式主题带来了严酷的新变化。

这版技巧娴熟但毫无灵魂的拍摄剧本由大卫·凯普执笔（由该片早期的编剧乔希·弗里德曼写的剧本发展而来）。这和小说早期的改编不同，故事的主角并不是记者或是科学家，而是被斯皮尔伯格常说的"日常生活中的普通先生"。男主角是一位令人失望的、不负责任、散漫而且幼稚的父亲，在外星人入侵前生活在混乱的杂物堆里，甚至被自己的儿子（贾斯汀·查特温饰）看不起。雷要克服很多困难，才能成为称职的父亲，但是后来他战胜了这些阻碍，甚至看起来就像超级英雄。克鲁斯标志性的骁勇让雷满足了整个故事对这一角色的外形和情感的表达需求，但人物个性刻画仍显单薄。虽然聚焦于一个小家庭便于剧情的发展，但让人觉得他们的问题与全球性的灾难不成比例，而斯皮尔伯格在《辛德勒的名单》中并没有犯下这样的错误。"数百万的亡灵（根据摩根·弗里曼的旁白，实际上是"10亿"）和难以估量的财产损失似乎成了治疗家庭创伤的昂贵代价。"斯科特写道，"但令人振奋的是，我们知道外星人的入侵能让人类学习与成长。"

《世界之战》绝对是技术上的奇迹，它无缝地融合了大规模的物理特效和计算机生成图像，让无尽毁灭的噩梦般景象呈现于观众眼前。斯皮尔伯格对技术的精湛运用常常令人惊叹，比如使用360度推轨镜头拍摄雷和家人驾驶小型货车逃出城，这一镜头与《横冲直撞大逃亡》中的镜头运动相似，但速度要快得多。但没过一会儿，所有的精湛技巧和混乱场面都变得令人厌倦，尽管这部电影的节奏很快，却充斥着恐惧与歇斯底里的单调情绪，变得索然无味（范宁只是瞪大眼睛袖手旁观还尖叫不停）。《世界之战》没有什么微妙或复杂之处，把一切都简化到斯皮尔伯格所谓的"原始"水平。正如他所说的，这部电影"抓住了我们的恐惧和弱点，以及恐怖主义的概念。而恐怖主义在自以为受到保护的美国人心里，仍然是无关和陌生的。"归根结底，这是一部在视觉和情感上都很粗糙的电影，一部过度紧张、古怪、机械的作品，对人类这个几乎不值得拯救的物种抱着一种悲观的看法。

《世界之战》与斯皮尔伯格的《一九四一》有着奇怪的相似之处。两部影片都是制造混乱和破坏的大型演练，技术先进，但情感上发育不良。两部影片都表现了美国本土遭遇意外袭击后，普通民众像白痴一般歇斯底里的反应。不同的是，在《一九四一》中，斯皮尔伯格对他的角色进行了嘲讽。尽管在电影的开头部分，斯皮尔伯格试图让气氛变得沉重，但在他肆意破坏的过程有一种纯粹的快乐，让整部电影保持了适度的娱乐性。另一方面，全程看完《世界之战》简直就是一种折磨，让观众感到厌烦、疲惫和压抑。斯皮尔伯格试图将对"9·11"恐怖情绪的"严肃"唤醒，与廉价的恐怖电影手法相结合，却未达到电影所需的视觉和剧情元素的平衡，从而无法支持其更重要的意图。

《芝加哥太阳时报》的罗杰·伊伯特认为外星人入侵缺乏逻辑性，他还表示三脚架飞行器是"笨拙的复古设计"，他将《世界之战》描述为"一部包含耸人听闻场景的庞大而笨重的电影，但缺乏我们所期待史蒂文·斯皮尔伯格作品所蕴含的热情与欢乐的活力……斯皮尔伯格在《第三类接触》中呈现出的惊奇感怎么不见了？《少数派报告》中令人眼花缭乱的想象力又去了哪里？"从某种意义上来说，《世界之战》标志着斯皮尔伯格回归到了他年轻时对于外星人的看法，这种看法深受20世纪50年代科幻/恐怖电影的影响。在因为《第三类接触》和《E. T. 外星人》中对外星人的温和观点闻名之前，斯皮尔伯格曾在他极少放映的第一部故事片《火光》（1964）中，拍摄过充满敌意的外星人攻击人类的镜头，而在他未拍摄的电影《夜空》中，他也曾想拍摄类似题材的故事，最后把这个主意重新转变成《E. T. 外星人》。《世界之战》的制片人凯瑟琳·肯尼迪声称："更极端、更黑暗的故事始终埋藏在他心中，现在他把那个故事讲了出来。"在2007年的一次采访中，斯皮尔伯格谈到了这部电影，他说："我当时想'天哪，我真是个伪君子。我在拍这些电影时，一直在宣称自己就像外星人和我们之间的亲善大使，而我居然开始拍一部关于外星人侵略地球的片子。'"也许事实是，他在职业生涯的后期才再次改变路线，而且沉浸在布什时代盛行的仇外情绪中，这才是让他很烦恼的地方。毫无疑问，斯皮尔伯格在《第三类接触》和《E. T. 外星人》中所展现的人性美德，并未体现在冷漠而公式化的《世界之战》中。

即便如此，由于汤姆·克鲁斯的出演和不间断的动作场面，当然也因为影片发自内心地挖掘了时代精神，《世界之战》票房大热，全球票房高达5.917亿美元。由于《幸福终点站》在美国的惨淡票房表现（7700万美元），斯皮尔伯格作为一个流行电影人的商业价值受到了质疑，尽管这部电影的海外票房几乎是国内的两倍。凭借《世界之战》的巨大成功，这位59岁的导演得以继续成为好莱坞最受观众欢迎的电影人，也一扫先前不公正地笼罩着《勇者无惧》和《人工智能》等优秀影片的阴霾。

《慕尼黑》让观众直面艰难但不至于棘手的道德议题。斯皮尔伯格珍视自己的商业成功并小心翼翼保持独立性，就是为了制作这样的电影。他完全能够预料到这部影片将会引发风暴般的敌意。该项目由制片人巴里·门德尔开发，凯瑟琳·肯尼迪向斯皮尔伯格提出拍摄计划，但多次被他拒绝。他说："我会把这个项目留给别人，留给那些比我更勇敢的人。"但斯皮尔伯格已经可以就自己关心的议题发表意见，并在合适的时候深入探讨有争议的话题。他不怕失去观众的喜爱，愿意接受批判性的认可，这是他最令人钦佩的品质。

"如果我为了追求受欢迎而保持沉默，我将无法面对自己。"他总结说，"我现在这个年纪，如果不去冒险，就将丧失自尊。更何况，这对我来说是一项重大挑战……不知怎么回事，我只是觉得这个故事里到处都是自己的影子，我无法否认这一点。这激发了我内心的疑问和挣扎。""史蒂文知道自己在冒险。"剧组成员夏兰·海因兹评论道，"他一定很清楚这部影片将带给他的负面影响。这正是他的勇敢之处，因为他根本无须冒这个险。"尽管《慕尼黑》（2005）并没有达到《辛德勒的名单》那样的艺术高度，却在政治惊悚片的框架下妥善地处理了恐怖主义和复仇主题，并尊重了主题的道德复杂性。

斯皮尔伯格还记得和父亲在电视上看到1972年慕尼黑奥运会期间，巴勒斯坦恐怖分子屠杀以色列运动员相关报道时的恐惧。《慕尼黑》中仅仅用电视片段和零碎的娱乐节目描绘了那起事件，而亚瑟·科恩和凯文·麦克唐纳1999年获得奥斯卡奖的纪录片《9月的某一天》则对该事件进行了全面的叙述。在大屠杀发生时，斯皮尔伯格甚至从未听说过"恐怖主义"，只是对"犹太人再次在德国土地上被杀害"感到愤怒和失望。随着时间的推移，对世界政治的兴趣和对犹太人事业的参与，使他成为以色列的热情支持者。从20世纪90年代起，他参与了《辛德勒名单》和大屠杀幸存者视觉历史基金会，这让他经常需要对中东政治问题发表公开评论。自由主义立场使他对以色列在巴勒斯坦独立问题上采取的强硬路线保持怀疑。具有讽刺意味的是，《慕尼黑》反而使斯皮尔伯格被一些作家谴责为以色列的敌人，而实际上拍摄这部电影正是基于他对以色列的深切情感。"如果有必要，"他对德国杂志《明镜》说，"我已经准备好为美国和以色列而牺牲。"《慕尼黑》使他得以探讨自己对以色列在中东问题上所扮演麻烦角色的矛盾心理和担忧，以及一个国家应该如何回应恐怖袭击的议题。

以色列筹划了针对慕尼黑惨案的凶手，还有其他恐怖主义相关人士（有的也很牵强）的暗杀行动，以秘密计划的形式开始，即授权几个暗杀小组潜伏欧洲多年，暗中追捕目标。最终，这个计划被公之于众，尽管其细节仍不为人所知，并且存在争议。拍摄《慕尼黑》时，美国正面临着类似的问题，这并非巧合：当一个国家认为自己的生存受到威胁时，是否可以理所当然地违反国际法？有针对性的暗杀在道德上是错误的吗？复仇对一个国家和一个人的灵魂有什么影响？政治暴力的终极责任应该归属于谁？在托尼·库什纳和埃里克·罗斯为《慕尼黑》创作的剧本中，以色列总理果尔达·梅尔（林恩·科恩饰）定义了基本的道德困境："每一种文明都有必要与自身的价值观达成妥协。"

《慕尼黑》的潜台词是美国对"9·11"事件的回应。影片含蓄地质疑了布什政府对于"9·11"事件的反应，认为这种反应既过于激烈，又损害了美国在世界眼中的道德地位，而且还引发了中东地区的动荡加剧。在影片的最后一个镜头中，暗杀小队的头目阿夫纳（埃里克　巴纳饰）与世贸中心双子塔一同出现，让影片的潜台词浮出水面，并向观众抛出了问题："以眼还眼"的心态是明智的、破坏性的，还是有效的？影片中，阿夫纳告诉他在"上帝的复仇行动"[1]中的摩萨德[2]上司埃夫瑞姆（杰弗里·拉什饰）："我们到底实现了什么？我们杀死的每一个人都被更坏的人取代了……不管你是否相信，到最后都不

1　上帝的复仇行动（Operation Wrath of God）是指在慕尼黑惨案后，以色列对巴勒斯坦及黑色九月所做出的一连串隐蔽报复行动，由以色列情报特务局（摩萨德）组织暗杀多名巴勒斯坦高层官员。该行动由1972年开始至约1979年结束。——译者注

2　摩萨德（Mossad），全称为以色列情报和特殊使命局，由以色列军方于1948年建立，以大胆、激进、神秘著称。——译者注

会有和平。"透过意义深远的结论以及道德上的困境，影片提出了一些无法回答的问题。对于一些影评人来说，这是缺陷所在，但是对于这样一件艺术作品，特别是涉及如此敏感的政治问题，其目的就是引发观众对主题更深入的思考和感受，而将解决方案留给政治权威、历史学家还有哲学家们。

《慕尼黑》根据匈牙利裔加拿大记者乔治·乔纳斯1984年的著作改编而来，书名为《复仇：一个以色列反恐小队的真实故事》。尽管内容出自事实，但此书的资料很大程度上来源于一个化名为"阿夫纳"人士的回忆。乔纳斯表示他考证过阿夫纳叙述中的很多细节，但这仍是基于对阿夫纳消息来源的信任。以色列官方对反恐问题讳莫如深，但两位以色列将军已公开证实了这类突击队的存在。以色列国防军情报部门的上尉，同时也是《时代》周刊专栏作家的艾伦·J.克莱因，在其2005年的著作《反击：1972年慕尼黑奥运会惨案和以色列的致命回应》中，对报复性暗杀提供了不同的说法。克莱因强调被摩萨德凯撒利亚分队杀死的并不是"黑色九月"组织[1]中难以锁定的高层领导人，而是"容易接近的低级执行者……但这些低级成员被冠以直接的罪责"，既满足了以色列的复仇愿望，也缓和了以色列与欧洲国家之间的矛盾。"阿夫纳"的真实身份已经被确认为朱瓦·阿维夫，现在是一名作家和安全顾问，但其身份和故事仍受到了以色列官方和部分人士的怀疑。"这些故事可信吗？"乔纳斯在2006年写道，"我认为可信，虽然我一直谨记那些特工总是有着吹牛大王般的想象力……关于秘密行动的查证实际上是自相矛盾的。如果政府机构揭秘了什么秘密行动，那很可能是虚假情报……我相信阿夫纳描述的一连串行动，因为他掌握了第一手信息。他是否夸大自己的角色，就不好说了。"

斯皮尔伯格对这本书的依赖，就像他在《猫鼠游戏》中使用了弗兰克·阿巴内尔那部颇有争议的回忆录，把《慕尼黑》置于了推测性的纪录剧情片范畴（正如片头字幕上打出的："灵感来自真实事件"）。导演让库什纳担任《慕尼黑》最终版本的编剧，而库什纳最为人熟知的是剧本《天使在美国》，以及对以色列政策直言不讳的批评。这个决定让影片在有关以色列与巴勒斯坦人关系的哲学辩论中处于左派立场，同时确保影片的对白带有强烈的辩证风格。2004年，库什纳在以色列《国土报》的一次采访中声称以色列的建国

---

1 黑色九月（Black September）是巴勒斯坦激进派组织，曾策划实施多起恐怖活动，其中包括震惊世界的慕尼黑惨案。——译者注

是一个"错误"，尽管他支持这个国家存在的权利，"犹太复国主义的目标是建立国家认同，是基于对犹太人历史和对犹太历史意义的解读，但我不同意这一说法。犹太复国主义认为解决犹太人苦难的办法是建立一个犹太人自己的国家，我认为这不是正确答案。我不认为一个少数民族有希望完全依靠自己的力量生存下去，作为少数民族，他们在数量上完全处于劣势……建立一个国家就是在利用人民。"

《慕尼黑》中最具戏剧冲突和哲学意味的核心，正是阿夫纳重新思考了冷血的复仇行为，并最终陷入道德上的痛苦，他开始怀疑自己是否在做正义之事，最后背叛了祖国。暗杀小队的另一名成员，炸弹制造者罗伯特（马修·卡索维茨饰）也表达了同样的困惑，并说："我们是犹太人，阿夫纳。犹太人没有错，而是我们的敌人错了。"阿夫纳说："我们再也没办法像那样自诩为正义了。"罗伯特回应说："难以想象我们曾经是那么正义，几千年的仇恨并不足以让你的行为变得正义。但我们应该做正直的人。这才是对的事情，这才是犹太人该做的。这才是我所懂得的道理，我一直被教导。但现在我正一点点失去它，我失去了我的原则……这原则就是一切，是我的灵魂。"阿夫纳对以色列官方政策充满质疑和抵触，最终移民美国，认为以色列政府对自己和家人带来了威胁。1968年HBO的迷你剧《犹太勇士之剑》是对乔纳斯著作更早的改编，没有引起那么多的批评，同样表现了阿夫纳（史蒂文·鲍尔饰演）内心的矛盾，尽管他看起来没有《慕尼黑》中那么纠结和疯狂，这个角色最后甚至重返以色列军队并加入战斗。

在《慕尼黑》的筹备过程中，斯皮尔伯格、库什纳与朱瓦·阿维夫讨论了好几个小时。斯皮尔伯格坚持认为影片中角色的矛盾心理是忠于事实的，并表示："我相信自己的直觉和常识。这个人并没有说谎，也没有夸张。他说的一切都是真的。"乔纳斯却认为"阿夫纳"有可能"故意告诉这两位左倾的电影人他们想听到的事情"。乔纳斯和部分人强烈反对《慕尼黑》对阿夫纳道德挣扎的强调，仿佛这触犯了禁忌，是在反对以色列反对恐怖主义的权利，甚至是在质疑这个国家存在的权利。"出于对流行文化和大师斯皮尔伯格的尊重，"乔纳斯写道，"一个在善与恶之间保持中立的人，永远攀不上道德的高地。"

另一位激烈抨击这部电影的是《新共和》周刊的里昂·维塞提尔。他曾在一篇《辛德勒的名单》的相关影评《纳粹式的近距离接触》中，批评斯皮尔伯格："在美国文化中，没有哪个人物像他这么用力去麻痹、用幻想填充以及否认邪恶的现实，甚至还试图模糊幻想和现实之间的区别。"维塞提尔写道，在《慕尼黑》中有"两种以色列人：对自己的行为感到后悔的残忍以色列人和不会后悔的残忍以色列人"。他认为："影片所引以为傲的勇气本身就很可怕，充满了自以为是的公平。巴勒斯坦人用杀戮解决问题，以色列人也没什么不同。巴勒斯坦人良心发现，以色列人也懊悔自己的所作所为……巴勒斯坦人滥杀无辜，以色列人也滥杀无辜。所有这些类比开始看起来像是等价之罪……《慕尼黑》更多地探讨了反恐而不是恐怖主义，或者影片认为关于二者的讨论也是相同的。只有那些不顾他人安危的人，才会持有这种观点。"

《犹太前进日报》的编辑J. J. 戈德伯格为《慕尼黑》辩护道："影片展开的辩论是以色列人的辩论，几乎完全由以色列人的言行所构成……《慕尼黑》的重要之处在于呈现了以色列社会的本质真相。无论1972年和1973年那些追捕慕尼黑惨案恐怖分子的特工们究竟做了什么，以色列人确实在辩论他们的行动正确与否。这些辩论将无穷无尽，持续性许多年……这便是重生的犹太国家最高贵的一面。那些世界各地的以色列朋友们应该为看到大银幕上描绘的道德敏感性而感到自豪……杀戮会腐蚀灵魂，即使是必要的杀戮。以色列人知道这一点。如果他们的同胞忘了，现在是时候提醒他们了。"

《沙龙》的米歇尔·戈德伯格把争论置于了更广阔的政治背景之下："讽刺的是，斯皮尔伯格被指责不是合格的摩尼[1]教徒……这与我们的时代有明显的联系，在某些方面，关于《慕尼黑》的争论实际上是关于美国的争论。'9·11'事件后的政治正确要求有关恐怖主义和反恐的报道必须黑白分明，在最近几年似乎已经销声匿迹。然而，在关于斯皮尔伯格电影的争论中，又以复仇的话题卷土重来。其结果不仅是对电影错误的定性，还恢复了把反恐战争描绘成灰色阴影的禁忌。"

这部电影中强调的道德上的模棱两可，的确引发了对以色列复仇政策是否合理的争议（近年来这种暴力复仇仍在继续），尽管该政策事实上是有效的。但斯皮尔伯格没有听从斯坦利·库布里克的建议，还是向媒体明确声明了他的电影主题。斯皮尔伯格告诉《时代》周刊："我一直赞成以色列在受到威胁时的强硬回应。但与此同时，以牙还牙并不能解决任何问题，只能造成恶性循环。那个地区几十年来一直深陷血债血偿的泥潭。何时将终结？又该如何终结呢？"《慕尼黑》安排阿夫纳遇见巴勒斯坦解放组织的年轻成员阿里（奥玛·麦特沃利饰），以表明影片的中立态度。阿里以为阿夫纳是一名德国红军，便告

---

1 摩尼教（Manichaeism）又称明教、牟尼教等，源自古代波斯祆教，公元3世纪中叶为波斯人摩尼（Mani）所创立，主要吸收犹太教和基督教等教义而形成自己的信仰。——译者注

诉他自己认为人民有权利建立自己的祖国："我们可以永远等下去。如果有必要，我们可以让犹太人感觉在世界哪个角落都不安全……到那时，全世界就等着看他们是如何把我们变成野兽的。或许这要花上几百年，但我们会成功的。你不知道没有家的滋味，我们想建立自己的国家，家就是一切。"但维塞提尔指控《慕尼黑》把"黑色九月"恐怖分子和以色列暗杀小组画上等号，太过简单并且具有误导性，犯下了"等价之罪"，因为《慕尼黑》主要强调了以色列人以及他们关于暴力问题的复杂道德辩论。影片中也没有任何迹象表明导演反对犹太复国主义。这部电影在政治上保持中立，即使激怒了新保守主义者和其他评论人士，充其量也是温和的。《慕尼黑》的大胆之处正在于其对于这个灰色地带的深入探索。

斯皮尔伯格在接受英国《观察家报》的采访时，"有点生气地"表示："我觉得很不可思议。那些不喜欢这部电影的人居然说我试图将恐怖分子人性化，就好像只能接受我在影片中将他们描绘成禽兽。有些政治批评家希望看到这些人被去人性化，因为一旦你剥夺了某个人的人性，就可以对他们做任何事，你不会被判有罪，因为他们根本不是人。这部电影清楚地阐明了造成慕尼黑惨案的"黑色九月"组织是恐怖分子。他们的行为是不可原谅的，但除非我们开始质问这些恐怖分子是谁，以及为什么会产生恐怖主义，否则我们永远不可能真正了解为什么'9·11'会发生。"

斯皮尔伯格称"《慕尼黑》是我拍过最欧洲的电影"。他从科斯塔·加夫拉斯[1]的政治惊悚片《焦点新闻》（Z，1969），以及20世纪70年代的同类型电影《豺狼之日》《视差》《法国贩毒网》与《秃鹰72小时》等电影中获取了风格上的灵感。他和卡明斯基在（马耳他、匈牙利、法国和戒备森严的纽约）实地取景，使用那个时期流行的长镜头和变焦镜头，以半纪录片的方式完成了《慕尼黑》。但《慕尼黑》很大程度上避免了《焦点新闻》那种爵士风格的推进节奏，大量时间花在了人物之间的哲学性讨论上。斯皮尔伯格试图冷静地探讨这些问题，而不是情节剧式地引发观众的兴趣，最终导致影片与观众的情感拉开了距离。

《综艺》杂志的影评人托德·麦卡锡指出该片的主要缺陷："阿夫纳并不是一个特别容易引起共鸣的角色，一部分是因为剧本，一部分是因为扮演阿夫纳的巴纳并没有太多暗

---

1 科斯塔·加夫拉斯（Costa-Gavras），法国电影导演、编剧、制片人，代表作包括《焦点新闻》《特别法庭》《失踪》《见证人》等。——译者注

示出他的内心世界。如果《慕尼黑》要获得真正的成功，需要深入了解阿夫纳这个角色，这样观众才会被代入主角不断升级的矛盾中。这部电影提供的主要是外在体验。"史蒂文·鲍尔在《犹太勇士之剑》中的表演更有感染力，比巴纳的表演更出色。其他暗杀小队的人物形象也不够丰满，只着重外在的行为表现。《慕尼黑》延续了斯皮尔伯格对于功能失调家庭的修复，影片严肃反思了果尔达·梅尔和以法莲分别代表的母亲和父亲形象。阿夫纳的母亲（吉拉·阿尔玛戈饰）是一个和儿子情感疏远的宗教狂热分子，影片中未出现的父亲则是独立战争中的英雄，阿夫纳希望效仿父亲完成自我毁灭的使命。影片中另一个近似父亲形象的角色是法国犯罪组织的首领"帕帕"（迈克尔·朗斯代尔饰），他以不道德的方式获取信息，帮助阿夫纳定位暗杀目标。阿夫纳自己则成了一个不负责任的斯皮尔伯格式父亲，为了使命而抛下妻子和刚出生的女儿，后来才重新肩负起家庭责任。

　　《辛德勒的名单》利用直接的情感冲击来诠释历史主题，相比之下，《慕尼黑》较为单薄的角色塑造更着重于概述事实而缺乏戏剧张力。《慕尼黑》更像是一场知识分子辩论的动态图解。抛开这些批评，它仍是一部相当有思想、有煽动性、有启发性并值得尊重的电影。但环球、梦工厂、安培林联合制作的这部耗资7000万美元的电影，在美国并没有受到广大观众的喜爱，只获得了4700万美元的票房。然而，该片的全球总票房达到了可观的1.3亿美元，斯皮尔伯格预测这部电影在国外会"更容易、更好理解"，海外票房结果也证实了他的观点。《慕尼黑》获得了5项奥斯卡奖提名，包括最佳影片、最佳导演及最佳剧本奖，但无一斩获。

　　托尼·库什纳对围绕该片的争议提出了最有力的反驳，他在《洛杉矶时报》上写道："暴力会造成精神创伤，除非你是反社会分子，谁想看一部反社会分子的电影？《慕尼黑》将暴力带来的伤害戏剧化，这让政治天平两端的人都深感不安。我理解为什么那些认为以色列特工是邪恶、无情杀人机器的人，批评我们将这些角色描写成良心发现的人物。我不理解为什么有人认为把这些特工塑造得丧失良知，会让这些角色显得更英勇，更令人印象深刻……我认为他们是在否认这部电影减少中东争议的努力，以及该片对恐怖主义和反恐问题的论述。他们的政治观念只能接受简单的道德故事，而不能接受这部影片中的'道德对等'。"

　　尽管近年来斯皮尔伯格越来越多地参与社会事务，但他还是经常受到批评（或许正因为如此），有人指责他对电影界造成了负面的文化和经济影响，认为斯皮尔伯格和乔治·卢卡斯在商业上前所未有的成功毁掉了电影媒介，引发了行业对于"大片"的痴迷，甚至出现了"大片综合征"。过度追求商业让电影行业忘记了之前的《教父》和《驱魔人》所产生的影响，更不用说《一个国家的诞生》和《乱世佳人》，以及1970年之后，电影营销、融资和人口特征等社会大背景的改变。指责斯皮尔伯格凭借《大白鲨》带来的冲击不只是严重夸大了他的影响力，更是对其将一部本来可能是大烂片的电影拍成经典惊悚片的伟大的否认。以今天的眼光来衡量，《大白鲨》更显得经典、严谨且形象鲜明。但是，和许多人一样，宝琳·凯尔也对斯皮尔伯格造成大众口味的负面影响感到遗憾，她发表了那条经常被引用的评论："重要的不是斯皮尔伯格做了什么，而是他鼓励了什么。其他人都在模仿他的幻想，结果导致了文化的幼稚化。"

斯皮尔伯格的大片，尤其是《侏罗纪公园》，也被批评霸占国际银幕而对其他国家的电影造成文化入侵，并指责斯皮尔伯格是美国文化霸权的先锋。法国导演让–吕克·戈达尔就是斯皮尔伯格的激烈抨击者，甚至在其2001年的电影《爱的挽歌》中谴责这位美国电影制作者（"史蒂文·斯皮尔伯格联合公司"）试图霸占"大屠杀"的电影化权利。对于一些顽固的影评人和许多来自学术界的批评者们来说，斯皮尔伯格对电影媒介带来负面影响的罪恶还没有被赦免，无论是欲加之罪还是真的过错。莱斯特·D. 弗莱德曼在其2006年的批判性研究著作《公民斯皮尔伯格》中，引用了一段匿名学者的批评，将斯皮尔伯格称为"反基督者"。弗莱德曼在开头的几页中被迫做出了一些防御性说明，叙述了他因为从事这项"低级"研究而受到的嘲笑："在电影和媒体研究协会的一次会议上，我告诉同事们，自己打算写一本研究斯皮尔伯格所有电影作品的书。其中一个朋友嘲笑说，这在学术界，就跟演了色情片一样不光彩，这样的研究怎么才能获得学术上的正统性呢？"

这种态度让已故的英国作家J. G. 巴拉德感到困惑，他的自传小说《太阳帝国》曾在1987年被斯皮尔伯格翻拍成电影。巴拉德在他2008年的自传《生命的奇迹：从上海到谢珀顿》中提到，《太阳帝国》上映后一年，他到美国巡回售书："美国人一贯很友善，很乐于助人，但我感觉得到，几乎所有人都对斯皮尔伯格怀有敌意。有个记者问我为什么让斯皮尔伯格翻拍我的小说，我回答因为他是美国最伟大的导演。那名记者马上纠正我说：'不是最伟大的，是最成功的。'这大概是我第一次在美国听到有人用贬低的口吻在谈论成功。"对斯皮尔伯格的激烈攻击一直持续到他职业生涯的后期，无论这些攻击听起来多么无稽，比如总有人诽谤他是纳粹，无论这些评价认为他给电影界带来的影响是正面的还是负面的，这些评价仍然标志着他在现代电影史的中心地位。另一位导演巴兹·鲁赫曼称他为"电影界的总统",乔治·卢卡斯也说:"像史蒂文这样的人是可遇不可求的,能出现一个就已经是奇迹了。这就像在谈论爱因斯坦、贝比·鲁斯或老虎·伍兹。他很难和这一代的其他电影人相提并论,他比他们厉害太多了。"

这位导演在60岁时,见证了他被推崇为电影艺术家里程碑的一刻:关于他作品的第一次学术会议。国际学者们于2007年11月在英国林肯大学举办的"60岁的斯皮尔伯格"活动上,进行了广泛的发言,参会者包括出版有关斯皮尔伯格著作的几位作者(包括我在内)和许多更年轻学者。英国杂志《电影电视研究新评论》出版了特刊纪念此次会议,其中收录了我的文章《声誉:史蒂文·斯皮尔伯格和全世界的目光》(前述的一些评论出自此文)。这次会议的论调非常积极,没有早些年盛行的过度辩驳。年轻的学者们似乎把斯皮尔伯格的艺术地位视为理所当然;有些学者甚至极有勇气地对斯皮尔伯格过去被批评的作品,如《横冲直撞大逃亡》《一九四一》《勇者无惧》,以及《人工智能》进行了细致入微的剖析。作为一个与斯皮尔伯格同时代的学者,我曾在1993—1997年写过他的传记,为了打破争议,证明他值得被认真研究。对于我而言,这次会议也是一次令我耳目一新、出乎意料的经历。

在同一时期,关于斯皮尔伯格的研究领域进入了完全成熟期,以弗里德曼、奈杰尔·莫里斯的《史蒂文·斯皮尔伯格电影:光之帝国》、沃伦·巴克兰德的《斯皮尔伯格的导演作品:当代好莱坞大片中的诗学》和安德鲁·M.戈登的《梦想帝国:史蒂文·斯皮尔伯格的科幻与奇幻电影》等精细翔实的批判性研究为代表。这些令人印象深刻的学术著作,从不同的批判性视角审视了斯皮尔伯格,表明斯皮尔伯格至少已经被一些思想较为自由的学界人士所认可。美国电影研究和电影教科书写作的首要人物大卫·波德维尔,在看了《夺宝奇兵4:水晶头骨王国》后写道:"和往常一样,我完全被斯皮尔伯格轻灵的导演风格吸引住了。在过去的10年里,他的事业蒸蒸日上。《勇者无惧》、《拯救大兵瑞恩》、《人工智能》、《少数派报告》、《猫鼠游戏》、《幸福终点站》(我认为这部影片被大大低估了)、《世界之战》,以及《慕尼黑》都是非常棒的电影。尽管这些影片尚有不足(有时是因为结局),但如果是出自一位年轻导演之手,足以让他一步登天。"斯皮尔伯格研究的前景,曾经很不明朗,现在似乎一片光明,对其电影的批评性辩论已经变得更加微妙,剩下的那些斯皮尔伯格的反对者已渐渐式微。

甚至那些曾经批评斯皮尔伯格的人,也开始改变看法。约翰·波尔斯曾写道,斯皮尔伯格"甚至连一部诚实的电影都拍不出来",但他在《洛杉矶周报》(*L. A. Weekly*)

上关于《少数派报告》的评论中修正了自己的观点："斯皮尔伯格多年来都是大受欢迎的导演，人们很容易认为他的才华理所当然。再谈谈他的毅力。电影史上多的是精疲力竭或迷失方向的伟大导演，比如斯特奇斯、威尔斯、戈达尔、贝托鲁奇、科波拉等。然而在近30年的时间里，斯皮尔伯格仍保持了极高的野心和技巧（《人工智能》或许失败了，但他并没有偷懒）。那些20世纪70年代席卷好莱坞的逍遥骑士和愤怒的公牛们，都把自己的才华浪费在了性、毒品和对自己天才的盲目信仰上，但斯皮尔伯格在这个有巨额资金让他获得成功的行业里如鱼得水。他始终洁身自好，坚持不懈，以令人钦佩的频率拍摄作品……这种自律的职业道德造就了电影史上最伟大的一位电影人，足以和福特、霍克斯、希区柯克等电影界的常青树相提并论。"

为什么赞誉来得这么迟？借用美国伟大的棒球运动员兼哲学家约吉·贝拉的话，这篇充斥着批判、忽视和蔑视的漫长传奇"总是似曾相识"。这让人回想起20世纪60年代电影学界的状况，我们这些作者论学派的影评人开始有争议地试图唤起人们对这些经典好莱坞导演的重视。由弗朗索瓦·特吕弗、安德鲁·萨里斯[1]、彼得·博格丹诺维奇[2]、罗宾·伍德[3]等人主导，我们开始研究阿尔弗莱德·希区柯克、霍华德·霍克斯、约翰·福特、弗兰克·卡普拉、比利·怀德、拉乌尔·沃尔什[4]、迈克尔·柯蒂兹、艾伦·德万[5]以及其他伟大好莱坞导演的案例，这些导演当时因为受欢迎、多元化、注重娱乐性，以及强烈的个人想象力等原因，遭受过和斯皮尔伯格一样的谴责。改变顽固的批评体制花了好几年时间，人们才开始意识到美国电影本身是值得研究的。最后甚至超出了我们本来的预期，就连作者论本身都变成了一种下意识的方法论，尽管在理论界已经不再流行。但讽刺的是，作者论的研究方法仍然在很多课堂上盛行。电影研究的新方法倾向于只偏爱某些好莱坞导

1　安德鲁·萨里斯（Andrew Sarris），1968年出版了深具影响力的著作《美国电影：导演与导演术（1929—1968）》，该著作对其他影评人影响颇深，并且提高了公众对电影导演地位的认可度。——译者注

2　彼得·博格达诺维奇（Peter Bogdanovich），美国在60年代末到70年代大量涌现的新一代导演的代表之一。代表作《面具》《纸月亮》。——译者注

3　罗宾·伍德（Robin Wood），知名电影评论家，对希区柯克、霍克斯、伯格曼和阿瑟·佩恩等电影导演有精辟研究，20世纪60和70年代最严肃的影评人之一，曾出版《重访希区柯克》等著作。——译者注

4　拉乌尔·沃尔什（Raoul Walsh），美国演员、导演。代表作《月宫宝盒》《神威警探网》《反攻缅甸》。——译者注

5　艾伦·德万（Allan Dwan），美国导演、编剧。代表作《海蒂》《年轻人》《硫磺岛浴血战》。——译者注

演，这些导演的作品可以适配（哪怕只是勉强适配）论者想要使用的意识形态框架，通常是以马克思主义为导向的框架。

一位明显具有希区柯克或福特式的风格技巧，以及霍克斯或柯蒂兹式的电影作品多元化的年轻电影人，基于学术的考虑，似乎很容易被当作他们的传承者。然而，斯皮尔伯格那极高的受欢迎程度不仅让他成为许多影评人和学者不加掩饰的嫉妒对象，也让许多蔑视大众文化品位的人视他为文化上的敌人。他的电影主题专注于郊区、核心家庭、父亲形象、孩童、精神逃避，以及卡通化的冒险，这让他更加被学术界所厌恶。关于斯皮尔伯格的争议我们都再熟悉不过，因为这其实和当初希区柯克、霍克斯所面临的争议相同，他们代表着流行文化，代表着不值得深入研究的娱乐人士。时至今日，在大学的电影课程中，没有哪个导演能比希区柯克得到更广泛的研究，毫无疑问，在斯皮尔伯格安然去世后，他也将受到希区柯克那样的关注。

除了广受大众欢迎，为什么斯皮尔伯格会受到如此的诋毁？尽管他在个人政治理念上总体上是一个自由主义者，他早期作品中对郊区题材的迷恋并不是为了赢得左翼知识分子的青睐，他们中的许多人愤怒地摒弃了郊区中产阶级的价值观。斯皮尔伯格专注于普通先生（或女士）的故事，这是他作品中另一个招致批评的元素，也是他与希区柯克的相似之处。这两位电影人都在他们最受欢迎的时候遭遇了挫折，因为他们的批评者不能或不愿意与这些人物产生共情。那些对斯皮尔伯格不屑一顾的人，往往都对其表现日常生活的复杂性和批判性缺乏了解。斯皮尔伯格对郊区的观点，远远不像他的批评者所描绘的那样美好。相反，他对郊区的视角显示了对自身所处环境深刻的矛盾心理。他作品中的人物，无论在任何背景下，都渴望稳定的家庭生活，却很少能获得那种安全感，他们通常拼命挣扎，想要逃离中产阶级那束缚、狭隘和愚昧的生活。

对于许多批评斯皮尔伯格的人来说，他们对斯皮尔伯格的指责似乎可归结为对他的家庭生活观和他坚持学术词典中最糟糕的特质父权制的情绪化攻击。他们通常的策略是指责斯皮尔伯格宣传"理想的核心家庭。这一社会和历史的建构，并不断标榜其假定的'自然'基础"，正如杰夫·金在关于《侏罗纪公园》的评论中所写的，核心家庭"是一种最持久的文化产品"。斯皮尔伯格的整个职业生涯都在关注破碎的家庭、有缺陷的父母形象、受胁迫的孩童，以及人们试图恢复核心家庭的努力，似乎让很多批评者感到不安，他们经常攻击斯皮尔伯格所谓的理想化家庭的可疑概念来安抚这种不安。很明显，一些批评者本身就尚未与自己的家庭或童年和解，而这些挥之不去的愤怒和痛苦都被斯皮尔伯格投射在了大银幕上，使得他们非常不安。正如奈杰尔·莫里斯所说的，这些批评的话语"有时就像一面镜子，刻着对流行文化的蔑视，但对某些人来说，他们也在其中看到了自己"。

莫里斯指出，斯皮尔伯格的批评者们"超乎寻常的恶毒"可能是一种"影评人需要把矛盾投射到文本和其他观众身上的症候。因为影评人有时并不会诚实表达自己的感受，蔑视主流观众，认为观众们是被动的傻瓜。"而对斯皮尔伯格最持久、最严重的攻击就是安德鲁·布里顿在1986年的文章《乐在其中：里根娱乐的政治》里对斯皮尔伯格的马克思主义批判。这篇发表在《电影》上的文章将斯皮尔伯格视为那个时代宣扬帝国主义以及男权意识形态"极端反动"的典范，通过使用传统的类型手法，将自满的观众与体验现实拉开距离。莫里斯还援引了1989年彼得·本森对布里顿的回应："从精神分析学的角度不得不承认，当你极端厌恶某事时，也代表了你同样被它所吸引。因此，为了防止自己爱上这部电影，必须花精力去诋毁它。或者，更确切地说，是否认自己已经爱上了这部电影。"本森认为，布里顿用来批评《E. T. 外星人》的措辞，比如这部电影"强烈的情感和代入"让观众对"这部关于父权制的终极里根式电影""号啕大哭"，实际上表现出他的欣赏，并以此为幌子掩盖了这部电影"吸引了他的欲望、他的激情和他写文章的笔"。

虽然斯皮尔伯格对父权的态度，比他的批评者所认为的要复杂得多，但他修复核心家庭生活和父母角色和解的渴望，从青年时代到现在，在他的作品中形成了刻骨铭心的紧张感。毫无疑问，斯皮尔伯格的电影强烈呼吁更有责任、更有爱心的家长形象。有些影评人认为这种倾向是对于家长式作风（如果不是母性）的危险怀念，体现在其作品的社会性和政治性上。苏珊·阿伦斯坦在她于1995年发表在《电影杂志》上关于《夺宝奇兵》系列的文章中批评了斯皮尔伯格"对于权威的怀念、父亲的重现，以及对新右派议程的意识形态支持，恢复了白人男性英雄的特权地位"。然而，这种单方面顽固的分析，忽略了斯皮尔伯格大部分作品中对有缺陷的男性权威人物的持续批判。斯皮尔伯格对于核心家庭的向往，也许会被形容为"保守"，但绝不是一些批评者所说的专制人格的体现。这些批评者经常将借此进一步声称斯皮尔伯格是右翼的美帝国主义辩护者。只有坚决反对核心家庭的存在，才能拒绝对斯皮尔伯格作品产生任何共情。应该承认，斯皮尔伯格对想象中的幸福家庭怀有强烈的怀念之情。而这种幸福家庭是他从未体会过的，是他认为几乎不存在于现实的理想，他仍然在作品中和情感上哀悼的、精神上的失落伊甸园。那些拒绝让他自由检视内心深处创伤和困扰的影评人，也否定了他的艺术个性。也许他们这么做正是因为他们意识到，斯皮尔伯格正依靠着情感的力量为成千上万拥有类似感受的人发声。

斯皮尔伯格引以为豪的乐观态度，正如亨利·希恩所说的，在很大程度上是对无处不在的焦虑的掩饰，这也是电影人的共同弱点。这种批评很大程度上是基于对他作品的过度简单化。比如《E.T.外星人》感人的结局，表现出的苦涩远多于甜蜜。男孩失去了最好的朋友和象征的父亲，是他成长过程很痛苦的一步（E.T.掷地有声地喊了一句"哎哟"）。影评人诟病《辛德勒的名单》，因其太过关注于1100名从大屠杀中被拯救的犹太人，而忽视了600万惨遭屠杀的犹太人，忽略了影片中更为残酷和严峻的现实。奥斯卡·辛德勒的行为确实罕见，影片也的确将重点放在了从大屠杀中幸存的1100名犹太人身上。影片对人性有限的乐观，是一份强有力的带有政治色彩的声明，驳斥了人们经常听到的谎言，"我只是服从命令""我也无能为力"。仔细审视，你会发现斯皮尔伯格在其最好作品中所呈现的情感与理智的复杂性，并可以看穿那些批评者滑稽讽刺的虚伪。

而在1999年《GQ》杂志的一篇文章分析为什么这么多影评人会讨厌这位"媒介历史上最伟大的电影人"，文章作者特伦斯·拉弗蒂表示，斯皮尔伯格的全能才华对那些一向认为电影不可能既娱乐大众又引发情感共鸣，并且同时严肃处理大屠杀或奴隶制等棘手问题的人备感威胁。"人们难免会怀疑，如果斯皮尔伯格坚持在《决斗》和《大白鲨》这样的电影上止步不前，而不敢进一步冒险踏入所谓'介于娱乐和艺术之间的无人区'，那些知识分子可能就不会对他怀有那么大的敌意。他们会更乐于接受他作为一个艺术家，一个次要的形式主义的艺术家，如果他能像希区柯克那样礼貌地待在自己的位置上，他就不会带来今天这样的威胁……任何一名能够让20世纪末期的文人学士意见不一的艺术家很明显都有所图谋，按照这个标准，史蒂文·斯皮尔伯格绝对是他那一代中最激进的电影人。"

但是这种知识分子的酸腐气真的能解释他们对于斯皮尔伯格的刻薄，以及对他毫无理性的个人仇恨吗？斯皮尔伯格小时候，曾在希伯来语学校教过他的拉比、曾担任世界犹太教理事会副主席和国际拉比协会主席的艾伯特·L.刘易斯，告诉我在20世纪90年代，他确信反犹主义是许多针对斯皮尔伯格的攻击的根源。但似乎有点夸张，因为反斯皮尔伯格阵营的学者更喜欢将斯皮尔伯格污蔑成"反基督者"。斯皮尔伯格更激烈的批评者认为他过分成功，于是也认为他很贪婪。觉得他恶劣地操纵着美国文化，他的煽情与低俗，他作为宣传者的力量，他与其他少数族裔群体、孩童以及外来者的颠覆性勾结，都是反犹太言论的常见转义。而左翼力量则指责斯皮尔伯格的电影是爱国主义和父权制的恶性宣传，对其在文化和政治上对无知和具有可塑性大众影响的恐惧也经常被夸大。

G. K. 切斯特顿在其于1906年出版的《查尔斯·狄更斯》一书中指出的流行艺术家会遇到的境况，同样适用于斯皮尔伯格。切斯特顿写道："一个人获得的大众人气既是天赐奇迹，也是洪水猛兽。"切斯特顿不同意"纯粹艺术评论家"的观点，那些评论家会强调："人们喜欢低劣的文学作品。如果你的目的是证明狄更斯的作品很出色，你首先应该为他的声望道歉，然后才能解释其作品优秀的原因。尽管狄更斯的文学作品很受欢迎，你还是应该努力证明狄更斯的文学作品很优秀。"

切斯特顿对这一观点回应说："公众并不喜欢低劣的文学作品，如果公众喜欢某种类型的文学，即使那种文学是低劣的，也比那些优秀的文学作品好……普通读者不喜欢细腻的现代作品，这并不是因为此类作品优秀或糟糕，而是因为这不是他们想读的……狄更斯作为一个伟大的文学天才，具有与社会相似的文学品味，最先成了一座具有挑战性的里程碑。这种与读者的联系是深层的，是精神上的。狄更斯并非普通的煽动家或记者，狄更斯不写人们希望看到的内容……但狄更斯想写的恰恰就是大众想要的……因此他没有想要迎合大众……狄更斯从不居高临下地对人们说话。他以尊重的态度与读者对话。他像神一样为大众倾注自己的财富和心血。他就是这样建立起与大众之间不朽的联系。他不仅创作出他们都能理解的作品，他还对此非常严肃，并为了创作这样的作品付出了艰辛并历经痛苦。"

近年来，斯皮尔伯格与观众之间的共同联系有所减弱，因为他已经冒险进入了更困难和更具争议性的领域。由于他后期作品严肃的主题，也因为他后期作品冷漠和干涩的风格，拒绝使用他之前广为人知的温暖和幽默来粉饰他想传达的信息，斯皮尔伯格已经把他的许多观众甩在了身后。他对这样做感到自在，这表明他已经停止了以前追求被接纳的渴望，而具有种族的忧患意识。又或许是因为他已经获得了一定程度的认可，有了安全感，不必总是取悦所有人。在2007—2008年间拍摄的另外一部"夺宝奇兵"系列电影似乎是个例外，一方面是为了巩固他不稳定的受欢迎程度，另一方面是为了暂时逃避最近作品中的政治紧张情绪。

也许斯皮尔伯格变得不再那么受欢迎并非巧合，他开始越来越多地被那些不希望艺术家受欢迎的人所接受。而我猜测，我们这些研究斯皮尔伯格的学者应该欢迎不同的人加入我们的阵营，但我们必须防止那些基于错误原因对斯皮尔伯格的赞美，同时也不能低估其作为一名流行艺术家的天赋。我很高兴他继续用更"严肃"的作品来替代那些"娱乐作品"，尽管有时娱乐作品，例如《猫鼠游戏》《幸福终点站》比严肃作品更加优秀。仔细审视斯皮尔伯格在其最好的作品中情感和理智的复杂性，就会发现批评者对他的讽刺都是无稽之谈。如果其中一些影评人能在批判性研究的新浪潮下，对斯皮尔伯格进行重新评估，就会发现他将超越他们的认知。因为斯皮尔伯格不仅是一位优秀的艺术家，还很富有同情心。

斯皮尔伯格期待的在派拉蒙的新工作很快就破灭了。2006年初，斯皮尔伯格与其梦工厂合伙人在年度资金分配问题上与制片厂执行主管们争执不休，最后他们成功将他们的资金配额由3亿美元增加到4亿美元。派拉蒙与梦工厂在如何宣传他们的联合作品以及每家制片厂应该占据多大宣传比例发生了争执。不管这个问题看起来多么微不足道，但它触及了好莱坞的权力核心，触动了这位放弃很大一部分独立性的电影人的痛处，他觉得自己没有受到足够的尊重。《好莱坞报道》称，在派拉蒙工作前6个月让斯皮尔伯格"猛然觉醒"。而在大卫·格芬认为派拉蒙董事长兼首席执行官布拉德·格雷在歌舞片《梦女孩》（*Dream-girls*）上抢了梦工厂功劳时，紧张气氛进一步加剧。对好莱坞观察家和金融界来说，这场梦工厂与派拉蒙的"奉子成婚"显然是没有前途的。

梦工厂为派拉蒙制作的影片是折中的产物，像往常一样，尽管存在内部摩擦，但是影片的整体水准比起梦工厂在独立的最后挣扎阶段有了明显提升，除极少数影片例外。这一时期梦工厂与派拉蒙合拍的电影包括：根据理查德·耶茨1961年的小说《革命之路》改编的同名电影；情感细腻、令人心碎的故事片《追风筝的人》，根据卡勒德·胡赛尼同名小说改编，讲述了一个年轻的阿富汗作家因背叛儿时的朋友而良心备受折磨的故事；扣人心弦但伤感的故事片《独奏者》，讲述了《洛杉矶时报》的一名记者与一名患有精神病的流浪汉成了朋友；还有轻松诙谐的《热带惊雷》，对好莱坞战争片进行了恶搞。梦工厂还拍摄了两部另类的歌舞片：《梦女孩》，片中詹妮弗·哈德森感人的奥斯卡获奖表演，弥补了比尔·康顿不平衡的、任性的炫技导演；蒂姆·波顿风格前卫、令人难忘的《理发师陶德》，这部由斯蒂芬·桑德海姆改编的电影，因其过于露骨的残忍，掩盖了黑色喜剧的一面。此外，还有一些缺乏文化深度的影片，比如：噱头十足、幼稚，但偶尔引人入胜的家庭喜剧《狗狗旅馆》；大烂片《诺比特》，艾迪·墨菲在片中饰演一个病态肥胖的黑人女性，以博得廉价而老套的笑声；以及迈克尔·贝导演的动作科幻电影《变形金刚》及其续集《变形金刚2：堕落者的复仇》。

2007年，当迈克尔·贝回到他的母校卫斯理大学，向电影专业的学生们放映《变形金刚》系列的第一部时，有一名学生问导演这部片子想要表达什么思想主旨。"思想主旨？"迈克尔·贝回答说，"同学们，说真的，这就是部关于巨型机器人的电影。"贝的这番话坦率地揭示了本片的浅薄，影片不过是将孩之宝动作玩具放大到巨型比例。《变形金刚》以娱乐为前提，充斥着愚蠢且过度的特效动作场面，全球的票房总收入却高达7亿美元，2009年上映的语无伦次、动作场面更多、更加冗长的续集获得了更高的票房。这部只注重感官冲击的电影使梦工厂得以盈利，并维系高昂的运营费用，但作为本片的监制，斯皮尔伯格的名声因此被贬至最低。在更早的时期，斯皮尔伯格培养了极有天赋的创作型导演乔·丹特和罗伯特·泽米吉斯，但他对于迈克尔·贝的纵容（《纽约客》的大卫·登比称他为"让人惊讶的毫无天赋的迈克尔·贝"）昭示出他不得不去迎合当代大众喜好的糟糕意愿。如果这就是代价，那么成为电影大亨还值得吗？

相比之下，梦工厂在这一时期最令人难忘的作品则来自斯皮尔伯格对一位同样偏好经典电影风格的老导演的支持。斯皮尔伯格曾是两部关于硫磺岛战役影片的制片人，这两部影片都由克林特·伊斯特伍德执导，从美国和日本的双重视角讲述了二战期间那场可怕战役。《父辈的旗帜》改编自詹姆斯·布拉德利和罗恩·鲍尔斯的著作，原著讲述了布拉德利的父亲和其他的战友一起在折钵山顶升起美国国旗的故事，影片淡化了战争场面，突出了大后方旗手的宣传，以及在战争中人们被扭曲的生活方式。这个不同寻常的主题呼应了霍华德·霍克斯的《约克中士》（1941）。更大胆的《硫磺岛的来信》以紧张的、幽闭恐怖症的视角，讲述了战争后期日本人在坑道中拼死奋战的困兽之斗。影片改编自日军指挥官栗林忠道的书《指挥官的手札信》（*Picture Letters from Commander in Chief*），专注于塑造栗林忠道（渡边谦饰）的形象，和他为了荣誉而痛苦牺牲自己和部下的故事。演员阵容几乎全是日本人，台词是日语配音加英文字幕，没有向美国战争片的惯例和商业期望妥协。

伊斯特伍德的效率甚至超过了斯皮尔伯格，他用同一组剧组人员接连完成了两部电影的拍摄，并在冰岛完成了岛屿作战的战斗场景。这两部影片由派拉蒙和华纳兄弟联合发行。2006年秋天，这两部影片获得了评论界的好评，也取得了一定的商业成功。梦工厂与派拉蒙公司的协议保证了梦工厂对预算在8500万美元以下的电影享有自由创作权，伊斯特伍德的两部电影总成本相对适中，加起来只有7400万美元，其中5500万美元花在了《父辈的旗帜》上。斯皮尔伯格对这位76岁同事的赞助展示了梦工厂的最高水平，制作出与众不同、有思想深度的电影，这些电影在好莱坞的其他地方很难得到资助。

加盟派拉蒙后不久，斯皮尔伯格就从被他拒绝的环球影业那里挖来了大量人才。2006年2月，他聘请了史黛西·斯奈德担任梦工厂的制片主管，而斯奈德自1989年以来一直担任环球影业的董事长。如果通用公司能够成功收购梦工厂，斯皮尔伯格希望能和她进一步密切合作。两人在环球影业项目中的融洽关系，促使他说服斯奈德辞去她的重要职位，成为梦工厂的首席执行官兼联席董事长（和格芬共同分享董事长的头衔）。斯皮尔伯格称斯奈德"作为电影公司主管的特质是她既明白制作商业电影的必要性，也有艺术追求"。梦工厂的日常创意事务本来由沃尔特·帕克斯和劳里·麦克唐纳负责，但因为二人把更多的时间花在了制片上，现在日常创意事务转由斯奈德接手，这也帮斯皮尔伯格卸下了一部分电影大亨的重担。

2006年6月，在完成和派拉蒙合约后仅仅3个月，他在由著名电影业人士彼得·古贝尔和彼得·巴特主持的一档有线电视脱口秀节目中，接受了一场非常不明智的访谈，表现出他和好莱坞现实的格格不入。斯皮尔伯格说派拉蒙的高管们"知道他们只是第二选择，我一直在等待通用电气收购梦工厂"，他感到遗憾的是，尽管他和合作伙伴们与通用电气达成了"握手交易"，"但他们没有赢得这场博弈"。《每日综艺》评论说，斯皮尔伯格希望梦工厂可以"作为独立于派拉蒙影业之外的完全独立的运营实体"并且可以"保持独立性"，斯皮尔伯格在访谈节目中宣称："盖尔·伯曼经营着派拉蒙影业，这和梦工厂电影公司是分开的。这也是我们想让全好莱坞认清的一点。史黛西·斯奈德才是梦工厂的运营者。"5个月后，斯皮尔伯格满怀希望地宣称："派拉蒙以我们喜欢的方式对待我们，把我们当成一个独立的电影公司来看待。"

这样的声明很难解决派拉蒙和梦工厂高管之间的长期不和。也许这不过是斯皮尔伯格游戏计划的一部分，利用自身的影响力来对抗新老板，但是这一策略事与愿违。然而，好莱坞很清楚，斯皮尔伯格独立宣言总是会遭到新老板的反对。他们之间日益不和睦的合作关系最终成为众人皆知的事实，派拉蒙的布拉德·格雷被电影行业记者金姆·马斯特斯称为梦工厂的"死敌"。合作破裂后，《每日综艺》写道："斯皮尔伯格和斯奈德认为他们是独立于派拉蒙之外的卫星公司——某种程度上还要派拉蒙为他们服务。但是格雷明确表示，他认为梦工厂不是兄弟公司，而只是听命于他的几家子公司之一，就好像MTV电影公司和派拉蒙优势影业。此外，斯皮尔伯格还因为自己和斯耐德对于梦工厂的日常运营工作没有报酬而表示不满。"

斯皮尔伯格在电影项目的优先选择上也无法与派拉蒙达成共识。在2006年，斯皮尔伯格宣布自己希望制作比梦工厂之前更多高品质的低预算电影。他说："我更想去拍一些像《卡波特》或是乔治·克鲁尼的《晚安，好运》那样的电影。"斯皮尔伯格考虑为派拉蒙执导的其中一部电影是《芝加哥七君子审判》，由阿伦·索尔金编剧，讲述了对1968年芝加哥民主党大会期间的反越战人士因其抗议活动所受到的审判，审判过程如同马戏团表演一般。尽管梦工厂克服了母公司派拉蒙的阻力，成功推出了几部精品，但这些电影没能达到斯皮尔伯格此前提到的几部获奖作品的水平。和好莱坞的其他制片厂一样，派拉蒙的首要目标也是营利而非制作出高品质作品。对于派拉蒙来说，与梦工厂的合约最吸引人的部分并不是其能拍摄出《追风筝的人》或是《革命之路》这样的高品位电影，而是能够拍出《变形金刚》这样迎合大众口味的商业片。2008年派拉蒙收购梦工厂时，《每日综艺》指出："分析人士认为，维亚康姆对这家小型公司的出价过高。但事实很快证明格雷的这笔买卖比任何人预期的都更划算，著名的生意人格芬很快就为卖掉公司而后悔。2007年梦工厂已经以15亿美元的市场份额成为榜首。"当然，很大程度上要归功于那部巨型机器人电影。

不久之后，斯皮尔伯格和他的合作伙伴们就开始思考如何提前抽身而退。2008年10月，格芬最先离开。斯皮尔伯格和派拉蒙的合约将于2010年到期，但是他有权在2008年底提前终止合同。直到那年年中，梦工厂都在积极地物色新东家。

在经历了《慕尼黑》的情感折磨，以及由于拍摄此片遭到的媒体批评之后，斯皮尔伯格休息了3年，转而专注于成为电影大亨，然后才回归到自己的主要职业"导演"。《夺宝奇兵4：水晶头骨王国》完美地诠释了他偶尔想要拍一部"大众想重看的电影"的意愿。印第安纳英雄传奇的粉丝们多年来一直要求推出《夺宝奇兵3：圣战奇兵》的续集，即使1989年的那部以哈里森·福特骑着马消失在夕阳里作为结尾。福特、斯皮尔伯格和乔治·卢卡斯越来越复杂的职业生涯让他们三人很难在此后的故事线各种可能的发展方向上达成一致。最终，福特比任何人都清楚，作为一个年逾60岁的演员，他已经无法再胜任动作英雄的角色，于是劝说合作者们按照卢卡斯的想法来拍摄。

"我认为《夺宝奇兵3》的故事情节只是勉强说得通，因为麦格芬一直是个问题，"卢卡斯回忆说，"我们觉得我们还是想出了一些触发性事件。比如寻找圣杯，来让故事看上去很有趣，即使不算令人信服。最后父亲（肖恩·康纳利饰）的故事支撑起了整部电影。所以我只好说：'我认为我们已经解决了这个问题。'"但是当福特1992年出现在卢卡斯的电视剧《少年印第安纳琼斯大冒险》中时，卢卡斯"突然想到：如果将电视剧中印第安纳的年龄设定得再大一点，故事的时代背景就可以是20世纪50年代，这样就能把这部作品变成一部50年代的电影。那么在50年代有什么能比得上一部30年代周六日场连场电影呢？当然是B级片、科幻片。我想，这可能会很有趣。最惯用的主题就是地球对战飞碟，所以我想，麦格芬就是：外星人。"

但是很多年来，斯皮尔伯格都拒绝回归到他的标志性类型中去。最终，他被卢卡斯说服，同时也因为这部派拉蒙制作的《夺宝奇兵》的最后一部电影的编剧是可靠且亲切的大卫·凯普。似曾相识的感觉成了这部电影的特点，导演将《夺宝奇兵4：水晶头骨王国》当作了一场自我戏仿的怀旧练习。斯皮尔伯格的后现代主义倾向、类型戏仿和风格上的自我反射，形成了贯穿于他过去作品中高度风格化的嬉耍喧闹，而这早在他模仿塞西尔·B.戴米尔的《大马戏团》拍摄火车事故的那一年（1957）就已经形成了。那个在凤凰城家喻户晓的"塞西尔·B.戴斯皮尔伯格"从未失去对那个时代类型惯例的喜爱，在《夺宝奇兵4》中，他大量使用了儿时喜爱的复杂追逐场景、丛林中的大胆行动、毛骨悚然的惊吓、可怕的昆虫、外星来客、精巧的机械装置以及特效。

影片有点像大杂烩，或是《疯狂》杂志中的"我们爱看的场景"大合集，还戏仿了20世纪50年代电影中的冷战偏执，用卡通化的情节讲述了一位邪恶的苏联间谍（凯特·布兰切特饰）与印第安纳展开搏斗，想要发现外星人精神控制的秘密。布兰切特所扮演的角色，外貌和动画片《飞鼠洛基冒险记》中的间谍娜塔莎·法塔尔非常相似，也很像琼·克劳馥，那个在斯皮尔伯格第一次担任专业导演时扮演坏女人的演员，《夜间画廊》中《眼睛》的女主角。作为他的后现代主义作品，《夺宝奇兵4》也回顾了自己之前的作品，包括处女作《火光》《第三类接触》和《鬼驱人》，在第四部中，他隐晦地对《夺宝奇兵》系列前两部中的暴行和种族歧视提出了批评。

斯皮尔伯格想要拍摄的剧本是弗兰克·达拉邦特写的《印第安纳琼斯与众神之城》，却遭到了卢卡斯的拒绝。但其中有许多元素在《夺宝奇兵4》最终的故事线中得到使用，也让印第安纳在《法柜奇兵》中的爱人玛丽安·瑞文伍德（凯伦·艾伦饰）得以回归。但是卢卡斯觉得剧本初稿还需要修改，事实上，玛丽安和印第安纳之间的关系本质上是对《夺宝奇兵1》中爱恨纠缠的乏味重提。在与凯普再次合作之前，斯皮尔伯格曾与经常合作的杰夫·内桑森工作过一段时间。最终版的剧本中，印第安纳和玛丽安重新相聚，也反映了贯穿斯皮尔伯格整个职业生涯的努力：修复破碎的家庭。《夺宝奇兵4》中的这对情侣更加成熟且不再火药味十足，并且引入了马特（希亚·拉博夫饰）这个角色，印第安纳从不知道他和玛利安有了这个儿子。

这位曾经参演梦工厂电影《后窗惊魂》和《变形金刚》的年轻演员拉博夫，精准把握住了20世纪50年代的朋克态度，他的造型模仿了《飞车党》中马龙·白兰度饰演的摩托车骑手。拉博夫诠释出的脆弱，让父子之间的团聚和他们的不稳定关系看上去更加感人，但是他缺少福特那种与生俱来的魅力。这部电影用马特可能继承父亲衣钵在未来几部续集中继续冒险的噱头来吊足观众的胃口，也暗示出斯皮尔伯格自己还不想隐退的矛盾心理。老亨利·琼斯短暂出现在达拉邦特的剧本中，但是肖恩·康纳利拒绝了这个角色，因为他不想再度复出（在影片中，他的一张照片出现在儿子的家里）。最终版剧本的另一个重大改变是，达拉邦特饰演的典型苏联和德国反派角色被更靓丽的斯帕科一角取代，斯帕科由留着路易斯·布鲁克斯式短发、派头十足的布兰切特饰演。

也许电影中最薄弱的故事元素就是斯皮尔伯格一直抗拒的——超自然的物件"水晶头骨"。最终的解决方案是为堆砌华丽特效的大结局加入机械降神[1]，包括斯皮尔伯格之前极力反对加入影片的飞碟。影片中，斯大林痴迷于超自然现象，认为水晶头骨可能会成为赢得冷战的武器。卢卡斯认为，这些头骨对情节的作用等同于希特勒在《法柜奇兵》中对约柜力量的痴迷。卢卡斯觉得头骨比圣杯更具吸引力，但头骨缺乏神秘物体或失落约柜的象征力。水晶头骨唤醒的不是《圣经》的意象，而是新时期的幻想，比如埃里奇·冯·丹尼肯关于古外星来客对人类发展影响的理论。有人戏称这部电影是《印第安纳琼斯和可怕的片名》。斯皮尔伯格还拒绝了《夺宝奇兵：世界毁灭者》这个影射J. 罗伯特·奥本海默[2]的片名，因为他认为这个名字"太讨沉重"。

斯皮尔伯格拍摄《夺宝奇兵4》时模仿了前3部的复古视觉风格，那是在道格拉斯·斯洛科姆退休之前，他与斯洛库姆共同打造的。尽管影片的物理特效镜头拍起来很复杂，也使用了一些电脑生成的画面，但导演和现今的摄影师雅努什·卡明斯基刻意避免过分依赖

1　原文为拉丁语词组Deus ex machina，意思是机器神、解围之神等。在古希腊戏剧中，经常需要利用起重机或起升机的机关，将扮演神的下等演员载送到舞台上。后来这一词组比喻当剧情陷入胶着或困境难以解决时，突然出现拥有强大力量的神将难题解决。——译者注

2　尤利乌斯·罗伯特·奥本海默（Julius Robert Oppenheimer），著名美籍犹太裔物理学家、曼哈顿计划的领导者，被誉为人类的"原子弹之父"。——译者注

CG1（电脑合成图像）技术。因为这种技术的使用让许多现代动作电影和奇幻电影看起来像动画片。卢卡斯说，"《星球大战》中大部分场景都是计算机合成的，使用了大量微型布景和蓝幕，但是史蒂文说：'我不想这么做，我想拍摄真实的东西。'"

斯皮尔伯格在职业生涯的最初几年拍摄过无声电影，并于20世纪60年代后期成为专业导演，目前也是好莱坞仅有的几位坚持古典风格和自己剪辑影片的导演，从《第三类接触》开始，就一直和迈克尔·卡恩合作剪辑影片。斯皮尔伯格惯用的摄影师从艾伦·达维奥（艾伦曾担任《安培林》《E. T. 外星人》《紫色》和《太阳帝国》的摄影师）换成卡明斯基后，灯光风格变得更加现代，也开始使用不饱和的色彩，而不是达维奥喜欢的古典浪漫的色彩。斯皮尔伯格的影像继承了福特、霍克斯和柯蒂兹等黄金时代导演的传统，仍然具有雕刻般的深度和复杂的纹理，而并非如今很多导演喜欢的明显不真实、卡通化的影像。斯皮尔伯格标志性的精准场面调度，即一个场景拍摄三四次，也与如今过度跳脱的快速剪切风格截然不同。

"我讲究视角的位置感，"斯皮尔伯格在完成《夺宝奇兵4》后解释说，"我希望观众知道好人站在哪边、坏人站在哪边，而且希望他们知道自己在银幕的哪边，我希望观众可以尽快地筛选出我不愿意剪掉的镜头。这就是这四部《夺宝奇兵》系列电影中，我一直坚持的风格。快速剪切在一些电影中是非常有效的，比如《谍影重重》系列，但是快速剪切就意味牺牲位置感……《夺宝奇兵》系列相比于现代动作冒险电影来说是有些老派。我已经非常努力了，我希望自己能成功坚持这一类型。我不能改变风格，因为那样就不再是《夺宝奇兵》系列了。这几部系列电影更多地以20世纪30年代的好莱坞电影为基础，我不想做出改变。"

斯皮尔伯格喜欢花心血为自己执导的每部电影寻找全新的视觉方式，而找准电影风格需要花些心思，斯皮尔伯格认为："有时我要花上整整一星期扛着摄影机才能弄明白怎么让影片的基调变得更光明一些。但对我来说更困难的是用轻松的方式严肃地处理影片的主题，因为我的电影往往涉及历史时刻，而这些时刻并不都是好玩儿的，有一些是非常严肃的，我希望这部电影能串联起我们的传奇故事，但不至于太过忧郁。"

但因为这是斯皮尔伯格后期的电影作品，它明亮的基调难免掺杂着黑暗元素。《夺宝奇兵4》远比里根时代的第一部《法柜奇兵》更有政治意识，也更加复杂，这为我们了解这么多年来斯皮尔伯格构思的变化提供了案例。《夺宝奇兵4》中，美国政府的残暴行径是冷战时期的象征，同时也为影片增添了令人不安的当代隐喻。即使是纯正的爱国者，那个大胆告诉苏联人"我喜欢艾克（艾森豪威尔）"的印第安纳·琼斯，在成了麦卡锡主义的受害者之后，也对这个国家深感失望。

电影中最诙谐的场景，是印第安纳发现自己身处"末日小镇"核试验场那一段，在摧毁这个典型的斯皮尔伯格式郊区社区的同时，片中的政府还不忘给一批扮作家人的、用于测试的假人播放《豪迪都迪秀》。这一段还用上了一个印第安纳爬进铅衬冰箱以躲避原子弹袭击却被炸飞上天的笑料，这和美国政府建起一座典型美国小镇的目的却只是毁灭它的荒诞黑色幽默有异曲同工之妙。这一情节显然是受到了罗伯特·泽米吉斯和鲍勃·盖尔的剧本《回到未来》早期草稿的启发，并催生了新的俚语"核弹炸冰箱"，特指电影或电视剧中令人极度难以置信的情节，但精心编排的牵强笑料一直是《夺宝奇兵》系列的特色。

《夺宝奇兵》系列前两部影片中饱受抨击的种族主义，在第四部中被印第安纳对自己此前行为的道歉所取代，他争辩说自己不是一个"盗墓贼"，而他的任务就是不计后果地把被偷的超自然物件放回去，出于对其外星人制造者的信任。这部电影最黑暗的弦外之音是不加掩饰地提及了后"9·11"时代，就像琼斯的大学校长（吉姆·布劳德本特饰）哀叹的那样："我几乎不认识这个国家了。"而斯帕科教授说："我们会改变你的，琼斯教授。还有你们所有的人，从内心改变你们。我们会把你们变得和我们一样，你知道最奇妙的是什么吗？你们甚至都不会意识到这些改变正在发生。"

老去的印第安纳，身体和灵魂都经历了更多的"里程"，也象征着斯皮尔伯格自己的成熟历程。将这个角色塑造为更看重家庭生活而不只是盗取古墓、屠杀土著的角色，让斯皮尔伯格赋予这个考古学家、冒险家和花花公子更深的智慧。这个开始于34岁导演青少年幻想的传奇故事里，主角已经和相爱相杀的旧爱重归于好，并接受了父亲的角色，从某种意义上说，就好像导演这部电影时已经61岁的斯皮尔伯格，成了他之前所反抗的父亲。尽管一些印第安纳·琼斯的粉丝不希望看到他迈入成熟，影评人也普遍不看好这个设定，但这部派拉蒙电影7.83亿美元的全球票房表现，还是成功展现出这个老到可以领取社保的动作英雄，在人们心中的受欢迎程度。

2007年9月19日，这部电影还在拍摄时，斯皮尔伯格接到了一个电话，得知自己当上爷爷了，当时凯伦·艾伦也在场。"我们一起拍摄《夺宝奇兵》系列的第一部时，"艾伦回忆说，"史蒂文还没有结婚呢，也还没有孩子。现在，史蒂文还是那个史蒂文，不同的是，他现在有了自己的家庭。我第一次同他合作时，我看到的是一个导演；而现在，我看到他已经成长为一个男人。"

2008年，斯皮尔伯格开始寻找海外资助，这是好莱坞乃至整个美国经济陷入金融危机的征兆。梦工厂和印度娱乐企业信实集团（Reliance ADA Group）的分公司信实娱乐花了一年多的时间才达成协议，得到资金独立制作电影。

同年7月，《纽约时报》的布鲁克斯·巴恩斯报道了"一个令人震惊的消息：好莱坞无法满足最卖座的国宝导演斯皮尔伯格先生昂贵的合同……难道华尔街没有人愿意为这个拍过《大白鲨》和《侏罗纪公园》的导演开一张空白支票吗？和信实娱乐悬而未决的合同显示出斯皮尔伯格先生的昂贵身价，由于他对票房收入的高额分红，现在已经没有几家上市公司可以请得起他……好莱坞的巨头之间还流传着一个传言，这是一个敏感话题，也是斯皮尔伯格先生的合作伙伴们认为非常无礼的问题，却是一个必须考虑的问题：这个61岁的顶级导演多久之后才能再拍《侏罗纪公园》那样的大片？"

那篇文章写于9月美国经济崩溃前几周，那时梦工厂的处境变得更加艰难，无疑使斯皮尔伯格更加忧虑。总部位于孟买，由亿万富翁安尼尔·安巴尼领导的信实集团最初同意提供高达5.5亿美元的资金帮助梦工厂启动新的制片厂。但是协议要求梦工厂再争取3.25亿～7.5亿美元的额外银行贷款，这笔贷款需要8家银行组成的财团一起出资。在过去，这对斯皮尔伯格来说不成问题，但是如今银行总体上削减了针对电影行业的贷款，而且梦工厂的金融伙伴摩根大通也只能提供所需资金的一小部分。随着财务体系的崩溃，除了试探性的印度合作伙伴，梦工厂迫切需要寻找另外的资金来源。梦工厂要想生存下去，唯一的选择就是依附于另一家制片厂，哪怕意味着倒退。

因为斯皮尔伯格对自己"发源地"斩不断的情感纽带，他们不明智地和环球影业重新谈判，甚至在当年10月宣布与通用电气的子公司达成了协议。但没签订任何书面协议，谈判也因为梦工厂要求环球影业将收购的金额由1.5亿提高到2.5亿美元，并预付1亿美元而陷入僵局。在被环球影业拒绝后，梦工厂秘密开始了与另一家意向公司沃尔特·迪士尼的谈判。2009年2月，这个消息被泄露，环球影业愤怒地终止了和梦工厂的谈判，对外宣称"梦工厂要求对之前达成的条款进行实质性修改。很显然，梦工厂的需求和环球影业的商业利益无法达成一致。"

"被环球影业拒绝让梦工厂十分尴尬，也震惊了整个好莱坞"，金·马斯特斯写道。在不到3年的时间里，这是斯皮尔伯格第二次试图回到他视为家的地方，却遭到拒绝。现在，他念旧情地坚持把自己的办公室设在环球，在好莱坞引起了嘲笑。《综艺》杂志甚至评论道，这就像"一个离了婚的女人还住在前夫的台球室里"。

谈判中的不利地位，让梦工厂的创始人们被迫用自己的数百万美元来支付每月的管理费和开发成本（这部分费用和信实集团均摊），斯皮尔伯格和他的合伙人们很快达成了对己方不太有利的协议，让迪士尼来负责发行并帮助信实娱乐为他们的电影提供资金帮助。这份6年内拍摄30部电影的新合同要求迪士尼向梦工厂借款1亿美元，并且只收取影片的发行费，但是10%的费用比环球影业提议的8%还高出2%。卡岑伯格的动画片部门没有被包括在这一合同之内，但讽刺的是，梦工厂这家由卡岑伯格、斯皮尔伯格和格芬共同创立以对抗迪士尼的公司，如今却要在其15年前逃离的公司的庇护下重新启动。尽管迪士尼希望和梦工厂的合作可以重振其成人电影制作，斯皮尔伯格在家庭娱乐领域的卓越成就也与迪士尼的主要身份非常契合，业内的观察家们还是在怀疑，斯皮尔伯格对尖锐、有时极度暴力的电影的嗜好，最终是否会与迪士尼的精神相悖。

从派拉蒙到迪士尼的过渡中，梦工厂遇到了意料之外的困难，因为派拉蒙对梦工厂正在开发的项目采取了强硬态度，要求一些合拍片必须由派拉蒙发行，比如贾森·雷特曼的《在云端》、彼得·杰克逊的《可爱的骨头》、喜剧《笨人晚宴》〔*Dinner for Schmucks*，翻拍自1998年的法国电影《晚餐游戏》（*Le dîner de cons*）〕，还有科恩兄弟重拍的《大地惊雷》。斯皮尔伯格个人承担了买回其他17个项目所有权的一半费用，即1.325亿美元，又一次违背了约翰·福特关于不要花自己的钱拍电影的建议。总而言之，在梦工厂离开派拉蒙转到迪士尼之前，斯皮尔伯格不得不拿出自己的6000万美元来维持梦工厂的运转。斯皮尔伯格最喜欢的项目之一《林肯》，在被买回之后就一直处于停滞状态，最后派拉蒙决定和梦工厂一起联合制作这部电影，梦工厂和派拉蒙的解约协议也包括这17部电影。托尼·库什纳改编了多丽丝·克恩斯·古德温2005年的著作《林肯与劲敌幕僚：亚伯拉罕·林肯的政治天才》，斯皮尔伯格选择了曾经扮演辛德勒的连姆·尼森来扮演这位战时总统，这个破碎国家的父亲林肯。继大卫·格里菲斯（导演《亚伯拉罕·林肯》）和福特（导演《青年林肯》）等其他伟大的美国导演之后，斯皮尔伯格宣布，他打算在2009年林肯诞辰两百周年之际，公映他导演的《林肯》。若是如期上映，这部电影可能会因为那一年美国第一位黑人总统上台而更加卖座，因为奥巴马就是在林肯的家乡伊利诺伊州的斯普林菲尔德宣布参加总统竞选。可惜斯皮尔伯格当时仍在努力为这部预算仅为5000万美元的历史片筹集资金。同时有些人对此项目持怀疑态度，因为年轻观众对历史题材不感兴趣，这部电影的主题和那部遭受攻击的《勇者无惧》很相似。

2009年8月，梦工厂终于宣布筹集了足够的资金重新开始运营。由摩根大通证券牵头，美国银行、国家城市银行、富国银行、联信银行、加州联合银行、加州阳光信托银行和以色列贴现银行等8家银行组成的财团向梦工厂提供了3.25亿美元贷款，同时信实集团同意以同等数额的股权换取梦工厂50%的所有权。迪士尼同意将其对梦工厂的借款由1亿美元增加到1.75亿美元。重组后的梦工厂希望在接下来的3年里每年至少完成6部电影。史黛西·斯奈德说："我们在几乎不可能获得贷款的环境下得到了这笔融资。"她希望随着信贷市场的复苏，可以获得更多的银行资金，信实也能追加额外投资。正如克劳迪娅·埃勒在《洛杉矶时报》上所写的："尽管8.25亿美元低于斯皮尔伯格预期的12.5亿美元，梦工厂还是做到了许多好莱坞制片厂无法做到的事，在经济危机时期确保了新的电影资金来源。但是独立需要付出高昂的代价。"公司的一半所有权将会卖给印度合作伙伴。斯皮尔伯格试图用积极的态度来看待筹集资金的漫长过程：梦工厂和信实"有一年的时间互相了解，以检视我们的合作"。

金姆·马斯特斯总结了梦工厂表面和潜在的问题，他在金融网站"赚大钱"（The Big Money）上写道："斯皮尔伯格的厉害之处在于，即便他从800磅的大猩猩缩减成了400磅的大猩猩，但他仍然足以让业界冷酷的高管们不寒而栗。"他之前经营的制片厂为追求独立而不懈努力寻找新东家过程中的不幸遭遇，但最终失败，表明斯皮尔伯格的力量也是有限的，同时也象征着好莱坞进入了更为清醒的时期。

即使重组后的梦工厂（好莱坞戏称为梦工厂2.0）有一天可能会重新崛起，也将不再是斯皮尔伯格最初宏伟梦想中的那家梦工厂。在2010年出版的关于梦工厂历史的著作《本可以成为国王的男人们》（*The Men Who Would Be King*）中，前《综艺》记者尼科尔·拉波特对梦工厂逐步缩减的规模进行了分析："最后的关键在于，无论如何大肆炒作，梦工厂还是没能达到一开始的期望。辉煌的成功从目标沦为幻想。这些家伙怎么可能失败？梦工厂通过其与媒体的密切关系传播了这一理念，梦工厂的故事也许是一个教训，过度的期望可能会带来危险。任何夸下海口的梦想不但没有好处，而且只会失败。对这个行业的风险了如指掌的好莱坞观察家们也这么认为。长期以来，人们都认为斯皮尔伯格是不会犯错的，他自己似乎也确信这一点，但如今已不再是这样了。"

斯皮尔伯格用导演这一他最擅长的方式，来应对金融危机。他同时拍摄了两部截然不同的电影，一部是3D动画喜剧冒险片《丁丁历险记》，另一部是关于一战的电影《战马》。2011年12月，斯皮尔伯格65岁生日（12月18日）后不久，这两部电影相继在美国上映，他丝毫没有放慢一贯雄心勃勃的创作步伐。

《丁丁历险记》使用了由斯皮尔伯格的前合作者罗伯特·泽米吉斯开创的动作捕捉技术。在斯皮尔伯格开始拍摄他的部分之前，这部电影已经筹备了好几年。由《指环王》的导演彼得·杰克逊的维塔数字公司（Weta Digital）在新西兰进行前期制作。斯皮尔伯格形容用数码技术制作的《丁丁历险记》让他觉得自己比导演任何其他电影时都"更像画家"。2009年初，他和演员一起花了32天拍摄动作捕捉场景，与杰克逊和其团队合作完成了动画和元素的设计，并与自己在好莱坞的工作人员一起监督剪辑和其他后期制作工作。真人电影《战马》，讲述了一匹马从英国辗转到德国再回到英国的痛苦经历。2010年，斯皮尔伯格在等待维塔数字公司完成丁丁的动画期间，以不同寻常的速度完成了《战马》。《战马》由雅努什·卡明斯基在英国用大量的胶片拍摄，而不是越来越常见的数字视频。尽管《丁丁历险记》和《战马》是斯皮尔伯格第一次使用数字剪辑，由他长期合作的剪辑师迈克尔·卡恩用AVID完成。《战马》的古典风格（被一些人批评为"过时"），是对约翰·福特和大卫·里恩传统中的乡村里勤奋忠诚人物的赞美，也包含了那些经典大师可能用当代技术例如CGI来拍摄的宏伟战争场面。

这两部电影在美国同步上映是一项不同寻常的营销举措，似乎是为了展示斯皮尔伯格在艺术上的多元，尽管那10月《丁丁历险记》已经抢先在欧洲上映了。两部电影都是根据欧洲出版的青少年书籍改编，人类主角都是十几岁的男孩（年轻的记者丁丁也有一个动物同伴）。但斯皮尔伯格认为《丁丁历险记》和《战马》是"截然相反的一对影片"。的确，《战马》有斯皮尔伯格最优秀、最具个人风格的电影所具备的诗意、饱满的情感冲击力和华丽的视觉效果，而《丁丁历险记》则是一次相对没有个人情感的技术练习。二者延续斯皮尔伯格职业生涯中在"娱乐"和更严肃的作品中齐头并进的惯用模式，格雷厄姆·格林[1]也很喜欢这样做。有时斯皮尔伯格的娱乐之作和格林的一样，甚至比那些严肃作品还要好，虽然不适用于这个例子。《丁丁历险记》缺乏最佳动画长片所必需的情感投入，片中疯狂的、炫目的动作场面与更加安静的场景之间没有达成足够的平衡，最终让人

---

1 格雷厄姆·格林（Graham Greene），英国作家、编剧、文学评论家，以《斯坦布尔列车》成名。一生获得21次诺贝尔文学奖提名，被誉为诺贝尔文学奖无冕之王。——译者注

觉得索然无味。

比利时艺术家埃尔热（原名乔治·雷米）创作的丁丁系列，现在被归类为图像小说，在欧洲一直很受欢迎，被多次改编为电影和电视剧，但在美国鲜为人知。主人公是一个少年老成的比利时青年，勇敢的普通人形象，在从事记者的职业过程中和他的小狗白雪一起被卷入了与犯罪分子和其他来自风月场的角色斗智斗勇的冒险奇遇中。这样看来，丁丁很像年轻时的印第安纳·琼斯。埃尔热书中男孩的冒险故事与无声电影制作以及20世纪三四十年代的系列电影有着密切联系。一名法国记者在一篇关于《法柜奇兵》的文章中提到了该片与丁丁系列的相似之处，于是斯皮尔伯格声称自己发现了这些漫画。所以丁丁确实对印第安纳·琼斯系列电影产生过影响，即使是斯皮尔伯格也声称是因为有观众认为《法柜奇兵》和丁丁漫画有相似之处。斯皮尔伯格认同了这一说法并开始注意到这些漫画。埃尔热在1929—1930年间创作了反布尔什维克的故事《丁丁在苏联》，并于二战期间在一家纳粹控制的比利时报纸上发表他的"丁丁历险记"系列，其中一些是关于黑人、犹太人、阿拉伯人和其他"异国情调"的人们的讽刺漫画。该系列通常涉及政治讽刺，但由于埃尔热希望他的漫画避免在战争期间引发争议，3个战时故事——《独角兽号的秘密》《金钳螃蟹贩毒集团》和《红色拉克姆的宝藏》——都集中于逃避主义，斯皮尔伯格主要选择的改编对象就是这3个故事。《丁丁历险记》以半开玩笑的口吻讲述了一个关于海盗和寻宝的老套故事。由史蒂文·莫法特、埃德加·赖特、乔·考尼什创作的剧本加强了丁丁和酒鬼航海家阿奇博尔德·阿道克船长之间的友谊。船长代表了大家熟悉的斯皮尔伯格式有缺陷的父亲形象，但影片的情感表达还是让位于视觉炫技。

在托马斯·桑斯特因为档期冲突退出后，曾经参演过杰克逊的《金刚》，并因在2000年的电影《跳出我天地》中扮演男主角而闻名的年轻英国演员杰米·贝尔，赢得了丁丁的角色。在《慕尼黑》中扮演过杀手，并随后扮演了詹姆斯·邦德的男演员丹尼尔·克雷格，在片中分饰两角：邪恶的海盗红色拉克姆以及温文尔雅的恶魔萨卡林，与丁丁和阿道克船长（安迪·瑟金斯饰）争夺沉没的宝藏。故事中最复杂的叙事元素是丁丁试图帮助阿道克回忆起自己多灾多难的家族史，引发了阿道克的船长祖先与红色拉克姆战斗的闪回，以及阿道克自己试图继承这种英雄传统的叙事段落。阿道克终日酗酒，斯皮尔伯格却对此缺乏道德说教，让这部电影在2012年气氛紧张的好莱坞作为一部儿童片显得尤为不同，并在保守派网站上引起了关注。的确，有一次丁丁和白雪为了让阿道克回忆起一个关键的情节，又串通起来把他灌醉。但他们寻找的失落宝藏只是一个"麦格芬"，而真正的问题，就像斯皮尔伯格的许多电影一样，是对这个有缺陷父亲形象的救赎。

1983年，斯皮尔伯格完成《E. T. 外星人》后不久，第一次对丁丁的漫画产生了兴趣。埃尔热曾在20世纪40年代末尝试说服沃尔特·迪士尼拍摄丁丁系列漫画，但没有成功，他在1983年去世。埃尔热非常喜欢斯皮尔伯格的电影，并曾说："是的，我觉得这个家伙能够把丁丁拍成电影。尽管，那不一定会是我心目中的丁丁，但一定会是一部精彩的《丁丁》。"斯皮尔伯格和杰克逊试图让派拉蒙和环球影业联合出品这部电影，但是环球放弃了这部预算1.3亿美元的影片，因为两位导演加起来要分得30%的高比例分红，也因为之前采用动作捕捉技术的影片表现，让电影公司无法相信在导演拿走如此高的分红下公司还能获利。《丁丁历险记》最终在斯皮尔伯格和杰克逊促使下，由派拉蒙影业和索尼影业联合出品。索尼公司还获得了该片在好几个国家的发行权。丁丁在海外市场的表现要比在美国本土好得多，选择改编在美国鲜为人知却在国外广受欢迎的漫画系列，或许反映出近年来电影行业的现实，国际市场的重要性越来越大。

"我们希望《丁丁历险记》能具有真人电影的真实感，"斯皮尔伯格在影片的前期制作时解释说，"目前我和彼得都认为，传统的真人实景拍摄无法展示出埃尔热创造的人物形象和世界。我们用电脑创造出的动画人物并不能呈现出埃尔热创造角色的鲜活，也无法诠释出角色的情感和灵魂。"斯皮尔伯格不喜欢早些年法国真人版丁丁电影，而且考虑到让真人演员和仿真狗一起表演可能会遇到问题，因此决定不采用实景真人的拍摄方式。完成主要拍摄后，斯皮尔伯格写道，他"发现动作捕捉技术可以被自由运用，令人生畏，又激动人心"。他补充说："《丁丁历险记》之前，我拍每一部电影都会在取景时闭上一只眼睛（这样他就能像观众一样看到二维画面）。但是制作这部影片时，我两只眼睛都是睁开的。"斯皮尔伯格的第一部3D电影也弥补了他从1952年第一次看电影以来的长久失望，那时他观看的影片是塞西尔·B. 戴米尔的马戏团电影《大马戏团》，人物在平面的银幕上呈现，并不是在三维空间中。（斯皮尔伯格最近透露，那次经历发生在费城，并不在新泽西州的卡姆登，特在此更正本书第三章对此的错误记述。）斯皮尔伯格当时看完影片后感慨："我想看到三维的角色，但所有这些都只是平面上的投影，是扁平的……在那之后，我对一切都很失望。"

杰克逊指出，在《丁丁历险记》中操控小型动作捕捉虚拟摄影机，使斯皮尔伯格回归了拍摄8毫米业余电影时的简单和流畅。斯皮尔伯格已习惯了在他的故事片中频繁操纵摄影机，直到背部的伤痛让这变得更加困难。但是动作捕捉摄影机有一个6英寸的显示器，控制手柄很像Play Station游戏机，这个玩具使斯皮尔伯格真正置身于戴着运动传感器的演员们的行动空间。他可以与演员一同四处走动，随时调校摄影机的运动，拍出杰克逊和他自己想在影片中营造的手持摄影的感觉。"关键是要摆脱所有技术限制，尽可能让影片成为一种真人实景的体验。"杰克逊解释说。"整部影片的想象都用计算机得到了实现，"斯皮尔伯格说，"没有比这更好的了。"

尽管这似乎是一种个人回归的行动，回到大卫·登比在1990年所形容的斯皮尔伯格"作为一个男孩的漫长职业生涯"，《丁丁历险记》中的一些段落的确十分精彩，比如那次滑稽疯狂的飞机之旅，随后飞机在摩洛哥沙漠坠毁，以及那个长达两分半的著名长镜头——一镜到底的摩托车和飞机在海边互相追逐的场景中，匪夷所思的摄影机运动。这部电影整体看起来很活泼，充满独出心裁的斯皮尔伯格式玩笑，柔和的灯光和色调加强了影片的温暖情绪。但片中的人物却是不自然的，古怪的缺乏性征的丁丁就像《人工智能》中的机器人男孩。这可能是无意的，但这不利于引起观众的共情，因为这个角色需要从零开始，逐渐让观众产生代入感。

《丁丁历险记》的快速节奏让它看起来就像过度冗长的《猫和老鼠》动画，或者，用《纽约时报》曼诺拉·达吉斯的话来说，"一次阅尽一生的夜间娱乐"。一些影评人认为这部电影很有魅力，比如罗杰·艾伯特怀旧地夸奖该片"雄心勃勃、活泼跳跃……让人想起了周六下午的电视连续剧，如今的观众大多数没有看过那些剧集。"但也有人抱怨这部电影的节奏太像电子游戏。不出所料，一些欧洲影评人发现这部影片中的丁丁与他们小时候喜爱的丁丁很不一样，但他们表达出的不满相当含糊，比如尼古拉斯·莱扎德在英国《卫报》上抱怨说，这部电影"背叛了原作那种伟大的微妙、美丽、巧妙的复杂性、共鸣和深度"。一些批评主要针对牵强附会的故事情节，尽管此类批评本身就很奇怪，因为原作不是新现实主义作品；更多的批评则针对斯皮尔伯格将阿道克的酗酒问题作为了戏剧化的焦点，导演似乎无法通过人物塑造和视觉风格来赋予人物更多的立体感。

诺亚·伯拉斯基在《大西洋》月刊上指出斯皮尔伯格略去了埃尔热故事中的排外元素，虽然可以理解，但也导致了影片的平淡无奇，以及包含阿拉伯角色的北非场景缺乏氛围。"种族恐慌加深了焦虑，在埃尔热故事完美、平静的表面下翻涌沸腾"，伯拉斯基补充说，斯皮尔伯格"遗漏了'夺宝奇兵'系列电影与埃尔热的漫画中最相似的东西，那就是种族歧视。"'夺宝奇兵'系列的前两部存在种族歧视问题，但后两部中没有。伯拉斯基相对准确地分析了《丁丁历险记》对其争议元素的净化和删减。斯皮尔伯格认为电影中几乎没有体现"埃尔热用肢体语言表达的情感，焦虑、紧张和愤怒"，但是正如亨利·希恩曾经指出的，斯皮尔伯格电影中"最普遍的性情"就是"焦虑"。达吉斯观察到，"影片中的丁丁栩栩如生，但缺乏现实生活的脉搏"，尽管这部电影是"魔法般的奇迹"，这部电影中的环境并不令人信服，那虚构的摩洛哥城市"看起来就像鲍勃·霍普[1]和宾·克罗斯比[2]的公路电影里撒满沙子的布景，只是更加整洁和昂贵"。

事实上，影片所流露出最深的焦虑，是不惜一切代价不断前行的焦虑。这是否暴露出斯皮尔伯格担心自己可能会失去那些更年轻的观众？因为这部电影的风格几乎难以吸引10岁以上的观众，但仍反映出斯皮尔伯格在业内惊人的活跃度。在那段时期，他不仅同时导演着两部电影，还在迪士尼的支持下经营着一家小型制片厂，并担任多部电影的制片人或监制，协助监督几部电视连续剧，并为之前迟迟未开拍的故事片《林肯》做准备。

尽管他公开宣称自己在做一名兼职大亨，无论是参与粗俗的《变形金刚》，还是参与一些更高尚的项目，比如以20世纪60年代种族问题为题材的《相助》，斯皮尔伯格都对那段生活有些不满。2012年，他在接受英国记者采访时表示："当我没有故事可讲时，和我一起生活让人害怕。问问我的妻子和孩子，如果我近期没有电影可以参与，我会变得怎样。我会百无聊赖，会在屋子里走来走去，状态差极了。如果我不能马上投入一些事情，就会很痛苦。"斯皮尔伯格一直将诺曼·洛克威尔的画作《高空跳水的男孩》（*Boy on a High Dive*）当成试金石，那幅画就挂在他的办公室里，描绘了一个小男孩紧张地站在跳板前端，试图鼓起勇气跳下去："对我来说，那幅画就是我决定导演每一部电影之前的感觉——就是那一瞬间。"斯皮尔伯格每天都会有种创作焦虑，并相信这是他的驱动力："我每次去上班都会感到同样的反胃、紧张、激动……那种兴奋感丝毫没有改变。事实上，随着我年龄的增长，甚至还在增加。"

《丁丁历险记》至少代表着向技术未来的跃进，也是斯皮尔伯格乐于参与的另一种创造性冒险。一些传统的动画师不喜欢动作捕捉技术，似乎很多演员也感到了威胁，《丁丁历险记》还被2012年的奥斯卡最佳动画长片奖所冷落，但必须指出的是，动作捕捉技术也

---

1 鲍勃·霍普（Bob Hope），出生于英国，美国演员、主持人、制作人。曾参演《新加坡之路》等一系列通俗喜剧片，表演生涯长达70年，被誉为"喜剧之王""美国幽默主席"。——译者注

2 宾·克罗斯比（Bing Crosby），美国歌手和演员，在好莱坞星光大道上拥有三颗星：唱片、广播和电影。曾凭借影片《与我同行》获得了奥斯卡最佳男主角奖。——译者注

面临着美学问题，是两种截然不同的电影形式之间的强迫联姻。借用文学评论中的一个术语，动作捕捉动画和其更"现实主义"的优势，破坏了媒介的完整性，也就是说利用一种媒介仿造另一种媒介。也许出于这些原因，再加上对斯皮尔伯格的技术吸引力，《丁丁历险记》给人一种没有人情味的感觉，仿佛他对这些新电影玩具的痴迷，使他忽视了作为一名艺术家更优越的本能，也就是打动观众的罕见能力。

即使在纯技术层面上，《丁丁历险记》也不是最前沿的。与马丁·斯科塞斯2012年的《雨果》相比，这部电影使用的3D技术远没有那么创新，而且《雨果》运用现代科技，结合电影从过去到现在的魔力，真正地抓住和触动了观众的内心。网络影评人布鲁斯·舒尔茨恰当地将《雨果》描述为"斯皮尔伯格从未拍过的最好的斯皮尔伯格式电影"。也许斯皮尔伯格与另一位导演的合作也有助于解释《丁丁历险记》为什么匮乏情感。这样的合作对斯皮尔伯格来说并不是第一次，他已经与乔治·卢卡斯和斯坦利·库布里克在不同程度上合作过。但杰克逊对影片创意的贡献程度，让《丁丁历险记》的作者身份变得复杂起来，他还计划执导该电影续集中的第一部，斯皮尔伯格说自己可能会执导该系列的第三部，尽管是否拍摄续集尚待确定。有时杰克逊会在片场旁观斯皮尔伯格排戏，拍摄期间，两位电影人通过好莱坞和新西兰之间的视频会议相互监督对方的工作，并在筹备和后期制作期间进行广泛讨论。

《丁丁历险记》进一步证明了斯皮尔伯格的不可预测性，以及对电影实验的不知疲倦的嗜好。他曾说过自己需要做一些"会吓到我"的作品，但他最好的作品当然不能仅限于技术层面的最好。

《战马》最初是由英国作家麦克·莫波格1982年[1]写的一本儿童读物。这部小说试图表现主人公的内心生活，讲述了片名人物，也就是那匹马从英国农场到第一次世界大战的战场，再辗转回到家乡的经历，即使对儿童读者来说，也很容易理解。约翰·福特曾拍过一部可爱的无声电影《肯塔基州的骄傲》（1925），从一匹马的视角来拍摄整个故事。但是这种在无声电影中非常奏效的设定在莫波格的小说中似乎有点傻。斯皮尔伯格觉得，从一匹马的视角来讲述一部有声电影，将使影片和喜剧电视连续剧《艾德先生》沦为一类。在改编为电影之前，《战马》的良好口碑更多来源于2007年由尼克·斯塔福德改编的英国

1　麦克·莫波格（Michael Morpurgo），英国作家、学者、文学家。多部小说被改编为电影、电视剧、舞台剧，甚至歌剧。2003年曾被授予两年一度的英国"童书桂冠作家"荣誉，代表作《战马》《岛王》《蝴蝶师》。——译者注

国家剧院舞台版。这出舞台剧和小说一同为成为了电影的改编来源。在汤姆·莫里斯和玛丽安·艾略特的指导下，《战马》舞台剧轰动一时，托比·塞奇威克对马进行了动作编排。大型木偶充当战马，木偶表演者从木马里面操纵马匹，以及在木马两侧控制小跑和奔跑的生物化结构。舞台剧抽象的特质，似乎与书中以及后来电影版里过多的煽情相互弥补。《战马》舞台剧版自2011年进驻百老汇以来，获得了包括最佳戏剧奖在内的5项托尼奖。

与斯皮尔伯格长期合作的制片人凯瑟琳·肯尼迪，曾在20世纪80年代为其推荐过《紫色》，在伦敦度假时和孩子们一起观看了《战马》的舞台剧版本，立马觉得这适合被斯皮尔伯格改编成电影："我被观众激动的情绪所震撼了。回来的时候，史蒂文和我正在为《丁丁历险记》做早期配乐。'我刚刚看完一部精彩的戏剧。'我开始向他讲述这个故事，史蒂文立马说：'这个听起来很适合改编成电影。'"

不久之后，他读这本书时，这种感觉很快得到了证实。这并不奇怪，因为小说前两段中，主人公被迫与母亲分开。这种典型的斯皮尔伯格式创伤将导演拉进了故事，他也本能地回应了主导自己早期作品的人类家庭创伤。主角少年艾伯特（杰里米·欧文饰，一个经验有限，但真诚且外貌理想的演员），有一位酗酒和安于现状的父亲（彼得·穆兰饰），和一位坚强却极度痛苦的母亲（艾米丽·沃森饰）。艾伯特用了一匹英国纯血马乔伊当犁马，才得以保住了家里的农场。影片设置了典型的斯皮尔伯格情境：有缺陷的父亲和一个向另一物种的生物寻求友谊的孤独男孩，随即到来的战争故事中，陷入困境的父亲背叛了他的儿子，将马卖给了英国军队，乔伊在马匹即将被军队淘汰的最后时期成了一匹骑兵战马。不难想象为什么斯皮尔伯格会马上飞到伦敦去看出戏剧，并买下了《战马》的电影改编权。

这种关于男孩与马之间友谊的故事，似乎又回到了好莱坞旧电影。如今，机器人比马更频繁地出现在银幕上，这种老掉牙的故事在现代观众看来已经过时了。托德·麦卡锡在其于《好莱坞报道》上不置可否的评论中，不出所料地认为《战马》"不过是一部一战版的《玉女神驹》"。在被《村声》解雇之前（当然不是因为对《战马》的评论而被解雇），霍伯曼在谈到《战马》时写道："指责像史蒂文·斯皮尔伯格那样会催人泪下的导演冷酷无情，可能有些不合情理。但是，他机械地运用自己最熟悉的比喻来演绎一个千篇一律的迪士尼动物故事，似乎只表达出最平庸的情感。这难道不是一场斯皮尔伯格式的灾难吗？"诸如此类的批评还有很多。这位颇有见地的评论家还曾将《太阳帝国》描述为

"以儿童为中心的无耻之举"，但暴露出他对儿童电影的盲点。读到这里的读者们应该已经意识到，这种反对斯皮尔伯格的评论实际上是自我书写的，除了作为另一种本能反应式的病态症状外，几乎不值得被提及。

这种否定是不可避免的，但斯皮尔伯格毫不畏惧，继续迅速筹备这个项目。的确，在本质上毫无趣味的《丁丁历险记》无穷无尽的拖延和调试之后，这部由他筹备、导演，并与剪辑师迈克尔·卡恩一起进行后期制作的电影，充满活力和深情，似乎激发了斯皮尔伯格最好的导演本能。《战马》如果交给一些当代导演来拍，他们可能会使用手持摄影机和即兴拍摄来模拟男孩和他的马陷入战争的混乱。但《战马》与之不同，是一部精心制作的发人深省的古典电影式的作品，是对福特、里恩和英国电影摄影师杰克·卡迪夫[1]传统的回归。

斯皮尔伯格和他的摄影师雅努什·卡明斯基满怀热忱地将这片土地浪漫化了，就像上述电影人对待英国迷人的乡村和在其间奋斗生存的人们那样。斯皮尔伯格在影片中上演了令人胆寒的一幕——骑兵自杀性地冲向敌人的机关枪，以表明他可以制作出一部能与福特匹敌的西部片。他还采纳了福特在20世纪60年代与他简短会面时提出的建议，关注镜头中地平线的位置：为了获得最大的情感效果，总是使其位于高位或低位，而不是位于画框的中间。虽然斯皮尔伯格说他并非有意用《战马》向那几位他最喜欢的导演致敬，但他仍在影片结尾向导演维克多·弗莱明的《乱世佳人》致以深切的敬意，当男孩和马在回到被战争摧残后的农场时，背景中出现一轮《乱世佳人》式的橘红色的落日。落日部分是真实的，部分被卡明斯基的红色滤镜。斯坦利·库布里克对斯皮尔伯格的影响也明显体现在《战马》中，当英国士兵从战壕向无人区挺进时，使用了库布里克式的平移推轨摄影，致敬了《光荣之路》。随后立刻用一个斯皮尔伯格式的上升镜头展示了被战争破坏的土地。由于影片的时代背景和乡村景观，《战马》可能表明斯皮尔伯格对艺术上前辈们的忠诚，但是，在这一定义他职业生涯的矛盾中，也具有彻底而深刻的个人色彩。

斯皮尔伯格对第一次世界大战的观点总是令人痛心。战马疯狂地穿过无人地带，被带刺的铁丝网缠住，是这部电影最引人入胜的视觉时刻，也是斯皮尔伯格职业生涯中最抒情的场景之一。影片以一个感人而漫长的场景结尾，对立阵营的两位士兵（托比·凯贝尔

---

1 杰克·卡迪夫（Jack Cardiff），英国导演、演员、摄影师，从默片时代到21世纪，其职业生涯跨越了电影的发展。代表作《春宵花月夜》《儿子与情人》。2001年，因对电影的贡献被授予奥斯卡终身成就奖。——译者注

和辛纳克·舍内曼饰）联合起来解救被困的无辜战马，他们的战友在一旁心怀敬佩地默默注视。这让人想起了1914年的圣诞节休战，当时许多英国和德国士兵短暂地产生了兄弟情谊。与小说和戏剧相比，电影中这段解救战马的情节被大大拓展。根据斯皮尔伯格的说法，当舞台上演出《战马》时，这个场景"对我产生了极大的冲击"，也是吸引他拍这部电影的关键因素之一。这部电影在美国的首映也许特意选在了圣诞节。《战马》中的战争像地狱般残酷，认为战争将带来毁灭性的灾难。片中，一场可怕的德国毒气袭击，杀死了艾伯特的一位战友，导致艾伯特暂时失明。重新获得视觉能力，无论在生理上的还是隐喻上，对斯皮尔伯格而言，也是其作品的核心；艾伯特缠着绷带的眼睛，让人想起琼·克劳馥在斯皮尔伯格的第一部职业作品《眼睛》中的形象。

在对战壕里惊恐万分的士兵一系列特写镜头的结尾，阿尔伯特第一次以士兵的身份出现，呼应了约翰·福特在其1933年电影《朝圣》中短暂而毁灭性的一战片段。《战马》的前段讲述了艾伯特和乔伊的亲密关系，以及男孩和马一起拯救农场免遭抵押的故事。当乔伊辗转于战争的不同阵营时，艾伯特很长一段时间没有再出现在影片中。然而，与小说不同的是，电影并没有把艾伯特参军的原因设定为寻找他的马（莫波格有些牵强的情节装置）。电影将艾伯特塑造成和他战友一样的人，被战争的悲剧决定论所蒙蔽的少年。经过大量戏剧性的巧合，他最终与乔伊重逢，在大银幕上看上去更像一种偶然，而不是一次史诗般的追寻的结果。

尽管如此，这匹马与男孩的重逢仍是个奇迹，而且在影片中，这匹马三次被称为"奇迹"或"创造奇迹"的动物，清楚地表明这个寓言式故事（由李·霍尔和理查德·柯蒂斯编剧）的意图是把乔伊塑造成一个具有宗教意义的形象。每一个接触过乔伊的人，无论是英国人、德国人还是法国人，都被乔伊变得更好。马的纯真激发了我们本性中更好的天使。乔伊自身便如同天使，让每个人在可怕的灾难中表现出意想不到的善良和人性。英国上尉（汤姆·希德勒斯顿饰）是第一位掌管这匹马的人，成为这匹马的保护者，而且不仅是出于职责。同样，德国军马驯马师（尼古拉斯·布罗饰）也是如此，在最极端的条件下仍然保持着对这只动物强烈而温柔的爱。即使是双方阵营把乔伊当成累赘的冷酷官员，也没有被刻画成虐待狂，而仅仅是执行残忍命令的硬汉。这些官员对乔伊来说是一个潜在的致命角色，事实上有数百万匹马在战争中死去。

《战马》中的宗教色彩，不出所料地遭到了霍伯曼和其他斯皮尔伯格讨厌者的嘲笑，尤其是这部电影似乎将战争背景与精神主题相结合，还包括用陷阱上的铁丝网为乔伊打造

"荆棘王冠"，并在那个镜头中让英国士兵朗诵赞美诗第23首，还有马本身耶稣一样的角色（艾伯特在影片早期对乔伊说过，"我第一次见到你的时候，就知道你会是那个拯救我们的人"）。这些有关基督教影像的暗示散落在这位犹太电影人的作品当中，他一生都倾向于寻求大多数人的认同，有助于解释这个悖论。斯皮尔伯格的特有主题是外星人对人类的有益影响，只有《火光》和《世界之战》等极少数电影违背了这一点。也是基督教影像的一部分，因此《战马》整体上强调了爱，爱使人得以生存，并超越可怕的战争。影片围绕一连串表现人性善良的小奇迹展开。从根本上讲，《辛德勒的名单》同样是一部关于生存的电影，充满希望地认为战争中仍然存在爱，而爱能拯救那些潜在的受害者。

《战马》不像《拯救大兵瑞恩》一样那么残酷、血腥，因为斯皮尔伯格想要这个男孩与马的故事拥有更广泛的受众，还有部分原因是他觉得已经在《拯救大兵瑞恩》代表的另一个方向上尽了最大的努力。《战马》在描述这场无目的战争中支离破碎的世界时没有感情用事，强调了混乱之中普通人和动物的危险生活，不管是乔伊、艾伯特，还是那个同样爱马的法国女孩。尽管那女孩年迈的祖父尽力保护她的安全和健康，她还是没能在战争中活下来。

对电影史了如指掌的霍伯曼和麦卡锡认为，《战马》实际上是斯皮尔伯格版的《驴子巴特萨》（罗伯特·布列松[1]导演）。这部1966年的悲剧围绕着一头驴，以及几乎所有人对它的暴力虐待，除了一名精神紊乱、受害的年轻女子，是电影史上对人类残忍行为最可怕的描述之一。斯皮尔伯格所构思的动物在人类最残忍的恶劣环境中成长的故事，与布列松的故事截然相反，尽管这种对比是有条件的，因为《战马》并没有忽视动物的痛苦以及周围人类的痛苦。霍伯曼指出，斯皮尔伯格可能已经意识到这两部电影之间的联系，并把《战马》的其中一个重点放在了法国女孩艾米丽（席琳·邦金斯饰）和她的祖父（尼尔斯·阿雷斯特鲁普饰）的插曲式段落上，祖孙俩的情感与战争场面形成了尖锐对比。然而，对于霍伯曼来说，相较于《驴子巴特萨》，《战马》证明了斯皮尔伯格艺术水平的低下，"两部影片的区别不仅在于布列松禁欲主义的克制和斯皮尔伯格无耻的感伤，抑或布列松对生命的悲剧意识和斯皮尔伯格对大团圆结局的坚定信念。两个动物都痛苦见证了人类的种种迷惑行为，巴特萨是纯粹的存在，乔伊只是个抽象概念。如果斯皮尔伯格选择从

1　罗伯特·布列松（Robert Bresson），法国导演，代表作《死囚越狱》《圣女贞德的审判》等。——译者注

乔伊的视角来展示战争（或生活），而不是用马作为战争电影的主角，影片才会真的令人恐惧……那匹乔伊！那匹顽强的马让战士和军官、儿童和成年人、英国人和德国人团结在一起，修补了破碎的心灵，恢复了盲人的视力，却并没有谴责人类。体现了这匹马的创作者们所认为的，我们最好、最无私、最持久的本能，而这匹马证明了这一点。"

从本质上来说，许多批评家似乎更关注人性的黑暗一面，往往对那些意识到黑暗，却固执抱有一定程度的希望和乐观的艺术家不屑一顾。斯皮尔伯格发现在《战马》的结尾"希望回来了，重新燃起，那是对艾伯特和乔伊而言充满希望的未来……乔伊的奇迹就在于他强烈的乐观和希望"。根据是否赞同作品的主题来选择支持某位艺术家的构思而不是另一个，似乎偏离了对于作品本身艺术质量的判断。一个像布列松或者斯皮尔伯格那样优秀的艺术家，当然有资格提出他的观点，你可以同意布列松对变幻莫测宇宙中人类残酷无情的看法，也可以同意斯皮尔伯格对人类潜能和基督教博爱更为慷慨乐观的看法。这两部电影实际上有着基本的共同点，都把动物描绘成救世主的形象，尽管布列松几乎没有为人类提供救赎的希望。两位艺术家都有各自不同的个人执念，就像伟大的艺术家往往会做的那样，而艺术执念，如果能够通过足够的技巧实现，除了个人的品位问题之外，几乎没有什么可以指摘。和斯皮尔伯格的其他杰作一样，《战马》也将观众分成了泾渭分明的两大阵营，有些充满敌意，有些心怀钦佩。这一点也并不奇怪，因为他在职业生涯中一直表现出强烈且忠于内心的情感，因此难以确保他在这个犬儒的时代受到一致欢迎。

也许对《战马》最有力的辩护来自美国为数不多的大牌影评人，《纽约时报》的A. O. 斯科特，他不断为斯皮尔伯格作为重要艺术家的身份进行强有力的辩护，"斯皮尔伯格先生抨击你的犬儒主义，用强烈而简单的情感诉求对你进行轰炸……他残忍的乐观主义，虽然使其成了一名非常成功的娱乐大师，但对他作为一个艺术家的身份也是至关重要的。这种乐观主义比许多诋毁他的人所意识到的更为复杂。《战马》记录了历史上那段可怕的非理性时期造成的损失和恐惧，这场动乱似乎如今仍会让人绝望。拒绝这种绝望，选择同情与安慰，需要一定程度的固执、强大和粗暴的任性，而这也是一种真正的优雅。"

斯皮尔伯格从他那两部"截然相反"的电影中走出来后，不得不面对梦工厂未来持续的不确定性，以及他在好莱坞体系内开辟半独立区域的顽固梦想。斯皮尔伯格执导的这两部电影都没有大获成功，但其公司出品的狂暴机器人幻想电影系列的第三部《变形金刚：月黑之时》（由迈克尔·贝执导），2011年上映后，全球票房达到惊人的11.23亿美元，成为电影史上票房收入排名第5的电影。这种迎合最低大众标准的做法，仍然不足以说服投资者下定决心投资梦工厂，更何况是在一个受到影院上座率和DVD收入下降冲击的行业。

同年，《牛仔和外星人》，这部偶尔引人入胜但被过分吹捧的跨类型古怪作品上映。詹姆斯·邦德（丹尼尔·克雷格饰）和印第安纳·琼斯（哈里森·福特饰）组成了一个团队，与来自外太空的坏人作战，但影片成本高昂，票房也不理想。另一部相对低调的影片，改编自凯瑟琳·斯托克特小说的同名电影《相助》，虽然瑕瑜互见，但维奥拉·戴维斯朴实有力的表演是一大亮点，她饰演了一位南方黑奴制度下的黑人女佣。这部影片得到了以社会问题为导向的制片公司参与者传媒（Participant Media）的支持，票房超出了预期，并收获了良好口碑。斯皮尔伯格接着担任了《超级八》的制片人，无耻地向自己在凤凰城和好莱坞从事电影制作的青年时期致敬。该片由阿谀奉承的J. J.艾布拉姆斯"代为"导演，也获得了商业上的成功。但梦工厂的其他影片大多表现平平，直到基本烧光来自信实娱乐和银行财团的资金。

因此，梦工厂的商业运作在2012年来到了十字路口，因为斯皮尔伯格准备发行他执导的、曾被长期搁置的另一部名作《林肯》。那年年底，他还计划执导未来主义影片《机器人启示录》，计划于2014年上映。他希望这部电影将是"一部取悦观众的大片"。他又一次遵循了"截然相反"的创作模式，以满足自己导演个性的两面。斯皮尔伯格邀请20世纪福克斯公司以及参与者传媒与迪士尼共同出品《林肯》。而在好莱坞传统智慧中，这部影片在商业上极为冒险。他还与福克斯影业达成协议，允许该公司在美国以外发行《机器人启示录》。面临当下的行业剧变，梦工厂既要保住迪士尼和信实娱乐的投资，还要从其他支持者那里寻求新的资金。与此同时，日渐衰老的斯皮尔伯格仍需要大量的创意和极大程度上的经济独立，这对他和同事史黛西·斯奈德来说是一个挑战。

这部由斯皮尔伯格执导的传记电影，讲述了亚伯拉罕·林肯总统生命最后几个月的时光，最终由丹尼尔·戴-刘易斯主演，取代了《辛德勒的名单》中的连姆·尼森。影片的筹备太过漫长，尼森认为自己太老了，不适合出演林肯，但这并不是很有说服力。无论如何，刘易斯的表演完美得出奇。2011年秋天，在斯皮尔伯格的执导下，《林肯》在弗吉尼亚开机。斯皮尔伯格希望这部电影不要影响2012年11月的美国总统大选，也许导演更不希望影片被简单当作那场大选的宣传片。他曾这么说:"这部电影与我们的时代有诸多关联,尤其是两党交替入驻的白宫……但是,如果《林肯》这样的电影被竞选双方利用,唯一的受害者将是电影本身。"于是将《林肯》的上映定在了11月9日,也就是大选后3天。

斯皮尔伯格和编剧托尼·库什纳(取代了之前的编剧约翰·洛根和保罗·韦伯)对《林肯》的看法要到电影上映后才能揭晓。但似乎在导演看来,亚伯拉罕·林肯象征着"国父",尽管林肯是一个颇具争议的人物,领导着一个因内战而分裂的"大家庭"。因此,这部电影很有可能为斯皮尔伯格最执着的家庭主题提供了一个丰富的政治变体。斯皮尔伯格曾在《勇者无惧》中对美国种族关系的艰难而缓慢的进步进行了引人注目的戏剧性检视,如果《林肯》也是如此,应该被视为这位导演对经典历史电影令人信服的艺术传承。尽管可能像《勇者无惧》一样,《林肯》的意义更适用于当代,而不是影片所讲述的那个时代。

至于《机器人启示录》,斯皮尔伯格将这部改编自丹尼尔·H. 威尔逊2011年小说的作品,描述为"一部关于人与机器之间掀起全球战争的电影"。"我在《少数派报告》中创造未来时非常愉快,这个未来来得比我们任何人想象的都要快。《机器人启示录》的故事将在15或20年后发生,为我们描绘了另一个可以想象的未来。这个未来将告诉我们,那些让生活更轻松的技术将产生什么后果,当技术变得比我们更聪明时会发生什么。这个主题普遍存在于科幻小说中,不是最新的,但这个问题一年比一年变得紧迫。"尽管斯皮尔伯格相信《机器人启示录》极具市场潜力,但他已经到了过去公认的退休年龄,也许不再具有之前那么可靠的票房号召力,他与那些以年轻人为主的电影市场之间越来越远。尽管斯皮尔伯格是迈克尔·贝的幕后推手,但他缺乏引发轰动效应的粗暴品味和极致的低俗,这些似乎是那位年轻导演在当代观众中取得巨大成功的原因。斯皮尔伯格拍摄过严肃的未来主义惊悚片《少数派报告》,表明他关于机器人的新项目与迈克尔·贝的完全不同。斯皮尔伯格最被低估的杰作之一《人工智能》与《机器人启示录》在主题上有共同之处,前者不受欢迎的原因可能在于挑战了人类的未来而令观众深感不安。

斯皮尔伯格不再是那个神童,而是迈入了65岁这个令人警醒的里程碑。也许对其他人来说,这个年龄比斯皮尔伯格对自己的感觉更加敏感。《纽约时报》撰稿人布莱恩·柯蒂斯写道:"乔治·卢卡斯的好友斯皮尔伯格……似乎在以导演电影的方式愤怒地抵御光阴的消逝。"卢卡斯对此也补充道:"史蒂文是天生的导演,所以他就是这么天才。他真的是个电影天才,但他就像一个在玩电子游戏的孩子。就像有人在说:'来吧,我们要走了，我们现在得离开了。'死神来了……然后史蒂文回答：'我还有一场游戏呢！我还有一局没打完！'总有一天，他们会拔下插头，然后说：'你现在真的得回家了。'"

斯皮尔伯格似乎并不像他的朋友卢卡斯那样忧心忡忡。卢卡斯在2012年6月打算退休，聘请了斯皮尔伯格的长期制片人兼执行主管凯瑟琳·肯尼迪担任卢卡斯影业的联合主席，这家私人控股公司的总部位于加利福尼亚州北部的马林县。斯皮尔伯格勇敢地回答说："凯西早已是我和卢卡斯两个团队中的一员，我们共事将近40年。所以无论她去哪里，我觉得仍然不会太远。在卢卡斯影业，她也将得到我的支持。就像乔治这些年来对我和凯西的支持一样。"据报道，肯尼迪的丈夫兼制片伙伴弗兰克·马歇尔将继续与斯皮尔伯格合作，他们都可能在将来一同参与《夺宝奇兵》系列的第5部。

2011年12月，《丁丁历险记》与《战马》在美国上映，斯皮尔伯格在接受采访时说："我从未想过退休的事情，也不觉得已经精疲力尽。虽然再过一个星期我就65岁了，但我从来没有想过这个问题，从来没有。我非常喜欢我的工作并享受探索的过程：探索新故事的整个过程，探索拍摄电影的新方法，与我一直想但直到现在才有机会合作的新演员合作。所以，对我来说，每天都是新的一天，每天都充满惊喜。

"我觉得，现在的自己和12岁用爸爸的8毫米摄影机拍电影时，没有什么不同：每次走进片场，我都有同样的感受。"

斯皮尔伯格作为艺术家的发展方向一直难以预测。他从不坐享其成，也不会停滞不前。即使那些密切关注他职业生涯的人，都经常为他选择的题材而感到惊讶。1998年，当被问及是否会担心自己江郎才尽时，斯皮尔伯格回答说："我想讲的故事，用尽一生都讲不完。"

致　谢

　　早在1972年，我就发现了史蒂文·斯皮尔伯格卓越的导演才能，当时我观看了他的电视电影《邪灵》。在随后的20年里，我充满困惑地目睹了他由于受到观众广泛的欢迎而招致好莱坞同僚以及影评人的批评。1982年，《E.T.外星人》上映时，我开始想，这对于传记作家来说，是一个很棒的故事。这位自成一派的天才导演所遭受的蔑视让我联想起希区柯克、霍克斯和卡普拉等黄金时代的导演在其职业生涯全盛时期所遭受的境遇。我当时很不情愿地暂时放弃了撰写斯皮尔伯格个人传记的打算，因为我意识到这有些操之过急，毕竟这位伟大的流行电影人当时只有35岁。在这段空档期，我一直在等待一部严肃、富有深度，甚至是有远见和原创性的批判性著作。但是在电影领域的一流作家和学者们都回避了斯皮尔伯格，就好像他并不值得获得如此持续的关注。

　　讽刺的是，另一个斯皮尔伯格不被重视的原因正是来源于他本人对讲述自己故事的掌控欲。即使有作者想要为他写一部官方授权传记或为他的电影写一本得到官方许可的书，也都望而却步了。他曾说会在未来的某个时间亲自书写自己的传记。很明显，为这位好莱坞的权势人物写一部非官方授权的传记，对很多作家来说是可望而不可及的。我惊讶于那么多人，包括文学界的一些作家听到"非官方授权传记"后的那种质疑，就好像这本书的部分内容根本没有得到被采访者的授权。相反，更应该引起读者怀疑的，是作者为了征求采访对象的同意而做出妥协，失去对书写内容的控制权。斯皮尔伯格不断通过媒体和电视采访来推销他的电影，让大家对他的个人故事已经有了简单的了解，虽然只是零碎的、不完整的，甚至某些时候是误导性的；事实上最缺乏的是对于斯皮尔伯格这个人物的独立考察，不只是通过他的眼睛所看到的，更是通过那些在他的人生旅程中，一直同他合作、对他知之甚深的人的视角所获知的。

最终，在1993年，让我下定决心写这本书的动力来源于斯皮尔伯格宣布拍摄《辛德勒的名单》。这一次，他鼓起勇气直面大屠杀的历史，以及他自己的犹太民族遗产，解决他人生的矛盾与挣扎，其中充满的戏剧性最终促使我开始写作这本传记。即使传记的主人公还只是一个中年人，未来的20年甚至30年内还会不断地拍摄新的电影作品。为事业全盛期的斯皮尔伯格写作传记有诸多好处。主人公和其所处的环境具有即时性，虽然缺乏对未来发展的深远视角，却也能勾勒出主人公大致的人生。还是一个小男孩时，斯皮尔伯格就开始拍电影，到如今已经从事电影行业40年[1]，即使他决定明天退休，也已经成为电影史上最重要的人物之一。但是为50岁的斯皮尔伯格写传记最大的好处是，可以采访到早年就认识他的人：他的家人、朋友、邻居、儿时的玩伴、同学、老师，那些对他的人格形成和成长产生重要影响的人，可以趁着他们的记忆尚未模糊，听到他们的评价。

相对于大部分人来说，斯皮尔伯格更能表现出华兹华斯[2]所写的"孩子是成人之父"。追寻斯皮尔伯格从辛辛那提到哈敦镇到凤凰城再到萨拉托加不寻常的童年足迹，是一段奇妙而发人深省的经历；在关于其童年的部分中，我采访的大部分人之前都从未在任何作家面前谈起过斯皮尔伯格。为了完成这本书，我一共采访了327个人，包括很多斯皮尔伯格在好莱坞的合作者、朋友和同事。

而斯皮尔伯格自己总是拒绝接受采访。当我还在《每日综艺》做记者的时候，有幸见过斯皮尔伯格两次：第一次是1975年在环球影业的食堂里为《大白鲨》举行的小型记者发布会上；第二次是在1990年，他赢得了美国电影剪辑协会颁发的奖项后，我和他以及他的妻子凯特·卡普肖进行了短暂交谈。当1994年3月1号，我已经着手这本传记的4个月之后，我写信告诉他我在写"一本非官方授权、绝对独立的传记"，我非常希望能有机会采访他，同时也希望他能提供其他的帮助，比如让我看看他早期拍摄的业余电影。他的发言人，总是非常友善的马文·莱维在3月18日给我致电说，斯皮尔伯格知道我的作品，他认为我在完成一部非常严肃的著作，莱维说他不会接受任何写作他传记作者的采访，因为他打算亲自执笔自传。"如果你不写这本传记，他将会更乐意和你交谈"，莱维说，但

1　此传记的第一版完成于1997年，到2020年斯皮尔伯格从事电影行业已有63年。——编者注

2　华兹华斯（William Wordsworth），英国浪漫主义诗人。代表作《序曲》《孤独的收割人》。——译者注

"他也不会阻止你写这本传记"。莱维暗示，如果我提出一些写作过程中的具体问题，斯皮尔伯格可能会回答；而且观看他早期的业余电影也是有可能的，即使"其中的一部分斯皮尔伯格想一直封锁起来"。此后的3月24日，我让莱维向我提供一份斯皮尔伯格业余作品的创作年表，并提出想要观看这些电影，但我的要求并未得到回应。

根据接下来几个月里我接触的一些受访者，我了解到斯皮尔伯格的公司并没有阻挠他的朋友和同事们接受我的采访，莱维甚至对外宣称我是"洁食者"。这帮我打开了一扇大门，尽管我后来得知斯皮尔伯格当时的确让一些人不要和我交谈，但并不是所有人都遵从了他的意愿，还有一些人因为本书没有得到官方授权而拒绝接受采访。有一位接受我深度采访的人曾被斯皮尔伯格的助手告知，"史蒂文计划写一本自传，请将您的回忆保留给那本传记"。安培林娱乐公司的保密协议要求员工也必须保密。这就是独立传记作家在与这位活生生的主人公打交道时所面临的障碍。在好莱坞，斯皮尔伯格几乎是无所不能的，还毫不掩饰地自称是"控制狂"。那些拒绝了我采访请求的人包括：卢·沃瑟曼，凯瑟琳·肯尼迪，弗兰克·马歇尔，约翰·威廉姆斯，本·金斯利，约翰·米利厄斯，肖恩·康纳利，山姆·尼尔，连姆·尼森和史蒂芬·布奇柯。电影界的其他人，其中最著名的包括希德尼·J. 谢恩伯格和理查德·德莱福斯都没有回复我的来信。但让我惊喜的是，我得到了很多人的配合和坦诚相告，在斯皮尔伯格的好莱坞职业生涯中，他们与斯皮尔伯格相识，也和他一起工作过，他们都热情地帮我澄清事实。

斯皮尔伯格的母亲，魅力四射的莉亚·阿德勒，在她的犹太洁食餐厅"银河"（Milky Way）给我打过3个电话，却最终拒绝了我的正式采访要求。尽管阿德勒女士经常在纸媒和电视上谈到儿子，她却在1996年1月这么告诉我："制片厂什么也不让我说。""是史蒂文不让吗？"我问。"是神灵！"她笑着回答道。"神灵说不允许……我也没意见。我正在服从训练学校学习呢。只能祝你好运了。"而斯皮尔伯格的父亲，阿诺德，在1996年1月接受了我的深度访问。起初他同意我把一些家庭照片收入书中，后来他又改变了想法，并为此道歉："我得尊重我儿子的意愿。"但我仍然非常感谢阿诺德·斯皮尔伯格先生对史蒂文和其他家庭成员所作的评论，特别是那些出生于俄罗斯的家人。我们的访谈中最让人心酸的时刻是同阿诺德谈起他不常见面的儿子时，他说："也许你比我更了解他。"我没有尝试接触斯皮尔伯格的妻子凯特和他的3个妹妹（其中一个是安妮，我在1981年—1982年间曾经和她谈过几个月的恋爱），以及他的前妻艾米·欧文（尽管我从没见过欧文，但20世纪70年代她还和斯皮尔伯格住在一起的时候，曾允许我使用她的名字推销一个我写的剧本，不过最终没能拍成电影）。

我从史蒂文在辛辛那提的堂兄弟塞缪尔·格特曼、丹尼尔·格特曼那里获取了关于斯皮尔伯格家族史的重要信息。黛博拉·格特曼·里德诺给我提供了一份由他们的后妈，也就是以前的娜塔莉·斯皮尔伯格整理的家谱研究（我很高兴认识了塞缪尔的儿子斯科特，他要求我一定要在这本书中提到他的名字，因为他从没有见过这个著名的亲戚）。另外，我还采访了一位斯皮尔伯格的远亲，露丝·舒曼·索林格，她在水晶之夜[1]发生之后逃离了德国，在辛辛那提定居。其他的族谱信息由辛辛那提的研究员阿黛尔·布兰顿，希伯来协和学院犹太宗教研究所的艾达·科恩·塞拉文博士提供，他为我翻译了希伯来纪念文献，并指导我对旧时代犹太小城镇的研究。

写这本书的一个好处就是我能以此为名结交很多新朋友，很荣幸可以因为斯皮尔伯格而结识许多热心而又可爱的人，比如马乔里·罗宾斯、唐·舒尔和他的母亲玛吉、吉恩·沃德·史密斯，以及阿尔伯特·刘易斯拉比。刘易斯关于犹太戒律的研究，包括对在新泽西樱桃山的贝斯·沙罗姆犹太圣堂集会的历史研究，向我展示了犹太圣堂早先在哈敦菲尔德的原址，并安排我和我的弟弟、华盛顿检察官迈克尔·F.麦克布莱德探访了位于华盛顿特区的美国大屠杀纪念博物馆。

弗雷德·希尔和詹姆斯·弥尔顿教士，以及看护人威利·普度，非常友好地邀请我前往辛辛那提埃文代尔南部的浸信会教堂，并陪同我参观了他们漂亮的建筑，也就是之前的安达斯·以色列犹太教堂。其他友好地接待了我并带我参观了斯皮尔伯格在辛辛那提和新泽西曾经居住过地方的人包括：莱纳德·贝利、比尔·达勃、米利娅姆·福尔曼（他还向我介绍了阿诺德·斯皮尔伯格在美国无线电公司的情况）、简·福尔曼·萨塔诺夫、格伦·福尔曼、米切尔·福尔曼博士和丹尼斯·萨塔诺夫博士、奥古斯塔和洛丽塔·诺巴拉赫（提供了他们家的照片）、波尼塔·摩尔和米尔德利德（米莉）·弗里德曼·蒂格。

我很高兴能认识已故的历史学家雅各布·雷德·马尔库斯博士，他是位于辛辛那提希伯来协和学院犹太宗教研究所的美国犹太文化档案馆馆长，1994年他非常慷慨地牺牲了自己的写作时间，向我讲解了关于埃文代尔和其他内容的历史知识。

在我历时多年的调查里，来自贝弗利山庄的玛格丽特·赫里克电影科学艺术图书馆的

---

[1] 水晶之夜（Crystal Night），指1938年11月9日至10日凌晨，希特勒青年团、盖世太保和党卫军袭击德国和奥地利的犹太人的事件。"水晶之夜"事件标志着纳粹对犹太人有组织屠杀的开始。——译者注

琳达·哈里斯·梅尔以及她的员工，包括桑德拉·阿彻尔、芭芭拉·豪尔和霍华德·普劳蒂也为我提供了许多有价值的帮助。其他帮助过我的档案管理人员和图书管理人员包括：加州州立大学的图书管理员克里斯蒂·弗伦什，来自辛辛那提和汉米尔顿郡公共图书馆的帕特里西亚·M. 范斯凯克和安娜·霍顿，纽约电影与广播博物馆的莫妮卡·韦纳，亚利桑那历史协会的史蒂夫·霍扎，美国犹太人档案馆的凯文·普罗菲特，以及费城自由图书馆的杰拉尔丁·达科洛。来自汉米尔顿郡法院的伊迪丝·康明斯和梅丽莎·皮尔斯还无偿帮助我研究斯皮尔伯格的家族历史。

哈敦菲尔德校董会和哈敦镇高中辅导室主任莎伦·格特切夫提供了斯皮尔伯格在新泽西哈敦菲尔德的汤马斯·A. 爱迪生学校上学的情况，爱迪生学校的校长道格·汉米尔顿也提供了很多帮助。在凤凰城阿卡迪亚高中，校长J. 卡尔文·布鲁因斯博士向我慷慨地提供了很多信息，并且带领我游览了整个校园，我的调查还得到了南希·林奎斯特和阿妮塔·安德邓恩的帮助。在寻找阿卡迪亚和英格尔赛德小学的校友和其他关于学校的信息方面，我还需要感谢帕特里西亚·斯科特·罗德尼、苏珊·史密斯·勒萨埃尔、史蒂夫·布拉斯耐克、史蒂夫·苏格斯以及比尔·霍夫曼。在加州萨拉托加高中，校长凯文·斯凯利博士，也极大地帮助了我的调查，同时帮助我的还有校报《猎鹰报》的顾问凯莉·莫奈克。朱迪丝·汉米尔顿·科奇柯、彼得·法里克、菲利普·H. 潘尼佩克以及卡罗尔·马格诺里帮我找到了斯皮尔伯格在萨拉托加高中的同学，并且在1995年邀请我参加了他们的第13次同学聚会。我还从洛斯盖图高中、加州大学的档案室、加州大学洛杉矶分校注册办公室、南加州大学学术档案和学生注册办公室那里获得了很多信息。

和几位幸存者的交谈让我对大屠杀有了更加深刻的理解，这几位幸存者包括伊娃·克莱因·戴维、彼得·莫拉、雅各布（亚历克斯）·施耐德（曾居住在《辛德勒的名单》所描述的普拉绍夫集中营中）、理查德·佐莫，还有洛杉矶的"欧罗巴咖啡馆"成员。我要感谢海蒂·里奇泰格和弗洛拉贝尔·金斯勒把这些鼓舞人心的人物介绍给我，并且分享给我他们对大屠杀和其他犹太文化的知识。金斯勒博士还把她的博士论文和其他相关文章借阅给了我。伊娃·戴维，奥斯维辛集中营的幸存者，不仅提供了我根本不可能看到的斯皮尔伯格和他母亲的文章，还在1994年邀请我去洛杉矶的大卫星圣会和她交谈；另一次是在海蒂·克雷因的帮助下和她在圣莫妮卡学院进行的。我有幸和我在初音出版社的编辑尤维尔·泰勒谈论过关于《辛德勒的名单》和关于大屠杀的问题，他对于斯皮尔伯格的电影的不同意见帮助我更好地完成了第十六章的写作。托马斯·基尼利，斯皮尔伯格的电影《辛德勒的名单》的原著作者，也同样对这本书给予了鼓励。

其他对本书提供相关研究材料和信息的人包括苏珊·罗珀·阿恩特、萨拉托加商会的希拉·M.阿瑟、《密尔沃基哨兵报》的詹姆斯·奥尔、来自凤凰城的亚利桑那报业协调员苏·巴内特、来自《少年》杂志的简·韦伯·布利尔、拉尔夫·贝里斯、罗葛仙妮卡梅伦和卡勒·迪克森、查尔斯·卡特、查尔斯·G.凯斯二世法官、史蒂文·德辛佐、蒂姆·迪亚兹、南希·英格布里森和来自凤凰城报业公司的南希·范列文、来自美国作家指导协会的史蒂芬·法伯尔、南希·费什伯格、鲍勃·盖尔、戴维达·盖尔、马克·哈格德、阿琳·海勒曼、丹尼斯·C.霍夫曼、小理查德·Y.霍夫曼、藏维·科隆克、韦斯利·丽斯、丽萍集团、来自照片汇的霍华德·曼德鲍姆、理查德·B.马西森、李·莫瑟、戴尔·梅丽尔、来自《救济医务》杂志的玛丽·诺德伯格、彼得·Z.奥尔顿、詹妮弗·彭德尔顿、海文·皮特斯、特里·比格、伯特·费斯特、安东尼奥的影评家鲍勃伯、休伯特·E.（休）和康妮·罗伯茨、杰里·罗伯茨、彼得和海伦·鲁坦、巴博朗斯基、南希·兰道尔、戴维里·索林伯格、弗洛伊德·W.坦尼和贝丝·韦伯·泽伦斯基。我还要感谢加州伯班克的图书城堡、好莱坞收藏书店、好莱坞拉里·埃德蒙兹书店、好莱坞P&Q摄影公司等。

在寻访斯皮尔伯格的合作伙伴的过程中，我要感谢美国导演工会、演员工会以及编剧工会提供的帮助。其他提供帮助的组织和机构还包括：洛杉矶的美国电影学院、加州伯克利公共图书馆、贝弗利山庄公共图书馆、好莱坞图书城、辛辛那提地方卫生局统计办公室、辛辛那提历史研究图书馆、加州格伦戴尔公共图书馆、哈登菲尔德公共图书馆、哈敦镇图书馆、洛杉矶郡法律图书馆、洛杉矶公共图书馆、加州帕萨迪纳公共图书馆、《圣安东尼奥新闻快报》、加州圣克拉拉最高法院、萨拉托加社区图书馆、亚利桑那斯克茨代尔的《进步论坛报》、斯克茨代尔公共图书馆、洛杉矶西蒙·维森塔尔中心、亚利桑那《梅萨论坛报》、圣安东尼奥三一大学图书馆、圣何塞公共图书馆、辛辛那提州立大学图书馆、南加州大学图书馆、俄勒冈州立大学出版社、沃尔特·迪士尼公司档案室。

下列人士提供了斯皮尔伯格拍摄的电视和电影作品的放映：北加州埃迪·勃兰特周六日场的多诺万·勃兰特、乔·丹特、丹尼斯·霍夫曼、弗兰克·莫里斯、纽约和贝弗利山庄的电影广播博物馆、詹姆斯·派珀、加州大学洛杉矶分校电影和电视档案室的多纳罗斯和卢·艾伦、20世纪福克斯公司的汤马斯·谢拉克和安吉拉·皮尔斯，以及圣莫妮卡影像傻子公司。研究中使用的录像带由托尼·比尔、哈里森恩格勒，和来自亚利桑那坦佩东部山谷"男孩女孩俱乐部"提供。

看到上面所提到的这么多名字，大家也能发现，写书不是一个人能完成的事情，在这本传记的写作过程中，我要对4个人提出特别的感谢。

我和露丝·奥哈拉博士的婚姻关系在这些年来更加深厚。露丝不仅是一位优秀的斯坦福大学学者、我们儿子的母亲，更是一位优秀的图书编辑。她不仅敦促我写作这本斯皮尔伯格的传记，为我分析了斯皮尔伯格和他的作品，而且投入了巨大的热情、能量和智慧来促使这本书最终完成。

我的朋友、我的影评人同僚珍·奥本海默，用她的善良、她的智慧，以及她的研究贡献，她对这本书的坚持，鼓励我完成了这本书。她对这本书的帮助已经超越了单纯的情感和智慧支持，还包括从西洛杉矶"初级熟食"不停送来的"美味食物"。

莫里斯·L.穆勒的法律知识也给这本书的完成提供了莫大的帮助。莫里斯在法律领域丰富的经验和知识储备、他的聪明和老练、他对于写作的热情，支持我走过了近几年的写作时光。他总是不吝惜时间地为我提供关于斯皮尔伯格传的许多建议，同时，我也得到了希拉·温德沃尔和兰拉·吉斯特的帮助。

我的儿子约翰·麦克布莱德，是最让我感到欣慰的人，在完成整本书的过程中也为我提供了很多欢乐。他不断提醒着我，除了这本书，我还有自己的生活。此外，他还热心地协助我进行调查，陪伴我观看斯皮尔伯格的电影和电视节目，让我可以从这个早熟的孩子眼中看到关于电影的很多新理解。约翰敏锐地发现了许多其他的电影中对斯皮尔伯格电影桥段的模仿，同时作为我个人的健身教练，他努力让我保持年轻的心态。

我很骄傲自己的女儿杰西卡·麦克布莱德继承了我父母的传统，现在是密尔沃基日报的出色记者，成了我的同行。在我的兄弟姐妹和他们的伴侣之中，我从很多人那里得到了支持，他们包括：麦克和科林·麦克布莱德、丹尼斯·麦克布莱德和凯伦·巴里，还有蒂莫西·麦克布莱德和雪莉·波特菲尔德，以及帕特里克博士和金姆·麦克布莱德、吉娜维芙·麦克布莱德、马克·麦克布莱德和金姆·斯坦顿·麦克布莱德。肖恩·麦克布莱德为某个课题来采访我时，让我考虑清楚了影评业的准则。还有我那些可爱的侄子侄女：约翰·卡斯帕里、凯瑟琳·卡斯帕里，还有芭芭拉、加布里埃尔、吉莉安、劳伦、琳赛、梅雷迪斯、菲利普、皮尔斯、雷蒙德·艾琳和瑞图·麦克布莱德。我的姑妈鲍比·邓恩、妹妹M.简·雷蒙德和米奇·洛奇，还有表妹茜茜·洛奇一直给予我鼓励。

我还想感谢奥哈拉家族从爱尔兰东海岸移民到旧金山湾区的亲戚：诺埃尔和海蒂·奥哈拉、斯图尔特和苏珊·贝内特、卡尔、格温、我的侄子小卡尔，以及我的侄女娜塔莎·范德塞尔、菲奥娜·奥科文，还有身在远方的尤娜、史旺和戴维·麦克加恩，以及远亲林恩·加里森和加里·霍洛威。

通过珍·奥本海默的介绍，我还得以接触得克萨斯州的自由派家族，圣安东尼奥和达拉斯的奥本海默家族：苏和杰西、戴维、哈里特、丽贝卡、丹尼尔和雅各布、芭芭拉和约·科恩，认识了著名的得克萨斯文学家路易斯·米凯森。

在我的其他同事和朋友中，我还要感谢查尔斯·查普林、F. X. 费尼、柯克·哈尼克特、莱纳德·马尔丁、麦伦·梅塞尔、亨利·希恩（也写出了对斯皮尔伯格作品最深刻的评论）；以及其他洛杉矶电影影评人协会的其他成员：来自《电影票房》杂志的金姆·威廉森和雷·格林、沃尔特·多诺霍，以及伦敦法伯出版社，还有信号山娱乐公司的哈里森·恩格勒，我在《每日综艺》杂志时的同事汤马斯·M.普雷尔、迈克尔·西尔弗曼、皮特·西尔弗曼、戴维·罗伯、阿特·墨菲、詹妮弗彭德尔顿和朱迪·布伦南，以及好莱坞传记作家协会会长鲍勃·汤马斯、理查德·帕克斯。

那些热心帮助我完成这本书的朋友包括巴里·艾伦、格伦·巴罗、爱德华·伯恩斯、多利安·卡利–琼斯、费利佩、费利佩托和玛莎·卡萨丽斯、丹尼·卡西迪、玛丽莲·恩格勒、罗尼·吉尔伯特、加里和吉莉安·格雷夫、肯德尔·海莉、查尔斯·霍顿、潘和伊莱恩·琼斯、乔纳森·莱塞姆、威廉·林克、布雷克·卢卡斯和琳达·格罗斯、拉里·曼陀尔、康妮·马丁森、克里斯蒂·米利肯、莫里斯·普拉、卢·里斯、戴安娜·里克、维多利亚·里斯金、戴维·林戴尔斯和费·雷伊、乔纳森·罗森鲍姆、玛格丽特·罗斯、约翰·桑福德、迈克尔·施莱辛格、凯斯琳·夏普、迈克尔·修福尔、亚伯拉罕·史密斯、茱莉亚·斯温尼、戈尔·比达尔、爱德华·瓦茨、鲍勃·文登、迈克尔·威明顿、菲奥娜、夏洛特和萨姆·佐莫。

在为这本书的出版贡献力量的人中，我还要感谢编辑鲍勃·本德、他的助理约翰娜·李、法务部的菲利斯·哈维特，以及让这部作品更加完善的文字编辑弗吉尼亚·克拉克。

约瑟夫·麦克布莱德
加利福尼亚洛杉矶

斯皮尔伯格作品年表

故事片导演

1964年 （于1963年开始拍摄）
《火光》

制片人：阿诺德·斯皮尔伯格
莉亚·斯皮尔伯格

导演/编剧/摄影：史蒂文·斯皮尔伯格

主演：罗伯特·罗宾、贝丝·韦伯
南希·斯皮尔伯格

片长：135分钟

1972年 《决斗》（1971年电视电影的加长影院版，见下文）

1974年 《横冲直撞大逃亡》

发行商：环球影业

制片人：理查德·扎纳克、大卫·布朗

导演：史蒂文·斯皮尔伯格

编剧：哈尔·巴尔伍德、马修·罗宾斯
（创意源自斯皮尔伯格）

主演：歌蒂·韩、本·约翰逊
迈克尔·萨克斯

时长：109分钟

1975年　《大白鲨》

发行商：环球影业

制片：理查德·扎纳克、大卫·布朗

导演：史蒂文·斯皮尔伯格

编剧：卡尔·戈特利布、彼得·本奇利

　　　（源于本奇利的小说）

主演：理查德·德赖弗斯、罗伯特·肖

　　　罗伊·施奈德、洛兰·加里

时长：125分钟

1977年　《第三类接触》

发行商：哥伦比亚

制片人：朱莉娅·菲利普

　　　　迈克尔·菲利普斯

导演：史蒂文·斯皮尔伯格

编剧：史蒂文·斯皮尔伯格等

主演：理查德·德赖弗斯

　　　弗朗索瓦·特吕弗

　　　泰瑞·卡里古费

时长：135分钟

1979年　《一九四一》

发行商：环球影业／哥伦比亚

制片人：巴兹·菲杉

导演：史蒂文·斯皮尔伯格

编剧：罗伯特·泽米基斯、鲍勃·盖尔

　　　（源于泽米基斯、盖尔和约翰·米

　　　利厄斯的故事）

主演：鲍比迪·西科、戴安娜·凯

　　　温迪·乔·斯颇伯

时长：118分钟

1981年　《夺宝奇兵1：法柜奇兵》

发行商：派拉蒙

制片人：弗兰克·马歇尔

导演：史蒂文·斯皮尔伯格

编剧：劳伦斯·卡斯丹（源于乔治·卢

　　　卡斯和菲利普·考夫曼的故事）

主演：哈里森·福特、凯伦·阿兰

　　　保罗·弗里曼

时长：115分钟。

1982年　《鬼驱人》

发行商：米高梅

制片人：史蒂文·斯皮尔伯格

　　　　弗兰克·马歇尔

导演：托比·胡珀

　　　（和史蒂文·斯皮尔伯格）

编剧：史蒂文·斯皮尔伯格等（源于史

　　　蒂文·斯皮尔伯格的故事）

主演：克雷格·纳尔逊

　　　乔贝斯·威廉姆斯

时长：114分钟。

1982年　《E.T.外星人》

发行商：环球影业

制片人：史蒂文·斯皮尔伯格
　　　　凯瑟琳·肯尼迪

导演：史蒂文·斯皮尔伯格

编剧：梅利莎·玛莎

主演：亨利·托马斯、迪·华莱士
　　　　彼得·柯怡特

时长：115分钟

1983年　《阴阳魔界（电影版）》

发行商：华纳兄弟

制片人：史蒂文·斯皮尔伯格
　　　　约翰·兰迪斯

导演：史蒂文·斯皮尔伯格
　　　　乔·丹特等

编剧：乔治·克莱顿·约翰逊等（根据
　　　　CBS 1962年同名电视剧创作）

主演：斯卡曼·克罗瑟斯、比尔·奎恩
　　　　马丁·加纳、塞尔玛·戴蒙

时长：102分钟

1984年　《夺宝奇兵2：魔域奇兵》

发行商：派拉蒙

制片人：罗伯特·沃茨

导演：史蒂文·斯皮尔伯格

编剧：威拉德·海克、格洛丽亚·卡茨等

主演：哈里森·福特、凯特·卡普肖
　　　　关继威、阿莫瑞什·普瑞

片长：118分钟

1985年　《紫色》

发行商：华纳兄弟

制片人：史蒂文·斯皮尔伯格
　　　　凯瑟琳·肯尼迪等

导演：史蒂文·斯皮尔伯格

编剧：曼诺·梅耶斯（根据爱丽丝·沃
　　　　克小说改编）

主演：乌比·戈登堡、丹尼·格洛佛
　　　　奥普拉·温弗瑞

片长：152分钟

1987年　《太阳帝国》

发行商：华纳兄弟

制片人：史蒂文·斯皮尔伯格
　　　　凯瑟琳·肯尼迪等

导演：史蒂文·斯皮尔伯格

编剧：汤姆·斯托帕德（由J. G. 巴拉德
　　　　小说改编）

主演：克里斯蒂安·贝尔
　　　　约翰·马尔科维奇
　　　　米兰达·理查森

片长：152分钟

1989年 《夺宝奇兵3：圣战奇兵》

发行商：派拉蒙

制片人：罗伯特·沃茨（卢卡斯影业）

导演：史蒂文·斯皮尔伯格

主演：哈里森·福特、肖恩·康纳利

艾莉森·杜迪

片长：127分钟

1969年 《直到永远》

发行商：环球影业／联艺

制片人：史蒂文·斯皮尔伯格等

导演：史蒂文·斯皮尔伯格

编剧：杰里·贝尔森（根据1943年电影
《祖儿小子》改编）

主演：理查德·德赖弗斯、霍利·亨特

奥黛丽·赫本、约翰·古德曼

片长：123分钟

1991年 《铁钩船长》

发行商：三星

制片人：凯瑟琳·肯尼迪等

导演：史蒂文·斯皮尔伯格

编剧：詹姆士·V.哈特

玛利亚·司寇琪·马默

主演：达斯汀·霍夫曼、罗宾·威廉姆斯

茱莉亚·罗伯茨、玛吉·史密斯

片长：142分钟

1993年 《侏罗纪公园》

发行商：环球影业

制片人：凯瑟琳·肯尼迪

杰拉德·R.莫伦

导演：史蒂文·斯皮尔伯格

编剧：迈克尔·克里奇顿等（由克里奇
顿的小说改编而来）

主演：山姆·尼尔、劳拉·邓恩

杰夫·高布伦、鲍勃·佩克

片长：127分钟

1993年 《辛德勒的名单》

发行商：环球影业

制片人：史蒂文·斯皮尔伯格

凯瑟琳·肯尼迪等

导演：史蒂文·斯皮尔伯格

编剧：史蒂芬·泽利安（由托马斯·肯
尼利的小说改编而来）

主演：连姆·尼森、本·金斯利

拉尔夫·费因斯、卡罗琳·古多尔

片长：197分钟

1997年 《侏罗纪公园2：失落的
世界》

发行商：环球影业

制片人：杰拉德·R.莫伦、科林·威尔逊

导演：史蒂文·斯皮尔伯格

编剧：大卫·凯普（根据迈克尔·克莱顿
的小说《失落的世界》改编）

主演：杰夫·高布伦、朱丽安·摩尔

皮特·波斯尔思韦特

片长：129分钟

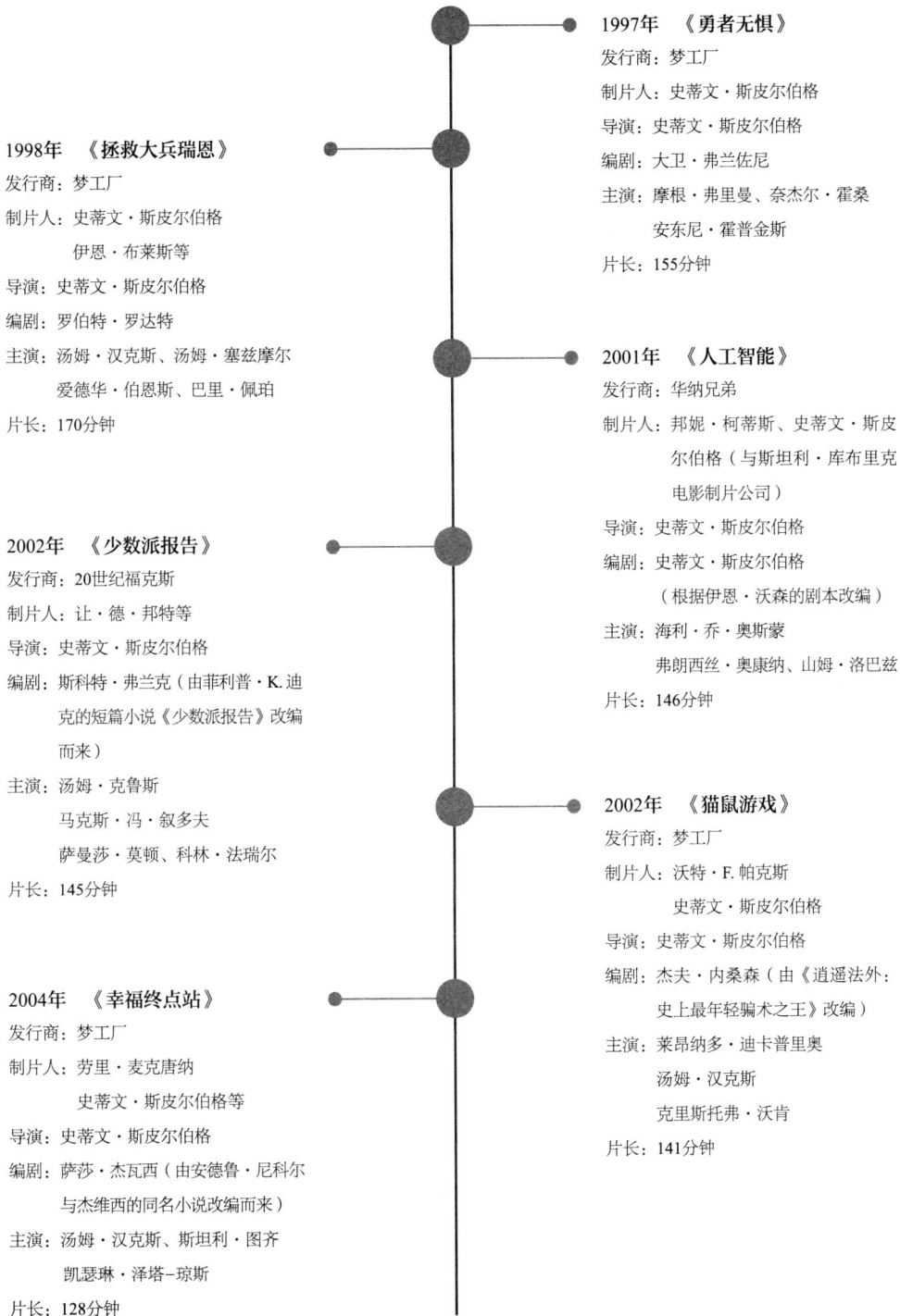

1997年　《勇者无惧》

发行商：梦工厂

制片人：史蒂文·斯皮尔伯格

导演：史蒂文·斯皮尔伯格

编剧：大卫·弗兰佐尼

主演：摩根·弗里曼、奈杰尔·霍桑

　　　安东尼·霍普金斯

片长：155分钟

1998年　《拯救大兵瑞恩》

发行商：梦工厂

制片人：史蒂文·斯皮尔伯格

　　　　伊恩·布莱斯等

导演：史蒂文·斯皮尔伯格

编剧：罗伯特·罗达特

主演：汤姆·汉克斯、汤姆·塞兹摩尔

　　　爱德华·伯恩斯、巴里·佩珀

片长：170分钟

2001年　《人工智能》

发行商：华纳兄弟

制片人：邦妮·柯蒂斯、史蒂文·斯皮

　　　　尔伯格（与斯坦利·库布里克

　　　　电影制片公司）

导演：史蒂文·斯皮尔伯格

编剧：史蒂文·斯皮尔伯格

　　　（根据伊恩·沃森的剧本改编）

主演：海利·乔·奥斯蒙

　　　弗朗西丝·奥康纳、山姆·洛巴兹

片长：146分钟

2002年　《少数派报告》

发行商：20世纪福克斯

制片人：让·德·邦特等

导演：史蒂文·斯皮尔伯格

编剧：斯科特·弗兰克（由菲利普·K.迪

　　　克的短篇小说《少数派报告》改编

　　　而来）

主演：汤姆·克鲁斯

　　　马克斯·冯·叙多夫

　　　萨曼莎·莫顿、科林·法瑞尔

片长：145分钟

2002年　《猫鼠游戏》

发行商：梦工厂

制片人：沃特·F.帕克斯

　　　　史蒂文·斯皮尔伯格

导演：史蒂文·斯皮尔伯格

编剧：杰夫·内桑森（由《逍遥法外：

　　　史上最年轻骗术之王》改编）

主演：莱昂纳多·迪卡普里奥

　　　汤姆·汉克斯

　　　克里斯托弗·沃肯

片长：141分钟

2004年　《幸福终点站》

发行商：梦工厂

制片人：劳里·麦克唐纳

　　　　史蒂文·斯皮尔伯格等

导演：史蒂文·斯皮尔伯格

编剧：萨莎·杰瓦西（由安德鲁·尼科尔

　　　与杰瓦西的同名小说改编而来）

主演：汤姆·汉克斯、斯坦利·图齐

　　　凯瑟琳·泽塔-琼斯

片长：128分钟

2005年 《世界之战》

发行商：派拉蒙

制片人：凯瑟琳·肯尼迪、科林·威尔逊

导演：史蒂文·斯皮尔伯格

编剧：乔什·弗莱德曼、大卫·凯普

主演：汤姆·克鲁斯、达寇塔·范宁
　　　米兰达·奥冬、贾斯汀·查特文

片长：116分钟

2005年 《慕尼黑》

发行商：环球影业

制片人：凯瑟琳·肯尼迪
　　　巴里·孟德尔等

导演：史蒂文·斯皮尔伯格

编剧：托尼·库什纳和艾瑞克·罗斯（由
　　　乔治·乔纳斯的小说改编而来）

主演：艾瑞克·巴纳、夏兰·海因兹
　　　丹尼尔·克雷格

片长：164分钟

2008年 《夺宝奇兵4：水晶头骨
　　　　王国》

发行商：派拉蒙

制片人：弗兰克·马歇尔

导演：史蒂文·斯皮尔伯格

编剧：大卫·凯普（由乔治·卢卡斯与
　　　杰夫·内桑森的剧本改编而来）

主演：哈里森·福特、凯特·布兰切特
　　　凯伦·阿伦、希亚·拉博夫

片长：122分钟

2011年 《战马》

发行商：梦工厂/迪士尼

制片人：瑞弗·杰斯特
　　　凯瑟琳·肯尼迪等

导演：史蒂文·斯皮尔伯格

编剧：李·霍尔、理查德·柯蒂斯
　　　（根据迈克尔·莫尔普戈的小
　　　说改编）

主演：艾米丽·沃森、彼得·穆兰
　　　本尼迪克特·康伯巴奇

片长：146分钟

2011年 《丁丁历险记：独角兽号
　　　　的秘密》

发行商：派拉蒙 / 索尼

制片人：彼得·杰克逊
　　　凯瑟琳·肯尼迪等

导演：史蒂文·斯皮尔伯格

编剧：史蒂文·莫法特等
　　　（根据乔治·雷米创作的同名卡
　　　通人物及小说改编）

主演：丹尼尔·克雷格、杰米·贝尔
　　　安迪·瑟金斯、西蒙·佩吉

片长：107分钟

2012年　《林肯》

发行商：试金石 / 20世纪福克斯

制片人：史蒂文·斯皮尔伯格

　　　　凯瑟琳·肯尼迪

导演：史蒂文·斯皮尔伯格

编剧：托尼·库什纳

　　　多丽丝·肯斯·古德温

主演：丹尼尔·戴-刘易斯

　　　莎莉·菲尔德、大卫·斯特雷泽恩

片长：150分钟

2015年　《间谍之桥》

发行商：梦工厂

制片人：史蒂文·斯皮尔伯格

　　　　马克·普拉特等

导演：史蒂文·斯皮尔伯格

编剧：马特·查曼、伊桑·科恩

　　　乔尔·科恩

主演：汤姆·汉克斯、马克·里朗斯

　　　斯科特·谢泼德、艾米·莱安

片长：141分钟

2016年　《圆梦巨人》

发行商：迪士尼

制片人：史蒂文·斯皮尔伯格

　　　　凯瑟琳·肯尼迪

导演：史蒂文·斯皮尔伯格

编剧：梅丽莎·马西森、罗尔德·达尔

主演：鲁比·巴恩希尔、马克·里朗斯

　　　比尔·哈德尔、丽贝卡·豪尔

片长：117分钟

2017年　《华盛顿邮报》

发行商：20世纪福克斯

制片人：史蒂文·斯皮尔伯格

　　　　艾米·帕斯卡尔

导演：史蒂文·斯皮尔伯格

编剧：丽兹·汉娜、乔希·辛格

主演：梅丽尔·斯特里普、汤姆·汉克斯

　　　莎拉·保罗森、鲍勃·奥登科克

片长：116分钟

2018年　《头号玩家》

发行商：华纳兄弟

制片人：史蒂文·斯皮尔伯格、程武

导演：史蒂文·斯皮尔伯格

编剧：扎克·佩恩、恩斯特·克莱恩等

主演：泰伊·谢里丹、奥利维亚·库克

　　　本·门德尔森、马克·里朗斯

片长：140分钟

业余导演（不完全）

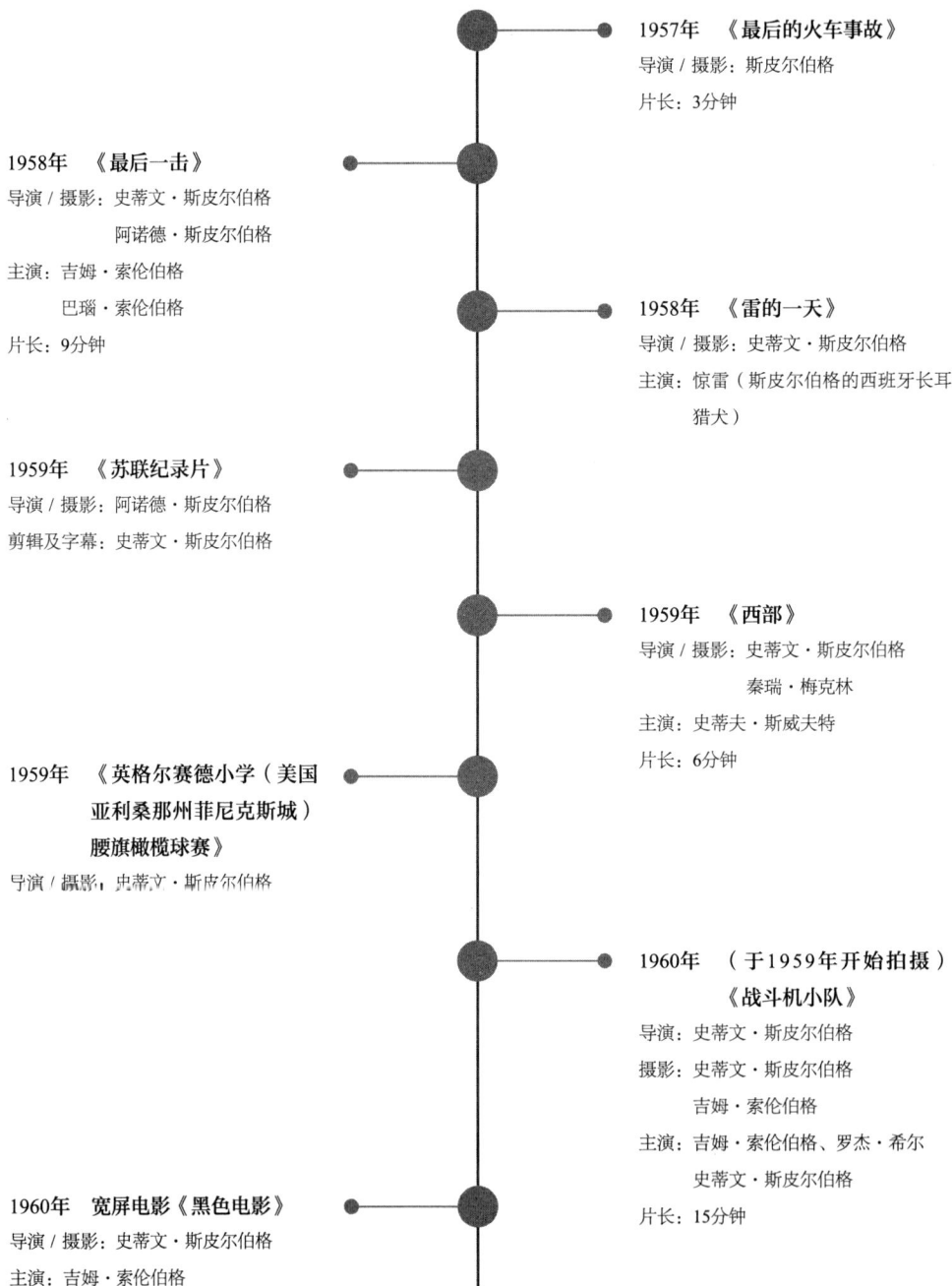

1957年　《最后的火车事故》
导演／摄影：斯皮尔伯格
片长：3分钟

1958年　《最后一击》
导演／摄影：史蒂文·斯皮尔伯格
　　　　　阿诺德·斯皮尔伯格
主演：吉姆·索伦伯格
　　　巴瑙·索伦伯格
片长：9分钟

1958年　《雷的一天》
导演／摄影：史蒂文·斯皮尔伯格
主演：惊雷（斯皮尔伯格的西班牙长耳
　　　猎犬）

1959年　《苏联纪录片》
导演／摄影：阿诺德·斯皮尔伯格
剪辑及字幕：史蒂文·斯皮尔伯格

1959年　《西部》
导演／摄影：史蒂文·斯皮尔伯格
　　　　　秦瑞·梅克林
主演：史蒂夫·斯威夫特
片长：6分钟

1959年　《英格尔赛德小学（美国
　　　　亚利桑那州菲尼克斯城）
　　　　腰旗橄榄球赛》
导演／摄影：史蒂文·斯皮尔伯格

1960年　（于1959年开始拍摄）
　　　　《战斗机小队》
导演：史蒂文·斯皮尔伯格
摄影：史蒂文·斯皮尔伯格
　　　吉姆·索伦伯格
主演：吉姆·索伦伯格、罗杰·希尔
　　　史蒂文·斯皮尔伯格
片长：15分钟

1960年　宽屏电影《黑色电影》
导演／摄影：史蒂文·斯皮尔伯格
主演：吉姆·索伦伯格

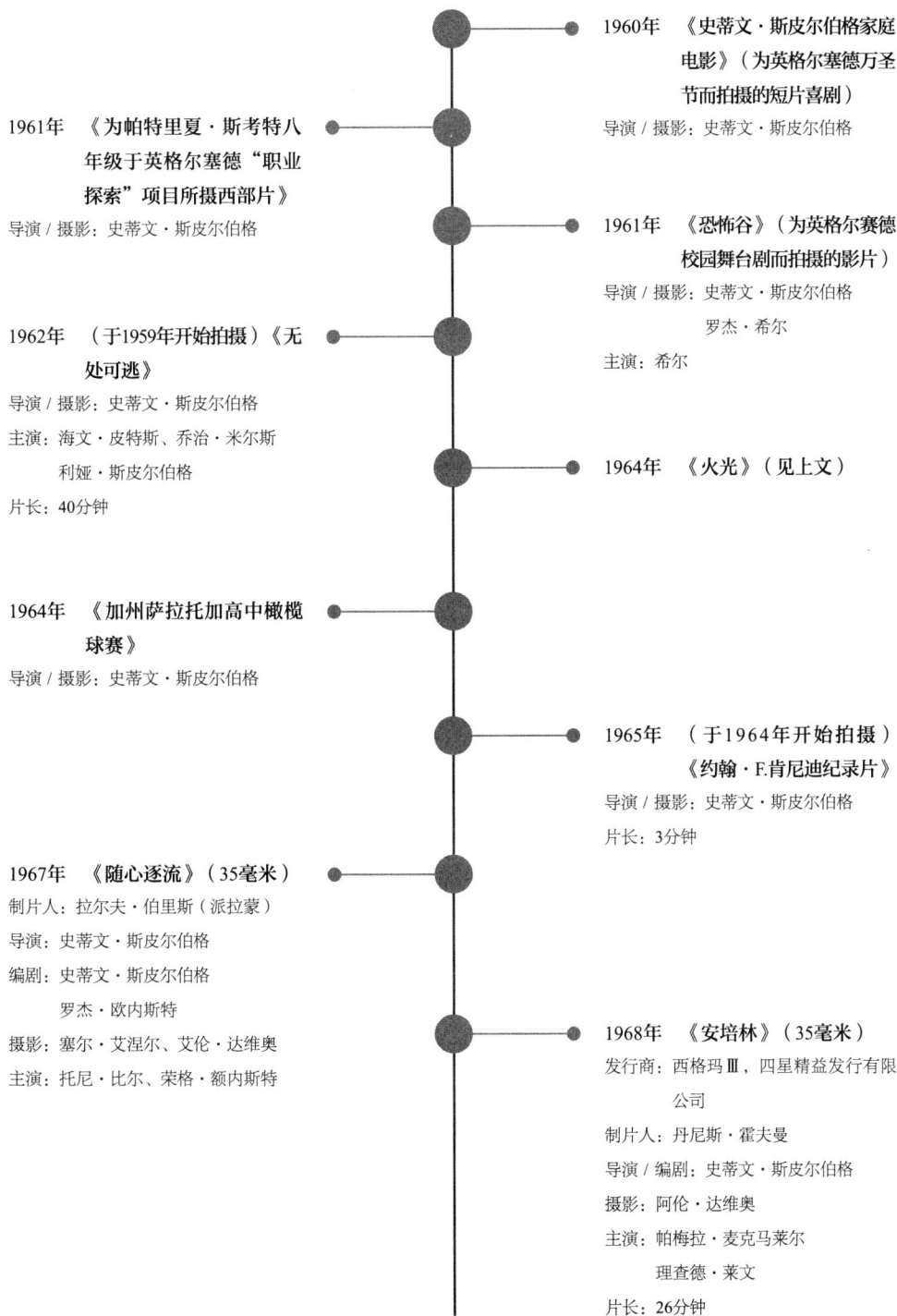

1960年 　《史蒂文·斯皮尔伯格家庭
　　　　电影》（为英格尔塞德万圣
　　　　节而拍摄的短片喜剧）

导演 / 摄影：史蒂文·斯皮尔伯格

1961年 　《为帕特里夏·斯考特八
　　　　年级于英格尔塞德"职业
　　　　探索"项目所摄西部片》

导演 / 摄影：史蒂文·斯皮尔伯格

1961年 　《恐怖谷》（为英格尔赛德
　　　　校园舞台剧而拍摄的影片）

导演 / 摄影：史蒂文·斯皮尔伯格
　　　　　　罗杰·希尔

主演：希尔

1962年 　（于1959年开始拍摄）《无
　　　　处可逃》

导演 / 摄影：史蒂文·斯皮尔伯格

主演：海文·皮特斯、乔治·米尔斯
　　　　利娅·斯皮尔伯格

片长：40分钟

1964年 　《火光》（见上文）

1964年 　《加州萨拉托加高中橄榄
　　　　球赛》

导演 / 摄影：史蒂文·斯皮尔伯格

1965年 　（于1964年开始拍摄）
　　　　《约翰·F.肯尼迪纪录片》

导演 / 摄影：史蒂文·斯皮尔伯格

片长：3分钟

1967年 　《随心逐流》（35毫米）

制片人：拉尔夫·伯里斯（派拉蒙）

导演：史蒂文·斯皮尔伯格

编剧：史蒂文·斯皮尔伯格
　　　　罗杰·欧内斯特

摄影：塞尔·艾涅尔、艾伦·达维奥

主演：托尼·比尔、荣格、额内斯特

1968年 　《安培林》（35毫米）

发行商：西格玛Ⅲ，四星精益发行有限
　　　　公司

制片人：丹尼斯·霍夫曼

导演 / 编剧：史蒂文·斯皮尔伯格

摄影：阿伦·达维奥

主演：帕梅拉·麦克马莱尔
　　　　理查德·莱文

片长：26分钟

电视节目导演

1969年　《夜间画廊：眼睛》

制片人：威廉·塞克亨

导演：史蒂文·斯皮尔伯格

编剧：罗德·瑟林（根据自己的短篇小
　　　说改编）

主演：琼·克劳馥、巴里·沙利文

时长：95分钟（其中《眼睛》26分钟）

1970年　《维尔比医生：恶魔手势》

制片人：戴维·奥康奈尔（环球电视部）

导演：史蒂文·斯皮尔伯格

编剧：杰罗姆·罗斯

主演：罗伯特·扬、弗兰克·韦布
　　　詹姆斯·布洛林

片长：52分钟

1971年　《夜间画廊：让我大笑》

制片人：杰克·莱尔德

导演：史蒂文·斯皮尔伯格

编剧：罗德·塞林

主演：戈弗雷·剑桥、汤姆·博斯利
　　　杰克·弗农

片长：24分钟

**1971年　《游戏的名字：洛杉矶
　　　　　2017》**

制片人：丁·哈格罗夫

导演：史蒂文·斯皮尔伯格

编剧：菲利普·威利

主演：基因·巴里、巴里·沙利文
　　　爱德蒙·奥布莱恩

时长：74分钟

**1971年　《心理医生：马丁·达顿
　　　　　的异想世界》**

制片人：杰罗德·弗里德曼

导演：史蒂文·斯皮尔伯格

编剧：博·梅

主演：卢瑟·艾德勒、吉姆·赫顿
　　　凯特·伍德维尔

时长：52分钟

1971年　《心理医生：平杆完赛》

制片人：杰罗德·弗里德曼

导演：史蒂文·斯皮尔伯格

编剧：托马斯·德雷克、赫伯·伯曼
　　　（源于德雷克的故事）

主演：罗伊·辛尼斯、克鲁·古拉格尔
　　　琼·达宁

片长：52分钟

1971年 《神探可伦坡：书本谋杀案》

制片人：理查德·莱文森、城廉·凌科

导演：史蒂文·斯皮尔伯格

编剧：史蒂芬·博可克

主演：彼得·福尔克、杰克·卡西迪

马丁·福赛斯

时长：76分钟

1971年 《欧文·马歇尔：法律顾问：为接球手致悼词》

制片：乔恩·爱泼斯坦

导演：史蒂文·斯皮尔伯格

编剧：理查德·布鲁尔

主演：阿瑟·希尔、李·梅继尔

斯蒂芬·扬琼

时长：52分钟

1971年 《决斗》

制片人：乔治·埃克斯坦

导演：史蒂文·斯皮尔伯格

编剧：理查德·麦瑟森（根据自己的短篇小说改编）

主演：丹尼斯·韦弗、凯里·洛夫廷

戴尔·范·西科

时长：73分钟

1972年 《邪灵》

制片人：阿伦·杰伊因子（CBS）

导演：史蒂文·斯皮尔伯格

编剧：罗伯特·克劳斯

主演：桑迪·丹尼斯、达伦·马克盖文

拉尔夫·贝拉米

时长：72分钟

1973年 《萨维奇》

制片人：保罗·梅森（环球电视）

导演：史蒂文·斯皮尔伯格

编剧：理查德·莱文森、威廉·凌科

马克·罗杰斯

主演：马丁·兰道、芭芭拉·贝恩

威·吉尔

时间：76分钟

1985年 《惊异传奇：幽灵列车》

制片人：戴维·沃格尔

导演：史蒂文·斯皮尔伯格

编剧：弗兰克·德泽（源于史蒂文·斯皮尔伯格的原创故事）

主演：罗伯茨·布鲁森、斯科特·波林

盖尔·爱德华兹

时长：25分钟

1987年　（拍摄于1985年）《惊异传
奇：任务》
制片人：戴维·沃格尔（环球电视/安培
林电视）
导演：史蒂文·斯皮尔伯格
编剧：门诺·梅杰斯（源于史蒂文·斯
皮尔伯格的原创故事）
主演：凯文·科斯特纳、司马兹可·凯西
基弗·萨瑟兰
时长：50分钟。

1999年　《未完成的旅途》(纪录片)
发行商：CBS
制片人：迈克尔·史蒂文斯
导演：史蒂文·斯皮尔伯格
编剧：蒂姆·伟洛克斯
主演：总统比尔·克林顿、玛雅·安吉罗
奥西·戴维斯
时长：20分钟

2008年　《永恒的召唤》(纪录片)
发行商：民主党全国代表大会
制片人：布鲁斯·科恩、詹姆斯·摩尔
丹金克斯
导演：史蒂文·斯皮尔伯格
编剧：罗娜·格雷厄姆
主演：汤姆·汉克斯（解说员）
时长：7分钟

电影编剧（非导演）

1973年　（拍摄于1971年）《父子双雄》
发行商：20世纪福克斯
制片人：鲍里斯·威尔逊
导演：比尔·桑普森
编剧：奇普斯·罗森（源于史蒂文·斯皮尔伯格的原创故事）
主演：克里夫·罗伯逊、埃里克·谢伊帕梅拉·富兰克林
时长：92分钟

1985年　《七宝奇谋》
发行商：华纳兄弟
制片人：理查德·唐纳、哈准·伯恩哈德
导演：理查德·唐纳
编剧：克里斯·哥伦布（源于史蒂文·斯皮尔伯格的原创故事）
主演：肖恩·奥斯江、乔什·布洛林杰夫·科恩
时长：111分钟

1986年　《鬼驱人2》
发行商：米高梅
制片人：马克·维克多、迈克尔·格蕾丝
导演：布赖恩·吉布森
编剧：格雷丝·维克多（根据1982年史蒂文·斯皮尔伯格的《鬼驱人》创作）
主演：乔贝斯·威廉姆斯、奥罗克克雷格·纳尔逊、希瑟
时长：91分钟

1988年　《鬼驱人3》
发行商：米高梅
制片人：巴里·贝尔那迪
导演：加里·谢尔曼
编剧：加里·谢尔曼、布赖恩·塔吉尔特（根据史蒂文·斯皮尔伯格的《鬼驱人》创作）
主演：汤姆·斯凯里特、南茜·阿伦希瑟·奥罗克
时长：97分钟

激发个人成长

多年以来，千千万万有经验的读者，都会定期查看熊猫君家的最新书目，挑选满足自己成长需求的新书。

读客图书以"激发个人成长"为使命，在以下三个方面为您精选优质图书：

1. 精神成长
熊猫君家精彩绝伦的小说文库和人文类图书，帮助你成为永远充满梦想、勇气和爱的人！

2. 知识结构成长
熊猫君家的历史类、社科类图书，帮助你了解从宇宙诞生、文明演变直至今日世界之形成的方方面面。

3. 工作技能成长
熊猫君家的经管类、家教类图书，指引你更好地工作、更有效率地生活，减少人生中的烦恼。

每一本读客图书都轻松好读，精彩绝伦，充满无穷阅读乐趣！

认准读客熊猫

读客所有图书，在书脊、腰封、封底和前后勒口都有"**读客熊猫**"标志。

两步帮你快速找到读客图书

1. 找读客熊猫

2. 找黑白格子

马上扫二维码，关注"**熊猫君**"

和千万读者一起成长吧！

图书在版编目（CIP）数据

票房之神 : 斯皮尔伯格传 / （美）约瑟夫·麦克布
莱德著 ; 任雨田译. -- 上海 : 文汇出版社，2021.4

ISBN 978-7-5496-3394-4

Ⅰ．①票… Ⅱ．①约… ②任… Ⅲ．①斯皮尔伯格—
传记 Ⅳ．①K871.257.8

中国版本图书馆CIP数据核字(2020)第249083号

STEVEN SPIELBERG: A BIOGRAPHY (THIRD EDITION) By JOSEPH McBRIDE
Copyright: © JOSEPH McBRIDE, 1997, 2010, 2012
This edition arranged with Joseph McBride
Through BIG APPLE AGENCY, INC., LABUAN, MALAYSIA.
Simplified Chinese edition copyright:
2021 Dook Media Group Limited
All rights reserved.

中文版权 © 2021 读客文化股份有限公司
经授权，读客文化股份有限公司拥有本书的中文（简体）版权
著作权合同登记号：09-2020-1109

票房之神：斯皮尔伯格传

作　　者 / ［美］约瑟夫·麦克布莱德
译　　者 / 任雨田

责任编辑 / 徐曙蕾
特邀编辑 / 王　迪　　孙宇昕
封面装帧 / 徐　翔

出版发行 / 文汇出版社
　　　　　　上海市威海路 755 号
　　　　　　（邮政编码 200041）
经　　销 / 全国新华书店
印刷装订 / 北京中科印刷有限公司
版　　次 / 2021 年 4 月第 1 版
印　　次 / 2021 年 4 月第 1 次印刷
开　　本 / 780mm×960mm　　1/16
字　　数 / 553 千字
印　　张 / 41.5

ISBN 978-7-5496-3394-4
定　　价 / 128.00 元